Chypre

L'ÎLE D'APHRODITE

Kalos irthate stin Kypro ! ou *Kıbrıs Hoşgeldiniz !* En grec ou en turc – les deux langues officielles – le message est généralement bien reçu. Les 330 jours de soleil par an, la mer, les 500 km de côtes, un parc hôtelier impressionnant et une politique de promotion efficace n'y sont bien sûr pas étrangers. Et par ces temps troublés, l'île d'Aphrodite reste un havre lumineux et rassurant. Et dépaysant ! Bienvenue à Chypre, un des pays les plus déroutants d'Europe. Bien entendu, nous sommes encore en Europe. Mais on est ici à l'extrême sud-est du continent, dans sa partie la plus ensoleillée, qui plus est sur une île, au carrefour des grandes civilisations méditerranéennes, tout près de la Turquie, du Liban, de la Syrie, d'Israël, des territoires palestiniens et de l'Égypte. Culturellement très orientale, la République chypriote n'en est pas moins solidement arrimée au Vieux Continent. Cette ancienne colonie britannique indépendante depuis 1960 a rejoint l'UE en 2004 et adopté la monnaie unique en 2008. Territoire d'une richesse historique incroyable, l'île d'Aphrodite est cependant aussi coupée en deux depuis l'invasion turque de 1974. Casques bleus, barbelés et miradors font autant partie du paysage que les belles plages, les caravansérails ottomans, les fortifications vénitiennes, les églises gothiques franques et les fresques byzantines du Moyen Âge. Officiellement, les Chypriotes grecs et turcs aspirent toujours à une réunification. En attendant, pour le touriste, il n'a jamais été aussi facile de passer d'un territoire à l'autre.

Retrouvez cette offre en page 30

SOMMAIRE

Rocher d'Aphrodite. © CLUBFOTO - ISTOCKPHOTO

6 INSPIRER

Il y a le ciel, le soleil et la mer, mais aussi un dédale de culture et de monuments. Et surtout deux « pays » en un qui rendent la destination si déroutante.

31 DÉCOUVRIR

Chypre reste l'île des parasols et des paradoxes. Divisée depuis 1974, elle permet au visiteur de parcourir facilement deux contrées aux contours complexes.

© MARIHA-KITCHEN - ISTOCKPHOTO.COM

103 RÉGION DE LARNAKA

En sortant de l'avion (généralement ici), Larnaka mérite un détour ainsi que quelques découvertes, notamment en rejoignant Limassol par l'intérieur des terres.

135 RÉGION D'AGIA NAPA

Sans être ce que l'île de Chypre peut proposer de mieux en matière de culture, l'intérêt de la région est ailleurs et réserve surtout d'autres plaisirs.

© KIRILLM - ISTOCKPHOTO.COM

© ALEXSAVA - ISTOCKPHOTO.COM

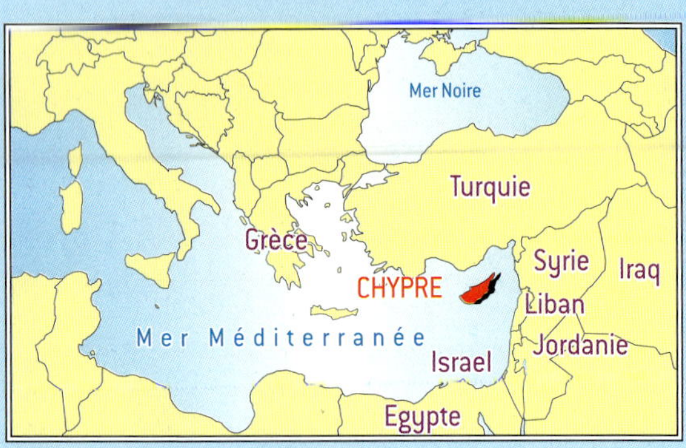

Mer Noire
Turquie
Grèce
CHYPRE
Syrie
Iraq
Liban
Mer Méditerranée
Jordanie
Israel
Egypte

Mer Méditerranée
KORMACIT - KORMAKITIS
LAPITHOS -LAPTA
KARAVAS - ALSANCAK
BELLAPAIS - BEYLERBEYI
KARMI - KARAMAN
Baie de Morfou
MORPHOU - GÜZELYURT
KATO PYRGOS
POMOS
Baie de Chrysochou
LEFKA - LEFKE
TILLIRIA
MARATHASA
VYZAKIA
NIKITARI
PERISTERONA
KALOPANAGIOTIS
ARGAKA
NEO CHORIO
POLIS
PENINSULE D'AKAMAS
SOLEA
SPILIA
GALATA
PEDOULAS
KAKOPETRIA
CAP LARA
KRITOU TERA
MOUTOULLAS
KYPEROUNTA
KATHIKAS
PLATRES
PLATANISTASA
CHOULOU
PELENDRI
LETYMVOU
AGROS
PITSYLIA
LEFKARA
CORAL BAY
AGIOS AMVROSIOS
OMODOS
EPTAGONIA
TALA
PERA PEDI
ARSOS
LOFOU
LOUVARAS
SKARINOU
EMPA
LEMPA
VOUNI
KALAVASSOS
PAPHOS
GEROSKIPOU
ANOGYRA
MARONI
KOUKLIA
GERMASOGIA
ZYGI
EPISKOPI
LIMASSOL
PISSOURI
KOLOSSI
KOURION
Lac Salé
Baie d'Akrotiri
Baie d'Episkopi
AKROTIRI

Altitude
(en mètres)
1500
1000
500
Frontière internationale
Route principale
Route secondaire
50 KM
RIZOKARPAZO – DIPKARPAZ
GIALOUSA - YENI ERENKÖY
DAVLOS - KAPLICA
GALATIA - MEHMETÇIK
AKANTHOU - TATLISU
KARPASIA
ÇATALKÖY
HALEVGA - ALEVKAYA
TRIKOMO - YENI ISKELE
MESAORIA
FAMAGOUSTE (AMMOCHOSTOS - GAZIMAGUSA)
SOTIRA
AVGOROU
XYLOTIMBOU
LIOPETRI
PROTARAS
POTAMOS LIOPETRI
DEKHELIA
XYLOFAGOU
CAP GREKO
PYRGA
LARNAKA
Baie de Larnaka
KITI
MAZOTOS
Mer Méditerranée

QUAND Y ALLER

JANVIER

5° / 15°

ÉPIPHANIE
Le 6 janvier est une des fêtes les plus importantes de la religion orthodoxe grecque, parfois précédée d'un temps de jeûne après Noël.

$

FÉVRIER

5° / 16°

CARNAVAL

© ANTIGONI GONI - SHUTTERSTOCK.COM

Cinquante jours avant la Pâque orthodoxe, les festivités atteignent leur apogée mi-février, lors de la parade costumée de Limassol.

$

MARS

7° / 19°

GOÛT DE / GOOD FRANCE
Chypre participe depuis 2015 à cet événement international. Plusieurs milliers de chefs proposent alors un menu français.

MARATHON INTERNATIONAL DE CHYPRE
La course (https://logicom-cyprusmarathon.com) commence à Petra tou Romiou à Paphos, sur le lieu de naissance de la déesse Aphrodite.

$

JUILLET

21° / 37°

AÏD AL-ADHA
Appelée aussi Aïd el-Kebir (« grande fête ») et Kurban Bayramı en turc, c'est une fête religieuse musulmane et communautaire.

LARNAKA SUMMER FESTIVAL
Chaque été, en juillet, la ville accueille un festival international de danse, de musique et de théâtre avec des artistes renommés.

$ $ $

AOÛT

21° / 37°

15 AOÛT – DORMITION DE LA MÈRE DE DIEU
Le 15 août, des célébrations ont lieu dans toutes les églises et donnent lieu à de grands repas de famille dans les tavernes.

FESTIVAL DU VIN DE LIMASSOL
Depuis 1961, la fête du Vin est célébrée pendant deux semaines à Limassol avec de la musique et du vin en tonneau à volonté.

$ $ $

SEPTEMBRE

18° / 33°

JOURNÉES EUROPÉENNES DU PATRIMOINE
Le 3e week-end de septembre, c'est l'occasion de découvrir gratuitement des monuments généralement fermés le reste de l'année.

FESTIVAL DE KYPRIA
Organisé chaque année par le ministère de l'Éducation et de la Culture, c'est un événement culturel majeur partout dans le pays.

$ $

Trois-cent-trente jours de soleil par an : voilà un chiffre qui parle de lui-même. Le pays est tout simplement le plus ensoleillé et le plus chaud du continent européen. Autrement dit, il est agréable d'y aller à peu près n'importe quand. Pour échapper à la foule et aux plus grosses chaleurs, il est intéressant de privilégier juin et septembre. Et si l'on veut davantage visiter que se baigner, de novembre à mars, le climat reste doux et tempéré, avec juste quelques pluies parfois.

AVRIL

20° / 24°

PÂQUES ORIENTALE

© SARIME - SHUTTERSTOCK.COM

La Pâque orthodoxe, célébration religieuse la plus importante dans la partie sud, aura lieu le 16 avril 2023 et le 5 mai 2024.

$

MAI

14° / 30°

FESTIVAL DE BELLAPAIS
Le festival musical (http://bellapaisfestival.com), dans la partie Nord, propose pendant un mois des concerts dans la célèbre abbaye.

FESTIVAL ANTHESTIRIA *(LIMASSOL)*
Anthestiria, la fête des fleurs, célèbre le printemps et la renaissance de l'homme et de la nature dans la Grèce antique.

$ $

JUIN

18° / 34°

KATAKLYSMOS
Kataklysmos, signifiant « déluge », coïncide avec la Pentecôte et est célébrée dans les villes du bord de mer, notamment à Larnaka.

LAPTA TOURISM FESTIVAL
Dans la partie Nord de l'île, près de Kyrénia, un festival avec des concerts, spectacles mais aussi des activités ou des randonnées.

$ $

OCTOBRE

14° / 28°

KYRENIA OLIVE FESTIVAL
Dans le village de Zeytinlik, un festival gastronomique dédié à l'olive et aux produits de la région de la partie Nord de l'île.

ANNONCIATION ET JOUR DE L'INDÉPENDANCE DE LA GRÈCE
Le 25 mars, la République de Chypre s'associe à la Grèce pour célébrer le début du soulèvement des Grecs contre les Ottomans en 1821.

$ $

NOVEMBRE

10° / 22°

PAPHOS 4-DAY CHALLENGE
Pour les sportifs, quatre jours de cross à Paphos et dans les parcs alentour (www.cypruschallenge.com) quand il fait moins chaud.

$

DÉCEMBRE

7° / 17°

NOËL
Noël, le 25 décembre, enfin, reste évidemment ici comme ailleurs une fête incontournable, même de part et d'autre de la ligne verte.

$

LES BONNES RAISONS D'Y ALLER

DU SOLEIL TOUTE L'ANNÉE

C'est incontestablement l'argument qui séduit ces centaines de milliers de touristes.

DES OFFRES DÉFIANT LA CONCURRENCE

Si elle attire autant les foules, c'est que l'île, des deux côtés, s'y connaît en packages.

UNE GRANDE DIVERSITÉ DES PAYSAGES

Le nombre limité de plages de sable est compensé par la variété des reliefs.

© DEDMITYAY - SHUTTERSTOCK.COM

UNE OFFRE HÔTELIÈRE IMPRESSIONNANTE

Certes, il y a beaucoup d'hôtels et de béton. Et aussi une offre alternative dans le Nord.

© VOLODYMYR PETRYSHYN - SHUTTERSTOCK.COM

UN VASTE CHOIX DE LOISIRS

Entre sports nautiques sur le littoral et marche ou golf à l'intérieur, il faut choisir !

© ANDRCGS - ISTOCKPHOTO.COM

DEUX PAYS EN UN

Depuis l'invasion de la partie Nord en 1974, deux pays, très sûrs, vivent côte à côte.

© TUNART - ISTOCKPHOTO.COM

UNE HISTOIRE ANCIENNE ET TOURMENTÉE

Antiquité, châteaux médiévaux : des vestiges des grandes périodes y sont concentrés.

LES BONNES RAISONS D'Y ALLER

© RUZANNA ARUTYUNYAN - ISTOCKPHOTO.COM

DES MONUMENTS CLASSÉS À L'UNESCO

Il est très facile de ne pas bronzer idiot et de s'échapper dans un dédale de culture.

© FRIMUFILMS - SHUTTERSTOCK.COM

LE TEMPS DE VIVRE AU CAFÉ

En sirotant son café frappé froid ou son « elléniko », on sent le temps s'arrêter un peu.

© MARKUS MAINKA - SHUTTERSTOCK.COM

AVEC L'EURO, TOUT EST FACILE

Dans le Sud, au moins, la monnaie unique simplifie bien l'existence et les vacances !

LES 12 MOTS-CLÉS

#ÂNE

L'âne le plus souvent représenté à Chypre est marron avec le contour des yeux et le ventre en beige. Il est assez proche des espèces répandues dans les Pyrénées. Certaines sources semblent attester que cet animal a été introduit à Chypre par les croisés. Jusqu'à une période assez récente, l'âne a été le principal moyen de transport utilisé à Chypre.

© TUNART - ISTOCKPHOTO.COM

#APHRODITE

Pour les Anciens, elle est la déesse de l'amour et de la beauté. Pour les Chypriotes d'aujourd'hui, elle est surtout devenue une excellente ambassadrice. Elle aurait surgi des flots à Petra tou Romiou, près de Paphos. La superbe statue la représentant, trouvée à Soli dans le Nord, exposée au musée de Chypre à Nicosie, est devenue le symbole de l'île.

#CAFÉ

Vous serez étonné par les mille et une façons de préparer le café à Chypre. On y trouve bien sûr le café grec, qui ressemble au café turc. Pour le commander, dites « éna elléniko », soit « un grec ». Prenez votre temps pour le boire, car le marc doit se déposer au fond de la tasse. Mais en été, rien de tel qu'un café glacé qui se boit « frappé ».

© NATALIA VAN DONINCK - ISTOCKPHOTO.COM

#CUIVRE

Le cuivre est exploité à Chypre depuis le IIIe millénaire av. J.-C. Et c'est lui qui fit la richesse de villes antiques comme Soli ou Salamine. Mais plus encore, il donna son nom à l'île. Cuivre se dit *kypros* en grec et c'est de là que provient le mot Chypre. La couleur du cuivre a aussi été donnée à la silhouette de l'île sur le drapeau national.

#GOLF

Ancienne colonie britannique, Chypre ne s'est pourtant découvert une passion pour le golf que récemment, avec le premier terrain ouvert en 1994 et la Fédération nationale créée en 2000. C'est un peu une hérésie d'entretenir des terrains aussi verts dans un pays aussi ensoleillé, mais, avec la demande des touristes, le secteur est en plein développement.

© ALEXSOKOLOV - ISTOCKPHOTO.COM

#KLEFTIKO

Kleftiko signifie « volé ». Tout s'explique quand on sait qu'au début des années 1920, durant la lutte d'indépendance contre les Ottomans, des bergers volaient le bétail et préparaient de délicieux plats de chèvre ou d'agneau. Si la viande s'achète aujourd'hui de façon plus civilisée, l'agneau continue de se cuire dans les mêmes fours d'argile.

#KIBRIS

Ou comment écrire Chypre en turc. Vous entendrez même *Kuzey Kıbrıs hoşgeldiniz*, soit « Bienvenue à Chypre-Nord ». De l'autre côté de la ligne verte, c'est à la fois le même et un autre pays. Une autre monnaie (la lire turque, TYR), une autre langue officielle (le turc) et un État non reconnu par la communauté internationale (à part la Turquie).

#ICÔNES

La plus grande collection du pays se trouve au musée byzantin de la Fondation Makarios III, dans la vieille ville de Nicosie. Dans l'église Agios Kassianos, la remarquable iconostase en bois gravé (XVIIIe siècle) conserve de magnifiques icônes des XVe et XVIe siècles qui proviendraient de la basilique Sainte-Sophie. Un merveilleux exemple parmi d'autres.

© TUNART - ISTOCKPHOTO.COM

#LIGNE VERTE

Pourquoi verte ? Cette couleur qui évoque la nature sied bien mal à ce *no man's land*. La « Green Line » ou « Attila Line » est le nom donné à cette zone tampon qui divise l'île en deux depuis 1974. Les casques bleus de l'Onu campent sur cette ligne de démarcation, qui court de Kato Pirgos, à l'ouest, à la région de Famagouste, à l'est, et traverse Nicosie.

#MAKARIOS III

Grande figure chypriote de ce siècle, et sans doute l'une des plus marquantes de son histoire, Mgr Makarios sut, en tant que leader religieux et homme d'État, faire prendre à son pays le virage des temps modernes. Élu archevêque de Chypre en 1950, il accéda à la présidence de la République après un véritable plébiscite, lors de l'indépendance en 1960.

#PLAGE

Si la mer est d'un azur et d'une clarté remarquables et que l'on a souvent envie de piquer une tête, le sable est assez foncé et rarement fin. Sauf en quelques endroits, dans la région d'Agia Napa, on ne trouve guère de grandes étendues sablonneuses. Mais certains sites sont de toute beauté et les rochers ajoutent bien souvent au charme de la plage.

#VIN

Parmi la production locale, les vins de la région de la Kommandaria sont réputés depuis l'Antiquité. Ils sont entrés dans l'histoire en 1224. Cette année-là, on organise en France le premier classement mondial des vins (« la Bataille des vins ») et c'est une bouteille de la région qui l'emporte. Depuis, le jus de raisin a coulé sous les ponts…

VOUS ÊTES D'ICI, SI…

- **Vous avez toujours une pièce d'identité sur vous.** C'est obligé, car s'il faut faire une course ou retrouver quelqu'un « de l'autre côté » de la « ligne verte », c'est indispensable.
- **Vous avez un parent éloigné en Grande-Bretagne,** membre de la diaspora.
- **D'ailleurs vous aimez la musique de feu George Michael.** Même si c'est un peu kitsch, les célébrités d'origine chypriotes connues dans le monde entier ne sont pas si fréquentes, non ?
- **Commander un « arnaki kleftiko »** (littéralement un « agneau volé ») ne vous fait pas peur. Vous savez bien que l'expression renvoie juste à son mode de cuisson, dans un four traditionnel en argile bien fermé.
- **Au Nord, vous avez une préférence** et un avis bien tranché entre le café moulu de Kyrenia et celui de Famagouste.
- **Des deux côtés, vous haussez le sourcil,** un peu lassé, dès que s'engage une discussion géopolitique sur l'avenir de l'île. Au passage, vous lancez facilement des « Inch'Allah », quel que soit votre côté…

MA CHYPRE

avec Nicolas Jury, auteur

Interview

Nicolas arpente les routes de Chypre, de part et d'autre de la « ligne verte », depuis 2003. Ancien journaliste et correspondant de presse à Athènes, il a décidé, il y a cinq ans, de se poser en Grèce pour continuer d'explorer la région. Il apprécie autant la simplicité des gens que la complexité de cette île. À Chypre, il aime surtout faire découvrir des lieux (encore) épargnés par le tourisme de masse. Embarquez avec lui !

IDÉES DE SÉJOUR

L'idée de séjour d'une semaine dans le sud de Chypre permettra de faire le tour des principales curiosités et attractions de l'île. Ce type de parcours est facilité si l'on dispose de son propre véhicule ; sans cela, Troodos et certains villages de l'intérieur sont plus difficiles d'accès. Mais tous les sites touristiques sont également accessibles en bus. Concernant le séjour d'une semaine dans le nord de Chypre, il peut s'agir d'un séjour de plusieurs jours avec entrée et sortie dans le nord de Chypre. Ou d'un séjour de quelques jours depuis le sud de Chypre. Mais on ne peut pas arriver dans le nord de Chypre et repartir du sud de Chypre. Le séjour long permettra d'entrer dans les détails tout en prenant son temps, les grandes lignes ayant été données dans le séjour court. Voyagez à votre rythme.

UNE SEMAINE AU SUD DE CHYPRE

Cette idée de séjour pour une semaine permettra de faire le tour des principales curiosités et attractions de l'île. Ce type de parcours est facilité si l'on a un véhicule ; sans cela, **Troodos** ★★ (p.217) et certains villages de l'intérieur sont plus difficiles d'accès. Mais tous les sites touristiques sont aussi accessibles en bus.

› Jour 1 - Arrivée à Larnaka et découverte de la ville

Promenade dans la ville pour s'acclimater à l'ambiance chypriote : pittoresques quartiers turcs et **église Saint-Lazare,** (p.109) promenade le long du front de mer et de ses terrasses. Avec un peu de temps, on peut visiter le **musée Piérides** (p.116) et, au nord de la ville, la **mosquée du sultan Tekke** (p.117) au bord du **lac salé** (p.112). Mais si le voyage vous a fatigué, quelques heures de repos sur la plage de Mackenzie seront les bienvenues.

› Jour 2 - Vers Limassol

En une journée, on rejoindra **Limassol** ★ (p.152) par les petites routes de la côte et en s'enfonçant parfois à l'intérieur des terres. Les arrêts possibles sont nombreux : le **monastère de Stravovouni,** (p.133) perché à 700 m d'altitude, qui offre un superbe panorama sur la côte ; le village de **Lefkara** ★★ (p.129) pour son architecture et son artisanat (dentelles) ; les villages pittoresques de **Kalavassos** ★ (p.125) et **Tochni** ★★ (p.126). Le soir, on appréciera l'ambiance de **Limassol** ★ (p.152) en buvant quelques cafés et en se restaurant dans une taverne.

› Jour 3 - Sites archéologiques de Paphos

Direction **Paphos** ★★★ (p.176) en prenant la route côtière. L'occasion de s'arrêter au superbe amphithéâtre de Kourion qui domine la mer. Mais on découvrira aussi une côte découpée où les falaises blanches plongent dans la mer bleue

© KIRILLM

Vue panoramique sur le village Moutoullas.

(les rochers d'Aphrodite s'y trouvent). L'après-midi, à Paphos ★★★ (p.176), on parcourra le vieux port et surtout le site antique et les superbes mosaïques qui font la célébrité de la ville.

› Jour 4 - Sur les routes vers le massif de Troodos

Les routes sont nombreuses pour rejoindre le massif du Troodos ★★ (p.217). Quelle que soit celle que l'on choisit, celle-ci permettra de traverser des paysages magnifiques et des villages pittoresques où, le soir, on ne manquera pas de s'arrêter pour se restaurer. La route choisie dépendra du lieu d'hébergement : soit une station pourvue d'hôtels (Platres ★★★ (p.226), Pedoulas ★★ (p.242), Agros ★ (p.230) ou Kakopetria ★★ (p.236)), soit – et c'est l'idéal – un village où l'on trouve des maisons traditionnelles rénovées en pensions (Arsos ★★ (p.249), Omodos ★★ (p.247), Lofou ★★ (p.251), etc.).

› Jour 5 - Exploration autour du massif de Troodos

On passera la journée à la découverte de la région soit en empruntant un des superbes chemins de randonnée, pour le plaisir de marcher dans la forêt parfumée, soit en voiture vers le monastère de Kykkos, ★ ou des villages pittoresques. Le soir, on peut rejoindre directement Nicosie ★★★.

› Jour 6 - Visite de la capitale

La capitale vous permettra de découvrir Chypre ★ côté ville. Deux « immanquables » : parcourir la vieille ville ★★★ à pied de long en large et visiter le plus beau musée de l'île (Cyprus Museum (p.278)). Avec 2 ou 3 petites heures devant vous, une rapide visite du nord de Nicosie est envisageable.

› Jour 7 - Farniente sur la plage

Pour une dernière journée, on peut se contenter de profiter du soleil et de la mer à Agia Napa (p.135) par exemple.

UNE SEMAINE AU NORD DE CHYPRE

Il peut s'agir d'un séjour de plusieurs jours avec entrée et sortie au nord de Chypre. Ou d'un séjour de quelques jours depuis le sud de Chypre ★. Mais on ne peut pas arriver au nord de Chypre et repartir du sud de Chypre ★.

› Jour 1 - Visite de la capitale

Nicosie ★★★ (p.253). Le nord de la ville se refait une beauté. On visite le quartier Arabahmet (p.291), la mosquée Selimiyé (p.286), le marché couvert (p.281)...

› Jour 2 - De Kyrenia à Bellapaïs

Le port de Kyrenia ★★★ (p.313) est le cœur de l'industrie touristique locale. Dans le château, on verra le plus vieux bateau du monde. L'après-midi, excursion vers l'abbaye de Bellapaïs (p.330), le plus bel édifice gothique de l'île, entre orangers et cyprès.

› Jour 3 - Région de Kyrenia

La région ne manque pas de curiosités : belles plages (p.356), châteaux forts perdus dans les montagnes, villages entourés d'orangers, la superbe église d'Antifonitis.

› Jour 4 - Escapade à Morfou

On peut continuer à parcourir la région de Kyrenia ★★★ (p.313)ou se rendre à Morfou ★ (p.337), oubliée des touristes, pour visiter les ruines de Souli, les ruines du palais de Voni...

› Jour 5 - Famagouste et ses fières ruines

Après avoir traversé la longue plaine fertile du centre de l'île, on rejoint Famagouste ★★★ (p.345). La vieille ville ★★★ entourée de murailles est un *patchwork* de ruines orgueilleuses et de petites maisons pittoresques. L'après-midi, direction Salamis ★★★ (p.349), cité antique magnifiquement conservée.

› Jour 6 - Péninsule du Karpas

Allez de villages en églises byzantines, jusqu'au cap, à la pointe de l'île.

› Jour 7 - Farniente sur la plage

Profitez des plages du Nord : à Kyrenia ★★★ (p.313) si vous aimez la foule, dans la péninsule de Karpas si vous préférez les longues bandes de sable désertes.

LE TOUR DE CHYPRE EN TROIS SEMAINES

Les grandes lignes ont été données dans le séjour court. Le séjour long permettra d'entrer dans les détails tout en prenant son temps.

› Jour 1 - Arrivée à Larnaka

Promenade dans la ville ★★ (p.107) pour s'acclimater à l'ambiance chypriote : pittoresques quartiers turcs et église Saint-Lazare (p.109), promenade le long du front de mer et de ses terrasses

› Jour 2 - Visite de la ville en profondeur

Visite du musée Piérides (p.109) et, au nord de la ville et la mosquée du sultan Tekke (p.117) au bord du lac salé (p.112).

› Jour 3 - Autour de Larnaka

On explorera la région : monastère de Stavrovouni (p.133), villages de Tochni ★★ (p.126) et Kalavassos ★ (p.125), Lefkara ★★ (p.129), Agios Minas, etc.

Le port de Kyrenia.

› Jour 4 - Vers Limassol

On rejoint Limassol ★ (p.152). Une journée suffit pour profiter de cette ville animée de jour comme de nuit.

› Jour 5 - Autour de Limassol : une région riche en découvertes

Environs de Limassol ★ (p.152). On appréciera les environs de Limassol ★ (p.152) : amphithéâtre de Kourion, sanctuaire d'Apollon (p.167), le château de Kolossi (p.166) ou les plages de la région (Kourion ★★★ à l'ouest ou Amathous à l'est). Ceux qui préfèrent le calme et la tranquillité alliés aux charmes balnéaires préféreront passer leur séjour à Pissouri (p.169) par exemple (tout en explorant les mêmes sites).

› Jour 6 - Excursion au massif de Troodos

Trois jours pleins vous permettront de profiter de tous les aspects du massif. On passera cette première journée en randonnée.

› Jour 7 - Découverte des paysages du massif de Troodos

On continue l'exploration du massif de Troodos ★★ (p.217) en profitant de la diversité des différentes vallées.

› Jour 8 - Étapes culturelles à Troodos

Sur le chemin, on n'hésite pas également à aller visiter les nombreux sites culturelles (monastère de Kykkos ★, églises byzantines peintes, villages pittoresques).

› Jour 9 - Dernier jour sur le massif

On finira cette exploration du massif de Troodos ★★ (p.217) par une dernière randonnée, ou par la visite d'un lieu qu'on n'aura pas encore eu le temps de voir.

› Jour 10 - Traversée des vallées de Kyllades

Vers Paphos ★★★ (p.176). On rejoint Paphos ★★★ (p.176) par les vallées de Kyllades ★, peu visitées.

› Jour 11 - Sites archéologiques de Paphos

Les curiosités de Paphos ★★★ (p.176) pourront être visitées en une journée : le port, le site antique et ses mosaïques, les tombeaux des Rois. (p.186)

› Jour 12 - La région de Paphos

On passera au moins trois jours à explorer la région ★★ (p.171). Côté montagnes, on parcourra de superbes villages.

› Jour 13 - Forêt sans fin

Excursion dans la très belle vallée des Cèdres ★★, plantée d'environ deux milliers de spécimens de Cedrus Brevifolia.

› Jour 14 - Côte sauvage

On se rendra dans l'Akamas ★★ (p.212) depuis Paphos ★★★ (p.176) ou Polis ★ (p.209) (où l'on peut choisir de résider), une région sauvage et préservée que l'on peut parcourir à pied. Il s'y trouve, en plus, des plages éloignées et tranquilles comme celles du cap Lara ★ (p.199).

› Jour 15 - Petit station balnéaire de Kato Pyrgos

Enfin avec un véhicule, on ira jusqu'à Kato Pyrgos ★ (p.216) le long d'une côte nord bien différente, qui rappelle un peu celle du Portugal.

› Jour 16 - Vers la capitale de Chypre

Trajet jusqu'à Nicosie ★★★ par l'autoroute en s'arrêtant de temps en temps pour visiter quelques sites (temple d'Aphrodite, Choirokoitia...).

› Jour 17 - Découverte de Nicosie

Visite de la capitale, sa vieille ville ★★★ et le superbe **Cyprus Museum** (p.278), le plus beau musée de l'île.

› Jour 18 - Au nord de l'île

À partir de **Nicosie** ★★★ (p.253), découverte rapide du nord de l'île : le nord de Nicosie et ses superbes quartiers rénovés, ses édifices, le port de Kyrenia, les châteaux forts des montagnes.

› Jour 19 - Famagouste et ses fières ruines

Visite de la ville portuaire de **Famagouste** ★★★ (p.345), ses plages agréables et sa vieille ville ★★★ où il fait bon se balader.

› Jour 20 - Farniente et fiesta

Détente le jour sur la plage d'**Agia Napa** (p.135), et fête la nuit dans les discothèques de la première.

› Jour 21 - Dernier jour sur l'île

On profite des dernières heures à Chypre ★ sur les plages, par exemple sur celle de **Protaras** ★ (p.143).

LES INCONTOURNABLES DE CHYPRE

Ce circuit propose en une semaine de découvrir les nombreux points d'intérêts de Chypre ★, entre découverte du littoral, visite des sites historiques et balades dans de somptueux paysages.

› Jour 1 - Arrivée à Larnaka

Promenade dans la ville pour s'acclimater à l'ambiance chypriote : pittoresques quartiers turcs et **église Saint-Lazare** (p.109), promenade le long du front de mer et de ses terrasses, plage. Nuit à **Larnaka** ★★ (p.107).

› Jour 2 - Visite de la ville en profondeur

Visite du **musée Piérides** (p.116) et, au nord de la ville et la **mosquée du sultan Tekke** (p.117) au bord du **lac salé** (p.112). Nuit à **Larnaka** ★★ (p.107).

› Jour 3 - Escale à Limassol

Trajet **Larnaka** ★★ (p.107)-**Paphos** ★★★ (p.176), halte à **Limassol** ★ (p.152) et visite du centre-ville ★, nuit à **Paphos** ★★★ (p.176).

› Jour 4 - Sites archéologiques de Paphos

Les curiosités de **Paphos** ★★★ (p.176) pourront être visitées en une journée : le port, le site antique et ses mosaïques, les **tombeaux des Rois**. (p.186) On profitera également de la plage.

› Jour 5 - Excursion au massif de Troodos

Trajet **Paphos** ★★★ (p.176)-**Platres** ★★★ (p.226), visite des églises du massif du **Troodos** ★★ (p.217), nuit à **Platres** ★★★ (p.226).

› Jour 6 - Cap sur la capitale

Trajet **Platres** ★★★ (p.226)-Nicosie ★★★, visite du centre-ville ★, sa vieille ville ★★★ et le superbe **Cyprus Museum** (p.278), le plus beau musée de l'île. Nuit à Nicosie.

© ZINAIDASOPINA - SHUTTERSTOCK.COM

Agia Napa.

© IRINA PAPOYAN - SHUTTERSTOCK.COM

Le site antique de Salamine.

› Jour 7 - Dernières heures de farniente sur la plage

Trajet Nicosie-Larnaka ★★ (p.107), dernière plage à Larnaka ★★ (p.107), transfert à l'aéroport et départ.

TOUR DES PLAGES DE CHYPRE

Quoi de mieux que de passer des vacances à se détendre sur les plages. À Chypre ★, vous aurez le choix et pourrez partir à la découverte de l'île, de son sable fin et ses eaux turquoise.

› Jour 1 - Farniente sur les plages d'Agia Napa

Arrivée à l'aéroport de Larnaka ★★ (p.107), transfert à Agia Napa (p.135), plages d'Agia Napa (p.135), nuit à Agia Napa (p.135).

© AUTHOR'S IMAGE

Le rocher d'Aphrodite (Petra tou Romiou).

› Jour 2 - Activité sur l'eau

Plages d'Agia Napa (p.135). On pourra en profiter pour tester diverses activités nautiques.

› Jour 3 - Plages de sable fin et mer turquoise

On continue notre séjour farniente sur les plages d'Agia Napa (p.135).

› Jour 4 - Vers Limassol

Trajet Agia Napa (p.135)-Limassol ★ (p.152), plage du centre-ville ★ de Limassol ★ (p.152).

› Jour 5 - Petite excursion culturelle

On pourra passer la journée entre plages et visites de sites comme l'amphithéâtre de Kourion, sanctuaire d'Apollon (p.167)où le château de Kolossi (p.166).

› Jour 6 - Tranquillité et charme balnéaire

On pourra aller sur les plages aux alentours de Limassol ★ (p.152), à Pissouri (p.169) par exemple.

› Jour 7 - Cap sur Pharos

Trajet Limassol ★ (p.152)-Paphos ★★★ (p.176), plages de Paphos ★★★ (p.176), nuit à Paphos ★★★ (p.176).

› Jour 8 - Détente au bord de l'eau

Plages des environs de Paphos ★★★ (p.176). On pourra également visiter les sites antiques et les tombeaux des Rois (p.186). Nuit à Paphos ★★★ (p.176).

› Jour 9 - Retour vers Larnaka

Trajet Paphos ★★★ (p.176)-Larnaka ★★ (p.107), plage de Larnaka ★★ (p.107) et promenade dans la ville, transfert à l'aéroport et départ.

PRATIQUE

SE REPÉRER / SE DÉPLACER

DE L'AÉROPORT AU CENTRE-VILLE

La partie Sud de Chypre compte deux aéroports internationaux, à Larnaka (porte d'entrée principale) et à Paphos. Tous deux proposent des liaisons en bus efficaces vers le centre-ville ou les autres grandes villes de la partie Sud. Il y a également un aéroport dans la partie Nord, à Ercan, qui assure des liaisons vers Nicosie.

ARRIVÉE EN BATEAU

À cause de la guerre en Syrie, les ferries réguliers reliant Limassol à Beyrouth et Haïfa connaissent un trafic réduit, voire nul. En revanche, de nombreuses croisières sont proposées par plusieurs agences de voyages. Il est également possible de venir avec son propre bateau en abordant à Paphos, Larnaka ou dans l'immense marina de Limassol inaugurée en 2015.

TRANSPORTS EN COMMUN

La partie sud du pays compte un très bon réseau de bus organisé en cinq grandes compagnies dans les districts de Nicosie, Limassol, Paphos, Larnaka et Agia Napa qui desservent aussi bien les centres-villes que les villages. Dans la partie nord, une flotte de minibus privés permet aussi de se rendre à peu près partout.

VÉLO, TROTTINETTE & CO

- **Avant de louer un deux-roues,** sachez que le casque, comme en France, est obligatoire malgré la chaleur et qu'une seule personne de plus de 12 ans est autorisée à s'asseoir derrière le conducteur. Motos et scooters sont des véhicules idéals pour parcourir l'île.
- **La vieille ville de Nicosie ou les collines voisines des côtes se prêtent tout à fait bien à l'exploration à vélo.** Dans toutes les grandes villes, vous trouverez à louer des VTT. De plus, même si la côte est très touristique, il suffit souvent de faire 4 ou 5 km vers l'intérieur pour être en pleine nature.

EN VOITURE

Les routes se sont considérablement améliorées depuis quelques années. Moins de pistes, plus d'asphalte et une voie rapide pratique et efficace qui relie les grandes villes du Sud. Dans l'ensemble, les conducteurs sont assez prudents, en particulier en ville, où l'on trouve de nombreux ronds-points justement appelés « à l'anglaise ».

© MPALIS - ISTOCKPHOTO.COM

Route dans le Troodos.

ACCESSIBILITÉ

S'il est très facile de passer d'un côté à l'autre, attention, les voitures de location ne peuvent pas toutes passer la ligne verte délimitant Chypre Nord de la partie méridionale du pays. Il vous faudra soit louer un autre véhicule, soit prendre une assurance complémentaire ou un autre moyen de transport de l'autre côté.

LES ATTRAPE-TOURISTES

Les Chypriotes sont aimables et accueillants. Attention néanmoins aux surcoûts dans certains domaines, et en particulier (comme partout dans le monde) en ce qui concerne les taxis. Surveillez les compteurs ou demandez une estimation du prix de la course avant de partir.

LES PHRASES CLÉS

Bonjour, comment puis-je me rendre à…
Παρακαλώ, πώς θα μπορούσα να πάω στο…

Est-ce loin à pied ? Y a-t-il le métro ou un bus... pour y aller ?
Είναι μακρυά με τα πόδια; Μπορώ για πάρω το μετρό ή το λεωφορείο για να πάω εκεί;

Pouvez-vous me montrer cet endroit sur la carte s'il vous plait ?
Μπορείτε να μου δείξετε το μέρος αυτό στον χάρτη;

Où puis-je acheter les tickets de transport ? Est-ce que je peux payer en carte de crédit ?
Πού μπορώ να αγοράσω εισιτήρια για τα μέσα μαζικής μεταφοράς; Μπορώ να πληρώσω με πιστωτική κάρτα;

Où est la sortie ? A gauche, à droite ou tout droit ?
Πού είναι η έξοδος Αριστερά, δεξιά ή ευθεία;

Je suis perdu et je suis en retard, s'il vous plait, aidez-moi ! Merci beaucoup !
Χάθηκα και έχω καθυστερήσει, βοηθήστε με σας παρακαλώ! Σας ευχαριστώ πολύ!

PRATIQUE

A VOIR / A FAIRE

HORAIRES

Les principaux sites ouvrent de 8h à 20h pendant la haute saison. Tous les musées ainsi que les sites archéologiques sont fermés le jour de Noël, le jour de l'An et le jour de la Pâques orthodoxe. Les principaux sites archéologiques restent ouverts au public les autres jours fériés.

A RÉSERVER

Même si certains sites sont très prisés, vous ne ferez jamais la queue comme au Louvre. À part certaines visites guidées, nul besoin de réserver ses billets à l'avance.

BUDGET / BONS PLANS

L'accès aux principaux musées et sites archéologiques est gratuit le 18 avril à l'occasion de la journée internationale des monuments et des sites. Sinon les billets coûtent souvent moitié prix en basse saison.

LES ÉVÉNEMENTS

Pâques (en avril ou en mai selon les années) est sans doute la fête populaire grecque la plus marquante et chaleureuse. Elle fait aussi gonfler les prix et fait marcher le pays au ralenti, les musées seront fermés.

VISITES GUIDÉES

Si les plus grands sites proposent des visites guidées (souvent en anglais), sachez que la plupart des sites proposent des audioguides gratuits et géniaux en français à télécharger sur le site Visitcyprus.com.

FUMEURS

On ne fume pas dans les musées. Et encore moins en plein air, dans les sites archéologiques, parfois boisés et à la végétation très sèche en été. Attention danger !

LES PHRASES CLÉS

Bonjour, puis-je avoir deux entrées adultes et un enfant s'il vous plait ?
Θα ήθελα δύο εισιτήρια για ενήλικες και δύο για παιδιά παρακαλώ.

Le tarif enfant est jusqu'à quel âge ? Et pour les seniors, est-ce qu'il y a une réduction ?
Μέχρι ποια ηλικία θεωρείται κανείς παιδί; Υπάρχει έκπτωση για τους συνταξιούχους;

Est-ce qu'il y a des visites guidées en français ou un audioguide ?
Υπάρχει ξενάγηση στα γαλλικά ή ηχητική ξενάγηση;

Combien de temps faut-il pour faire la visite ?
Πόσο διαρκεί η επίσκεψη;

J'ai du mal à monter les escaliers, avez-vous un ascenseur ?
Οι σκάλες με δυσκολεύουν, υπάρχει ασανσέρ;

Excusez-moi, pouvez-vous me dire où sont les toilettes ? Merci beaucoup.
Με συγχωρείτε, πού είναι οι τουαλέτες; Σας ευχαριστώ πολύ.

PRATIQUE

SE RÉGALER

HORAIRES

Le déjeuner (des locaux) commence souvent vers 14h, voire après, et le dîner rarement avant 21h ou 22h. Mais il n'est pas rare qu'un établissement serve aussi des cafés et des collations à partir de 9h.

BUDGET / BONS PLANS

Au Sud comme au Nord, un « gyros » (ou sandwich « grec » ou « turc ») vous calera à petit prix. Sinon, les tavernes servent des plats traditionnels plutôt bon marché, avec des additions autour de 15 € par personne.

EN SUPPLÉMENT

Attention : dans les restaurants, le pain est parfois facturé (par personne) et l'eau souvent fournie arbitrairement en bouteille d'eau minérale. Ce sont de (petits) suppléments à prendre en compte au moment de l'addition.

C'EST TRÈS LOCAL

À part dans les restaurants chics ou internationaux, vous commanderez volontiers des mezzés à partager et où tout le monde peut piocher plutôt que des plats individuels.

A ÉVITER

On ne mange pas toujours très bien à Chypre, dans le Sud comme dans le Nord, notamment dans les coins les plus touristiques. Comme partout, nous recommandons de fuir les menus traduits en dix langues…

ENFANTS

Ils sont bruyants (les nôtres y compris), mais l'avantage est qu'ils sont les bienvenus partout et bien accueillis. Dans le Sud, il y a souvent des chaises hautes pour les bébés dans les restaurants, à l'anglaise.

FUMEURS

Dans le Sud, l'interdiction de fumer à l'intérieur des établissements est plutôt strictement appliquée. Dans le Nord, c'est un peu moins vrai.

LES ATTRAPE-TOURISTES

À part fuir les rabatteurs, rien de grave à signaler…

LES PHRASES CLÉS

Bonjour, je voudrais réserver une table pour deux personnes pour ce midi ou ce soir.
Γεια σας, θα ήθελα να κλείσω ένα τραπέζι για δύο σήμερα το μεσημέρι ή το απόγευμα

Avez-vous un menu en français ou en anglais ?
Υπάρχει μενού στα Γαλλικά ή τα Αγγλικά;

Je suis végétarien, y a t-il des plats sans viande ?
Είμαι *vegetarian*, έχετε πιάτα χωρίς κρέας;

Je n'ai vraiment plus faim mais avez-vous une carte des desserts ?
Έχω χορτάσει αλλά θα ήθελα να δω το μενού με τα επιδόρπια.

Puis-je avoir l'addition s'il vous plait ? Je peux payer par carte ou en espèces ?
Τον λογαριασμό παρακαλώ. Μπορώ να πληρώσω με κάρτα ή μόνο μετρητά;

C'était très bon, nous reviendrons. Merci et à bientôt.
Ήταν πεντανόστιμα, θα έρθουμε ξανά. Ευχαριστούμε πολύ, εις το επανιδείν.

PRATIQUE

FAIRE UNE PAUSE

HORAIRES
On commence dès 8h, si ce n'est avant. Au Sud comme au Nord, le café, grec ou turc, fait partie de la culture et se boit toute la journée. Et pendant aussi longtemps qu'on veut. Le soir, les établissements ferment tard, souvent avec le dernier client, surtout l'été.

BUDGET / BONS PLANS
Attention : les cafés ne sont pas donnés à Chypre, du moins dans le Sud. Mais comme en Grèce, les clients s'éternisent et les frappés à 4 € durent longtemps ! Dans le Nord, le café turc est meilleur marché (et peut se boire aussi lentement...).

A PARTIR DE QUEL ÂGE
Les enfants sont les bienvenus dans les cafés. Dans les bars et le soir, l'alcool est interdit aux moins de 18 ans.

C'EST TRÈS LOCAL
Suivant l'horaire, vous testerez le café frappé (froid, à siroter) en journée, et les bières et vins locaux plutôt le soir. Parfois, vous pourrez aussi demander à fumer un narguilé.

ENFANTS
Comme dans les restaurants, ils sont les bienvenus. Les enfants sont rois et leur niveau sonore très bien toléré !

FUMEURS
Dans le Sud, l'interdiction de fumer à l'intérieur des établissements est plutôt strictement appliquée. Dans le Nord, c'est un peu moins vrai.

LES ATTRAPE-TOURISTES
Attention simplement aux vins locaux, parfois chers, et qui peuvent faire mal à la tête !

LES PHRASES CLÉS

Bonjour, quelle est la spécialité de la maison ? Nous voulons découvrir.
Γεια σας, ποια είναι η σπεσιαλιτέ σας; Θέλουμε να τη δοκιμάσουμε.

Avez-vous de la place en terrasse ?
Έχετε δωμάτιο στην αυλή;

Quel est votre nom ? Je m'appelle... Ravi de vous rencontrer !
Πώς λέγεστε; Το όνομά μου είναι... Χάρηκα πολύ που σας γνώρισα!

A votre santé ! Zut, j'ai renversé mon verre... pouvez-vous m'aider ?
Στην υγειά μας! Ωχ, έχυσα το ποτό μου, μπορείτε να με βοηθήσετε;

C'était très bon. Nous allons reprendre la même chose s'il vous plait.
Ήταν νοστιμότατο. Θέλουμε άλλο ένα παρακαλώ.

PRATIQUE

(SE) FAIRE PLAISIR

HORAIRES

Les magasins adaptent leurs horaires au climat, de façon à pouvoir supporter les fortes chaleurs. Certains commerces font juste une pause de deux heures dans l'après-midi pour rouvrir dans la soirée. Mais dans les zones très touristiques, pas de problème pour trouver un magasin ouvert n'importe quand ou presque.

BUDGET / BONS PLANS

Globalement et sans surprise, tout est moins cher du côté Nord, à condition d'acheter des articles (loukoums, tapis et kilims…) authentiques.

SOLDES

Comme ailleurs, une première période de soldes commence dès la première semaine de janvier. Elles ont lieu aux mêmes dates qu'ailleurs en Europe. Le « Black Friday » est aussi arrivé sur l'île.

C'EST TRÈS LOCAL

Parmi les rares spécialités de l'île figurent icônes, dentelle, vin, loukoums, tapis et kilims… Attention toutefois à vérifier qu'il s'agit bien de productions locales et pas importées…

LES ATTRAPE-TOURISTES

Attention aux contrefaçons, notamment à Nicosie-Nord. Si vous logez au Sud, ne faites pas de folies non plus : la valeur maximale des achats pouvant entrer dans la République de Chypre depuis le territoire occupé est en effet fixée à 200 €. Si vous êtes contrôlé, vous perdrez votre achat…

LES PHRASES CLÉS

Bonjour, c'est superbe, mais combien ça coûte ?
Αυτό είναι πολύ όμορφο, πόσο κοστίζει;

Vous auriez ma taille ? Où se trouvent les cabines d'essayage ?
Το έχετε στο μέγεθός μου; Πού είναι τα δοκιμαστήρια;

Est ce que je pourrai vous le rapporter et l'échanger si ça ne va pas ?
Εάν δεν μου κάνει μπορώ να το επιστρέψω;

J'ai trop dépensé aujourd'hui, pouvez-vous me faire une réduction sympa ?
Έχω ξοδέψει πολλά σήμερα, θα μπορούσατε να μου κάνετε έκπτωση;

Je prendrai celui-ci. Pouvez-vous me faire un paquet cadeau ?
Θα πάρω αυτό. Θα μου το τυλίξετε για δώρο;

Vous prenez la carte de crédit ? Où puis-je trouver un distributeur de billets ?
Δέχεστε πιστωτικές κάρτες; Πού μπορώ να βρω ATM;

PRATIQUE

BOUGER & BULLER

BUDGET / BONS PLANS

Les activités gratuites sont rares et surtout compliquées dans les grandes villes. Mais il suffit de parcourir quelques kilomètres pour pouvoir faire une randonnée ou une balade en VTT. Sans compter les possibilités de baignade, jamais loin…

C'EST TRÈS LOCAL

Le vélo est souvent pratiqué à Chypre-Sud en dehors des grandes villes et beaucoup de groupes sur les réseaux sociaux proposent des sorties gratuites. Vous pouvez aussi plonger autour des épaves, surtout au large de Larnaka et de Limassol.

VOS PAPIERS SVP

Si vous pratiquez une activité à risque (comme la plongée) dans la partie Nord, assurez-vous d'être bien couvert par votre assurance avant de partir.

A RÉSERVER

Si vous voulez participer à des manifestations comme le marathon de Chypre, à Paphos (https://logicomcyprusmarathon.com), surveillez les dates en mars.

LES ÉVÉNEMENTS

Vous pouvez aussi surveiller, comme spectateur, les dates des grands matches des championnats, des équipes de football ou de basket.

LES ATTRAPE-TOURISTES

Comme partout, évitez d'acheter un billet à la sauvette (et surtout à un prix faussement cassé) à l'entrée d'un stade.

LES PHRASES CLÉS

Bonjour, comment puis-je me rendre à… ? Est-ce loin ?
Παρακαλώ, πώς θα μπορούσα να πάω στο...; - Είναι μακρυά;

J'aimerais aller courir. Il y a un coin sympa pour cela dans la ville ?
Θα ήθελα να πάω για τρέξιμο. Υπάρχει κάποιο όμορφο μέρος για τρέξιμο στην πόλη;

J'adore cuisiner. Savez-vous où je peux trouver des cours de cuisine ?
Μου αρέσει η μαγειρική. Πού θα μπορούσα να παρακολουθήσω μαθήματα μαγειρικής;

Vous pourriez m'indiquer une salle de sport pas très loin ?
Μπορείτε να μου πείτε πού είναι το πιο κοντινό δημόσιο γυμναστήριο;

Quel est le sport national ?
Ποιο είναι το εθνικό άθλημα;

Pensez-vous que nous pourrions voir cela ou même participer ?
Θα μπορούσαμε να το παρακολουθήσουμε ή να το δοκιμάσουμε;

SORTIR

HORAIRES
Au Sud comme au Nord, les Chypriotes sortent tard, souvent le vendredi et le samedi, et généralement à partir de 22h. Pour parfois rentrer tôt le matin.

BUDGET / BONS PLANS
Sortir n'est pas forcément onéreux. Beaucoup d'étudiants par exemple profitent d'événements culturels (expositions, concerts…) proposés dans de nombreux bars pour le prix d'une consommation. Les festivals sont aussi très abordables.

A RÉSERVER
À part les spectacles, quelques places de cinéma et de concert se réservent en ligne au préalable.

TRANSPORTS NOCTURNES
Où que vous soyez à Chypre, vous devriez facilement rentrer en taxi le soir et pour pas très cher. Dans les grandes villes de la partie Sud, le réseau de bus est généralement très développé et adapté aux horaires nocturnes des vacanciers…

A PARTIR DE QUEL ÂGE
Les enfants sont souvent les bienvenus (et même présents) dans la plupart des événements culturels.

C'EST TRÈS LOCAL
Comme chaque pays, Chypre a son lot de manifestations folkloriques. Mention spéciale à la fête de Kataklysmos (la Pentecôte), prétexte à de sympathiques batailles d'eau, ou au festival d'Anthestiria avec ses cortèges de fleurs, célébration de la renaissance de l'homme et de la nature dans la Grèce antique…

FUMEURS
Fumer est théoriquement interdit dans les établissements. Même si la législation s'adoucit plus tard le soir, la question ne se pose pas trop quand on est (le plus souvent) en terrasse.

LES ATTRAPE-TOURISTES
Rien à signaler à part éviter les établissements qui ont besoin de rabatteurs. C'est souvent de mauvais augure !

LES PHRASES CLÉS

Bonsoir, comment puis-je me rendre à…
Καλησπέρα, πώς μπορώ να πάω στο…

Est ce que cet endroit est tranquille ? Il n'y a pas de problème de sécurité ?
Είναι ήσυχο μέρος; Υπάρχουν θέματα ασφαλείας;

J'aimerais voir un spectacle typique ! Qu'est-ce qu'il y a en ce moment ?
Θα ήθελα πολύ να δω μια παραδοσιακή παράσταση! Ποιες παραστάσεις ανεβαίνουν τωρα;

Je ne comprends pas… pouvez-vous répéter s'il vous plait ? Merci.
Δεν σας κατάλαβα, μπορείτε να επαναλάβετε; Σας ευχαριστώ.

Est-ce que je peux vous offrir un verre ? Quel est le meilleur cocktail de la maison ?
Θα μπορούσα να σας κεράσω ένα ποτό; Ποιο είναι το καλύτερο κοκτέιλ σας;

J'ai la gueule de bois, auriez-vous quelque chose pour que j'aille mieux ?
Έχω πολύ δυνατό πονοκέφαλο, έχετε να μου δώσετε κάτι που θα με βοηθήσει;

PRATIQUE

SE LOGER

BUDGET / BONS PLANS

La meilleure idée, quand on a le choix, est de voyager en juin ou en septembre, quand les prix fondent… ou n'ont pas encore gonflé. Pour des prix plus doux, on peut aussi passer la ligne verte, et se loger à Nicosie-Nord par exemple.

A RÉSERVER

A contrario, il est souvent impératif de réserver entre le 15 juillet et la fin août, du moins dans les régions les plus touristiques. En plein été, les plus grands hôtels sont souvent remplis par les tour-opérateurs.

C'EST TRÈS LOCAL

Pouvoir passer de l'autre côté de la ligne verte et loger quasiment dans un autre pays, souvent pour moins cher, est pratique et déroutant. Cela pose aussi quelques problèmes pratiques (attention à l'usage de son téléphone et aux frais de conversion, car on change aussi de devise).

POUR LES GOURMANDS

Les petits déjeuners ne sont pas les points forts de la gastronomie chypriote-grecque, au Sud. Au Nord, vous aurez parfois droit à un festin oriental avec légumes et fromage (mais mieux vaut le savoir…).

FUMEURS

Dans les hôtels, veillez à scrupuleusement respecter les interdictions de fumer dans les chambres. Mais pour le plus grand bonheur des fumeurs, beaucoup de chambres ont des balcons (avec des vues).

LES ATTRAPE-TOURISTES

Comme partout, attention aux mauvaises surprises dans les grandes villes quand, faute de trouver un hôtel, on se rabat sur la plateforme AirBnb.

LES PHRASES CLÉS

Bonjour, avez-vous de la disponibilité pour une chambre double pour ce soir ou demain soir ?
Γεια σας, υπάρχει διαθέσιμο δίκλινο δωμάτιο για σήμερα ή αύριο;

Avez-vous un code wifi… les enfants ne tiendront pas sans !
Έχετε κωδικό για το *Wi-Fi*, αλλιώς τα παιδιά μου θα τρελαθούν!

C'est bruyant, est ce que je peux changer de chambre ?
Το δωμάτιό μου έχει θόρυβο, μπορώ να μετακινηθώ σε άλλο;

Jusqu'à quelle heure est-ce que nous pouvons aller à la salle de sport et à la piscine ?
Τι ώρα κλείνουν η πισίνα και το γυμναστήριο;

Est-ce que je peux laisser mon bagage et revenir plus tard le récupérer ?
Μπορώ να αφήσω τις αποσκευές μου και να τις πάρω αργότερα;

Est-ce que vous pouvez nous appeler un taxi ? Merci beaucoup.
Μπορείτε να μας καλέσετε ένα ταξί; Σας ευχαριστώ πολύ.

VIE QUOTIDIENNE

ALLO ?

Si vous souhaitez téléphoner à Chypre Sud, vous devez composer l'indicatif 357. Pour la partie Nord, c'est le 90 392 (car il faut d'abord passer par la Turquie). Si vous souhaitez garder votre forfait français, vous ne paierez pas plus cher en appelant des correspondants français depuis le Sud de l'île depuis la fin de frais de roaming entrée en vigueur dans l'Union européenne. Faites très attention cependant : cet avantage ne s'applique pas à la partie turque. Pensez à bien désactiver votre itinérance de l'autre côté.

ACCESSIBILITÉ

La plupart des hôtels du Sud sont accessibles aux personnes en fauteuil roulant. Il en est de même pour les musées récents. En revanche, c'est beaucoup moins vrai dans le Nord…

SANTÉ

Si aucun risque particulier n'est à signaler (à part le soleil), partez quand même avec votre Carte européenne d'assurance maladie (valable seulement dans la partie Sud) pour être soigné si nécessaire.

URGENCES SUR PLACE

En appel local, le numéro d'urgence européen 112 permet d'avoir aussi bien les pompiers, les ambulances que la police. En cas de problème, un réflexe : contactez le consulat de France. Il se chargera de vous aider, de vous accompagner et vous fournira la liste des médecins francophones.

SÉCURITÉ

À part les précautions d'usage dans certains quartiers tard le soir et les vols dans les zones touristiques, les risques sont faibles.

LGBTQ

L'homosexualité reste un tabou dans la société chypriote, même si les couples étrangers ne rencontrent pas de problème particulier lors d'un séjour sur l'île. Dans la partie Sud, elle a été décriminalisée seulement depuis 1998, dans le

cadre du processus d'adhésion à l'UE. La partie Nord a quant à elle attendu 2014 pour faire de même.

AMBASSADE ET CONSULATS

Parmi les pays francophones, seules la France, la Belgique et la Suisse possèdent une ambassade à Chypre. Les consulats des autres pays dépendent le plus souvent de leurs ambassades respectives à Athènes, en Grèce. L'ambassade de France à Chypre se trouve à Nicosie au 34 Demostheni Severi avenue, 2e étage, Agioi Omologitai (tél (+357) 22 58 53 00).

POSTE

Même si le courrier postal est moins usité qu'avant, les principales postes continuent à fonctionner dans le Sud, généralement de 7h30 à 13h30. Poster des cartes dans le Nord est aussi assez aisé et les timbres sont assez recherchés. N'oubliez pas d'inscrire en bas de l'adresse Mersin 10-Turkey, sinon la lettre n'arrivera pas à destination.

MÉDIAS LOCAUX

Dans la République de Chypre, au Sud, on peut se targuer de diffuser 7 quotidiens et 31 hebdomadaires en grec. La presse écrite anglophone comprend des quotidiens comme le *Cyprus Mail* ou l'hebdomadaire *Cyprus Weekly*. On pourra également consulter en ligne le site CyprusNews.eu. Sans surprise, dans le nord de Chypre, plusieurs quotidiens locaux en langue turque sont disponibles, aussi bien que des journaux turcs continentaux.

LES PHRASES CLÉS

Bonjour, mon téléphone ne fonctionne pas, pouvez-vous m'aider s'il vous plait ?
Γειά σας, το τηλέφωνό μου δεν λειτουργεί, μπορείτε να με βοηθήσετε;

Je ne me sens pas bien, pouvez-vous m'amener à l'hôpital le plus proche ?
Δεν νιώθω καλά, μπορείτε να με πάτε στο πιο κοντινό νοσοκομείο;

Est-ce que vous avez un médecin qui parle français ?
Υπάρχει γιατρός που να μιλάει γαλλικά;

Je viens de me faire voler mes papiers, où est le poste de Police le plus proche ?
Μόλις μου έκλεψαν το διαβατήριο, πού είναι το πιο κοντινό αστυνομικό τμήμα;

Est-ce un quartier dangereux ou je peux y aller sans crainte ?
Αυτή η περιοχή είναι επικίνδυνη ή μπορώ να κάνω βόλτα χωρίς να ανησυχώ;

Avez-vous des timbres pour une carte postale à envoyer en France ? C'est combien ?
Έχετε γραμματόσημα για τη Γαλλία; Πόσο κοστίζουν;

VERSION NUMÉRIQUE OFFERTE

Obtenez votre guide numérique en scannant ce QR code

ou rendez-vous sur le site **www.ebookfute.com** avec le code avantage

2WA9V4

OFFRE VALABLE JUSQU'À L'ARRÊT DE COMMERCIALISATION DU TITRE EN FRANCE MÉTROPOLITAINE ET DANS LE MONDE ET SOUS RÉSERVE QUE LE NOMBRE DE TÉLÉCHARGEMENTS SOIT INFÉRIEUR

DÉCOUVRIR

Avec sa drôle de forme évoquant une guitare ou un espadon, Chypre est une invitation à la rêverie et au voyage. En même temps, dominée par le massif du Troodos et baignée par les eaux de la Méditerranée, c'est aussi incontestablement une île aux contours difficiles à cerner. Au quotidien, elle vit avec deux monnaies, deux langues et une ligne de démarcation à traverser ! Géographiquement et culturellement très orientale, la République chypriote n'en est pas moins solidement arrimée au Vieux Continent. Chypre reste l'île des parasols et des paradoxes. Le touriste bénéficiera sur place de deux destinations pour le prix d'une, toutes deux faciles à parcourir. Divisée depuis 1963 et partiellement occupée par la Turquie depuis 1974, son histoire est évidemment complexe. Depuis 11 000 ans, la position stratégique et les ressources naturelles de l'île ont attiré bien des conquérants qui ont chacun laissé des traces et forgé son identité.

UNE ÎLE TOURISTIQUE, MAIS DIVISÉE

Chypre, c'est l'île des parasols et des paradoxes. Divisée depuis 1963 et partiellement occupée par la Turquie depuis 1974, sa réunification demeure un casse-tête pour les diplomates. C'est l'un des endroits sur la planète où la concentration militaire est la plus forte, en particulier dans la partie Nord, où l'on compte plus d'un soldat pour dix habitants. Et puis, il y a les tracasseries liées à la partition : deux monnaies, deux langues, une ligne de démarcation à traverser, avec d'un côté toutes les facilités d'un État membre de l'UE, et de l'autre un embargo international. Pourtant, c'est une destination ultra prisée. Rapporté à la population de 1,2 million d'habitants, c'est l'un des pays qui attirent le plus de touristes : plus de 5 millions de visiteurs en 2018, dont 3,8 millions rien que pour la partie Sud. Seules quelques micro-nations comme le Vatican ou Monaco font mieux. Pour bien profiter de Chypre, il suffit juste d'en maîtriser certaines clés. Et d'éviter les sujets qui fâchent.

Se rendre dans la partie Nord

Avant l'ouverture du premier point de passage, en 2003, la partie Nord de Chypre attirait déjà des touristes. Mais ceux-ci ne pouvaient se rendre dans le reste de l'île. Il en allait de même pour les habitants et les touristes de la partie Sud : pour eux, Chypre s'arrêtait à la zone tampon. Depuis 2003, tout a changé. Avec désormais neuf points de passage, on peut séjourner dans le Sud et visiter le Nord ou inversement. Il n'existe toutefois aucun transport en commun entre les deux parties de l'île. Et, surtout, comme il s'agit d'une région occupée illégalement par la Turquie, vous entrez dans un État non reconnu, l'autoproclamée « République turque de Chypre Nord ». Ici, votre ambassade ne pourra officiellement rien faire pour vous en cas de souci.

▶ **Embargo.** Du fait de l'occupation turque, la partie Nord est soumise à toute une série de contraintes juridiques. Le territoire fait ainsi l'objet d'un embargo international. En théorie, rien ni personne ne peut y entrer ou en sortir. Mais la Turquie n'applique pas cet embargo et constitue le principal lien entre la partie Nord et le reste du monde.

▶ **Formalités.** En tant que ressortissant de l'Union européenne, de la Suisse ou du Canada, vous ne rencontrerez aucun souci pour venir ici : seul un passeport ou une carte d'identité en cours de validité est nécessaire.

▶ **Arrivée par la partie Sud.** Vous atterrissez à l'aéroport de Larnaka ou à celui de Paphos. Vous traversez la zone tampon par l'un des points de passage et vous séjournez jusqu'à 90 jours dans la partie Nord (la « République turque de Chypre Nord » accorde un visa automatique de 90 jours). Vous pouvez alors faire autant d'aller-retour que vous le voulez entre le Nord et le Sud. Vous repartez ensuite soit par la partie Sud, soit directement par la partie Nord (aéroport d'Ercan). En revanche, vous ne pouvez pas – en théorie – arriver par la partie Nord et repartir par la partie Sud : comme vous n'avez pas été enregistré à votre arrivée par les autorités locales, vous risquez d'être refoulé lors des contrôles d'embarquement. Parfois, ça passe, mais c'est risqué.

▶ **Arrivée par un autre pays.** Comme aucun État à part la Turquie n'a de relation officielle avec la « République turque de Chypre Nord », les avions et bateaux qui desservent la partie Nord doivent donc passer par la Turquie. En bateau, la Turquie dispose de liaisons maritimes régulières avec les ports de Kyrenia et de Famagouste. Côté avion, dans la partie Nord, l'aéroport international Ercan affiche de nombreuses liaisons avec l'Europe. L'astuce ? À l'aller comme au retour, tous les vols transitent par un aéroport situé en Turquie. Soit les avions font une escale classique, soit ils effectuent un « touch-down » sur la piste avant de repartir (seul le train d'atterrissage touche le sol). Cette dernière option était la plus courante, mais elle fait l'objet d'un encadrement plus strict pour certaines compagnies depuis 2017. Ainsi, désormais, de plus en plus de vols font une vraie escale de 1 à 2 heures en Turquie. C'est un élément à prendre en compte pour la durée totale du vol déjà relativement longue depuis l'Europe occidentale. Dans tous les cas, une fois sur place, vous pouvez passer dans la partie Sud et y séjourner. Mais vous devez ensuite repartir par la partie Nord avant 90 jours.

© DPIMENOV - SHUTTERSTOCK.COM

Zone tampon de Nicosie.

Argent. L'euro est la monnaie officielle à Chypre, y compris dans le Territoire britannique des zones souveraines d'Akrotiri et de Dhekelia, mais c'est la livre turque qui a cours dans la zone sous occupation turque. Près des points de passage de la zone tampon, on trouve des distributeurs automatiques de billets, mais aussi des bureaux de change au taux souvent plus avantageux. L'euro est accepté dans certains commerces de la partie Nord. En revanche, personne ne prend les livres turques dans la partie Sud, sauf les bureaux de change.

Santé. On trouve des hôpitaux, des médecins et des pharmaciens facilement dans la zone d'occupation turque. Mais la carte européenne de soins de santé, qui est valable dans la partie Sud, ne l'est pas dans la partie Nord. Vérifiez bien en amont quels sont vos droits, et si nécessaire contractez un contrat d'assurance couvrant les frais médicaux non pris en charge par votre couverture médicale habituelle. Il est également conseillé de souscrire une assurance de rapatriement sanitaire.

Location de voiture. Le permis de conduire international est valable à travers toute l'île, mais il est impossible de passer dans la partie Sud avec un véhicule loué dans la partie Nord. De plus, certaines agences de la partie Sud se montrent très réticentes envers les clients voulant passer dans la partie Nord. Si vous parvenez tout de même à avoir une auto, lors du passage de la zone tampon, il faut souscrire une assurance complémentaire. En effet, la vôtre n'est pas valable dans la partie Nord. On trouve des bureaux d'assureurs à tous les points de passage dès l'arrivée en zone Nord *(tous les jours 8h-17h, jusqu'à 22h au point de passage Agios Dometios-Metehan - tarifs : 3 jours 20 €, un mois 35 €)*.

Achats limités. À chaque passage de la zone tampon, il est interdit de rapporter de la partie Nord vers la partie Sud plus d'un litre de boissons alcoolisées, plus de 40 cigarettes, des biens d'une valeur totale dépassant 260 € par personne.

Téléphonie. Aucun souci. Votre téléphone portable fonctionnera comme dans n'importe quel pays de l'Union européenne, au Sud comme au Nord. Depuis 2019, l'UE a mis en place un système d'interopérabilité entre les opérateurs chypriotes (au Sud) et turcs (au Nord). Avant cela, tout était plus compliqué, avec, notamment, l'application de tarifs internationaux dans la zone Nord.

Tourisme éthique. Même pour bronzer et profiter des nombreux atouts de la partie Nord, difficile de venir ici sans se poser quelques questions. Il s'agit en effet d'un territoire de l'Union européenne occupé par l'armée turque et où nombre de lois internationales ne sont pas respectées. Le tourisme représente ici une manne économique, mais aussi une arme politique : chaque visiteur qui accepte les contrôles illégaux à l'entrée de la zone Nord apporte une forme de reconnaissance implicite à un État non reconnu par la communauté internationale. Enfin, d'un point de vue pratique, comme ce « pays » n'existe théoriquement pas, on va au-devant de grosses complications administratives (avec les frais financiers qui vont de pair) en cas d'accident sur cette partie du territoire. C'est donc avec prudence que l'on recommande de pénétrer au nord de l'île. Il n'en demeure pas moins que la population chypriote turque – majoritairement lassée de la présence de l'armée turque et favorable à la réunification – est, elle aussi, l'otage de cette situation ubuesque.

La zone tampon

Depuis 1964, le pays est séparé par cette ligne de démarcation qui s'étire sur 180 km de longueur. Elle occupe 346 km², soit près de 4 % de la superficie de l'île. Interdite d'accès sauf en de rares endroits, elle est contrôlée par les Casques bleus dans sa partie centrale, des soldats grecs et chypriotes grecs au sud et des soldats turcs et chypriotes turcs au nord.

Une attraction touristique. Ce n'est pas politiquement correct de le dire, mais la zone tampon est l'une des attractions de Chypre. Avec ses miradors, ses barbelés, ses bunkers et ses bâtiments abandonnés, cette ligne de démarcation est très impressionnante, notamment à Nicosie, dernière capitale divisée. C'est le seul endroit au monde où l'on peut voir une telle séparation aussi facilement et sans risque. Des excursions en bus sont même organisées à Varosha, ville fantôme située à côté de Famagouste, qui fut le « Saint-Tropez chypriote » avant 1974. Certes, il subsiste de nombreuses zones minées, mais celles-ci sont bien signalées et très difficiles d'accès. Et avec désormais neuf points de passage entre le Nord et le Sud, il faut vraiment le vouloir pour se retrouver dans un coin dangereux. Au pire, vous risquez de vous faire reprendre à l'ordre si vous tentez de prendre une photo des installations militaires qui marquent la séparation : c'est strictement interdit et clairement signalé en plusieurs langues. Les soldats qui montent la garde vous le rappelleront de manière plus ou moins sympathique. Les habitants qui vivent à côté, eux non plus, n'aiment pas trop voir les touristes faire des selfies devant les ruines et les barbelés, car la zone tampon demeure pour eux une cicatrice aussi honteuse que douloureuse.

« Ligne verte » ou « ligne Attila » ? Le nom de « zone tampon » est le même en turc *(tampon bölge)* et en anglais *(buffer zone)*, mais la traduction est différente en grec, puisqu'elle est appelée « zone morte » *(nekri zoni)*. Cette ligne de démarcation est aussi connue sous deux autres noms. Le plus souvent, elle est surnommée « ligne verte » (*prasini grammi* en grec, *yeşil hat* en turc, *green line* en anglais), et cela par un hasard de l'histoire. En décembre 1963, lors du conflit entre communautés (« le Noël sanglant »), des troupes britanniques s'interposèrent en certains points. Le 30 décembre, leur commandant, le général Peter Young (1912-1976), dessina sur une carte d'état-major le tracé d'une ligne de cessez-le-feu. Pour cela, il utilisa un crayon de couleur verte. Le nom est resté. Et c'est le long de cette « ligne verte » que furent déployés les Casques bleus à partir du 4 mars 1964. Toutefois, le nom de « ligne verte » est contesté, car le tracé initial a été modifié à certains endroits lors de l'invasion turque de l'été 1974. Cette opération militaire reçut le nom de code d'Attila. Et le surnom de « ligne Attila » est aussi utilisé depuis pour désigner la zone tampon. Il est moins courant, mais il correspond davantage à la réalité sur le terrain.

Une zone pas si « morte » que cela

Le nom grec de « zone morte » donné à la zone tampon convient assez bien quand on songe aux dizaines de villages abandonnés et aux champs minés qui se trouvent entre le nord et le sud de l'île. Mais cette ligne est en fait bien plus « verte » qu'on l'imagine. Déjà, c'est devenu une véritable réserve naturelle avec une flore et une faune qui prospèrent à l'écart des hommes. De plus, certains agriculteurs sont autorisés à y exploiter des champs. Depuis 2015, l'ingénieur biologiste français Nicolas Netien y a ainsi planté 6 000 oliviers à partir desquels il réalise une huile d'olive réputée être la meilleure au monde. La zone tampon abrite aussi de nombreux habi-

Une partie de la ligne verte à Nicosie.

© SAHAN NUHOGLU - SHUTTERSTOCK.COM

Passage de « frontière » à Nicosie, Ledra Palace.

tants : ceux-ci résident d'une part dans certains quartiers de Nicosie placés techniquement dans la zone tampon, et près de 10 000 personnes vivent dans quatre villages qui n'ont pas été abandonnés en 1974 et où les policiers de l'Onu ont autorité. Il s'agit de Denia, Athienou, Troulli et Pyla. Ce dernier, situé dans le district de Larnaka, est d'ailleurs un des seuls endroits de l'île où Chypriotes grecs et Chypriotes turcs vivent encore ensemble.

Les points de passage entre le Nord et le Sud

Ressemblant à des postes-frontière, neuf points de passage permettent de traverser la zone tampon entre le nord et le sud de l'île. Ils sont tous ouverts 7j/7 et 24h/24, sauf lors de travaux d'entretien. Il faut présenter une carte d'identité ou un passeport en cours de validité de part et d'autre. Au nord, ce sont les policiers de la « République turque de Chypre Nord » qui assurent les contrôles. Au sud, la tâche incombe aux policiers chypriotes ou, à deux endroits, aux douaniers de la zone britannique de Dhekelia. Le terme « point de passage » se dit *crossing point* en anglais, *simio dielefsis* en grec et *kapısı* en turc. De la baie de Morphou à la région de Famagouste, voici les neuf points de passage.

- **Kato Pyrgos-Yeşilırmak** *(voitures, cyclistes et piétons)*. Ouvert en 2010, il est situé le long de la côte nord, sur la baie de Morphou. Il relie le village sud de Kato Pyrgos (51 km au nord-est de Polis) au village nord de Limnitis, renommé Yeşilırmak (33 km à l'ouest de Morphou). C'est le point de passage le plus proche (11 km) de la poche de Kokkina (Erenköy) sous occupation turque.
- **Apliki-Lefka** *(voitures, cyclistes et piétons)*. Ouvert en 2018, il est situé entre l'ancienne mine d'Apliki (côté sud) et le petit village d'Apliki/Aplıç (côté nord). Côté nord, il se trouve à 3 km au sud de la ville de Lefka/Lefke, elle-même à 5 km au sud de baie de Morphou et à 21 km au sud-ouest de la ville de Morphou/Güzelyurt. Côté sud, en revanche, il n'y a rien à proximité du point de passage, sauf l'ancienne mine (bronze, or et pyrite). Mais cela permet de désenclaver Lefka et de relier la ville directement au massif du Troodos, avec le village d'altitude de Moutoullas placé à 14 km au sud de la ligne de démarcation.
- **Astromeritis-Bostancı à Morphou** *(voitures uniquement)*. Ouvert en 2005, il est situé dans le *no man's land*, à côté d'une base des Casques bleus, 700 m au sud-est du village de Zodia/Bostancı (côté nord) et 3 km au nord-ouest du village d'Astromeritis (côté sud). Il est très pratique pour se rendre à Morphou/Güzelyurt (6 km au nord).
- **Agios Dometios-Metehan à Nicosie** *(voitures, cyclistes et piétons)*. Ouvert en 2005, il relie les parties sud et nord d'Agios Dometios, faubourg de Nicosie divisé par la zone tampon : la partie sud d'Agios Dometios (4 km au nord-est de Nicosie-Sud) et la partie nord, renommée Metehan (6,5 km à l'est de Nicosie-Nord). C'est le plus emprunté des points de passage, puisque le plus proche de Kyrenia, mais il n'est pas pratique pour les piétons.
- **Ledra Palace à Nicosie** *(cyclistes et piétons)*. Ce fut le premier point de passage à ouvrir le 23 avril 2003. Situé le long du rempart ouest de Nicosie, à côté de l'ex-hôtel Ledra Palace (transformé en caserne pour les Casques bleus britanniques), il relie les deux parties de la capitale. Très fréquenté par les habitants jusqu'à l'ouverture du point de passage des rues Ledra et Lokmacı, il est désormais surtout utilisé par les diplomates (qui, eux, peuvent passer en voiture). Il demeure néanmoins pratique si l'on veut voir les remparts vénitiens.

DÉCOUVRIR

Rues Ledra et Lokmacı à Nicosie *(piétons uniquement)*. Ouvert en 2008, il relie Nicosie-Sud et Nicosie-Nord en plein centre de la vieille ville. Il est situé entre les deux rues les plus commerçantes, l'une très orientale au nord, l'autre très occidentale au sud.

Pyla-Beyarmudu *(voitures et piétons)*. Ouvert en 2005, il est aussi appelé Dhekelia. Il relie le village sud de Pyla (10 km au nord-est de Larnaka) au village nord de Pergamos, renommé Beyarmudu (31 km au sud-ouest de Famagouste). Le village de Pyla se trouve dans la zone tampon. C'est la douane (SBA Customs) de la zone britannique de Dhekelia qui assure les contrôles côté sud.

Black Knight *(voitures et piétons)*. Ouvert en 2005, il relie le village sud d'Agios Nikolaos (15 km au nord-ouest d'Agia Napa) au village nord de Strovilia, renommé Akyar (4 km au sud-est de Famagouste). Le village d'Agios Nikolaos se trouve dans la zone britannique de Dhekelia. C'est la douane britannique (SBA Customs) qui assure les contrôles côté sud.

Dherynia-Famagouste *(voitures et piétons)*. Ouvert en 2018, il est situé dans le village abandonné de Kato Dherynia (Aşağı Derinya ou Aşağı Derinköy en turc). Il permet de passer de Dherynia (côté sud) à la zone industrielle de Famagouste (côté nord) en longeant la station balnéaire abandonnée de Varosha. Il se trouve 6 km au nord de Paralimni et 12 km au nord d'Agia Napa (côté sud) et 7 km au sud du centre-ville de Famagouste (côté nord). C'est le point de passage le plus pratique pour accéder à Famagouste (Gazimağusa en turc) depuis la partie Sud.

La présence militaire étrangère

Outre la « ligne verte », ultra-sécurisée, l'île est truffée de zones surveillées par des soldats turcs, grecs ou britanniques. La partie Nord est même considérée comme la région la plus militarisée au monde. En balade à travers Chypre, on peut donc rapidement se retrouver dans un périmètre interdit sans même s'en apercevoir.

Casques bleus. Peu nombreux, mais bien visibles dans la zone tampon, ils sont environ 900 militaires, policiers et fonctionnaires originaires d'une vingtaine de pays à composer la « Force des Nations unies chargée du maintien de la paix à Chypre », plus connue sous son acronyme anglais Unficyp *(United Nations Peacekeeping Force in Cyprus)*. Vous croiserez des policiers bosniens ou australiens à casquette bleue de l'Onu à tous les points de passage entre le Nord et le Sud. Les militaires à casque bleu, principalement des Britanniques et des Argentins, font quant à eux surtout des patrouilles à l'intérieur de la zone tampon. Ils ont aussi pour mission d'aller ravitailler les rares habitants chypriotes grecs et maronites de la partie Nord, dans les villages de Rizokarpaso et de Kormakitis. Le quartier général de l'Unficyp se trouve dans l'aéroport abandonné de Nicosie, dans la zone tampon, à l'ouest de la capitale.

Militaires turcs et grecs. Le long de la zone tampon flottent les drapeaux de la Grèce et de la Turquie. Car les soldats des deux nations montent toujours la garde au nord et au sud de l'île. Conformément à la constitution chypriote de 1960, Athènes et Ankara devaient chacune maintenir sur l'île de petits contingents, cela en théorie afin de « garantir la sécurité du pays ». Dans les faits, cette présence militaire a causé plus de pro-

Drapeaux de la Turquie et de Chypre Nord.

DÉCOUVRIR

blèmes qu'autre chose. Du côté d'Athènes, l'engagement fut plus ou moins respecté avec jamais plus de 2 000-3 000 soldats présents sur place encore aujourd'hui aux côtés de la garde chypriote (12 000 hommes). Mais l'armée grecque participa au coup d'État contre le président Makarios le 15 juillet 1974. Et ce prétexte fut utilisé par Ankara pour lancer l'invasion de la partie Nord quelques jours plus tard. Le contingent turc de Chypre, qui était avant 1974 de 6 000 hommes, passa soudain à 40 000 hommes. À la fin des années 1990, l'Onu a obtenu le départ d'une partie de cette armée d'occupation. Mais selon les estimations des Nations unies, environ 30 000 soldats turcs demeurent sur l'île. Et une petite « armée chypriote turque » d'environ 8 000 hommes a été créée dans le même temps. Cela fait de la partie Nord le territoire le plus fortement militarisé au monde rapporté à la population. En témoignent les casernes et terrains militaires présents partout de Nicosie-Nord à la péninsule de Karpas. Bref, on est très loin des chiffres prévus en cas de réunification : seuls 900 soldats grecs et 650 soldats turcs seraient autorisés à rester.

Soldats britanniques. Ils sont 3 800 sur l'île, principalement dans le Territoire des zones de souveraineté d'Akrotiri et de Dhekelia. Cela représente le plus important déploiement permanent de l'armée britannique hors du Royaume-Uni. Environ 300 d'entre eux sont des Casques bleus de l'Unficyp. Mais la majorité de ces soldats a pour mission de surveiller et de faire fonctionner RAF Akrotiri, la dernière base aérienne de Sa Gracieuse Majesté en Méditerranée. Le bruit des F-35 ou des Typhoon décollant régulièrement pour des missions au Proche-Orient vous le rappellera lorsque vous serez au site archéologique de Kourion, sur Lady's Mile Beach, ou au lac salé d'Akrotiri. Vous verrez aussi des soldats britanniques patrouiller le long de la zone tampon. En effet, la zone britannique de Dhekelia jouxte la partie Nord près de Famagouste. Ici, c'est donc le Royaume-Uni, et non la République de Chypre, qui contrôle l'entrée sud de deux points de passage. Enfin, en vous promenant ou en skiant près du mont Olympe, au sommet du Troodos, vous tomberez sur une immense boule blanche. Il s'agit d'une station d'écoute de la Royal Air Force qui épie toutes les communications en Méditerranée orientale.

L'enjeu du patrimoine immobilier

Des dizaines de milliers de maisons, d'hôtels et de terrains ont changé de main en 1974. Si c'est avant tout un crève-cœur pour les Chypriotes et un casse-tête pour les diplomates, cela pose aussi des problèmes bien concrets pour les touristes se rendant dans la partie Nord.

Deux attitudes différentes face à un même problème

Du côté de la République de Chypre, des compensations financières ont été rapidement allouées aux familles chypriotes turques ayant perdu leurs propriétés, permettant ainsi à des Chypriotes grecs ou à des étrangers de s'installer légalement dans celles-ci. Quant au patrimoine religieux de la communauté chypriote turque, s'il fut parfois endommagé en 1974, notamment à Paphos, il a depuis fait l'objet d'importantes rénovations. Et les plus grandes mosquées de la partie Sud sont ainsi ouvertes au culte et aux visites. Dans la zone sous occupation turque, c'est l'inverse. Aucune compensation n'a été versée aux Chypriotes grecs expulsés, et ce, alors que des réfugiés chypriotes turcs et des colons turcs ont accaparé leurs propriétés. La République de Chypre tente en vain depuis des décennies d'obtenir réparation de la Turquie. En 2014, la Cour européenne des Droits de l'Homme avait ainsi condamné Ankara à verser 90 millions d'euros de compensations à une partie des familles chypriotes grecques expulsées. Mais comme la Turquie refuse, cela place bien des habitants et des investisseurs de la partie Nord dans l'illégalité au regard des lois internationales. Autre souci : les églises orthodoxes abandonnées. Des centaines ont été rasées ou laissées à l'état de ruines. Quelques-unes ont été transformées, en granges, en dépôts militaires ou en églises anglicanes pour les besoins des touristes britanniques ou, dans le meilleur des cas, en musées. Parmi ces derniers, le « musée des Icônes (p.317) » de Morphou, c'est-à-dire le monastère Agios Mamas, est exceptionnellement ouvert au culte une à deux fois par an pour les Chypriotes grecs.

Les hôtels illégaux de la partie Nord

Comme aucune compensation n'a été versée par la Turquie aux propriétaires chypriotes grecs expulsés, une grande partie des terrains et habitations sont occupés illégalement par les habitants de la partie Nord. En théorie, mais c'est extrêmement rare, la justice de la République de Chypre peut poursuivre les touristes séjournant dans un hôtel dont les propriétaires chypriotes grecs ont été spoliés ou bâti sur un terrain dont la propriété est litigieuse. Le chapitre 154 du Code pénal chypriote prévoit une peine allant jusqu'à 7 années d'emprisonnement pour cela. Environ 150 hôtels sont concernés. La liste de ceux-ci est consultable sur le site Internet du ministère des Affaires étrangères (www.mfa.gov.cy). Dans les faits, la République de Chypre menace de poursuites en justice les voyagistes et les sites de réservation proposant ces hôtels. Le résultat est contrasté. D'un côté, certaines agences françaises choisissent à présent de ne plus envoyer leurs clients dans des hôtels illégaux, comme l'immense Acapulco Hotel de Kyrenia (1 500 lits), bâti sur un terrain appartenant à un Chypriote grec. Mais le site de réservation Booking, lui, continue de proposer, entre autres, le British Hotel, bien placé sur le vieux port de Kyrenia, mais qui s'appelait El Greco Hotel avant 1974.

L'HÉRITAGE BRITANNIQUE À CHYPRE

Les Turcs et les Grecs adorent leurs cousins les Chypriotes. Mais ils leur reprochent surtout une chose : « Ils sont trop anglais ! », ce qui sous-entend, au mieux, qu'ils sont influencés par la culture britannique, au pire qu'ils sont trop snobs. Certes, les Chypriotes ne sont pas des champions en cricket ni en humour grinçant. Mais, tout de même, l'île fut brièvement occupée par le roi anglais Richard Cœur de Lion de mars 1191 à juillet 1192. Et elle fut surtout un protectorat, puis une colonie de la Couronne de 1878 à 1960. Alors, forcément, cela a laissé des traces, ne serait-ce que deux bases militaires, celles du Territoire des zones souveraines d'Akrotiri et de Dhekelia, toujours administré par Londres. La République de Chypre est quant à elle membre du Commonwealth depuis 1961. De la forme des boîtes aux lettres à la constitution de 1960, l'héritage britannique est présent partout, au nord comme au sud de l'île.

Langue anglaise

Elle n'a de statut officiel que sur le Territoire des zones de souveraineté d'Akrotiri et de Dhekelia, mais elle est parlée par presque tout le monde, souvent à la perfection. La plupart des organismes officiels traduisent tout en anglais, y compris les lois. Depuis la division de l'île, l'anglais s'est même imposé comme la langue commune des Chypriotes grecs et turcs. Avant 1974, c'était le grec et sa variante locale, le grec chypriote, qui permettaient à tous de se comprendre. Mais leur usage s'est perdu dans la partie Nord. Dans la partie Sud, les jeunes utilisent désormais le greeklish, un mélange de grec et d'anglais : *sorry* remplace le grec *sygnomi* (« pardon »), *kettlo* désigne une « bouilloire » (*kettle* en anglais) et *hoteli* un « hôtel » à la place du terme grec *xenodochio*.

Division de l'île

Indéniablement, c'est sur les Britanniques que repose la responsabilité de la séparation de Chypre depuis 1963. Certes, les habitants eux-mêmes, la Grèce et la Turquie, ont aussi leur part de responsabilité, mais Londres possède une certaine expérience en matière de décolonisation chaotique (Inde, Palestine, Nigeria...). Ici, les Britanniques ont surtout commis l'erreur de ne considérer l'île que comme une base militaire permettant de contrôler le canal de Suez, sans prendre en compte les aspirations des « indigènes ». D'ailleurs, le Royaume-Uni conserve une partie de l'île, et il est toujours officiellement garant de la sécurité du pays. Avec le résultat que l'on connaît.

Bases militaires

Le Royaume-Uni conserve 2,76 % de la superficie de l'île avec les zones souveraines d'Akrotiri et de Dhekelia. Malgré les uniformes de la police locale et la présence sur place de la dernière base de la RAF en Méditerranée, ces deux confettis de l'ex-Empire ne sont pas forcément les coins les plus *british* de l'île. Les autorités locales font en effet tout pour faire oublier cette embarrassante présence coloniale, jusqu'à avoir adopté la monnaie unique européenne en 2008. **Akrotiri** ★ (p.164) et **Dhekelia** (p.120) constituent ainsi le seul territoire britannique où l'euro est la monnaie officielle. Mais un casse-tête se présente : la circulation complètement libre entre la République de Chypre et les deux bases pourrait être remise en cause avec le Brexit.

Conduite à gauche

Comme au Royaume-Uni, à Chypre, on roule du « mauvais côté » de la route. Prévoyez un ou deux jours d'adaptation pour vous y faire. Sachez aussi que cela peut engendrer un surcoût pour une location d'auto si vous venez d'un pays où l'on roule à droite, comme la France. En revanche, les distances et les limitations de vitesse sont indiquées en kilomètres et non en miles.

Pratique du golf

Elle est peu répandue parmi les Chypriotes, mais les sujets de Sa Gracieuse Majesté adorent venir sur l'île pour taper la balle en contemplant la Méditerranée. On compte ainsi cinq parcours de 18 trous assez modernes. Quatre d'entre eux sont situés dans la partie Sud, près de Paphos. Le Secret Valley Golf est à la fois le plus technique et le plus récent (2013). Celui de Minthis Hills est assez physique, puisque très vallonné, mais il offre de splendides paysages le long du monastère Stavros tis Minthis. Plutôt rustique, celui de l'Elea, mais son trou n° 16 est le plus redouté de toute l'île. Le parcours du Aphrodite Hills est, lui aussi, très vallonné et c'est le

© F8GRAPHER - SHUTTERSTOCK.COM

Vue sur le parcours de Minthis Golf.

plus chic et le plus cher. Enfin, côté nord, près de Kyrenia, le Korineum Golf est idéal pour des débutants avec ses tarifs très accessibles.

Bière

Certains bars de la partie Sud n'ont rien à envier aux pubs londoniens. On y trouve la même déco et les mêmes bières anglaises ou irlandaises. On sert aussi les productions des deux grandes brasseries locales, Keo et Leon, fondées durant l'ère britannique. Dans certains pubs plus pointus, comme Brewfellas, à Nicosie-Sud, vous pourrez aussi goûter aux mousses des deux brasseries artisanales locales, Prime et Aphrodite's Rock. Dans la partie Nord de l'île, on boit surtout la bière turque Efes et plus rarement celle de la brasserie artisanale Lion's Heart, dont le nom fait référence à Richard Cœur de Lion. Mais s'agit-il uniquement d'un héritage britannique ? En 2012 ont été découvertes près de Paphos les traces de malt d'orge fermenté dans les ruines d'une brasserie vieille de 3 500 ans.

Tourisme

Chaque année, environ 1,4 million de touristes britanniques se rendent à Chypre : c'est plus que le nombre d'habitants de l'île. Souvent envahissants, surtout lorsqu'ils sont jeunes et alcoolisés, ils sont pourtant bien accueillis par la population locale. Et ils se sentent ici comme à la maison (le soleil en plus) : conduite à gauche, langue anglaise, restaurants indiens, mêmes grandes enseignes qu'au pays, etc. C'est grâce aux Britanniques que le tourisme s'est développé à Chypre à la fin du XIXe siècle, lorsque les troupes de l'Empire stationnées en Égypte venaient se mettre au frais pendant l'été dans le Troodos.

Diasporas

Les liens entre les Britanniques et leur ancienne colonie sont aussi entretenus par la diaspora chypriote qui compte environ 800 000 personnes au Royaume-Uni. Chypre accueille pour sa part entre 50 000 et 120 000 ressortissants britanniques. La plupart étaient installés avant la fin du *withdrawal agreement*, en 2021, qui a permis une transition après le Brexit. Ceux-ci sont le plus souvent des retraités aisés, dont la présence a comme effet de faire grimper les prix de l'immobilier. Moins nombreux dans la partie Nord, ils résident principalement et tout à fait illégalement dans des propriétés appartenant à des familles chypriotes grecques chassées en 1974. À ces expatriés s'ajoutent environ 7 000 Anglais installés en territoire britannique, dans les zones de souveraineté d'Akrotiri et Dhekelia. Depuis le Brexit, la durée de séjour des Britanniques non résidents est limitée à 180 jours par an ou soumise à un visa.

Business

Réputés pour leur sens du commerce depuis l'Antiquité, les Chypriotes ont su évoluer en adoptant le droit des affaires britannique : fiscalité avantageuse, facilitation des procédures administratives, etc. Et cela, aussi bien au nord comme au sud de l'île. Si ce sont surtout les investisseurs russes et turcs qui ont longtemps profité de cette situation, les hommes d'affaires chypriotes, eux, sont bien implantés au Royaume-Uni. Ainsi, les 170 grands armateurs chypriotes grecs ont pour la plupart leur siège ou une filiale à Londres. Depuis le Brexit, l'intérêt est plus restreint pour de nouveaux investisseurs.

LA SAGA DU VIN CHYPRIOTE

Quel paradoxe ! Alors que Chypre était réputée pour ses vignes durant l'Antiquité, la voilà classée dans la catégorie des « vins du Nouveau Monde » avec l'Australie et le Chili. Et, contrairement à ces derniers, Chypre n'exporte presque rien. La qualité est pointée du doigt : l'île importe bien plus de vin qu'elle n'en produit. D'ailleurs, les Chypriotes eux-mêmes n'en boivent que très peu, laissant cela aux touristes anglais. Pour un retour à la qualité, Chypre mise sur quelques atouts comme son terroir d'altitude et, surtout, son vin doux, le commandaria. On ne parle ici que de la partie Sud, puisque la zone occupée ne compte qu'un seul véritable domaine, Chateau St Hilarion, créé en 2000. Deux autres petits producteurs ont vu le jour en 2016. Mais, d'une manière générale, pour une bonne bouteille dans la partie Nord, mieux vaut se rabattre sur les domaines de Cappadoce (Turquie), avec le Turasan, meilleur vin importé disponible ici.

Antiquité : l'île de Dionysos

Les plus anciennes traces de vinification à Chypre remontent à 5 500 ans. C'est à peu près à la même période que le vin apparaît en Égypte, mais c'est plus tardif qu'en Grèce et qu'en Géorgie (depuis 8 000 ans). Toutefois, les voyageurs saluent assez tôt la qualité des vins chypriotes. Au VIIIe siècle av. J.-C., le poète grec Hésiode s'enthousiasme pour le *nama*, sans doute l'ancêtre du commandaria. Il est associé aux cultes d'Aphrodite et de Dionysos. Ce dernier sera longtemps le meilleur ambassadeur des vignerons chypriotes. En effet, selon la mythologie grecque, si le dieu du vin et de ses excès aimait tant l'île, c'était pour la qualité de ses crus. Au début de notre ère, Pline l'Ancien classe les vins chypriotes parmi les plus précieux de l'Empire romain.

1223 : la « bataille des vins »

Le vin de Chypre demeure une valeur sûre à l'époque byzantine, puisqu'il est servi à Constantinople jusqu'à la prise de l'île par les croisés en 1191. Cette année-là, les Templiers organisent le territoire en « commanderies ». Ce nom va bientôt désigner le vin le plus célèbre de l'île : le commandaria. Les Lusignan qui contrôlent Chypre de 1192 à 1489 expédient la production vers les États latins de Terre sainte. Cela fait connaître les vins chypriotes jusqu'en Europe. C'est ainsi que l'un d'eux remporte la « Bataille des vins » organisée par le roi de France Philippe-Auguste en 1223. On ne sait si le vainqueur était un commandaria ou un autre cru chypriote, mais ce « concours international » va assurer aux vins de l'île une belle réputation jusqu'au XIXe siècle.

Vignes dans les environs de Limassol.

Désastreuse influence britannique

Pendant l'ère ottomane, les vins chypriotes sont toujours très recherchés. Mais l'arrivée des Britanniques, en 1878, change tout. Afin de fournir leurs autres colonies, ceux-ci privilégient la quantité aux dépens de la qualité. Après l'indépendance, en 1960, le rendement reste le leitmotiv. Si les vignobles, principalement situés au sud de l'île, sont peu impactés par l'invasion turque de 1974, une autre crise s'annonce. Le marché du vin entame une mutation : nouveaux pays producteurs, nouvelles attentes en termes de qualité. En 1989, année record, la production chypriote de vin atteignait 93 000 tonnes. Elle a dégringolé pour atteindre 13 000 tonnes en 2018. Cette crise tient surtout à la mauvaise qualité. Les vins chypriotes sont dénigrés. La plupart des vignerons disparaissent, les trois quarts des vignes sont abandonnés. La production est désormais assurée à 95 % par les groupes Ekto et Keo et les coopératives Loel et Sodap. Le reste du secteur est constitué d'une soixantaine de récoltants et producteurs.

Désertification et cépages hasardeux

Dans les années 1970, pour assurer – croyait-on – une production optimale, des cépages européens ont été introduits (cabernet, syrah, carignan…), au point que certaines variétés locales ont quasiment disparu. Les Chypriotes tentent à présent de faire marche arrière, car depuis les années 1990, on constate une désertification de l'île. Le réchauffement climatique fait grimper le taux d'alcool des vins, ceux-ci affichant désormais 14,5 voire 15,5 %. Or, les cépages chypriotes sont mieux adaptés à ces conditions. Ils apportent aussi plus d'authenticité. Le spourtiko (blanc) aux arômes floraux fait ainsi son retour. Et s'il ne représente que 0,5 % de la production, les quantités vendangées ont doublé ces dernières années.

Le terroir aujourd'hui

Pour inciter à plus de qualité, la profession a créé 5 zones qui bénéficient toutes depuis 2012 d'une appellation d'origine protégée (AOP). Deux près de Paphos : Akamas-Laona et Vouni Panagias-Ambelitis. Trois autres au nord de Limassol : Commandaria, Pitsilia et Krasochoria Lemesou (« villages viticoles de Limassol »). De plus, il existe 4 zones en IGP (indication géographique protégée) : Limassol, Paphos, Larnaka et Nicosie. En tout, 7 700 ha de vignes cultivées, dont près d'un quart dans la Commandaria. La moitié de la production provient de deux cépages locaux : le blanc xynisteri, peu intéressant sauf en altitude, et le rouge mavro (« noir » en grec), aux arômes de fruits des bois et présent en France sous le nom de « négrette », près de Toulouse. Si les vignerons chypriotes produisent du rosé à partir du mavro, l'expérience est peu concluante. Désormais, le mavro ne représente plus que 13 % du vignoble, contre 52 % en 2003. Dans le même temps, la part du xynisteri est passée de 10 à 33 %.

© ERACLES KRITIKOS - SHUTTERSTOCK.COM.JPG

Presse traditionnelle dans un des villages de Commandaria.

Les perspectives

Aujourd'hui, alors que la production est de 110 000 hectolitres, seuls 3 % sont exportés. Pire, les vins importés atteignent 150 000 hectolitres. Et si la baisse de la production est enrayée, on n'assiste pas encore à un saut qualitatif, notamment à cause des engrais et pesticides. Pourtant, le climat chypriote a toujours été un rempart contre les maladies de la vigne. Ainsi, l'île est le seul territoire de l'UE à avoir été épargné par le phylloxéra. Et alors que le vin bio est en plein boom, seuls deux domaines ont pour l'heure choisi cette voie : Tsangarides et, surtout, Gaia Oinotechniki, dont toute la gamme est bio.

Le commandaria

Avec une petite production de 3 300 hectolitres en 2018, ce vin doux à la couleur orangée doit son nom aux Templiers. Mais un vin doux nommé *kypro nama* ou *nama* était produit ici dès l'Antiquité. Le commandaria fut chanté par bien des poètes, jusqu'à Marcel Proust qui en fit son vin de table. Obtenu à partir du xynisteri (blanc) et/ou du mavro (rouge), son aspect liquoreux provient des vendanges tardives, mais aussi de la technique du passerillage : après récolte, les raisins sont exposés 1 à 3 semaines au soleil. Il affiche ainsi un taux d'alcool de 15 %. Situées sur des sols volcaniques, entre 600 et 900 m d'altitude, les vignes s'étendent sur 2 000 ha répartis entre 14 villages où l'essentiel de la production est assuré par Keo, Ekto, Loel et Sodap. On distingue cinq types différents, tous vieillis au moins trois ans en fûts de chêne : le St. John (mavro), le St. Barnabas (xynistari), le St. Nicholas (80 % xynistari, 20 % mavro), l'Alasia (50 % xynistari, 50 % mavro) et le Centurion (55 % xynistari, 45 % mavro et vieilli au moins quinze ans). Ce dernier est le plus cher avec des millésimes à partir de 70 €, mais le St. John avoisine les 15 €.

GÉOGRAPHIE

Avec sa drôle de forme évoquant une guitare ou un espadon, Chypre est une invitation à la rêverie et au voyage. C'est aussi une île aux contours difficiles à cerner. Ainsi, techniquement, elle appartient à l'Asie, tandis qu'historiquement et culturellement elle est nettement plus européenne ou proche-orientale. Et, politiquement, Chypre n'est pas un pays uni, mais dorénavant quatre entités, avec un seul État indépendant reconnu au niveau international, la République de Chypre. La séparation actuelle entre les Chypriotes grecs et turcs tient bien sûr à l'histoire récente. Toutefois, cette partition trouve aussi ses causes dans la géographie et la géologie. En effet, Chypre doit son nom à la principale richesse de son sous-sol, le cuivre (*kupros* ou *kypros* en grec ancien) apparu lors de la formation de l'île il y a 90 millions d'années. Ce métal précieux pour les armées de l'Antiquité et une position stratégique entre trois continents expliquent que Chypre ait suscité tant de convoitises au cours des siècles.

Une île entre trois continents

Dominée par le massif du Troodos et baignée par les eaux de la Méditerranée orientale, Chypre a pour plus proche voisin la Turquie, située 69 km au nord du cap Kormakitis. C'est par là qu'arrive le pipeline alimentant le nord de l'île en eau. Une ressource abondante dans le sud, mais mal répartie.

Généralités. Chypre est une île de 9 251 km² qui appartient géographiquement à l'Asie occidentale. Elle est située dans le bassin Levantin, la partie orientale de la Méditerranée, 69 km au sud de la Turquie, 104 km à l'ouest de la Syrie, 380 km au nord de l'Égypte et 804 km à l'est de la Grèce continentale. Il s'agit de la troisième plus grande île de Méditerranée après la Sicile (25 460 km²) et la Sardaigne (23 813 km²). De taille comparable à la Corse (8 681 km²) et à la Crète (8 261 km²), elle s'étend sur 240 km d'est en ouest et 100 km du nord au sud dans sa partie la plus large. Chypre compte environ 1,2 million d'habitants et affiche une densité de 96 habitants/km².

Côtes et frontières. L'île totalise 648 km de côtes. C'est un peu plus que la Normandie (603 km), mais nettement moins que la Corse (environ 1 000 km). La République de Chypre partage 156 km de frontières terrestres avec le Royaume-Uni qui possède sur l'île un territoire d'outre-mer, le Territoire des zones de souveraineté d'Akrotiri et de Dhekelia *(lire ci-après)*. La même République possède aussi environ 1 500 km de frontières maritimes avec 7 pays : la Turquie (539 km), l'Égypte (303 km), le Liban (186 km), la Syrie (135 km), Israël (102 km), la Grèce (73 km) et le Royaume-Uni (20 km). La délimitation avec la Turquie fait l'objet d'un différend, notamment au sujet de l'exploitation de gaz au large de l'île depuis 1999.

© BENSLIMAN HASSAN - SHUTTERSTOCK.COM

Le massif de Troodos.

La plage d'Aphrodite à Paphos.

© SOLIANOVA MARGARITA - SHUTTERSTOCK.COM

Cap Apostolos Andreas.

Relief. Situé au centre de l'île, le massif du Troodos (prononcez « tro-dos ») est la plus importante chaîne montagneuse. Elle couvre 1 500 km² et s'élève jusqu'à 1 952 m d'altitude avec le mont Olympe comme point culminant de l'île où l'on trouve une petite station de ski. C'est le poumon vert et la grande réserve d'eau de Chypre. Le second massif est celui des monts Pentadactylos qui doit son nom grec à ses cinq pics évoquant « cinq doigts ». Culminant à 1 024 m d'altitude au mont Kyparissovouno, cette cordillère s'étend sur 160 km de longueur entre la baie de Morphou (à l'ouest) et la péninsule de Karpas (à l'est). Les deux massifs sont reliés par la petite plaine de Morphou (au nord-ouest) et surtout par la plaine de la Mésorée ou Mesoria (« entre les montagnes » en grec) qui est la principale zone agricole de l'île. Cette dernière s'étale sur 30 km de largeur et 100 km de longueur entre Nicosie (à l'ouest) et la baie de Famagouste (à l'est). D'un point de vue géologique, c'est le Troodos qui a donné naissance à l'île, mais c'est le Pentadactylos qui offre à Chypre sa forme distinctive en se prolongeant jusqu'au bout de la péninsule de Karpas. Ainsi cette longue avancée évoque le manche d'une guitare ou le rostre d'un espadon. On distingue en tout cinq « pointes » principales autour de l'île : le cap Apostolos Andreas (à l'extrémité de la péninsule de Karpas), le cap Kormakitis (au nord), le cap Greco (au sud-est), la petite péninsule d'Akrotiri (au sud) et la presqu'île de l'Akamas (à l'ouest).

Cours d'eau. Si les sources sont nombreuses et l'eau est abondante dans le Troodos, l'île ne possède pas de fleuve permanent. Ainsi, le plus long fleuve, le Pedios, s'étire sur 96 km du Troodos à la baie de Famagouste *via* la plaine de la Mésorée, mais il est le plus souvent asséché en été. Cela est dû à l'intense déforestation de la plaine, dont les forêts furent longtemps utilisées pour fournir le charbon de bois nécessaire à la fusion du cuivre, principale richesse de Chypre pendant l'Antiquité. Il en résulte à la fois une faible fertilité des terres de la Mésorée et une profonde inégalité en termes d'accès à l'eau entre le nord et le sud de l'île.

Géologie. La formation de Chypre a commencé par une éruption volcanique sous-marine il y a 90 millions d'années à l'emplacement de l'actuel massif du Troodos. Pendant 10 millions d'années, des fissures se forment, des gaz s'échappent, des coulées de lave se répandent et les fissures sont comblées par d'énormes quantités de minéraux et de roches en fusion : c'est de là que proviennent les richesses du sous-sol chypriote avec le cuivre, mais aussi la serpentine, l'amiante, la terre d'ombre, la bentonite, la chromite… Puis, pendant 55 millions d'années, les choses se calment. Cette masse volcanique reste sous le niveau de la mer, se couvrant lentement de dépôts calcaires et de microorganismes. Enfin, il y a 25 millions d'années, les mouvements tectoniques commencent à faire s'élever le plancher sous-marin. Sur plusieurs millions d'années, des séismes et compressions propulsent la masse volcanique hors des eaux avec un gros bloc à environ 2 km au-dessus du niveau de la mer, ce qui correspond aujourd'hui au Troodos. Parallèlement, un autre massif commence à se former il y a environ 200 millions d'années : le Pentadactylos. Mais le mouvement est ici bien plus lent, il résulte de la collision entre la plaque africaine et la plaque eurasienne. À leur point de rencontre, une longue barre de sédiments (calcaire et marbre) se crée sur le plancher sous-marin. Elle finit par émerger au-dessus de la Méditerranée il y a 10 millions d'années. Enfin, l'espace entre les deux massifs est comblé par des dépôts de sédiments et d'alluvions qui donnent naissance à la plaine de la Mésorée il y a 2 millions d'années.

Une île divisée

Depuis 1964, Chypre est « temporairement » coupée en deux par la zone tampon de l'Onu : un *no man's land* qui représente près de 4 % de la surface de l'île. De part et d'autre, Chypriotes grecs et turcs ont chacun leur République, l'une reconnue, l'autre autoproclamée. Sans oublier les Britanniques qui conservent ici un confetti de leur ancien Empire.

République de Chypre. Fondée à la fin de l'occupation britannique, en 1959, et membre de l'UE depuis 2004, c'est l'une des deux entités politiques de l'île reconnues par la communauté internationale. En théorie, elle exerce son autorité sur la totalité de l'île à l'exception du Territoire des zones de souveraineté d'Akrotiri et de Dhekelia, sous contrôle du Royaume-Uni. Ce qui représente 8 997 km², soit 97,26 % de la surface de l'île. Mais du fait de l'occupation turque et de l'existence d'une zone tampon, elle n'exerce son autorité directe que sur 5 296 km², dans la partie Sud, soit 57,24 % de la surface de l'île. En théorie, toujours, la République de Chypre compte environ 1 190 000 habitants. Dans les faits, environ 850 000 habitants, principalement des Chypriotes grecs, résident dans les territoires directement sous son autorité. Dans la partie sud de l'île, les principaux centres urbains de la République de Chypre sont, dans l'ordre, la moitié sud de Nicosie (la capitale), Limassol, Larnaka, Paphos et Agia Napa. On y trouve le massif du Troodos, la forêt de Paphos, une partie de la plaine de la Mésorée, la presqu'île de l'Akamas et le cap Greco.

Zone d'occupation turque. Elle s'étend au nord de l'île sur 3 355 km², soit près de 36 % du territoire. Elle est considérée par toutes les instances internationales (UE, Onu…) comme un territoire de la République de Chypre où cette dernière ne peut exercer son autorité du fait de l'occupation par la Turquie. Le territoire est organisé en tant que « République turque de Chypre du Nord », un État créé en 1983. Mais celui-ci n'est reconnu par aucune nation à l'exception de la Turquie. Une première séparation entre le nord et le sud de l'île avait eu lieu en 1963 et fut officialisée par la création d'une zone de démarcation par l'Onu en 1964. La séparation a pris sa forme actuelle avec l'invasion militaire turque de la partie nord de l'île en 1974. La zone d'occupation turque abrite environ 30 000 soldats turcs et 330 000 habitants, en majorité des Turcs et Chypriotes turcs. Les principaux centres urbains sont, dans l'ordre, la moitié nord de Nicosie (capitale non reconnue), Famagouste et Kyrenia. On y trouve le massif du Pentadactylos, une partie de la plaine de la Mésorée, la péninsule de Karpas et les plus belles plages de l'île.

Territoire des zones de souveraineté d'Akrotiri et de Dhekelia. Sous autorité britannique, cette entité s'étend sur 254 km², c'est-à-dire 2,74 % de la surface de l'île. Il s'agit d'un territoire d'outre-mer du Royaume-Uni, conservé après l'indépendance de la République de Chypre. Cette dernière reconnaît l'autorité de la Couronne britannique sur cette portion de l'île. Le Territoire des zones de souveraineté est constitué des bases militaires d'Akrotiri (123 km²), près de Limassol, et de Dhekelia (131 km²), entre Larnaka et Agia Napa. Le terme de « base » est surtout administratif, puisque les installations militaires n'occupent qu'une petite partie du territoire. Par ailleurs, la frontière n'est pas matérialisée avec la République de Chypre et 60 % du territoire est occupé par des propriétaires privés chypriotes grecs. Mais, dans la région de Dhekelia, le Territoire des zones de souveraineté jouxte à la fois la zone tampon de l'ONU et la zone d'occupation turque avec, ici, des contrôles exercés par les autorités britanniques. Le Territoire des zones de souveraineté compte environ 15 000 habitants, en majorité des Chypriotes grecs et des Britanniques, avec Episkopi (à Akrotiri) comme capitale et principale ville. Le seul site naturel important est la péninsule d'Akrotiri et son lac salé.

Zone tampon de l'Onu. Créée par le Conseil de sécurité des Nations unies le 4 mars 1964, elle s'étend sur 346 km², soit 3,74 % de la surface de l'île. Surnommée « ligne verte » ou « ligne Attila », elle sépare sur 183 km la partie sud de l'île de la zone d'occupation turque, au nord. Son tracé correspond aujourd'hui à l'avancée des troupes turques lors de l'invasion de la partie nord en 1974. Cette ligne n'est pas continue, puisqu'elle est coupée par le territoire britannique de Dhekelia et longe la poche sous occupation turque de Kokkina, isolée au nord-est de l'île. Large de 20 m dans sa partie la plus étroite, à Nicosie la zone tampon (*buffer zone* en anglais) atteint jusqu'à 7 km de largeur par endroits. Elle est sous le contrôle de l'ONU, qui maintient sur place environ 900 Casques bleus et policiers, principalement des Britanniques et des Argentins depuis 1974. Elle comprend des zones minées, des infrastructures abandonnées comme l'ancien aéroport international de Nicosie ou la ville fantôme de Varosha, mais aussi des champs exploités par des fermiers et six villages habités, dont celui de Pyla (près de Dhekelia), peuplé de Chypriotes grecs et de Chypriotes turcs. Ainsi, la zone tampon compte environ 10 000 habitants, principalement des Chypriotes grecs. Si elle n'abrite aucun site naturel important, c'est devenu un refuge pour les animaux sauvages.

Chypre est souvent perçue comme une destination uniquement « farniente » et/ou culturelle. C'est dommage, car le pays possède une faune et une flore surprenantes. Ici se rencontrent des espèces européennes, asiatiques et africaines qui ne cohabitent presque nulle part ailleurs sur la planète. Sans même parler des espèces endémiques comme le cèdre ou la tulipe de Chypre. Encore marginaux, certains connaisseurs s'offrent des safaris-photo à la poursuite de rares orchidées, du mouflon de Chypre, de dauphins, de grands vautours et de papillons multicolores. Et si l'on frissonne à l'idée de croiser une murène ou la vipère du Levant, ce n'est pas d'eux dont il faut avoir peur ici. Dans ce pays, votre pire ennemi sera le *Culex pipiens*. Ce petit moustique, le même qu'en France, vous empêchera peut-être de dormir. Mais, surtout, il est devenu le plus mortel des animaux de Méditerranée, en transmettant à l'Homme le redoutable virus du Nil occidental.

La flore

Malgré son aspect aride au premier abord, l'île est verdoyante à partir d'avril, éclatante de couleurs avec une prédominance de rose due aux cyclamens, lauriers-roses, cistes velus et orchis d'Italie présents à travers tout le territoire. Mais ce qui intéressera surtout les botanistes en herbe ou confirmés, c'est qu'ici on trouve aussi bien des plantes d'Europe, d'Asie que d'Afrique. En tout, près de 1 900 espèces végétales qui constituent un écosystème sans pareil. Pas mal pour un petit pays. En revanche les espèces endémiques (originaires de l'île) sont relativement peu nombreuses, puisqu'elles ne sont que 140, ce qui représente un taux d'endémisme de 7 %, c'est-à-dire moins qu'en Corse (11 %).

Forêts. Elles couvrent environ 41 % de la superficie de l'île, principalement sur les massifs du Troodos et du Pendatactylos, avec les deux tiers aux mains de propriétaires privés. Également deux tiers des forêts sont des futaies, c'est-à-dire composées de grands arbres, le reste étant surtout constitué de maquis. Pour faire face au risque d'incendie, vous constaterez que la végétation est souvent striée de grandes tranchées servant de pare-feu. Parfois, cela ne suffit pas, et 1 500 ha de la forêt du Troodos sont partis en fumée lors d'un des plus graves incendies de ces dernières années en juin 2016.

Grands arbres. Les conifères dominent avec le pin de Calabre (*Pinus brutia*), le pin noir (*Pinus nigra*), le cyprès (*Cupressus sempervirens*) et le magnifique cèdre de Chypre (*Cedrus brevifolia*). Ce dernier est considéré comme endémique, mais c'est une sous-espèce du cèdre du Liban (*Cedrus libani*). Il est présent à travers le massif du Troodos, en particulier, dans la forêt de Paphos avec la célèbre vallée des Cèdres où se concentrent environ un millier de cèdres de Chypre, ainsi que des pins de Calabre et des pins noirs. Du côté des feuillus, on trouve surtout quatre espèces : le platane d'Orient (*Platanus orientalis*), l'aulne oriental (*Alnus orientalis*), le chêne d'Alep (*Quercus infectoria*) et le chêne doré de Chypre (*Quercus Alnifolia*), espèce endémique de la famille des chênes méditerranéens. Parfaitement adapté à son milieu, ce chêne peut pousser lentement sur des terrains arides et doit son nom à ses feuilles dorées sur la face intérieure. On le trouve principalement dans le Troodos, entre 400 et 1 800 m d'altitude.

Arbres et arbustes du maquis. Voici les six espèces que vous allez le plus fréquemment rencontrer à Chypre. Ils composent l'essentiel du maquis, formation caractéristique de la végétation de la Méditerranée orientale. Il y a tout d'abord le caroubier (*Ceratonia siliqua*). Issu de l'ère tertiaire et dernier représentant du genre *Ceratonia*, cet arbre est surnommé « l'or noir de Chypre », car sa gousse, la caroube, fournissait jusque dans les années 1960 des revenus importants aux paysans. Elle est toujours utilisée dans les domaines de la confiserie et de la pharmacologie. L'olivier (*Olea europaea*) est quant à lui « l'arbre de vie » méditerranéen par excellence. Mais il occupe une place relativement peu importante dans l'économie chypriote avec moins d'un million d'arbres et une production d'huile d'environ 6 000 tonnes/an, comparable à celle de la France. Le lentisque (*Pistacia lentiscus*), aussi appelé arbre au mastic ou pistachier lentisque, ne fait pour sa part l'objet d'aucune exploitation commerciale. Cet arbuste ne possède pas les propriétés singulières du lentisque de Chios (Grèce), mais ses fruits servent ici à la confection de saucisses et ses feuilles sont utilisées pour fumer certaines viandes. Vient ensuite le genévrier. Il est ici représenté par quatre sous-espèces : le genévrier de Phénicie (*Juniperus phoenicea*) se trouve aussi bien près des côtes qu'en altitude et forme des petites forêts dans la péninsule de l'Akamas ; le genévrier grec *(Juniperus excelsa)*, le genévrier dit antique ou puant *(Juniperus foetidissima)* et le cade *(Juniperus oxycedrus)* qui poussent quant à eux dans le Troodos, au-delà de 1 200 m d'altitude. Autre espèce phare du maquis : le ciste. On le rencontre surtout dans l'ouest de l'île jusqu'à 650 m d'altitude. On distingue le ciste à gomme ou lédon *(Cistus ladanifer)* et le ciste de Chypre *(Cistus cyprius)*, qui donnent de belles fleurs blanches. Existent aussi le ciste de Crète *(Cistus* creticus) et le ciste velu *(Cistus villosus)* aux fleurs roses. Le ciste à gomme et le ciste de Crète sont exploités pour leur résine à l'odeur agréable, le labdanum, employée en parfumerie. Enfin, l'arbousier est un arbre typique des hauts maquis, identifiable à son beau tronc orangé jusqu'à 1 300 m d'altitude. Il en existe deux types à Chypre : l'arbousier commun *(Arbutus unedo)* apprécié pour ses baies globuleuses qui lui valent le surnom « d'arbre à fraises », qui a presque disparu de l'île et ne subsiste que dans l'Akamas ; l'arbousier de Chypre *(Arbutus andrachne)*, qui n'est pas endémique contrairement à ce que son nom laisse penser, se retrouve dans presque toute l'île avec également des baies comestibles, mais moins agréables au goût.

Fleurs. Parmi les centaines de fleurs de l'île, citons deux espèces endémiques. Tout d'abord, la tulipe de Chypre *(Tulipa cypria)*, rare et menacée, qui pousse uniquement dans des maquis près du genévrier de Phénicie, et qui n'est présente que dans trois zones : la presqu'île de l'Akamas, près du village maronite de Kurmajit/Kormakitis, et par endroits dans les monts Pentadactylos. Ses 6 pétales sont d'un rouge sang profond, tachés de noir et bordés de jaune. Ensuite, l'orchidée d'Aphrodite *(Serapias aphroditae)*, identifiable à sa tige rougeâtre : c'est l'une des 50 orchidées sauvages de Chypre, dont une dizaine sont endémiques. Sa découverte est assez récente, puisqu'elle a été identifiée par le naturaliste belge Pierre Delforge en 1990. Classée vulnérable, elle ne semble exister que dans les collines de l'Akamas. D'autres se nichent dans les monts Pentadactylos, comme l'étonnante orchidée abeille *(Ophrys kotschyi)* qui a pris la forme d'une abeille pour être mieux pollinisée. Enfin, notez que c'est autour du village de **Kritou Terra** ★ (p.206) (30 km au nord de Paphos) que se trouvent les plus fortes concentrations d'orchidées sauvages de l'île.

Les mammifères

On ne recense que 33 espèces de mammifères terrestres et sauvages à Chypre, 34 si l'on compte l'homme. L'impact du développement humain dans un espace aussi confiné que Chypre a causé la disparition de nombreuses espèces comme le loup gris et la belette au XXe siècle ou le daim de Perse au XVIe siècle. À l'arrivée d'*Homo sapiens*, il y a 10 000 ans environ, l'île comptait encore des espèces étonnantes comme l'éléphant nain de Chypre *(Elephas cypriotes)* et l'hippopotame nain *(Hippopotamus minor)* qui s'étaient adaptés au milieu en réduisant considérablement leur taille. Mais la cohabitation avec les humains leur a été fatale. Par la suite, la présence de leurs squelettes, ici et en Crète, aurait donné naissance à des légendes, comme celle des Cyclopes de la mythologie grecque. Mais l'intervention de l'homme a aussi provoqué la création de nouvelles espèces au Néolithique, puisqu'on estime que Chypre est l'un des foyers de la domestication du loup et du chat sauvage, devenus nos gentils toutous et minous.

Tulipes de Chypre.

Mouflon de Chypre *(Ovis orientalis ophion)*. Animal symbole de l'île, il appelle l'admiration pour ses talents de grimpeur. Mais il suscite aussi le débat. Déjà, les spécialistes se querellent pour savoir s'il s'agit d'une espèce endémique ou d'une sous-espèce du « mouflon de Méditerranée », tant il est proche du mouflon de Corse *(Ovis orientalis musimon)* avec le même poids (35 kg) et les mêmes cornes pour les mâles. Impressionnantes, ces dernières s'enroulent en spirale vers l'arrière, atteignant 60 cm de longueur. Autre objet de tension, plus récent : le mouflon provoque la colère des agriculteurs en s'en prenant aux vignes et aux arbres fruitiers. Les compensations qui étaient autrefois allouées par l'État chypriote ne sont plus autorisées par l'UE. On craint donc que les habitants ne se remettent à le chasser, comme au début du XXe siècle, où il avait presque disparu avec seulement 15 individus en 1930. Protégé depuis 1939, il a prospéré avec environ 3 000 individus actuellement. Mais alors qu'il était présent dans toute l'île auparavant, il ne vit désormais que dans la forêt de Paphos.

Âne sauvage de Chypre. Depuis peu, il détrône presque le mouflon de Chypre comme emblème de l'île. Pourtant, malgré son nom, ce n'est pas une espèce endémique et il n'est même pas considéré comme un animal sauvage, mais domestique. En fait, il s'agit de deux races importées qui cohabitent et se sont adaptées de manière ultra-rapide à leur milieu : d'une part, l'âne commun *(Equus asinus)* reconnaissable à son ventre couleur claire ; d'autre part, l'âne sauvage d'Afrique *(Equus africanus asinus)*, plus petit et gris, qui est une sous-espèce de l'âne commun. Utilisés comme animaux de bât, les ânes furent soudain abandonnés par les fermiers lors de l'invasion turque de 1974. Confrontés à des conditions de vie très dures, ils faillirent disparaître. Ils bénéficient depuis 2008 d'une protection de la part des autorités des parties Sud et Nord, avec notamment la création d'une réserve naturelle dans la péninsule de Karpas. L'âne sauvage de Chypre a ainsi connu une spectaculaire renaissance avec désormais plus de 2 700 individus, dont 20 % encore identifiés comme des ânes sauvages d'Afrique.

Chauve-souris. On recense 19 espèces, faisant de la chauve-souris le mammifère terrestre le plus représenté à Chypre. À l'exception de la roussette d'Égypte *(Rousettus aegyptiacus)* qui est frugivore, toutes se nourrissent d'insectes.

Renard roux *(Vulpes vulpes)*. Importé de France par les Lusignan au Moyen Âge, c'est le seul véritable animal prédateur de Chypre, et à ce titre primordial pour l'équilibre de l'écosystème. Massacré pendant des siècles par l'homme, il ne compterait plus que quelques centaines d'individus, principalement dans le no man's land de la « ligne verte » où il se nourrit notamment de souris.

Souris de Chypre *(Mus cypriacus)*. Parmi les 6 espèces de souris et petits rongeurs de Chypre, c'est la seule qui soit endémique. Vivant dans les champs plutôt qu'à la ville, elle est une cousine de la souris de Macédoine *(Mus macedonicus)*, et se serait trouvée isolée sur l'île il y a 6 millions d'années, développant des oreilles et des yeux plus grands. C'est l'une des très rares espèces endémiques de Chypre à avoir survécu à la présence de l'homme.

Autres mammifères. L'île abrite deux espèces de lièvres, le lièvre du Cap *(Lepus capensis)*, venu d'Afrique, et le lièvre d'Europe *(Lepus europaeus)*. On trouve aussi le hérisson oreillard

DÉCOUVRIR

Mouflons de Chypre.

© TRABANTOS - SHUTTERSTOCK.COM

Ânes sauvages de Chypre à l'entrée du parc national de Karpas.

(Hemiechinus auritus) originaire d'Asie, et le sanglier d'Eurasie *(Sus scrofa)*, identique à celui qu'on trouve en France.

Les animaux marins

Les eaux de la Méditerranée orientale sont plus chaudes et plus salées, avec une flore plus riche qui a permis le développement (et la préservation) d'espèces rares ou inconnues dans le sud de la France. Différentes agences et associations proposent ainsi des plongées au milieu des poissons colorés et des observations de tortues de mer, dauphins et baleines. Mais le développement du tourisme et le réchauffement climatique modifient peu à peu le milieu, avec la quasi-disparition du phoque moine et l'apparition récente de la dangereuse rascasse volante.

Tortues de mer. Deux des cinq espèces de tortues de mer de Méditerranée ont fait de Chypre leur base principale pour pondre leurs œufs. Il s'agit de la caouanne *(Caretta caretta)*, la plus courante avec 2 000 individus en Méditerranée et classée « vulnérable », dont 30 % des nids sont situés sur les plages de l'île, et de la tortue verte *(Chelonia mydas)*, plus rare avec 500 individus et classée « en danger », dont 20 % des nids se trouvent à Chypre. Ces grosses tortues, dont la carapace peut dépasser 1 m de longueur, nidifient à la même période (mai-août) pour une durée d'incubation similaire (éclosions entre juillet et octobre) et partagent à peu près les mêmes plages, toutes situées sur la côte nord, entre la presqu'île de l'Akamas et la péninsule de Karpas avec la célèbre Turtle Beach (Alagadi), près de Kyrenia/Girne ★★★ (p.313), comme lieu de ponte principal. Comme ces deux espèces sont dorénavant bien protégées, leurs plages sont d'un accès restreint aux hommes pendant toute la saison estivale.

Dauphins et baleines. Dans les parties Nord et Sud, plusieurs bateaux proposent des excursions pour aller observer ou nager avec les six espèces de dauphins vivant au large de l'île, notamment le dauphin bleu et blanc *(Stenella coeruleoalba)* et le dauphin à bec étroit *(Steno bredanensis)*. On peut aussi apercevoir trois sortes de baleines : la petite baleine de Cuvier *(Ziphius cavirostris)*, aux allures de gros dauphin, et deux espèces atteignant 20 m de longueur, le rorqual commun *(Balaenoptera physalus)* et le grand cachalot *(Physeter macrocephalus)*.

Phoque. Du fait du développement du tourisme, le phoque moine de Méditerranée *(Monachus monachus)* a quasiment disparu de Chypre ces dernières années. Moins de dix spécimens avaient été comptabilisés en 2006, et un seul a été aperçu en 2019 au large de Protaras, près d'une formation rocheuse justement appelée arche Monachus monachus.

Poissons. Il existe environ 250 espèces de poissons dans les eaux chypriotes comme l'anguille *(Anguilla anguilla)*, le congre *(Conger conger)* ou la daurade coryphène *(Copyphaena hippurus)*. Dans les restaurants, on retrouve surtout le thon rouge *(Thunnus thunnus)*, le bar *(Dicentrarchus labrax)* et la daurade royale *(Sparus aurata)*. Ces trois-là représentent aussi 80 % de la production des fermes aquacoles, secteur en pleine expansion depuis les années 2000. Plus rares au menu et plus chers, mais aussi plus typiques de l'île : le mulet *(Mugil cephalus)* et le scare de Crète *(Scarus cretensis)*, à la chair particulièrement savoureuse.

Espèces dangereuses. Les requins sont rares et la dernière attaque mortelle remonte à 1901. En revanche, les pêcheurs locaux savent qu'il faut se méfier de l'espadon *(Xiphias gladius)* avec son rostre de 60 à 70 cm de longueur et de la murène *(Muraena helena)* aux dents tranchantes comme des rasoirs. Mais les poissons les plus dangereux des eaux chypriotes sont ceux aux épines venimeuses, comme la vive-araignée *(Trachinus araneus)* ou la rascasse rouge de Méditerranée *(Scorpaena scrofa)*. Et, surtout, celle qui inquiète le plus les autorités locales, c'est la rascasse volante *(Pterois volitans)*, originaire de l'océan Pacifique et apparue au large de l'île en 2012. Ses épines très venimeuses peuvent causer la paralysie ou la mort chez l'homme. Les plongeurs doivent s'attendre à la croiser entre 5 et 55 m de profondeur. Aussi appelée poisson-lion ou diable rouge (*red lionfish* en anglais), elle a déjà entraîné des dégâts considérables parmi la faune maritime locale. Elle fait l'objet d'une lutte intensive et l'UE considère Chypre comme la « première ligne de défense » pour empêcher la rascasse volante d'envahir le reste des eaux européennes.

Les reptiles, les insectes et les arachnides

Serpents, araignées et scorpions sont partout sur l'île et certains sont potentiellement mortels pour l'homme. Mais la vraie petite bébête dont il faut se méfier, c'est le moustique, principal vecteur du virus du Nil oriental. Heureusement, on peut contempler sans crainte de splendides papillons.

Arachnides. Cette famille comprend à la fois les araignées et les scorpions, dont certaines espèces sont ici dangereuses. Parmi les araignées, plusieurs sont venimeuses, mais aucune n'est mortelle. On note plusieurs espèces endémiques comme la tarentule de Chypre *(Chaetopelma karlamani)* identifiée seulement en 1997 et appelée aussi « araignée loup ». Velue et de couleur brunâtre, on ne la rencontre que dans la partie Nord, dans les terrains rocheux à l'est de Kyrenia et dans la péninsule de Karpas. L'effet de son venin est comparable à celui d'une abeille, et si elle est considérée comme « agressive », elle préfère généralement fuir l'homme. Il faut surtout se méfier du stéatode toxique *(Steatoda paykulliana)*, localement appelé « veuve noire » ou « veuve de Chypre », mais qui existe du Moyen-Orient à la Corse. Reconnaissable à son abdomen bulbeux, noir, brillant et taché de rouge, il vit aussi bien en zone aride que près de sources d'eau. La femelle est extrêmement toxique, puisque son venin peut tuer un rat. En cas de morsure, vous devez très rapidement prendre un traitement, pour éviter des complications (vomissements, crampes et gonflements qui peuvent durer 5 jours). Enfin, mentionnons l'araignée sauteuse de Chypre *(Aelurillus cypriotus)*. Velue, beige et presque mignonne avec ses grands yeux, elle saute, fréquente les oliveraies et les vieilles maisons et sa morsure entraîne un impressionnant gonflement. Du côté des scorpions, les amateurs – ça existe ! – noteront que deux des quatre espèces présentes sont endémiques et ont été découvertes très récemment. Le nom vernaculaire de « scorpion de Chypre » est ainsi donné aussi bien au *Buthus kunti*, identifié en 2011, qu'au *Mesobuthus cyprius*, signalé en 2000. Ils côtoient le scorpion méditerranéen *(Mesobuthus gibbosus)* et le scorpion languedocien *(Buthus occitanus)*. Tous sont venimeux, mais aucun n'est dangereux pour un homme en bonne santé (méfiance en revanche pour les enfants et les personnes faibles). Et les quatre espèces sont d'apparence semblable (couleur jaune ou sable, longueur de 7 cm) et présentes partout, avec de plus fortes concentrations dans la région de Paphos, autour du mont Olympe et dans les monts Pentadactylos.

Insectes. Scarabées aux reflets multicolores, splendides papillons, tapageuses cigales, abeilles mieux préservées qu'en Europe occidentale… Mais parmi les 3 000 sortes d'insectes de Chypre, ce sont les moustiques qui font parler d'eux. En effet, de tous les animaux, le moustique commun *(Culex pipiens)* est de loin l'espèce la plus dangereuse, puisqu'elle est le principal vecteur du virus du Nil occidental, à qui l'on attribue le décès d'au moins deux personnes dans le pays en 2019. La propagation du virus est sans précédent et concerne désormais (en été) l'ensemble du territoire. Comme il n'existe pas de traitement, il convient de prendre des précautions : vêtements longs et de couleur claire en soirée, produit insecticide, moustiquaire aux fenêtres. Dans un autre registre, plus léger, Chypre fait le bonheur des lépidoptéristes : les spécialistes des papillons recensent ici en effet 52 espèces de papillons diurnes, dont neuf sont endémiques. Parmi ces dernières, la femelle du myrtil de Chypre *(Maniola cypricola)* se distingue par une tache orange entourant un ocelle noir sur chaque aile. Et, dans les maquis de l'ouest et du sud de l'île, le papillon bleu de Paphos *(Glaucopsyche paphos)* présente une teinte uniforme d'un joli bleu chez les mâles, tandis que les femelles sont davantage grises avec de multiples ocelles noirs cernés de blanc.

Reptiles. Il existe 10 espèces de serpents à Chypre, principalement des couleuvres, non venimeuses, sauf dans le cas de la couleuvre de Montpellier *(Malpolon monspessulanus)*. Mais celle-ci est paisible et ses crochets sont placés en arrière, si bien qu'il faut vraiment mettre son doigt dans sa gueule pour être mordu. En fait,

© J.M.ABARCA - SHUTTERSTOCK.COM

Huppes fasciées.

seule la vipère du Levant (*Macrovipera lebetina*), unique vipère de l'île, présente un vrai danger. Épaisse, courte (de 1,3 à 1,7 m de longueur) et aux motifs rectangulaires, elle n'attaque que quand elle est surprise. Et si elle est potentiellement mortelle, aucune des 20 attaques constatées chaque année en moyenne n'a entraîné de décès à Chypre depuis l'an 2000. Il faut aussi se méfier de la couleuvre de Ravergier (*Hemorrhois nummifer*), au corps orné d'anneaux marron : elle est très agressive et munie de dents acérées. L'île compte deux espèces de couleuvres endémiques, la couleuvre des herbes de Chypre (*Natrix Natrix Cypriaca*) et le serpent à fouet de Chypre (*Dolichophis cypriensis*), qui sont menacées d'extinction par l'agriculture intensive. Côté tortues, hormis celles vivant en mer (lire ci-avant), Chypre accueille l'émyde caspienne (*Mauremys caspica*), une espèce aquatique du Moyen-Orient. Enfin, la famille des lézards est présente avec 11 espèces, dont le caméléon commun (*Chamaeleo chamaeleon*), le gecko de Kotschy (*Mediodactylus kotschyi*) et l'endémique lézard du Troodos (*Phoenicolacerta troodica*). Ce dernier est de petite taille (12 cm de longueur) avec une longue queue et vit dans les rochers du Troodos, évitant les heures les plus chaudes pour sortir.

Les oiseaux

À l'image du célèbre flamant rose (*Phoenicopterus roseus*) du lac salé de Larnaka, la plupart des 400 espèces d'oiseaux de Chypre sont des migrateurs venus d'Afrique et du Moyen-Orient. En hiver, le ciel est presque vide, puisque seulement 53 espèces résident sur l'île en permanence.

Oiseaux migrateurs. Entre le printemps et l'automne, ils sont des millions à nidifier ou faire halte ici. Dès février arrivent les premiers passereaux et hirondelles suivis du magnifique coucou geai (*Clamator glandarius*). Mars amène la « reine des oiseaux » d'Aristophane, la huppe fasciée (*Upupa epops*), mais aussi le torcol fourmilier (*Jynx torquilla*), une flopée d'alouettes, fauvettes, pipits, bruants et bergeronnettes, ou encore, le premier rapace, le busard pâle (*Circus macrourus*). En avril s'installent les habitants des marais avec différentes espèces d'aigrettes, limicoles et hérons. C'est aussi le mois des oiseaux colorés comme le rollier d'Europe (*Coracias garrulus*). Pour une quarantaine d'espèces commence alors la nidification, notamment pour le vautour fauve (*Gyps fulvus*), l'aigle de Bonelli (*Aquila fasciata*), la buse féroce (*Buteo rufinus*) et le faucon d'Éléonore (*Falco eleonorae*). À l'automne, d'autres grands oiseaux viennent faire escale à leur retour d'Europe. Les plus imposants visiteurs sont les pélicans, dont le très rare pélican frisé (*Pelecanus crispus*). Mais il y a aussi les cigognes – noire (*Ciconia nigra*) et blanche (*Ciconia ciconia*) –, le percnoptère d'Égypte (*Neophron percnopterus*), l'aigle pomarin (*Clanga pomarina*), la bondrée apivore (*Pernis apivorus*), le milan noir (*Milvus migrans*), le faucon crécerellette (*Falco naumanni*), etc.

Espèces endémiques. Parmi les six espèces et sous-espèces endémiques de l'île, deux passent leurs « vacances d'hiver » au Proche-Orient et en Afrique : la fauvette de Chypre (*Sylvia melanothorax*) et le traquet de Chypre (*Oenanthe cypriaca*). Le grimpereau Dorothée (*Certhia brachydactyla dorotheae*), le geai chypriote (*Garrulus glandarius glaszneri*), le petit-duc de Chypre (*Otus cyprius*) et la mésange noire de Chypre (*Periparus ater cypriotes*) sont, eux, de vrais sédentaires.

CLIMAT

Le soleil est ici au rendez-vous 330 jours par an. Les bananes poussent autour de Paphos et dans la plaine de Morphou et certains cactus donnent de délicieuses figues de Barbarie en été. Bref, Chypre possède un climat méditerranéen qualifié de subtropical et semi-aride dans la plupart des régions. C'est-à-dire que l'été est ici très chaud et très sec, presque torride avec 79 jours où le thermomètre atteint ou dépasse 35 °C à l'ombre. En Europe, seule l'Andalousie est comparable. L'hiver est aussi plus court et moins humide que pour un climat méditerranéen classique. La seule petite zone où le climat est tempéré, c'est dans le Troodos, autour du mont Olympe (1 952 m d'altitude), où l'on trouve une station de ski. Les saisons sont quant à elles peu marquées avec un véritable été de mi-mai à fin octobre, un automne qui se résume à novembre et une eau encore bonne pour la baignade jusqu'en décembre.

Un été torride

Les mois de juin à août sont les plus chauds, vraiment chauds. La température moyenne oscille entre 25 et 28 °C sur les côtes, avec des pointes fréquentes à 40 °C en journée, des nuits à 25 °C et aucune goutte de pluie pendant trois mois. L'eau de mer est quant à elle à environ 28 °C partout. Dans la plaine de la Mésorée, et en particulier à Nicosie, la chaleur est étouffante : de 35 à 38 °C en moyenne en journée ! Il faut s'habiller léger, boire beaucoup, se protéger des rayons du soleil, privilégier les visites de sites archéologiques tôt le matin ou en fin de journée. Aux heures les plus chaudes, on peut en profiter pour faire la sieste, un tour dans un musée climatisé ou dans la cave d'un domaine viticole. L'autre alternative, c'est de faire comme autrefois les soldats anglais d'Égypte : aller se rafraîchir dans le massif du Troodos. C'est l'endroit le moins chaud de l'île. En été, il y fait entre 23 et 26 °C en moyenne en journée et environ 17 °C la nuit.

Un automne raccourci

C'est encore l'été en septembre : une eau à 26 °C et des températures à 31 °C en moyenne près des côtes. Octobre est toujours parfait pour la baignade avec une eau à 25 °C, mais les soirées commencent à devenir plus fraîches. On doit donc prévoir la crème solaire, mais aussi la petite laine. Le parapluie reste inutile avec une seule journée de précipitations en moyenne en octobre. En fait, l'automne se résume à novembre, mais c'est un automne très agréable avec l'air et l'eau à 21 °C, et seulement 5 jours de pluie en moyenne. Pour éviter la foule, la chaleur et les prix élevés, tout en profitant du soleil, de la mer et des déjeuners en terrasse, novembre est donc le mois idéal.

Un hiver très doux

À Chypre, janvier est le mois le plus froid avec 16 °C en moyenne en journée à Nicosie et 14 °C à Kyrenia. C'est aussi le plus humide avec environ 13-14 jours de précipitations. Toutefois, c'est là où il fait le plus chaud dans l'Union européenne. En altitude, dans le Troodos, il fait entre 0 et 5 °C en moyenne et les chutes de neige sont fréquentes. Quand les conditions le permettent, la petite station de ski du mont Olympe devient alors la grande attraction locale. Décembre est également assez froid : 2/8 °C dans le Troodos, 7/16 °C à Kyrenia, 6/18 °C à Nicosie. Mais l'eau de mer est encore à 20 °C en moyenne. Quant au mois de février, il annonce déjà le printemps, avec les amandiers qui fleurissent, 12 jours de pluie, des soirées encore très fraîches et des températures à plus de 20 °C en journée, sauf dans le Troodos où cela oscille entre 0 et 6 °C. Mais c'est le meilleur moment pour skier en contemplant la Méditerranée.

Un printemps agréable

Mars est le meilleur mois de l'année pour découvrir la nature, les sentiers de randonnée et les sites archéologiques de Chypre. Certes, l'eau n'est qu'à 17 °C et il faut encore prévoir des vêtements d'hiver pour le soir, mais le soleil est bien présent sans être accablant. Les températures moyennes en journée sont alors de 18 °C à Kyrenia, 21 °C à Nicosie et 9 °C dans le Troodos. La chaleur commence à monter en avril, mais l'eau est encore bien fraîche, à 18 °C. Des vacances à la plage sont en revanche envisageables en mai avec une eau à 21 °C et des températures moyennes à 28 °C en journée près des côtes.

ENVIRONNEMENT

Chypre… Derrière ce nom, des images souvent paradisiaques : soleil, plages ou criques aux eaux turquoise, vestiges archéologiques. Son caractère insulaire et ses influences méditerranéennes lui confèrent des paysages et une biodiversité uniques, qui attirent nombre de visiteurs. Précisément, l'afflux grandissant de touristes contribue à aggraver les menaces qui pèsent sur ces écosystèmes fragiles : artificialisation des terres, épuisement de la ressource eau, pollution des milieux, consommation d'énergie. Si l'on y regarde de plus près, l'île d'Aphrodite est loin d'être un paradis pour l'environnement : gestion des déchets peu performante, modèle énergétique fondé presque exclusivement sur le pétrole et qui a du mal à engager une baisse de ses émissions de gaz à effet de serre. Aux voyageurs qui se rendent sur l'île, on ne saurait donc conseiller qu'une attitude écoresponsable afin de préserver les équilibres écologiques et ne pas épuiser les ressources.

Parcs nationaux et espaces protégés

À travers toute l'île, il existe une quinzaine de zones naturelles classées bénéficiant de mesures de protection particulières (interdiction de la chasse, constructions limitées, etc.). Portant souvent le nom de « parc national », elles se rapprochent en fait davantage du statut européen de « réserve naturelle », à la réglementation plus souple.

Parc national de Karpas. (p.362) C'est l'unique zone protégée de la partie sous occupation turque. Instauré en 2004 sous la pression des écologistes locaux, le parc s'étend sur 9 486 ha, occupant la pointe nord-est de l'île, à l'extrémité de la péninsule de Karpas. On y trouve une réserve d'ânes sauvages et un lieu de ponte des tortues marines caouane, mais aussi le monastère orthodoxe Apostolos Andreas.

Parc national du Troodos. Un « parc national » au sens véritable du terme, il a été créé en 1992 et s'étend sur 9 147 ha autour du mont Olympe. C'est la partie du pays où la biodiversité est la plus riche avec 750 espèces végétales différentes et la présence de l'animal emblématique de l'île, le mouflon de Chypre.

Réserve marine de Lara-Toxeftra. Située sur la côte ouest, entre Paphos et la presqu'île de l'Akamas, cette zone spéciale de 600 ha a été créée en 2013 pour protéger les lieux de ponte des tortues de mer.

Zone de protection spéciale des marais d'Akrotiri. Placée en territoire britannique, dans la base de souveraineté d'Akrotiri ★ (p.164), c'est la plus grande zone humide du pays (210 ha). Reconnue par la convention Ramsar sur les zones humides, c'est une importante halte pour les oiseaux migrateurs avec son lac salé, ses marais, ses sols gorgés d'eau, ses poissons d'eau douce et une flore très riche.

Zone de protection spéciale du lac salé de Larnaka (p.112). Avec ses flamants roses et son Tekké Hala Sultan, c'est l'un des sites les plus beaux de Chypre. Placée au bord de l'aéroport international de Larnaka, la seconde zone humide du pays bénéficie d'une protection qui s'étend sur 1 700 ha. Classée Ramsar et Natura 2000, elle attire de nombreux oiseaux migrateurs.

Réserve naturelle de Tripylos. Située dans la forêt de Paphos, au nord-ouest du Troodos, elle couvre 3 331 ha et englobe la célèbre vallée des Cèdres.

Parc national forestier de l'Akamas. C'est la plus vaste zone protégée de toute l'île : 23 000 ha. Situé à l'extrémité nord-ouest de Chypre, le parc est réputé pour ses tortues de mer, ses paysages aux gorges profondes, ses papillons et ses 530 espèces végétales, dont des tulipes et d'orchidées endémiques.

Parc national forestier du cap Greko (p.142). Il surplombe les falaises de la région d'Agia Napa. Sur 385 ha s'étendent des buissons endémiques, des genévriers et des pins où se nichent 80 espèces d'oiseaux ainsi que des lièvres et des renards.

Flamants roses sur le lac salé de Larnaka.

Gestion des déchets : un enjeu de taille

Disons-le clairement, la gestion des déchets sur l'île est encore largement perfectible. Le voyageur sera sans doute surpris à la vue de déchets gisant le long des routes, mais aussi sur certaines plages. Les encombrants finissent souvent leur vie dans des décharges sauvages dans les milieux naturels comme les forêts. En 2016, selon l'Office européen des statistiques, Chypre recyclait 10,4 % de ses déchets face à une moyenne européenne de 37,8 %. L'entrée du pays dans l'Union européenne a contribué à initier des programmes de prévention des déchets. Des actions ont ainsi été menées, en direction des habitants, avec notamment des sensibilisations dans les écoles. Ces démarches se sont accompagnées de la mise en place de dispositifs de collecte de déchets. Dans le secteur du tourisme, la Cyprus Sustainable Tourism Initiative a permis de déployer des actions de tri à la source, et de limitation des usages de bouteilles en plastique par exemple. La station balnéaire d'Agia Napia a lancé en 2018 une politique visant à collecter les déchets organiques des hôtels. Sur les plages, des bennes de recyclage permettent à tous de trier les déchets. Il s'agit d'insuffler peu à peu une culture du tri pour améliorer la situation, faire comprendre les enjeux environnementaux et rassurer les touristes.

Gestion de la ressource eau : une question prégnante

Un des problèmes cruciaux de l'île est l'approvisionnement en eau, qui s'avère plus délicat lors des épisodes de sécheresse, et avec l'accroissement de population lié au tourisme. Chypre possède peu de nappes phréatiques, et celles-ci ont souffert d'une mauvaise gestion, conduisant parfois à leur épuisement. L'eau des barrages se révélant parfois insuffisante, les agriculteurs ont creusé des puits pour tirer directement l'eau nécessaire à leurs besoins. On compte ainsi près de 50 000 puits illégaux sur l'île. Autre choix, des usines de dessalement d'eau ont été construites au Sud, afin de pallier les pénuries d'eau, notamment pendant les périodes de sécheresse. Une solution qui a fait l'objet de controverses, au regard de l'impact sur la biodiversité et les émissions de carbone du procédé. Au Nord, un aqueduc sous-marin, inauguré en 2015, permet d'acheminer l'eau depuis la Turquie, du barrage d'Alaköprü à celui de Geçitköy. Appelée « l'eau de la paix », la précieuse ressource est transportée sur une distance de 107 km.

Une énergie à décarboner

Alors que les pays de l'Union européenne ont réduit en moyenne de 23,5 % leurs émissions de gaz à effet de serre entre 1990 et 2007, Chypre affiche… une croissance de 57,8 % de ses propres émissions. Ce constat est lié aux choix énergétiques du pays, et à une croissance économique largement fondée sur une énergie carbonée : le pétrole. En effet, les centrales thermiques de l'île qui fonctionnent au pétrole fournissent la majorité de l'énergie primaire consommée. Cela a aussi des impacts en matière de qualité de l'air. Plus encourageante cependant est la part des énergies renouvelables, au regard de la production d'électricité. Les fermes éoliennes du pays permettent de couvrir près de 20 % de la demande en électricité de l'île. Il reste des efforts à faire pour engager une véritable transition énergétique. Au vu de cette situation, on encouragera le visiteur à utiliser toute source d'énergie avec parcimonie (climatisation, etc.) et à préférer les mobilités actives ou les transports en commun à tout véhicule particulier motorisé. Comme à la maison !

Parc national de Karpas.

Chypre possède une histoire riche et complexe. En témoignent ses miradors surveillant la ligne tampon et ses cathédrales gothiques françaises transformées en mosquées. Depuis 11 000 ans, la position stratégique et les ressources naturelles de l'île ont attiré bien des conquérants. Chacun a laissé des traces de son passage : dans les paysages des villes, dans l'ADN des habitants et dans les mentalités, dans le vocabulaire du quotidien qui emprunte autant au grec, au turc, qu'au français ou à l'arabe. La géologie occupe une place centrale : pour le cuivre du Troodos, qui a donné son nom à l'île (*kypros* signifie cuivre en grec), les hommes se sont battus et ont aussi transformé l'environnement en déboisant abondamment. Et si les mines sont aujourd'hui presque toutes fermées, une nouvelle ressource attise à présent les convoitises : les énormes réserves de gaz naturel des fonds sous-marins de Chypre font depuis 2017 l'objet d'un bras de fer entre l'Europe et la Turquie.

ENTRE 9100 ET 8600 AV. J.-C.

Klimonas : le plus vieux village chypriote

En 2011, une équipe d'archéologues franco-chypriotes fait une découverte fondamentale sur la commune d'Agios Tychonas, sur la côte sud, à 10 km au nord-est de Limassol. Le site appelé Klimonas révèle le plus ancien habitat humain à Chypre, daté d'il y a environ 11 000 ans. Jusqu'alors, les plus vieux sites mis au jour sur l'île avaient 9 000 ans environ. Klimonas comporte les traces de constructions circulaires, des agencements en terrasse, des objets de parure, ou encore des pointes de projectiles. On n'y a trouvé en revanche aucun fragment de poterie. Les hommes qui habitaient ici n'étaient plus vraiment des chasseurs-cueilleurs, mais des sédentaires maîtrisant l'agriculture. Cette découverte ne permet pas de savoir d'où venaient exactement les premiers habitants de Chypre, mais on imagine qu'ils étaient originaires de la région, c'est-à-dire du Proche-Orient. L'homme a alors eu un impact considérable sur l'écosystème. À peu près au même moment que l'occupation du site de Klimonas, les éléphants et hippopotames nains de Chypre disparaissent. Ils sont remplacés par de nouvelles espèces apportées du Proche-Orient, comme le mouton sauvage qui donnera plus tard le mouflon de Chypre. Toujours à la même période, Chypre est aussi un des premiers foyers au monde pour la domestication du chien et du chat. Bref, avec Klimonas, ce sont les pièces d'un grand puzzle qui commencent à se mettre en place. Reste toutefois une énigme de taille : pourquoi l'île est-elle restée aussi longtemps sans hommes ?

DE 7000 À 3800 AV. J.-C.

La culture de Choirokoitia

Le **site archéologique de Choirokoitia** (p.128) (prononcez « chi-ri-ki-tia »), à mi-chemin entre Limassol et Larnaka, est ouvert aux visites et classé au patrimoine mondial de l'Unesco depuis 1998. Mis au jour en 1934, il est considéré comme essentiel pour la compréhension des sociétés humaines en Méditerranée au Néolithique. Ainsi, les chercheurs ont donné le nom de « culture de Choirokoitia » à l'ensemble des sites de la même période à Chypre. Le village de Choirokoitia fut lui-même occupé entre le VIIIe et le Ve millénaire avant notre ère avec une longue interruption avant d'être complètement abandonné. On y retrouve des habitations circulaires comme à Klimonas, mais surtout des remparts de plus de 2 m de hauteur. Pour les archéologues de l'École française d'Athènes, en charge du site depuis 1977, ce système défensif indique une nouvelle organisation, sans doute les prémices de l'État. Mais, vers 3800 av. J.-C., une éruption volcanique cause la disparition de l'homme à Chypre pendant trois siècles.

À PARTIR DE 3500 AV. J.-C.

La révolution du cuivre

Ici commence une période de quatre millénaires qui va être décisive non seulement pour Chypre, mais pour l'ensemble des civilisations de la région. L'île possède en effet dans le Troodos les plus importants gisements de cuivre de Méditerranée. Ce métal va révolutionner les équipements et l'organisation des armées, mais aussi attirer les convoitises. Son exploitation débute vers 3500 av. J.-C. grâce à l'installation à **Erimi** [p.166] [au nord d'Akrotiri] de colons venus d'Anatolie [actuelle Turquie]. Puis, vers 3200 av. J.-C., les habitants découvrent le bronze, alliage obtenu en ajoutant de l'étain au cuivre. Dès lors, l'âge du bronze se traduit par une longue période de prospérité pour l'île. Les années 2000-1500 av. J.-C. sont marquées par des troubles, mais aussi par des échanges commerciaux soutenus avec les Minoens de Crète, les Hittites d'Anatolie, les Assyriens, les Phéniciens et les Égyptiens. Ces derniers créent un important comptoir à Enkomi [près de Famagouste] pour exporter le cuivre, tandis que des colons minoens sont à l'origine du premier alphabet chypriote, le syllabaire chypro-minoen, vers 1550 av. J.-C. L'île, alors nommée Asalya, est intégrée à l'Empire hittite, mais elle continue d'être colonisée pacifiquement par les Phéniciens, puis par les ancêtres des Grecs : les Mycéniens, les Achéens et les Doriens.

DU XIe AU IVe SIÈCLE AV. J.-C.

Des cités-royaumes gréco-orientales

À partir du XIe siècle av. J.-C., l'île se structure en une dizaine de cités indépendantes. Le plus souvent fondées par les Grecs et contrôlées par des nobles, elles tirent leur richesse du cuivre et de la plaine fertile de la Mésorée. Il en subsiste notamment les magnifiques **ruines de Salamine** [p.349] [Famagouste], **d'Amathonte** [p.158] [Limassol] et de **Kourion** [p.168] [Akrotiri]. Soumises par les Assyriens au VIIIe siècle av. J.-C., les cités-royaumes retrouvent leur indépendance un siècle plus tard. Mais elles restent marquées par cette présence orientale. Ainsi, la déesse grecque Aphrodite est d'abord vénérée dans l'île sous les traits de la divinité babylonienne Ishtar ou de la déesse phénicienne Astarté. Au VIe siècle av. J.-C., après une courte période égyptienne, les cités-royaumes sont dominées par l'Empire perse, contraintes de verser un tribut en échange de leur indépendance. Cela les amène à se rapprocher des ennemis des Perses, les Grecs. L'influence de ceux-ci devient prépondérante, en particulier dans les arts. En 499 av. J.-C., l'ensemble de l'île, à l'exception d'Amathonte, se révolte. Mais les Perses l'emportent dès l'année suivante. Ils détruisent la cité de Soli [Morphou], puis favorisent l'essor d'Amathonte et de **Kition** [p.116] [Larnaka] en leur confiant le contrôle du cuivre. Salamine, pour sa part, se lie avec Athènes. Et c'est par l'intermédiaire de son grand roi Evagoras que l'alphabet grec arrive à Chypre au début du IVe siècle av. J.-C.

DE 334 À 30 AV. J.-C.

Période hellénistique : une île gréco-égyptienne

En 334 av. J.-C., deux ans après qu'Alexandre est monté sur le trône de Macédoine, les Chypriotes se joignent à lui pour vaincre les Perses. Le plus célèbre conquérant de l'histoire utilise leurs talents de marins pour s'emparer de la Syrie [332 av. J.-C.], de l'Égypte [331 av. J.-C.] et voguer jusqu'à l'Inde [326 av. J.-C.]. La noblesse chypriote en tire quelques avantages. Mais l'indépendance promise aux cités-royaumes reste très théorique : Alexandre impose une monnaie unique et s'approprie les mines de cuivre. À sa mort, en 323 av. J.-C., Chypre se retrouve au cœur de la guerre qui oppose ses généraux Ptolémée, établi en Égypte, et Antigone le Borgne, nouveau roi de Macédoine. Les cités-royaumes s'affrontent en combats fratricides. L'armée et la flotte de Ptolémée sont vaincues à Chypre lors de la décisive bataille de Salamine, en 306 av. J.-C. Mais Ptolémée revient sur l'île par deux fois, s'imposant définitivement en 294 av. J.-C. La dynastie hellénistique qu'il fonde en Égypte, dite des Ptolémées ou des Lagides, va contrôler Chypre jusqu'à la mort de sa dernière héritière, Cléopâtre, en 30 av. J.-C. Pendant trois siècles, l'île est complètement hellénisée. Mais ses ressources sont surexploitées. Si bien qu'à l'arrivée des Romains ses mines de cuivre sont presque vides.

DE 31 AV. J.-C. À 370 APR. J.-C.

Période romaine : prospérité et explosion de violence

Classées au patrimoine mondial de l'Unesco, les somptueuses mosaïques des IIe-IVe siècles du parc archéologique de Paphos (p.180) en témoignent : Chypre fut l'une des plus riches provinces romaines. Malgré le net ralentissement de l'activité minière, l'élite locale parvient à se diversifier avec l'huile d'olive, les céréales, le vin, le bois, le verre, la construction navale et le commerce. Décorant les riches villas de la capitale provinciale, ces mosaïques ornées de scènes de la mythologie grecque et de discrets symboles chrétiens sont aussi le reflet d'une nouvelle société où les classes dirigeantes chypriotes et romaines partagent les mêmes valeurs de l'hellénisme et du christianisme naissant. Mais derrière cette façade, Chypre est traversée de vives tensions. Depuis le règne de Ptolémée, l'île compte une importante minorité juive. Or, les relations entre les juifs et les Gréco-Romains de l'Empire ne cessent de se dégrader, en particulier après la destruction du temple de Jérusalem, en 70. En 116, elles rejaillissent à Chypre avec une violence d'une ampleur inouïe : en quelques jours, les révoltés juifs massacrent la moitié de la population. Une légion doit être dépêchée pour reconquérir Paphos et l'île sera désormais interdite aux juifs. Le thème de la « trahison des juifs » est abondamment repris dans les textes chrétiens, en oubliant de préciser que les juifs ont constitué le premier cercle des convertis chypriotes. Peu à peu, les anciens dieux ne sont plus honorés et le culte d'Aphrodite « la Chypriote » disparaît au IVe siècle.

Mosaïques du parc archéologique de Paphos.

370-1191

Empire byzantin : une île romaine sous influence arabe

Pour les Chypriotes, le passage de l'Empire romain à l'Empire byzantin n'a jamais eu lieu. Il s'agit du même empire, dont la capitale a été transférée en 330 de Rome à Byzance, sur le Bosphore, et bientôt renommée Constantinople en l'honneur du premier empereur chrétien, Constantin. Et ceux que l'on appellera bien plus tard les « Byzantins » se sont toujours désignés eux-mêmes comme des « Romains ». Si le grec devient la langue officielle de ce nouvel Empire romain d'Orient, il supplantait déjà le latin dans les provinces orientales depuis des siècles. Enfin, le christianisme, religion unique des Romains depuis 392, est déjà largement répandu, en particulier à Chypre. Mais, pour l'heure, peu de choses changent à Chypre. La construction d'églises et de monastères s'accélère, le plus souvent à l'emplacement des anciens temples grecs. Comme plusieurs cités, Salamine est détruite par des tremblements de terre à la fin du IVe siècle. Rebâtie, elle devient la capitale provinciale sous le nom de Constantia. L'administration romaine demeure quant à elle toujours aussi efficace. Et, alors que les mines de cuivre sont abandonnées, le commerce s'impose comme moteur de l'économie chypriote. L'Empire est toutefois menacé par la naissance d'une nouvelle religion, l'islam, en 611. Dès 640, les troupes arabes islamisées s'emparent de l'Égypte. Affaiblie, Chypre tombe à son tour en 649. Au cours de la conquête de l'île, Umm Harâm, nourrice du prophète Mahomet, meurt près de Larnaka. Son mausolée du superbe **tekké Hala Sultan** (p.117) est aujourd'hui l'un des principaux lieux saints de l'islam. Mais, en dehors de cela, l'héritage arabo-musulman à Chypre est aujourd'hui relativement faible. En effet, en 688, l'empereur Justinien II et le calife Abd Al-Malik parviennent à un accord pour gérer ensemble l'île. Pendant trois siècles, Chypre sera ainsi un cas unique : tandis que les Arabes contrôlent l'armée et la fiscalité, les Byzantins conservent le pouvoir religieux et administratif. En 911, l'île réintègre complètement l'Empire byzantin tout en continuant d'entretenir des liens étroits avec le monde arabe. Et, en 1185, après une tentative de coup d'État du dernier gouverneur byzantin, Issac Comnène, Chypre se retrouve isolée, une proie facile pour les conquérants d'Occident.

1192-1489

Dynastie des Lusignan : le temps des cathédrales

Aujourd'hui ornées des drapeaux de la Turquie et de l'autoproclamée République turque de Chypre Nord, les deux grandes mosquées de Nicosie-Nord et de Famagouste ont fière allure. Elles sont aussi les symboles les plus visibles de l'héritage français à Chypre. Ces bâtiments gothiques en pierre de couleur miel furent à l'origine des cathédrales catholiques, érigées par certains des ouvriers qui avaient œuvré à l'érection de Notre-Dame de Paris. Tout commence à l'époque des croisades, lorsque le roi anglais Richard Cœur de Lion débarque presque par hasard sur l'île, en 1191. Après une victoire rapide contre Issac Comnène, Chypre est en sa possession. Et comme il ne veut pas la conserver, il la vend à l'ordre des Templiers dès l'année suivante. Mais les moines-soldats catholiques rencontrent une forte opposition de la population orthodoxe. En mai 1192, Chypre échoit au puissant comte poitevin Guy de Lusignan, qui a déjà pris le titre de roi de Jérusalem en 1186. Celui-ci fonde le royaume de Chypre et 11 rois français lui succéderont. Pendant trois siècles, les Lusignan soumettent l'île à un système féodal brutal, où les nobles latins et les ordres religieux catholiques s'approprient les meilleures terres. De cette société divisée et inégalitaire naît toutefois une étonnante culture franco-chypriote et même franco-arabo-chypriote. Pour se faire bien voir de la paysannerie, les seigneurs catholiques érigent de multiples petites églises orthodoxes où se côtoient styles gothique et byzantin. La décoration de certaines d'entre elles est confiée à de renommés peintres arabes chrétiens réfugiés à Chypre. Il en subsiste quelques exemples, comme le fabuleux ensemble des dix églises peintes du Troodos, classé au patrimoine mondial de l'Unesco. Au fur et à mesure du recul des croisés en Terre sainte, la dynastie des Lusignan s'affaiblit, devant faire face aussi bien aux Mamelouks d'Égypte, aux Turcs ottomans qu'aux cités marchandes d'Italie. Le dernier roi de Chypre, Jacques II, meurt en 1473. Il laisse l'île aux mains de son épouse, la Vénitienne Catherine Cornaro. Attaquée par les Napolitains et les Génois, elle n'a d'autre choix que d'abdiquer en faveur de Venise, le 26 février 1489.

Catherine Cornaro

Étrange destin que celui de cette Vénitienne qui fut la dernière reine française de Chypre, de 1473 à 1489. La dynastie poitevine des Lusignan règne sur l'île depuis 1192, mais elle s'est endettée auprès des villes marchandes italiennes. C'est donc un mariage arrangé qui est conclu entre le roi Jacques II et la belle Catherine, assorti d'énormes avantages commerciaux pour Venise. La cérémonie a lieu le jour même de son arrivée, en novembre 1472, dans la cathédrale de Famagouste. Dès l'année suivante, Jacques décède. Enceinte de lui, Catherine règne seule. Mais leur fils, Jacques III, meurt à son tour en 1474. Dès lors, les complots en vue de récupérer le trône se multiplient, tant de la part des autres lignées des Lusignan que des cités italiennes. Uniquement soutenue par le sultan du Caire, Catherine est finalement contrainte d'abdiquer en faveur de Venise, quittant l'île le 14 mars 1489.

1454-1510

© NASTASIC - ISTOCKPHOTO.COM

Gravure représentant Catherine Cornaro quittant Venise.

Période vénitienne : une fin inéluctable

Dès 1489, les Ottomans lancent un premier raid sur la péninsule de Karpas. Les Vénitiens sont donc prévenus. Ils savent qu'ils vont devoir défendre ardemment l'île qu'ils rêvaient de posséder depuis l'an mil, dernière puissance chrétienne en Méditerranée orientale depuis la chute de Constantinople en 1453. La Sérénissime recrute les meilleurs architectes militaires pour fortifier trois villes chypriotes : les ports de **Kyrenia** (p.313) et de **Famagouste** (p.345) ainsi que l'ancienne capitale des Lusignan, Nicosie, dont les magnifiques remparts en étoile sont érigés à partir de 1557. Mais le reste de l'île ne change guère. Au grand dam des Chypriotes, le système féodal reste en place, parfois avec les mêmes familles nobles françaises aux noms tout juste italianisés. Les faibles troupes vénitiennes ne peuvent donc compter sur le soutien de la population quand les Ottomans débarquent le 1er juillet 1570. Faute de défense, Limassol est la première ville à tomber, dès le lendemain. À la tête de 600 000 hommes, le général Lala Mustafa Pacha assiège Nicosie à partir du 22 juillet. Malgré les supplications des habitants, le gouverneur Niccolò Dandolo refuse de se rendre. Aussi, quand la ville est prise le 9 septembre, 20 000 personnes sont massacrées jusque dans la cathédrale Sainte-Sophie. Épouvantée par la nouvelle, la garnison de Kyrenia se rend sans même combattre, le 14 septembre. Trois jours plus tard commence le long siège de Famagouste. Ravitaillée par la mer, la cité marchande parviendra à tenir près d'un an, jusqu'au 5 août 1571. Malgré leur reddition, le gouverneur Marcantonio Bragadin et les défenseurs sont mis à mort avec une telle cruauté que Lala Mustafa Pacha portera désormais le surnom de Kara (« le noir » en turc). La fin tragique de la présence vénitienne à Chypre horrifie l'Europe et inspirera bientôt à Shakespeare sa pièce *Othello*.

1489-1571

DÉCOUVRIR

1570-1821

Pragmatisme ottoman et colonisation turque

La conquête ottomane a au moins un avantage pour Chypre : l'île renoue des liens étroits avec le Proche-Orient dont elle avait été progressivement coupée depuis les Lusignan. Érigé en 1572, ce « grand caravansérail » demeure aujourd'hui l'un des plus beaux exemples architecturaux de l'héritage ottoman à Chypre. Ainsi, pour les besoins du commerce, les Ottomans couvrent l'île d'un réseau de 23 caravansérails, des auberges-entrepôts où les négociants, leurs montures et leurs marchandises peuvent passer la nuit en sécurité. Premier gouverneur ottoman de Chypre, le terrible, mais très pragmatique, Lala Mustafa « Kara » Pacha encourage une partie de ses troupes à rester sur place en leur confiant des terres abandonnées. Et, toujours par pragmatisme, une large partie du pouvoir politique est confiée à l'Église orthodoxe grecque, qui conserve son siège à Constantinople, la capitale ottomane. C'est le système du millet qui divise la société entre religions, mais assure une protection théorique aux non-musulmans. Ainsi, les paysans chrétiens conservent leurs terres et doivent s'acquitter des taxes ottomanes auprès du clergé grec. Mais, tandis que les églises orthodoxes sont épargnées, celles des catholiques sont les premières à être transformées en mosquées, comme les cathédrales de Famagouste et de Nicosie. Cette double tutelle ottomane et orthodoxe est mal vécue par la minorité catholique latine, arménienne ou maronite, qui préfère souvent l'exil ou la conversion à l'islam.

Le grand caravansérail de Nicosie.

1821-1878

Tensions interethniques et ambitions britanniques

En juin 1821, plusieurs centaines de Chypriotes grecs rejoignent la Grèce pour participer à la Guerre d'indépendance contre les Ottomans. Les tensions montent et, le 15 octobre 1821, 41 membres du clergé orthodoxe sont massacrés par des musulmans. Le mouvement parti de Larnaka se propage à toute l'île, causant la mort d'environ 2 000 Chypriotes grecs et l'abandon de 62 villages jusqu'en 1822. Les autorités ottomanes reprennent ensuite le contrôle et le calme revient. Mais cette violence germe depuis longtemps entre les deux communautés. Sans compter que l'Église grecque est parfois plus puissante que les cadis (juges musulmans) et les gouverneurs grâce à ses relais auprès des vizirs et du sultan de Constantinople. Mais l'Empire ottoman s'affaiblit et ne peut entreprendre de véritables réformes. Depuis l'intervention des Russes, des Français et des Britanniques en Grèce en 1827, les Ottomans sont contraints d'accepter des compromis avec les grandes puissances. Ainsi, à partir de 1859, quand commence le creusement du canal de Suez en Égypte, les Britanniques montrent un intérêt grandissant pour Chypre. À l'issue de leur lourde défaite contre les Russes en 1877, les Ottomans se voient obligés d'abandonner de larges pans de leur empire. C'est ainsi que les Britanniques mettent habilement la main sur Chypre le 4 juin 1878.

Un territoire ottoman sous protectorat britannique

De Morphou (p.337) à Larnaka (p.129), les belles villas coloniales, tantôt cossues et entourées d'un vaste gazon impeccable, tantôt modestes et alignées comme dans une rue anglaise, constituent l'un des aspects les plus sympathiques de l'héritage britannique à Chypre. Il est vrai, l'arrivée de la nouvelle puissance colonisatrice se traduit par une certaine modernisation de l'île. Mais une suite de malentendus et de vexations est à l'origine de la partition actuelle de l'île. En 1878, Chypre demeure officiellement ottomane. Dans les faits, suite à un accord secret entre Constantinople et Londres, l'île est passée sous contrôle direct d'un haut-commissaire britannique. Les Chypriotes grecs, largement majoritaires (74 % des 186 000 habitants), pensent qu'il s'agit d'une phase transitoire et que Londres va leur accorder l'*Enosis* (« union » en grec), c'est-à-dire le rattachement de Chypre à la Grèce. Les Chypriotes turcs (24 % de la population), eux, redoutent cette éventualité. Les Britanniques laissent planer le doute, entretenant aussi bien la possibilité de l'*Enosis* que celle de la *Taksim* (« division » en turc), c'est-à-dire le rattachement d'une partie de Chypre à l'Empire ottoman. Mais ils mécontentent les deux communautés en augmentant les taxes et en excluant tous les représentants chypriotes des institutions politiques locales.

1878-1914

Occupation militaire et exemple crétois

En 1914, l'entrée en guerre des Ottomans aux côtés des Allemands et des Austro-hongrois officialise le statut de colonie britannique de Chypre. Avant de devenir un territoire de la Couronne en 1925, l'île est d'abord placée sous administration militaire afin de mieux contribuer à l'effort de guerre de la Triple Entente (Royaume-Uni, Russie, France). Les revendications des deux principales communautés ethniques sont maintenues sous silence. Mais les tensions ne cessent de monter. D'un côté, les Chypriotes grecs imaginent l'*Enosis* plus proche que jamais. De l'autre côté, les Chypriotes turcs sont marginalisés. Et, surtout, ils voient l'ombre de la Crète se profiler. Cette ancienne île de l'Empire ottoman était jusqu'à présent peuplée pour moitié de Grecs et pour moitié de Turcs. En 1923, dix ans après le rattachement de la Crète à la Grèce, toute la population turque est brutalement chassée. Les Chypriotes turcs redoutent désormais que l'exemple crétois ne se reproduise. D'autant que l'Empire ottoman disparaît la même année.

1914-1925

Une colonie en ébullition

Le rattachement officiel à la Couronne en 1925 fait naître de timides espoirs avec la création d'un conseil législatif où siègent des représentants chypriotes. Mais les Britanniques conservent tous les pouvoirs. Et lorsque Londres annonce, en octobre 1931, n'avoir nullement l'intention de céder l'île à la Grèce, 5 000 Chypriotes grecs descendent dans les rues de Nicosie avec des pancartes pro-Enosis, puis mettent le feu au bâtiment du conseil législatif considéré inutile. La répression se solde par 5 morts et des milliers d'arrestations. Et, surtout, le nouveau haut-commissaire Sir Richmond Palmer met en place une véritable dictature qui vise en particulier les Chypriotes grecs. Surnommé la *Palmerokratia* (« le pouvoir de Palmer »), ce régime dure neuf ans, jusqu'en 1940. Londres lâche alors du lest pour s'assurer du soutien de la population face à la menace nazie en Méditerranée. Au sortir de la Seconde Guerre mondiale, le gouvernement britannique, passé aux mains des travaillistes, permet à l'île de se doter d'institutions plus démocratiques. En 1950, suite à un discours du roi de Grèce réclamant l'Enosis, l'Église orthodoxe grecque de Chypre organise un référendum en ce sens : 97 % des Chypriotes grecs soutiennent le rattachement à la Grèce. Le résultat est reconnu par les Nations unies. Mais, pour l'heure, comme Londres refuse de négocier, certains Chypriotes grecs passent à la lutte armée en fondant l'EOKA, l'Organisation nationale des combattants chypriotes, un mouvement pro-Enosis. Le 1er avril 1955, l'attaque de la prison de Nicosie marque le début de l'insurrection contre les Britanniques. Celle-ci va durer quatre ans et faire plus de 500 morts, dont les trois quarts causés par des bombes de l'EOKA. Les Britanniques parviennent à reprendre l'avantage en 1958. À ce stade-là, l'objectif de Londres n'est plus de conserver sa colonie chypriote, mais de maintenir sur l'île deux bases militaires. Le 16 août 1960, les pourparlers aboutissent à l'indépendance de la République de Chypre et à la création du Territoire des zones souveraines d'Akrotiri et de Dhekelia (p.121).

1925-1960

1960-1963

Un État sous influence grecque, turque et britannique

L'influence étrangère à Chypre n'a rien d'étrange : elle est inscrite dans la constitution. Si cette dernière proscrit tout projet d'*Énosis* ou de *Taksim*, elle reconnaît l'existence des bases d'Akrotiri et de Dhekelia comme possessions du Royaume-Uni, mais aussi la présence de petits contingents des armées de la Grèce et de la Turquie. La constitution désigne d'ailleurs ces trois pays tiers comme les garants de l'indépendance de la République de Chypre. Côté institutions, les diplomates sont parvenus à un résultat tout aussi surprenant. Le président de la République sera toujours un Chypriote grec élu par la communauté chypriote grecque et le vice-président, toujours un Chypriote turc élu par la communauté chypriote turque. Cela se veut aussi le reflet de la répartition démographique du pays en 1960 : 574 000 habitants, dont 77 % de Chypriotes grecs et 18 % de Chypriotes turcs.

1963-1964

Les faux pas de Makarios et la première division de l'île

La division de Chypre ne date pas de 1974, mais de 1963. Dès l'indépendance du pays, le 16 août 1960, c'est le chef de l'Église orthodoxe grecque de Chypre, Mgr Makarios III (1913-1977), qui est élu comme premier président du pays. Si celui-ci a fait partie du mouvement nationaliste de l'EOAK, il a toujours maintenu le dialogue avec les Chypriotes turcs et s'est déclaré opposé à l'*Énosis*. L'ecclésiastique bénéficie donc au départ d'un capital sympathie auprès des différentes communautés. Mais tout bascule en novembre 1963, lorsque Makarios modifie la constitution au sujet de la représentation ethnique dans les municipalités. Non seulement il favorise les Chypriotes grecs, mais il n'a pas pris la peine de consulter ni Athènes ni Ankara, comme l'y oblige la constitution. Aussitôt, le vice-président ainsi que tous les représentants et fonctionnaires chypriotes turcs démissionnent. Puis des violences éclatent partout dans l'île les 20 et 21 décembre. Ce qui sera surnommé le « Noël sanglant » entraîne la mort de plus de 500 personnes et le déplacement de 25 000 Chypriotes turcs vers la partie Nord. Ankara tient son armée prête à envahir l'île et Makarios commet un autre faux pas en demandant l'aide d'Athènes pour constituer une armée chypriote, la garde nationale. Le déploiement des Casques bleus et la création de la zone tampon en mars 1964 permettent d'apaiser les choses. Le pays est désormais coupé en deux par la « ligne verte », assurant une protection à la minorité chypriote turque dans la partie Nord en cas de besoin. Mais les différentes communautés vivent encore le plus souvent ensemble à travers l'île.

La ligne verte à Nicosie.

Mgr Makarios III

© PHOTOSHOOTER2015 - SHUTTERSTOCK.COM

1913-1977 Le 8 août 1977, 250 000 personnes, soit près de la moitié de l'île, se pressent à Nicosie pour assister à ses funérailles. Malgré de nombreux faux-pas, le premier président de la République de Chypre bénéficiait d'un immense respect, y compris de la part des Chypriotes turcs qui le voyaient comme le seul rempart contre la menace de l'Enosis. Cette « union » avec la Grèce, il en avait pourtant été l'un des principaux promoteurs dès sa nomination comme primat de l'Église orthodoxe de Chypre, en 1950. Né Michalis Christodoulou Mouskos, il avait lutté contre les Britanniques en soutenant le groupe armé EOKA en 1955. Pour cela, il fut condamné à l'exil, en 1956, mais parvint à entamer les négociations qui menèrent à l'indépendance en 1960. Renonçant alors à l'Enosis, il s'attira les foudres de l'EOKA et de la junte militaire grecque, jusqu'à provoquer le coup d'État à l'origine de l'invasion turque.

Provocations grecques et impasse des négociations

1967-1974 Le 21 avril 1967, la Grèce est secouée par un coup d'État qui porte au pouvoir une junte militaire, la dictature des colonels. Ces militaires d'extrême droite ont fait de l'*Enosis* leur thème de prédilection. Cette fois, Makarios se fait le défenseur des Chypriotes turcs et refuse de se plier au diktat d'Athènes. Mais il ne peut empêcher l'EOKA de massacrer 27 civils chypriotes turcs en novembre 1967. L'escalade d'un conflit entre la Grèce et la Turquie est une nouvelle fois désamorcée par l'Onu et les États-Unis. Makarios donne quant à lui des gages de bonne volonté en faisant dissoudre l'EOKA. En revanche, il refuse toute concession aux représentants chypriotes turcs qui réclament davantage d'autonomie au sein des municipalités.

Coup d'État des colonels grecs à Chypre

15 juillet-23 juillet 1974 En 1974, la dictature des colonels est sur le point de s'effondrer en Grèce. Mais elle pense encore pouvoir renverser la situation en réalisant enfin l'*Enosis*. À Chypre, la population est exaspérée par l'échec des négociations et Makarios est de plus en plus isolé. Autour de l'EOKA, qui s'est reformée clandestinement sous le nom d'EOKA-B, se regroupent des officiers de l'armée grecque et de la garde nationale chypriote aux ordres d'Athènes. Le 15 juillet, au petit matin, les putschistes lancent l'attaque contre le palais présidentiel, à Nicosie. À 8h du matin, sur la télévision publique nationale, ils annoncent que Makarios est mort et qu'ils ont pris le pouvoir. Mais une petite chaîne privée de Paphos diffuse un autre message, celui de Makarios disant qu'il est en vie et qu'il est parvenu à se réfugier à l'étranger. Sorti indemne de l'incendie de son palais, il a été exfiltré par les Britanniques et se trouve alors en route pour les Nations unies, à New York. Le calme revient. Et quand Makarios prend la parole à New York, le 19 juillet, il accuse la Grèce d'avoir voulu s'emparer de Chypre. Désavoués, les putschistes abandonneront le pouvoir au bout de neuf jours, le 23 juillet. Et, dès le lendemain à Athènes, la junte s'effondre à son tour. Mais il est déjà trop tard. Invoquant la constitution chypriote, qui prévoit une assistance de sa part en cas d'invasion, la Turquie a lancé son armée à l'assaut de l'île depuis le 20 juillet.

L'invasion turque

© NEJDET DUZEN - SHUTTERSTOCK.COM

Musée de la paix et de la liberté.

Près de Kyrenia , au-dessus de la jolie plage de Pentemili, se dressent aujourd'hui le monument et le **musée de la Paix et de la Liberté** (p.320). C'est là que les premiers éléments de l'opération « Attila I » ont débarqué, le 20 juillet 1974, à 5h45 du matin. D'abord peu nombreuses, les troupes turques (3 000 hommes) rencontrent une forte résistance de la part du contingent de l'armée grecque (2 000 hommes) et de la garde nationale chypriote (12 000 hommes). Elles parviennent toutefois à s'emparer de Kyrenia le 22 juillet, tandis que quelques parachutistes turcs se retrouvent isolés aux abords de Nicosie. Les véritables combats cessent le lendemain. L'armée turque occupe alors seulement 7 % de l'île. Faute de renforts encore suffisants, elle pourrait être repoussée à la mer. Mais les militaires grecs et ceux de la garde nationale préfèrent se concentrer ailleurs. Par vengeance, ils vident les quartiers et les villages à majorité chypriote turque. Et bientôt on assiste à un immense chassé-croisé de réfugiés : les habitants chypriotes grecs de Kyrenia fuyant l'armée turque croisent sur leur chemin des Chypriotes turcs de Nicosie, de Paphos ou de Larnaka, expulsés le plus souvent par des foules rageuses qui détruisent les maisons et mosquées abandonnées. Ces exactions servent alors de prétexte à Ankara pour déclencher l'opération « Attila II », le 14 août, avec plus de 40 000 soldats appuyés par 20 000 militants chypriotes turcs. Deux divisions complètes foncent vers la « ligne verte » tenue par les Casques bleus depuis 1964. Elles n'iront pas plus loin. Mais, sur leur passage, elles balayent toute résistance et s'emparent de Morphou, de Famagouste et de la moitié nord de Nicosie. Le 18 août, à 18h, les soldats turcs ont atteint leurs objectifs, contrôlant près de 36 % de l'île. Le cessez-le-feu réclamé par l'Onu intervient enfin. En un mois, le conflit a causé la mort de près de 2 000 combattants dans les deux camps, dont la moitié sont des membres de la garde nationale chypriote officiellement portés disparus. À cela s'ajoute la mort de 9 Casques bleus et, pour la population, environ 3 000 morts et 1 400 disparus. Les réfugiés représentent alors près de la moitié de la population de l'île : ils seraient entre 200 000 et 265 000, aux trois quarts des Chypriotes grecs et maronites de Chypre chassés de la partie Nord.

20 JUILLET-18 AOÛT 1974

Début des (interminables) négociations pour la réunification

28 AVRIL 1975

Moins d'un an après l'invasion turque, le secrétaire de l'Onu, Kurt Waldheim, lance le dialogue en vue de la réunification de l'île. Et cela s'annonce plutôt bien, puisque dès janvier 1977, le président Makarios et le représentant des Chypriotes turcs Rauf Denktaş (1924-2012) parviennent à un accord sur une nouvelle organisation du pays sous la forme d'une fédération. Mais Makarios décède en août 1977. Il est remplacé par le nouveau président Spyros Kyprianou (1932-2002), et alors les choses commencent à s'enliser. À chaque nouvel accord en vue, les négociateurs échouent sur des aspects techniques. Outre le point essentiel du retrait des troupes turques de la partie Nord, l'un des obstacles les plus récurrents est la question des centaines de milliers de propriétés foncières abandonnées depuis 1963. L'ensemble de ces dossiers « immobiliers » ouvre d'autres questions. Les familles peuvent-elles revenir là où tout a changé et vivre mêlées à des habitants d'autres communautés ? Très rapidement, un nouvel obstacle apparaît : celui des « colons turcs ». Car à partir de 1975, la Turquie encourage près de 200 000 étrangers turcophones à venir s'installer dans la partie Nord. C'est une infraction à la Convention de Genève sur les territoires occupés et un casse-tête de plus.

Création de la « République turque de Chypre-Nord »

13 NOVEMBRE 1983

Depuis 1967, les Chypriotes turcs ont fondé plusieurs entités autonomes, comme l'État fédéré turc de Chypre en 1975. Jamais reconnues, ni par l'Onu, ni par la République de Chypre, ces différentes structures étaient pourtant conçues pour s'intégrer dans une éventuelle fédération réunissant toute l'île. Mais cette fois, c'est différent, puisque la création de la République turque de Chypre Nord (RTCN ou TRNC en turc) s'accompagne d'une déclaration d'indépendance. La constitution de la RTCN, adoptée par référendum le 5 mai 1985 par 70 % des votants, est de nature plutôt démocratique. Mais elle ne prévoit aucun rapprochement avec la République de Chypre.

Ouverture de la « ligne verte » à Nicosie

23 AVRIL 2003

Dans la dernière capitale au monde toujours divisée, cet événement a ce jour-là des allures de chute du Mur de Berlin. Créée en 1964 et complètement fermée depuis 1974, la zone tampon n'était jusque-là franchissable que par les diplomates et les Casques bleus. La Turquie empêchait tout passage vers le Nord, craignant à la fois un retour des anciens habitants chypriotes grecs et un départ massif des Chypriotes turcs vers le Sud, plus riche. Mais, suite à une plainte de la République de Chypre en 1999, la Cour européenne des droits de l'homme oblige la Turquie à créer un point de passage. Le site choisi est le check-point du Ledra Palace, le long des remparts vénitiens de Nicosie. Pour la première fois en 29 ans, le 23 avril 2003, les habitants des deux côtés du pays peuvent passer la « ligne verte ». À pied seulement, et uniquement pendant quelques heures. Mais quel changement ! Deux Chypriotes grecs qui étaient passés au Nord et deux Casques bleus britanniques avaient été tués par l'armée turque et des militants chypriotes turcs en août 1996. Sept ans plus tard, c'est l'affluence devant le Ledra Palace. Des milliers d'habitants traversent la « ligne Attila » dans les deux sens, ce qui donne lieu à d'émouvantes scènes de retrouvailles, mais parfois aussi à l'accueil glacial des occupants illégaux de maisons visitées par leurs anciens propriétaires. Progressivement, le check-point sera ouvert 24h/24. Dans les années qui suivent, d'autres accès pour voitures et piétons sont créés le long des 180 km de la « ligne verte ». Avec un total de neuf points de passage aujourd'hui, la vie sur l'île a changé. Mais nombreux sont ceux qui n'ont pas encore osé franchir la ligne, par peur d'y retrouver des souvenirs trop douloureux ou par refus des formalités de passage, reconnaissance tacite de l'occupation turque…

Intégration à l'Union européenne : une occasion ratée

1ER MAI 2004

Ils sont dix États à intégrer l'Union européenne le même jour, comme Malte, la République tchèque, la Pologne et bien sûr Chypre. Ce nouveau membre est un cas à part. C'est le seul État de l'UE qui soit partiellement occupé par une puissance étrangère, la Turquie – qui, par ailleurs, est elle-même candidate pour intégrer l'UE. Depuis que Nicosie a déposé son dossier, en 1990, les diplomates de Bruxelles savaient que cela allait être un challenge. Mais, pour ce qui est de l'occupation turque, toutes les parties concernées pensent avoir la solution. Quelques jours avant l'entrée de Chypre dans l'UE, le 24 avril, le plan Annan est soumis par référendum aux deux parties de l'île. Or, si les Chypriotes turcs disent oui à 65 %, les Chypriotes grecs, fébriles, disent non à la réunification à 76 %. La réunification échoue et c'est le sentiment d'un grand gâchis qui domine. C'est donc un pays occupé qui intègre l'UE le 1er mai 2004.

2012-2013

Crise financière : un pays à deux doigts de la faillite

La crise financière internationale qui a éclaté en 2009 a touché et presque coulé Chypre trois ans plus tard. En cause : les investissements russes dans la République de Chypre. L'économie locale reposait alors sur une fiscalité faible pour les entreprises et un système bancaire peu regardant sur l'origine des capitaux. Or, début 2012, pour sauver l'économie grecque, à genoux depuis 2009, les Européens accordent à Athènes un effacement de 53,5 % de sa dette publique… qui était justement détenue en grande partie par les banques chypriotes. Aussitôt, ces dernières se retrouvent en situation de faillite. Le pays sera sauvé par un vaste plan d'aide européen en 2013. En échange de quoi, Nicosie s'engage une nouvelle fois à réformer son système bancaire. Mais à y regarder de plus près, on s'aperçoit que Chypre demeure le premier pays investisseur en Russie : 27 % des investissements directs étrangers en 2018. Il s'agit le plus souvent d'argent « sale » provenant de Russie qui est « blanchi » à Chypre avant de revenir en Russie. Sous la pression de l'Europe, le gouvernement chypriote a mis fin, en 2020, à son programme de « visas dorés » permettant d'acquérir un passeport chypriote contre l'achat d'un bien immobilier. En 2022, les sanctions économiques imposées par l'Union européenne après l'invasion russe en Ukraine font aussi craindre des conséquences douloureuses pour l'économie du pays.

2017

Au large de Chypre, la guerre du gaz a commencé

Comme si les relations entre Chypre et la Turquie n'étaient pas assez tendues, les gigantesques gisements de gaz naturel découverts au large de l'île depuis 2011 viennent encore mettre de… l'eau dans le gaz. Depuis 2017, les marines française, américaine et italienne escortent les navires des compagnies pétrolières qui effectuent des forages exploratoires dans la zone maritime attribuée à la République de Chypre. Objectif : dissuader la Turquie de perturber les opérations ou de lancer ses propres forages. Car Ankara conteste les frontières maritimes et la zone économique exclusive de Chypre (90 000 km²), aussi bien au large de ses propres côtes que de celles de la partie nord de l'île. Pour sa part, Nicosie s'est vu reconnaître ses zones de prospection par tous ses autres voisins maritimes et a même lancé des explorations communes avec Israël, la Grèce et l'Égypte. Pour Bruxelles, les approvisionnements en gaz naturel sont devenus un enjeu stratégique majeur depuis la crise avec son premier fournisseur, la Russie, en 2015, et surtout depuis la guerre en Ukraine en 2022 et le débat autour de l'indépendance énergétique de l'Europe. Les réserves chypriotes, estimées à 900 milliards de mètres cubes, pourraient permettre d'assurer l'autosuffisance de l'UE pendant de longues années…

© ANDRIY MARKOV - SHUTTERSTOCK.COM

Plateforme d'extraction de gaz au large des côtes chypriotes.

LES ENJEUX ACTUELS

Une île riche et divisée : c'est une constante depuis 11 000 ans. Si autrefois les hommes se sont battus pour son cuivre, Chypre est depuis 2017 l'objet d'un conflit entre l'Europe et la Turquie au sujet du gaz naturel dont les fonds sous-marins abondent. Le dossier est si brûlant qu'il a anéanti tout espoir de réunification de l'île. Autre constante : la destruction de l'environnement. L'île fut pendant des siècles déboisée pour les besoins de la métallurgie. C'est désormais l'urbanisation et le tourisme qui contribuent à transformer Chypre en désert. Enfin, dernière chose qui ne change pas : l'ingérence étrangère. Hittites, Perses, Macédoniens… : la liste de ceux qui ont contrôlé l'île est immense. Depuis 1960, la Turquie, la Grèce et le Royaume-Uni sont désignés comme les garants de l'indépendance du pays. Un système absurde, dont le dernier effet en date est la crise du Brexit, qui va contribuer à diviser encore davantage l'île.

La réunification dans l'impasse

Divisée depuis 1963 et partiellement occupée par la Turquie depuis 1974, Chypre pourra-t-elle un jour être réunifiée ? Aujourd'hui, alors que les tensions entre communautés sont largement apaisées, jamais la fin de la division n'a paru aussi lointaine. Engagées depuis 1975, les discussions en vue d'une réunification de Chypre ont maintes fois été interrompues. Mais, alors qu'elles avaient toujours fini par reprendre, désormais tout est bloqué. Le début de la « guerre du gaz » (lire ci-après) a mis brutalement fin aux dernières négociations le 7 juillet 2017. Aujourd'hui, les habitants semblent résignés à vivre séparés. Il est vrai, la circulation est désormais plus facile depuis l'ouverture du premier point de passage en 2003 (9 aujourd'hui). Mais, entre les deux parties de l'île, le fossé culturel s'élargit d'année en année. Dans la partie Nord, la vie au quotidien demeure complexe, non seulement du fait de la forte présence militaire, mais aussi du blocus économique et de l'absence de reconnaissance politique. Quant aux habitants de la partie Sud, la majorité d'entre eux n'ont jamais franchi la zone tampon. Un choix motivé par la peur, mais surtout par le refus de se plier aux contrôles imposés par la Turquie. En fait, les touristes sont les seuls à vraiment profiter des points de passage avec une insouciance qui choque bien des Chypriotes.

La « guerre du gaz »

Depuis 2009, la découverte d'énormes réserves de gaz naturel est en train de changer la donne économique en Méditerranée orientale. Seul acteur de la région à ne pas avoir accès à ces ressources offshore, la Turquie conteste le tracé des frontières maritimes. Et, surtout, Ankara s'appuie sur la partie nord de Chypre, occupée par ses troupes, pour faire valoir des droits d'exploitation autour de l'île. C'est une véritable guerre froide qui a ainsi commencé en 2017. La marine turque occupe une partie des eaux territoriales chypriotes avec des navires de guerre et de prospection. Face à elle, la communauté internationale condamne et s'organise. Une alliance régionale s'est mise en place avec des traités militaires et commerciaux entre Chypre, Israël, la Grèce, le Liban et l'Égypte. Et les flottes militaires de plusieurs États européens patrouillent désormais en permanence au large de l'île. C'est le cas de la France et de l'Italie qui entendent en particulier protéger le consortium des compagnies pétrolières Total et Eni à qui a été confiée une des zones d'exploitation chypriotes. Les enjeux sont énormes, surtout depuis la guerre russe en Ukraine et le débat autour de l'indépendance énergétique de l'Union européenne.

Désertification, érosion et manque d'eau

Poivrons des Pays-Bas, agneaux de Nouvelle-Zélande, vins d'Italie… : on mange rarement local à Chypre. Pour les 5,5 millions de touristes qui séjournent ici chaque année, presque tout doit être importé. Pas très bon pour le bilan carbone. Mais le pire, c'est qu'il faut aussi faire venir l'eau. La partie Nord est ainsi alimentée depuis 2016 par un pipeline de 70 km de longueur entre la Turquie et le cap de Kormakitis. Et si le massif du Troodos permet à la partie Sud d'être encore autonome en eau, la construction de terrains de golf et de dizaines de milliers de villas avec piscine a entraîné la désertification de l'île depuis le milieu des années 1990. En 2019, un rapport de la Commission européenne pointait les conséquences désastreuses de l'érosion du littoral sud, tandis qu'une étude géologique prévoyait le recul d'une partie de la côte, à Akrotiri et à Larnaka. Le rejet d'eaux polluées met aussi en danger la faune et la flore sous-marines. Mis à part la qualité de l'air, jugée très bonne, tous les voyants sont au rouge.

À court terme, le manque d'eau et le réchauffement climatique pourraient entraîner une hausse des températures. Les professionnels du tourisme s'attendent même à une baisse de la fréquentation en été, tant les températures devraient grimper. Bref, si rien n'est fait pour repenser le modèle actuel à Chypre, le tourisme intensif va finir par tuer le tourisme.

Le casse-tête du Brexit

Depuis l'indépendance en 1960, l'île entretient des rapports étroits avec son ancienne puissance colonisatrice. La décision du Royaume-Uni de quitter l'Union européenne va donc avoir ici des conséquences profondes. Depuis le référendum de 2016 au Royaume-Uni, Chypre sait qu'elle sera le quatrième pays de l'UE le plus impacté par le Brexit après l'Irlande, les Pays-Bas et le Luxembourg. On redoute une diminution du nombre de touristes britanniques, qui représentaient jusqu'alors un tiers des visiteurs. Il faut aussi s'attendre au départ d'une partie des quelque 150 000 sujets de Sa Majesté possédant une maison dans l'île. Les armateurs chypriotes, qui détiennent la 11e flotte marchande au monde, ont pour leur part déjà commencé à transférer leurs intérêts financiers de Londres vers Singapour. Le gouvernement de Nicosie cherche quant à lui de nouveaux investisseurs en Asie du Sud-Est. Enfin, l'importante diaspora chypriote du Royaume-Uni craint que les liens avec leur île d'origine deviennent moins faciles. Autre effet du Brexit : il va falloir rétablir les contrôles douaniers entre la République de Chypre et le Territoire des bases souveraines d'Akrotiri et Dhekelia. Ce confetti d'Empire (2,76 % de la superficie de l'île) fait partie des trois possessions britanniques partageant une frontière terrestre avec un État de l'UE, les deux autres étant l'Ulster en Irlande et Gibraltar en Espagne. À Chypre, la circulation risque de devenir presque impossible sur la côte Sud si des postes-frontière permanents sont installés. La banlieue ouest de Limassol et une portion de la route menant à Paphos se trouvent dans l'enclave d'Akrotiri. Quant à Dhekelia, elle coupe littéralement en deux la partie Sud entre Larnaka et Agia Napa. De plus, ce sera un casse-tête pour les 7 700 Chypriotes grecs vivant dans les deux enclaves et pour les 2 500 Chypriotes grecs et turcs qui travaillent pour le ministère de la Défense britannique. Tout cela apporte de l'eau au moulin des militants qui réclament le rattachement du territoire à la République de Chypre. Londres n'entend pas lâcher sa dernière base aérienne en Méditerranée. La seule concession envisagée serait de céder certains villages, mais uniquement en cas de réunification.

Le tourisme intensif peut menacer la faune et la flore de l'île.

ARCHITECTURE

Chypre peut se vanter d'avoir une riche histoire. L'île n'est pas que plages et complexes hôteliers. Successivement envahie et conquise au cours des siècles, Chypre n'a pas une architecture exemplaire « typique ». Malgré tout, l'art byzantin s'étale dans les églises, les chapelles et même les demeures dont les plus anciennes, en ville comme à la campagne. Il faut prendre le temps de s'arrêter dans ses villages pour regarder les détails des maisons traditionnelles. On admirera aussi ses chapelles aux réminiscences gothiques. Mais, surtout, témoins de l'époque des Lusignan, les pierres ou les fresques, comme à Nicosie dans le quartier longeant la ligne de « séparation » de la ville, illustrent une histoire qu'aucune autre île de la Méditerranée n'a connue. En réalité, lorsque l'on se balade de territoire en territoire à Chypre, on se rend vite compte qu'il serait dommage d'y séjourner uniquement pour y trouver le soleil.

À la découverte des villages et du monde rural

Chypre n'a pas une architecture exemplaire « typique ». Elle a en effet été envahie et conquise au cours des siècles, mais aussi secouée et détruite par de nombreux tremblements de terre. En se rendant dans quelques-uns des 600 villages, on découvre tout de même qu'un habitat traditionnel existe. Et si 70 % de la population habite aujourd'hui en ville sur l'île, le gouvernement chypriote n'a pas hésité à lancer il y a une vingtaine d'années des programmes pour inciter les habitants à réinvestir les villages et donc faire face à l'exode rural, mais également pour restaurer des maisons traditionnelles et en faire des résidences de tourisme. Les villages de Chypre, comme celui de **Tochni** ★★ (p.126), ont été construits en fonction de la topographie du terrain et des matériaux disponibles. L'installation des habitations suit les mouvements des terrains et elles s'élèvent au fil de la hauteur des collines et des montagnes. L'organisation de la vie dans les communes se fait autour de l'église et dans des villages comme celui de **Lefkara** ★★ (p.129), chaque quartier possède même son monastère. Au fil des rues pavées, on note que les maisons traditionnelles sont construites à base de pierres locales. Elles sont en général fermées par un mur construit avec ces mêmes pierres, un mur qui protège la cour. Lorsque le rez-de-chaussée ne permettait pas d'établir de grandes pièces de vie, un étage était généralement construit, par lequel on accède via un escalier extérieur, en bois ou en pierre. Le bout de l'escalier se termine par la présence d'un balcon protégé par des rambardes en bois. Il est une pièce de vie à part entière dans les maisons traditionnelles des villages, un lieu où l'on peut se réunir et être à l'air frais, tout en étant protégé d'un soleil généreux. Il faut savoir qu'à Chypre, si le littoral a connu l'essor de nombreuses stations balnéaires destinées à accueillir les voyageurs et faire du tourisme un élément important du développement économique de l'île, l'arrière-pays est riche en villages traditionnels et il ne faut pas hésiter à quitter les plages pour s'enfoncer à l'intérieur des terres et ainsi rejoindre les petites communes d'antan, parfois perchées en haut d'une colline, comme l'authentique village de **Kalavasos** ★ (p.125).

L'architecture en milieu urbain

En milieu urbain, il est intéressant de constater les diverses influences et l'évolution de l'architecture à travers le temps. Dans des villes comme **Limassol** ★ (p.152), on peut aussi bien se balader dans des quartiers où se trouvent des immeubles d'habitation plutôt récents que s'enfoncer dans la vieille ville avant de s'arrêter plus tard devant d'étonnants châteaux, comme le château de Limassol et sa structure reconstruite au XVIe siècle durant la période ottomane ou bien encore le château de Kolossi, construit au XIIIe siècle. Dans la capitale **Nicosie** ★★★ (p.253), on a la particularité de se balader dans la dernière ville divisée en Europe, il faudra se rendre dans le quartier longeant la ligne de « séparation ». Dans cette ville aux multiples facettes, on ne manque pas de s'arrêter au pied de ses principaux édifices. Avec la mosquée Selimiye située juste à côté, le Bedesten est un des monuments phares de Nicosie. Il s'agit de l'ancienne église catholique Saint-Nicolas érigée à partir de la fin du XIIe siècle. Un temps transformée en « marché fermé » (bezistan en français, *bedesten* en turc) par les Ottomans, elle a connu une vie mouvementée. Mais le bâtiment a conservé une partie de sa formidable architecture gothique mêlant diverses influences. C'est une ville dont on a envie de s'intéresser à l'histoire par la présence d'anciens monuments.

© HERACLES KRITIKOS - SHUTTERSTOCK.COM

L'église Archangelos Mihail.

On découvre que son évolution dans le temps n'a pas empêché quelques accents plus contemporains comme en témoigne la tour de 67 mètres de haut conçue par l'architecte français Jean Nouvel, faisant figure de nouvelle icône dans la capitale. La tour White Walls est composée de dix étages d'appartements, six étages de bureaux et deux niveaux de boutiques. Sa verticalité contraste avec l'horizontalité des anciennes fortifications. Un jardin vertical recouvre près de 80 % de la façade sud. Dans les principales villes, il faut également s'intéresser aux maisons urbaines pour constater les différences notables avec l'habitat du monde rural. L'habitat urbain a émergé à la fin de la période ottomane, période où est également apparue la classe moyenne chypriote. Les maisons étaient alors un moyen d'afficher son statut social. Situées en bord de route dans les villes pour être clairement visibles, elles arborent un style néoclassique et colonial. Les influences sont très clairement britanniques, avec la présence d'un étage et d'ornementations sur la façade (colonnes, balcons, encadrements des fenêtres…). L'architecture coloniale a évolué avec le temps et on retrouve son inspiration dans la construction de maisons un peu moins ornementées, mais qui gardent certains aspects de ce type d'habitation, notamment la présence d'un seul étage et d'un ou plusieurs balcons aux fenêtres. C'est le cas du **musée médical Kyriazis** (p.114) à Larnaka.

Il faut aussi noter que dans les années 1950 et 1960 de nombreux étudiants en architecture chypriote qui avaient quitté l'île pour étudier à l'étranger sont revenus et ont initié des projets qui ont vu naître les premiers immeubles de grande hauteur, symboles du modernisme. Ce sont les immeubles que l'on retrouve dans les plus grandes villes, comme **Nicosie** ★★★ (p.253), **Limassol** ★ (p.152) et **Larnaka** ★★ (p.107). Ils ont accueilli des habitants, mais aussi des écoles et d'autres institutions.

Les trésors de l'art byzantin

Un séjour à Chypre est une formidable occasion de s'intéresser à ses profondes racines religieuses. Il faut ainsi emprunter les chemins qui conduisent vers ses monastères et ses églises sacrés, un patrimoine dont les habitants sont fiers. C'est dans la région des monts du Troodos que l'on trouve une importante concentration de lieux saints, tout simplement l'une des plus importantes de tout l'Empire byzantin. Quelque dix églises byzantines de cette splendide région située entre vallées et forêts verdoyantes sont inscrites, ensemble, sur la liste du patrimoine mondial de l'Unesco. Neuf d'entre elles depuis 1985, la dixième (Metamorfosis tou Sotiros) en 2001. Avec leurs dimensions modestes, comme celles de l'**église Archangelos Mihail** (p.242), elles rappellent de grosses fermes montagnardes : pierres parfois grossières, murs épais, toits imposants, charpentes de bois brut. Mais leur aspect ne doit pas tromper et détourner le regard du visiteur. Car c'est bien en franchissant les portes que l'on assiste à un superbe spectacle. Elles abritent en effet des peintures murales parmi les plus belles du genre dans le monde. Et au-delà de leur beauté, ces œuvres nous renseignent sur le passé mouvementé de l'île, des Byzantins aux Lusignan, des Vénitiens aux Ottomans, sur les luttes d'influence, les modes, l'évolution des techniques et des styles, etc. L'église Panagia Forviotissa (Notre-Dame de Farvion), connue sous le nom de Panagia tis Asinou, dévoile un cycle de peintures murales byzantines très complet. Et pour voir les fresques les mieux conservées, il ne faut pas manquer de franchir la porte de l'**église Panagia Arakiotissa** (p.234). Les peintures que l'on retrouve dans ces bâtisses uniques au monde sont le témoignage de cinq siècles d'histoire de l'art à Chypre. Elles sont, à elles seules, un livre d'histoire grandeur nature.

BEAUX-ARTS

Chypre est une île méditerranéenne dont l'histoire remonte à l'Antiquité et dont les objets les plus anciens sont datés de 10 000 ans avant notre ère. Son héritage millénaire est le résultat du mélange des cultures de l'Égypte ancienne, de la Grèce et de la Rome antique. Au Moyen Âge, l'île est marquée par la culture byzantine, mais on y retrouve aussi des influences de la peinture catholique. Elle connaît une occupation ottomane qui permet paradoxalement à l'Église orthodoxe de se renforcer. La peinture religieuse demeure donc pendant près de deux millénaires une des rares expressions, si ce n'est la seule, de la culture artistique chypriote. La modernité et les arts contemporains ne font leur apparition que tardivement, durant la seconde moitié du XXe siècle, à la suite de la récente indépendance que l'île a obtenue en 1959. Ses thèmes ont donné naissance à nombre d'expressions artistiques.

De la sculpture préhistorique à l'Antiquité

Les plus vieilles traces d'expression artistique à Chypre se retrouvent dans des pratiques sculpturales dont les plus anciennes remontent à l'âge du cuivre, 3 000 ans avant notre ère, à l'image de l'*Idole de Pomos*, du nom du petit village où elle fut découverte. Cette statuette en forme de croix est emblématique de l'art préhistorique chypriote, et illustre même les euros du pays ! Elle est visible au Musée archéologique de Chypre à Nicosie. De nombreuses sculptures de ce type sont également dispersées à travers le pays. L'île compte de nombreux sites archéologiques et beaucoup d'entre eux datent de la période hellénistique. Nous pouvons ainsi découvrir au District Museum de Limassol une tête d'Apollon trouvée dans le sanctuaire dédié au dieu à Kourion ★★★, où l'on peut encore admirer d'anciennes ruines grecques. L'île conserve de nombreux ensembles en marbre de cette époque, comme au **Parc archéologique de Paphos** (p.180) ou encore au temple d'Aphrodite d'Amathonte.

Une histoire de l'art dominée par les icônes peintes

En raison de la qualité, de l'abondance et de la richesse de ses représentations hagiographiques, Chypre est parfois surnommée « l'île des saints ». Les nombreuses influences subies au cours des siècles ont renforcé l'identité culturelle chypriote et son attachement à l'art religieux. L'art des icônes s'est perpétué et maintenu sans interruption durant quatorze siècles, malgré les épreuves douloureuses vécues au cours des occupations successives à partir de l'effondrement de l'Empire byzantin. C'est pourquoi Chypre trouve, dans la peinture des icônes, son expression la plus traditionnelle. De nombreuses œuvres sont d'ailleurs classées par l'Unesco.

DÉCOUVRIR

Site archéologique de Kourion.

© HERACLES KRITIKOS - SHUTTERSTOCK.COM

Icônes religieuses dans l'église Panagia Forviotissa Asinou.

La plus ancienne icône en couleur est une icône, la *Vierge à l'Enfant*, datée de la fin du VIIe siècle. Les œuvres antérieures au XIe siècle se démarquent nettement de celles qui suivent, largement influencées par les artistes de Constantinople. À partir du début du XIIIe siècle, les arrivées successives de Richard Cœur de Lion, des Francs sous les Lusignan, et enfin des Vénitiens apportèrent des vagues d'influences nouvelles à l'art chypriote. Aujourd'hui, l'art des icônes continue de prospérer, avec un retour aux traditions byzantines. On pourra consulter sur le sujet l'excellent ouvrage du Dr Sophocles Sophocleous, *Les Icônes de Chypre du VIIe au XXe siècle*, au Centre d'héritage culturel à Nicosie.

L'héritage de Philippos Goul (XVe-XVIe siècles) et l'art religieux

Les artistes des églises peintes du Troodos sont souvent restés anonymes, s'effaçant humblement derrière leurs mécènes et les représentations bibliques. Philippos Goul, grand maître de la peinture chypriote, est l'un des rares faisant exception. À la fin du Moyen Âge, sa réputation est telle qu'il va apposer son nom sur les murs de trois édifices différents : en 1495, au **monastère d'Agios Mamas** (p.338) de Louvaras, entre 1494 et 1505 dans l'**église Timios Stavros Agiasmati** (p.234) de Platanistasa, et, au début du XVIe siècle, dans celle de Metamorfosis tou Sotiros à Palaichori. C'est l'artiste le plus en vue de l'époque : il plaît aussi bien au clergé orthodoxe, aux nobles francs qu'aux Vénitiens qui viennent d'acquérir Chypre (1489). On le surnomme « le Rouge » pour la couleur qu'il utilise avec force et nuances dans ses fresques aux mille détails. Les épaules larges et la tête forte des personnages de Philippos Goul s'inscrivent dans la tradition de « l'école macédonienne » (867-1056). Le peintre s'ouvre à la culture chypriote où coexistent des influences grecques, latines, arméniennes et arabes. L'île a aussi été marquée au XIIIe siècle par l'art des croisades ou « manière chypriote » : certains codes iconographiques catholiques ont été peu à peu intégrés à un art local populaire dit « naïf ». Ces différentes caractéristiques se retrouvent chez Goul : un trait parfois malhabile, la récurrence de thèmes chers à l'Occident comme l'*Exaltation de la Sainte Croix*, et l'extrême minutie architecturale des arrière-plans. Il semble hésiter entre le réalisme occidental et la simplicité assumée byzantine, et puise dans ces différents registres sans originalité. Les experts de l'Unesco le décrivent même comme un artiste « sans style ». On peut aussi percevoir dans cet enchevêtrement de styles la fin d'un âge d'or. Avec la prise de l'île par les Ottomans en 1570, bien que plusieurs édifices religieux soient transformés en mosquées, l'Église orthodoxe retrouve une puissance morale, politique et financière qui lui avait été confisquée depuis quatre siècles. Contraints au classicisme et coupés des grandes évolutions de l'art occidental (de la Renaissance aux Lumières), les peintres chypriotes vont peu à peu cesser de se réinventer.

De la modernité tardive à l'émergence de l'art contemporain

La peinture chypriote peine donc à s'extraire de l'iconographie religieuse. Michael Kashalos (1885-1974) fait partie des artistes qui marquent l'entrée tardive de l'île dans l'époque moderne. Ce peintre autodidacte consacra l'essentiel de ses travaux à la description du folklore chypriote. Ses tableaux, qui s'étalent sur soixante ans de pratique, représentent un panorama exhaustif de la société locale. Son style est marqué par les icônes byzantines, comme en témoignent les têtes volumineuses de ses personnages dans *Paysage avec des travailleurs des champs*. Il marque ainsi le passage de l'île dans les arts profanes, tout en conservant des traits caractéristiques de la peinture religieuse. On peut admirer plusieurs des œuvres de ce chroniqueur de la vie et de l'histoire de l'île au XXe siècle au **musée Pierides de Larnaka** (p.109).

Avec l'indépendance de Chypre en 1959, un vent de liberté souffle pour les artistes chypriotes, à l'image de Stass Paraskos (1933-2014). Parti pour l'Angleterre à 19 ans, il entreprend de brillantes études de peinture au Leeds College avant de connaître un succès mondial. Paraskos a très tôt considéré Matisse, Gauguin et Chagall comme ses maîtres. Son statut d'immigré lui fait comprendre la singularité et la richesse de l'identité chypriote. Tout en restant fidèle à sa conception de la peinture, il s'inspire du folklore et des couleurs de son pays natal. Ses peintures illustrent la vie rurale chypriote, l'histoire tourmentée de l'île, l'amour, la vie, la mort, toujours sur un mode lyrique et romantique. Il fonde à Lempa, près de Paphos, le Cyprus College of Art. En 2005, sa série *Routes de la Liberté* représente Chypre lors de la XXIIIe Biennale de Sao Paulo. C'est la première fois depuis 25 ans que l'île est présente lors de cette grande manifestation culturelle.

Une collection représentative des peintures et sculptures d'artistes chypriotes du XXe siècle est offerte par la Collection nationale d'art moderne à Nicosie. Le Centre des arts de Nicosie, situé dans une ancienne usine d'électricité, organise d'importantes et célèbres expositions. Son objectif est de contribuer au développement de l'art contemporain et de la créativité nationale. Vous trouverez aussi des galeries et des centres d'art dans les villes de Larnaka et Limassol. Par ailleurs, le MOCA de Chypre abrite une Galerie d'État d'Art contemporain pour promouvoir l'art chypriote des XXe et XXIe siècles. Elle propose des expositions d'art contemporain temporaires, avec le projet, à long terme, de créer un musée.

Une histoire photographique marquée par les studios familiaux

La photographie a été amenée sur l'île par des non-natifs qui, pour certains, s'y installèrent, à l'image de l'Arménien Haigaz Mangoian qui fonde un studio sur l'île. Les photographies de Mangoian ont une valeur historique remarquable, documentant la vie des insulaires, entre ports et lieux de culte. Un autre Arménien du nom de Vahan Avedisian fonde un studio sur l'île dans les années 1920. Avec son frère, il prospère dans l'industrie des cartes postales qui rend le studio familial populaire aussi bien auprès des touristes que de la population locale. C'est le Français John P. Foscolo qui fut cependant le premier à photographier l'île à la fin des années 1850, alors en déplacement dans le cadre d'un voyage d'études sur les châteaux des croisés. C'est avec les trois photographies connues de ce voyage que commence l'histoire du médium à Chypre. En 1878, emménageant à Limassol, John P. Foscolo devient le photographe officiel de l'armée britannique. Ses liens avec les classes supérieures de l'île lui permettent de documenter les premières décennies du XXe siècle (1900-1920) et la formidable croissance que l'île connaît à cette époque ; c'est aussi sa période la plus fructueuse.

Du côté des insulaires, Ahmet Sevki est le père de ce nouvel art. À compter de 1887, il débute une pratique amateur à laquelle il initie rapidement sa femme, Ismet Hanim. Peu à peu, ils se professionnalisent et fondent un studio au début des années 1900. De nombreux autres fleurissent sur l'île, un peu sur le même format. Ils répondent au désir grandissant des portraits et photos de famille. Cette première vague de photographes chypriotes, dont les tampons garnissent les albums de famille, est encore bien connue chez les insulaires. Encore très peu représentée aujourd'hui et encore moins documentée, la photographie contemporaine chypriote sort difficilement des sentiers battus du travail de commande où perdure la vieille tradition des photographies de famille et de mariage. Le travail d'Helena Georgiou (1985-) se distingue toutefois par son minimalisme affirmé. Elle photographie ainsi des présences humaines dans des cadres et espaces très graphiques et schématiques, en noir et blanc comme en couleur. Les corps s'intègrent à une poésie de formes abstraites ou, au contraire, viennent perturber la lecture de ces espaces que l'on croirait être des plans. Elle est membre de la sélective Cyprus Photographic Society et reçoit de nombreuses récompenses à travers le monde, dont le prix EYE du Parlement européen en 2018.

Le street art chypriote, un essor récent

Sur cette île à la culture hybride et millénaire, certains pourront se dire qu'il reste peu de place pour la culture street art qui se développe depuis moins d'un demi-siècle autour du globe. Et pourtant, ici, les fresques antiques côtoient celles des peintres d'un nouveau temps. Le Festival international de Street Art à Ayia Napa voit au fil des éditions des fresques pérennes proliférer. Cette ville de bord de mer aux façades claires arbore chaque printemps de nouvelles couleurs depuis 2014. Des artistes comme L7M, un Brésilien bien connu dans le milieu du *graff*, se sont ainsi emparés des murs de cette petite ville pour le plus grand bonheur de ses habitants et des touristes. Évidemment, de nombreuses œuvres sont visibles dans les deux plus grandes villes de l'île, Nicosie et Limassol, qui restent bien pourvues en street art. On compte parmi les représentants de la culture street de la capitale le talentueux 23, auteur notamment du portrait d'un grand-père lisant le journal qui orne le mur d'un terrain vague. Pour les passionnés, le site culturetrip propose un tour des lieux emblématiques du street art à Nicosie (https://theculturetrip.com/europe/cyprus/articles/a-street-art-tour-of-old-nicosia/).

MUSIQUES ET SCÈNES

Situé à un carrefour de la Méditerranée, ce petit bout de terre qu'est Chypre a été particulièrement convoité tout au long de son existence. En quelque 9 000 années d'histoire, Chypre a connu de nombreuses invasions (17 pour être précis), sources des différentes influences grecques, turques ou arabes palpables dans sa gastronomie, sa musique ou son architecture et sa danse. Mais fort de l'état d'esprit qui caractérise Chypre, le pays a su dessiner une identité propre et indépendante, conservant et adaptant le meilleur de chacun de ses occupants successifs. Fier de sa culture, Chypre pratique et présente ses musiques et danses traditionnelles quotidiennement. Sans doute aussi un moyen de cultiver et renforcer le sentiment d'appartenance chypriote dans un territoire toujours divisé et partiellement occupé.

La musique traditionnelle

La tradition musicale chypriote plonge ses racines jusqu'à l'époque byzantine et s'inscrit dans la continuité culturelle de la Grèce antique. Aussi, elle cultive un léger accent oriental en utilisant l'échelle mélodique turque et en s'imprégnant d'influences venues des pays arabes environnants. Essentiellement supports de danses – la tatsia, la sousta, les syrtos, les ballos, le zeibekiko, le karotseris, le sinalik, le chiftetteli ou encore l'arabiye –, la plupart des musiques traditionnelles sont jouées avec la même base instrumentale : le vlos (une flûte de roseau), le kasat (petites cymbales), le laouto (luth long), le ut (luth court) ou le zurna (une sorte de hautbois d'origine turque). Dans l'ensemble, la musique traditionnelle chypriote a de faux airs de *nisiotika*, ces chansons des îles de la mer Égée et du Dodécanèse, aux mélodies tendres et portées par un pouls très doux.

Toujours très populaire, la musique traditionnelle chypriote est maintenue vivante par une kyrielle d'artistes dont certains sont de vraies stars. C'est notamment le cas de Michalis Tterlikkas qui se produit encore beaucoup ou, dans la même veine, Christos Sikkis à la carrière particulièrement prolifique. Cela dit, le musicien chypriote le plus célèbre est sans conteste Mihalis Violaris. Vedette même hors de ses frontières, Violaris a popularisé en Grèce les chansons traditionnelles chantées en dialecte chypriote, comme *Ta Ryalia*, grand tube hellène des années 1970. Pionnier du mariage de la musique traditionnelle chypriote à d'autres genres, il a ouvert la voie à de nombreux musiciens comme Monsieur Doumani. Succès local (de plus en plus international), les trois membres du groupe s'attachent à donner une lecture moderne aux chansons populaires chypriotes et font dialoguer des sonorités du monde entier avec les traditions musicales du pays.

Où écouter la musique traditionnelle ?

Les tavernes sont des endroits de prédilection pour écouter de la musique traditionnelle à Chypre. Si toutes se valent, **Polychoros 77** (p.298) sort du lot. Cette taverne bien dans son jus, tenue par une ancienne chanteuse, propose une cuisine assez quelconque (il faut bien l'admettre) mais se rattrape avec de très bons groupes traditionnels pratiquement tous les soirs. La musique folklorique enchante évidemment aussi les fêtes religieuses, comme Kataklysmos qui coïncide avec la Pentecôte et est célébrée dans les villes côtières – en particulier à Larnaka – avec des parades en bateau, des feux d'artifice, des danses et beaucoup de musique folklorique. Cette dernière est aussi présente dans absolument chaque festival, comme la Fête du Vin de Limassol, évènement très (très) festif.

La musique classique

Bien qu'aucun Chypriote n'ait vraiment marqué l'histoire du genre, Chypre cultive aujourd'hui une scène riche et dynamique de musique classique. Le pays possède un orchestre symphonique – avec une bonne réputation locale et quelques chefs internationaux invités – ainsi que son Cyprus Youth Symphony Orchestra, une école de musique qui forme les futurs prodiges nationaux. Des talents de demain qui viendront alimenter les rangs déjà bien fournis des bons musiciens chypriotes comme les pianistes Cyprien Katsaris (franco-chypriote), Martino Tirimo et surtout le prodige, mort prématurément d'un accident de voiture, Nicolas Economou.

Parmi les compositeurs les plus connus, on peut citer Marios Joannou Elia (Yannis Kyriakides), l'auteur d'une symphonie pour 265 musiciens, le très avant-gardiste Yannis Kyriakides (1969-), Solon Michaelides (1905-1979) très joué en Grèce, Andys Skordis (1983-), nom prisé de la musique contemporaine, ou encore Christina

© RUZANNA - SHUTTERSTOCK.COM

Danse traditionnelle chypriote à Limnatis.

Athinodorou, un des nouveaux talents nationaux. Comme la plupart des grands spectacles à Nicosie, les concerts symphoniques ont lieu au Théâtre municipal de Strovolos. On y entend aussi des opéras joués par la troupe de la ville, Opera Nicosia.

Le rock

Cela peut vite se constater en allumant la télé ou la radio : les Chypriotes aiment le rock ! Le genre a une histoire dans le pays où, dès la fin de la guerre en 1974, une scène très active se met en place. Les pionniers s'appellent Kimstyle TR et ont longtemps été jugés outrageants – les autorités allant jusqu'à brûler leurs CD. Ils ont ouvert la voie à de nombreux groupes, souvent très portés sur les extrémités du rock comme le metal. Parmi les plus célèbres, on trouve Armageddon, très heavy metal, et toujours sur scène quarante ans après sa formation dans les années 1980, et, plus récemment, Methysos ou Winter's Verge. Pour les amateurs de rock de passage à Nicosie, une des scènes les plus indiquées (et une des seules en ville) est Downtown Live.

La danse

Au même titre que la culture chypriote au sens large, le répertoire des danses traditionnelles a adopté et adapté de nombreux éléments helléniques ou d'Asie Mineure. On y trouve beaucoup de danses faisant appel à l'adresse et la virtuosité, employant souvent un objet et comprenant énormément d'improvisations. Ce dernier aspect est peut-être un des traits les plus frappants de la danse traditionnelle chypriote avec le côté dialogué, l'effet de réponses entre danseurs. La danse la plus courante pour hommes et femmes est celle exécutée en couples s'affrontant, le *karsilamas*. Parmi les plus répandues, on peut aussi citer la *sousta*, détenant une certaine charge érotique et s'exécutant en couple ou en rang d'hommes et de femmes se faisant face. Typiquement chypriote, la *tatsia* est un exercice d'adresse où le danseur doit faire tournoyer autour de lui un tamis contenant des verres de vin à moitié pleins. Plutôt impressionnant. Le *syrtos*, d'origine grecque, a pour spécificité chypriote d'être dansé exclusivement par des femmes. Dérivé du *syrtos*, le *ballos* est une danse masculine entremêlée d'un chant souvent triste. Également d'origine grecque, le *zeimbekiko* est une danse ancienne, exclusivement masculine et comprenant beaucoup d'improvisations et d'acrobaties. L'*antikristos*, également d'origine grecque, se danse face-à-face. D'origine roumaine cette fois-ci, la *karotséris* est une danse rapide exécutée seul, en couple ou en groupe et s'apparentant un peu à la *sousta*. Citons aussi la *mantra*, également appelée « danse de l'au revoir », car souvent effectuée par les danseurs avant de quitter la scène.

Où peut-on voir ces danses ?

Au même titre que les musiques traditionnelles, les festivals sont des moments privilégiés pour profiter des danses chypriotes. Citons en premier lieu le Festival d'Agia Napa se tenant chaque année en septembre et consacré au folklore dans son ensemble, ou encore le festival de l'olive de Kyrenia qui, en plus de proposer de déguster des olives, permet d'assister à de multiples représentations folkloriques.

POPULATION

Chypre est le territoire de l'Union européenne le plus récemment peuplé : l'homme a débarqué ici il y a 11 000 ans. Ce qui est encore plus récent, c'est l'endroit où résident les Chypriotes. En effet, 90 % des familles ont connu l'exil. Dans les années 1950, alors que débutaient les heurts interethniques, toute une partie de la population a quitté l'île, si bien qu'il y a aujourd'hui plus de Chypriotes à l'étranger (1,3 million) que d'habitants sur l'île (1,2 million). Le deuxième choc, c'est l'invasion turque de 1974. En l'espace d'un été, presque toute la population a été déplacée : Chypriotes turcs chassés de la partie Sud, Chypriotes grecs et maronites fuyant la partie Nord. Les communautés étaient voisines, elles sont maintenant séparées depuis plus de 40 ans par une ligne de démarcation. Et comme tout est ici très changeant, un autre bouleversement est en cours avec l'arrivée massive de nouveaux habitants : colons turcs, investisseurs russes, réfugiés syriens…

La population de la partie Sud

Officiellement, la République de Chypre s'étend sur l'ensemble de l'île à l'exception des « confettis » britanniques d'Akrotiri et de Dhekelia. Dans les faits, à cause de l'occupation turque de la partie Nord, elle n'exerce son autorité que sur les habitants de la partie Sud.

Démographie. La partie Sud, c'est-à-dire les territoires sous administration directe de la République de Chypre, compte 876 000 habitants. Malgré un taux de fécondité faible (1,46 enfant par femme), la population est en hausse constante avec plus de 10 000 habitants supplémentaires chaque année. Ainsi, en 2004, lors de l'intégration à l'Union européenne, on ne comptait que 728 000 habitants. Cela représente une hausse de plus de 20 % en 15 ans. Ce dynamisme exceptionnel est dû à l'apport de l'immigration, dont les chiffres sont pourtant largement sous-évalués et ne prennent pas en compte l'arrivée massive de réfugiés depuis 2015. Il n'empêche, la démographie est l'enjeu majeur dans les négociations en vue d'une réunification de l'île : plus la partie Sud sera peuplée, plus elle pourra peser politiquement. L'autre élément marquant, c'est le poids des villes. Déjà, à elle seule, la partie sud de Nicosie (la capitale) compte 250 000 habitants avec son agglomération. Et le deuxième centre urbain, Limassol, affiche 190 000 habitants. C'est-à-dire que les deux premières villes rassemblent plus de la moitié de la population du territoire. Les agglomérations suivantes sont Larnaka avec 85 000 habitants, Paphos avec 63 000 habitants et Protaras-Agia Napa avec 40 000 habitants. Autant dire que le reste de la partie Sud est quasiment vide.

Dans les rues de Nicosie.

© TAI11 - SHUTTERSTOCK.COM

DÉCOUVRIR

Chypriotes grecs. Ils sont 690 000. Ils constituent le premier groupe ethnico-linguistique de l'île et représentent 79 % de la population de la partie Sud. Ils ont en commun de parler grec et d'être de religion ou de culture orthodoxe grecque. Souvent confondus avec les Grecs, les Chypriotes grecs ont pourtant une histoire distincte de la population actuelle de la Grèce. Il s'agit de lointains descendants des premiers habitants de l'île, arrivés il y a 10 000 ans, puis de colons phéniciens, égyptiens, assyriens et minoens qui ont été hellénisés au cours de l'Antiquité et auxquels sont venus s'ajouter des Grecs, et enfin, au Moyen Âge, des populations diverses de l'Empire byzantin et d'Europe occidentale (Francs, Vénitiens et Génois). Bien sûr, la proximité historique, culturelle, linguistique et religieuse avec les Grecs est évidente. Les deux peuples vénéraient les mêmes dieux durant l'Antiquité. Ils ont de la même manière adopté le christianisme, puis sont restés fidèles à l'orthodoxie. Enfin, ils ont été intégrés tous deux à l'Empire ottoman. Mais les Chypriotes grecs ont conservé certaines spécificités. Déjà, de par la position géographique de leur île, ils partagent des traits communs avec les autres peuples du Moyen-Orient. Et, à partir de 1878, l'ensemble de l'île a subi une grande influence de la puissance coloniale britannique. Les Chypriotes grecs ont aussi leur propre langue, le grec chypriote. Il s'agit d'une des nombreuses variantes du grec ancien, qui a évolué de manière isolée pour devenir un dialecte du grec moderne. Cet idiome a progressivement intégré une partie du vocabulaire des puissances colonisatrices, comme par exemple les mots français « cheminée » et « guerre » qui se disent *tsiminia* et *guerra*, et non *tzaki* et *polemos* comme en grec moderne. Le grec chypriote a aussi emprunté des expressions à la culture islamique, comme *massala* et *inssala*, dérivées des termes arabes *Mashallah* (« Dieu l'a voulu ») et *Inch'Allah* (« si Dieu le veut »), et qui sont employées au quotidien par les chrétiens de Chypre. Toutefois, à partir du XXe siècle, l'influence de la Grèce a été déterminante. Le grec moderne, parlé à Athènes, a été choisi comme langue officielle aux côtés du turc lors de l'indépendance en 1960. Et le grec s'est imposé dans les foyers par l'intermédiaire de la radio et de la télévision. Ainsi, le grec chypriote, qui était parlé par la majorité des Chypriotes grecs et turcs en 1974, n'est plus qu'un simple dialecte pratiqué par les habitants souvent âgés.

Chypriotes turcs. Ils ne sont qu'environ 2 000 à vivre dans la partie Sud. Mais la République de Chypre met un point d'honneur à reconnaître comme ses citoyens tous les Chypriotes turcs, c'est-à-dire les habitants de langue et de culture turques nés à Chypre avant 1974 ou nés de parents chypriotes. En parallèle, elle exclut tous les autres habitants de la partie Nord, en particulier les « colons turcs » arrivés après l'invasion de 1974. L'Union européenne adopte la même attitude et considère comme citoyens européens tous les Chypriotes turcs, là encore en excluant les « colons turcs ». Plus de la moitié des 150 000 Chypriotes turcs de la partie Nord ont ainsi fait les démarches pour obtenir la citoyenneté de la République de Chypre et, par extension, celle de l'UE. Ainsi, en 2019, 81 000 Chypriotes turcs étaient inscrits sur les listes électorales de la partie Sud lors des élections européennes. Et sur les six eurodéputés chypriotes siégeant à Bruxelles et à Strasbourg, deux sont issus de la communauté chypriote turque de la partie Nord.

Maronites, Arméniens et Latins de Chypre. Ces trois vieux peuples de l'île représentent environ 7 000 habitants et moins de 1 % de la population de la partie Sud. La constitution de la République de Chypre les reconnaît en tant que « groupes religieux », mais les considère comme faisant partie de la « communauté chypriote grecque ». Il est vrai, chacune de ces trois minorités est très proche culturellement des Chypriotes grecs, mais chacune possède aussi son caractère propre. Les maronites de Chypre sont environ 3 600 dans la partie Sud, principalement à Nicosie. Ils sont de confession ou culture catholique et appartiennent à l'Église antiochienne syriaque maronite. Ils sont les descendants de maronites du Liban réfugiés à Chypre entre le VIIe et le XIIIe siècle. Ils parlent l'arabe libanais et le grec, utilisent l'araméen (« la langue du Christ ») à l'église et possèdent leur propre dialecte, l'arabe chypriote (aujourd'hui parlé par environ 200 personnes), un mélange de plusieurs langues arabes influencé par le grec chypriote du Moyen Âge. Avant la scission de 1974, ils étaient installés dans quatre villages du nord de l'île, mais seul celui de Kormakitis conserve aujourd'hui ses habitants maronites. Les Arméniens de Chypre sont environ 2 500, auxquels s'ajoutent un millier d'Arméniens non chypriotes. Ils sont les descendants d'Arméniens arrivés par vagues successives entre le VIe et le XXe siècle. Concentrés dans les centres urbains depuis le Moyen Âge, ils ont fui la partie Nord en 1974. Parlant grec et arménien, ils sont surtout orthodoxes, appartenant pour 90 % d'entre eux à l'Église apostolique arménienne. Enfin, les Latins de Chypre sont environ un millier. Catholiques romains de langue grecque, ils sont les descendants de colons français et italiens du Moyen Âge, mais aussi de marchands européens venus s'installer entre le XVIIe et le XXe siècle, ou encore de maronites et d'Arméniens catholiques assimilés aux Latins. Les trois minorités sont bien intégrées à la majorité chypriote grecque et profitent de certains avantages : financement d'écoles de langue arménienne, représentants spéciaux dans les instances politiques, etc.

Résidents étrangers. Selon les données officielles, environ 170 000 étrangers vivent dans la partie Sud, ce qui représente presque 20 % de la population. C'est considérable... mais c'est sans doute beaucoup plus. Ainsi, officiellement, les Russes ne sont que 9 000. Pourtant, il suffit de se balader à Limassol pour constater que cette communauté est nettement plus importante. Sans même parler des très nombreux touristes russes (environ 900 000 chaque année), les résidents permanents originaires de Russie seraient en fait sans doute davantage, autour de 100 000. Ce qui les attire ici, ce n'est pas que le soleil, mais la possibilité d'acquérir la nationalité chypriote (et donc européenne) en échange d'investissements. Il en va de même pour les Ukrainiens, officiellement estimés à 3 600, mais peut-être 20 000 ou 30 000 en réalité à vivre ici. Les Grecs constituent selon l'État la plus importante communauté étrangère, avec environ 35 000 personnes. C'est probablement un peu plus, puisque plusieurs milliers de jeunes Grecs sont venus tenter leur chance à Chypre depuis le début de la crise qui a secoué leur pays en 2009. Les Britanniques sont officiellement 30 000. Mais sans tenir compte ni des touristes (environ 1 million chaque année) ni du Territoire des bases souveraines d'Akrotiri et Dhekelia, les médias locaux estiment que 100 000 Britanniques résident dans la partie Sud. La plupart sont des retraités venant passer une partie ou toute l'année au soleil. Dans le reste du classement, les autres chiffres apparaissent à la fois plus stables et plus fiables. Il y a les ressortissants européens de Roumanie (25 000), de Bulgarie (20 000) et de Pologne (3 000) arrivés ici avant la crise financière de 2012-2013. En tant qu'ex-colonie britannique, Chypre a aussi attiré des citoyens de l'ancien Empire, originaires du Sri Lanka (8 000) et de l'Inde (3 000) depuis les années 1980. À la même période, il était aussi fréquent pour les riches familles chypriotes d'avoir une employée de maison asiatique. De ce fait, environ 20 000 Philippins et 8 000 Vietnamiens, principalement des femmes, se sont installés à Chypre. La proximité géographique explique quant à elle la présence d'une communauté d'environ 3 000 Syriens ayant fui la dictature des Assad à partir des années 1970. Enfin, les étrangers francophones seraient un peu plus de 2 000, dont 1 500 Français.

Réfugiés. Depuis le début de la « crise des migrants » en 2015, Chypre est devenue l'un des points d'entrée secondaires des réfugiés d'Asie et d'Afrique dans l'UE. Les chiffres sont faibles comparés à ceux de l'Italie ou de la Grèce, mais ils sont énormes par rapport à la population locale et, surtout, ils sont en nette augmentation. Alors que 2 100 personnes avaient fait une demande d'asile auprès de la République de Chypre en 2015, ils étaient 7 000 en 2018 et près de 10 000 en 2019. La plupart viennent en bateau du Liban pour arriver dans la partie Nord de Chypre avant de passer la zone tampon. La République de Chypre n'a pas les moyens d'accueillir autant de personnes. Rapportées à la population, ces demandes d'asile représenteraient 700 000 personnes en plus tous les ans en France. Nicosie demande donc aux autres États membres de l'UE de prendre en charge 5 000 réfugiés chaque année, sans succès. Deux grands camps d'accueil ont été créés près de la capitale et dans le village de Kofinou, près de Larnaka. Mais les conditions de vie y sont dures, surtout avec la chaleur de l'été. L'intégration à la société chypriote s'avère elle aussi diffi-

© IURI SILVESTRE - SHUTTERSTOCK.COM

Drapeau des territoires d'Akrotiri et Dhekelia.

cile, d'autant que le parti d'extrême droite ELAM (Front populaire national) surfe sur le thème de l'immigration, entrant pour la première fois au Parlement de la République de Chypre en 2016 avec deux députés (sur 56 sièges).

La population de la partie Nord

On est ici au cœur du « problème chypriote » avec trois obstacles à la réunification : la présence d'une armée d'occupation, la création d'un État sans existence légale et l'arrivée massive de colons étrangers. Au départ, tout cela a été fait pour protéger les Chypriotes turcs. Mais ces derniers sont aujourd'hui devenus minoritaires et souhaitent se défaire de la tutelle de la Turquie.

Démographie. Connaître la population exacte de la partie Nord s'avère compliqué, car les autorités locales ont tendance à surévaluer les chiffres. Cela pour deux raisons. D'abord, le poids de la population est un enjeu majeur dans les négociations en vue d'une éventuelle réunification. Ainsi, en 1975, la Turquie avait fixé comme objectif une population équivalente à celle de la partie Sud. Ensuite, l'autoproclamée « République turque de Chypre Nord » (RTCN) gonfle régulièrement ses statistiques afin de recevoir davantage d'aides financières de la Turquie. Aussi, des écarts très importants peuvent apparaître selon que ce soit la République de Chypre, la Turquie ou la RTCN qui fournisse les chiffres : cela peut aller de 260 000 habitants jusqu'à 700 000. Cependant, il y a les limites physiques de la géographie : la partie Nord ne représente que 36 % de la surface de l'île et elle n'a pas de ressources suffisantes en eau. D'ailleurs, l'idée d'une population ultra-nombreuse est contredite par une impression de vide dès que l'on sort des villes. Raisonnablement, en prenant en compte les estimations de l'Onu et celles de la presse locale, on peut donc évaluer la population de la partie Nord à environ 330 000 habitants. Ce qui est somme toute considérable, puisqu'à sa création, en 1983, la RTCN ne comptait que 155 000 habitants. Soit une augmentation de 113 % en moins de quarante ans ! Avec un taux de fertilité faible (1,6 enfant par femme), cet accroissement est dû, comme dans la partie Sud, à l'immigration, en particulier à l'arrivée massive de « colons turcs ». Enfin, comme dans le Sud, le poids des villes est important. La capitale non reconnue, Nicosie-Nord, concentre environ 83 000 habitants avec sa banlieue, soit un quart de la population du territoire. Sur la côte orientale, le deuxième pôle urbain est Famagouste avec environ 50 000 habitants. Et, sur la côte nord, l'agglomération de Kyrenia totaliserait 40 000 habitants.

Chypriotes turcs. Ils sont environ 150 000, soit 45 % de la population de la partie Nord. Ce sont les descendants des colons turcs arrivés après la conquête ottomane de Chypre en 1571. Ils parlent le turc moderne, mais aussi, pour les plus âgés, le grec et le grec chypriote. Et ils possèdent leur propre dialecte, le turc chypriote. Celui-ci se distingue du turc, notamment dans sa prononciation. Par exemple, « Chypre » se dit *Gıprıs* et non *Kıbrıs* comme en turc, et « pierre » se dit *daş* et non *taş*. Les Chypriotes turcs sont de confession ou culture musulmane, sunnites à 98 %. Mais pour cette communauté, la religion est surtout une affaire privée. Et la pratique de l'islam est souple, avec une large tolérance, des femmes se couvrant rarement la tête et une consommation de l'alcool admise.

Il faut y voir l'influence britannique, mais surtout un attachement à la laïcité héritée d'Atatürk, le père de la Turquie moderne. Car malgré des particularismes, les similitudes avec le grand pays voisin demeurent importantes. D'une manière générale, les Chypriotes turcs considèrent la Turquie comme un protecteur et ont reçu avec soulagement les troupes de l'opération Attila en 1974. Toutefois, des tensions sont apparues ces dernières années. La communauté supporte de plus en plus mal la présence militaire et se montre distante à l'égard des « colons turcs ». Les Chypriotes turcs sont également très critiques envers le président turc Recep Erdoğan et accueillent à bras ouverts les opposants à son régime. De tous les habitants de l'île, ce sont aussi les plus fervents défenseurs d'une réunification de Chypre. Par pragmatisme, ils cumulent les nationalités, possédant pour certains jusqu'à quatre passeports : ceux de la RTCN, de la Turquie, de la République de Chypre et du Royaume-Uni. Enfin, même s'ils sont devenus minoritaires au sein de la partie Nord, ils conservent un poids politique. D'une part, ils représentent encore 70 % du corps électoral de la RTCN. D'autre part, ils peuvent voter en République de Chypre, notamment aux élections européennes.

Colons turcs. Appelés par les Chypriotes turcs les *Türkiyeliler* (« ceux de Turquie »), ils seraient aujourd'hui environ 180 000, soit un peu plus de la moitié de la population de la partie Nord. Dès 1975, Ankara a incité à venir s'installer ici des populations turcophones d'autres pays, en particulier de Turquie, mais aussi des Balkans et des ex-Républiques d'URSS. Arrivés avec d'autres coutumes, un niveau d'éducation faible et un islam plus conservateur, ils ont surtout été cantonnés à des emplois subalternes, notamment pour reprendre les exploitations agricoles abandonnées par les Chypriotes grecs en 1974. Leur position est peu enviable : ils sont en infraction avec la Convention de Genève qui interdit le repeuplement de territoires occupés, mais ils sont aussi pour la majorité d'entre eux privés de la « nationalité chypriote turque » (non reconnue) et du droit de vote local. Attachés à la « mère patrie » turque, ils sont considérés par les Chypriotes grecs et turcs comme difficilement « assimilables » et donc comme un des principaux freins dans le processus de réunification.

Chypriotes grecs et maronites de Chypre. Autrefois majoritaires dans la partie Nord, ils ne sont qu'environ un millier à être restés après l'invasion de 1974. On les trouve principalement dans deux villages : environ 300 maronites de Chypre à Kormakitis, près du cap du même nom, et environ 350 Chypriotes grecs à Rizokarpaso, dans la péninsule de Karpas. Isolées, mais pouvant désormais accéder sans problème à la partie Sud, les deux communautés sont néanmoins ravitaillées toutes les deux semaines par un convoi de l'Onu. Les maronites sont mieux tolérés par les autorités locales, tandis que les Chypriotes grecs sont privés du droit de vote aux élections de la RTCN.

Militaires et étudiants turcs, étrangers non-turcophones. Les statistiques ne prennent pas en compte ces catégories. L'armée turque maintient sur place environ 30 000 soldats. C'est la plus forte concentration militaire au monde par rapport à la population civile. On trouve aussi 40 000 étudiants, en majorité turcs, installés dans les rutilants campus d'annexes de grandes universités turques à Nicosie-Nord, à Famagouste, à Kyrenia et à Morphou. Enfin, il existe une population étrangère d'origine non-turcophone. D'une part, environ 15 000 Européens, en majorité britanniques, vivant ici tout ou une partie de l'année. D'autre part, une main-d'œuvre étrangère travaillant principalement dans le tourisme, le BTP et la prostitution. Il s'agit d'une population originaire d'Asie et d'Afrique que l'on peut estimer entre 30 000 à 50 000 personnes.

Les populations des zones britanniques et de la zone tampon

Deux choses que l'on oublie souvent concernant Chypre : d'une part, 2,74 % de l'île appartient toujours au Royaume-Uni, d'autre part, la « ligne verte » qui sépare le Sud et le Nord n'est pas complètement vide. Dans ces deux entités vivent 25 000 personnes soumises à des statuts bien particuliers.

Territoire des zones de souveraineté d'Akrotiri et Dhekelia. La vocation de ce territoire d'outre-mer du Royaume-Uni à Chypre est avant tout militaire, avec notamment, à Akrotiri, la dernière base aérienne britannique en Méditerranée. La moitié des 15 000 habitants sont des sujets de Sa Gracieuse Majesté : un effectif tournant de 3 000 soldats, du personnel civil et leurs familles. L'autre moitié de la population, ce sont des citoyens de la République de Chypre possédant ici des maisons, des champs ou des entreprises. En effet, seuls 20 % de la surface du territoire sont occupés par des installations militaires. Le ministère de la Défense britannique qui gère les zones de souveraineté d'Akrotiri (près de Limassol) et de Dhekelia (entre Larnaka et Agia Napa) a conclu toute une série d'accords avec la République de Chypre pour que cette présence « coloniale » soit la moins visible possible : des lois locales en partie calquées sur le droit chypriote, l'euro comme monnaie officielle, pas de poste-frontière, etc. Et pour n'irriter ni les Chypriotes grecs ni les Chypriotes turcs, 90 % des 300 policiers et douaniers du territoire sont recrutés au sein des deux communautés à parts égales.

Zone tampon de l'Onu. La ligne de démarcation sous contrôle des Nations unies coupe l'île entre le Nord et le Sud depuis 1964. La plupart des habitants qui s'y trouvaient ont fui en 1974, mais près de 10 000 personnes, en majorité des Chypriotes grecs, sont restées dans quatre villages. Le plus petit et le plus isolé, c'est Deneia, 27 km à l'est de Nicosie, qui compte 350 habitants. Les trois autres se trouvent au sud-est de la capitale, près de la zone de souveraineté britannique de Dhekelia. Il s'agit d'Athienou (5 000 habitants), Trouli (1 700) et Pyla (2 800). Ce dernier est le seul où la population est toujours mixte avec environ 2 000 Chypriotes grecs et 800 Chypriotes turcs. Si ces quatre villages sont sous administration directe de la République de Chypre, la loi est appliquée par l'UNFICYP, la Force des Nations unies chargée du maintien de la paix à Chypre. Par ailleurs, les 900 Casques bleus et policiers de l'Onu résident, eux aussi, en partie dans la *buffer zone* (« zone tampon » en anglais), principalement à Nicosie, dans l'ancien aéroport international et au sein de l'ex-hôtel de luxe Ledra.

La diaspora chypriote

C'est simple, il y a plus de Chypriotes à l'étranger que d'habitants à Chypre. La diaspora serait de 1,3 million de personnes. Ce chiffre comprend les personnes nées à Chypre et celles ayant au moins un parent chypriote. Il intègre aussi toutes les composantes ethniques de l'île.

Chypriotes turcs. Ils sont les plus nombreux à l'étranger : environ 800 000 personnes. Un chiffre énorme comparé aux 150 000 Chypriotes turcs vivant aujourd'hui à Chypre. La plus importante communauté se trouve en Turquie avec 300 000 personnes arrivées principalement depuis le début des années 1950 pour fuir les affrontements interethniques. Par ailleurs, en dehors de la diaspora actuelle, la Turquie compterait aussi 300 000 descendants de Chypriotes musulmans ayant quitté l'île après le transfert du pouvoir de l'Empire ottoman à la Grande-Bretagne en 1878. Au Royaume-Uni ne sont comptabilisés que les individus nés à Chypre, soit 130 000 personnes. Mais avec la descendance, la communauté dépasse les 300 000 personnes, principalement à Londres. La troisième grande communauté est celle d'Australie : 40 000 personnes nées à Chypre et 120 000 personnes en tout avec la descendance. On trouve aussi des petits groupes au Canada (6 000), aux États-Unis (6 000) et en Allemagne (2 000).

Chypriotes grecs. Ils sont environ 500 000 à vivre loin de leur île. Ils sont partis pour les mêmes raisons (pour fuir les conflits interethniques) et souvent aux mêmes endroits que leurs compatriotes chypriotes turcs. Certes, ils n'ont pas choisi la Turquie comme terre d'accueil, mais plutôt la Grèce, où la communauté chypriote grecque est aujourd'hui d'environ 70 000 personnes, principalement à Athènes. Mais, comme les Chypriotes turcs, on les retrouve au Royaume-Uni (environ 270 000 personnes), en Australie (environ 80 000), aux États-Unis (environ 30 000) et au Canada (25 000). Ils sont également environ 25 000 en Afrique du Sud et moins d'un millier en France. Dans tous ces pays, les Chypriotes grecs sont très proches de la diaspora de Grèce, avec de fréquents mariages mixtes. Toutefois, il faut noter qu'au Royaume-Uni, les Chypriotes grecs et turcs vivent souvent dans les mêmes quartiers. De par leur proximité culturelle, les deux communautés entretiennent des liens étroits, notamment au sein de clubs sportifs.

Minorités chypriotes. Les Arméniens, les maronites et les Latins de Chypre installés à l'étranger sont plus difficiles à comptabiliser. Tout d'abord, ces trois minorités sont considérées comme faisant partie de la « communauté chypriote grecque » par la République de Chypre. Ensuite, ils se sont généralement fondus au sein d'autres communautés dans leurs pays d'accueil. Ainsi, les quelque 3 000 Arméniens de Chypre qui ont quitté l'île depuis les années 1950 ont noué des liens étroits avec la diaspora arménienne, en particulier aux États-Unis. Quant aux quelques centaines de maronites et de Latins de Chypre exilés, ils sont, dans leur ensemble, restés très proches de la diaspora chypriote grecque.

Joueurs de dames.

SOCIÉTÉ

Du fait de la division de l'île, les différences culturelles sont aujourd'hui très marquées entre le Nord et le Sud. D'un côté de la zone tampon, l'islam et la langue turque dominent. De l'autre, la population est essentiellement chrétienne orthodoxe et de langue grecque. Il en découle des modes de vie, qui, à première vue, peuvent sembler très distincts. Pour autant, des similitudes subsistent, ne serait-ce que dans les superstitions. Les Chypriotes turcs et grecs partagent aussi un large esprit de tolérance qui fait pâlir d'envie les autres peuples du Proche-Orient. C'est un héritage du droit britannique et du kémalisme, c'est-à-dire les réformes introduites dans la constitution turque par Mustapha Kemal Atatürk en 1923 et fortement marquées par la laïcité. Pour autant, ce modernisme côtoie des structures traditionnelles reposant sur la religion et le patriarcat, d'autant bien ancrées dans la société qu'elles ont été renforcées par la division de l'île.

Superstitions

Les croyances populaires sont souvent identiques de part et d'autre de la zone tampon. C'est le cas du mauvais œil. Appelée *mati* en grec (« l'œil ») et *nazar* en turc (de l'arabe *nazar* qui signifie « regard »), cette superstition est un héritage des Perses. C'est la crainte du pouvoir maléfique du regard de certaines personnes provoqué par la jalousie. Pour s'en prémunir, les Chypriotes utilisent la célèbre amulette de l'œil bleu (*nazar boncuğu* en turc, *matiasma* en grec) portée autour du cou, ornant les maisons ou suspendue au rétroviseur des taxis. Les habitants de l'île prononcent aussi la formule *Masalla* dérivée de l'expression arabe *Mashallah* (« Dieu l'a voulu »). De plus, chez les Chypriotes grecs, chaque compliment susceptible d'engendrer la jalousie doit s'accompagner d'un petit mouvement de la langue sur la lèvre supérieure, comme lorsqu'on crache un pépin, répété trois fois avec l'onomatopée « ftoussou »… et plus ou moins de postillons. Ce geste est encore plus étonnant lorsqu'il est pratiqué sur un bébé. D'ailleurs, par mesure d'hygiène, les maternités interdisent de « ftoussouter » sur les nourrissons. Les deux communautés partagent aussi un lieu de dévotion : le **monastère orthodoxe Apostolos Andreas** (p.361), au bout de la péninsule de Karpas. La tradition remonte à 1895. Cette année-là, Maria Georgiou, une Grecque d'Anatolie, reçoit une apparition de saint André. Elle cherche son fils depuis dix-sept ans et l'apôtre lui demande d'aller prier au monastère qui lui est dédié à Chypre. Sur le navire qui l'emmène ici, elle raconte son histoire à l'un des passagers, un derviche (un « moine » soufi). Miracle : tous deux se reconnaissent, la mère orthodoxe et le fils musulman sont de nouveau unis.

OEil de Nazar.

Tolérance

Malgré le poids des religions, Chypre se distingue des autres pays du Proche-Orient par son esprit de tolérance. Mais cette ouverture d'esprit se traduit aussi par un laxisme parfois choquant. C'est particulièrement le cas dans la partie Nord. Occupée par la Turquie, celle-ci n'en est pas moins un refuge pour les opposants au régime autoritaire de Recep Tayyip Erdoğan. Certes, Ankara a fait arrêter plusieurs dizaines de militants à Chypre ces dernières années, mais les autorités locales tentent d'affirmer leur indépendance. En 2019, Mustafa Akinci, président de l'autoproclamée « République turque de Chypre Nord », a critiqué à mots feutrés l'intervention militaire de la Turquie contre les Kurdes en Syrie. Cette prise de position rare et risquée reflète l'attitude de défiance des Chypriotes turcs à l'égard de la Turquie en général. Mais elle ne correspond pas à l'opinion des colons turcs qui restent, dans leur majorité, favorables à Erdoğan. L'autre facette de l'esprit de tolérance des Chypriotes turcs est moins glorieuse. Toute une partie de l'économie de la partie Nord repose en effet sur les jeux d'argent et la prostitution. Ainsi, environ un million de touristes turcs s'offrent chaque année des vacances dans les grands casinos et les maisons closes de Kyrenia et Famagouste. Il s'agit le plus souvent d'hommes venant profiter d'un régime beaucoup plus permissif que celui de la Turquie. La partie Sud possède aussi de tels lieux de débauche, mais ceux-ci ont un caractère légal et ne représentent qu'une part infime de l'économie locale. Dans la partie Nord, alors que les jeux d'argent et la prostitution sont en théorie interdits, les autorités locales ont fermé les yeux, profitant de substantielles retombées fiscales. Elles pourraient même prochainement légaliser la trentaine de casinos qui ont vu le jour depuis 1983. Quant à la prostitution, c'est encore un sujet tabou. Des permis de travail pour « serveuses » et « hôtesses » sont accordés à environ 500 femmes chaque année. Celles-ci sont pour la plupart des travailleuses étrangères embauchées par des boîtes de nuit et recevant leurs clients dans des appartements privés. Leur situation est jugée délicate par de nombreuses associations qui évoquent des cas de prostitution forcée.

Hommes et femmes

Malgré son apparente modernité, la société chypriote demeure marquée par l'inégalité entre les sexes. C'est la conséquence du poids des religions et de la survivance du patriarcat, vieille organisation sociale fondée sur la détention de l'autorité par les hommes. C'est aussi un effet de la longue période de conflits, qui depuis les années 1950 fait des hommes les détenteurs de la force armée. Si les lois locales garantissent en théorie l'égalité en termes d'emploi ou d'accès à l'éducation, les femmes sont toujours sous-représentées aux postes décisionnels. Par ailleurs, l'avortement est légal dans la partie Nord depuis 1983, tandis que la République de Chypre ne l'a autorisé qu'en 2018. L'île est en revanche en pointe sur le mariage civil. Il a été instauré dès 1923 sous l'influence de la constitution turque. Et, aujourd'hui encore, Chypre et la Turquie sont les seuls pays du Moyen-Orient où le mariage civil est reconnu. Ce particularisme vaut ainsi à l'île d'Aphrodite d'être une destination très prisée par les jeunes couples de la région. À elle seule, la partie Sud attire chaque année environ 3 000 couples venant de pays du Moyen-Orient où le mariage est uniquement religieux. La plupart sont des Israéliens et des Libanais qui en profitent pour passer ici leur lune de miel. Une fois rentrés chez eux, le contrat chypriote a valeur légale et les jeunes mariés sont pleinement reconnus comme tels par les autorités de leur pays. Pour ce qui est de l'homosexualité, celle-ci demeure un tabou dans la société chypriote, même si les couples étrangers ne rencontrent pas de problèmes particuliers lors d'un séjour sur l'île. Dans la partie Sud, elle a été décriminalisée seulement en 1998, dans le cadre du processus d'adhésion à l'UE. La partie Nord a quant à elle attendu 2014 pour faire de même. Prenant exemple sur la Grèce, la République de Chypre reconnaît l'union civile pour les couples du même sexe depuis 2016. Mais celle-ci n'est pas appliquée dans la partie Nord. Enfin, il faut noter que le mariage civil entre couples du même sexe existe sur une petite portion de l'île : depuis 2014, le Royaume-Uni a reconnu ce droit qui s'applique dans le Territoire des zones de souveraineté d'Akrotiri et de Dhekelia.

© BOJACK - SHUTTERSTOCK.COM

Deux hommes chypriotes se promenant à Paphos.

RELIGIONS

Seule nation à majorité chrétienne du Proche-Orient, Chypre est aussi considérée par ses voisins comme le pays le plus moderne et le plus ouvert de la région en termes de liberté de conscience. En témoignent les couples du Liban ou d'Israël qui viennent se marier ici civilement, chose impossible chez eux. Les Chypriotes se montrent également d'une extrême tolérance à l'égard des touristes au comportement pas toujours très « orthodoxe » passé une certaine heure. Et pourtant, alors que la laïcité est une valeur commune à l'ensemble de l'île, la société chypriote apparaît fortement marquée par le poids des religions, deux en particulier : l'orthodoxie grecque et l'islam sunnite. C'est une des conséquences de la division de l'île. Afin d'affirmer son identité, chaque communauté s'est repliée derrière ses traditions et ses croyances. Si bien que sortir de ces carcans est très difficile. Les athées et agnostiques ne représenteraient qu'à peine 1 % de la population.

Orthodoxie

Cette branche du christianisme est la principale confession de l'île. La quasi-totalité des 690 000 Chypriotes grecs (57 % de la population) appartient à l'Église orthodoxe grecque de Chypre. Il y a aussi la présence des 2 500 Arméniens de Chypre, dont 90 % sont orthodoxes (Église apostolique arménienne). Enfin, l'île compterait environ 200 000 immigrés relevant des Églises orthodoxes de Russie, d'Ukraine, de Grèce, de Roumanie et de Bulgarie.

▸ **Église orthodoxe grecque de Chypre.** Elle suit les mêmes rites byzantins et utilise la même langue (le grec) que toutes les Églises grecques orthodoxes. Mais son autocéphalie (indépendance) lui a été accordée par le patriarche de Constantinople dès 431, ce qui en fait l'une des plus anciennes Églises chrétiennes. Sa longue histoire remonte à la conversion au christianisme d'une partie des Juifs de Chypre dès le début du Ier siècle. L'île est citée dans la Bible avec la mission d'évangélisation des apôtres Paul et Marc, accompagnés par le premier évêque de Chypre, saint Barnabé, vers l'an 46 ou 47, à Salamine et à Paphos. La tradition locale veut aussi que Lazare de Béthanie, célèbre pour avoir été « ressuscité » par le Christ, ait été enterré à Larnaka. L'Église a ensuite défendu l'héritage byzantin face aux envahisseurs successifs, des Arabes, en 632, aux Britanniques, en 1878. Et c'est presque naturellement que son chef, l'archevêque Makarios III, a été élu premier président de la République de Chypre lors de l'indépendance en 1960. En 1974, l'Église de Chypre a perdu 73 % de son

© JOHN WOLLWERTH - SHUTTERSTOCK.COM

Cérémonie orthodoxe.

patrimoine avec l'invasion de la partie Nord par la Turquie, mais elle demeure un des principaux propriétaires fonciers de la partie Sud. À ce titre, elle bénéficie de « loyers » versés par l'État sous forme de salaires à une partie du clergé. Et alors que la constitution ne reconnaît aucune religion officielle, l'Église orthodoxe occupe une place toujours très influente au sein de la République de Chypre, notamment dans les relations avec la Turquie et sur les questions de mœurs.

Différences entre orthodoxes et catholiques. L'orthodoxie, c'est la « droite » *(orthos)* « opinion » *(doxa)* : la foi la plus respectueuse de la tradition chrétienne, par opposition au catholicisme ou au protestantisme qui ont dévié de la doctrine initiale. Par exemple, les orthodoxes suivent à la lettre les décisions des premiers conciles œcuméniques chrétiens en reconnaissant le mariage des prêtres (le célibat est seulement requis pour les moines et les évêques) et en interdisant les ordres religieux. Ils ont aussi conservé la tradition de l'eucharistie célébrée avec du pain à pâte levée et non avec du pain azyme (sans levure) comme chez les catholiques. Les orthodoxes vouent par ailleurs un culte aux icônes, reconnaissant à celles-ci un caractère sacré : ces images sont considérées comme une manifestation des personnages saints qu'elles représentent, tandis que, pour les catholiques, les fresques, tableaux et vitraux des églises ont uniquement un but illustratif. Toutefois, il n'existe qu'une seule véritable différence théologique entre les deux confessions : le *Filioque*. Ce terme latin signifie « et le Fils ». Il porte sur la nature de l'Esprit saint. Pour les premiers conciles, l'Esprit saint « procède de Dieu », c'est-à-dire que Dieu occupe la première place, qu'il est « source de divinité ». Avec le *Filioque*, les catholiques disent, eux, qu'il procède « de Dieu et du Fils », plaçant le Christ à l'égal de Dieu. Ce concept, considéré comme hérétique par les orthodoxes, a été inventé vers l'an 800 par Charlemagne afin d'affirmer son pouvoir face à la première capitale de la chrétienté, Constantinople. C'est de là que vient la rupture entre les Églises d'Orient et d'Occident. Le fossé s'est ensuite progressivement creusé avec l'indépendance du pape de Rome (un patriarche parmi d'autres pour les orthodoxes) en 1054, puis par la capture de territoires byzantins par les croisés, notamment Constantinople en 1204 et Chypre en 1291.

Islam

Chypre est le pays de l'Union européenne où la proportion de musulmans est la plus forte : environ 25 %. C'est aussi le seul à posséder l'un des grands sites sacrés de l'islam. La plupart des quelque 360 000 musulmans de Chypre sont des sunnites, de culture turque et qui résident dans la partie Nord.

Une religion présente à Chypre depuis 632. En 611, près de La Mecque, a lieu la révélation du prophète Mahomet. Et vingt-et-un ans plus tard, ses disciples arabes mènent la première expédition militaire sur Chypre. Quelques traces de sépultures musulmanes de cette période subsistent, notamment à Paphos. L'île est finalement conquise en 649. Cette année-là, lors de la prise de Larnaka, meurt l'un des principaux compagnons de Mahomet, Umm Harâm, la tante (ou nourrice) du prophète. En son honneur, un mausolée est aussitôt érigé près du lac salé de Larnaka. Aujourd'hui intégré au complexe du **tekké Hala Sultan** (p.117), il est considéré comme l'un des grands lieux saints de l'Islam. Toutefois, l'île est alors faiblement islamisée.

En effet, à partir de 688, les Byzantins et les Arabes s'entendent pour administrer ensemble Chypre. Cette collaboration inédite entre chrétiens et musulmans dure pendant trois siècles. Mais la plupart des mosquées de cette période disparaissent avec l'arrivée des croisés en 1191. L'islam revient en force après la conquête de Chypre par les Ottomans en 1571. Pour repeupler l'île, des soldats turcs sont incités à rester sur place. Certains catholiques latins ou arméniens, hostiles à la puissante Église grecque orthodoxe, choisissent quant à eux la conversion à l'islam, tandis que des colons turcs d'Anatolie viennent également s'installer sur l'île jusqu'à l'arrivée des Britanniques en 1878. Ces soldats, ces convertis et ces colons constituent les ancêtres des Chypriotes turcs. Après l'invasion turque de 1974, l'île a accueilli de nouvelles populations musulmanes, dont environ 200 000 colons turcs d'Anatolie, de Bulgarie ou des ex-Républiques du sud de l'URSS installés dans la partie Nord. La partie Sud a quant à elle attiré quelques milliers de musulmans venant principalement du Pakistan et de Syrie. Le rapport à la religion est très différent selon les communautés. Par exemple, dans la partie Nord, les Chypriotes turcs supportent assez mal le rigorisme des colons turcs qui les rappellent à l'ordre lorsqu'ils boivent de l'alcool.

L'influence du soufisme. Officiellement, la vaste majorité des musulmans de Chypre est sunnite. Mais il existe une petite minorité très influente, plus proche du chiisme : les soufis. Le soufisme, c'est la branche ésotérique et mystique de l'islam, réputée pour son esprit de tolérance et pour ses tekkés, lieux de méditation et de discussion où hommes et femmes se côtoient. Son aspect le plus connu est la célèbre transe des derviches tourneurs de la confrérie des mevlevis. D'ailleurs, à Nicosie, il est toujours possible d'assister à cette danse hypnotique classée au patrimoine immatériel de l'Unesco. Mais cela est ici surtout du folklore pour touristes.

© EUNIKASOPOTNICKA - ISTOCKPHOTO.COM

Intérieur du tékké Hala Sultan.

En fait, le soufisme à Chypre est présent de manière moins visible et beaucoup plus diffuse. Né en Perse, ce courant a profondément influencé l'Empire ottoman jusqu'au XIXe siècle. Son principal mouvement, le bektashisme, était très puissant au sein des janissaires, le corps d'élite de l'armée ottomane. Il s'est ainsi implanté durablement à Chypre avec les premiers soldats turcs arrivés en 1571. Par exemple, ce sont des derviches bektashis qui veillèrent pendant deux siècles sur le mausolée d'Umm Harâm. Perçus comme une menace pour les sultans, les janissaires furent massacrés en 1826 et le bektashisme fut relégué aux marges de l'Empire, en Albanie. Mais d'autres confréries ont pris le relais à Chypre, c'est notamment le cas des Naqshbandi. Ce mouvement plutôt austère a pourtant depuis peu attiré de nouveaux adeptes du monde entier, et cela grâce à un Chypriote, Cheikh Nazim (1922-2014). Originaire de Larnaka, il fut le chef spirituel des Naqshbandi. Par ses messages d'amour et de paix propagés jusque sur YouTube, il a fait de sa résidence de Lefka, près de Morphou, l'un des principaux lieux de pèlerinage de l'île, où convergent encore aujourd'hui des milliers de curieux et convertis aussi bien turcs, arabes qu'américains ou européens. Le souvenir de Cheikh Nazim demeure aussi très présent chez les Chypriotes turcs, car selon la vieille tradition ottomane, il n'existe pas vraiment de frontière entre le sunnisme et le soufisme : on va prier à la mosquée le vendredi, mais on se rend aussi au tekké pour écouter les sages paroles des derviches.

Autres religions

De sa riche et tumultueuse histoire, Chypre a hérité de petites communautés religieuses très diverses : des Arabes catholiques, des bouddhistes britanniques, ou encore des Chypriotes turcs anglicans.

Catholicisme. Présents surtout au Sud, les catholiques représentent moins de 1 % de la population. Ils sont structurés en quatre communautés principales. Il y a tout d'abord les catholiques de rite oriental, principalement les maronites de Chypre (environ 2 500, dont 10 % dans la partie Nord), une population arabe du Liban arrivée sur l'île à partir du VIe siècle. S'ils reconnaissent l'autorité du pape, ils conservent comme les orthodoxes certaines vieilles traditions telles que le mariage des prêtres. Les Latins de Chypre ne sont qu'environ un millier. Catholiques romains, ils sont les descendants aussi bien de colons français du Moyen Âge que de marchands autrichiens du XIXe siècle. Les catholiques les plus nombreux sont les Philippins (environ 15 000). Eux aussi catholiques romains, ce sont surtout des femmes arrivées dans les années 1980 pour servir d'employées de maison aux riches familles chypriotes. Enfin, la quatrième communauté est celle des expatriés (environ 5 000), parmi lesquels on trouve aussi bien des investisseurs italiens que des Casques bleus argentins.

Protestantisme. Divisée en une multitude d'Églises, cette branche du christianisme regroupe environ 2 % de la population. Elle est surtout présente à travers l'importante communauté britannique (100 000-150 000 personnes) vivant aussi bien sur le Territoire des zones souveraines d'Akrotiri et de Dhekelia que dans la partie Nord, mais surtout dans la partie Sud. Parmi eux, les anglicans constituent le groupe le plus important (entre 15 et 20 %). Il existe aussi environ 500 Chypriotes turcs anglicans dont les ancêtres furent convertis durant la période britannique.

Bouddhisme. Au nombre d'environ 25 000, les adeptes de cette religion/philosophie sont un peu plus nombreux que les catholiques. Il s'agit pour l'essentiel d'immigrés sri-lankais et indiens arrivés dans la partie Sud depuis les années 1970, auxquels se sont ajoutés des convertis chypriotes et britanniques. Depuis 2005, ils disposent du monastère du Grand Nuage à Nicosie, mais aussi de différents centres à travers toute l'île, comme dans le village des « hippies anglais » de Karmi, dans la partie Nord.

Judaïsme. On compte environ 3 500 juifs, dont la moitié sont des Israéliens installés à Chypre. Ouverte en 2005, l'unique synagogue du pays se trouve à Larnaka. Depuis 2016, avec le soutien des autorités religieuses juives d'Israël, des centres éducatifs juifs ont été créés à Nicosie, Limassol et Agia Napa.

Sikhisme et hindouisme. Originaires du sous-continent indien (Inde, Népal...), ces deux religions sont présentes presque exclusivement dans la partie Sud. Les sikhs de Chypre seraient environ 500. Organisés en communauté avec leur propre clergé, ils disposent de deux gurdwaras (temples et lieux de réunion) à Nicosie et à Larnaka. Souvent confondus avec les bouddhistes, les hindous de Chypre disposent eux aussi d'un temple à Larnaka.

QUE RAPPORTER ?

Premier conseil : évitez de faire vos emplettes au dernier moment à l'aéroport. C'est affreusement cher et la qualité est rarement au rendez-vous. De plus, vous ne contribuerez pas vraiment à aider l'économie locale, puisque les trois aéroports de l'île sont détenus par des capitaux étrangers. Deuxième conseil : agrémentez votre séjour de haltes shopping. Chypre regorge de petits producteurs, d'ateliers familiaux et de coopératives qui proposent de bons produits 100 % locaux à prix abordables. Dernier conseil : ne voyez pas trop grand en faisant vos emplettes dans la partie Nord. Car si vous devez repasser par la partie Sud, votre achat risque d'être saisi au point de passage de la zone tampon. La valeur maximale des achats pouvant entrer dans la République de Chypre depuis le territoire occupé est en effet fixée à 200 € et un objet volumineux attirera forcément l'attention des policiers chypriotes grecs.

Huile d'olive

La meilleure huile d'olive chypriote est… française. Ingénieur biologiste originaire de la Drôme, Nicolas Netien a obtenu en 2015 le droit de planter 6 000 oliviers dans le no man's land de la zone tampon, près du village d'Evrychou. Grâce à la culture bio, à un système d'irrigation inédit et à un pressage sans oxygène, il en tire ce qui est considéré comme la meilleure huile d'olive au monde. Commercialisée sous la marque Astas, celle-ci possède le taux de polyphénols le plus élevé jamais constaté : 3 760 mg/kg, contre 253 mg/kg en moyenne pour une huile d'olive extra-vierge conventionnelle. Ce qui fait de l'huile de Nicolas Netien un concentré digne d'un médicament, puisque les polyphénols sont surnommés les « tueurs de cancer ». Et c'est en tant qu'huile médicinale qu'elle est vendue à prix d'or : 100 € le litre, ce qui en fait aussi l'huile d'olive la plus chère au monde. À Chypre, quelques boutiques la proposent, comme **Kantina** (p.303), au 48, rue Sofouli, à Nicosie-Sud. En dehors de ce produit d'exception, on trouvera la bonne huile bio Oleastro du village d'Anogyra (près de Limassol). Dans la partie Nord, privilégiez l'huile de la coopérative du village de Komi Kebir/Büyükkonuk, dans la péninsule de Karpas.

Icônes

La plupart des icônes orthodoxes en vente à Chypre, y compris dans les monastères, proviennent de Grèce ou d'Italie. Si vous souhaitez juste décorer votre salon avec, cela ira. Mais pour un usage religieux, privilégiez un achat dans les rares ateliers spécialisés qui en produisent encore. Car, pour avoir le statut d'image sacrée, une icône doit avoir été réalisée par un moine ou une personne très pieuse. Pour cela, on recommande **l'atelier Chrysokondylia de Myrianthi Constantinidou** (p.188), au 4, rue Ellados, à Paphos. Par ailleurs, si vous comptez transporter votre icône en cabine lors du voyage retour en avion, veillez à bien l'emballer. Car, juste avant l'embarquement, la compagnie se réserve le droit de placer certains bagages à main en soute.

Dentelle de Lefkara

Elle est produite à la main, selon la technique vénitienne du *punto tagliato* (« point coupé ») et uniquement par les femmes du village de **Lefkara** ★★ (p.129), près de Larnaka. La tradition remonte au XIVe siècle, puis fut perfectionnée par la noblesse vénitienne au XVIe siècle. Depuis 2009, elle est classée sur la liste représentative du patrimoine culturel immatériel mondial de l'Unesco. Suivant des motifs géométriques byzantins ou vénitiens, la dentelle *tayiada* – son nom local, dérivé de l'italien *tagliato* – combine quatre éléments : le point d'ourlet, le coupé, le remplissage au point de satin et le liseré au point d'aiguille. Le résultat est assez cher : 180 € par exemple pour une pièce carrée de 1 m de côté qui nécessite un an de travail.

© RAY B STONE - SHUTTERSTOCK.COM

Dentelle de Lefkara.

DÉCOUVRIR

Loukoums.

Mais de plus petites pièces sont proposées à partir de 10-20 €. Si des boutiques en vendent un peu partout à travers l'île, on ne garantit pas l'authenticité. Mieux vaut aller sur place. Et comme Lefkara fait figure de capitale de l'artisanat chypriote, vous pourrez compléter vos emplettes dans les **ateliers** [p.129] de vannerie, d'orfèvrerie [filigrane d'argent] ou de poterie.

Loukoums

Appelée *lokum* en turc, *loukoumi* en grec et *turkish delight* en anglais, cette spécialité ottomane du XVe siècle a fait presque tout le tour de la Méditerranée et du Moyen-Orient avant de véritablement s'installer à Chypre en 1895, dans la confiserie Athanasiou du village de **Geroskipou** ★★ [p.189], près de Paphos. Celle-ci, aujourd'hui rebaptisée Aphrodite Delights, demeure une référence. Le « loukoum de Geroskipou » fut d'ailleurs la première confiserie au monde à bénéficier d'une IGP [indication géographique protégée]. Toutefois, on trouve d'autres bons loukoums artisanaux ailleurs sur l'île comme dans le village de Lefkara, qui, outre ses dentellières, abrite la maison Kramvidou fondée en 1904.

Fruits confits au sirop

Presque tous les fruits et légumes peuvent devenir des « douceurs à la cuillère » *[glyka tou koutaliou]*, une spécialité d'origine byzantine. Cerises, mini-aubergines ou écorces d'orange sont d'abord déshydratées, puis trempées dans de l'eau citronnée [pour conserver les couleurs] et enfin bouillies avec du sucre et des aromates pendant plusieurs jours. On recommande particulièrement les *karydaki* [*ceviz macunu* en turc], les noix entières confites. Les noix, ramassées vertes lorsque la coque n'est pas encore formée, donnent au sirop un parfum très délicat. Pour l'achat, on recommande le village de **Kakopetria** ★★ [p.236], dans le Troodos, qui organise en septembre le festival des « douceurs à la cuillère ».

Caroube

Surnommé « or noir de Chypre », le fruit du caroubier se décline en quantité de préparations sucrées. Parmi celles que vous pouvez rapporter en bagage en soute, vous avez le choix entre le *karoupomelo* [sirop de caroube], le *pastelli* [caramel de caroube] ou encore le *pastellaki* [noix concassées au sirop de caroube]. Vous trouverez ces produits un peu partout dans l'île, mais plus particulièrement dans le village d'**Anogyra** [p.170], la « capitale de la caroube », près d'Akrotiri.

Tapis et kilims

Objets décoratifs onéreux, les tapis sont constitués de nœuds et les kilims sont tissés. Tous deux sont surtout vendus dans la partie Nord, à Kyrenia et à Famagouste. La plupart sont importés de Turquie, d'Iran ou de Chine. Cela ne veut pas dire que ceux-ci sont mauvais, mais le vendeur essayera souvent de vous persuader qu'il s'agit de tapis et kilims chypriotes. Effectivement, il subsiste une petite production dans les villages de la péninsule de Karpas, et c'est au marché hebdomadaire du village de Komi Kebir/Büyükkonuk que l'on a le plus de chance de trouver ces raretés, le dimanche de 11h à 16h. Mais avant de débourser plusieurs centaines ou milliers d'euros, assurez-vous que figure le certificat de la Coopérative des artisans de Chypre Nord [El Sanatlari Kooperatifi]. Demandez la provenance et l'année de fabrication. Privilégiez les tapis et kilims colorés par teintes naturelles et réalisés à la main, car ils sont plus résistants. Enfin, l'indice déterminant pour évaluer la qualité d'un tapis est la densité de nœuds. Pour une qualité moyenne, comptez entre 50 et 60 nœuds par cm^2. La qualité devient vraiment bonne à partir de 150 nœuds par cm^2. De la même manière, pour un kilim, le tissage doit être très dense.

SPORTS ET LOISIRS

À Chypre, comme presque partout, le sport roi dans les stades, à la télévision, dans les cafés, dans les cours d'école et dans la rue, c'est le football. Si les jeunes se passionnent pour le sport automobile, le criquet est également pratiqué, héritage britannique oblige. Pour les touristes, une fois les valises posées, la liste des activités sportives possibles est très longue, à commencer par la plongée sous-marine. Grottes et épaves chypriotes sont des spots réputés de cette partie du bassin méditerranéen. Mais tous les sports nautiques sont à l'honneur sur le littoral chypriote. Dans les terres aussi, les options sont multiples. La randonnée est le sport roi, notamment dans le massif du Troodos (où il est aussi possible de skier en hiver !). Enfin, vélo et équitation permettent également de découvrir la faune et la flore du pays. À moins que l'on ne décide de travailler son put sur l'un des greens de golf du pays...

Le football, entre passion et paris

À Chypre, le sport le plus populaire est, comme souvent, le football. Si les résultats de l'équipe nationale sont modestes (elle était 95e au classement FIFA en mars 2020), l'engouement pour le championnat national et les grands championnats étrangers est réel. Le samedi est le jour du football et, sur tous les terrains en gazon ou le plus souvent en terre battue que l'on peut trouver dans le pays, des équipes s'affrontent, des poussins aux vétérans. On pourra bien sûr assister à des matchs du championnat local à la télévision, mais aussi dans les stades. Ceux de Nicosie, de Limassol et de Larnaka sont les plus grands. Le stade national (GSP Stadium) où évolue l'équipe de Chypre est à l'entrée sud de Nicosie, par l'autoroute. Son toit ondulé est particulièrement élégant et les billets sont plutôt bon marché. Mais, à part de chauds derbys, vous serez sans doute déçu par l'ambiance et la faible affluence. On n'est pas en Grèce. Car c'est bien le championnat grec qui focalise le plus l'attention. Beaucoup de Chypriotes y jouent, et écharpes et maillots se vendent et se portent ici.

Au Nord de l'île aussi, on joue au football d'ailleurs. Et dans les rues encore plus qu'au Sud. Mais ici on se passionne évidemment pour l'équipe de Turquie et le championnat turc. Partout au Nord, les vitrines et les stands des bazars proposent les trois maillots incontournables que tous les jeunes portent : le rouge et jaune de Galatasaray, le noir et blanc de Beşiktaş et le jaune et bleu de Fenherbace, les trois grands clubs d'Istanbul.

Enfin, il faut signaler que les Chypriotes ne font pas que regarder le football, ils aiment également parier sur les rencontres. Les championnats de football local, grec et anglais sont ceux qui font l'objet du plus grand nombre de paris. Mais les autres compétitions sont aussi concernées. Comme les autres sports d'ailleurs, notamment les courses hippiques.

Des sports et activités populaires

- **Le cricket, l'héritage *british*.** Héritage britannique oblige, il existe un championnat de cricket à Chypre. Mais beaucoup de joueurs ne sont pas chypriotes d'origine et le jeu passionne avant tout les militaires britanniques et les expatriés anglais, australiens, sud-africains ou venus du sous-continent indien. Cette forte présence expatriée n'empêche tout de même pas la composition d'une équipe nationale chypriote. Les joueurs locaux se bonifient au contact des joueurs venus d'ailleurs.

- **Rallye, auto, tuning, la passion des moteurs.** Le tuning, cette activité qui consiste à décorer et à transformer son véhicule, est pratiqué à Chypre. Pour avoir le plaisir, le samedi soir, de garer le bolide devant les terrasses à la mode... Les jeunes Chypriotes aiment également rouler comme des fous sur les petites routes du Troodos. Une activité typiquement masculine et particulièrement dangereuse. Tous les ans, en mai, de vrais pilotes, eux, parcourent les mêmes routes lors du rallye de Chypre.

- **La chasse, une tradition chypriote.** Tradition ancestrale, la chasse et le braconnage sont deux activités très répandues au Nord comme au Sud. On se réservera bien d'en faire la promotion dans ce guide, mais force est de constater que le dimanche, les hommes partent en groupe, en 4x4 et très armés, affronter lapins et volatiles. Vous ne manquerez pas de remarquer cette activité, notamment grâce aux innombrables panneaux « Game Reserve Area » (là où la chasse est interdite).

Dans l'eau ou sur l'eau, le spectacle au rendez-vous

Incontournable plongée sous-marine. Les eaux limpides et tièdes qui bordent Chypre sont propices à la plongée, avec précaution car les courants sont souvent dangereux. La température de l'eau varie de 16 °C en janvier à 27 °C en juillet. De novembre à mars, une combinaison de 3 mm devrait suffire. Le reste de l'année, une combinaison mince est adéquate. La mer entourant Chypre n'est pas aussi riche en vie sous-marine que celle d'autres pays, mais le visiteur pourra contempler la faune sous-marine dans un environnement relativement intact. Thons, barracudas, murènes, napoléons, mérous, poulpes, raies et poissons-perroquets seront au rendez-vous le long de la côte rocheuse ou autour des épaves propices aux plongées. Chypre est également réputée pour les grottes. Le littoral offre de nombreuses possibilités pour plonger et, dans les secteurs de plongée recommandés, la visibilité est de 10 à 40 m. N'oubliez pas qu'il est strictement interdit de déplacer ou de retirer les antiquités pouvant se trouver dans les fonds marins. Les centres de plongée sont situés dans toutes les principales villes de l'île (Agia Napa, Larnaka, Limassol, Pafos, Polis) qui disposent chacune d'une offre hôtelière très large et pour tous les budgets. Par ailleurs, le pays est équipé de trois caissons de décompression.

Quant aux spots, il faudra absolument aller promener ses palmes dans l'épave du *Zenobia*. Elle gît au large de Larnaka et est l'un des sites de plongée les plus appréciés de Chypre et de cette partie du bassin méditerranéen. Il s'agit d'un cargo suédois de 180 m qui a terminé sa route ici en 1980, sans qu'aucune victime ne soit à déplorer. Le navire est demeuré presque intact. Les camions que devait transporter le *Zenobia* sont toujours là avec l'équipement. L'épave a créé de nouvelles « niches » investies par une faune marine très riche (barracudas, castagnoles, dorades, sars tête noire, thons, mérous, congres et murènes) et offre des spots accessibles aux plongeurs débutants. Les agences de plongée de Larnaka et de toute l'île comptent, bien sûr, l'épave du *Zenobia* à leur programme. Les plongeurs confirmés pourront eux découvrir l'intérieur de l'épave, la salle des machines, les cabines…

Direction ensuite **Latsi** ★ (p.208) et la péninsule d'Akamas. La bonne visibilité dans les fonds limpides est propice ici à l'exploration jusqu'à 40 m au milieu des coraux, avec des sites proposant tunnels, grottes et lagunes, où vous partirez à la recherche des trésors du passé (poteries romaines, amphores, etc.). La faune est diverse : barracudas, tortues, pieuvres, murènes et poissons-perroquets. Enfin, **Protaras** ★ (p.143) permet de belles plongées également. Green Bay est idéal pour les débutants comme pour les plongeurs expérimentés. De 12 m maximum, avec un accès facile de la plage, voilà un endroit parfait pour voir de nombreux bancs de poissons qui fréquentent la côte de Chypre. Dans le même coin, The Caves sont des grottes qui offrent une plongée agréable à une profondeur maximale de 12 m. Possibilité de nager à l'intérieur des grottes ou tout simplement d'explorer les rochers et la vie marine de l'extérieur. Enfin, The Cliffs sont réservées aux plongeurs qualifiés. Ces falaises constituent un site idéal pour ceux qui souhaitent explorer les eaux profondes (maximum 40 m). La vie sous-marine est diffé-

Kayak vers Agia Napa.

© OLESYA KUZNETSOVA - SHUTTERSTOCK.COM

Randonnée vers la plage d'Aphodite.

rente des autres sites. Et ici vous pouvez également tenter de pratiquer la chute libre sous l'eau !

▶ **Des sports nautiques en pagaille.** Avec plus de 250 km de côtes accessibles et de très nombreuses plages tout autour de l'île, il y a de quoi faire ! Dans toutes les stations balnéaires du pays, on peut pratiquer toutes sortes de sports nautiques : paddle, kayak de mer, voile, planche à voile, mais aussi jet-ski, ski nautique, wakeboard, parachute ascensionnel et autres bouées tractées.

Sur terre ou en l'air aussi, de nombreuses options

▶ **La randonnée** est bien évidemment une activité phare à Chypre. Partout sur l'île, il existe des chemins très bien tracés qui vous font découvrir la flore et les paysages variés de Chypre. Le Troodos, l'Akamas ou le cap Greko au Sud, la péninsule de Karpas et autour de Kyrenia au Nord sont des zones privilégiées pour cette activité. On peut effectuer des randonnées de plusieurs heures ou d'une demi-heure à peine, grimper des pentes abruptes ou parcourir des chemins bien plats. Il y en a pour tout le monde. L'office de tourisme distribue gratuitement des cartes avec textes explicatifs de tous les chemins de randonnée de l'île. L'organisme propose également des randonnées guidées dans chacun de ses bureaux. Par ailleurs, les passionnés ou amateurs d'archéologie s'offriront de longues promenades dans les nombreux sites qui se trouvent sur l'île.

▶ **Le vélo** est un moyen de transport idéal à Chypre où le climat (en dehors des chauds mois d'été) est agréable, et où les petites routes, surtout durant la semaine, sont peu fréquentées. On peut se contenter de louer un deux-roues pour faire le trajet entre l'hôtel et la plage. Agia Napa compte ainsi de belles pistes cyclables. Mais on peut aussi partir à l'assaut des chemins de terre et de graviers des montagnes du Troodos. Dans toutes les villes touristiques, il est possible de louer des vélos ou VTT pour tous les âges, à la journée ou à la semaine.

▶ **Équitation.** Par ailleurs, l'île compte de nombreux centres équestres. Une belle idée pour les débutants qui s'offrent de simples balades ou aux cavaliers confirmés qui partent pour des randonnées de plusieurs jours.

▶ **Le golf** est arrivé à Chypre, malgré le manque d'eau chronique du pays et l'énorme quantité de ce liquide précieux nécessaire à l'entretien d'un parcours... Mais les désirs des riches touristes sont des ordres. Et les six golfs locaux sont plutôt bien réussis. Le plus populaire est celui de Paphos.

▶ **Ski.** Aussi étonnant que cela puisse paraître, on peut skier à Chypre ! Le mont Olympe ★ (p.222) (1 952 m d'altitude), qui fait partie du massif de Troodos, voit en général la neige tomber de décembre à mars. Et sa face nord-est accueille les skieurs, grâce à quelques remontées mécaniques et environ 4 km de pistes.

▶ **Parachutisme.** Enfin, les conditions météorologiques de Chypre offrent de grandes possibilités pour les amateurs d'aviation privée et de parachutisme. Une belle opportunité pour admirer l'île depuis le ciel. À noter aussi, quelques occasions de sauter à l'élastique.

GASTRONOMIE

Troisième île de la mer Méditerranée, Chypre s'étend telle une comète entre la Turquie, la Crète et les côtes du Levant. Culturellement partagée entre le monde grec et turc, l'île fut revendiquée par de nombreuses puissances pendant son histoire comme l'Empire ottoman, la République de Venise ou encore le Royaume-Uni, qui ajoutèrent chacun leur pierre à l'édifice de la gastronomie chypriote. Une cuisine qui reprend les basiques de la diète méditerranéenne, où abonde légumes frais, céréales, légumineuses, agneau, volaille et poissons, le tout parfumé d'huile d'olive, d'herbes aromatiques et d'épices savamment dosées. Les desserts, comme dans le reste de la Méditerranée orientale, font la part belle à la fleur d'oranger, aux amandes, à la cannelle, le tout généralement accompagné d'un café grec bien corsé. Mais Chypre est aussi une terre viticole depuis des millénaires, sans oublier l'ouzo, parfumé à l'anis que les locaux adorent.

L'art du mezze

Comme dans le reste de la Méditerranée orientale, les Chypriotes commencent les repas par des petites bouchées pour se mettre en appétit, que l'on appelle *mezzedes*. Ils peuvent cependant constituer un repas entier, tant ils sont divers et surtout délicieux. L'ouzerie est un lieu spécialisé pour les amateurs d'ouzo, que l'on sert abondamment avec les *mezzedes*. Cette eau-de-vie, servie glacée, est souvent allongée avec de l'eau comme le pastis, dont le goût s'en rapproche. Chacun picore dans les assiettes parmi un choix souvent impressionnant. Parmi les *mezzedes* les plus connus on retrouve évidemment la fameuse *horiatiki* ou salade grecque à base de tomate, concombre, oignon, olive et feta, le tout couvert d'huile d'olive et d'origan. Autre salade, propre à Chypre, le ***louvi*** est une salade de haricots blancs, que certains consomment parfois avec des harengs alors que la *moungra* est un pickle de chou-fleur fermenté. Ensuite vient le tzatziki, une délicieuse crème au yaourt, concombre, aneth et ail pilé. Il est d'ailleurs servi aussi bien comme hors-d'œuvre que pour accompagner des viandes grillées. C'est aussi le cas de la *skordalia*, une crème de pomme de terre très aillée, qui se marie très bien avec le poisson. Le *taramosalata* est une purée à base d'œufs de poisson fumé et d'huile d'olive. Ne vous étonnez d'ailleurs pas s'il est orange pâle lorsqu'on vous le sert. C'est sa couleur naturelle, les industriels français ayant pris la mauvaise habitude d'y rajouter des colorants lui donnant une teinte rose fluo lorsqu'on l'achète au supermarché. On retrouve d'autres préparations crémeuses à déguster avec du pain comme le *mélitzanosalata*, un caviar d'aubergine citronné ou le houmous qui, bien que d'origine arabe, compte parmi les *mezze* les plus appréciés à Chypre. Les inratables *dolmadakia* (ou *dolma/dolmades*) – appelées *koupepia* à Chypre – sont des feuilles de vigne en saumure farcies de riz et d'oignon, le tout relevé d'aneth et de jus de citron, elles sont servies tièdes ou froides.

Mais il existe de nombreux *mezzedes* chauds comme les *kalamarakia tiganita* ou calamars frits qui sont au moins aussi populaires que le *htapothi sti skhara*, le fameux poulpe grillé au barbecue. Le *karaoli yahni* est une recette d'escargots en sauce tomate. Plus surprenants, les *tomatokeftedes* sont des croquettes frites à base de tomate, parfumées de menthe et d'origan. Mais les locaux adorent également d'autres types de beignets comme les *kolokythokeftédes*, des croquettes de courgettes râpées. Le *kolokouthkia me t'afka* est un *mezze* typiquement chypriote à base de courgette confite avec des œufs brouillés. Enfin, il y a aussi de nombreuses viennoiseries salées – qui sont d'ailleurs souvent dégustées sur le pouce toute la journée – comme le *tiropita*, un chausson feuilleté en pâte filo fourré de feta ou le *spanakopita*, garni d'épinards. Les *piroski* sont des chaussons frits fourrés de diverses garnitures (viande, fromage, épinards, etc.). La *flaouna* est une spécialité purement chypriote qui ressemble à un petit pain garni de fromage, de raisins secs et de graines de sésame, consommé généralement à la fin du carême.

Les fromages sont souvent servis en tant que *mezze*. C'est le cas du *saganáki*, une entrée de feta grillée à la poêle ou de la *feta psiti*, ou feta au four, rôtie avec quelques herbes et des tranches de tomate. Mais bien sûr impossible d'évoquer Chypre sans parler de sa spécialité la plus connue : le *halloumi*. Ce fromage très salé au lait de brebis et de chèvre a la particularité de ne pas fondre. On le fait donc griller avec un peu d'huile d'olive alors qu'il conserve sa texture ferme et légèrement élastique. Mais on le mange aussi frais, souvent avec de la pastèque en plein été.

Le délicieux halloumi grillé.

ZI3000 - SHUTTERSTOCK.COM

Autre spécialité chypriote – souvent associée au *halloumi* –, la *lountza* est une charcuterie préparée à base de longe de porc salée, marinée dans du vin rouge, séchée au soleil, roulée dans les graines de coriandre et finalement fumée. Autre spécialité charcutière propre à Chypre, le *hiromeri* est un jambon pressé, mariné et fumé. Beaucoup de ces plats sont généralement présents en Turquie et dans le monde arabe sous d'autres noms. À noter par ailleurs que la différence entre plat principal et hors-d'œuvre à Chypre est moins marquée qu'en France par exemple. Ainsi beaucoup de spécialités citées ci-dessus peuvent être servies en plus grosse quantité en tant que plat principal.

Classiques de la cuisine chypriote

En plat principal, les grillades sont à l'honneur et elles constituent souvent une page entière dans les menus des restaurants chypriotes. Le *souvlaki* se présente sous la forme d'une grosse brochette de viande, le plus souvent de porc ou de poulet, mais aussi parfois de bœuf ou d'agneau. Autre grillade populaire, la *loukanika* est un type de saucisse de porc fumée et épicée avec des graines de coriandre et du vin rouge. Mais aucun barbecue chypriote ne s'organise sans *sheftalia* : ces délicieuses saucisses de viande hachée assaisonnées sont enveloppées dans de la crépine (principalement d'agneau ou de porc), puis cuites à la braise. Dans le même genre, la *païdakia* désigne généralement des côtelettes d'agneau grillées et finement épicées, alors que les *keftédes* sont des boulettes de viande hachée parfumées d'oignon, d'origan, de menthe et d'aneth. Elles peuvent être simplement grillées ou cuites dans une sauce tomate épaisse et sont alors appelées *keftedes me saltsa domata*.

En dehors des grillades on observe un grand nombre de plats cuisinés comme la moussaka alternant viande hachée et aubergines confites, le tout nappé de béchamel et gratiné ou dans le même genre le *makarónia tou foúrnou* où les aubergines sont remplacées par des macaronis, le tout garni de *halloumi* évidemment. Le *magarına bulli* est un plat de pâtes longues, type bucatini, cuites dans un bouillon de poulet puis servi avec du poulet, du *halloumi* râpé et de la menthe. Le *giouvetsi*, cuit au four, se compose de poulet, d'agneau ou de bœuf et de petites pâtes et de sauce tomate parfumée avec de la cannelle, du clou de girofle et du laurier. Le terme « yemista » désigne différents types de légumes (notamment des poivrons et des aubergines) farcis de riz et de viande hachée et cuits au four. L'*afelia* est un ragoût de porc chypriote cuit au vin rouge avec des graines de coriandre. Le *spetsofai* est un ragoût de saucisses aux poivrons et à la tomate.

Les Chypriotes consomment également beaucoup de légumes qui entrent dans la composition de nombreux plats cuisinés. La *fasolakia* est une recette de haricots verts en sauce tomate. Dans le *gigandes plaki*, les haricots verts sont remplacés par d'énormes haricots blancs, appelés *fasolia gigandes*. Le *prasorizo* est une sorte de risotto aux poireaux, très populaire en hiver. Bien qu'originaire d'Asie tropicale, le *taro* ou *kolokasi* est devenu très populaire sur l'île. Ce tubercule ressemblant à la patate douce est traditionnellement mijoté avec du porc dans une sauce de tomate et céleri.

Rouget, daurade, espadon, crevettes, poulpe et calamars constituent des produits de la mer classiques, le plus souvent servis grillés ou frits, délicatement assaisonnés et servis avec quelques quartiers de citron. Le maquereau – *safridia* – grillé est par exemple très apprécié pour sa chair grasse. On retrouve cependant des plats plus élaborés tels que le *psari plaki*, un poisson au four couvert d'un mélange de tomates et d'oignons confits ou encore les *garides me feta*, un plat de crevettes mijotées dans une sauce tomate et couvertes de feta émiettée. Les *mýdia saganáki* est une recette assez similaire, mais à base de moules. Enfin le poulpe est souvent grillé, tant sous forme de *mezze* qu'en

Gigandes plaki.

DÉCOUVRIR

plat principal. Sinon on déguste aussi le *stifado* de poulpe, longuement mijoté dans du vin rouge. La morue évidemment est très appréciée. Les *psarotavernas* sont des restaurants spécialisés dans le poisson et les fruits de mer.

Côté street food il est absolument impensable de passer à côté du fameux gyros, version grecque du kebab, composé d'un pain pita bien moelleux, garni de viande effilochée (porc ou poulet), de frites, de tomates, d'oignons et de tzatziki. Idéal pour les petits budgets, son prix dépassant rarement les 3 €.

Desserts et pause café

On termine souvent son repas par des fruits frais : pêches, melons, pastèques ou encore abricots, notamment en été où les températures parfois cuisantes appellent à un peu de fraîcheur. Parfois le repas peut aussi se conclure par un simple yaourt nappé d'un filet de miel avec quelques pistaches. Beaucoup de douceurs sont plutôt dégustées pendant la journée avec un café. Elles se composent notamment d'une base d'amandes, de pistaches ou de sésame, parfumées au miel, à la fleur d'oranger ou à la cannelle comme le *baklava*, un gâteau en forme de losange à base de pâte filo et de noix et imbibé d'un sirop à la cannelle. Assez proche, le *kataifi* replace la pâte filo par des cheveux d'ange. Ce gâteau très sucré est également connu sous d'autres noms en Turquie et dans le monde arabe. Le *galaktoboureko* se compose également de pâte filo qui renferme en garniture une crème à base de lait et de semoule parfumée au citron. Très proche, le *bougatsa* est fourré d'une crème au fromage frais.

Il existe plusieurs spécialités liées aux fêtes religieuses comme la *koulourakia*, une brioche vanillée aux graines de sésame préparée pour Pâques. C'est aussi le cas du *tsouréki*, une brioche souvent tressée parfumée avec des zestes d'agrume et du *mahaleb*, une poudre obtenue à partir des noyaux de cerises sauvages. La *lazarakia* est un pain brioché consommé pendant le premier samedi de la Semaine sainte. Le *vasilopita* est l'équivalent du gâteau des Rois – mangé entre le Jour de l'An et l'Epiphanie – dont l'aspect, assez libre, se situe entre un gâteau et une brioche avec une pièce caché dans la pâte. Les *melomakarono* sont des biscuits au miel de Noël tout comme les *kourabiedes*, de gros sablés aux amandes entièrement couverts de sucre glace. Les *diples* sont de fins beignets croustillants en forme de tubes, qu'on imbibe de sirop avant de saupoudrer cannelle et noix hachées, très communs au Nouvel An et pour les mariages. Pour finir le *shamishi* est un petit chausson croustillant garni d'*halwa*.

Enfin le café tient une place essentielle à Chypre, dû à la proximité avec la Turquie. Le typique café grec (équivalent du café turc) n'est pas filtré, mieux vaut attendre quelques minutes pour que la couche de marc se dépose au fond de la tasse. Essayez-le sucré (*glyko*), moyen (*metrio*), avec du lait (*me gala*) ou sans lait (*choris gala*). Un café infuse dans un petit pot à long manche (*briki*) en utilisant des grains de café très finement moulus. Il est servi non filtré, souvent avec un verre d'eau. Sinon le classique expresso est servi dans tous les bars et restaurants. À noter que l'occupation britannique a eu une incidence sur la consommation de thé, qui est très apprécié sur l'île.

Entre vins et ouzo

Avec une histoire viticole vieille de plus de 6 000 ans, il est évident que Chypre a un savoir-faire unique en matière de vin, même si les locaux n'ont pas forcément tendance à en consommer outre mesure et exportent une bonne partie de leur production en Europe de l'Ouest ou en Asie. Les vins blancs offrent une belle variété avec des crus comme l'Alkion de Keo, le Nefeli de Etko, le Salera de Etko. Goûtez aussi le Palomino, très sec, mais qui se marie bien avec les fruits de mer. Le Saint-Pantelemeion, demi-doux, est idéal pour le dessert. Côté rouge le Semeli ou l'Othello, évoquant parfois les vins de la Rioja. Dans les rosés, goûtez le Myrto, assez sec. Les vins de la Commandaria sont des vins doux naturels très anciens, datant de l'époque des Templiers, d'où leur nom, et issus de la région dite de la Commandaria, au nord de Limassol. Le raisin de table verico est par ailleurs une variété très appréciée. Son origine est très lointaine puisqu'on dit que Richard Cœur de Lion, en le goûtant, aurait simplement dit « very good », dont la prononciation aurait été transformée en « verico ». Il existe deux raisins endémiques sur l'île : le xinisteri (blanc) et le mavro (noir).

Si traditionnellement la bière n'est pas commune à Chypre, c'est une boisson devenue très populaire, d'autant plus boostée par l'occupation britannique qu'a connue le pays. On retrouve bien sûr diverses marques internationales, bien que les bières chypriotes comme la Keo ou la Leon soient tout à fait respectables et souvent moins chères. Parmi toutes les liqueurs, l'ouzo occupe une place centrale. Il se consomme généralement à l'apéritif. On peut le boire sec avec un glaçon ou le diluer dans de l'eau glacée, qu'il rendra laiteuse comme du pastis. Parfumé à l'anis, il titre généralement autour de 40°. Dans un restaurant, il est souvent moins cher de commander une petite bouteille pour deux ou trois personnes plutôt que de prendre des verres séparés. La zivania est une eau-de-vie de raisin parfois abusivement appelée « brandy de Chypre ». Le filfar est une délicieuse liqueur d'oranges parfois bue avec un café. Mais on peut aussi imiter certains locaux : dans de petits verres spéciaux ressemblant à nos verres à liqueur, on verse du filfar à ras bord. On enflamme alors les bords du verre, ce qui donne une petite couronne de flamme bleue. Quelques secondes après, on souffle sur ce cercle enflammé et l'on vide son verre, évidemment cul-sec.

AGENDA

Chypre possède le plus grand nombre de jours fériés au monde. Cela est dû à la division de l'île : au Sud, le calendrier des fêtes est calqué sur celui de la Grèce et, au Nord, on suit les célébrations de la Turquie. Ce à quoi s'ajoutent quelques fêtes purement locales. Il faut donc bien s'organiser avant de visiter un musée (qui peut être fermé certains jours fériés), de se rendre dans une mosquée ou une église (bondées les jours de fête religieuse) ou de manger dans un restaurant (parfois fermé pour le Ramadan ou bondé pour la Pâque orientale). Autre difficulté : les plus grandes célébrations religieuses tombent à des dates variables d'une année sur l'autre, car calculées selon le calendrier julien pour les chrétiens orientaux et selon le calendrier hégirien pour les musulmans. Notez aussi que malgré la séparation de leurs calendriers, les Chypriotes partagent encore des traditions communes.

15 AOÛT - DORMITION DE LA MÈRE DE DIEU

Le 15 août.

Grande fête orientale, la Kimisi tis Theotokou correspond à l'Assomption chez les catholiques romains. Et comme elle tombe en pleine saison touristique, les tarifs des hôtels sont encore plus élevés et les tavernes sont pleines à craquer. C'est aussi une journée marquée par de nombreux pèlerinages pour les chrétiens de l'île. Le plus important se déroule au « Lourdes chypriote », le monastère Apostolos Andreas, à l'extrémité de la péninsule de Karpas, dans la partie Nord.

AÏD AL-ADHA

Pas de jour férié (sauf dans la partie Nord avec quatre jours fériés). 28 juin 2023, 16 juin 2024.

L'Aïd al-Adha (« fête du sacrifice ») ou Aïd el-Kebir (« grande fête »), fête religieuse musulmane et communautaire, est appelée *Kurban Bayramı* en turc. Elle commémore l'épisode où Ibrahim (Abraham pour les chrétiens et les juifs) accepte de sacrifier son fils Ismaël (Isaac) à la demande de Dieu. À Chypre, comme partout à travers le monde, la journée commence très tôt par une prière à la mosquée. Elle se poursuit avec les familles sacrifiant un animal, généralement un mouton ou un poulet, dont un tiers sera offert aux plus pauvres.

1ER JANVIER

Côté vœux, les langues grecque et turque ont ceci de commun d'employer le pluriel. On se souhaite ainsi non pas « une » mais « de bonnes années » : *iyi seneler* en turc et *kali chronia* en grec. C'est le jour où les Chypriotes ouvrent leurs cadeaux de Noël. Les chrétiens célèbrent ce jour-là saint Basile. En son honneur, les Chypriotes grecs mangent la *vasilopita*, le « gâteau de Basile », une brioche qui ressemble à la galette des rois du sud de la France. Comme les Turcs et les Grecs, les Chypriotes ont pour tradition de jeter une grenade (le fruit) au sol.

AÏD EL-FITR

3 jours fériés dans la partie Nord. Du 1er au 3e jour du 10e mois de l'année musulmane : 21 avril 2023, 9 avril 2024.

Cette fête religieuse marque la rupture du jeûne du mois de ramadan (*Ramazan Bayramı* en turc). Les musulmans turcophones de Chypre mangent en famille, visitent les amis et les voisins et s'offrent des sucreries. La fête est d'ailleurs souvent appelée *Şeker Bayramı* (« fête des bonbons »). C'est aussi l'occasion d'honorer les morts dans les cimetières à l'entrée desquels s'installent de véritables petits marchés. Considérée comme la plus importante, la première journée de l'Aïd el-Fitr est marquée par une prière spéciale tôt le matin, puis par un prêche de l'imam.

AYIA NAPA MEDIEVAL FESTIVAL

En octobre.

Ce festival médiéval a été créé à Ayia Napa en 2006. Depuis, il s'est imposé comme une référence et un rendez-vous apprécié des locaux et des touristes. Au programme : une série d'événements et d'activités visant à explorer et à en apprendre davantage sur l'île et la région à l'époque médiévale. Ses célébrations se targuent de respecter la vérité historique. La participation de groupes européens et russes en a fait un festival international qu'Ayia Napa est fier d'accueillir.

ÉPIPHANIE

Le 6 janvier est une des fêtes les plus importantes de la religion orthodoxe grecque. Tous les Chypriotes vont à l'église pour demander une année prospère. Les familles se rassemblent et partagent différents mets. Alors que les Français mangent la galette, les Chypriotes grecs se jettent dans l'eau froide. C'est la tradition byzantine de la Grande Bénédiction des eaux (*Agiasmou ton ydaton*) : en présence des autorités locales, l'archevêque orthodoxe bénit la mer à Agia Napa, puis il lance la croix dans l'eau que des jeunes hommes vont récupérer presque nus.

CARNAVAL

Pendant dix jours en février, 50 jours avant la Pâque orthodoxe.

Place à dix jours de fêtes. Le carnaval trouve ses racines dans les célébrations antiques en l'honneur du dieu Dionysos qui était considéré comme le protecteur du théâtre. A ne pas manquer : les parades, notamment à Limassol et Paphos. Le carnaval commence cinquante jours avant la Pâque orthodoxe. Les festivités ont lieu dans de nombreux endroits et atteignent leur apogée le dimanche de la mi-février, lors de la grande parade des enfants avec chars et groupes sur l'avenue Makarios III, puis la grande parade populaire sur l'avenue Poseidonos.

FESTIVAL ANTHESTIRIA

LIMASSOL

Deuxième ou troisième week-end de mai.

A Anthestiria, la fête des fleurs, remonte à la célébration de la renaissance de l'homme et de la nature dans la Grèce antique. Des cortèges de fleurs de toutes les couleurs traversent alors les rues. Fêtes et religion sont étroitement liées à Chypre. Ce festival en particulier, toujours très populaire, est ainsi célébré avec des processions, des services religieux et de nombreux jeux traditionnels. La fête se déroule notamment à Limassol, Larnaca et Paphos. Partout, un défilé de chars décorés de fleurs constitue la principale attraction.

DÉCOUVRIR

COMMÉMORATION D'ATATÜRK ET FÊTE DE LA JEUNESSE ET DES SPORTS

Fête « nationale » dans la partie Nord, non reconnue par la République de Chypre. Jour férié dans la partie Nord.

C'est tout d'abord le 19 mai 1919 qui est célébré : Mustafa Kemal Atatürk déclencha la guerre d'Indépendance turque (1919-1922) contre les Grecs, les Français et les Britanniques qui occupaient la Turquie depuis la défaite de l'Empire ottoman lors de la Première Guerre mondiale. On commémore aussi la naissance d'Atatürk, supposément le 19 mai 1881. Enfin, depuis 1938, en Turquie, les célébrations sont associées à la fête de la Jeunesse et des Sports.

Carnaval de Chypre.

FESTIVAL DE BELLAPAIS

En mai.

Chypre Nord célèbre à cette belle occasion de grands classiques en s'ouvrant sur le reste du monde. Les concerts internationaux du Festival Bellapais, qui se déroulent depuis plus de vingt ans, sont regroupés autour de cette merveille architecturale et historique que représente l'abbaye de Bellapais. Organisé au sommet d'une colline avec une vue fabuleuse et imprenable sur Kyrenia et la Méditerranée, le festival affiche d'excellentes productions. Au fil des ans, il a accueilli des ténors de renommée mondiale comme José Carreras.

FÊTE DE LA RÉPUBLIQUE TURQUE

29 octobre. Fête civile communautaire pour les turcophones. Jour férié dans la partie Nord. Fête nationale en Turquie.

La fête de la République turque commémore la proclamation de la République turque par Mustafa Kemal Atatürk le 29 octobre 1923, abolissant l'Empire ottoman fondé en 1299 et transférant la capitale de Constantinople (renommée Istanbul en 1933) à Ankara. Ce jour férié donne lieu à diverses manifestations, presque exclusivement dans la partie Nord de Chypre, à partir du 28 octobre, et à un défilé des forces d'occupation turques à Nicosie-Nord le 29 octobre.

FESTIVAL DE KYPRIA

www.kypria.org.cy

Sur un mois entre septembre et octobre.

Kypria est un festival annuel organisé dans divers lieux à Chypre en septembre et octobre. Le festival (www.kypria.org.cy) est organisé chaque année par le ministère de l'Education et de la Culture et demeure un événement culturel majeur partout dans le pays. Il rassemble aussi certains des meilleurs artistes du monde dans les domaines de la musique, de la danse et des arts de la scène. On y découvre toutes les tendances de l'art représentatif et du théâtre. Récemment, par exemple, on a même joué *Amphitryon* de Molière à Nicosie !

FÊTE NATIONALE

1er avril. Fête nationale et communautaire (pour les hellénophones). Jour férié (non suivi dans la partie Nord).

C'est une fête nationale et communautaire pour les hellénophones. Il s'agit de la commémoration du premier jour du soulèvement de l'organisation paramilitaire chypriote grecque EOKA contre les Britanniques, le 1er avril 1955. Fréquemment appelée « jour de l'EOKA », cette fête est surtout célébrée par les Chypriotes grecs et massivement rejetée par les Chypriotes turcs qui furent, avec les Britanniques, les victimes des attaques de l'EOKA. Dans la partie Sud, les célébrations demeurent assez discrètes.

FESTIVAL DU VIN DE LIMASSOL

De fin août à début septembre, pendant 2 semaines.

Chaque année, la fête du Vin est célébrée pendant deux semaines à Limassol, avec de la musique, du folklore et du vin en tonneau à volonté. La fête a lieu chaque année pendant deux semaines de fin août à début septembre et le festival accueille environ 15 000 visiteurs. Les principaux événements du festival sont des concerts et des spectacles de danse grecque. L'événement existe depuis 1961 et ne s'est interrompu que pendant les crises politiques majeures.

GOÛT DE / GOOD FRANCE

www.goodfrance.com

La troisième semaine de mars.

Chypre participe à cet événement international, dont la première édition a eu lieu en 2015, fait suite à l'inscription du « repas gastronomique des Français » sur la liste du patrimoine immatériel de l'UNESCO. Au menu : un festival gourmand pour célébrer la gastronomie partout dans le monde et des milliers de dîners « à la française » et des événements à partager sur les 5 continents. A Chypre Sud, plusieurs milliers de chefs proposent ainsi un menu français à cette occasion : si jamais la France vous manque ou si vous avez juste envie de manger autre chose...

JOUR DE LA RÉSISTANCE COMMUNE

1er août. Fête « nationale » dans la partie Nord (jour férié), non reconnue par la République de Chypre.

C'est d'abord la fin de la conquête de Chypre par les Ottomans avec la prise de Famagouste, le 1er août 1571, mais aussi la fondation de l'organisation paramilitaire chypriote turque, dite Organisation turque de résistance (TMT), le 1er août 1958. Enfin, la date du 1er août 1976 est celle de la création de la « Force de sécurité chypriote turque », aujourd'hui « Commandement des forces de sécurité de la République turque de Chypre Nord ». Un festival folklorique se tient à Nicosie-Nord.

JOUR DU NON

Le 28 octobre. Fête nationale. Jour férié (non suivi dans la partie Nord).

Le 28 octobre 1940, le dictateur grec Metaxas rejeta l'ultimatum de Mussolini réclamant l'accès à certains sites stratégiques grecs, entraînant aussitôt le début de la guerre contre l'Italie. Le soir-même des journaux athéniens titrèrent *OXI* (« o-chi »), c'est-à-dire « non », symbole de la résistance grecque au fascisme et au nazisme. Par solidarité envers la Grèce occupée, les Chypriotes grecs célébrèrent le Jour du Non à partir de 1942 de manière officieuse, puis officielle après l'indépendance de 1960. Un défilé militaire et civil se tient à Nicosie-Sud.

JOUR DE LA VICTOIRE

Fête civile communautaire pour les turcophones. Pas de jour férié (sauf dans la partie Nord). Fête nationale en Turquie.

Les habitants turcophones commémorent la décisive victoire de Dumlupınar le 30 août 1922, marquant la fin de la guerre d'Indépendance turque qui s'est tenue de 1919 à 1922. Ce jour-là, les forces menées par Mustafa Kemal Atatürk l'emportèrent face à l'armée grecque près du village de Dumlupınar, en Anatolie. En commémoration, chaque 30 août, depuis 1974, des défilés des forces d'occupation turques ont lieu dans la partie Nord de Chypre à Nicosie-Nord, à Famagouste, à Kyrenia, à Morphou, à Lefka et dans la péninsule de Karpas.

JOURNÉE DE LA PAIX ET DE LA LIBERTÉ

20 juillet. Fête « nationale » dans la partie Nord (jour férié), non reconnue par la République de Chypre.

En souvenir du début de l'invasion turque de Chypre, le 20 juillet 1974. Aux yeux des Turcs, l'opération « Paix pour Chypre » ou « Attila » avait pour but de protéger la minorité chypriote turque contre la menace d'une prise de contrôle de l'île par l'armée grecque. Quantité de manifestations ont lieu dans la partie Nord, notamment un défilé militaire le matin à Nicosie-Nord et des démonstrations de l'armée de l'air turque en fin de journée (ou le lendemain) dans le ciel de Kyrenia.

JOUR DE L'INDÉPENDANCE

Le 1er octobre. Fête nationale et jour férié (non suivi dans la partie Nord).

C'est la principale fête nationale de Chypre qui commémore l'indépendance du pays le 1er octobre 1960. L'indépendance fut reconnue dès le 16 août 1960, mais les accords signés ce jour-là n'entrèrent en application qu'à partir du 1er octobre suivant. La première commémoration eut lieu en 1963, quelques semaines avant que le pays commence à se diviser. Et ce n'est qu'en 1979 que fut institué un jour férié pour célébrer l'indépendance. Dans la partie sud, plusieurs célébrations officielles sont organisées, notamment un défilé militaire et civil à Nicosie-Sud.

JOURNÉE DE LA SOUVERAINETÉ NATIONALE TURQUE

Le 23 avril est un jour férié juste dans la partie Nord.

C'est un jour férié dans le Nord. Le 23 avril 1920 eut lieu à Ankara la première session de la Grande Assemblée nationale turque. Créée par Mustafa Kemal Atatürk, celle-ci préfigure la fin de l'Empire ottoman et la fondation du nouvel État turc en 1923. Depuis 1927, cette fête nationale turque est associée à la journée des enfants. Et depuis 1983, dans la partie nord de Chypre, la commémoration donne lieu à des festivités auxquelles participent les écoliers.

JOURNÉES EUROPÉENNES DU PATRIMOINE

Troisième week-end de septembre.

Comme en France, les journées du patrimoine sont l'occasion de découvrir gratuitement les principaux sites et musées, voire des monuments généralement fermés au public le reste de l'année. C'est évidemment l'occasion de parcourir les merveilleux sites archéologiques de Paphos ou encore de se créer un joli parcours dans les musées nationaux de Nicosie, sa capitale. A cette occasion, de nombreuses manifestations sont souvent organisées dans le pays.

LAPTA TOURISM FESTIVAL

La saison des festivals s'étend de février à novembre et bat en général son plein avec le festival des orchidées qui se déroule à Lapta. Au programme : des promenades guidées dans les sentiers de montagne pour examiner les rares orchidées sauvages. Comme pour la plupart des festivals chypriotes du Nord, le village est transformé en un lieu de festivités avec des stands vendant notamment des produits bio et des souvenirs culturels, et des spectacles de danse folklorique qui donnent un aperçu plus approfondi de la culture de la région.

KATAKLYSMOS

Pendant 5 jours entre fin mai et mi-juin, 50 jours après la Pâque orthodoxe.

Une autre fête religieuse très populaire, particulière à Chypre, est celle du Kataklysmos, mot signifiant « déluge », qui coïncide avec la Pentecôte et est célébrée dans les villes du bord de mer, en particulier à Larnaka. Ses racines remontent à des rites antiques qui célébraient le passage du printemps à la nouvelle saison pour les hommes. Aujourd'hui, cette célébration se manifeste dans les villes côtières par des parades en bateau et des feux d'artifice. Après une cérémonie de bénédiction des eaux, tout le monde sort ses pistolets à eau, seaux et jets d'eau.

LARNAKA SUMMER FESTIVAL

En juillet.

Le Festival d'été de Larnaka est sans aucun doute l'un des plus importants et populaires de l'île. Organisé par la municipalité de Larnaka, c'est un festival de musique et d'arts du spectacle. Au programme : des concerts de musique, des spectacles de ballet et de danse contemporaine, des pièces de théâtre, des lectures de poésie ou encore des chorales d'artistes nationaux et internationaux. Situé dans la cour du fort médiéval de Larnaka et de l'amphithéâtre municipal sous les nuits d'été étoilées, ce festival a tout pour plaire.

KYRENIA OLIVE FESTIVAL

En octobre.

Le festival des olives de Chypre du Nord a lieu chaque année pendant une semaine en octobre. Le petit village de Zeytinlik, près de Kyrenia, est traditionnellement l'hôte de ce festival qui se concentre autour des olives et des produits dérivés produits localement. Au programme des festivités : des spectacles et des concerts ainsi que des démonstrations d'artisanat chypriote sont proposés. Des plats traditionnels peuvent aussi être dégustés. Et divers produits, tels que des savons et des huiles, sont disponibles à la vente.

MARATHON INTERNATIONAL DE CHYPRE

https://logicomcyprusmarathon.com/

Début mars. Inscription : à partir de 30 € pour les 10 km.

Une institution depuis 1999 : la course commence à Petra tou Romiou – le lieu de naissance de la déesse Aphrodite, bien sûr – et s'achève au fort médiéval de Paphos. Autant dire que c'est sans doute l'une des routes les plus belles du monde, le long de la côte, pour les amateurs ! En plus du marathon, un semi-marathon ainsi qu'une course de 10 kilomètres. Si l'inscription n'est pas très onéreuse, vous paierez un supplément pour les inscriptions de dernière minute.

MAWLID

Date fixée au 12 du 3e mois de l'année musulmane : 8 octobre 2022, 26 septembre 2023. Jour férié dans la partie Nord.

Célébration de la naissance du prophète (*Mevlid Kandili* en turc). Les fidèles se rassemblent pour prier dans les mosquées et des poèmes sont lus en public. Les plus rigoristes considèrent cette fête comme non canonique. À Chypre, le malwid est l'occasion de deux pèlerinages. Environ un millier de musulmans de la partie Nord traversent la zone tampon pour se rendre au tekké Hala Sutan, près de Larnaka. C'est aussi une journée importante pour la confrérie soufie des Naqshbandi, avec des fidèles du monde entier se réunissant à Lefka pour écouter les discours des derviches.

PAPHOS 4-DAY CHALLENGE

En novembre.

Le Cyprus International 4-day Challenge Event est une compétition de course à pied organisée dans la région de Paphos et couvrant une distance légèrement plus longue que celle d'un marathon. Elle comprend de la course sur route ou sur sentier. C'est un événement sportif et stimulant avec quatre courses différentes se déroulant sur quatre jours. Il combine un contre-la-montre de 6 km, une course de montagne de 11 km, une distance de semi-marathon multi-terrain et une course de ville de 10 km, en partie dans le parc naturel de la réserve d'Akamas,

NOËL

Appelée *Kristouyenna* (« naissance du Christ ») en grec et *Noel* (sans tréma) en turc, c'est l'une des rares fêtes communes à presque tous les habitants de l'île : seuls les Arméniens célèbrent Noël le 6 janvier. Si les Chypriotes grecs assistent généralement à une liturgie (messe) le 24 à minuit et se souhaitent *kala Kristouyenna*, cette fête reste pour eux secondaire comparée à Pâques. Quant aux turcophones, de culture musulmane, Noël fait depuis longtemps partie de leurs habitudes, et seuls les plus religieux ne font rien ce jour-là.

PÂQUES ORIENTALE

Dimanche 16 avril 2023 et le 5 mai 2024.

La Pâques orthodoxe est la célébration religieuse la plus importante dans la partie sud de Chypre, où tous les membres de la famille se réunissent. C'est toujours la plus grande fête pour les chrétiens qui accordent une place plus importante à la résurrection du Christ qu'à sa naissance. On mange la soupe *avgolemono*, fabriquée avec des œufs, du riz et du citron. Les gâteaux de Pâques sont fabriqués dans chaque maison et contiennent du fromage de Pâques, des épices et des herbes, tous mélangés dans de la pâte. C'est l'occasion d'un grand repas à la broche.

DÉCOUVRIR

© MICHALAKIS PPALIS - SHUTTERSTOCK.COM

Fabrication des gâteaux de Pâques dans un four traditionnel.

RÉGION DE LARNAKA

Bienvenue dans la République de Chypre ! L'aéroport international de Larnaka reste en effet la principale porte d'entrée pour les presque 4 millions de touristes qui veulent visiter cette île méditerranéenne. Si la capitale, Nicosie, peut être rejointe en une heure tout comme d'autres régions très développées du littoral, la ville de Larnaka n'en demeure pas moins charmante. On peut également explorer sa région, intéressante, en quittant la ville par le nord et en découvrant les zones britanniques Dhekelia et Arkotiri-Episkopi ou le charmant village de Pyla. Côté sud, en rejoignant Limassol par l'intérieur des terres, la route est encore pleine de surprises avec le village de pêcheurs de Zygi, Tochni, la capitale de l'agrotourisme chypriote, ou Lefkara et ses dentelles classées à l'Unesco.

Région de Larnaka
10 KM
RÉGION DE NICOSIE
RÉGION DE FAMAGOUSTE
RÉGION DE LIMASSOL
Arsos
Tremetousia
Melouseia
Athienou
Pergamos
Troulloi
Xylotymvou
PYLA
VOROKLIN
Ormideia
XYLOFAGOU
DEKHELIA
Kellia
Livadia
Aradippou
Mosfiloti
Psevdas
Agia Ana
Kalo Chorio
KORNOS
PYRGA
LARNAKA
Monastère de Makheras
Odou
Vavatsinia
Ora
LEFKARA
KATO DRYS
KOFINOU
SKARINOU
Agios Thedoros
Alaminos
Anafotia
Aplanta
Alethriko
Tersefanou
Dromolaxia
Meneou
KITI
Perivolia
MAZOTOS
Larnaka International Airport
Cap Kiti
Baie de Larnaka
TOCHNI
KALAVASOS
MARONI
ZYGI

PAGES

107 ●● LARNAKA ET LE NORD

La première impression n'est pas toujours la bonne. La route vers Dekhelia est d'abord bordée d'hôtels et sans intérêt flagrant. Néanmoins, l'intérieur des terres vous réserve un tout autre monde. Si vous avez une voiture, cela peut valoir la peine de vous y aventurer quelques heures.

107 LARNAKA ★★

Avec son aéroport international situé entre la mer et un lac salé peuplé de flamants roses, Larnaka constitue le principal point d'entrée à Chypre. Pour autant, le tourisme n'a pas encore ici fait trop de ravages. La troisième ville du pays possède une jolie plage bordée de palmiers, deux importants lieux de pèlerinage (l'un musulman, l'autre chrétien), deux intéressants musées archéologiques et un petit centre historique aux allures de gros village.

120 DEKHELIA

122 PYLA

123 ●● AU SUD DE LARNAKA

De Larnaka, il est possible de rejoindre rapidement Limassol, en empruntant la très monotone voie rapide, à l'intérieur des terres. Une autre option consiste à longer la côte et à s'arrêter visiter les quelques villages qui jonchent le parcours. La vue est alors magnifique…

123 KITI ★

Ce bourg de la banlieue de Larnaka mérite une visite pour son église Panagia Angeloktisi qui renferme une mosaïque paléochrétienne exceptionnelle. On peut ensuite poursuivre jusqu'au cap Kiti en passant par le village de Perivolia.

123 MAZOTOS

Les flamants roses de Larnaka.

PAGES

125 **ZYGI ★**

Un village pas comme les autres, réputé pour ses bateaux de pêche. On se presse toute l'année dans ses *psarotavernes* (« tavernes à poisson ») et sa marina attire jusqu'à 200 navires de plaisance en plein été. Mais pour une vraie plage, il faut poursuivre jusqu'à Governor's Beach en direction de Limassol.

125 **MARONI**

125 **KALAVASSOS ★**

126 **TOCHNI ★★**

Ce village perché sur deux collines, au cœur de l'île, est le berceau de l'agrotourisme chypriote. Il abrite aussi l'association Cyprus villages dont l'objectif est de sauvegarder ses belles maisons de pierre traditionnelles et de faire revivre les communautés rurales.

128 **SKARINOU ★**

129 **LEFKARA ★★**

Avec ses ruelles pavées et ses grandes maisons en pierre, ce village (très touristique) est l'un des plus beaux de l'île. Les artisans locaux perpétuent les traditions du filigrane, de la broderie et, surtout, de la dentelle de Lefkara qui est inscrite au patrimoine immatériel de l'Unesco.

131 **KOFINOU**

131 **KATO DRYS ★**

132 **PYRGA ★★**

De part et d'autre de la route principale entre Larnaka et Nicosie, ses monuments religieux valent le détour. La chapelle royale d'Agia Aikaterini est l'un des bâtiments les plus intéressants de la période franque et le monastère de Stavrovouni, l'un des lieux les plus sacrés de Chypre. À proximité aussi, l'étonnant musée dédié à Michel Platini.

132 **KORNOS ★**

LARNAKA ★★

Λάρνακα/Larnaka (Iskele en turc, Larnaca en anglais) compte environ 52 000 habitants (85 000 avec l'agglomération). C'est le chef-lieu du district de Larnaka (150 000 habitants). La ville est située 56 km au sud-est de Nicosie, 72 km au nord-est de Limassol et à 4h15 de vol de Paris.

Troisième ville la plus peuplée de Chypre après Nicosie et Limassol, Larnaka est une station balnéaire plutôt sage. Si elle possède le principal aéroport de l'île (à 10 minutes du centre), ce n'est pas elle qui attire le plus de touristes. Ici, les grands hôtels et les hauts immeubles n'ont pas encore trop défiguré le front de mer. Le centre-ville conserve des allures de gros village avec les maisons basses du petit quartier historique (Laïki Gitonia) et de l'ancien quartier turc (Skala), un vieux fort médiéval qui jouxte une élégante mosquée, une marina et une jolie plage bordée de palmiers (Finikoudes). Fondée au XIIIe siècle av. J.-C. sous le nom de Kition, Larnaka a prospéré grâce à son lac salé, aux minerais du Troodos et à ses liens avec les Grecs, les Phéniciens, les Égyptiens... Sous François Ier, son port devint une « échelle du Levant », une porte d'entrée dans l'espace commercial ottoman. De ce riche passé, la ville a hérité de deux intéressants musées archéologiques, mais aussi de deux importants lieux de pèlerinage, l'un musulman (le tekké Hala Sultan), l'autre chrétien (l'église Agios Lazaros). À cheval entre l'Orient et l'Occident, Larnaka constitue aujourd'hui une introduction idéale pour s'immerger dans la culture chypriote.

Histoire

Malgré son importance durant l'Antiquité, l'ancienne Kition demeure assez mal connue, en partie parce que l'actuelle Larnaka a été bâtie sur le site exact de l'antique cité. Son nom actuel est une conséquence directe de son passé lointain. Il vient du mot grec *larnax* qui désigne une urne funéraire, les tombes de tous les occupants successifs du site s'étant accumulées au cours des siècles.

Occupée dès 1800 av. J.-C., comme en témoignent plusieurs tombes datées de cette époque, et spécialisée dans la production et le travail du cuivre à destination de l'Égypte, Kition est semble-t-il détruite vers 1225 av. J.-C. par des envahisseurs achéens sans doute originaires du Péloponnèse. Les certitudes les plus anciennes concernent la domination mycénienne au XIIe siècle av. J.-C., ce qui en fait la plus ancienne cité chypriote. Les Mycéniens édifièrent des fortifications, mais la ville est dévastée par un tremblement de terre. En proie aux pillages, elle est pratiquement en ruine à l'abord du premier millénaire av. J.-C. L'installation d'un comptoir par des Phéniciens de Tyr au IXe siècle, qui très vite contrôlent la ville, va permettre à Cition de devenir une grande cité marchande. La prospérité s'installe durablement. Kition devient la première ville de l'île avec Salamine, un peu plus au nord sur la côte est. Sous domination perse, Kition est convoitée par les Athéniens, qui en firent en vain le siège une première fois au Ve siècle av. J.-C. Athènes s'allie alors aux Ptolémées qui règnent sur l'Égypte. En 312 av. J.-C., Ptolémée Ier s'empare de Kition et met à mort Pumiathon, son dernier roi.

Alors que Zénon le stoïcien était la figure intellectuelle la plus fameuse de la ville, le compagnon de Jésus, Lazare de Béthanie (saint Lazare), propage le christianisme dans l'île à partir de Kition au début de notre ère. Conquise par Rome en l'an 58, la ville connaît une relative prospérité qui se poursuit avec les Byzantins. Ceux-ci érigent notamment l'église Agios Lazaros au IXe siècle. La ville connaît un nouvel essor durant la période des Lusignan (1192-1489).

A partir de la fin du XVe siècle, les Ottomans font de Larnaka leur centre diplomatique et commercial à Chypre. Au XIXe siècle, sa situation de carrefour pour les échanges avec le Proche-Orient lui permit d'abriter des consulats du monde entier, et Larnaka fut un moment la première ville, en termes de population, avant Nicosie. Quand les Britanniques se voient confier Chypre, c'est ici qu'ils commencent par arriver en 1878. Mais ceux-ci privilégient finalement Nicosie et aussi Limassol. En outre, la proximité de Famagouste constitue une rude concurrence portuaire pour Larnaka, qui décline. Une importante communauté chypriote turque reste dans la ville. Après l'indépendance de l'île en 1960, on estime la population chypriote turque à 22 000 personnes en 1973. C'est alors un centre soufiste important.

En 1974, avec l'invasion par l'armée turque, les habitants chypriotes turcs sont chassés, et la ville accueille bientôt 40 000 réfugiés chypriotes grecs venus du nord. Paradoxalement, la partition du pays permet alors à Larnaka de retrouver toutes ses prérogatives de premier port de l'est, héritant en plus de l'aéroport international, celui de Nicosie étant depuis 1974 inutilisable car situé dans le *no man's land* de la ligne verte.

Quartiers

Le centre-ville et le front de mer :

▶ **La promenade de Finikoudes.** C'est la Promenade des Anglais version Larnaka avec le front de mer, les hôtels et les terrasses. Les loyers sont élevés, mais l'avenue Athinon est presque unique à Chypre. Les habitants comme les touristes déambulent toute la journée, et en foule le soir venu.

RÉGION DE LARNAKA

Elle est entièrement aménagée et dotée de larges trottoirs qui font la part belle aux piétons et aux terrasses, au détriment (tant mieux) des automobiles, qui n'ont même pas le droit d'y stationner.

Le centre-ville. Il se trouve derrière la promenade de Phinikoudes, dans le rectangle qu'elle forme avec la rue Zénon qui lui est parallèle. Les commerces et boutiques se trouvent sur la rue Zenon et les rues transversales, dans un triangle limité par Ermou, Zenon et Afxentiou. Les bâtiments très laids cachent parfois de jolies maisons à balcon. Par curiosité, jetez un œil à la mignonne église arménienne orthodoxe San Stefanos, dans la rue Armenikis Ekklisias (« église arménienne »).

Le marché et l'église Agios Lazaros. Aux abords de l'église Saint-Lazare, quelques rues piétonnes ont été aménagées pour recréer un petit quartier touristique similaire à celui de Nicosie : de belles maisons dans lesquelles sont installés des pubs aux terrasses calmes, et des magasins de souvenirs. Le lieu est encore en travaux et a un peu de mal à trouver son public. On y verra quelques jolis bâtiments comme cette belle demeure à balcon face au café Savino.

Larnaka nord et ouest

Avenue Makariou, Oroklini et Dekhelia. L'avenue Makariou-III part de la marina vers le nord. Elle est bordée d'agences de voyages, de bureaux et de banques. C'est aussi un axe routier majeur absolument sans charme. A sa suite, toujours vers le nord, on longe les raffineries (et les nombreuses stations-service) avant d'arriver à Oroklini et à la base anglaise de Dekhelia, zone touristique avec ses plages de qualité inégale et ses nombreux hôtels.

Le quartier chypriote turc (Skala). Entre la promenade de Finikoudes et l'aéroport. La plupart des villes chypriotes possédaient un quartier turc, occupé par les Chypriotes turcs. Ceux-ci déménagèrent vers le nord après l'invasion, et leurs maisons furent alors occupées par des réfugiés chypriotes grecs. Il reste une identité et une personnalité à ce quartier que les Chypriotes grecs ont très bien préservées. A Larnaka, il s'étend autour du fort et de la mosquée Buyuk et sur une bande au sud du fort, entre Piale Pasa et l'avenue Artemidos. A pied, à vélo ou en voiture, pas facile de s'y retrouver : tout se ressemble, marque d'une architecture homogène, et le mieux est sans doute de marcher où le vent vous pousse. Coin très attachant et pittoresque de Larnaka, où règne une ambiance à part de village turc et où se mêlent chaleur, poussière et odeurs maritimes et portuaires.

Autour du jardin municipal. Un coin agréable, mêlant bureaux et zones résidentielles à l'ouest de la ville, au coin des grandes avenues Afxentiou, Griva Digenis et Artemidos. Dans le jardin municipal, vous trouverez la bibliothèque et le musée d'Histoire naturelle. Un peu plus loin, en poursuivant Nikodimou, la charmante place de Metropolis, tranquille et rafraîchissante, avec son église et, en arrière-plan, son minaret.

RÉGION DE LARNAKA

© JULIEN HARDY - AUTHOR'S IMAGE

Plage de Larnaka.

AQUEDUC DE KAMARES ★

Salt Lake Walking Trail

À découvrir en voiture ou à pied en empruntant le sentier de randonnée du lac salé (Salt Lake Walking Trail).

Cette portion d'aqueduc ottoman (Υδραγωγείο Καμάρων/Ydragogio Kamaron) s'étend sur 200 m le long de la voie rapide B5 avec une série de 33 arches. Aussi appelé aqueduc Bekir, l'ouvrage complet (75 arches) fut bâti avec des pierres de l'ancienne Kition de 1747 à 1750 à l'instigation du gouverneur de l'île Bekir Pacha (1670-1757). Il permit d'alimenter en eau Larnaka en déviant la rivière Tremithos, avant d'être abandonné en 1939. Considéré comme le plus grand projet ottoman à Chypre, l'ouvrage pourrait toutefois avoir été construit sur la base d'un aqueduc romain.

CENTRE DE LA CRÉATIVITÉ ET DE LA CULTURE

11, Zinonos Kitieos

www.larnaka.org.cy

Tous les jours sauf dimanche 10h-17h. Gratuit.

Ce centre municipal créé en 2021 (Πολυχώρος Δημιουργικότητας και Πολιτισμού/Polychoros Dimiourgikotitas kai Politismou) est installé au premier étage de la maison Mattei, une solide bâtisse de style ottoman du XVIIIe siècle qui appartenait à une riche famille de propriétaires terriens d'origine italienne. Sont ici détaillées les techniques artisanales de la broderie de Lefkara, de la dentelle d'Athienou et de la vannerie de Livadia. Dans la cour, agréable bar-restaurant.

COUVENT SAINT-JOSEPH

8, Grigori Afxentiou

Galerie et couloir : accès libre en journée. Église maronite : messes samedi à 17h et dimanche à 9h30.

Cet ancien couvent catholique (Καθολική Μονή του Άγιου Ιωσήφ/Katholiki Mon tou Agiou Iosif, St. Joseph's Convent) fut le premier hôpital de la ville. Il fut fondé en 1844 par des religieuses françaises de la congrégation des sœurs de Saint-Joseph-de-l'Apparition et fonctionna jusqu'en 1932, tandis qu'une école francophone perdura ici jusqu'en 2008. L'élégant bâtiment abrite aujourd'hui une paroisse maronite et une école médicale. Face à l'entrée, un monument datant de 1895 rend hommage à la religieuse Sophie Chambon (1847-1894) qui soigna des milliers d'habitants.

MUSÉE BYZANTIN AGIOS LAZAROS ★

Plateia Agiou Lazarou

✆ +357 24 65 24 98

Tous les jours 8h15-12h30 et 15h-17h30, mercredi et samedi 8h15-12h30. 1 €.

Ce musée ecclésiastique (Βυζαντινό Μουσείο Αγίου Λαζάρου/Vyzantino Mousio Agiou Lazarou) fut fondé par des fidèles orthodoxes locaux en 1947 au sein du fort de Larnaka. Il a perdu une grande partie de sa collection lors des affrontements communautaires de 1963. Rouvert ici en 1990, il possède encore de précieux objets liturgiques des périodes byzantine et ottomane ainsi que de belles icônes comme celles de saint Jean-Baptiste (1699) et de sainte Marina (XVIIe siècle) au 1er étage.

ÉGLISE SOURP STEPANOS

250 m à l'ouest du front de mer par la rue Filiou-Zannetou.

✆ +357 24 65 44 35

Rarement ouverte aux visites. Liturgie le dimanche matin. Fronton et khachkar visibles depuis la rue.

Cette petite église apostolique arménienne (Εκκλησία Αγίου Στεφάνου/Ekklesia Agiou Stefanou, St. Stephen's Church) fut érigée entre 1912 et 1913, puis consacrée en 1918. Si elle présente peu d'intérêt architectural, elle est un lieu important de l'histoire arménienne. Le bâtiment rectangulaire, bâti en pierre de taille, est constitué d'une nef unique de 15 m de longueur qui s'achève par un clocher-pignon et une abside. Il a été érigé par des Arméniens orthodoxes ayant fui les massacres commis par les Ottomans en 1909 en Cilicie, autour de la ville d'Adana (au sud de l'actuelle Turquie, en face de la pointe orientale de Chypre). Elle est dédiée à saint Étienne, protecteur d'Adana. On y trouve des icônes peintes en 1998 par le prêtre libano-arménien Hovsep Hovsepian (né en 1961). Dans la cour a été installé en 2011 un khachkar, une stèle de tuf rouge finement ciselée et ornée d'une croix typique de l'art religieux arménien. Le fronton porte quant à lui une inscription : « En mémoire des martyrs de Cilicie, 1er avril 1909 ». En cela l'église Sourp Stepanos est considérée comme le premier monument du génocide arménien (de 1,2 à 1,5 million de morts). Certes, ce dernier eut lieu en 1915-1916, c'est-à-dire après la construction de l'église. Mais les massacres de 1909 en Cilicie (environ 30 000 morts), auxquels fait référence l'inscription, constituent le prélude au génocide. Aujourd'hui, Larnaka accueille la majorité de la communauté arménienne de Chypre (environ 3 500 personnes) dont la présence remonte au VIe siècle.

RÉGION DE LARNAKA

ÉGLISE AGIOS LAZAROS ✝ ★★★

Plateia Agiou Lazarou ✆ +357 24 65 24 98
agioslazaros.org.cy
Tous les jours 8h-18h30, dimanche 6h30-12h30 et 15h30-18h30 (hors saison : 8h-12h30/14h30-17h30). Tenue correcte exigée.

Cette église orthodoxe grecque (Ιερός Ναός Αγίου Λαζάρου/Ieros Naos Agiou Lazarou, St Lazarus Church) est le plus beau monument de la ville. Elle fut construite à partir de 890 à l'emplacement d'une basilique qui abritait le tombeau supposé de saint Lazare de Béthanie, personnage célèbre pour avoir été ressuscité par le Christ. Plusieurs fois remaniée, elle a perdu ses fresques et a subi un grave incendie en 1970. C'est aujourd'hui un lieu de pèlerinage attirant des chrétiens du monde entier.

Histoire

Larnax de Larnaka. Le bâtiment actuel fut érigé après la découverte sur place, en 890, d'un larnax, un coffre funéraire qui donna le nom de Laranka. Il contenait des restes humains et portait l'inscription « Lazare, mort quatre jours, ami du Christ ». La présence de Lazare de Béthanie sur l'île n'est pas attestée, mais plausible. Celui-ci aurait fui son village de Béthanie, en Judée, pour trouver refuge à Chypre vers l'an 33. Ce que les sources disent, c'est qu'un certain Lazare fut nommé évêque de Kition (Larnaka) par saint Barnabé, le fondateur de l'Église chypriote, et qu'il mourut vers 63. Il fut inhumé ici et une basilique (de même taille que le bâtiment actuel) fut érigée au VIe siècle pour accueillir ses reliques. Mais celle-ci fut démolie lors d'un raid arabe en 649. Deux siècles et demi plus tard, la redécouverte du larnax suscita l'enthousiasme des Byzantins qui le transportèrent à Constantinople. En échange, l'empereur Léon VI le Sage fit ériger l'église actuelle dédiée à saint Lazare à partir de 890.

Reliques ressuscitées. Durant les périodes franque et vénitienne (XIIe-XVIe siècles), le bâtiment fut transformé en monastère bénédictin, puis en église arménienne, avant de devenir un lieu de culte partagé entre catholiques et orthodoxes. Brièvement convertie en mosquée en 1571, l'église fut revendue au clergé orthodoxe en 1589. Quant au larnax de saint Lazare, il fut volé lors du pillage de Constantinople par les croisés en 1204 et emporté à Marseille où il fut perdu. Toutefois, une petite partie des reliques qu'il contenait pourraient avoir été conservées à Larnaka. En 1972, lors des travaux entrepris après l'incendie qui ravagea l'intérieur de l'église, des restes humains furent découverts dans une châsse de marbre sous l'autel. Selon le clergé orthodoxe, il s'agirait d'ossements de saint Lazare que Léon VI aurait laissés ici en 890. C'est ainsi que Larnaka redevint un important lieu de pèlerinage, le seul au monde possédant des reliques supposées de saint Lazare.

Visite

Basilique à triple nef. Dotée de murs de blocs de calcaire d'un mètre d'épaisseur, l'église forme un rectangle de 31,5 m de longueur pour 14,5 m de largeur. Elle possède des éléments de différentes périodes, dont le plus récent est l'élégant clocher néogothique de 25 m de hauteur ajouté en 1857. Le bâtiment suit le plan d'une basilique à trois nefs. Celles-ci sont délimitées par des arches et de volumineux piliers doubles, puis s'achèvent par une abside et deux absidioles. Dans la nef centrale, les piliers supportent le poids de trois dômes dont la partie haute manque. Au nombre de cinq à l'origine, ils furent endommagés lors d'un tremblement de terre en 1718. Les allées nord et sud portent une toiture semi-cylindrique entrecoupée de voûtes croisées. Celle du sud est longée par un portique qui date de 1857 et qui abrite des inscriptions en grec, en latin et en vieux français. Il fait face à une portion de l'ancien cloître bénédictin où se trouve le musée byzantin.

Grandiose iconostase. C'est par le côté sud, sous le portique, que l'on pénètre dans l'église en descendant des marches. À l'intérieur, la pureté des murs bruts contraste avec la richesse du mobilier. Les chapiteaux corinthiens de certaines colonnes proviennent de bâtiments romains. Les arches sont quant à elles byzantines, sauf dans l'aile sud où leur style gothique trahit une intervention des Francs au XVe siècle. Sous chacun des quatre piliers du dôme central se trouve une icône, dont celle de saint Georges, peinte en 1717 par le Grec Iakovos Moschos qui œuvra au monastère Sainte-Catherine du mont Sinaï (Égypte). Mais la partie la plus impressionnante est l'iconostase en bois couverte d'or, l'une des plus précieuses de Chypre. Endommagée par le feu en 1970, puis restaurée, elle comporte pas moins de 120 images sacrées. Elle fut sculptée vers 1773-1782 par Hadjisavvas Taliadoros. Remarquez ces scènes gravées de l'*Ancien Testament* : Adam et Ève chassés du paradis, le sacrifice d'Abraham… Certaines des icônes, dont celle de la Mère de Dieu et de saint Jean-Baptiste entourant le Christ crucifié, datent des années 1790 et furent exécutées par Michail Proskynitis (« Michel le Pèlerin ») qui peignit à travers l'île jusqu'à sa mort en 1832, à l'âge de 98 ans.

Crypte, reliques et icône de saint Lazare. Sous l'autel, il est possible d'entrer dans la minuscule crypte où furent découverts les ossements en 1972. Ceux-ci sont présentés dans un larnax en argent dans l'aile nord. C'est aussi là que se trouve l'icône la plus vénérée de Larnaka, celle de saint Lazare (XVIe siècle). Elle représente la scène de la résurrection décrite par saint Jean (« Lève-toi et marche »). La sainte image est sortie dans la ville lors du Samedi de Lazare, huit jours avant la Pâque orthodoxe. Ce jour-là, la tradition veut aussi que l'on mange les *lazarakia* (« petits Lazare »), petits pains représentant un personnage enveloppé d'un linceul avec des clous de girofle à la place des yeux.

Eglise Agios Lazaros à Larnaka.

© KIRILL_M

FORT DE LARNAKA ★★

Piale Pasa
✆ +357 24 30 45 76
www.mcw.gov.cy
Tous les jours 9h-19h30 (jusqu'à 17h le week-end et hors saison). 2,50 €.

Ce fort (Κάστρο Λάρνακας/Kastro Larnakas, Larnaka Castle) se dresse modestement sur le front de mer avec ses beaux murs en pierre qui s'élèvent à 10 m au-dessus de la fin de la plage de Finikoudes. Il fut érigé sous le règne de Jacques Ier de Chypre (1382-1398) à l'emplacement d'une forteresse byzantine du XIIe siècle. Renforcé par les Vénitiens au XVe siècle, il fut remanié par les Ottomans en 1625, notamment dans sa partie nord comme en atteste une inscription en turc ottoman. À l'intérieur, la cour est agréable. Plantée d'arbres et de palmiers, elle est dominée par le minaret de la mosquée Büyük voisine. On y trouve de gros lézards, des stèles musulmanes et des canons de différentes époques, dont trois modèles Krupp des années 1900. On peut faire le tour des coursives où de jeunes mariés viennent parfois se faire prendre en photo. La vue sur la mer et le port est en effet splendide. Moins jolie est l'histoire du lieu. Directement à droite après l'entrée, on accède à la salle d'exécution. Car les Britanniques firent du fort une prison de 1920 à 1948 et y pratiquèrent la pendaison jusqu'en 1945. La corde était fixée à une poutre située au-dessus d'une trappe actionnée par le bourreau. Les proches du condamné étaient autorisés à assister à l'exécution depuis la cour. Au-dessus de la salle d'exécution, un petit musée « médiéval » abrite une collection d'objets du Néolithique, des reproductions de blasons de seigneurs francs (Dampierre, d'Ibelin, Visconti, Lusignan), de poteries vénitiennes, d'armes des XVIIIe et XIXe siècles…

GALERIE D'ART DE LARNAKA

Plateia Evropis
✆ +357 24 65 88 48
Tous les jours dimanche 10h-13h et 16h-19h (15h-18h hors saison), samedi 10h-13h. Gratuit.

Créé en 1971, ce musée municipal (Δημοτική Πινακοθήκη Λάρνακας/Dimotiki Pinakothiki Larnakas) est situé depuis 1996 sur la place de l'Europe, dans les anciens entrepôts et bureaux des douanes britanniques (1881). Il abrite des expositions temporaires d'artistes chypriotes et étrangers. On peut également y voir des œuvres d'art sélectionnées dans le cadre de la Biennale de Larnaka (biennalelarnaca.com). Cet événement est organisé depuis 2018 en octobre-novembre. Pandémie oblige, l'évènement se déroule désormais les années impaires (2023, 2025…).

LAC SALÉ DE LARNAKA ★★

Salt Lake Walking Trail
À découvrir en voiture ou à pied en empruntant le sentier de randonnée du lac salé (Salt Lake Walking Trail).

Ce complexe lacustre (Αλυκή Λάρνακας/*Aliki Larnakas, Larnaca Salt Lake*) se compose de quatre petits lacs d'eau salée totalisant 11 km² de surface. Réputé pour ses flamants roses, c'est un des endroits de promenade préférés des habitants et des touristes amateurs de nature. Moins vaste que le lac salé d'Akrotiri (Limassol), c'est pourtant l'unique site de l'île inscrit à la convention de Ramsar sur la protection des zones humides d'importance internationale. Le plus grand des quatre lacs de Larnaka, Aliki (8 km²), offre un cadre enchanteur au tekké Hala Sultan. Exploité pour son sel dès l'Antiquité, il constitua la première richesse de l'antique cité de Kition, puis donna naissance, durant la période byzantine, au village de sauniers de Vyzakia, sur le site de l'actuel tekké. Aujourd'hui, ses calmes eaux bleues forment une sorte de lagune de 4 km de longueur entre Larnaka et son aéroport. La légende veut que ce soit saint Lazare qui ait transformé un champ de vignes en lac salé pour punir la propriétaire qui lui avait refusé une grappe de raisin. Évoquant une banquise de sel lorsqu'il s'assèche en été, le lac de Larnaka se réactive en hiver, attirant une faune importante, notamment des flamants roses, des cygnes et de nombreuses espèces de canards. C'est en effet en dehors de la période touristique que la promenade est la plus intéressante, quand les oiseaux migrateurs viennent nidifier. Mais chaque saison révèle son lot de surprises et de découvertes avec, toute l'année, de superbes couchers de soleil.

© YULIA AVANESSOVA - SHUTTERSTOCK.COM

MARCHÉ MUNICIPAL DE LARNAKA

Nikolaou Rossou

Fin des travaux prévue pour 2023 ou 2024.

Ce marché (Δημοτική Αγορά/Dimotiki Agora) était en travaux lors de la rédaction de ce guide. Il s'agit de l'ancien marché ottoman Zouhouri qui fut en partie détruit en 1996. Il doit être remplacé par un complexe comprenant un espace végétalisé, une tour de parking de six étages et un bâtiment avec commerces, cafés, office de tourisme et salle d'exposition. À cela s'ajoute la mosquée Zouhouri (XIXe siècle), fermée et privée de son minaret depuis 1963, qui fait l'objet d'une rénovation.

MONUMENT DE CIMON

Athinon

Bars, restaurants et arrêt de bus Intercity à proximité.

Ce petit monument de 1927 (Μνημείο Κίμωνα/Mnimio Kimona) rend hommage au stratège athénien Cimon (ou Kimon) qui lutta contre les Perses à Chypre et mourut lors de la capture de Kition (Larnaka) en 450 av. J.-C. à l'âge de 60 ans. Ce buste du sculpteur grec Georgios Alexandropoulos (1889-1942) est posé sur une colonne de marbre de 3,80 m de hauteur. Le socle porte l'inscription « Και νεκρός ενίκα » (« La victoire malgré la mort »). Et, 200 au nord, se trouve le *Monument du Génocide arménien* réalisé en 2008 par un autre artiste grec, Georgios Kalakallas (1938-2021).

MUSÉE D'HISTOIRE NATURELLE DE LARNAKA

Grigori Afxentiou

✆ +357 24 65 25 69

Lundi-vendredi 8h30-15h. 0,50 €.

Ce musée municipal (Δημοτικό Μουσείο Φυσικής Ιστορίας Λάρνακας/Dimotiko Mousio Fysikis Istorias Larnakas) est installé dans un petit bâtiment blanc d'un seul niveau au sein du parc municipal qui abrite aussi le théâtre et la bibliothèque de la ville ainsi que des aires de jeux pour enfants. Il propose une exposition permanente sur la faune et la flore de la région : fossiles, insectes, coquillages, oiseaux et mammifères « taxidermisés » (dont le mouflon de Chypre), etc.

MOSQUÉE BÜYÜK ★

Hadji İbrahim

Visite possible en journée. Tenue correcte exigée, se déchausser, se couvrir la tête pour les femmes.

Cette mosquée dite « grande » (*Büyük Cami* en turc, Μπουγιούκ Τζαμί/*Bouyouk Tzami* en grec) est en fait de taille plutôt modeste. Mais elle forme un ensemble élégant avec son minaret de 18 m de hauteur, son porche à cinq arches, le fort voisin et les palmiers qui l'entourent. Elle marque l'entrée dans Skala, l'ancien quartier turc qui s'étend au sud du front de mer. Également appelée mosquée Kebir (« grand » en arabe), elle est ouverte au culte et surtout fréquentée par des fidèles non chypriotes (Syriens, Libanais…). Il s'agit de l'ancienne église catholique Sainte-Catherine (XIIIe siècle) qui fut convertie en lieu de culte musulman vers 1571, au début de l'ère ottomane. Elle fut dotée d'une fontaine pour les ablutions rituelles vers 1750 grâce à l'aqueduc de Kamares construit par Bekir Pacha. Mais la principale transformation eut lieu dans les années 1835-1836 : l'édifice fut remanié selon un plan rectangulaire à deux niveaux. À cette occasion, la mosquée fut dotée de son porche actuel ainsi que de demi-arches de soutènement passant au-dessus de la rue Büyük (côté ouest). Au 1er étage, accessible par un escalier extérieur, la salle de prière conserve des éléments gothiques de l'ancienne église. Elle est divisée par deux murs en trois nefs de cinq petites arcades chacune. La galerie des femmes, en bois, est située au-dessus de l'entrée. Le rez-de-chaussée abrite des pierres tombales de marbre provenant de divers cimetières ottomans de Larnaka ainsi qu'un chariot qui était utilisé pour les enterrements.

RÉGION DE LARNAKA

MUSÉE ARCHÉOLOGIQUE DE LARNAKA ★★

Place Kalogreon
✆ +357 24 30 41 69
www.mcw.gov.cy/da
Tous les jours sauf lundi 9h-16h30. Gratuit.

Créé en 1936, ce musée régional (Επαρχιακό Αρχαιολογικό Μουσείο Λάρνακος/*Eparchiako Archeologiko Mousio Larnakos*) profite depuis 2022 d'une présentation soignée avec des textes clairs en grec et en anglais. Au départ installé dans la galerie adjacente à l'église Agios Lazaros, il a ensuite migré au sein du fort de Larnaka en 1948, avant d'emménager dans ses locaux actuels en 1969. Le vaste bâtiment moderne est situé dans l'enceinte du site archéologique de Bamboula, qui constituait la nécropole de l'antique Kition, l'ancêtre de Larnaka, fondée au XIIIe siècle av. J.-C. L'une des deux ailes du musée est ainsi entièrement consacrée à l'histoire de Kition, tandis que l'autre aile propose un parcours chronologique des autres sites de la région, en particulier le site néolithique de Chirokitia (33 km au sud-ouest), inscrit au patrimoine mondial de l'Unesco depuis 1998. À noter que les deux vidéos de reconstitution virtuelle proposées au cours de la visite ont été conçues en collaboration avec les archéologues françaises Odile le Brun, qui supervise les fouilles du site de Chirokitia, et Sabine Fourrier, spécialiste du site de Bamboula.

▶ **Squelette et sarcophages.** L'aile I regroupe les objets du Néolithique à l'âge de bronze (8000-1200 av. J.-C.), en particulier ceux provenant de Chirokitia. On découvre l'émouvant squelette d'un homme enterré en position fœtale vers 3000 av. J.-C., mais aussi des outils en os et des bijoux en coquillages et en picrolithe (pierre tendre). Une salle entière est consacrée aux poteries du Néolithique, tandis qu'une autre abrite les élégantes statuettes cruciformes typiques du Chalcolithique (l'âge du cuivre) à Chypre. Dans l'aile II, l'histoire de Kition jusqu'au IIIe siècle de notre ère est détaillée sur deux niveaux : magnifiques statues (dont celle d'un homme à couronne de feuilles du VIe siècle av. J.-C.), représentations de divinités grecques, égyptiennes et proche-orientales, stèles, étonnants ex-voto, puis splendide salle des sarcophages qui présente les trois sarcophages de la période classique (480-310 av. J.-C.) découverts en 2008 dans une chambre funéraire à l'ouest du centre-ville. Le plus ancien se distingue par ses « pieds carrés ». Le deuxième est un modèle « anthropoïde » phénicien, qui mêle les traditions grecques et égyptiennes. Le troisième est de facture grecque et conserve un riche décor peint. Dans la cour sont exposés des pierres tombales et un moulin à huile d'époque romaine.

MUSÉE JUIF DE CHYPRE

4, Apollodorou
✆ +357 24 66 17 70
www.jmcyprus.org
Lundi-jeudi 9h-16h. Gratuit.

Créé en 2018, ce musée privé (Εβραϊκό Μουσείο Κύπρο/Evraïko Mousio Kypro, Jewish Museum of Cyprus) est encore en travaux. Installé au sein d'un centre de la Communauté juive de Chypre, qui abrite aussi une synagogue, il doit d'ici à 2024 être doté d'un pavillon qui retracera l'histoire des juifs dans l'île depuis l'Antiquité. Il comprend déjà un élément intéressant : un grand abri en tôle qui servit entre août 1946 et février 1949. Durant cette période, les Britanniques internèrent en effet à Chypre 52 000 juifs d'Europe qui cherchaient à émigrer en Palestine.

MUSÉE MÉDICAL KYRIAZIS

35, Karaoli
✆ +357 97 60 64 24
www.facebook.com/KyriazisMedicalMuseum
Mercredi et samedi 9h-12h30. Gratuit.

Ce petit musée privé (Ιατρικό Μουσείο Κυριαζή/Iatriko Mousio Kyriazi) a été fondé en 2011 par Marios Kyriazis (né en 1956), médecin issu d'une famille de pharmaciens de Larnaka. Abrité dans une jolie maison coloniale britannique de 1927, il retrace modestement l'histoire médicale de l'île, de l'Antiquité aux années 1980. Environ un millier d'objets (instruments chirurgicaux, livres, mobilier pharmaceutique, générateur de rayons X, etc.) sont exposés, datant pour essentiel de la période 1850-1950. Il existe un autre musée médical à Limassol, ouvert en 2001.

PLACE ERMOU

Ermou
Bars et restaurants : tous les jours environ jusqu'à minuit.

L'agréable place « Hermès » (Πλατεία Ερμού/Platia Ermou) a été créée en 2010 sur une petite portion de la longue rue Ermou. Cet espace piéton de 80 m de longueur est bordé de quelques maisons anciennes, de boutiques et de grandes terrasses de bars et restaurants. Et, depuis 2020, elle est dominée par le chic hôtel Samirana. À l'écart de l'agitation touristique du front de mer, la place est surtout fréquentée par les habitants. Une halte sympa en chemin vers le site archéologique de Kition (1 km au nord) ou vers le musée d'Histoire naturelle (800 m au nord-ouest).

BEST WESTERN PLUS LARCOS HOTEL €€

10 Pontou street
✆ +35724657006
http://papouishotels.com/
Chambres à partir de 105€

Le Best Western plus Larco Hotel 4 etoiles, est composé de 90 chambres, il est situe a 200 m de la plage la plus proche et à moins de 10 minutes en voiture de l'aéroport de Larnaca. Le centre ville est a moins de 15 minutes à pieds. L'hôtel propose un café et un bar rénovés récemment. Vous y trouverez une piscine extérieure, un Jacuzzi, avec des chaises longues et des parasols, ainsi qu'une piscine pour enfants. Connexion Wi-Fi gratuite dans tout l'établissement.

PLAGE DE FINIKOUDES

Athinon
Postes de surveillance : tous les jours 10h30-18h (juin-octobre). Location de chaises longues : environ 3 €.

Cette plage de sable gris du front de mer de Larnaka (Παραλία Φοινικούδες/Paralia Finikoudes) doit son nom aux palmiers (*finikoudes*) qui la bordent. Elle s'étend sur 600 m entre le fort (au sud) et la marina (au nord) de Larnaka. Bien organisée, elle comprend des postes de sauveteurs-surveillants de baignade, des douches, des cabines et des locations de chaises longues et de parasols. Le long de la plage, la rue Athinon constitue le centre de l'activité touristique avec des cafés, des restaurants, des hôtels, une station de taxi et l'arrêt des bus Intercity.

PLAGE MCKENZIE

Piale Pasa
Postes de surveillance : tous les jours 10h30-18h (juin-octobre). Location de chaises longues : environ 3 €.

Cette plage de sable beige et gris (Μακένζι Παραλία/Makenzi Paralia, McKenzie Beach) s'étend sur 800 m de longueur entre le port de pêche (au nord) et l'aéroport (au sud). Elle doit son nom à un marin écossais qui ouvrit ici un restaurant à la fin de la Seconde Guerre mondiale. Bien équipée (surveillance, douches, chaises longues, etc.), c'est la plage préférée des habitants pour se baigner, mais aussi pour faire la fête. Dans sa partie sud, la plage est en effet privatisée par des bars et boîtes de nuit. En été, fréquents vents forts du sud l'après-midi.

MUSÉE PIERIDES ★★

4, Zinonos Kitieos
✆ +357 24 14 53 75
www.pieridesfoundation.com.cy
Tous les jours sauf dimanche 9h-16h (13h vendredi-samedi). 3 €.

Ce musée archéologique privé (Μουσείο Πιερίδη/Mousio Pieridi) contient certains des objets les plus précieux de l'île. Ouvert en 1974, il est géré par la fondation Pierides et celle de la Cyprus Bank. L'institution occupe une belle villa de 1815, dont le style, typique de Larnaka avec un porche et un grand balcon orné de balustrades, n'est pas sans évoquer les maisons du Vieux Carré de la Nouvelle-Orléans. La collection fut constituée ici à partir de 1839 par Demetrios Pierides (1811-1895), un notable chypriote grec féru d'épigraphie. La visite, assez rapide (1h environ), se révèle passionnante même si la présentation est datée. Elle s'achève par une boutique proposant des reproductions.

▸ **Salle 1.** C'est la plus intéressante. Elle couvre la période du Paléolithique à l'émergence des cités. Dans la première vitrine se trouvent des pierres polies datant de 7000 à 3800 av. J.-C. qui proviennent du site de Chirokitia (patrimoine mondial de l'Unesco). La même vitrine contient des figurines cruciformes du Chalcolithique chypriote (3900-2500 av. J.-C.). Comme celles-ci ont la particularité d'être assises, plusieurs interprétations sont possibles : scène d'accouchement ou « déesse mère » ? Vient ensuite l'œuvre la plus énigmatique : « l'homme qui crie ». Plus grande statuette en terre cuite du Chalcolithique (36 cm), elle représente un homme assis, la bouche grande ouverte et le sexe muni d'un orifice. Nul ne sait si son cri est libératoire, de douleur ou de jouissance. Une chose est certaine : en faisant couler un liquide dans la bouche, il ressort par le pénis. On trouve ensuite de belles figurines de l'âge de bronze (2900-900 av. J.-C.) : femmes en forme de planchettes (très courantes à Chypre mais toujours étonnantes), couple entrelacé, mère portant un enfant, etc. Dans la cinquième vitrine, remarquez une statuette féminine aux cheveux bouclés. Elle pourrait représenter Astarté, divinité proche-orientale qui préfigure Aphrodite. Dans la huitième vitrine, la « déesse aux bras levés » est largement inspirée de l'art minoen.

▸ **Salles suivantes.** La salle 2 abrite des poteries et sculptures de la période classique (480-310 av. J.-C.) : vases et pichets d'influence assyro-palestinienne décorés d'oiseaux, céramiques grecques à figures rouges (une avec Thésée et le Minotaure), série de têtes modelées ou sculptées, dont une d'Aphrodite. La salle 3 accueille les expositions temporaires. Les deux dernières regroupent des objets en verre de la période romaine, puis des céramiques à glaçure byzantines, franques et vénitiennes.

PROMENADE PYALE-PACHA

Piale Pasa
Accès libre, y compris pour les cyclistes. Bars et restaurants ouverts jusqu'à 0h/1h du matin en été.

Cette promenade du front de mer (Πιαλέ Πασά/Piale Pasa) s'étire sur 1 km entre le fort de Larnaka (au nord) et le port de pêche (au sud). Elle doit son nom au grand amiral ottoman Piyale Paşa (v. 1515-1578) qui participa à la prise de Chypre en 1571. D'origine croate ou hongroise, il apporta auparavant son aide à la France pour reprendre la Corse aux Génois (1553) et lutter contre les Espagnols (1555). Cette grande allée bétonnée longe la rue Piale-Pasa et l'agréable ancien quartier turc de Skala qui compte plusieurs bars et restaurants avec vue sur la mer.

SITE ARCHÉOLOGIQUE DE KITION ★

Archiepiskopou Kyprianou
✆ +357 24 30 41 15
www.mcw.gov.cy
Lundi-vendredi 9h30-17h (hors saison : 8h30-16h). 2,50 €.

Ce petit site de 7 500 m² (Αρχαιολογικός Χώρος Κιτίου, Archeologikos Choros Kitiou) abrite les vestiges de ce qui fut le centre de la ville antique de Kition. L'ancêtre de l'actuelle Larnaka perdura jusqu'au IVe siècle de notre ère. La visite peut s'avérer décevante si l'on n'est pas passionné d'archéologie, car le site a subi d'importantes destructions (guerres, séismes) et il n'est pas très bien organisé (pas d'abris ombragés, infos succinctes). Mais il a livré de nombreux objets aujourd'hui exposés dans les musées de Larnaka, Nicosie, Londres ou Paris. Kition fut la principale cité-État chypriote avec Salamine (près de Famagouste). Elle fut fondée au XIIIe siècle av. J.-C. par des Achéens (Grecs de l'ère mycénienne) venus du Péloponnèse et demeura longtemps sous le contrôle des Phéniciens de Tyre (actuel Liban). Elle fut conquise par les Égyptiens en 570 av. J.-C., par les Perses en 545 av. J.-C., par les Athéniens vers 450 av. J.C., par les Lagides (dynastie hellénistique d'Égypte) en 312 av. J.-C., avant d'intégrer l'Empire romain en 58 av. J.-C. Le site a fait l'objet de fouilles systématiques par les archéologues chypriotes entre 1959 et 1981. On note surtout la présence de ruines de puissants murs défensifs, dit cyclopéens, érigés au XIe siècle av. J.-C. sur le modèle que ceux de Mycènes. Subsistent aussi les fondations d'un temple phénicien du IXe siècle av. J.-C. qui était dédié à Astarté, divinité proche-orientale de la fertilité préfigurant Aphrodite.

TEKKÉ HALA SULTAN ★★★

Tekke Road

✆ +357 24 64 36 18

www.mcw.gov.cy

Tous les jours 8h30-19h (hors saison 8h30-17h). Tenue fournie pour la visite des bâtiments religieux. Accès libre.

Profitant d'un cadre magnifique, ce sanctuaire (*Hala Sultan Tekkesi* en turc, Τεκές Χαλά Σουλτάνας/*Tekes Chala Soultanas* en grec) est le principal lieu de pèlerinage musulman de Chypre. Il est dédié à Umm Harâm (v. 570-652). Appelée Hala Sultan en turc, celle-ci fut la nourrice du prophète Mahomet et l'épouse d'Ubâda ibn As-Sâmit, chef de guerre qui participa aux premières conquêtes arabes en Méditerranée orientale au VIIe siècle. Considéré par certains chercheurs comme le quatrième lieu saint de l'islam (après La Mecque, Médine et Jérusalem), le site est aussi remarquable pour sa beauté et la sérénité qui s'en dégage. Il comprend un tekké (lieu de culte soufi), le mausolée d'Umm Harâm et une mosquée (lieu de culte sunnite), dont la coupole et le minaret blancs se détachent au bord du lac salé de Larnaka entre cyprès et palmiers. À proximité se trouve le site archéologique de Vyzakia (Βυζακιά).

▸ **Umm Harâm.** Chypre est soumise par les Arabes entre 647 et 649. Mais une révolte éclate en 652. Le chef de guerre Ubâda ibn As-Sâmit (v. 570-656) lance une expédition pour reprendre le contrôle de l'île. Son épouse Umm Harâm, déjà âgée, l'accompagne. Après des pourparlers avec les habitants chrétiens de Larnaka, le calme revient. Et alors que les soldats rembarquent, la vieille nourrice tombe de son âne et meurt. Déjà considérée comme un personnage important de l'islam (elle a fait partie des premières converties et a participé avec le Prophète à l'Hégire), Umm Harâm entre alors dans la légende. Car la tradition rapporte que Mahomet avait annoncé sa mort à Chypre. Selon certaines versions, la dépouille aurait été ramenée en Arabie pour être ensevelie au cimetière Al Baqi de Médine. Mais d'après la croyance locale, Umm Harâm aurait été enterrée ici, à l'emplacement de l'actuel tekké. Pour la communauté musulmane chypriote turque, Umm Harâm est d'ailleurs considérée comme la tante du Prophète et non simplement comme sa nourrice. Sa tombe est aujourd'hui visible dans le complexe. Au-dessus de celle-ci se trouve un bloc de pierre qui serait arrivé miraculeusement de Jérusalem par les airs. Et selon une autre vielle tradition, ce sont non pas des imams (sunnites), mais des derviches, des religieux appartenant à la branche mystique de l'islam, le soufisme, qui veillent sur cette tombe.

▸ **Sanctuaire.** La plupart des bâtiments actuels datent des XVIIIe et XIXe siècles. Passablement dégradés par l'air salé du lac et de la mer et laissés à l'abandon depuis le départ forcé de la communauté chypriote turque vers le nord de l'île dans les années 1960, ils ont été restaurés sous l'égide des Nations unies dans les années 2000. Le sanctuaire est désormais sous la responsabilité du ministère de la Culture de Chypre. Et depuis 2011, c'est la confrérie des naqshbandis, l'un des quatre ordres soufis les plus importants au monde, qui assure l'accueil des pèlerins, principalement des Chypriotes turcs. L'entrée est marquée du monogramme du sultan Mahmoud II, principal artisan du bannissement des ordres soufis de l'Empire ottoman au début du XIXe siècle et à l'origine de la création de la mosquée. La porte donne sur un jardin et sur un ensemble de bâtiments entourant le tekké, désignés eux-mêmes sous le nom de *Gülşen-Feyz* (« roseraie de la plénitude »). De part et d'autre de l'entrée se trouvent les maisons où sont accueillis les fidèles : le ***haremlik***, à droite, pour les femmes, le ***selamlik***, à gauche, pour les hommes. La tradition voulait que ce soit là que les derviches prêtent serment de servir le tekké. Puis se dresse la mosquée de style ottoman classique en forme de ***türbe*** (mausolée) coiffée d'un dôme. Elle fut érigée en 1813-1817 et le minaret, reconstruit en 1959. C'est derrière le mur donnant vers La Mecque (la qiba) que s'élève le tombeau d'Umm Harâm. Le sarcophage est recouvert de velours vert et protégé par une grille. Le mystère demeure quant à savoir s'il est vide ou non. Il est entouré de quatre tombes, dont celle d'Adila Khanum (1879-1929), épouse de Hussein ben Ali (1856-1931), chérif de La Mecque à l'origine de la dynastie jordanienne. Du côté opposé se trouve la fontaine (1797) réservée aux ablutions rituelles. Enfin, dans la partie orientale, le complexe abrite un cimetière utilisé jusqu'à la fin du XIXe siècle.

▸ **Site archéologique.** Il est situé 600 m au nord-ouest du sanctuaire, au bord de la route. Il s'agit de la ville désignée sous le nom de Vyzakia qui s'est développée grâce au commerce du sel du lac au IIe millénaire av. J.-C. Les fouilles menées par le British Museum au début du XXe siècle, puis par une équipe suédoise dans les années 1970, ont permis de mettre à jour les vestiges d'une cité très prospère qui échangeait avec toute la Méditerranée et bien au-delà, puisque des objets en ivoire provenant d'Afghanistan ont été découverts sur place. Les plus belles pièces sont aujourd'hui exposées à Londres, au British Museum. La petite cité prospéra entre 1750 et 1150 av. J.-C., non seulement grâce à « l'or blanc » du lac, mais aussi en exportant les minerais du Troodos. Elle aurait périclité suite à l'assèchement des canaux naturels qui reliaient le lac à la mer, rendant dès lors le chargement des navires impossible. Après son abandon, le site semble avoir servi de réserve de matériaux de construction pour les habitants de la région. En grec moderne, le terme *vyzakia* désigne en effet des « monticules de pierres ». Les pierres fournissant le sarcophage du tombeau d'Umm Harâm pourraient bien en être issues.

RÉGION DE LARNAKA

OFFICE DE TOURISME DE LARNAKA

Plateia Vasileos Pavlou

✆ +357 24 65 43 22

www.visitcyprus.org.cy

Tous les jours sauf dimanche 8h-17h. Fermé mercredi et samedi après-midi.

Cette antenne de l'office de tourisme national (Γραφείο Τουριστικών Πληροφοριώ Λάρνακας/Grafio Touristikon Plirofório Larnakas) est installée dans un élégant bureau de l'administration britannique de 1939. Vous y trouverez plein de renseignements (logement, transports, visites). Des tours guidés de la ville et des environs sont également proposés. En face se trouve l'ancien siège local de la Banque ottomane qui abrite aujourd'hui l'Institut marin de Chypre et les archives municipales.

AÉROPORT INTERNATIONAL DE LARNAKA

B4 ✆ +357 24 81 64 00

www.hermesairports.com

Sur place : loueurs de voitures, bus pour Nicosie, Limassol, Paphos et Agia Napa. Taxi de/vers Larnaka : 12 €.

Cet aéroport moderne à capitaux français (Διεθνές Αεροδρόμιο Λάρνακας/Diethnes Aerodromio Larnakas) est le plus important de l'île avec environ 8 millions de passagers par an et 100 liaisons internationales, notamment avec Paris, Bruxelles, Genève et, depuis 2022, avec Lyon et Toulouse. Il porte le nom de Glafcos Clerides (1919-2013) qui fut président du pays en 1974 et entre 1993 et 2003. L'aéroport a été créé en 1975 après la fermeture de celui de Nicosie suite à l'invasion turque.

INTERCITY BUSES

Athinon

✆ +357 80 00 77 89

www.intercity-buses.com

Tarif aller simple pour Nicosie, Limassol et Agia Napa : 4 € ; pour Paphos : 7 €.

Cette compagnie publique d'autobus relie entre elles les cinq grandes villes de la partie sud du pays. De Larnaka : 19 liaisons/jour (12 le week-end) et 1h15 de trajet avec Nicosie ; 10 liaisons/jour (8 le week-end) et 1h30 de trajet avec Limassol ; 8 liaisons/jour (9 le week-end) et 1h15 de trajet avec Agia Napa ; 3 liaisons/jour (aucune le week-end) et 2h15 de trajet avec Paphos. Davantage de liaisons Larnaka-Paphos en changeant à la gare routière de Limassol (hors du centre-ville). À Larnaka, départs/arrivées rue Athinon, le long de la plage de Finikoudes.

MARINA DE LARNAKA

Athinon

✆ +357 24 65 31 13

Frais de mouillage : environ 10 €/jour.

Ce port de plaisance assez rudimentaire (Μαρίνα Λάρνακας/Marina Larnakas) a fait l'objet de plusieurs projets d'agrandissement inaboutis depuis les années 2000. Le dernier en date a été lancé début 2022 afin de pouvoir recevoir des bateaux de 130 m de longueur. Ce programme vise à attirer les yachts de milliardaires russes. Dans le contexte de la crise ukrainienne, cela semble mal engagé. En attendant, la marina peut accueillir environ 400 bateaux (40 m maxi). Elle occupe l'emplacement de l'ancien port de commerce qui a été déplacé 500 m au nord en 1973.

ZINONAS BUSES

Filiou Tsigaridi

✆ +357 80 00 77 44

www.zinonasbuses.com

Tarifs : 1,50 €/trajet (2,50 € entre 23h et 4h) ; 5 € pour un billet à la journée (15 € à la semaine).

Cette compagnie régionale de transports publics (Λεωφορεία Λάρνακας Ζήνωνας/Leoforia Larnakas Zinonas) dessert la plus grande partie des localités du district de Larnaka, de la base de souveraineté britannique de Dhekelia et de la partie non-occupée du district de Famagouste. Cela signifie que l'on peut rejoindre aussi bien l'aéroport de Larnaka, certains villages du Troodos que les stations balnéaires de la zone d'Agia Napa. La gare routière est située rue Filiou-Tsigaridi, face à la marina, mais la plupart des lignes passent le long de la plage de Finikoudes.

CITY ALKISTI HOTEL €

1, Ayiou Lazarus Street

✆ +357 24 81 51 40

www.cityalkisti.com

8 chambres. A partir de 50 € pour deux. Petit déjeuner : 5 €.

Difficile de faire plus central et moins cher. Situé près de McKenzie Beach dans une charmante maison du XIXe s. donnant sur l'église Agios Lazaros, cet établissement permet vraiment de profiter pleinement du centre-ville et de ses plages. Certes, l'aménagement date un peu, mais le personnel (qui gère aussi une agence immobilière) est de très bon conseil. Chambres confortables avec bonne salle de bains, TV, clim et wifi. Agréable cour intérieur bien ombragée et parking. Le petit déjeuner, optionnel, est servi dans le café en face de l'église.

ONISILLOS HOTEL €

17 rue Onisillos

+357 24 651 100

www.onisillos.com.cy

Chambre double à partir de 50 €, sans le petit déjeuner.

Onisillos Hotel est situé dans un quartier calme et tranquille, au sud de l'église d'Agios Lazaros, à moins de 5 minutes à pied de la plage et du centre-ville de Larnaca. Les chambres y sont fonctionnelles et propres et certaines possèdent un très grand balcon, tout comme les appartements. Préférez en conséquence les chambres avec vue sur la mer, l'église et la mosquée - agréable vous en conviendrez. L'hôtel possède l'air conditionné dans toutes les chambres, le satellite, Internet (wifi), des machines à laver… Une bonne option.

LES PALMIERS €

Evathias Pieridou

+357 24 62 72 00

www.lespalmiers.com.cy

35 chambres. À partir de 75 € pour deux avec petit déjeuner.

Au coin de l'avenue Athinon longeant la plage de Finikoudes, à 300 m au nord du fort de Larnaca, il est très bien placé sur la promenade du front de mer. Cet établissement est géré par un couple belgo-chypriote (Mickey est flamande et parle français). Chambres simples et agréables refaites en 2013 avec petit balcon (vue sur mer), bonne salle de bains, rangements, clim, réfrigérateur, bouilloire, TV et wifi. Parfois un peu bruyant, mais juste à côté des plages, restaurants et lieux de visite. Parking gratuit, excursions nombreuses, blanchisserie, massages.

PETROU APART HOTEL €

1, Armenikis Eklisias

+357 24 65 06 00

46 studios. A partir de 70 € pour deux avec le petit déjeuner.

Dans la rue de l'église arménienne, à 200 m au sud-ouest du musée Pierides, c'est une adresse idéale si on veut résider dans le centre de Larnaka. On est à 5 min de la promenade et à 10 min en voiture de l'aéroport. Les prix sont assez avantageux même en pleine saison (et encore moins chers en réservant sur Internet). Les appartements sont confortables et bien équipés (cuisine parfaitement fonctionnelle), pouvant accueillir jusqu'à 6 personnes. Le service est très bon et l'accueil agréable dans un hall refait à neuf avec Internet sans fil gratuit.

ACHILLEOS CITY HOTEL €€

Dimosthenous Mitsi Street

+357 24 62 41 50

achilleoshotel.com

33 chambres. À partir de 80 € pour deux avec petit déjeuner.

Complètement rénové en 2014, cet établissement propose à présent un très bon niveau de confort en plein centre-ville. Cet hôtel moderne et convivial avec vue sur la baie de Larnaca se trouve à 3 minutes à pied de la plage la plus proche et à 5 minutes de marche de l'église Saint-Lazare, datant du IXe siècle. Chambres modernes avec bonne salle de bains, clim, TV, wifi et rangements. Les chambres de catégorie supérieure comprennent un bain à remous et/ou un balcon. Blanchisserie, parking, centre de remise en forme et location de voitures.

HAI HOTEL €€

13 old market street

+357 24 658100

Haihotelcyprus.com

Chambre double à partir de 70 € en saison, avec le petit déjeuner.

Construit en 2019, cet hôtel est idéalement situé entre le centre-ville, le quartier du marché et la plage urbaine de Phinikoudes. À deux pas du front de mer, au cœur de la vieille ville, à côté de l'église Saint Lazare, de la mosquée et du fort, son emplacement central permet un accès facile à toutes les commodités et il se trouve à seulement 5 minutes en voiture de l'aéroport international de Larnaca. Des chambre simples mais confortables, avec un agréable petit balcon avec vue de côté sur la mer. Le petit déjeuner se prend dans un restaurant à proximité.

BOUKIA & GOULIA €

34, Nikolaou Rossou

+357 70 00 22 33

Tous les jours sauf dimanche 19h30-1h du matin. Hors saison : fermé lun-mer. Menus mezzés : 15 €.

Dans l'esprit des ouzeries grecques, on vient chez « Bouchée et lampée » autant pour manger et boire que faire la fête. Il suffit d'ailleurs de commander un petit verre de vin ou d'ouzo pour que le patron vous apporte tout un assortiment de snacks délicieux : jambon fumé ou *lountza* (l'équivalent du *lonzu* corse), fromage de brebis, olives chaudes (étonnant, mais pas mal du tout) et crudités qui sentent bon la campagne. De l'authentique encore avec les grillades, *mezzedes* et frites maison. Côté fiesta, c'est vendredi et samedi soir que des musiciens viennent jouer.

MILITZIS €

42, Pyale Pasa
✆ +357 24 65 58 67
Tous les jours 12h30–23h30. Plats au four (tavas, kleftiko, etc.) 7-15 €, menu mezzé à partir de 15 €/pers.

Dans le quartier de Skala, le long de la mer, 300 m au sud du fort de Larnaka, cet établissement est facilement repérable avec son éolienne. Attention : cette institution, fondée en 1984, n'est pas pour les petits estomacs ! Mais sa grande salle rustique avec vue sur mer met en appétit. On y sert un des meilleurs *kleftikos* de la région (venir tôt ou réserver à l'avance), mais aussi grillades, tavas, foie d'agneau ou porc en gelée (*zalatina*, seulement en hiver). « *Copieux et délicieux* », dit un de nos lecteurs. On est d'accord.

STOU ROUSHIA €

26, Nikolaou Laniti
✆ +357 24 40 06 76
Tous les jours 12h-minuit. Salade grecque 5 €, plats principaux 8-12 €.

A l'angle de la rue Zinonos Kitieos, à 50 m à l'est du marché et à 150 m à l'ouest de la plage de Finikoudes par la rue Kosma Lysioti, une bonne et authentique taverne à l'abri des touristes et peu connue des Chypriotes eux-mêmes – c'est nous qui l'avons fait découvrir à pas mal de locaux ! Installée dans une ruelle près du Laïki agora (marché), on y sert des plats du jour qui vont puiser dans les classiques de la cuisine familiale (petits pois au porc, céleri frit, raviolis *kaloirka*), mais aussi un énorme menu de *mezzedes* très fins. Accueil chaleureux et pro.

DEKHELIA

Δεκέλεια/Dhekelia compte environ 20 000 habitants dont 30 % de Britanniques. Cette zone fait partie à la fois de la base de souveraineté britannique de Dhekelia et du district de Larnaka. La base militaire se trouve 19 km au nord-est de Larnaka (bus n° 425) et 30 km à l'ouest d'Agia Napa (bus n° 704).
Dhekelia est un étrange produit de l'histoire. Cédée au Royaume-Uni lors de l'indépendance en 1960, cette zone constitua un rempart lors de l'invasion de l'île par la Turquie en 1974. Elle est depuis coincée entre la mer (sud), le district de Larnaka (ouest), la région d'Agia Napa (est) et la zone tampon (nord). Avec ses 131 km², elle est un peu plus étendue que la base de souveraineté d'Akrotitri (123 km²), près de Limassol, et elle abrite la plus grande partie des troupes britanniques de l'île. Elle comprend aussi trois enclaves qui dépendent de la République de Chypre : Xylotymbou (3 600 habitants), Ormidia (4 100 habitants) et l'énorme centrale électrique de Dhekelia qui défigure le rivage. Ce n'a pourtant pas découragé les promoteurs immobiliers à bétonner le littoral. En revanche, à l'extrémité orientale du territoire britannique, Xilofagou (6 200 habitants) est entourée d'une plaine aride qui se prolonge jusqu'à la mer sans presque aucune construction. L'endroit est quasi désertique. « Ce n'est qu'un chaos de rocs. Pas de terre, pas de jardins, pas un arbre », écrivait Rimbaud. Entre 1878 et 1879, le poète dirigea ici une carrière de pierres avant de repartir, atteint de la fièvre typhoïde, vers la France.

PSAROLIMANO €€

118, Piyale Paşa
✆ +357 24 65 54 08
www.psarolimano.com
Tous les jours 12h-minuit. A partir de 20 €/pers.

Comme son nom l'indique, cette taverne est située devant le port de pêche (de *psaro*, poisson, et *limani*, port). Dans le petit port de Psarolimano, la spécialité maison, c'est donc le poisson ! Et pour cela, l'établissement a très bonne réputation dans toute la région. Allez, on se laissera bien tenter par du vrai tarama (pas rose fluo) ou du poisson frais. Mais il y a aussi quantité de viandes grillées. Le service est sympa et efficace. Il n'y a finalement que le prix de l'expresso qui nous a semblé un peu salé. Mais, si près de la mer, c'est de bonne guerre.

LORDOS BEACH & SPA €€€

Dekhelia Rd
✆ +357 24 64 74 44
www.lordos.com.cy
175 chambres. 180 € pour deux avec petit déjeuner.

Voici un hôtel particulièrement agréable et confortable. On s'en aperçoit dès l'arrivée, dans le hall, récemment refait. Les parties communes sont à l'avenant, raffinées, et les chambres offrent également tout le confort souhaité. Les piscines, entourées de jardins sont nombreuses et de formes et utilités variées. Les petits apprécieront particulièrement le water castle, un château fort-piscine propice aux jeux. La plage, comme dans toute la région, n'est pas terrible. Mais de nombreuses activités sont proposées, de la banane au jet-ski.

ENCLAVES DE DHEKELIA ET ARKOTIRI-EPISKOPI

www.sbaadministration.org

Accès libre.

L'Union Jack flotte toujours à Chypre. Vous en avez ici la preuve : soixante ans après indépendance de l'île, les Britanniques conservent deux petits bouts de territoire : les *sovereign base areas* de Dhekelia et Arkotiri-Episkopi, toujours sous contrôle de Londres. L'armée est restée, et avec elle les noms de rue (Suffolk Road, Agincourt Lane…), des terrains de golf privés, l'école primaire King Richard, des policiers chypriotes grecs et turcs en uniforme anglais, les pubs servant le *fish and chips*… *Welcome to British Cyprus !*

Histoire. Les deux bases militaires souveraines (*sovereign base areas*, SBA) d'Akrotiri-Epsiskopi et Dhekelia ont été créées en 1960 lors de l'indépendance de la République chypriote, jusqu'alors colonie britannique. Londres souhaitait conserver des moyens d'action militaires dans la région stratégique du Proche-Orient (l'opération franco-britannique de Suez en 1956 fut conduite à partir de ces deux bases). De nos jours, les États-Unis ont pleinement accès aux installations militaires. Ils utilisent notamment la base d'Akrotiri pour des missions de reconnaissance aérienne en Syrie ou en Iran. En 1974, lors de l'invasion turque de Chypre, les deux SBA servirent de refuge aux populations turques et grecques, les belligérants ayant respecté la souveraineté britannique.

Territoire. Les territoires britanniques de Chypre s'étendent sur 254 km² (moins de 3 % de la surface de l'île) : 123 km² pour la SBA d'Akrotiri, près de Limassol, et 131 km² pour la SBA de Dhekelia, entre Larnaka et Agia Napa, toutes deux avec un vaste accès à la mer (108 km de côtes). Les terrains militaires proprement dits ne représentent que 20 % de la surface, le reste étant réparti entre les terrains de l'administration britannique (20 %) et des propriétés privées (60 %), détenues aussi bien par des citoyens britanniques que chypriotes. Le territoire de la base de Dhekelia est frontalier de la zone sous occupation turque, dans la continuité de la ligne verte.

Enclaves. Les frontières des deux territoires ont été tracées de manière à exclure au maximum les villages habités. Résultat, la SBA de Dhekelia est très morcelée. On compte quatre enclaves chypriotes grecques à l'intérieur, avec les villages d'Ormidhia et Xylotymvou dans les terres, et les installations de la centrale électrique de Dhekelia (dépendant de la régie d'électricité nationale chypriote, EAC), sur la côte, qui sont coupées en deux par une route britannique. La SBA de Dhekelia comprend également l'enclave britannique d'Agios Nikolaos, à cheval sur la ligne verte. Agios Nikolaos est relié au reste du territoire britannique par le passage protégé de Four Mile Crossing, qui fait office de ligne de démarcation entre le Sud et le Nord.

Administration. Les deux SBA sont placées sous l'autorité d'un gouverneur britannique désigné par le ministre de la Défense à Londres. Le gouverneur cumule les pouvoirs militaires et civils, exécutifs et législatifs. Couvrant tous les domaines, en matière de défense, police, santé, douane ou fiscalité, il est assisté de conseillers militaires britanniques et civils. Une partie des pouvoirs est toutefois déléguée à des fonctionnaires de la République chypriote pour tout ce qui concerne les citoyens chypriotes.

Population. Environ 14 500 personnes vivent à Akrotiri et Dhekelia. Parmi elles, 3 000 personnels civils et militaires britanniques. Une partie de ceux-ci est d'ailleurs régulièrement placée sous commandement des forces de l'Onu chargées de surveiller la ligne de démarcation entre le Sud et le Nord du pays. Ce à quoi s'ajoutent 4 500 civils britanniques : fonctionnaires et familles. Enfin, on compte également 7 000 habitants chypriotes.

Loi et police. Akrotiri et Dhekelia possèdent une législation qui leur est propre. Celle-ci s'efforce d'être la plus proche possible des lois en application dans la République chypriote, mais avec, bien sûr, une influence britannique. Il s'agit pourtant du seul territoire britannique où la citoyenneté britannique ne s'applique pas. Pour statuer sur les délits, plusieurs types de cours existent, dirigées par des magistrats britanniques. Et c'est une force spéciale, la SBA Police, qui est chargée de faire respecter la loi. Malgré l'absence de poste-frontière, à l'intérieur des SBA, les mesures de sécurité sont assez strictes, avec des panneaux interdisant de prendre des photos et des contrôles inopinés des véhicules, par exemple. Il s'agit notamment d'empêcher les manifestations anticolonialistes organisées régulièrement par des groupes de Chypriotes grecs.

Installations militaires. Au sein des deux SBA, on compte le quartier général d'Episkopi (avec un bataillon de l'armée de terre ainsi que du personnel de la Royal Navy et de la Royal Air Force), une base de la Royal Air Force à Akrotiri (seule base de l'armée de l'air britannique en Méditerranée), le centre d'écoute et de renseignements de la RAF d'Agios Nikolaos et la base de l'armée de terre à Dhekelia (infanterie et génie). L'armée britannique conserve aussi quinze « annexes » en territoire chypriote grec : des radars au mont Olympe et au cap Greko, des mâts de transmission à Zigi (entre Limassol et Larnaka) ou encore la station d'écoute de Troodos où stationnent en permanence une vingtaine de militaires et où le personnel des bases vient trouver un peu d'air frais en été.

PLAGES D'ORIKLINI ET DHEKELIA ★

B3

Accès libre.

Après Larnaka, mieux vaut le savoir : il faut s'éloigner le plus possible de la raffinerie de pétrole pour retrouver un semblant de beauté. Difficile, car aussitôt, le rivage d'Oriklini est occupé par des grands hôtels et des zones pavillonnaires. Mais vous pourrez quand même trouver votre bonheur. La plage de Yanathes, par exemple, est surveillée et gérée par l'office de tourisme qui contrôle la qualité de l'eau (pensez juste à bien regarder le pavillon avant d'aller vous baigner). Cette partie de la côte est prisée des surfeurs et plaisanciers, et l'on trouvera partout des loueurs de matériel. A partir de l'hôtel Sandy Beach, cela s'arrange un peu côté mer, mais derrière, c'est entièrement bétonné. Il faut juste savoir regarder du bon côté ! La nature reprend en effet - provisoirement - ses droits dès que l'on entre sur le territoire de la base de souveraineté de Dhekelia, puisque les promoteurs immobiliers sont davantage encadrés. La plage, ensuite, se rétrécit et prend rapidement fin avec le rivage qui se découpe en rochers, les premières installations militaires et la station électrique. Plus loin, toujours sur la base, on trouvera une jolie petite crique sableuse au niveau du village d'Ormidia, puis de longues bandes de sable. Attention, les plages sont en partie protégées : elles constituent les zones de ponte des tortues vertes. Elles s'arrêtent au niveau des falaises rouges, un bon spot de plongée accessible uniquement par bateau.

VOREAS MEZEDOPOLIO €€

3, Agiou Demetriou

✆ +357 24 64 71 77

www.facebook.com/voreastavern

Tous les jours 17h-23h, dimanche 12h-0h – menus mezzés 16-25 €.

Ce restaurant (Βορέας Μεζεδοπωλείον) est l'une des meilleures tables de la région. Il s'agit à l'origine d'un *mezedopolio*, une taverne spécialisée dans les mezzés, des petits plats à grignoter un buvant de l'alcool. C'est en fait devenu un restaurant un peu plus classique, mais qui sert une bonne cuisine traditionnelle : poulet au lard, pain chaud à l'huile d'olive, artichauts de Karpas. En commandant le menu mezzés, vous verrez défiler pas moins d'une vingtaine d'assiettes dont de délicieuses côtelettes d'agneau. Musique live certains soirs.

PYLA

Πύλα/Pyla (ou Pile en turc) compte environ 2 800 habitants et appartient au district de Larnaka. Le village est situé dans la zone tampon contrôlée par l'Onu. Il se trouve 7 km au nord-ouest de Dhekelia, 14 km au nord-est de Larnaka (bus n° 430 et 431) et 37 km au sud-ouest de Famagouste (zone Nord).

Pyla/Pile est un cas à part à Chypre. Il fait partie des quatre villages de l'île situés dans la zone tampon (avec Athienou, Troulli et Denia), mais c'est le seul d'entre eux à avoir une population mixte : deux tiers de Chypriotes grecs et un tiers de Chypriotes turcs. Les deux communautés vivent en paix, mais chacune de leur côté. Dans la rue centrale, un café chypriote turc fait face à un café chypriote grec. De part et d'autre du terrain de sport, une école chypriote grecque, une école chypriote turque. Et s'il n'est pas rare de voir partout dans l'île un clocher côtoyer un minaret, ici l'église et la mosquée sont toutes les deux actives et ouvertes au culte. Ce sont les soldats de l'Onu qui font la police sous la surveillance des militaires turcs, postés sur la colline surplombant le village. Relié au village voisin de Beyarmudu (Πέργαμος/Pergamos), Pyla constitue un des neuf points de passage entre les parties nord et sud de l'île. Les environs se révèlent plutôt touristiques avec un petit bout de littoral, un port de pêche et une plage qui attire les baigneurs. Dans le bourg lui-même, on trouve un gros complexe hôtelier et plein de mauvais restaurants exotiques. Pas si différent du reste de Chypre, en fait.

KITI ★

Κίτι/Kiti compte environ 4 200 habitants et appartient au district de Larnaka. Le village se trouve 9 km au sud-ouest de Larnaka. En bus, depuis Larnaka, Kiti et Pervolia sont desservis toute la journée par la ligne n° 417 qui relie aussi l'aéroport.

Ce gros village de la banlieue de Larnaka ne présente guère d'intérêt, hormis pour la mosaïque de son église Panagia Angeloktisti. Mais vous pouvez poursuivre à pied jusqu'au cap Kiti en passant par le charmant village de Perivolia. Sur le cap se dressent un phare britannique construit sur l'emplacement d'un sanctuaire phénicien et une tour vénitienne du XVIe siècle. Les plages des alentours sont hélas bétonnées.

Tour vénitienne du XVIe siècle.

PLAGE DE FAROS

Farou

Accès libre. Location chaise longue 2,50 €.

Vous la trouverez à 3,4 km au sud-est de Perivolia et à 9 km au sud-est du centre de Kiti (via Perivolia), sur la côte ouest du cap Kiti. La plage de Faros ou plage du phare (Παραλία του Φάρου, Faros Beach) est la plus grande des plages de cap Kiti. Elle possède un pavillon (souvent bleu) et une barrière pour arrêter les vagues (idéal pour la baignade des enfants). Peu fréquentée, on y trouve quelques cabanes de pêcheurs, une taverne, un bar, des locations de chaises longues et parasols et une petite base de sports aquatiques (jet ski, banane…).

MARIOS APARTMENTS €

13, 25is Martiou

✆ +357 24 81 63 57

www.mariosapartments.com

23 appartements. 30-60 € pour 2-4 pers., sans petit déjeuner.

C'est un peu mesquin à signaler, mais les draps ne sont changés qu'une fois par semaine et la climatisation est parfois payante. Heureusement, les prix restent très raisonnables. Les chambres ne sont pas d'un grand standing et la déco sera bientôt à la mode tant elle est vintage, mais avec la piscine, le coin cuisine (immense dans les plus grands appartements) bien aménagé, le wifi gratuit et la plage juste à côté, on ne va pas faire les fines bouches : c'est un très bon rapport qualité-prix. Et tous les hébergements comprennent un joli balcon meublé.

E HOTEL SPA & RESORT €€

1, route de Faros, à Pervolia

✆ +357 24 74 70 00

www.hotel-e.com

70 chambres. La double à partir de 100 €. Petit déjeuner compris.

Construit en 2010, cet établissement s'est fait un nom pour son spa, qui est sans doute l'un des plus élégants du pays. Les chambres sont décorées façon boutique hôtel (bois brut et couleurs pastel) et offrent tout le confort qu'on peut attendre de ce genre d'établissement, même si les doubles classiques sont un peu petites. Les deux plages situées de part et d'autre du cap Kiti sont à 5 minutes (le temps d'enfiler le maillot) et l'on peut aussi aller se baigner dans la grande piscine avec fontaine avec vue sur mer et manger la cuisine chic du restaurant.

MAZOTOS

Μαζωτός/Mazotos compte environ 800 habitants et appartient au district de Larnaka. Le village est situé 21 km au sud de Larnaka via Kiti (bus nos 407 et 409).

Envahi par les maisons de location, ce village côtier est connu pour deux choses : les dromadaires de son Camel Park (6 € l'entrée, 4 € pour les enfants) et sa plage, l'une des plus belles des environs de Larnaka. Surveillée et bien organisée, celle-ci accueille souvent des compétitions de volley-ball. Mais elle est assez difficile d'accès (5 min en voiture depuis le village). Le village compte aussi une bonne taverne et un parc aquatique. Mazotos est desservi par bus depuis Lanarka.

© IDEA STUDIO - SHUTTERSTOCK.COM

ÉGLISE PANAGIA ANGELOKTISTI ★★★

Archiepiskopou Kyprianou
✆ +357 24 42 46 46
www.mcw.gov.cy
Mai-septembre : 7h-19h, dimanche 9h30-19h. Sinon : 7h-16h45, dimanche 9h30-17h. Entrée libre.

Cette église orthodoxe grecque (Παναγία Αγγελόκτιστη, littéralement « bâtie par les anges ») abrite une mosaïque exceptionnelle. À ce titre, elle figure depuis 2015 sur la liste indicative de l'Unesco en vue d'un classement au Patrimoine mondial. Il s'agit d'une église à croix inscrite surmontée d'un dôme du XIe siècle. Elle a été construite après la reconquête de l'île par les Byzantins en 965, tombée entre les mains des Arabes depuis le milieu du VIIe siècle. Le bâtiment a été édifié à l'emplacement d'une basilique du Ve siècle. Modifiée jusqu'au XIVe siècle, l'église contient de riches éléments décoratifs. De la construction primitive subsiste une abside et l'une des plus précieuses mosaïques de l'art paléochrétien, dont on situe la réalisation au VIe siècle. Elle représente la Mère de Dieu Odigitria (Vierge à l'Enfant qui « montre le chemin ») sur un fond doré, entourée des archanges Gabriel (à droite) et Michel. Le regard de la Vierge autant que le soin apporté au décor en font une œuvre particulièrement forte. Il s'agit de la plus ancienne représentation connue de Marie debout, tenant l'Enfant dans son bras gauche. Les ailes des archanges sont constituées de plumes de paon, oiseau symbole de renaissance et de vie éternelle dans l'art paléochrétien. Ils portent un spectre et offrent à la Mère de Dieu un globe surmonté d'une croix, symbole de la domination du monde par le Christ et sa Mère.

Cervidés et perroquets. Au-dessus de la Vierge figure l'inscription « Η ΑΓΙΑ ΜΑΡΙΑ » (« Sainte Marie ») qui s'impose alors dans la chrétienté après le concile d'Éphèse (431) pour nommer la Vierge, face aux termes *Panagia* (« la plus sainte ») et *Theotokos* (« Mère de Dieu »), aujourd'hui fréquemment utilisés par les orthodoxes grecs. Dans le décor, on note la présence d'éléments chargés de symboles : la Fontaine de Vie (thème byzantin relatif aux fleuves du Paradis, aux évangélistes, au baptême ou à la sépulture du Christ), des perroquets (dont le cri « ave » rappelle l'Annonciation) ou encore des cerfs ou biches (référence à la phrase *« Comme un cerf/une biche cherche l'eau vive, ainsi mon âme te cherche, toi, mon Dieu »* tirée du psaume 41 ou 42 dans la tradition grecque). Unique à Chypre, la mosaïque de la Panagia Angeloktisti partage des éléments communs avec les mosaïques de la basilique Saint-Vital de Ravenne (Italie) et du monastère Sainte-Catherine du Sinaï (Égypte), deux édifices de la même période classés au Patrimoine mondial de l'Unesco.

ZYGI ★

Ζύγι/Zygi (Terazi en turc) compte environ 700 habitants et appartient au district de Larnaka. Le village est situé 5 km au sud de Tochni, 38 km au sud-ouest de Larnaka *via* Mazotos (bus n° 407) et 42 km à l'est de Limassol.

Situé au milieu d'anciennes plantations de caroubiers, ce village de pêcheurs fut fondé au XIXe siècle par les Britanniques. Il doit son nom en grec et en turc à la balance qui servait aux producteurs de caroubes qui venaient vendre ici leur récolte : Zygi est dérivé du verbe grec *zygizo* qui veut dire « peser » et le terme turc *terazi* signifie « balance ». De cette période révolue, le village conserve des entrepôts de caroubes et un « quartier turc ». Car les habitants chypriotes turcs représentaient ici 50 % de la population avant leur départ forcé en 1963. Aujourd'hui, Zygi est surtout réputé pour ses navires de pêche, sa grande marina (construite en 2012 et qui peut abriter environ 200 bateaux) et pour ses tavernes à poisson où l'on s'y presse en toute saison. On y trouve aussi une mini-plage, le long de la marina. Dix kilomètres au sud vous attend une plus grande et plus belle étendue de sable, la célèbre Governor's Beach. Mais avant cela, il faut contourner un ensemble assez morose qui dénature le rivage : une cimenterie, une base navale et, entre les deux, les ruines d'une station électrique. Celle-ci fut détruite en 2011 par une gigantesque explosion de munitions qui étaient entreposées dans la base voisine et dont le souffle brisa toutes les vitres de Zygi.

MARONI

Μαρώνι/Maroni compte environ 700 habitants et appartient au district de Larnaka. Le village est situé 39 km au sud-ouest de Larnaka *via* Mazotos (bus nos 407 et 456) et 42 km à l'est de Limassol.

Perché sur une petite colline à 2 km du rivage, Maroni possède un vrai cachet avec son centre à l'architecture traditionnelle, ses pins, palmiers et citronniers, ses bonnes tavernes et sa jolie église Agios Georgios érigée en 1901. Dommage qu'un terrain de football moderne domine cet ensemble. Habité dès l'âge du bronze, le village a perdu un quart de sa population depuis le départ forcé de ses habitants chypriotes turcs en 1963.

THE TEACHER'S HOUSE €

3, Archangelou Michail

✆ +357 24 33 21 32

www.teachershousemaroni.com

5 appartements. 55-60 € pour 2-4 pers. avec petit déjeuner.

Située près de l'église Agios Georgios, cette dynamique petite agence d'agrotourisme (Το σπίτι του δασκάλου) de Maroni retape et loue ses appartements dans l'ancienne maison en pierre de l'instituteur du village datant de 1927. C'est très joli, pratique, bien équipé, mais pas prévu pour plus de 4 personnes, et encore, avec un lit d'appoint. Tous les appartements donnent sur une cour commune avec terrasse. La mer est à 5 min à pied. Recommandé par des lecteurs du *Petit Futé* qui ont apprécié le calme de la maison et l'accueil chaleureux.

KALAVASSOS ★

Καλαβασός/Kalavasos (Kalavason en turc) compte environ 700 habitants et appartient au district de Larnaka. Le village est situé 4 km au sud-ouest de Tochni. Bus nos 401 et 450 depuis Kofinou.

Grâce à son sol riche en calcaire, en cuivre et en charbon, la région de Kalavasos s'est développée dès le Néolithique, comme en témoigne l'important site archéologique de Tenta-Kalavasos. Le village lui-même est devenu un grand centre minier au XXe siècle. Mais Kalavasos s'oriente depuis les années 2000 vers l'agrotourisme grâce à ses maisons traditionnelles rénovées par l'organisme Cyprus Villages pour accueillir les touristes. Le petit centre se révèle agréable avec ses ruelles pavées, ses terrasses de cafés et ses maisons blanches. Le village s'étend le long de la vallée du Vasiliko, où passait une petite ligne de train à voie étroite permettant d'acheminer le minerai de Kalavasos au port de Vasilikos, près de Zygi. Il a cessé de fonctionner dans les années 1960 quand la plupart des mines ont fermé. C'est aussi à la même période, en 1967, que les derniers habitants chypriotes turcs sont partis, leur communauté représentant auparavant 20 % de la population. De ce passé, il reste une mosquée du XIXe siècle bien rénovée et le Kalavasos Train Park, jardin municipal aménagé avec un vieux train reconstitué sur un pont. Les alentours sont verdoyants, notamment en allant vers le lac artificiel de Kalavasos et son barrage construit en 1985 (5 km au nord) près duquel se trouve une ancienne mine de cuivre.

SITE ARCHÉOLOGIQUE DE KALAVASOS-TENTA ★★

2,5 km au sud du village, très bien indiqué, visible depuis l'autoroute, sortie 15.

✆ +357 24 30 41 69

www.mcw.gov.cy

De mi-avril à mi-septembre : 9h30-17h ; reste de l'année : 8h30-16h ; fermé week-end ; 2,50 €.

Ce site (Αρχαιολογικός Χώρος Καλαβασός-Τέντα, Archeologikos Choros Kalavasos-Tenta) est bien organisé pour les visites. Il fut mis au jour en 1947 par l'archéologue chypriote Porphyrios Dikaios (1904-1971), formé à Lyon et à Paris dans les années 1920. Il s'agit des vestiges d'un village néolithique qui fut habité il y a 7 000 ans. Ils se trouvent au sommet d'une colline, près de Kalavasos, au lieu-dit Tenta qui signifie « tente » en grec. Ce nom provient de la tradition locale selon laquelle sainte Hélène, mère du premier empereur chrétien Constantin, installa son campement ici en débarquant sur l'île en 327. Comme un clin d'œil, le sommet du site est protégé depuis 1995 par une grande tente conique blanche à douze faces, ce qui assure au passage de l'ombre aux visiteurs. Sous cette tente sont visibles des structures de maçonnerie circulaires qui servaient d'habitations, d'entrepôts et de dépendances à une population estimée à 150-250 personnes. La structure n° 11 conserve une peinture murale ocre représentant un personnage aux mains levées. Au total, une cinquantaine de ces « maisons rondes » ont été découvertes sur la totalité du site, de même que 18 sépultures. La colline fut occupée à deux périodes distinctes entre 7500 et 5200 av. J.-C. Outre le choix stratégique d'une colline, l'endroit offrait d'autres avantages. Juste à côté, le petit fleuve Vasiliko assurait l'approvisionnement en eau et de nombreuses roches volcaniques fournissaient les matériaux de construction.

THE LIBRARY HOTEL WELLNESS RETREAT €€

3, Anexartisias

✆ +357 24 81 70 71

www.libraryhotelcyprus.com

12 chambres. 90-130 € pour deux avec petit déjeuner.

Dans le centre du village, vous avez rendez-vous avec Kavafis, Wilde, Rimbaud… Les chambres de cet hôtel moderne et décoré avec soin portent en effet toutes un nom d'écrivain ou de poète ayant séjourné à Chypre et le thé est servi en fin d'après-midi dans la bibliothèque. Mais comme son nom l'indique, l'établissement met surtout l'accent sur le bien-être et la relaxation avec bains (de boue, par exemple) et massages. Haut de gamme et pourtant chaleureux.

TOCHNI ★★

Τόχνη/Tochni (ou Taşkent en turc) compte environ 400 habitants et appartient au district de Larnaka. Le village est situé 7 km au nord de Zygi, 12 km au sud-ouest de Kofinou, 33 km à l'est de Limassol et 36 km au sud-ouest de Larnaka *via* Kofinou. Bus 401 et 450 depuis Kofinou ou 448 depuis Larnaka.

Ce village s'est tourné vers l'agrotourisme. La dynamique association de propriétaires Cyprus Villages y a son siège et compte ici une vingtaine de maisons traditionnelles accueillant les touristes. Toutes ont été rénovées et décorées avec soin. Elles offrent un très bon rapport qualité-prix et quelques services inestimables : accueil personnalisé, petits déjeuners à base de produits locaux, rencontre avec les habitants, randonnées, etc. Bref, si l'on aime l'authenticité, la nature, les nuits au calme et que l'on est motorisé, Tochni est un excellent « camp de base » pour partir à la découverte de l'île. Car le village dispose également d'une situation géographique avantageuse. Il est placé juste à côté des deux principales autoroutes (A1 et A3) permettant de relier en moins de 1h30 toutes les grandes villes du Sud, et même Kyrenia et Famagouste, dans la partie Nord. Enfin, il faut le mentionner, car personne sur place ne vous le dira, mais le 14 août 1974, alors que l'armée turque prenait le contrôle de la partie Nord de l'île, tous les hommes chypriotes turcs de Tochni furent rassemblés, emmenés en bus au village de Palodia, au nord de Limassol, et exécutés. Les 85 corps n'ont jamais été retrouvés.

MAISONS DE TOCHNI

Le nom du village viendrait du mot grec τέχνη/*techni* (« art ») sans doute du fait de la réputation de ses sculpteurs sur pierre. Pour la rénovation des maisons, ce sont les pierres locales qui sont utilisées. Appelées « pierres de Tochni », elles sont extraites d'une carrière voisine et donnent une belle unité à ce petit bourg qui s'étale sur les flancs de deux collines séparées par une petite rivière passant sous l'église Agion Konstantinos kai Eleni. Au-dessus de celle-ci, on peut prendre un café dans un vieil établissement à arcades pour regarder en bas.

ÉGLISE AGI KONSTANTINOS KAI ELENI ★

Mersinies

Tous les jours 8h-19h, sauf pendant les offices – tenue correcte exigée.

L'église des Saints-Constantin-et-Hélène (Άγιοι Κωνσταντίνος και Ελένη) date du XIXe siècle, mais elle aurait été érigée à l'emplacement d'une église beaucoup plus ancienne. Rénovée en 1999, elle est tout à fait remarquable car construite sur un pont enjambant la petite rivière Arkatzin qui coupe le village en deux. De la terrasse du café installé au-dessus, on profite d'un beau panorama sur les deux collines de Tochni. L'église est construite en pierre de Tochni et est dotée d'un cloître qui rappelle qu'elle faisait partie d'un monastère. Elle est dédiée à Constantin Ier le Grand (règne 306-327), premier empereur romain converti au christianisme et fondateur de l'Empire byzantin, et à sa mère, Flavia Iulia Helena Augusta (simplement appelée Hélène), tous deux considérés comme saints à l'égal des apôtres par les orthodoxes. Le culte de ces deux personnages – célébrés le 21 mai – est particulièrement fort à Chypre, puisque l'on retrouve plusieurs lieux de culte leur étant consacrés, comme Saint-Nicolas-des-Chats, près de Limassol. Selon la légende locale, étayée par certaines sources, Hélène aurait fait escale sur l'île après avoir retrouvé à Jérusalem la relique de la Sainte Croix (sur laquelle fut mis à mort le Christ). À Tochni, la tradition veut qu'une église ait été bâtie par elle, précisément en 327, et qu'elle ait laissé au village des fragments de la Sainte Croix aux vertus miraculeuses. L'épisode de son passage, avéré ou non, a profondément marqué le village.

TOCHNI TAVERNA €

3, Mersinies

✆ +357 24 33 29 98

Tous les jours 7h30-22h. Menu mezzé à partir de 17 €.

Ici, la cuisine est vraiment « comme à la maison », et les Chypriotes de la ville viennent ici pour retrouver la cuisine de leurs grands-mères. Les plats sont à peu près les mêmes qu'ailleurs, mais leur préparation est exceptionnelle. La moussaka (traditionnelle ou végétarienne) et le *stifado* sont excellents. Le *klefitko* est délicieusement fondant. Une sélection de mezzés traditionnels, extrêmement copieux. Le vin local pourra être dégusté à la bouteille, au verre ou au pichet. La terrasse offre accessoirement aussi une vue plongeante sur le village.

CYPRUS VILLAGES €€

3 Mersinies Street ✆ +357 24 33 29 98

www.cyprusvillages.com.cy

40 appartements ou maisons du village. Prix de 55 à 75 €, petit déjeuner inclus.

Le concept Cyprus Villages, à proximité de Governor's Beach, a été créé en 1987 par Sofronis Potamitis, dans un effort pour faire revivre les communautés rurales et préserver les maisons traditionnelles d'autrefois. Avec beaucoup de soin, plusieurs maisons familiales abandonnées et en ruine ont été rénovées pour offrir tout le confort mais sans sacrifier leur caractère rustique et original. L'établissement possède aussi une taverne et propose des vélos à louer (VTT, e-bike) pour visiter les environs à partir de 10 € la journée.

SITE ARCHÉOLOGIQUE DE CHIROKITIA ★★★

B1

✆ +357 24 32 27 10

www.mcw.gov.cy

Tous les jours 8h30-19h30 (hors saison : 8h30-17h) – 2,50 €.

Ce site (Αρχαιολογικός Χώρος Χοιροκοιτίας/Archeologikós Choros Chirokitias) est inscrit au patrimoine mondial de l'Unesco depuis 1988. Il abrite des vestiges du Néolithique parmi les plus importants de Méditerranée orientale. Il s'agit d'un village fortifié qui fut occupé du VIIe au IVe millénaire av. J.-C. Il fut mis au jour par Porphyrios Dikaios (1904-1971), le même archéologue à qui l'on doit la découverte du site de Kalavasos-Tenta. Mais ce n'est qu'en 1976 que les fouilles systématiques ont commencé, menées par une mission française conduite par Alain Le Brun du CNRS. Le village s'étendait sur une surface estimée à 1,5 ha dans la vallée du Maroni. L'endroit avait été choisi pour ses qualités défensives, sur un terrain accidenté des derniers contreforts du massif du Troodos. Les protections naturelles ont été complétées à l'ouest par un mur de pierre qui, au fur à mesure de l'expansion du site, finira par atteindre 180 m de long. Les habitants vivaient ici de la chasse, de l'agriculture céréalière et de l'élevage (ovins, porcs).

Structures circulaires. Les vestiges mis au jour consistent en une multitude de petites habitations circulaires dont subsistent les fondations. C'est un élément typique de l'architecture chypriote au néolithique, tandis qu'ailleurs en Méditerranée orientale, les constructions rectangulaires sont la règle. Serrées les unes contre les autres, elles sont organisées autour d'une « cour ». Grâce aux répliques de cinq habitations dans la zone orientale du site, on peut se rendre compte de l'apparence du village. Construites en pierre, en torchis et en brique de boue séchée, avec un toit plat, ces structures sont en fait des « pièces » d'un ensemble domestique plus vaste, constituant une « maison », avec au centre un espace ouvert abritant une installation à broyer les grains. Des sépultures ont été découvertes dans le sol des habitations : le défunt était le plus fréquemment couché dans une position fœtale et, une fois la fosse comblée, l'habitation retrouvait sa fonction domestique. Les habitants n'hésitaient pas à creuser sur plusieurs niveaux. On a ainsi retrouvé 26 tombes sur huit couches successives. La plupart des objets provenant du site sont exposés au Musée national, à Nicosie, et au Musée archéologique de Larnaka : figurines anthropomorphes en pierre, récipients en pierre, en calcaire ou en diabase (pierre tendre de couleur verte), outillage osseux destiné à la perforation, à la vannerie ou au tissage.

SKARINOU ★

Σκαρίνου/Skarinou compte environ 400 habitants et appartient au district de Larnaka. Le village est situé 6 km au sud-ouest de Kofinou, 8 km au nord-est de Tochni, 10 km au sud-est de Lefkara, 32 km à l'ouest de Larnaka et 48 km au sud de Nicosie. Bus nos 55 et 405 depuis Kofinou.

Perché à 190 m au-dessus de la mer, ce beau village est réputé pour ses producteurs de halloumi et ses ânes. Il possède encore quelques maisons traditionnelles dont certaines abritent des hôtels où passer deux ou trois nuits au calme. C'est à Skarinou que fut organisée, en 1941, la première réunion clandestine du Parti communiste chypriote (AKEL).

GOLDEN DONKEYS FARM

Eleftheria

✆ +357 99 62 07 36

www.goldendonkeys.com

Tous les jours 10h-16h30 – entrée 4 €, enfant 2 € – petit tour à dos d'âne 12 €, bouteille de 25 cl de lait 6 €.

Cette « ferme des ânes d'or » abrite 200 ânes de Chypre. L'exploitation accueille les visiteurs pour leur faire découvrir cette sous-espèce de l'âne domestique qui compte environ 3 000 individus dans l'île : possibilité de caresser les animaux, de les nourrir ou de monter sur leur dos. Elle poursuit un autre objectif : commercialiser le lait d'ânesse et ses produits dérivés. À la boutique de la ferme, on trouve ainsi de la glace, des soins de beauté et même de la liqueur à base de lait d'ânesse. Sur place aussi : restaurant, petit musée et tables de pique-nique.

SKARINOU AGROTOURISM €

30, Kikis Efthimiou

✆ +357 24 32 20 89

www.agrotourismincyprus.com

5 maisons divisées en 30 studios et appartements. 55-65 € pour deux, petit déjeuner 6 €.

Une bonne option quand on aime être au calme, plébiscitée par nos lecteurs. Les cinq maisons traditionnelles datent de la fin du XVIIIe s. Elles ont été restaurées dans l'esprit de l'architecture chypriote. La pierre est omniprésente et on peut l'admirer tant à l'extérieur que dans les décors intérieurs. Meubles anciens, tapis paysans et vieux outils de travail sont là pour vous assurer un véritable voyage dans le temps. Chaque maison se compose de studios et appartements à un ou deux lits. Les maisons sont tout confort et disposent chacune d'une piscine.

LEFKARA ★★

Lefkara/Λεύκαρα compte environ 1 000 habitants et appartient au district de Larnaka. Le village se trouve 16 km au nord-ouest de Kofinou (*via* Skarinou), 18 km au nord de Tochni (*via* Skarinou) et 40 km au sud-ouest de Larnaka. Bus n°s 405 et 449 au départ de Kofinou.

Deux villages, mais une même commune : Kato Lefkara, en bas, est le plus petit, composé de jolies maisons en pierre, et Pano Lefkara, en haut, est un village plus important et très touristique. Ici, les rues sont bordées de grandes maisons traditionnelles et de boutiques d'artisans. Car ce qui fait la réputation de Lefkara, ce sont ses orfèvres, ses brodeuses et ses dentellières. Depuis 2009, la *lefkaritika* (dentelle de Lefkara) est inscrite sur la liste représentative du patrimoine culturel immatériel de l'humanité par l'Unesco. La tradition serait née au XVe siècle en s'inspirant des riches tenues des nobles vénitiennes et reprenant les dessins géométriques des arts de Byzance et de la Grèce antique. On dit même que Léonard de Vinci fit le déplacement pour venir acheter ici, en 1481, l'étoffe qui lui servit à orner l'autel du Duomo de Milan. Quelques femmes du village pratiquent encore la broderie et la dentelle au crochet (environ 40 € pour une petite pièce). Elles proposent aussi régulièrement des cours d'initiation aux visiteurs. Quant aux orfèvres du village, ils perpétuent la vieille tradition byzantine du filigrane : de fins fils d'argent soudés déclinés sous forme de broches, colliers, bagues avec des pierres semi-précieuses.

ATELIERS DE DENTELLE DE LEFKARA

Dans le village, une vingtaine de lace workshops (ateliers de dentelle) travaillent (à partir de 40 € pour une pièce).

Quelques ateliers perpétuent la tradition. Depuis 2009, la dentelle de Lefkara, ou Lefkaritika, est inscrite sur la liste représentative du patrimoine culturel immatériel de l'humanité de l'Unesco. La tradition remonte au moins au XVe siècle. Elle doit sa réputation à l'habileté des femmes du village dans l'art de la broderie et à celle de leurs maris pour diffuser ces œuvres d'art dans le monde. Ce sont les épouses des seigneurs vénitiens installés dans l'île à partir de 1489 qui ont sans doute inspiré ces dentelles, reprenant les dessins géométriques de l'Antiquité grecque et byzantine. Ce qui explique peut-être l'enthousiasme de Léonard de Vinci pour ces travaux délicats qui devaient évoquer pour lui quelques accointances avec sa culture italienne. Cette dentelle réalisée à la main s'identifie par ses motifs géométriques complexes (peu de courbes) et ses tons grège et beige, généralement en bichromie. Elle se compose de quatre éléments de base : le point d'ourlet, le coupé, le remplissage au point de satin, le liseré au point d'aiguille. Cette activité artistique et sociale demeure la principale occupation des femmes dans le village. Elles créent des nappes, des serviettes et des œuvres d'exposition personnalisées tout en discutant, assises en petits groupes, dans les ruelles ou à l'abri des patios. Après une période de déclin, ce n'est qu'au début du XXe siècle que l'on vit à nouveau des marchands de broderies sillonner le monde pour commercialiser ces ouvrages.

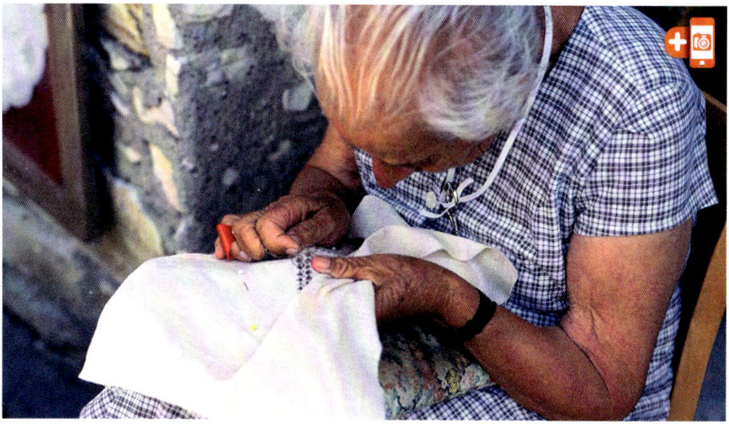

Brodeuse à Lefkara.

CHAPELLE AGIOS MAMAS ✝

Timiou Stavrou

Accès possible en journée – tenue correcte exigée.

La chapelle Saint-Mammès (Παρεκκλήσι Αγίου Μάμα/Parekklísi Agíou Máma) n'est pas évidente à trouver. Elle est située dans une petite rue en pente, derrière une série de quatre arches dont l'une porte la pancarte du restaurant voisin. Il s'agit pourtant d'une ancienne cathédrale. Édifiée au XIVe siècle, elle fut jusqu'à l'arrivée des Ottomans (1570) le siège de la métropole orthodoxe (évêché) de Limassol. Si elle n'abrite ni fresque ni mobilier de valeur, elle conserve sa structure d'origine, avec ses murs bruts en pierre typiques des maisons de Lefkara.

ÉGLISE TIMIOS STAVROS ★

Timiou Stavrou

Accès possible en journée – tenue correcte exigée.

© KIRSANOV YURY - SHUTTERSTOCK.COM

L'église de la Vraie Croix (Εκκλησία του Τίμιου Σταυρού/Ekklesia tou Timiou Stavrou, Church of the Holy Cross) est la plus grande de Lefkara. Elle se repère facilement avec sa longue nef et ses deux clochers asymétriques. Mêlant les styles gothique et byzantin, elle fut érigée à partir du XIVe siècle et constamment remaniée jusqu'au XIXe siècle. Elle abrite une grande iconostase (1760) et une crypte où est placée une croix en argent renfermant une relique supposée de la Sainte Croix. Très beau panorama sur Kato Lefkara et la vallée depuis le parvis.

MUSÉE DE LA BRODERIE ET DE L'ORFÈVRERIE 🏛

9, Mousiou Street

✆ +357 24 34 23 26

www.mcw.gov.cy

Tous les jours 9h30-17h – gratuit.

Ce petit musée national (Τοπικό Μουσείο Παραδοσιακής Κεντητικής και Αργυροχοΐας/Topiko Mousio Paradosiakis Kentitikis kai Argyrochoïas, Museum of Folk Art, Embroidery and Silversmithing) est installé dans une jolie maison en pierre du XIXe siècle. Il est consacré aux traditions de Lefkara. Les pièces sont décorées avec du mobilier du XIXe siècle. Celles du 1er étage abritent notamment des dentelles et des objets en argent typiques du savoir-faire des artisans du village.

LEFKARA HOTEL & RESTAURANT €

42 Timiou Stavrou

✆ +357 24 34 21 54

Hôtel : 10 chambres, 60-70 € pour deux avec petit déjeuner. Restaurant : tous les jours 10h-20h, 15 €/personne.

Sa petite cour intérieure où poussent quelques orangers et ses murs de pierre apportent beaucoup de charme à cette grande maison du centre du village. Longtemps seul établissement de standing, on y recevait automatiquement tous les visiteurs de Lefkara. Les chambres ont été refaites, bien décorées avec charme, wifi et télévision. Le restaurant de l'hôtel demeure authentique avec des plats traditionnels et des prix raisonnables compte tenu de l'endroit. Jolie vue sur les montagnes.

AUNT MARIA'S €€

9, Kosti Palama

✆ +357 24 34 30 99

www.auntmarias.com

Cinq appartements. À partir de 120 € pour deux les 2 nuits sans petit déjeuner. Séjour minimum 2 nuits.

Aunt Maria's est un établissement rénové, entouré d'un jardin paisible fleuri. Cette maison tout en pierre a été entièrement restaurée en 2008, dans le respect de l'architecture locale. Tous les appartements possèdent un patio privé, ont un accès direct au jardin et offrent de belles vues. Le décor traditionnel est très réussi et les facilités modernes ne manquent pas : une cuisine équipée, de l'air conditionné, le chauffage, le wifi... Dans le jardin, les gérants ont aménagé un barbecue et des tables pour les repas en plein air.

KOFINOU

Κοφίνου/Kofinou (Köfünye ou Geçitkale en turc) comte environ 1 300 habitants et appartient au district de Larnaka. Le village est situé 12 km au nord-ouest de Tochni via Skarinou, 26 km au sud-ouest de Larnaka, 42 km au nord-est de Limassol et 44 km au sud de Nicosie. Bus n°s 408 et 414 au départ de Larnaka.

Ce village est surtout un « hub » pour les transports. Il se trouve à la jonction des autoroutes A1 (Nicosie-Limassol) et A5 (Larnaka-Kofinou). Il fait aussi figure de gare routière pour les bus desservant les villages des environs. Mais, hormis son petit atelier de poterie, Skoutaris, très réputé, Kofinou ne présente guère d'intérêt touristique. Car son histoire a été mouvementée au XXe siècle. Avant les années 1960, il était le plus grand village de la région à être entièrement peuplé de Chypriotes turcs. Mais, le 15 novembre 1967, des « parachutistes » de l'organisation nationaliste chypriote grecque EOKA-B menèrent ici un raid qui causa la mort de 24 Chypriotes turcs et d'un des leurs. Le village se vida alors progressivement de ses habitants. Il faut noter que c'est cet incident qui amena la Turquie à envisager une invasion de l'île pour protéger les Chypriotes turcs. Kofinou fut plus tard repeuplé par des Chypriotes grecs réfugiés de la zone occupée par la Turquie en 1974. De ce passé douloureux subsistent une mosquée laissée à l'abandon et un monument surplombant le village qui rend hommage au sergent Evmenios Panagiotos des « parachutistes » de l'EOKA-B mort lors de l'attaque du 15 novembre 1967.

KATO DRYS ★

Κάτω Δρυς/Kato Drys compte environ 130 habitants et appartient au district de Larnaka. Le village se trouve 4 km au sud de Lefkara. Bus n° 404 depuis Kofinou.

Situé à 520 m d'altitude et traversé par la rivière Agios Minas, Kato Drys compte quelques belles maisons néoclassiques et traditionnelles, une bonne taverne, un petit musée folklorique hébergé dans la belle demeure Papachristoforou ainsi que plusieurs églises, dont l'une est dédiée à l'enfant du pays. Kato Drys est en effet le lieu de naissance du plus grand saint de l'île, Néophyte le Reclus (1134-1214), fondateur du monastère d'Agios Neophytos, près de Paphos.

BLUE OAK HOUSE €€

Dans le centre de Kato Drys.
✆ +357 99 68 05 56
blueoakhouse.net
4 chambres. 60-65 € pour deux, petit déjeuner 5 €.

Cette très belle maison du XVIIIe s. bien rénovée et peinte en bleu (immanquable) est un vrai havre de paix avec cuisine commune équipée et cour intérieure bien ombragée. En 2013, les propriétaires ont transformé cette ancienne confiserie en une très agréable maison d'hôte et proposent un très bon petit déjeuner. Les chambres disposent d'une bonne salle de bains, de la climatisation, d'un coin salon, d'une connexion internet (et du wifi dans les parties communes). La plupart s'ouvrent sur une cour commune pavée avec du mobilier de jardin.

PALATAKIA €€

✆ +357 99 93 48 07
www.palatakia.com
Chambres à partir de 65 € la nuit ou 350 € la semaine pour deux en haute saison.

Palatakia (dont le nom signifie « petit palais ») mérite volontiers sa réputation selon nos lecteurs. Ce complexe d'agrotourisme situé dans la partie basse du village propose douze chambres et studios dans des maisons traditionnelles de l'architecture typique de Kato Drys. Les chambres supérieures sont équipées d'une kitchenette. La décoration est sobre et élégante. Le petit déjeuner est servi sur demande, et près de l'agréable piscine. Parking gratuit sur place et des possibilités de faire des randonnées pédestres ou à vélo.

PLATANOS €

Dans le centre de Kato Drys.
✆ +357 24 34 21 60
Tous les jours 11h-22h. 15 €/personne.

Malgré son immense terrasse prévue pour les mariages *king size*, cette taverne sait mettre les petits plats dans les grands. A l'ombre du platane planté en 1907 qui donne son nom à l'établissement, on sert ici une authentique cuisine chypriote à la fois traditionnelle et soignée : copieux ***mezzedes***, ***kleftiko*** fondant, mais aussi recettes vraiment locales comme le ***pasto*** (saucisse et morceaux de petit salé cuits au vin), le ***tavas*** (porc mijoté au riz et à la tomate) et un très bon dessert maison, le ***baklava anari*** (fromage frais de la région parfumé à la cannelle).

PYRGA ★★

Πυργά/Pyrga (ou Çamlıbel en turc) compte environ 800 habitants et appartient au district de Larnaka. Le village se trouve 2 km au sud-ouest de Kornos et 38 km au nord-ouest de Larnaka *via* Kofinou (bus n° 410).

Réputé pour sa chapelle royale et son grand monastère, ce village est situé à 240 m d'altitude, entouré de petites montagnes et noyé dans la verdure. Autrefois peuplé d'un quart de Chypriotes turcs, Pyrga conserve une petite mosquée près de la chapelle royale. En remontant vers Nicosie, ne manquez pas l'étonnant musée Platini à Mosfiloti et la belle église Agii Apostolii (Saints-Apôtres) à Pera Chorio (13 km au nord).

MUSÉE MICHEL-PLATINI

Grigori Afxentiou

✆ +357 99 58 13 63

Tous les jours 10h-0h – restaurant : env. 8 €/pers.

Ce petit musée-café-restaurant (Μουσείο Πλατινί/Mousio Platini) est entièrement dédié à l'ancien capitaine de l'équipe de France de football. Unique au monde, il a été créé en 1987 par Philippos Stavrou-Platini. Ce Chypriote est tellement fan qu'il a même fait changer son nom à l'état civil. Sont ici conservés 27 000 objets ayant un rapport de près ou de loin avec le célèbre milieu de terrain défensif : maillots de la Juventus et de l'AS Saint-Étienne, shorts, survêtements, chaussures lui ayant appartenu, autographes, ballons, pin's, DVD, billets de matchs…

KORNOS ★

Situation. Κόρνος/Kornos compte environ 2 000 habitants et appartient au district de Larnaka. Le village est situé 12 km au nord de Kofinou et 28 km à l'ouest de Larnaka *via* Kofinou (bus n° 410).

Description. Surnommé le « village de poterie rouge », Kornos est réputé pour ses maisons pittoresques et ses ateliers de poterie. La présence et la qualité de son argile ont déterminé cette vocation, autant que l'habileté de ses artisans, qui fabriquent des objets à la main, et non sur un tour. Il en reste encore quelques-uns pour vous proposer des jarres (un peu encombrantes) ou des petites cruches joliment ouvragées (et plus faciles à transporter).

CHAPELLE ROYALE AGIA AIKATERINI ✝ ★★★

A droite, à l'entrée de Pyrga, en arrivant par l'autoroute A1 ou par la route nationale B1, à côté de l'église moderne Agia Marina

✆ +357 22 53 28 11 - www.mcw.gov.cy

Lundi-vendredi 8h30-16h (ou 9h30-17h selon la saison) – 2,50 €.

Cette ancienne chapelle catholique (Βασιλικό Παρεκκλήσι της Αγίας Αικατερίνης/Vasiliko Parekklisi tis Agías Aikaterinis) fut construite en 1421-1422. C'est l'un des bâtiments les plus intéressants qui subsiste de la période franque avec ses peintures murales mêlant les styles italien, byzantin et d'Europe occidentale. Dédiée à sainte Catherine (à l'origine à la Passion du Christ), elle a été édifiée par Janus de Lusignan (1375-1432), roi de Chypre (1398-1432), et par sa seconde épouse, Charlotte de Bourbon (1388-1422). Roi faible, retenu en otage par ses créanciers génois – eux-mêmes soutenus par la France –, puis par les Mamelouks, Janus dut également faire face à la révolte des paysans chypriotes. Cette chapelle est le seul véritable héritage de son règne. Il s'agit d'une modeste structure à nef unique couverte d'une voûte et sans abside. Elle possédait autrefois un portique fermé sur trois côtés à l'exception du côté est. La chapelle fut intégrée à un manoir ou à un monastère dont les ruines ont disparu à la fin du XIXe siècle. L'intérieur porte, lui, les traces laissées par le temps et le manque d'entretien, puisque la plus grande partie des peintures murales ont été perdues. Celles qui subsistent n'en demeurent pas moins exemplaires.

▸ **Inscriptions en français.** Les fresques ont été réalisées par un peintre chypriote anonyme. Sur le mur est, le roi Janus est représenté sur une peinture murale en compagnie de Charlotte de Bourbon, tous deux agenouillés devant la Croix de la Crucifixion. Sur la représentation de la Mise au tombeau, le personnage agenouillé pourrait quant à lui être Hugues de Lusignan (1380-1442) qui fut cardinal de Chypre. Sur le plafond nord-ouest subsistent la Résurrection de Lazare et la Cène. Si le style byzantin prédomine, on note une influence des enluminures des livres d'heures et des missels des franciscains, mais, surtout, on note les inscriptions en français. Bien que de nombreuses églises de Chypre de cette période portent la marque de leurs commanditaires francs ou latins, il s'agit du seul exemple connu d'inscriptions en français. Par exemple, au-dessus de la représentation de la Cène, on parvient à lire : « La Sene (…) eusdi saint » (La Cène, Jeudi saint). Les phrases sont non seulement rédigées en ancien français mais qui plus est en phonétique. Le peintre semble en effet n'avoir appris la langue que de manière orale. On note aussi la présence des armoiries des Lusignan et des rois de Terre sainte.

MONASTÈRE DE STAVROVOUNI ★★

F106

✆ +357 22 53 36 30

Tous les jours 7h-12h et 15h-19h (hors saison : 7h-11h et 14h-17h) – interdit aux femmes – tenue correcte exigée.

Ce monastère orthodoxe grec (Μονή Σταυροβουνίου/Moni Stavrovouniou) est l'un des lieux les plus sacrés de Chypre. C'est aussi l'un des plus anciens monastères de la Chrétienté : il fut fondé au IVe siècle pour abriter une relique de la Sainte Croix déposée ici, dit-on, par sainte Hélène, mère de Constantin, premier empereur chrétien et à l'origine de l'Empire byzantin. Souvent comparé au mont Athos, en Grèce, il est en effet lui aussi interdit aux femmes. Dédié à la Vraie Croix, il profite d'une situation géographique unique, puisqu'il se trouve dans la partie sud du massif du Troodos, isolé dans une région reculée au sommet du « mont de la Vraie Croix » *(Stavrovouni)*, à 688 m d'altitude. Aussi impressionnant soit-il, posé sur son éperon rocheux au milieu d'un massif forestier classé de 1 900 ha, le complexe ne possède guère d'intérêt architectural. Il s'agit d'un vaste ensemble constamment agrandi et modifié, constitué de bâtiments construits depuis sa renaissance en 1889. La visite s'avère étrange. La route serpente dans une zone militaire où s'arrêter pour prendre des photos est interdit. Et dans le monastère, l'ambiance est assez austère. La trentaine de moines qui y vit suit les mêmes règles très strictes qu'au mont Athos, leurs journées étant rythmées par les prières et marquées par l'ascèse.

Deux alternatives pour les femmes. Cela étant, Stavrovouni possède un véritable charme. C'est un havre de paix propice au recueillement et à la méditation. Les pèlerins sont parfois invités à passer la nuit sur place et à partager un repas avec les moines provenant de leur propriété. L'autre atout de Stavrovouni, c'est son panorama. Le monastère offre en effet une vue à 360° sur Larnaka, la mer, le lac salé au sud, le massif du Troodos au nord-ouest et la plaine de la Mésorée à l'est, y compris jusqu'à Famagouste lorsque le ciel est dégagé. Les femmes peuvent également en profiter depuis l'église Agion Panton (Tous-les-Saints) qui se trouve légèrement à l'extérieur du complexe. Il faut, si possible, venir le 14 septembre, jour de l'Exaltation de la Vierge, pour les cérémonies de la Vraie Croix. On recommande également une halte en contrebas, au monastère Agias Varvaras (Sainte-Barbe), un métoque (dépendance) de Stavrovouni. Si le monastère « mère » est uniquement un lieu de prière, celui-ci est ouvert à tous, y compris aux femmes, et les moines s'y consacrent à la réalisation d'icônes. Grâce au moine Kallinikos (1920-2011), qui fut le plus grand iconographe chypriote du XXe siècle, le lieu jouit toujours d'une immense réputation.

PASSPORT

RÉGION D'AGIA NAPA

Jusqu'en 1974, Famagouste, toute proche, était « le » grand pôle touristique chypriote. Mais après la division de l'île, cette activité s'est recentrée autour d'un petit port qui n'en est plus un : Agia Napa, dont le nom évoque une ancienne vallée boisée. La région est surtout devenue l'une des destinations touristiques majeures du bassin méditerranéen. Conséquence : une incroyable concentration d'hôtels, de restaurants, de discothèques, le long de plages. Les amateurs de tourisme culturel y seront certainement moins heureux qu'ailleurs, bien que la région compte tout de même quelques curiosités : séparée du reste de l'île par la base de souveraineté de Dhekelia, la région contient un enchevêtrement d'enclaves, avec des villages grecs coincés en territoire britannique ou dans la zone tampon.

Région d'Agia Napa
FAMAGOUSTE
Baie de Famagouste
Acheritou
Kalopsida
Arsos
Makrasyka
Vrysloules
DERYNELA
Achna
Frenaros
Pergamos
AVGOROU
PARALIMNI
Troulloi
SOTIRA
Dasaki
Pernera
XYLOTIMBOU
PYLA
POTAMOS LIOPETRI
PROTARAS
Voroklin
Ormideia
AGIA NAPA
Konnos
Kellia
Dekelieia
XYLOFAGOU
POTAMOÀS TOU
LIOUPETRILOU
CAP GREKO
Livadia
Petit Port de Potanos
Baie de Larnaka
Cap Pyla
LARNAKA
5 KM
Aéroport International de Larnaka

PAGES

●● AGIA NAPA ET SES ENVIRONS

Agia Napa attire plus de 350 000 touristes par an. Et comme elle n'est pas très éloignée de Nicosie, il suffit aux habitants de la capitale d'emprunter l'autoroute pour descendre directement sur la côte. Si elle n'est pas forcément ce que la destination peut proposer de mieux, elle réserve quelques plaisirs.

AGIA NAPA

Agia Napa attire plus de 350 000 touristes par an. Et comme elle n'est pas très éloignée de Nicosie, il suffit aux habitants de la capitale d'emprunter l'autoroute pour descendre directement sur la côte. Si elle n'est pas forcément ce que la destination peut proposer de mieux, elle réserve quand même quelques plaisirs.

CAP GREKO ★

Attention, site protégé ! La préservation de ce site splendide qui s'enfonce dans la mer est aujourd'hui assurée par le classement en parc naturel. Le Cap Greko se double même d'un itinéraire culturel, abritant le lieu de naissance mythique d'Aphrodite.

PROTARAS ★

Nettement moins calme et paisible, cette cité balnéaire continue de s'étendre le long de la côte ouest, entre le cap Greko et la zone tampon. Prisée par certains tour-opérateurs, vous y trouverez des lits de sable, des restaurants, des cafés et des clubs…

Protaras.

PAGES

146 **PARALIMNI**

Centre administratif de la région, Paralimni se développe de façon vertigineuse. Parmi ses derniers coins authentiques, la taverne Vangelis continue de servir les clients depuis 1948, à côté du lac séché qui donne son nom au village.

146 **POTAMOS LIOPETRI** ★

147 **●● LES KOKKINOCHORIA**

Coincée entre la zone tampon (au nord), la base de souveraineté de Dhekelia (à l'ouest) et la station balnéaire d'Agia Napa (à l'est), la petite région des « villages rouges » (Κοκκινοχώρια, Kokkinochoria) doit son nom à la couleur de la terre. Elle est réputée pour ses paysages et ses petites églises byzantines.

147 **XYLOTIMBOU** ★

147 **XYLOFAGOU** ★

147 **LIOPETRI** ★

147 **AVGOROU** ★

SOTIRA ★

148 Ce village au cœur des terres abrite notamment Mousikos, une adresse vaut largement le détour, voire le déplacement depuis Agia Napa ! Son église cruciforme du XVIe siècle de la Panagia Chortakiotissa ainsi que l'église d'Agios Georgios, basilique paléochrétienne à trois nefs, sont d'autres centres d'intérêt.

DERYNIA

148 Bienvenue dans le dernier village de la côte est avant la ligne de démarcation. Avant-dernier bâtiment avant le « no man's land », le Centre culturel de la Famagouste occupée vaut le détour. De son toit, on peut admirer la côte et la ville fantôme de Varosha avec ses hôtels abandonnés.

AGIA NAPA

Agia Napa (Αγία Νάπα en grec, *Aya Napa* en turc), 3 200 habitants, appartient au district de Famagouste, dont le chef-lieu est occupé par l'armée turque. La station balnéaire est située à 7 km au sud-est de Paralimni, 11 km au sud de la ligne verte, 22 km au sud de Famagouste (pas d'accès direct), 49 km au nord-est de Larnaka, et 86 km au sud-est de Nicosie. Jusqu'en 1974, Agia Napa était un village paisible de la banlieue de Famagouste, alors plus grosse destination touristique de l'île. Après l'invasion turque, tout a changé. La jolie « vallée boisée » (*napa*) s'est muée en terrible station balnéaire au développement anarchique. D'abord prisée par les Scandinaves, et désormais fréquentée surtout par les Britanniques et les Russes, Agia Napa attire environ 350 000 étrangers par an. Et comme elle n'est pas très éloignée de Nicosie, il suffit aux habitants de la capitale d'emprunter l'autoroute pour descendre directement sur la côte. Elle est devenue ce que la République chypriote peut faire de pire en matière de tourisme balnéaire : béton, plages bondées, mauvais restaurants exotiques, tapage nocturne, drogue, alcool… Si Agia Napa fut un jour un village « normal », aujourd'hui la présence d'un petit cimetière de campagne paraît bien incongrue entre une boîte de nuit et une enseigne de pizzeria. On trouvera un peu de calme en visitant le superbe monastère situé en plein centre du village ou en assistant à un coucher de soleil au cap Greko. De Nicosie 6 bus/jour (2h) et de Larnaka 10 bus/jour (1h). Rens. : www.intercity-buses.com.

AQUEDUC D'AGIA NAPA ★

Kryou Nerou
✆ +357 23 81 63 00
http://agianapaaquaduct.com
Accès libre.

C'est l'un des rares monuments préservés d'Agia Napa : l'édifice s'étire des abords du monastère et jusqu'à la côte, à l'ouest, au niveau de la chapelle Agia Thekla. Il permettait d'alimenter en eau le monastère et la région. La partie la plus visible se trouve à l'ouest du monastère, près de de la chapelle. Ses origines remontent à l'époque romaine, mais l'ouvrage est le résultat de profondes modifications apportées pendant la période franque. Récemment restauré, il s'étend du cap Pyla au cap Greko. En longeant l'édifice, on profite d'une agréable promenade.

TOMBES DE MAKRONISSOS ★

Makronissos
Accès libre. Site interdit la nuit.

Il s'agit d'une vingtaine de tombes, creusées à même la roche à la manière des Tombeaux des rois de Paphos. Découvertes en 1989, elles ont cependant beaucoup été endommagées, parce que le site servit sans doute de carrière fournissant des pierres de construction. On y accède par de beaux escaliers sculptés. Dans les cavités rectangulaires, les habitants de la région, durant les périodes romaine et hellénistique, déposaient les sarcophages. Le site est magnifique et la plage toute proche est l'une des plus agréables de la région.

Falaise rocheuse d'Agia Napa.

MONASTÈRE D'AGIA NAPA ★★

Rue Grigori Afxentiou ✆ +357 23 72 17 95
www.churchofayianapa.com
Tous les jours, jusque tard en été. Entrée libre. Audio guide en français disponible sur le site www.visitcyprus.com.

Dans le centre, le long de la rue Makariou, le monastère est l'alibi culturel de cette station aux mille feux. On peut toutefois consacrer dans sa journée, avant les longues nuits agitées de la côte, un petit détour par ce havre de paix d'une grande beauté. Ses lignes délicates sont l'œuvre des architectes vénitiens qui l'édifièrent vers 1500 pour en faire un couvent catholique, sur le site d'un premier monastère élevé au XIVe siècle. La découverte par les Vénitiens au XVIe siècle. d'une icône de la Vierge (Notre-Dame-des-Forêts) expliquerait le caractère sacré des lieux depuis de nombreux siècles (*agia napa* signifie « forêt sacrée »). Tout d'abord réservé aux nonnes, il devint un monastère pour hommes en 1668. Le monastère devint orthodoxe après l'occupation ottomane. Il est devenu, depuis 1978, centre de conférence de l'Eglise orthodoxe. Le cloître constitue la partie la plus remarquable, avec les arches de sa jolie cour intérieure et sa remarquable fontaine octogonale surmontée d'un dôme de pierre. On remarquera également la source qui s'échappe du groin du sanglier en marbre, et qui marque l'arrivée d'une très ancienne irrigation par l'aqueduc romain. L'église, en partie souterraine, contient une petite chapelle. Une nouvelle église, dédiée elle aussi à la Vierge Marie, fut érigée en 1994, au sud-ouest de l'ensemble. A la sortie de l'église, devant la porte sud, deux grands sycomores seraient plantés là depuis la première construction du XIVe siècle. Celui situé devant le portail sud serait vieux de plus de 600 ans.

MUSÉE MUNICIPAL THALASSA ★

14, Kryou Nerou ✆ +357 23 81 63 66
www.thalassamuseum.org.cy/en
Juin-septembre : tous les jours 9h-17h, lundi 9h-13h, samedi 15h-19h. Reste de l'année : fermé dimanche. 4 €.

En grec, comme on le sait, le mot *thalassa* signifie « mer », d'où le nom de ce musée créé pour faire connaître au public le patrimoine maritime de Chypre, des temps préhistoriques à nos jours. C'est un musée assez moderne, situé dans un centre culturel polyvalent. Consacré au monde de la mer, ce grand musée municipal est situé à côté de l'office du tourisme. Son élégante architecture moderne tranche avec les autres bâtiments d'Agia Napa. Le lieu accueille régulièrement des expositions temporaires, souvent interactives, des conférences et des concerts dans son amphithéâtre extérieur. On y explique les relations des Chypriotes avec la mer, depuis les temps les plus anciens jusqu'à nos jours, à travers des restes de bateaux de toutes époques, des statues, des vases de différentes périodes dont certains découverts dans de très anciennes épaves. Également des œuvres d'art à thème marin réalisées tout au long de l'histoire locale. Une partie des collections s'attache également à la faune marine de Chypre et de la Méditerranée, permettant de sensibiliser le visiteur sur la nécessité de préserver l'environnement marin et l'importance des recherches conduites dans ce domaine. Vous découvrirez ainsi la reconstitution du fond de la mer à l'âge des dinosaures avec des fossiles, des coquilles, des éponges, des coraux, des ammonites et des rudistes de la période du crétacé (de 130 à 65 millions d'années), des fossiles de poissons, des coraux de divers endroits de Chypre, des tortues de mer dans leur habitat naturel...

Monastère d'Agia Napa.

PLAGES D'AGIA NAPA ★

Elles comptent parmi les plus belles de la zone sud de Chypre et s'étendent sur 12 km.

La plupart sont surveillées et bénéficient du label Pavillon bleu. Location de chaises longues (environ 3 €).

Nissi est incontestablement la plus belle et la plus fréquentée des plages d'Agia Napa. Située à 3 km du centre, elle s'étend sur 900 m avec une eau très claire, un sable blanc et fin. Elle est surveillée et bénéficie de l'éco-label *Blue Flag* (Pavillon bleu). Facile d'accès, Nissi dispose de nombreux restaurants et cafés à proximité immédiate. Comme elle est bien protégée des vents qui soufflent l'après-midi en été, les vagues restent assez calmes. Un sentier de 4 km longeant la côte permet d'aller à pied vers les plages de Makronissos et de Vathia Gonia.

À l'ouest de la plage de Nissi

- **Latchi.** Située juste à côté de la plage de Nissi et à 3 km du centre-ville, Latchi est une petite plage de sable. Elle est protégée des vagues par des blocs de béton posés dans la mer. On y trouve des bars et des restaurants.

- **Landa.** À 1,5 km à l'ouest de Nissi et à 1 km à l'est de Makronissos, Landa (aussi appelée Paradise Beach) est une belle petite plage de sable blanc, avec un éco-label *Blue Flag*, des bars et des restaurants. Protégée de part et d'autre par des rochers, elle n'est pas trop sujette au vent du sud ni aux vagues.

- **Makronissos.** À 2,5 km de la plage de Nissi et à 5 km du centre-ville, Makronissos doit sans doute son nom (la « grande île » en grec) à la péninsule qui la sépare en deux et qui abrite un cimetière datant de l'Antiquité. Elle est formée de trois plages, calmes et familiales, qui bénéficient de l'éco-label *Blue Flag*. A l'abri du vent, on peut s'y baigner sans craindre les vagues. On y trouve des bars et des restaurants, mais aussi des loueurs de matériel de sports nautiques et des cours de plongée. À l'ouest, le chemin côtier mène au joli petit port de pêche de Potamos tou Liopetriou (6 km) en passant par la plage d'Agia Thekla.

- **Agia Thekla.** C'est la plage publique la plus éloignée du centre-ville (6 km), mais elle possède tout ce dont on a besoin. Bien protégée du vent et bénéficiant du *Blue Flag*, elle est très appréciée des familles avec de jeunes enfants mais aussi des plongeurs. Elle doit son nom à l'église située dans une zone qui, il y a encore une dizaine d'années, était déserte et qui est dorénavant truffée de villas…

A l'est de la plage de Nissi

- **Vathia Gonia (Sandy Beach).** Bien protégée par sa forme (son nom signifie « angle profond » en grec), Vathia Gonia se trouve à environ 800 m à l'est de la plage de Nissi. Sable blanc (avec quelques gros rochers), eau bleue le matin et éco-label *Blue Flag*. Un accès pour les fauteuils roulants est prévu. Vathia Gonia n'est pas trop fréquentée, et du fait de sa largeur, on a de la place pour étendre sa serviette. C'est aussi un bon coin pour la plongée. Le chemin côtier mène au port (2,5 km à l'est) et à la plage de Makronissos (4 km à l'ouest) avec, au passage, de jolies petites plages de sable.

- **Pernera.** Située à 200 m à l'est de la plage de Vathia Gonia, Pernera est littéralement cernée par les hôtels, restaurants et cafés. Sable fin, eau claire et *Blue Flag* ici encore. Souvent ventée l'après-midi en été, la plage est toutefois protégée des vagues par de gros blocs de pierre servant de brise-lames. La plage de Makronissos se situe à 4 km à l'ouest en prenant le chemin côtier.

- **Katsarka.** Cette étendue rocheuse de 800 m de long est située juste après la plage de Pernera. Également appelée Katsarga, elle bénéficie de l'éco-label *Blue Flag*. Entre les rochers, on trouvera quelques jolies bandes de sable. Les vagues peuvent être assez fortes l'après-midi.

- **Loukos tou Manti.** Minuscule, elle se trouve à côté du port. Faite de sable et de rochers, elle est située à proximité de bars et de restaurants. Bénéficiant de l'éco-label *Blue Flag*.

- **Pantahou.** S'étendant sur plus d'1 km entre le port et la plage de Glyki Nero, Pantahou est la plus longue plage d'Agia Napa. Egalement appelée *Limanaki paralia* (la plage du petit port), elle bénéficie de l'éco-label *Blue Flag*. Large et bien située, elle accueille des milliers de touristes sans qu'on s'y sente trop à l'étroit. Là aussi, le sable est blanc et l'eau claire. L'été, les vents du sud soufflent assez fort l'après-midi avec des vagues de taille moyenne. Des cours de plongée permettent d'aller explorer les grottes sous-marines situées à côté. Depuis Pantahou, le sentier côtier permet de rejoindre la plage de Vathia Gonia (2,5 km) et les grottes sous-marines de cap Greko (4,5 km) en passant par des zones un peu moins développées.

- **Glyki Nero (Grecian Beach).** Nichée dans une petite baie, elle est située juste à côté des grottes sous-marines d'Agia Napa (cours de plongée). Son nom grec signifie « eau douce » ou « eau potable » (ce qui n'est bien sûr pas le cas, même si elle bénéficie du *Blue Flag*). Ventée et sujette aux vagues l'après-midi, elle est très fréquentée et surplombée par l'hôtel Grecian qui lui vaut d'être souvent rebaptisée de ce nom. Sable blanc, eau très claire, cabines pour se changer, etc.

- **Kambouri.** Appelée aussi *Ammos tou Kambouri* (« le sable de Kambouri »), elle est minuscule et jolie comme tout. Située à 2 km de la plage de Kermia Beach, elle est légèrement ventée et soumise aux vagues l'après-midi. Elle bénéficie du *Blue Flag*.

- **Kermia.** A 3 km à l'est de Nissi, dans une zone encore relativement épargnée par le béton, elle doit son nom au complexe hôtelier qui la surplombe. Mais comme toutes les plages, l'accès est libre. Elle dispose de l'éco-label *Blue Flag* et est sujette à des vagues et vents légers l'après-midi. Des activités nautiques sont proposées. Quelques bateaux de pêcheurs y sont amarrés.

SIMOS MAGIC HOTEL APARTMENTS 2 €

4C rue Peteri
✆ +357 23 72 39 80
www.simosmagichotelsapts.com
30 appartements. 50 à 70 € pour deux sans petit déjeuner.

Prévoyez des protections auditives. Car à ce prix-là et vu l'emplacement, la plupart des clients ont des horaires pour le moins décalés. Niveau confort, les appartements sont assez rudimentaires (wifi uniquement dans les parties communes) et sont équipés d'une télévision, d'une kitchenette et d'un coin repas. Mais on bénéficie ici d'une grande piscine entourée de hauts palmiers avec un bassin séparé pour les enfants et d'une plage privée avec bar et cocotiers.

MON REPOS DESIGN HOTEL €€

125 Nissi Avenue ✆ +357 237 213 19
www.monrepos.info
62 chambres. A partir de 105 € avec le petit déjeuner.

Cadre magnifique, personnel professionnel… Cet agréable hôtel propose, en plus de prix très compétitifs, des prestations intéressantes. Le studio le moins cher dispose d'une kitchenette avec micro-ondes et d'une belle terrasse au-dessus de la piscine. Les suites récemment rénovées du Mon Repos sont spacieuses et comprennent un coin salon. La plage n'est pas loin : Macronissos Golden Sand se situe à 5 minutes à pied. Des plats locaux et internationaux sont servis au restaurant de l'hôtel. Le bar du Mon Repos propose des boissons et des rafraîchissements.

MARKOS FISH TAVERN €€

30, avenue Makariou III
✆ +357 23 721 877
Tous les jours 11h-23h. Environ 22 €/pers.

Ce restaurant est le plus ancien du port puisqu'il fut ouvert en 1955, bien avant « l'invasion » touristique. Il permet de déguster du poisson, des mezzés mais aussi pâtes et pizzas avec une belle vue sur la mer, mais pas sur les bateaux du port. De l'avis de tous, c'est un bel endroit avec de la nourriture honnête et des plats et salades fraîches à des prix pas trop prohibitifs. Ajoutez à cela que le service est très bon, le personnel très sympathique, et que la vue sur la baie donne à l'établissement aussi un certain charme.

CAP GREKO ★

Le cap Greko (Κάβο Γκρέκο/*Cavo Greko* en grec, *Poyraz Burnu* en turc) est situé sur la commune d'Agia Napa à 8 km au sud-est de Protaras. Cette pointe qui s'avance dans la mer était dédiée à la déesse Aphrodite dans l'Antiquité. La préservation du site est aujourd'hui assurée par le classement en parc naturel. Le contraste entre l'animation de Protaras, à quelques kilomètres, et cette zone encore sauvage et déserte, est saisissant. Dès la sortie de Protaras, sur la route d'Agia Napa, on se retrouve dans la plus grande tranquillité. Après quelques centaines de mètres, sur la gauche, une route conduit jusqu'au cap. En arrivant aux installations d'écoute de l'armée britannique, on se sent un peu frustré, car on aimerait bien pouvoir aller plus avant, au bout du bout, pour se retrouver face à la mer. Néanmoins, l'endroit est impressionnant, les paysages sont un brin lunaires, et vous pouvez crier sans gêner les voisins. La pointe est comme une presqu'île, une avancée qui repousse la mer des deux côtés. On espère que toute cette zone sera classée inconstructible et que les hôtels ne viendront pas un jour chatouiller le cap Greko ! On peut aussi se promener le long du chemin côtier. En été, le cap Greko est desservi par les lignes n°s 101 et 102 qui assurent la liaison entre Agia Napa, Protaras et Paralimni, ainsi que par les lignes n°s 703, 706 et 708. Le cap Greko et la plage de Konnos sont desservis par la ligne n° 711 qui fait la navette jusqu'au centre-ville de Larnaka.

KONNOS BAY HOTEL APARTMENTS €

Kavo Greko Road
✆ +357 23 831 630
konnosbay.com/gardens/en/home/
44 studios. A partir de 45 € la nuit pour deux. Souvent trois nuits minimum.

Cet établissement familial reste aujourd'hui toujours un bon plan, il n'est pas encore trop cher et surtout il est très bien situé entre Agia Napa et Protaras. Malgré une architecture sans charme particulier, vous y trouverez tout ce qu'il faut, notamment une kitchenette bien équipée. Le complexe compte aussi une piscine. Et, surtout, la magnifique petite plage de Konnos à seulement 200 m reste un vrai plus et une raison suffisante pour se poser ici.

GRECIAN PARK HOTEL €€

Kavo Greko Road
+357 23 84 40 00
www.grecianpark.com
239 chambres. A partir de 150 € pour deux avec petit déjeuner.

Adossé au parc national et avec vue sur le cap, l'hôtel est unique, il faut bien le reconnaître. Cet hôtel à la sortie de Protaras affiche classe et modernité. Très bons équipements, service et confort de haut standing. Et une situation isolée qui conviendra à ceux qui ne veulent profiter de l'animation du centre de la station que lorsqu'ils en ont envie. Très bien situé et décoré, avec de vastes chambres à partir de 20 m². Prestations parfaites avec centre de remise en forme et spa. Excellent restaurant et la plage à deux pas.

PLAGE DE KONNOS

La plage la plus à l'est d'Agia Napa.

C'est l'une des plus agréables plages du coin. Située de l'autre côté du cap Greko, c'est la plage la plus à l'est d'Agia Napa. Elle est d'ailleurs souvent prise pour une plage de Protaras. Elle est dominée par l'hôtel Grecian Park (même chaîne que l'hôtel situé au-dessus de Glyki Nero). La baie est entourée de collines couvertes de pins noirs. Très appréciée des Chypriotes, on y trouve un snack-bar, un loueur de matériel de sports nautiques et des chaises longues dont les matelas vont dans l'eau. La garantie d'un bon moment.

RANDONNÉES

Au départ de la plage de Konnos, vers Spilia Kyklopa, vous trouverez une promenade de 2,5 km le long de la côte, jusqu'à la grotte du cyclope. Vers Agioi Anargyroi, en passant par le sud de Konnos, vous atteindrez l'église d'Agioi Anargyro. Vers Profitis Ilias, un long sentier de 8,5 km relie la plage de Konnos et Profitis Ilias, au nord de Protaras. Au départ d'Agioi Anargyroi, autour du village, un sentier circulaire au départ de l'église passe par une aire de pique-nique. Vers Thalassines Spilies, parcourez aussi 4 km en allant plus au sud en longeant la côte.

PROTARAS ★

Protaras (Πρωταράς en grec, *Protaras* en turc), 15 000 habitants, appartient au district de Famagouste dont le chef-lieu est occupé par l'armée turque et est situé à 10 km au nord-ouest de Paralimni et à 11 km à l'est d'Agia Napa en longeant la côte par le cap Greko. Quartier touristique de la ville de Paralimni, cette cité balnéaire se développe sans cesse le long de la côte ouest entre le cap Greko et la zone tampon. Elle est devenue en quelques années l'une des destinations de vacances favorites des Chypriotes. Les tour-opérateurs aussi ont vite repéré les potentialités régionales : hôtels tout neufs aux multiples équipements, vastes complexes (resorts ou villages touristiques)... Les plages de sable fin se succèdent au fond de petites criques qui dessinent la côte. Les hôtels sont presque tous équipés de piscine et sont assez chers. Le centre de la station est envahi par des restaurants et hôtels-appartements.

Transports

La ligne n° 711 de la compagnie locale OSEA va de Kapparis à Larnaka en passant par Pernera, Protaras, Vrysoulles, Konnos, Agia Napa, Agia Thelka, Xylofagou et Ormidia. Les lignes n° 101 et 102 font la liaison entre Paralimni et Agia Napa : de l'arrêt Waterpark à Paralimni en passant par le cap Greko, Konnos, Protaras et Pernera. Enfin, la compagnie Intercity Buses assure des liaisons depuis Nicosie vers Agia Napa et Paralimni via Protaras.

© FERKHOVA

Descente dans la mer à Protaras.

RÉGION D'AGIA NAPA

ÉGLISE PROFITIS ELIAS ★

Akefalou

Entrée libre pendant la journée.

L'église du prophète Elias est construite sur une falaise abrupte dans la région de Protaras et elle est visible à des kilomètres de distance. Récemment reconstruite à l'emplacement d'une église byzantine, on y accède depuis la route par un escalier de 300 marches. Elle vaut surtout le coup d'œil pour le panorama. De là, on a alors une magnifique vue à 360° sur les environs. C'est aussi depuis cette église que part l'un des plus beaux sentiers de randonnée de l'île, le Konnos Nature Trail, qui descend jusqu'à la plage de Konnos, près du cap Greko (8,5 km, 3h).

CHRYSTALLA HOTEL €

6, Dimitri Lagiou

✆ +357 23 83 14 60

77 chambres. 50-90 € pour deux avec petit déjeuner. Fermé novembre-mars.

Il mériterait un coup de peinture mais, dans l'ensemble, il permet un séjour agréable pour un budget abordable. Les chambres sont confortables avec réfrigérateur et bouilloire. Malgré pas mal de petits défauts, le personnel reste très sympathique et serviable. Et, surtout, on ne vient pas ici pour rester enfermé dans sa chambre... Dans l'ensemble, de bons équipements, une belle vue et la plage de Fig Tree Bay est vraiment toute proche. Petite piscine et bassin pour enfants. Possibilité de pension complète dans les deux restaurants sur place.

CRYSTAL SPRINGS BEACH €€

95, Vrysoudion

✆ +357 23 82 69 00

www.crystalspringsbeachhotel.com

173 chambres. A partir de 80 € pour deux avec petit déjeuner.

Un établissement sérieux et bien équipé. Nombreux agréments, outre le confort et l'emplacement, une jolie crique un peu caillouteuse au nord du petit port de pêche de Pernera. Les pieds ne sont pas exactement dans l'eau, mais on n'en est pas très loin, et la piscine est agréable. Crystal Springs a l'argument du modernisme, avec la piscine dominant la plage et des prix pas trop vertigineux, même en saison. Les chambres possèdent un balcon privé, sont confortables et fonctionnelles, même si on les aimerait un peu plus vastes. Sauna, bars et restaurants.

PLAGES DE PROTARAS

La plupart disposent de tavernes et de bars. Seule une partie bénéficie de l'éco-label Blue Flag.

Du sud vers le nord, jusqu'à la zone tampon, on compte pas moins de onze plages sur 7 km. Sur chacune, on trouvera des locations de parasols et de chaises longues.

- **Nissia.** C'est la première plage de sable en remontant vers le nord après 4 km de côte rocheuse, ces deux fausses « îles » lui donnent ainsi son nom (*nissia* en grec veut dire « îles »). Restauration. Bon spot de plongée.
- **Lombardi.** Elle est située quelques dizaines de mètres au nord de Nissia et à 2 km au sud de la baie de Protaras. Eau claire et sable fin. Restauration et *Blue Flag*.
- **Baie de Protaras.** Elle est aussi appelée *Fig tree* ou *Sikia* en grec du fait des figuiers qui poussent ici. Très fréquentée en été, elle est quadrillée par les loueurs de parasols, cernée par les bars.
- **Vrisi (Golden beach ou Sunrise beach).** Appréciée des habitants de Nicosie comme des touristes anglais et scandinaves, c'est la plus longue plage (près de 1 km) et la plus fréquentée de la station de Protaras. Avec les dizaines d'hôtels (Iliada, Vrissina...), de bars (Scarabeo...) et de restaurants qui lèchent le sable, ainsi que les jet-skis et autres amarrés aux jetées, on ne risque pas de se sentir isolé.
- **Potami.** Cette petite baie abrite une plage au sable doré sur laquelle débouche une rivière (*potami* veut dire fleuve ou rivière en grec). Eau calme, *Blue Flag*, accès pour handicapés, bars et restos.
- **Pernera.** Très jolie baie avec 200 m de sable blanc. Eau calme et claire, *Blue Flag* et restauration.
- **Louma.** C'est la plus grande plage dans la partie nord de Protaras. Malgré la présence du port de pêche à côté, l'eau est propre, calme et claire. Divisée en deux parties reliées par une bande sable, la plage est assez large pour accueillir régulièrement des matchs de beach-volley. Accès pour handicapés, *Blue Flag* et restauration.
- **Vrysoudia.** Petite plage de galets située entre Agia Trias et Louma. Une source d'eau potable située à proximité lui donne son nom (*vrysoudia* signifie « source » en dialecte chypriote grec). A cause des courants, l'eau est souvent sombre.
- **Agia Trias.** Belle plage de sable surplombée par des falaises dans sa partie nord, ainsi que par une chapelle du même nom. La qualité de l'eau est moins bonne qu'ailleurs du fait de la proximité du port de pêche.
- **Malama (Skoutari).** A 1 km au nord d'Agia Trias, cette petite plage de sable est entourée de falaises. Très fréquentée en été. Restauration sur place.
- **Kapparis.** Dernière plage (sable) avant la zone tampon. Très fréquentée en été, on y trouve de bons spots de plongée, notamment dans les grottes sous-marines. Restauration sur place.

PIEROS VILLAGE TAVERN €€

513, Protara-Cavo Gkreko Avenue
✆ +357 23 83 14 88
Tous les jours 12h-15h, 19h-23h. Env. 30 €/pers.

À l'angle de la rue Ithakis donnant sur la mer, au niveau des Villas Mesogious, il est moins tape-à-l'œil que la ribambelle de mauvais restaurants du coin et un peu en retrait de la côte, au bord de l'axe principal, cette taverne vaut largement le détour. Elle est réputée pour ses produits de la mer extrêmement frais et son authentique cuisine chypriote. Parmi les spécialités, des poissons méconnus pêchés par le propriétaire lui-même : *skaros* (poisson-perroquet) et *kourkounes* (poisson-lapin à ventre strié). L'établissement propose aussi mezzés et *kleftiko*.

JUST SCUBA CYPRUS

10, rue Pinias
✆ +357 977 181 25
www.justscuba.co.uk
Cours Padi d'initiation (à partir de 10 ans) : 70 €.
Cours de remise à niveau : 60 €.

L'équipe anglo-chypriote qui anime ce club de plongée est très pro, le matériel est neuf et bien entretenu et l'ambiance décontractée. À l'arrière, une petite terrasse et un barbecue laissent présager de sympathiques soirées. Les encadrants du club vous emmèneront plonger sur le *Zenobia* bien sûr, mais également dans 4 petites grottes immergées à 12 m de profondeur pour une belle aventure. Les autres sites sont nombreux et tous différents. Les non-plongeurs pourront s'initier dans un cadre idyllique et en toute sécurité grâce au professionnalisme des formateurs.

HOTEL PAPOUIS PROTARAS €€

7 Mantaliou ✆ +35724657100
http://papouishotels.com
Chambres avec balcon, clim, coffre-fort, frigo, TV. Wi-fi gratuit.

Situé à deux kilomètres du centre-ville de Protaras et à quelques pas de la mer, Le Papouis Protaras (ex-Smartline) propose un bon rapport qualité/prix. L'hôtel dispose de deux saunas (à payer sur place), d'un court de squash, d'un court de tennis et d'un terrain de volley-ball. Une aire de jeux extérieure pour enfants est située à côté du jardin. Son atout ? Sa grande piscine bien ensoleillée avec un petit bain qui est accessible pour les enfants.

PARALIMNI

Paralimni (Παραλίμνι en grec), 15 000 habitants, est le chef-lieu de la zone libre du district de Famagouste. La ville se trouve 7,5 km au nord d'Agia Napa. Des abords qui rappellent le film *Bagdad Café*, avec une grande avenue dans une sorte de désert de sable empiété par de nombreuses constructions. Le développement de Paralimni s'est accéléré de façon vertigineuse après 1974 en accueillant de nombreux réfugiés grecs du Nord et les institutions du district de Famagouste, pour devenir la capitale temporaire de la « zone libre de Famagouste ». Paralimni semble s'étendre à vue d'œil et se confondre avec la station de Protaras. Le centre-ville a été joliment aménagé et les commerces y sont nombreux. Les quartiers résidentiels ont poussé vers le sud, en direction de Protaras, et vers l'ouest, autour du lac qui a donné son nom à la ville (*paralimni* veut dire « près du lac » en grec) et qui est asséché en été. Mais vers le nord, le développement de la ville a été stoppé par la zone tampon qui sépare la République de Chypre des territoires occupés par la Turquie.

Transports

D'Agia Napa, liaisons avec les lignes 101 et 102. La ligne 706 relie Xylotympou à Konnos en passant par Dasaki Achnas, Avorou, Frenaros, Derinia, Paralimni et Protaras. La ligne 703 part de la centrale électrique de Dhekelia à Konnos en passant par Orimidia, Xylofagou, Liopetri, Sotira, Paralimni et Protaras.

TTAPPIS TAVERN €€

02, rue Stadiou

✆ +357 23 82 19 59

Tous les jours 18h-23h. Env. 25 €/personne.

Une grande taverne typiquement chypriote (un peu bruyante, donc) et surtout peu connue des touristes, ce qui fait donc tout son charme. L'établissement sert le traditionnel *kleftiko,* le *souvlaki*, des champignons grillés, le halloumi dans de la pita, les œufs à la saucisse, du lapin avec frites maison et quelques poissons. Mais vous y trouverez aussi des salades et des plats plus classiques. Réservation recommandée. Comme c'est très couru le week-end, l'établissement ne propose alors que des menus de mezzés. Sur place ou à emporter.

POTAMOS LIOPETRI ★

Potamos Liopetri (Ποταμός Λιοπετρίου/ Potamos Liopetrou) appartient au village de Liopetri (4 500 hab.). Le hameau est situé 12 km à l'ouest d'Agia Napa. Potamos (« la rivière ») est un pittoresque refuge de pêcheurs situé près des ruines d'une tour de garde vénitienne. Arthur Rimbaud a travaillé ici comme contremaître d'une carrière de pierre en 1879. Sur place, une belle plage peu fréquentée et un bar de pêcheurs dont les barques envahissent l'étroit estuaire. Venir à Potamos peut donc être un moyen d'échapper à la folie d'Agia Napa. Près du port, l'arrêt Agias Theklas 1 est desservi par les lignes de bus 501, 704, 705, 707 et 711.

ÉGLISE AGIA ANNA - MUSÉE BYZANTIN ★

Avenue Protara

✆ +357 99 41 66 18

www.agiosgeorgiosparalimniou.org.cy

Tous les jours sauf dimanche 9h-13h. Gratuit.

L'église d'Agia Anna, dont certaines parties remontent au XIIIe siècle, se trouve au centre de Paralimni. Aussi appelée église Panagia (de la Vierge), il s'agit d'un édifice à voûte et à deux nefs, à l'intérieur simple, mais orné d'assiettes de porcelaine du XVIIIe siècle tout à fait remarquables. Des icônes du XVIe au XIXe siècle sont exposées, ainsi que des reliques sacrées, des livres anciens et du matériel ecclésiastique. L'église abrite un petit musée byzantin.

© MARKOS LOIZOU/SHUTTERSTOCK.COM

Potamos Liopetri.

XYLOTIMBOU ★

Xylotimbou ou Xylotimpou (Ξυλοτύμπου ou Ξυλοτύμβου en grec), 3 600 habitants, appartient au district de Larnaka. Le village est situé 31 km à l'ouest d'Agia Napa, 20 km au nord-est de Larnaka. Enclavé dans le territoire de la base de souveraineté britannique de Dhekelia, son nom signifie « tombe de bois ». Côté tourisme, assez limité, le village possède 10 églises, notamment deux jolies chapelles qui valent un petit détour, surtout pour leurs peintures. L'autre, Agios Vasileos, est moins riche. Néanmoins, elle possède quand même un peu plus de charme dans son allure et son environnement alentour. Xylotimbou est desservi par les lignes de bus 702, 704, 706 et 713.

LIOPETRI ★

Liopetri (Λιοπέτρι en grec), 4 600 habitants, appartient au district de Famagouste. Le village est situé à 16 km au nord-ouest d'Agia Napa, et à 10 km à l'est de Paralimni. Ce village est surtout connu pour son joli port. Le bourg lui-même, situé à 4 km au nord de la côte, abrite deux églises intéressantes, une église du XVIe siècle consacrée à la Vierge (Panagia) et l'église Agios Andronikos du XVe siècle, à dôme octogonal, primitivement vouée au culte catholique, et qui était ornée de fresques dont certains fragments sont encore visibles dans l'abside. C'est aussi un village de la vannerie traditionnelle. Liopetri est desservi par les lignes de bus n°s 701, 703, 705 et 714.

XYLOFAGOU ★

Xylofagou (Ξυλοφάγου en grec), 6 200 habitants, est situé 17 km à l'ouest d'Agia Napa, 32 km au nord-est de Larnaka, à la limite de la base britannique de Dhekelia. Ce village s'est fortement développé ces dernières années. Il doit son nom (« mangeur de bois ») aux navires qui s'y échouaient fréquemment autrefois. Il abrite l'église Agios Georgios (XVe siècle), dont l'apparente simplicité cache une architecture et des peintures murales intéressantes, en particulier la représentation de l'archange Michel ou de l'arbre de Jessé. On peut sortir des limites de la base britannique en allant vers la côte. Xylofagou est desservi par les lignes de bus 701, 703, 704, 711 et 714.

AVGOROU ★

Avgorou (Αυγόρου en grec), 4 600 habitants, est situé à 23 km au nord-ouest d'Agia Napa (via Liopetri), et à 14 km au nord-est de la base de Dhekelia. Avgorou constitue le centre économique des Kokkinochoria, tourné essentiellement vers l'agriculture (pomme de terre). Il est situé dans la zone tampon, sous contrôle des Casques bleus. Chaque année, le 6 octobre, une célébration est organisée en l'honneur de saint Kendeas, qui a donné son nom au monastère du village et qui est réputé pour ses pouvoirs guérisseurs. Sur place, petit musée ethnographique (✆ +357 23 92 33 40, tous les jours sauf dimanche et lundi). Avgorou est desservi par les lignes de bus n°s 702, 705, 706 et 713.

© AIS60

Liopetri.

SOTIRA ★

Sotira (Σωτήρα en grec), 5 500 habitants, se trouve à 12 km au nord-ouest d'Agia Napa, et à 7 km au sud-est de Paralimni. Au cœur des terres, on y vient pour son atmosphère pittoresque. On visitera un petit musée ecclésiastique en contactant le prêtre. A l'entrée du village, l'église à moitié en ruine d'Agios Mamas a été construite vers le XIIe siècle. La plupart des fresques qui ont survécu datent du XVIe siècle. A 1 km plus à l'ouest se trouvent l'église cruciforme du XVIe siècle de la Panagia Chortakiotissa, dont le dôme a été restauré, ainsi que l'église d'Agios Georgios, basilique paléochrétienne à trois nefs. Sotira est desservi par les lignes nos 702, 705, 706 et 713.

MOUSIKOS €

6, rue Kyriakou Matsi
✆ +357 23 82 88 33
Tous les jours 18h30-22h30. Env. 20 €/personne.
Cette adresse vaut largement le déplacement, même en taxi depuis Agia Napa. Car en plus d'offrir une très bonne cuisine chypriote à base de produits provenant pour l'essentiel de la ferme des propriétaires, les prix restent très raisonnables. Les menus de mezzés sont composés de petits en-cas absolument divins (*halloumi* rustique, champignons grillés, légumes frais de saison, etc.), mais aussi de plats nettement plus robustes tels le *stifado*, le poulet grillé et les côtes d'agneau extra-tendres. Et ce n'est pas tout : belle sélection de vins grecs pas trop chers.

DERYNIA

Derynia (aussi translittéré Deryneia ou Dherynia, Δερύνεια en grec, *Derinya* en turc), 5 700 habitants, est le dernier village de la côte est avant la ligne de démarcation, dont 74 % des terrains se trouvent dans la zone tampon ou en zone occupée, comme le quartier de Kato Derynia. Davantage encore que Kyrenia ou Morfou, Famagouste, si proche (2 km à vol d'oiseau), est une terre promise que chacun espère encore un jour pouvoir toucher. Il faut faire un détour de 60 km par le check-point de Pergamos pour y arriver. A Derynia, on en fait même un peu de commerce : dans les zones les plus proches, au départ des chemins ou rues qui y mènent, au-delà des lignes des Nations unies, les habitants louent leur terrasse sur les toits aux visiteurs afin qu'ils puissent, avec une paire de jumelles, apercevoir la cité interdite (l'ancienne station de Varosha, la plage de Famagouste, que l'on peut voir de Derynia). On peut même, de certains points « autorisés », faire quelques photos. Les panneaux jouent la concurrence : « Official view point : the best aerial view on the enclaved ghost city ». On pourra toutefois visiter la vieille église Saint-Georges (XVIIe siècle), au milieu du village, qui contient encore une peinture murale du saint, et dont la construction initiale date du Moyen Âge. Le clocher le plus élevé appartient à l'église de la Vierge, dont on pourra admirer les icônes du XVIIe siècle. L'arrêt Eleftherias, à Derynia, est desservi par les lignes de bus nos 701, 702, 706, 707, 708 et 714.

CENTRE CULTUREL DE FAMAGOUSTE OCCUPÉE ★

35, rue Evagourou
✆ +357 23 74 08 60
www.famagusta.org.cy
Lundi-vendredi 7h30-16h, samedi 9h-16h30. Gratuit.
Ouvert en 2001, le Cultural Centre of Occupied Ammohostos *(Πολιτιστικό Κέντρο Κατεχόμενης Αμμοχώστου)* est moins intéressant pour son contenu (surtout des projections de vidéos de Famagouste avant l'invasion et une exposition sur les droits de l'homme dans la partie occupée) que pour sa situation. De son toit, on peut admirer la côte et la ville fantôme de Varosha avec ses hôtels abandonnés. Le deuxième étage dispose même d'un « observatoire » à cet effet.

COSTARIS €

72 Makarios III
✆ +357 23 82 20 46
Mardi-dimanche 18h-23h. Env. 20 €/personne.
Taverne tout ce qu'il y a de plus « classique » sur la route principale entre Derynia et Frenaros. Au menu : des grillades, du poisson et surtout le traditionnel *kleftiko*, vraiment tendre et sans doute le meilleur de la région. Réservation recommandée (surtout si on prévoit de goûter au *kleftiko*). Excellent service et nourriture parfaite. Nous avons testé une salade de village pour commencer, suivie d'un *kleftico* qui était incroyable. La promesse d'une bonne soirée avec un personnel très gentil et attentif. On recommande aisément !

RÉGION DE LIMASSOL

Cité portuaire, cité d'affaires et cité balnéaire, Limassol est la deuxième ville de la République chypriote, et sans doute celle qui est le plus tournée vers l'étranger et la modernité. Ce fut ainsi la première à attirer les touristes et les investisseurs d'ex-URSS dès les années 1990. C'est d'ailleurs pour séduire cette nouvelle clientèle qu'elle s'est récemment dotée d'une énorme marina d'un kitsch absolu aux allures de petite Venise en béton. Le visiteur en quête d'authenticité et d'échanges avec les locaux sera ici bien en peine. Ce qu'on préfère souvent dans la région, ce sont les environs de Limassol : ses sites archéologiques avec vue sur mer, ses plages les plus éloignées qui sont les plus belles et ses villages de semi-montagne qui offrent enfin un peu de répit et d'authenticité chypriote.

Région de Limassol
5 KM
Arminou
Agios Nikolaos
Filousa
Praitori
OMODOS
Kedares
ARSOS
Vasa
Potamiou
Malia
Kissousa
Koilani
Kouka
Moniatis
PERA PEDI
Trimiklini
Silikou
Laneia
Doros
Monagri
LOFOU
Agios Therapon
Troumithos
873
Agios Mamas
Limnatis
Gerasa
Korfi
Zoopigi
Kalo Chorio
Louvares
Apsiou
Dora
Pachna
AGIOS AMDROSIOS
Kato Kivides
Pano Kivides
531
Alassa
476
334
Souni
Zanakia
ANOGYRA
Prastio
Agios Thomas
SOTIRA
Avdimou
Paramali
Kantou
Ypsonas
Kato Polemidia
ERIMI
EPISKOPI
KOLOSSI
TRACHONI
PISSOURI
KOURION
Tserkezoi
Asomatos
Lac Sal
AKROTIRI
Pissoury Bay
Akrotirio Zevgari
Akrotirio Gata
Lady's Mile Beach
LIMASSOL
Mesa Geitonia
Agios Athanasios
GERMASOGEIA
Mouttagiaka
Paramytha
Spitali
Fasoula
Mathikoloni
Akrounta
Foinikaria
Kyparissia
692
Periochi Koumandarias
EPTAGONEIA
Odou Moni
Melini
Ora
Lageia
Vavla
Kellaki
Sanida
Vasa
Asgata
Parekklisia
Pygros
Pentakomo
Agios Tychon
Mari
PANO LEFKARA
Katc Lefkara
KATO DRYS
KOFINOU
SKARINOU
TOCHNI
KALAVASOS
MARONI
ZYGI
GOVERNOR'S BEACH
Akrotirio Dolos
Baie d'Akrotiri

PAGES

La baie d'Akrotiri est en grande partie occupée par la zone touristique d'Amathus. Plus à l'est, en direction de Larnaka, la côte devient très rocheuse. Elle est occupée par des carrières, des cimenteries, des zones pavillonnaires et, enfin, une des plus belles plages de la côte sud !

La ville la plus dynamique et la plus cosmopolite de Chypre ne peut pas laisser pas indifférent. Elle possède les plus hauts immeubles, la plus forte diaspora russe, les plus longues plages urbaines, le plus important port de commerce et la plus grande marina de toute l'île. Mais elle abrite aussi un joli petit centre-ville hérité des Francs, des Ottomans et des Britanniques ainsi que qu'une ribambelle de mini-musées (de l'Eau, de la Médecine, du Pain décoré...).

Si la zone abrite la dernière base aérienne du Royaume-Uni en Méditerranée, la péninsule compte aussi deux grandes plages (Lady's Mile Beach à l'est et la plage de Kourion à l'ouest), le lac salé de Limassol qui abrite des colonies de flamants roses et de pélicans, ainsi que les magnifiques sites archéologiques.

Loin de l'agitation de Limassol, les villages des alentours offrent un peu de répit et d'authenticité. Cette partie de la région abrite à la fois des sites archéologiques, une réserve naturelle et de belles plages épargnées par la frénésie immobilière.

LIMASSOL ★

Limassol (Λεμεσός/Lemesos en grec, Limasol ou Leymosun en turc) compte environ 110 000 habitants (190 000 avec l'agglomération). Elle est le chef-lieu du district de Limassol (250 000 habitants). La ville se trouve 67 km à l'est de Paphos, 68 km au sud-ouest de Larnaka et 85 km au sud-ouest de Nicosie.

Si Limassol n'est que la deuxième ville de Chypre en termes de population derrière Nicosie, elle est la plus dynamique et la plus cosmopolite. Son front de mer bordé de plages concentre cinq immeubles à plus de 100 m de hauteur, dont la tour « One », achevée en 2022, qui est la plus haute de l'île (170 m). On y trouve aussi une rutilante marina conçue pour accueillir les yachts (et l'argent sale) des oligarques russes. Car depuis la dislocation de l'ex-URSS, la ville a su attirer de nombreux Russes, Biélorusses et Ukrainiens. Surnommée « la petite Moscou », elle compte désormais 17 % d'habitants parlant le russe ainsi que de fortes minorités d'Asie, d'Afrique et des Balkans. Ce pouvoir d'attraction résulte de la capture de Famagouste par l'armée turque en 1974, quand Limassol est soudain devenue le premier port du pays.

La ville a grandi vite. Coincée entre les vestiges des cités antiques de Kourion (à l'ouest) et d'Amathonte (à l'est), sa banlieue s'étend jusqu'au territoire britannique d'Akrotiri (au sud-ouest) et aux contreforts du Troodos (au nord). Le petit centre-ville n'en demeure pas moins agréable avec un château médiéval, un vieux quartier turc et d'anciens entrepôts abritant musées et restaurants.

Histoire

L'histoire de Limassol est récente comparée à celle de sa voisine Amathonte (dans la zone hôtelière d'Amathus). Pourtant, par un de ces retournements dont le destin a le secret, la ville connut un essor considérable dans la seconde moitié du XXe siècle au point de devenir la deuxième cité du pays. Elle possède aujourd'hui, outre son poids dans l'économie du pays, beaucoup plus d'attraits culturels que sa voisine. On en oublie presque que la rangée impressionnante d'hôtels, situés à l'est de la ville et rattachés à Limassol, se trouve en réalité à côté du territoire de l'ancienne Amathus, devenue au fil du temps un simple faubourg de Limassol. Le premier acte d'importance fut accompli par Richard Cœur de Lion, qui débarqua là un jour de 1191 parce qu'il était en bisbille avec Isaac Comnène. Maître de l'île à cette époque, ce dernier prétendait se saisir d'un bateau anglais qui s'était abîmé près des côtes chypriotes. Ce bateau ne transportait rien moins que Bérengère de Navarre, fiancée du roi (le cher Cœur de Lion, dont on connaissait la grande intimité avec ses plus valeureux chevaliers, était également un fin politique). A l'annonce de ce quasi-enlèvement, Richard fonça sur Amathus, y débarqua avec ses troupes, qui écrasèrent soigneusement celles de son ennemi lors d'une bataille qui se déroula en deux épisodes près de Kolossi et de Kiti, et rasa presque complètement Limassol. Désireux de s'installer confortablement, il s'en alla occuper cette même ville, où il épousa Bérengère le 12 mai 1191 dans une église ou, à tout le moins, une première construction qui occupait le site de l'actuel château. La bataille de Tremetousha lui assura la suprématie sur toute l'île. Comme il avait besoin d'argent, il

Limassol, rue Genethliou Mitellla.

la revendit rapidement aux Templiers. La tradition de Chypre comme escale du « retour des croisades » fut en effet bien établie, et les Hospitaliers, comme les Templiers, choisirent le sud de l'île pour s'y installer, tandis que les Lusignan prenaient progressivement le contrôle de tout le territoire. Lorsque les Génois prirent le relais, ils ne se privèrent pas de détruire Limassol, qui leur apparaissait comme un très possible foyer de résistance. C'est d'ailleurs au cours de leurs longues luttes contre les Francs que ces derniers firent élever le château à son emplacement actuel. S'ensuivit la période ottomane, puis la domination britannique, qui vit le port prospérer, l'agriculture, notamment la viticulture, et le commerce s'accroître rapidement.
Le développement de Limassol s'est accéléré après l'invasion turque et la perte de Famagouste, Larnaka et Limassol bénéficiant, si l'on peut dire, de leur statut de villes portuaires et de stations en puissance pour suppléer cette défection imprévue. Le port de Limassol, qui venait d'être terminé, prit alors un essor considérable, donnant à la ville une certaine prépondérance qui en fait aujourd'hui, pour l'activité économique et le tourisme, la première ville de l'île, Nicosie conservant la première place administrative. Le vieux port, qui conserve un charme certain, n'est plus utilisé que pour la plaisance et par quelques pêcheurs.

Quartiers

Rues commerçantes. Les vieux quartiers, autour du château, entre l'avenue Makarios et le port, sont très agréables pour la promenade : on y rencontre un artisanat encore vivace, qui n'a rien à voir avec la flambée touristique, mais qui constitue une véritable pérennisation des traditions : vannerie, ustensiles culinaires, reproduction d'icônes. Depuis la rue Eirinis (qui part du château), on trouve des articles en cuir (vêtements, sacs, bottes, etc.), des tailleurs, rémouleurs et étameurs et les immanquables boutiques de souvenirs. Près du château se trouve l'ancien moulin à caroubes de Lanitis. Là, d'anciens bâtiments ont été rénovés et sont désormais occupés par des restaurants, un musée et un centre d'exposition. Autre axe commerçant, la rue Anexartisisias (Indépendance), perpendiculaire au front de mer, en remontant jusqu'à Agias Zoni, avec de beaux et modernes magasins.

Quartier turc. Il se trouve près du vieux port et garde une certaine unité et un aspect typique, avec notamment des maisons à encorbellements et autres artifices de décoration et d'architecture ottomane.

Marché. La rue Saripolou, parallèle à Eirinis, descend jusqu'à l'église Agia Napa, en allant

Fort médiéval et musée de Limassol.

vers le port, et rejoint le marché couvert à son autre extrémité.

Rue Agiou Andreou. Pour son aspect pittoresque, ses boutiques et ses tavernes, on arpentera scrupuleusement la rue piétonne (Saint-André). Elle devient ensuite, en se rapprochant du front de mer, un coin avec beaucoup de cachet, avec bistrots et tavernes.

Front de mer. Appelé Molos par les habitants, il est moins agréable que celui de Larnaka. Les rares terrasses sont bordées par l'assourdissante route et on se sent vraiment tout petit entre, d'un côté, les hauts immeubles vétustes et, de l'autre, la longue promenade bétonnée et peu ombragée. En suivant cependant cette promenade le long de la mer, en allant vers l'est, on atteint les jardins municipaux. Débute ensuite la longue extension touristique de la ville communément dénommée Amathus (du nom de l'ancienne cité). Sur plusieurs kilomètres le long des avenues Georgiou A et Amathus se succèdent hôtels, appartements et restaurants dans une débauche de néons le soir venu. Les espaces se font ensuite plus larges entre les hôtels jusqu'au Méridien, dernier établissement de cette longue enfilade. Le long de cette zone de 12 km ont été récemment aménagés un étroit, mais essentiel, sentier littoral et une piste cyclable, permettant d'aller de la ville aux plages, des hôtels aux restos, sans emprunter la route bruyante, mais en regardant la mer et les jardins des hôtels. Le matin, c'est un bonheur que d'y faire son jogging.

Transports

La compagnie Intercity Buses (www.intercity-buses.com) permet de rejoindre directement Nicosie, Paphos ou Larnaka.

CATHÉDRALE AGIA NAPA

Agiou Andreou
+357 25 36 38 06
Accès libre en journée en dehors des liturgies – tenue correcte exigée.

Cette cathédrale orthodoxe grecque (Καθεδρικός Ναός Αγίας Νάπας/Kathedrikós Naós Agías Nápas) est le siège de la métropole (évêché) de Limassol. Elle fut érigée de 1891 à 1910 à l'emplacement d'une église orthodoxe qui elle-même occupait les murs de l'église médiévale catholique Sainte-Véronique. Elle s'inspire de l'église de la Panagia Chrysospiliotissa d'Athènes achevée en 1892. Mais elle combine plusieurs styles, dont des arcs brisés arabes au niveau des fenêtres. À l'intérieur : icône de la Panagia Agia Napa, riches peintures du dôme, iconostase en marbre…

CENTRE HISTORIQUE DE LIMASSOL ★

Agiou Andreou
Nombreux commerces, bars, cafés, restaurants et hôtels.

Le quartier le plus intéressant de la ville à visiter (Ιστορικό Κέντρο/Istoriko Kedro) correspond aux limites de Limassol dans les années 1960. On y trouve en particulier le château de Limassol, la cathédrale Agia Napa, la mosquée Kebir et la place Saripolou. Le centre historique forme un rectangle d'environ 700 m de longueur entre la marina et la rue Feyis-Pasa à l'ouest et le jardin municipal à l'est et de 200 m de largeur entre le parc côtier au sud et les rues Navarinou et Gladstonos au nord. Hérissé d'immeubles modernes sans charme le long du front de mer, le quartier conserve en revanche de nombreux édifices et ruelles hérités des périodes ottomane et britannique. S'y côtoient des maisonnettes en pierre de taille et de petits immeubles en béton des années 1950-1970, des bâtiments administratifs aux styles variés et de rutilantes villas d'architectes. Cet ensemble est traversé par la grande rue Agiou-Andreou (Saint-André), en partie piétonne, qui va du château au jardin municipal. Avec l'afflux de réfugiés après l'invasion turque de 1974, puis l'arrivée constante de nouveaux habitants depuis, la ville s'étend désormais sur 6 km vers le nord en s'agrippant aux contreforts du mont Troodos, sur 2 km vers l'ouest du port de commerce à l'antique Kourion et jusqu'aux limites du territoire britannique d'Akrotiri et, surtout, vers l'est, sur 8 km le long de la mer avec une série de grands immeubles et hôtels jusqu'au site archéologique d'Amathonte.

CENTRE MUNICIPAL DES ARTS APOTHIKES-PAPADAKI

Dans le centre historique, dans une impasse donnant sur la rue Agiou-Andreou, 350 m au nord-est de la cathédrale Agia-Napa. +357 25 36 77 00
www.facebook.com/apothikespapadaki
Mardi-vendredi 9h-18h, samedi 10h-14h – tarif variable.

Créé en 2017, ce centre culturel (Δημοτικό Κέντρο Τεχνών Αποθήκες Παπαδάκη/Dimotikó Kéntro Technón Apothikes Papadaki, Municipal Arts Center) est installé dans d'anciens entrepôts de la famille commerçante Papadaki, qui datent des années 1920, et deux bâtiments modernes. Le lieu accueille une dizaine d'expositions temporaires chaque année, principalement consacrées à des aspects particuliers de l'histoire de l'île ou à des artistes contemporains chypriotes.

CHÂTEAU DE LIMASSOL ★★

Vasilissis Verengarias
+357 25 30 54 19
www.mcw.gov.cy
Tous les jours 8h-17h, dimanche 10h-13h. 4,50 €.

Cette vaste structure de pierre claire et de forme carrée (Κάστρο Λεμεσού/Kastro Lemesou/Limassol Castle) est l'édifice médiéval majeur de la ville. La tradition veut que ce soit ici que Bérengère de Navarre épousa Richard Cœur de Lion et devint reine d'Angleterre le 12 mai 1191. Dans les faits, le château a été édifié par Guy de Lusignan à partir de 1193 à l'emplacement d'une basilique paléochrétienne (IVe-VIIe siècles) et d'une forteresse byzantine (Xe-XIe siècles). Par la suite, il a été profondément remanié par Jacques Ier de Lusignan (1334-1398). Le château fut endommagé par les raids des Génois et des Mamelouks, partiellement détruit par les Vénitiens en 1567, puis reconstruit au début de la période ottomane (XVIIe siècle). Le résultat est un assemblage assez hétéroclite. Tandis que la structure actuelle est essentiellement ottomane, l'entrée a été bâtie par les Britanniques, comme en témoignent les initiales VR (*Victoria Regina*). Le château abrite aujourd'hui une partie des collections médiévales du musée national de Chypre : pièces de monnaie, pierres tombales de nobles francs et vénitiens, bronzes, vaisselle, vases, armures des Templiers, poteries, assiettes en argent de la période byzantine. En été, la visite se révèle particulièrement agréable grâce aux murs épais qui conservent la fraîcheur. La terrasse offre un panorama sur la mosquée Kebir au nord-est, le vieux moulin à caroube situé juste à côté et, plus loin à l'ouest, l'église Saint-Antoine (Άγιος Αντώνιος/Saint Anthony) et la mosquée Koprulu (Κιοπρουλού).

JARDIN ET ZOO MUNICIPAUX

Le long du front de mer, 1,7 km au nord-est de la marina. Autres entrées : rues Lord-Byron (à l'est) et Anastasi-Sioukri (au nord). ✆ +357 25 58 83 45

Jardin : tous les jours 7h-20h30 (19h30 en hiver). Zoo : tous les jours 9h-16h/19h selon la saison. 5 €, enfant 2 €.

Ce complexe de 6 ha (Δημοτικός και Ζωολογικός Κήπος Λεμεσού/Dimosios kai Zoologikos Kipos Lemesou) comprend un agréable jardin à l'anglaise ouvert en 1905 avec des eucalyptus, des pins, des cyprès et des pelouses impeccables. Le zoo fut quant à lui créé à partir de 1954. Depuis sa rénovation en 2012, il abrite surtout des animaux domestiques de l'île ainsi que quelques singes et lémuriens, ou encore des flamants roses. Egalement sur place se trouve le centre de danse municipal avec un théâtre de 2 000 places en extérieur. Cafés dans le jardin et le zoo.

MARINA DE LIMASSOL

Limassol Marina Street ✆ +357 25 02 00 20

www.limassolmarina.com

Restaurants et bars : jusqu'à 2h du matin pour certains. Résidences en location et port de plaisance : se renseigner.

Nouveau centre névralgique de la ville, ce port de tourisme (Μαρίνα Λεμεσού/Marina Lemesou) est l'un des mieux équipés de Méditerranée. Installé à l'emplacement d'une ancienne zone de quarantaine, il a été achevé en 2014 pour un coût de 430 millions d'euros et s'étend sur 22 ha. Englobant le Vieux port, la marina compte 650 places pour navires de plaisance de 8 à 110 m de longueur et dispose d'un chantier naval. De style « vénitien » tendance kitsch, le complexe comprend 285 résidences, 14 restaurants, bars et cafés, 50 commerces et une plage artificielle privée.

MOSQUÉE KEBIR

Genethliou Mitella

En cours de rénovation.

Cette mosquée ottomane dotée d'un cimetière (Τζαμί Κεπήρ/Tzami Kepir/Grand Mosque) est repérable grâce à son élégant petit minaret de couleur blanche. Également appelée Grande mosquée de Limassol, elle a été édifiée au XVIe siècle à l'emplacement de la basilique orthodoxe Sainte-Catherine (XIIe siècle). En partie balayée par une inondation au XIXe siècle, la mosquée fut remaniée en 1829 pour la partie nord et en 1907 pour la partie sud. Le bâtiment se situe à la lisière de l'ancien quartier du bazar turc, l'une des parties les plus agréables du centre historique.

MUSÉE ARCHÉOLOGIQUE DE LIMASSOL ★★

5, Anastasi Sioukri

✆ +357 25 30 51 57

www.mcw.gov.cy

Lundi-vendredi 8h-16h – 2,50 €.

Ce musée (Επαρχιακό Αρχαιολογικό Μουσείο Λεμεσού/Eparchiako Archaiologiko Mousio Lemesou, *Limassol District Archaeological Museum*) a été fondé en 1948 dans le château de Limassol et déplacé dans ce bâtiment de style brutaliste en 1985. Il regroupe plus de 500 pièces datées du IXe millénaire av. J.-C. à la période romaine. Celles-ci sont issues de fouilles effectuées sur divers sites du district de Limassol, en particulier celui d'Amathus, mais aussi ceux de villages des environs, tels Parekklisia, Sotira, Erimi-Pampoula, Fasoula et Akrotiri. Les collections sont disposées dans trois salles. Si la présentation est austère, les explications sont toutefois claires et traduites en anglais. La première salle abrite des poteries de l'âge de bronze, des terres cuites de différentes période et les os fossilisés d'un éléphant pygmée et d'un hippopotame pygmée, deux espèces endémiques ayant disparu de l'île vers 7 000 av. J.-C., peu après l'arrivée de l'homme. La deuxième salle contient également des pièces rares : bijoux en or, vases, statues païennes, objets liés au culte d'Aphrodite et représentations de divinités égyptiennes, notamment une statue de Bès, le dieu du Foyer. La troisième salle regroupe quant à elle des sculptures, des pierres tombales, des chapiteaux, des inscriptions et d'autres objets en marbre et en calcaire. À noter que les objets découverts sur le site de Kourion sont exposés au musée archéologique de Kourion, dans le village d'Episkopi (sur la route de Paphos).

MUSÉE D'ART POPULAIRE DE LIMASSOL

253, Agiou Andreou

✆ +357 25 36 23 03

Lundi-vendredi 8h30-15h. 2 €.

Ce musée municipal fondé en 1985 (Δημοτικό Λαογραφικό Μουσείο/Dimotiko Laografiko Mousio, Municipal Museum of Folk Art) ne mérite pas forcément le détour. Les 500 objets de la région des XIXe et XXe siècles exposés ici sont très mal présentés, le plus souvent sans explication quant à leur provenance, leur période ou leur utilisation. En attendant un projet annoncé de modernisation, les six petites salles du musée abritent toutefois quelques beaux habits traditionnels et bijoux.

MUSÉE DE L'EAU

66, Franklin Roosevelt
✆ +357 25 83 00 00
www.wbl.com.cy
Lundi-vendredi 10h-13h. 1 €.

Ce musée (Μουσείο Νερού/Mousio Nerou, Water Museum) est installé dans l'ancienne petite station de pompage de la ville qui date de 1925. Plutôt intéressant, il a été fondé en 2013 par l'Organisme des eaux de Limassol dans le but d'inciter habitants et touristes à diminuer leur consommation d'eau, en particulier à cause du rapide assèchement des sols de l'île. À partir de vidéos, de cartes, d'objets archéologiques et de machines de différentes périodes sont expliqués les moyens utilisés par les hommes de la région pour s'approvisionner en eau à travers l'histoire.

MUSÉE DU PAIN DÉCORÉ ★

9, Gregori Afxentiou
✆ +357 25 34 03 47
www.technodromio.org
9h-13h et 16h-19h. Fermé samedi après-midi et dimanche. Tarif libre.

Ce musée (Μουσείου Το Πλουμιστό Ψωμί/Mousíou To Ploumistó Psomí, Decorated Bread Museum) est installé dans une maison du quartier résidentiel d'Agia Zoni. Créé en 2010 par Dorita Voskaridou, une spécialiste des traditions culturelles chypriotes, il présente différents types de pains décorés qui étaient préparés encore récemment dans l'île pour les mariages et les fêtes, comme ceux en forme de grenouille ou de serpent. Ceux du village d'Omodos sont les plus beaux, ornés d'arbres en fleurs ou de tresses symbolisant la lune. Démonstration et dégustation sur demande.

MUSÉE DU THÉÂTRE DE CHYPRE

8, Panou Solomonidi
✆ +357 25 34 34 64
www.cyprustheatremuseum.com
Lundi, mercredi, jeudi 9h-13h, mardi, vendredi 9h-13h et 16h-19h. 2 €.

Ce musée municipal (Θεατρικό Μουσείο Κύπρου/Theatriko Mousio Kyprou) s'intéresse à la courte histoire du théâtre moderne dans l'île, depuis l'arrivée des Britanniques en 1878. Il a été créé par la mairie en 2012 à partir de la donation d'un opticien passionné de théâtre, Nikos Nikolaidis (1909-1989). La visite vaut surtout pour la riche collection de costumes des années 1930-1970, bien mise en valeur. Le musée est installé dans le centre culturel Panos-Solomonidis.

MUSÉE MÉDICAL DE CHYPRE

5 km au nord-ouest du centre historique de Limassol, dans la commune limitrophe de Kato Polemidia. GPS : 34.692911, 32.998184.
✆ +357 25 71 39 33
www.cyprusmedicalmuseum.org
Lundi, mercredi et samedi 9h-16h45. 3 €.

Ce petit musée privé (Ιατρικό Μουσείο Κύπρου/Iatriko Mousio Kyprou, Cyprus Medical Museum) a été créé en 2001 par un médecin de Limassol, Christodoulos Messis (1936-2016), grâce à des dons en matériel de ses collègues. Il permet de mesurer les progrès accomplis par la médecine locale en l'espace d'un siècle. On y trouve un jardin d'herbes médicinales, une scène avec mannequin et matériel d'époque reconstituant un accouchement dans les années 1930, le premier électrocardiographe utilisé à Chypre en 1938, ou encore un générateur de rayons X de 1965.

MUSÉE MUNICIPAL PATTICHIO

5, Lord Byron
✆ +357 25 76 37 55
pattixiodimotikomousio.wordpress.com
Tous les jours, sauf le dimanche, 9h-16h, samedi 9h-12h. Gratuit.

Créé en 2011, ce musée (Παττίχειο Δημοτικό Μουσείο/Pattichio Dimotiko Mousio) occupe une élégante maison coloniale datant de 1878. Celle-ci fut le siège du gouverneur britannique de la région, puis le siège du district de Limassol jusqu'en 2000. Sur deux étages le musée revient sur l'histoire de la ville depuis le XVIIIe siècle au travers de photos, journaux et vidéos, ou encore de costumes de carnaval. Le bâtiment abrite aussi les archives municipales et celles de la presse locale.

PARC CÔTIER DE LIMASSOL

Le long du quartier historique et de la voie rapide B1, à partir de la marina.
Parkings : 2 € pour 3h puis 0,50 €/h, gratuit la nuit. Vélo : 2 € pour 1h puis 1 €/h (conditions sur nextbike.com.cy).

Cette promenade de 1,2 km de longueur (Παραθαλάσσιο Πάρκο/Parathalássio Párko, Seaside Park) est l'un des points forts de la ville. Aussi appelé Μόλος/Molos (« la jetée »), le parc longe une plage de sable gris protégée des vagues par des brise-lames. De l'autre côté s'étend un espace de 6,5 ha planté d'arbres avec trois cafés, des parkings, un petit amphithéâtre, des terrains de jeu, des skateparks, des fontaines et 20 sculptures d'artistes grecs et chypriotes datant de 1999-2001. Le parc est longé par une piste cyclable et compte deux stations de vélos Nextbike.

PLACE DES HÉROS

Plateia Iroon

En juillet, festival de musiques du monde au théâtre Rialto – renseignements : www.rialto.com.cy.

Cette place (Πλατεία Ηρώων/Platia Iroon, Heroes Square) est dominée par le *Monument des Héros*, une colonne créée en 1948 par le sculpteur Chrysostomos Perdios (1907-1987) en hommage aux combattants des guerres d'indépendance en Grèce et à Chypre. Installée à l'emplacement du quartier chypriote-turc de Kessougloudkia, dont les habitants furent expropriés dans les années 1930, la place fut le centre de la ville pendant quarante ans. Toujours très animée, elle abrite d'agréables terrasses et le théâtre Rialto (1933), considéré comme la meilleure scène de l'île.

PLACE SARIPOLOU ★

Plateia Saripolou

Marché : tous les jours à partir de 7h30. Nombreux restaurants et cafés.

Cette place (Πλατεία Σαριπόλου/Platia Saripolou) est depuis longtemps le centre de la vie nocturne locale. Très agréable avec ses belles maisons basses, ses arbres et ses terrasses de tavernes ombragées, elle est plus calme en journée et invite au *farniente*. Elle porte le nom du juriste athénien et fondateur du droit public grec, Nikolaos Saripolos (1817-1897), dont la mère était de Limassol. Au nord, la place jouxte le marché municipal et la rue Chatziloïzi-Michailidi, qui est aussi très animée les soirs de fête, de même que la rue Kanari (au nord du marché).

TOUR « ONE »

Sur le front de mer, 1,5 km au nord-est du jardin municipal.

www.onelimassol.com

Cet immeuble (Πύργος One/Pyrgos One, One Limassol Tower) est le plus grand de Chypre. Achevé en 2022, c'est aussi le plus haut immeuble résidentiel de bord de mer au sein de l'Union européenne avec 170 m de hauteur (38 étages). Il a été conçu par le cabinet d'architectes britannique WKK, à qui l'on doit une autre tour iconique de Limassol, The Oval (75 m), achevée en 2017 et située 600 m plus à l'ouest, légèrement en retrait du front de mer. Plus près du centre historique, la tour Limassol Del Mar (2022) est quant à elle la deuxième plus haute de l'île avec 135 m.

PLAGES DE LIMASSOL

B1

Plages publiques – accès libre.

Du parc côtier de Limassol à la zone touristique d'Amathus, les 12 km de côte abritent huit plages (Παραλίες/Paralies) de sable gris protégées des vagues par des brise-lames. Ce ne sont pas les meilleures de l'île, mais elles sont accessibles en bus ou à vélo.

- **Akti Olimpion.** C'est la plage du parc côtier. Elle s'étend sur 2 km le long du centre historique. Elle est composée de deux plages (Akti Olimpion 1 et 2), de part et d'autre de la jetée en bois. On y trouve trois bars, des parkings, des œuvres d'art, etc.
- **Dasoudi.** Située 200 m à l'est d'Akti Olimpion, elle s'étend sur un peu plus de 1 km. Elle doit son nom à la forêt d'eucalyptus toute proche (*dasoudi* signifie « petite forêt » en dialecte chypriote grec).
- **Castella et Onisilos.** Deux kilomètres à l'est de Dasoudi, ces deux plages n'en constituent qu'une seule qui s'étend sur 800 m avec un accès pour handicapés et des bars.
- **Armonia.** Délimitée par deux jetées, cette plage de 600 de long se trouve au centre de la baie d'Agios Tychonas, 200 m à l'est de la plage d'Onisilos et au niveau des hôtels Arsinoe et Navarria. La partie la plus à l'ouest est la plus organisée et la plus fréquentée.
- **Aphroditi.** Entre Armonia et Vouppa, elle s'étend sur 500 m de longueur. Même fréquentation et mêmes équipements que la plage d'Armonia.
- **Vouppa.** Entre Aphroditi et Loures, elle s'étend sur 200 m de longueur. Même fréquentation et mêmes équipements que les plages voisines.
- **Loures.** Dernière plage à l'est de la baie d'Agios Tychonas, elle s'étend sur 200 m de longueur. Comme elle est étroite, elle peut rapidement être bondée en été.
- **Santa Barbara.** Située 1 km à l'est de la plage de Loures, Santa Barbara s'étend sur environ 800 m de longueur avec du sable et des galets. Située devant l'hôtel Le Méridien, elle doit son nom à la chapelle d'Agia Varvara (Santa Barbara en anglais) toute proche. Le site archéologique d'Amathus se trouve à côté.
- **Pareklessia.** Elle est située près de plusieurs chapelles (*para eklesia*, « près des églises »). Dans la continuité de Santa Barbara, elle s'étend, elle aussi, sur 800 m jusqu'à la marina de l'hôtel Saint-Raphaël.
- **Aorati.** Dernière plage de l'agglomération de Limassol-Amathus, cette plage s'étend sur 1 km de longueur entre la marina de l'hôtel Saint-Raphaël et la zone sinistrée de Vasilikos, sur une partie encore peu développée de la côte.

SITE ARCHÉOLOGIQUE D'AMATHONTE ★★

B1

✆ +357 25 63 52 26

www.mcw.gov.cy

Tous les jours 8h-17h/19h selon la saison – 2,50 €.

Ce site archéologique *(Αρχαιολογικός Χώρος Αμαθούντας/Archeologikos Choros Amathountas, Amathus Archaeological Site)* est le plus important de la région de Limassol avec celui de Kourion. Il abrite des vestiges bien préservés, dont une agora monumentale d'époque hellénistique et romaine. Depuis 1975, il fait l'objet de fouilles systématiques menées par la mission archéologique française à Chypre.

Histoire. La zone a été habitée dès le néolithique et, de manière permanente, entre le XIe siècle av. J.-C. et le VIIe siècle de notre ère. La cité a été fondée par des Étéochypriotes et a prospéré grâce à l'exploitation sur place du minerai de cuivre. Dès l'époque géométrique (1050-750 av. J.-C.), des liens se tissent avec la Grèce, le Proche-Orient et l'Égypte comme le prouvent les objets exposés au Musée archéologique de Limassol. La cité prend son essor à l'époque archaïque (750-480 av. J.-C.). Elle devient un pôle commercial et la capitale d'un des royaumes chypriotes, passant brièvement sous contrôle de l'Empire néo-assyrien et sans doute de l'Égypte pharaonique. Ainsi, ont été mises au jour de nombreuses statues représentant un personnage coiffé et vêtu à l'égyptienne et un homme à tête de faucon, qui pourrait être une représentation du dieu Horus. Les débuts de l'époque classique (480-310 av. J.-C.) sont marqués par les conflits gréco-perses. Amathonte est alors gouvernée par des rois puissants qui battent monnaie. C'est la seule grande cité de l'île à rester fidèle aux Perses. L'époque hellénistique (310-58 av. J.-C.) signe la fin des royaumes chypriotes. Androclès, dernier roi d'Amathonte, s'engage avec les autres souverains chypriotes contre les Perses aux côtés d'Alexandre le Grand. Après sa mort, la cité passe sous le contrôle de Ptolémée, général d'Alexandre fondateur de la dynastie hellénistique des Lagides en Égypte. La cité décline et son port s'ensable. Durant l'époque romaine (58 av. J.-C.- IVe siècle apr. J.-C.), la ville continue de décliner, mais elle se dote d'un aqueduc, d'équipements hydrauliques dans l'agora et d'un temple monumental sur l'acropole. Enfin, l'époque byzantine (IVe-VIIe siècles) voit la construction d'au moins cinq basiliques chrétiennes. La ville devient un évêché, mais elle est victime comme l'ensemble de l'île de tremblements de terre (342 et 365) et de raids arabes (649 et vers 653-654). Au cours des siècles suivants, le site a été fréquemment utilisé comme carrière. Des pierres ont servi à l'édification d'églises de la région, mais aussi à la construction du canal de Suez (1859-1869). Dès la fin de l'époque ottomane (1571-1878), Amathonte suscite également l'intérêt des collectionneurs d'antiquités.

Visite. Avant même de pénétrer dans le site, les jetées de l'ancien port (fin du IVe s. av. J.-C.) sont visibles sous la surface de la mer. Sur la plage subsiste aussi un puissant mur de l'enceinte fortifiée de la période hellénistique. Une fois passé le guichet, on peut imaginer l'ancien gymnase où s'entraînaient les athlètes dans le plus simple appareil (*γυμνός/gymnos* signifie « nu »). À gauche de l'entrée se trouvent les fondations de la vaste basilique du port (Ve siècle). Au nord-ouest, sur la plus haute colline, l'acropole (ville haute) est défendue par une muraille érigée au VIIe siècle. Au-dessus se trouve l'ancien palais des rois d'Amathonte construit au IXe siècle av. J.-C. et remanié jusqu'à son abandon à la période hellénistique. Aux épais murs de brique ont succédé des constructions en pierre de taille. De profondes citernes pouvaient contenir de vastes réserves d'eau et de céréales. Elles sont entourées de petits ateliers artisanaux (fonderie, tissage) et d'un autel. L'acropole est dominée par le sanctuaire d'Aphrodite (VIIIe ou IXe siècle av. J.-C.) construit à proximité d'une tombe de la période géométrique, plus ancien vestige du site. Du temple lui-même ne subsistent qu'un enclos, un autel et l'un des deux vases monumentaux de la période archaïque (l'autre est au Louvre). Un nouveau temple romain de style grec dédié à Aphrodite a été érigé dans les années 70-100 apr. J.-C. et flanqué d'une petite chapelle à fronton. Ses quatre colonnes de façade sont couronnées par des chapiteaux similaires à ceux du Khazneh de Pétra (Jordanie), inconnus dans le monde grec et d'une grande pureté d'exécution. Vers le Ve siècle, le temple romain a été presque entièrement démonté, ses pierres étant réemployées pour la construction de la basilique à trois nefs. Dans la partie orientale, sur la deuxième colline, se trouve l'agora (marché et place centrale de la ville basse) qui date principalement des périodes hellénistique et romaine. Elle est entourée de portiques sur trois côtés. Au centre se dressait une fontaine monumentale de forme carrée dédiée au culte des Nymphes. Dans l'angle nord-ouest, au pied de la colline, se trouvent une fontaine-réservoir et un bassin tardif qui dominent la place. À l'est ont été construits des thermes romains. Certains éléments de muraille sont visibles, au nord, au-delà desquels demeurent des éléments de l'aqueduc. De part et d'autre de l'enceinte ont été mis au jour des nécropoles utilisées jusqu'à la période romaine. C'est également à l'extérieur du mur est de la ville que se trouvent les ruines de la basilique Agios Tychonas (VIe siècle) dédiée au premier évêque de la ville au Ve siècle, saint Tychon.

Site archéologique d'Amathonte.

VIEUX MOULIN À CAROUBE ★

Vasilissis Verengarias
✆ +357 25 34 21 23
Tous les jours, sauf dimanche, 10h-18h. Gratuit (expositions d'art 2 €).

Ce musée (Παλιός Χαρουπόμυλος/Paliós Charoupómylos/Old Carob Mill) comprend deux parties : l'une consacrée à la caroube, l'autre abrite des expositions temporaires d'art. Il est installé dans un moulin construit en 1900 qui fut pendant un demi-siècle le plus grand site industriel de l'île. C'est dans ce bel ensemble de 1 400 m² constitué de quatre bâtiments en pierre construits de plain-pied qu'était stockée et transformée en farine la caroube, l'une des matières premières utilisées pour la fabrication de plaques de pellicule photographique, de médicaments, de sucreries et de chocolat. La gousse du caroubier *(Ceratonia siliqua)* constitua pendant longtemps l'une des exportations principales de l'île. Le site a été fermé dans les années 1980, puis rénové en plusieurs phases. La partie sur la caroube revient sur l'histoire de ce que l'on appelait « l'or noir de Chypre » avec plusieurs machines du début du XXe siècle (broyeur, concasseur, etc.). Un tiers du bâtiment est occupé par le centre culturel de la Fondation Evagoras-et-Kathleen-Lanitis, créé par le groupe Lanitis, une des plus importantes compagnies du pays (BTP, tourisme, hôtellerie, restauration…). Là sont organisées des expositions temporaires d'assez bon niveau, des conférences, des salons professionnels et des projections. La visite peut s'achever autour d'un verre ou d'un repas parmi les différents bars et restaurants du groupe Lanitis, comme au Carob Mill Restaurant qui propose une cuisine correcte avec une terrasse donnant directement sur le château de Limassol.

OFFICE DE TOURISME DE LIMASSOL

Plateia Syntagmatos
✆ +357 25 36 27 56
www.visitcyprus.com
Tous les jours sauf dimanche 8h-17h – fermé mercredi et samedi après-midi.

Cette antenne de l'office de tourisme national (Γραφείο Τουριστικών Πληροφοριώ Λεμεσού/Grafio Touristikon Pliroforio Lemesou) est désormais la seule à Limassol (il en existait trois jusqu'en 2020). Le personnel vous fournira une carte et vous aidera à vous repérer. Il est de bon conseil pour les visites dans la ville et les environs, mais également pour les transports publics et les hébergements. Des visites guidées sont régulièrement proposées durant la saison touristique.

INTERCITY BUSES

Harbor Rd
✆ +357 24 643 492
www.intercity-buses.com
Aller simple pour Nicosie et Larnaka : 4 € ; pour Paphos : 7 €.

Cette compagnie publique d'autobus relie entre elles les cinq grandes villes de la partie sud du pays. De Limassol : 16 liaisons/jour (11 le week-end) et 1h45 de trajet avec Nicosie ; 10 liaisons/jour (8 le week-end) et 1h30 de trajet avec Larnaka ; 11 liaisons/jour (8 le week-end) et 1h15 de trajet avec Paphos. Pas de liaison directe entre Limassol et Agia Napa : il faut changer à Larnaka. À Limassol, les bus partent du port de commerce (Νέο Λιμάνι/Neo Limani, New Port), mais ceux pour Nicosie et Larnaka marquent ensuite plusieurs arrêts sur le front de mer.

PORT DE LIMASSOL

Harbor Rd
www.cpa.gov.cy
Attention au moment de prendre un bus : le port est aussi appelé « nouveau port » (Νέο Λιμάνι/Neo Limani, New Port).

Ce port de commerce (Λιμάνι Λεμεσού/Limani Lemesou) est le plus important de Chypre. Créé après la prise de Famgouste par l'armée turque en 1974, il voit transiter chaque année 500 000 containers et 90 % des biens importés par la partie sud de l'île. Quant au transport de passagers, hormis quelques navires de croisière, il a pratiquement cessé avec l'essor du trafic aérien low-cost. Mais des lignes de ferries pourraient rouvrir avec la Grèce, le Liban et l'Égypte en 2024. En attendant, c'est toujours du port que partent les bus pour Paphos, Larnaka et Nicosie.

TAXIS TRAVEL EXPRESS

47 Vasileos Pavlou A
✆ +357 22 76 76 00
www.travelexpress.com.cy
Nicosie 11 €, Larnaka 10 €, aéroport de Larnaka 13 €, Paphos 9,50 €, aéroport de Paphos 13 € (supplément le dimanche).

Cette compagnie de taxis collectifs propose un service comparable à celle des bus inter-villes, avec des départs toutes les demi-heures à partir de 6h du matin (7h le dimanche). Si le tarif est de deux à trois fois plus élevé qu'en bus, le mini-bus vient vous chercher et vous dépose aux lieux de votre choix. En dehors des trajets habituels, Travel Express propose aussi des déplacements à la carte pour vous rendre partout dans la partie sud du pays. Il est recommandé de réserver quatre jours à l'avance pour les trajets vers les aéroports.

LIMASSOL BUSES

Archiepiskopou Leontiou A ✆ +357 77 77 81 21
www.limassolbuses.com
Tous les trajets 1,50 €, bus de nuit 2,50 € (à partir de 21h), billet à la journée 5 €, pass semaine 20 €.

Cette compagnie régionale de transports publics (Εταιρεία Μεταφοράς Επιβατών Λεμεσού/Etairia Metaforas Epivaton Lemesou) dessert la plus grande partie des localités du district de Limassol et de la base de souveraineté britannique de Dhekelia. Cela signifie que l'on peut rejoindre aussi bien les sites archéologiques d'Amathonthe (ligne n° 30) et de Kourion (n° 16) que le château de Kolossi (n° 17) et les villages du Troodos appartenant au district, comme Omodos (n° 40), Argos (n° 50) ou Platres (n° 62). Les bus de la compagnie sont bleus et siglés EMEL ou EMEΛ.

CHRIELKA €

7, Olympion
✆ +357 25 35 83 66
29 chambres. Studios et appartements à partir de 80 €. Petit déjeuner : 7 €.

Légèrement excentrée et située aux abords des jardins municipaux et à deux pas du front de mer, voici quand même une excellente adresse. En effet, son emplacement par rapport à la plage est assez intéressant. C'est (un peu) vieillot et familial mais plutôt chaleureux et surtout bon marché. Ici, les studios sont proposés à des prix raisonnables. L'hôtel propose une piscine extérieure, un bain à remous et des logements indépendants avec vue sur la mer ou les jardins. Les chambres sont assez grandes et disposent d'une kitchenette.

PEFKOS HOTEL €

70 rue Kavazoglou et Mishiaouli
✆ +357 25 660 066
www.pefkoshotel.com
100 chambres. La double à partir de 70 € en été avec le petit déjeuner.

Situé à proximité de la vieille ville et du port de plaisance de Limassol, cet hôtel familial est ouvert toute l'année. C'est un ensemble de 100 chambres avec balcon, toutes décorées et climatisées, avec salles de bains, minibar, radio, téléphone, TV, sèche-cheveux. Situé assez loin du bruit et pourtant à quelques minutes de la vieille ville et du port, il propose une offre intéressante. A 100 m de la mer, l'hôtel possède un accès facile vers la plage. Parmi les autres facilités : ascenseur, laverie, coffre-fort, parking, et surtout une piscine extérieure.

CURIUM PALACE HOTEL €€

11, Lord Byron
✆ +357 25 89 11 00
www.curiumpalacehotel.com.cy
60 chambres. A partir de 110 € pour deux avec petit déjeuner.

Tout près du parc municipal et du musée archéologique, un des meilleurs hôtels de la ville, pour sa situation au calme comme pour sa classe. Un établissement élégant et récemment rénové qui justifie ses prix par un très bon confort bourgeois et deux agréables tables, dont le sympathique restaurant-jardin La Pergola. Une très bonne adresse et une situation originale, proche du centre-ville et des meilleurs restaurants de Limassol. Piscine, tennis, gym et sauna. Et si vous voulez aller à la plage, vous n'aurez que 300 m à parcourir.

KANIKA ELIAS BEACH €€

332, rue 28th-October
✆ +357 25 591 111
www.kanikahotels.com
147 chambres. La double affichée à partir de 100 € hors saison avec petit déjeuner.

L'hôtel a été récemment réaménagé et offre désormais de belles chambres et beaucoup de facilités (bar irlandais, salles de conférence...). Donnant sur l'une des plages les plus chics de Limassol, l'Elias Beach Hotel possède deux piscines et un spa. Les parties communes sont désormais très élégantes. Tout cela explique que cette adresse, jadis bon marché, a fort logiquement changé de catégorie. Certes la mer vous est cachée, mais la zone est animée en fin de semaine et les terrasses à la mode sont toutes proches. Piscine, tennis, gym, sauna.

MEDITERRANEAN BEACH HOTEL €€

71 Amathus Avenue Agios Tychonas
www.medbeach.com
Chambre à partir de 150 € la nuit avec le petit-déjeuner.

L'hôtel propose plusieurs types d'hébergement, dont de charmantes chambres familiales mais aussi une gamme d'équipements comprenant des aires de jeux ombragées, une piscine pour enfants et un Angel Kids Club supervisé. Une sélection de restaurants et de bars invite les clients à profiter d'un large choix : spacieux bistrot Nautica, cuisine italienne authentique servie dans les élégants restaurants Bacco et Japanese Fusion Cuisine du Shumi Sushi Bar.

PIER BEACH HOTEL €€

261A avenue du 28 Octobre
✆ +357 25 749000
Pier-beach.com
Chambre double à partir de 60 € par nuit.
Dans une ville où l'offre est souvent chère et excentrée dans de grands complexes, cet établissement propose un excellent compromis. Situés sur la côte, à distance à pied du centre-ville et près des commerces et d'un arrêt de bus pour parcourir la côte ou rejoindre les autres villes de l'île, ces studios parfaitement aménagés disposent d'une salle de bains moderne et spacieuse et surtout d'une kitchenette entièrement équipée. On y trouve aussi des appartements pour les familles. De bonnes prestations et une offre intéressante.

ALASIA BOUTIQUE HOTEL €€€

6, Haydari Street ✆ +357 25 33 20 00
www.alasiahotel.com.cy
63 chambres. A partir de 160 € pour deux avec petit déjeuner.
Sans doute la meilleure adresse de la ville pour ceux qui privilégient le calme et le confort. L'hôtel est dirigé par la même famille depuis 1963, et situé dans un quartier résidentiel où l'on se gare facilement. Chambres modernes et bien équipées, piscine et grand jardin où il fait bon se détendre à l'ombre des nombreux arbres, sur la pelouse. Table servant une cuisine chypriote et internationale. Un bar avec une ambiance musicale réputée dans toute la ville. Attention : cette adresse, un peu éloignée du centre-ville et du front de mer, nécessite une voiture.

ATLANTICA OASIS €€€

3, rue Christaki Kranou
✆ +357 25 88 35 00
www.atlanticahotels.com
276 chambres. A partir de 200 € pour deux avec petit déjeuner.
Séparé de la plage par la voie principale, cet établissement offre un bon niveau de confort. Les deux piscines, extérieure et intérieure, sont fort agréables. On se sent certes dans une vaste usine à touristes, mais les infrastructures (baby-sitting, sauna, nombreux équipements de sport) s'avèrent plaisantes. On est ici au cœur de la zone touristique, à deux pas de la plage et des innombrables bars et discothèques. Tout en étant au calme, un peu à l'écart de la mer sur la route d'Amathus. Un parking gratuit est à la disposition des voyageurs.

ST RAPHAEL RESORT €€€

3594, avenue Amathus
✆ +357 25 63 41 00
www.raphael.com.cy
272 chambres. A partir de 200 € pour deux avec petit déjeuner
Au milieu de 43 000 m² de splendides jardins paysagers, la vue et le cadre en marbre ne sont qu'une partie des caractéristiques garantissant un séjour agréable. Une nouvelle aile, unique en son genre, compte 56 grandes chambres aux installations modernes, dont la principale est séparée de celle des enfants. L'hôtel propose également 6 restaurants, trois bars, sauna, un bain à vapeur, à remous, solarium, spa et tous types de massages, deux piscines en plein air pour les adultes et deux pour les enfants ainsi qu'une piscine couverte à eau chaude…

MAGUIRIO TAVERNAKI €

5-6, Panayioti Symeou
✆ +357 25 10 87 18
Lundi-mardi 12h-15h ; mercredi-dimanche 12h-15h, 10h-minuit. Env. 15 €/personne.
M*agirio*, c'est la tambouille des familles. Ici, les recettes de grand-mère prennent un (léger) coup de jeune. Dans un cadre simple mais bien contemporain, presque suédois, on commence par des *mezedes* originaux comme la crème de poivron. Ensuite, selon le marché du jour, on retrouve les classiques (petits pois à la tomate et au porc, grillades, *stifado*, pois chiches aux épinards), mais présentés dans une jolie vaisselle épurée. L'autre originalité, dans cet établissement ouvert en 2014, est le soin apporté aux desserts qui vont surtout lorgner du côté du Liban.

DO DINE & WINE €€

50E, Amathountos
✆ +357 25 02 00 56
www.dowinebar.com
Tous les jours 8h-minuit. 40 €/personne.
Parmi les derniers restos tendance, ce bar à vins sort du lot avec sa cave aux 300 références du monde entier et son architecture industrielle. Dans les assiettes, on a droit à quelques croisements pas très osés mais bien négociés. Ça va piocher dans la cuisine transalpine (tagliata de bœuf, burrata, pâtes aux champignons et à la truffe blanche), asiatique (salade de fruits de mer), grecque (poulpe grillé à la fava), française (tartare de thon, aubergine « Napoléon » façon mille-feuille au fromage) et espagnole (côte de porc ibérique). Et c'est bien présenté.

KAVOUROTRYPA €€

44, Serifou
✆ +357 25 39 03 72
Tous les jours de midi à minuit (sauf 15h le dimanche). Env. 30 €/pers.
Planqué dans le quartier sans charme de Zakaki, le « Trou du crabe » porte bien son nom. Certes, on n'a pas de vue sur mer, mais la mer est bien là, dans les assiettes. Ici, pas de déco design ni de menu suspect, mais de belles nappes blanches et un accueil courtois. A peine entré, on est invité à aller choisir son poisson en cuisine. Quelques *mezedes* pour patienter (salade fraîche, poulpes à l'encre et à l'huile…) et le poisson arrive : au gril ou frit, il est parfait, tout juste accompagné d'un filet de citron, de verdure et de très bonnes frites croustillantes.

GOVERNOR'S BEACH

Cette plage (Παραλία Ακτή του Κυβερνήτη/Paralia Akti tou Kyverniti) est située entre les districts de Limassol et de Larnaka, sur la commune de Πεντάκωμο/Pentakomo (650 habitants), 24 km au nord-est de Limassol (pas de liaison en bus).
Avec son nom hérité de la période britannique, la « plage du gouverneur » fut autrefois l'une des plus réputées de la partie sud de l'île. S'étirant sur 500 m de longueur, elle est constituée de petites baies creusées dans des falaises blanches et couvertes de sable noir fin et de galets. Elle est désormais dotée d'hôtels, de complexes d'appartements, d'un camping et de restaurants.

GERMASOGIA

Germasogia/Γερμασόγεια compte environ 13 400 habitants et appartient à la municipalité de Limassol. La ville est située 6 km au nord-est du centre-historique de Limassol.
Ce faubourg de Limassol s'étire le long de la rivière Amathos entre le lac artificiel de Germasogia (110 ha) créé en 1968 et la côte avec les plages de Dasoudi et de Santa-Barbara. Si le front de mer est ravagé par le tourisme, dans les terres, la ville conserve un centre médiéval bien préservé qui fut un fief des Templiers. La ligne de bus n° 13 relie le centre-ville de Germasogia à la gare centrale des bus urbains de Limassol.

EPTAGONIA ★

Eptagonia/Επταγώνια compte environ 300 habitants et appartient au district de Limassol. Le village est situé 28 km au nord-est de Limassol.
Au pied du mont Papousta (1 554 m), le village des « sept coins » *(epta gonia)* fait figure de « capitale » de la micro-région semi-montagneuse de la Pitsilia. Réputé pour ses citronniers, ses orangers et ses figuiers de Barbarie, il constitue un bon point de départ pour découvrir les églises du XVIIIe siècle des jolis villages voisins de Melini (3 km au nord) et d'Odou (9 km au nord). En bus, Eptagonia et Melini sont desservis par la ligne n° 80 qui va de Limassol à Arakapas.

Governor's Beach.

AKROTIRI ★

Situation. Ακρωτήρι/Akrotiri compte environ 700 habitants. La commune est située dans la Base militaire de souveraineté britannique d'Akrotiri (Sovereign Base Area of Akrotiri). Elle se trouve 8 km au sud de Kolossi et 16 km au sud-ouest de Limassol.

Description. Coincé entre le lac salé de Limassol (10,5 km_2) et la piste d'aviation de la Royal Air Force, ce village vaut un détour pour ses flamants roses et pour son statut très particulier. Parmi les cinq communes du territoire de la Base militaire de souveraineté d'Akrotiri (123 km^2), il est le seul a être entièrement sous contrôle des Britanniques et de leur force de police locale, la SBA Police. Mais, pour des questions pratiques depuis le Brexit (1er janvier 2020), il reste soumis aux lois chypriotes et à celles de l'UE. D'ailleurs, les contrôles sont rares à l'entrée du territoire. La Sovereign Base Area of Akrotiri a été créée en 1960, en même temps que celle de Dhekelia (région d'Agia Napa), lors de l'indépendance de Chypre. Le Royaume-Uni conserve ici sa dernière base aérienne en Méditerranée, la RAF Akrotiri, qui est notamment utilisée pour des opérations en Syrie depuis 2014. Le personnel militaire et civil britannique (environ 2 000 personnes) réside près de la piste ou dans le cantonnement d'Episkopi. Quant aux habitants du village, ils bénéficient de la double nationalité chypriote et britannique. Cependant, ils supportent assez mal les nuisances liées aux activités militaires, qu'il s'agisse du bruit des avions de combat ou des ondes émises par la station d'écoute toute proche.

CENTRE D'ÉDUCATION ENVIRONNEMENTALE D'AKROTIRI

Queen Elizabeth Street ✆ +357 25 82 65 62
mepaa.moec.gov.cy
Tous les jours sauf samedi 8h-15h. Gratuit.

Ce centre (Κέντρο Περιβαλλοντικής Εκπαίδευσης Ακρωτηρίου/Kedro Perivallontikis Ekpedefsis Akrotiriou) permet de découvrir l'écosystème du lac salé de Limassol. On y apprend que les mini-crevettes consommées par les flamants roses ne sont pas de la même espèce que dans le lac salé de Larnaka. Ou encore que ces oiseaux migrateurs ont de plus en plus tendance à passer toute l'année ici. Sur la terrasse, longues-vues pour observer les flamants roses, les pélicans ou les canards sauvages.

LADY'S MILE BEACH

6,5 km au nord-est du village d'Akrotiri en contournant la base aérienne par la route qui passe au sud du lac de Limassol. Autre accès au nord par le port de Limassol.
Quatre bars-restaurants le long de la plage.

Dans la baie d'Akrotiri, cette plage de 7 km de longueur porte le nom du cheval d'un ancien gouverneur de la base militaire britannique. Elle part du terminal du port de commerce, au nord, pour se terminer le long des barbelés de la base aérienne d'Akrotiri, au sud. Constituée de sable blanc et gris et sans aucune végétation du fait de la proximité du lac salé de Limassol (1 km à l'ouest), cette plage est appréciée des ornithologues et des habitants de Limassol. L'endroit est généralement calme, sauf quand des avions de chasse décollent à 500 m de la partie sud.

Akrotiri.

Monastère de Saint-Nicolas-des-Chats.

MONASTÈRE SAINT-NICOLAS-DES-CHATS ★

Konstantinou kai Elenis

✆ +357 25 95 26 21

Tous les jours 7h-12h et 14h-17h. Tenue correcte exigée.

Une centaine de chats et quelques religieuses vivent ici. Le monastère orthodoxe grec Saint-Nicolas-des-Chats (Μονή Αγίου Νικολάου των Γάτων/Moni Agiou Nikolaou ton Gaton, Monastery of Saint Nicholas of Cats) a été fondé entre le XIIe et le XIVe siècle. Il est dédié à saint Nicolas, patron des pêcheurs. Mais il doit son nom actuel aux félins qui permirent de chasser les serpents venimeux qui, au XVe siècle, infestaient l'endroit et avaient fini par décourager les moines et les pêcheurs d'y vivre. La tradition locale présente une version différente : le monastère aurait été fondé au IVe siècle par sainte Hélène, mère de Constantin, premier empereur chrétien. Et c'est elle qui aurait envoyé un navire rempli de 1 000 matous venant de Constantinople, d'Égypte et de Palestine pour combattre les serpents. Toujours est-il que cette habitude d'utiliser les chats contre les nuisibles fut ensuite étendue à d'autres monastères de Méditerranée et de Chypre, comme c'est toujours le cas au monastère d'Agios Néophytos, à Tala (près de Paphos). L'endroit fleuri et bien entretenu est agréable (sauf si l'on est allergique aux poils de chat). De nombreuses parties du complexe datent des XIVe et XVe siècles, notamment le porche et la nef de l'église. Cette dernière a été partiellement reconstruite au XVIIIe siècle, mais elle abrite quelques fresques originales, notamment des portraits des apôtres Pierre et Paul ainsi que ceux de membres de la dynastie des Lusignan.

TRACHONI

Τραχώνι/Trachoni compte environ 4 000 habitants. La commune est partagée entre la base souveraine britannique d'Akrotiri (nord) et le district de Limassol (sud). Elle se trouve 8 km à l'est de Limassol, 9 km au nord d'Akrotiri et 9 km au sud-est d'Episkopi (via Kolossi).
Ce faubourg de Limassol a vu sa population se multiplier par dix depuis les années 1960. Placé presque entièrement en territoire britannique, il n'a plus guère de charme avec ses zones pavillonnaires et sa grosse église moderne dédiée à saint Mamès (Agios Mamas). Mais on y trouve un grand parc de loisirs aquatiques et un petit musée des herbes médicinales.

MUSÉE MEDFLORA

37, Lieutenant Evaggelos Florakis

✆ +357 70 00 55 32

www.medfloramuseum.com

Vendredi-dimanche 10h-17h. Tarif libre (3 € recommandé).

Ce musée privé (Medflora Museum) s'intéresse aux plantes médicinales de Chypre. Créé en 2019 par l'Institut chypriote de psychothérapie, il est installé au sein de l'Athamantia Plaza, une villa en pierre d'allure ancienne. À l'intérieur, « l'Herbier d'Orphée » présente des plantes et résines séchées traditionnellement utilisées comme remèdes : infusions, savons, huiles essentiels, etc. À l'extérieur, « le Parcours de Perséphone » regroupe 80 plantes médicinales (basilic, romarin, origan, sauge, thym...) dans un agréable jardin avec oiseaux et tortues.

KOLOSSI ★

Κολόσσι/Kolossi compte environ 5 600 habitants. La commune est partagée entre le district de Limassol (nord) et la base souveraine britannique d'Akrotiri (sud). Elle se trouve 4 km à l'est d'Episkopi (*via* Erimi), 10 km au nord d'Akrotiri et 14 km à l'ouest de Limassol.

Surtout connue pour son château, Kolossi possède aussi un petit centre ancien. On y trouve la chapelle Agios Andronikos (XIIIe siècle) et l'église Agios Efstathios (XIIe-XVe siècles) qui porte les armoiries de Louis de Magnac, grand maître des Templiers qui fit construire le château au XIIIe siècle. En bus, Kolossi est reliée à Limassol par les lignes n°s 16 et 17.

CHÂTEAU DE KOLOSSI ★★

F628

✆ +357 25 93 49 07

Tous les jours 8h30-19h30, 2,50 €. Audioguide en français disponible sur le site www.visitcyprus.com.

A la sortie sud du village, le château de Kolossi (*Κάστρο του Κολοσσιού, Kolossi Castle)*, appelé aussi commanderie des Templiers ou château de Colosse, se trouve à la limite du territoire britannique de la base souveraine d'Akrotiri. C'est l'un des plus importants témoignages de la période médiévale dans l'île. De son sommet, à 21 m de hauteur, il offre de surcroît un beau panorama sur les environs. Le site, bien préservé, est fort agréable, au milieu de très vieux arbres. Le premier bâtiment fut édifié par les Hospitaliers de Saint-Jean sur le chemin du retour des croisades, lorsqu'ils furent chassés de leurs possessions en Terre Sainte, avant d'aller s'installer à Rhodes, en vendant leurs domaines aux Génois. La construction actuelle date de 1454 et comporte trois niveaux : au rez-de-chaussée, les entrepôts, au premier, la cuisine et les cheminées, les appartements au second et une grande terrasse au sommet, d'où la vue qui s'étend très largement, ce qui permettait à l'époque de surveiller le coin à 360°, prévenant les attaques venues de la mer comme de l'intérieur. On notera, à l'intérieur, une intéressante peinture murale de la Crucifixion, et l'on appréciera là aussi la fraîcheur, grâce aux murs de 2 m d'épaisseur (et 21 m de hauteur). Sur les murs extérieurs, les blasons des Lusignan et ceux de Jérusalem. A voir à côté, l'ancienne sucrerie et le vieil aqueduc qui permettait d'y apporter l'eau. Cette sucrerie, dont on peut encore voir la meule et une construction à voûte encore en bon état, fut en activité jusqu'au XVIIe s.

ERIMI

Erimi/Ερήμη compte 1 400 habitants. La commune est partagée entre le district de Limassol (nord) et la base souveraine britannique d'Akrotiri (sud). Elle jouxte les villages d'Episkopi (à l'ouest) et de Kolossi (au sud-est) et se situe 12 km à l'ouest de Limassol et 14 km au nord d'Akrotiri.

Cette commune abrite une importante communauté de ressortissants britanniques travaillant pour la plupart à la base militaire d'Akrotiri. Dans le village, certains commerces comme le pub sont détenus par des familles anglaises et anglo-chypriotes. On y trouve un musée du Vin plutôt décevant. Liaisons en bus avec Limassol : lignes 16A, 16B et 16C.

EPISKOPI ★

Επισκοπή/Ekiskopi (Yalova en turc) compte environ 3 600 habitants. La commune est partagée entre le district de Limassol (nord) et la base souveraine britannique d'Akrotiri (sud). Elle se trouve 13 km au nord-ouest d'Akrotiri et 16 km à l'ouest de Limassol (*via* Erimi).

Ce gros village situé entre l'autoroute pour Paphos et la rivière Kouris abrite les superbes vestiges de l'antique ville de Kourion, ancêtre de Limassol, et la belle plage de galets de Kourion, sous les falaises de Kensington, dans la baie d'Episkopi. Ces deux sites se trouvent en territoire britannique. Mais le bourg lui-même appartient en grande partie à la République de Chypre. Peuplé en majorité de Chypriotes turcs jusqu'en 1973, il doit son nom à l'ancien évêché (επισκοπή en grec) byzantin de Kourion. Il conserve un quartier ottoman bien préservé et la belle église byzantine d'Agios Ilarion de la fin du XIIe siècle. Il possède plusieurs restaurants et un petit musée archéologique où sont présentés les objets découverts sur le site de Kourion. Au sud, dans la partie britannique, se trouvent aussi l'église Agios Ermogenis (construite à partir du VIIe siècle) et les vestiges de la Seragia, un ancien manoir fortifié des Lusignan. En bus, Episkopi est très facilement desservi depuis Limassol par les lignes n° 16A et 16B, avec une fréquence d'environ un bus toutes les demi-heures en semaine de 10h à 17h. L'entrée du site archéologique de Kourion se trouve pour sa part à proximité du terminus de la ligne n° 16B, à côté de l'église Agios Ermogenis.

MUSÉE ARCHÉOLOGIQUE DE KOURION À EPISKOPI ★

Mousiou Street
✆ +357 25 93 24 53
www.mcw.gov.cy
Lundi-vendredi 8h-15h30, 2,50 €.

Installé dans l'ancienne villa de l'archéologue américain George McFadden (1907-1953), le musée abrite une partie des objets (des statues, des bronzes et terres cuites) découverts sur les sites d'Episkopi et de ses environs : Kourion, Faneromeni, Bamboula, Sotira et Erimi. C'est dans la salle principale que se trouve la découverte la plus impressionnante : les trois squelettes enchevêtrés d'habitants de Kourion ensevelis vivants lors d'un tremblement de terre au IVe siècle.

PLAGE DE KOURION ★★

B6
Maîtres-nageurs et premiers secours sur la plage en juillet, août et septembre ; accès libre.

Située dans la baie d'Episkopi, la plage s'étend sur 3 km de longueur avec à la fois du sable fin et des galets. Très belle, pas trop fréquentée et surveillée, elle offre un beau panorama sur les falaises de Kensington (au nord-ouest). L'endroit est bien préservé, sans hôtel ni immeuble. Deux raisons à cela : la proximité du site archéologique, mais aussi parce que nous sommes en territoire britannique, et l'administration de la base de souveraineté d'Akrotiri freine les ardeurs des promoteurs immobiliers. La plupart des baigneurs sont ici des Chypriotes.

STADE ANTIQUE DE KOURION ★

B6
Entrée libre. Parking.

En reprenant la route vers Paphos, on passe devant le stade antique de Kourion qui était de belle taille et pouvait accueillir environ 6 000 personnes. Ne vous attendez pas à voir de beaux gradins, si ce n'est à l'ouest, sur deux niveaux seulement, et sur quelques mètres. En revanche, l'enceinte est presque intacte. Il aurait été construit sous le règne de Antoine II, au IIe s. av. J.-C. Il accueillait vraisemblablement toutes les épreuves de pentathlon et même les courses de chars, disputées dans le cadre du culte d'Apollon.

SANCTUAIRE D'APOLLU HYLATES ★★

B6 ✆ +357 25 99 10 49
www.mcw.gov.cy/da
De mi-avril à mi-septembre : tous les jours 8h30-19h30 ; reste de l'année : tous les jours 8h30-17h ; 2,50 €.

Le sanctuaire d'Apollon Hylates (Ιερό Απόλλωνα Υλάτη, *Sanctuary of Apollon Hylates*) bénéficie d'un environnement privilégié où les couleurs des pierres et du ciel contrastent dans une impeccable harmonie, dans un cadre arboré empli de sérénité. On envie Apollon de s'être vu ainsi dédié ce lieu magique, bordé de cyprès, dans un calme olympien si l'on peut dire. Les lieux sont dédiés à Apollon Hylates, c'est-à-dire « des bois », le dieu du soleil veillant également sur la nature, au cycle des saisons et au climat clément. On estime que le dieu sylvestre fut vénéré dans la région entre le VIIIe s. av. J-C et le IVe s. apr. J-C. L'accès au sanctuaire s'effectuait par deux portes, la porte de Paphos, à l'ouest, ou la porte de Kourion, à l'est. Le temple occupe la position centrale, légèrement en hauteur. Quelques vestiges de colonnes entourent le lieu où se dressait l'autel, que seul le prêtre pouvait approcher. Ceux qui se permettaient de poser la main sur cet autel sacré se voyaient jetés du haut des falaises de Kourion. On trouve à proximité les ruines d'un ancien gymnase et des bains, installations sportives pour les body-builders de l'Antiquité. Il est un peu dommage que le XXIe s. et les liaisons radios ou électriques aient amené, en arrière-plan vers les collines, tous ces pylônes de l'armée britannique qui ne se marient pas vraiment avec les restes de pierres antiques. L'atmosphère du lieu, renforcée par des parfums de garrigue, est assez prenante.

RÉGION DE LIMASSOL

.gov.cy
lon la
s sur www.

Κουρίου/ ... Kouriou] est spectaculaire par son environnement : il domine la plage de Kourion, offrant un beau contraste entre l'ocre de ses vielles pierres, le bleu de la mer et le vert de la campagne environnante. Il abrite les importants vestiges de Kourion, l'une des principales cités-royaumes de Chypre durant l'Antiquité et ancêtre de l'actuelle Limassol. La ville aurait été fondée vers -675 par des colons grecs d'Argolide (Péloponnèse) à un emplacement qui était habité depuis le XIIIe siècle av. J.-C. Remaniée par les Romains, elle fut secouée par pas moins de cinq séismes au IVe siècle de notre ère, en partie reconstruite, puis finalement abandonnée après les raids arabes du VIIe siècle. Abondamment pillée par les consuls russes et américains au XIXe siècle, Kourion fit ensuite l'objet de fouilles par le British Museum (Royaume-Uni) et l'université de Pennsylvanie (États-Unis) au XXe siècle. Placé en territoire britannique, mais géré par les Antiquités de Chypre, le site est bien aménagé et il y a un dépliant en français. Une partie des objets découverts sur place sont présentés au musée archéologique d'Episkopi.

Théâtre. Pièce maîtresse du site, cet édifice fut érigé au IIe siècle av. J.-C. et transformé par les Romains pour accueillir jusqu'à 3 500 personnes. D'une architecture classique, il conserve son orchestre et son auditorium. Converti en arène au IIIe siècle, il accueillit alors des fauves et des combats de gladiateurs. C'est ici que se déroule chaque année en juillet le Festival international de théâtre grec ancien.

Maison d'Eftolios – *À l'est du théâtre, au niveau du parking.* Un auvent abrite aujourd'hui ici de grandes mosaïques bien conservées. Celles-ci appartenaient à un complexe de loisirs et de thermes qui fut construit après les tremblements de terre du IVe siècle sur les ruines de la villa d'Eftolios, un riche habitant grec de la ville. Seule une représentation humaine apparaît sur les mosaïques : une femme tenant à la main une règle. Il s'agissait de souligner que l'édifice avait été bâti de manière harmonieuse et soignée. Et, parmi les grands motifs géométriques, remarquez les symboles animaliers (poisson, faisan, pigeon) des premiers chrétiens.

Basilique et agora – *Environ 350 m au nord-ouest du théâtre.* Sur la gauche du sentier se lit encore facilement le plan de la basilique paléochrétienne du Ve siècle, avec sa nef centrale, ses absides et la cour attenante du baptistère. En face se dresse la vaste agora romaine du IIIe siècle. Servant à la fois de marché et de place centrale, elle était entourée de portiques à colonnade en marbre. À proximité se trouvent les vestiges de grands bains publics *(au nord-est)* et d'un nymphaeum *(au nord)*, petit temple dédié aux Nymphes.

Maison des Gladiateurs – *Environ 100 m au nord-est de l'agora.* Cette ancienne maison patricienne du IIIe siècle doit son nom à sa mosaïque de la même époque représentant deux gladiateurs nommés Margaritis et Hellenikos s'entraînant au combat.

Stade et sanctuaire – *En dehors de l'enceinte du site, accessibles par la route menant à la zone résidentielle de la base britannique d'Episkopi.* Environ 2,4 km à l'ouest du parking (mais à seulement 500 m de la maison des Gladiateurs) se trouve la piste du stade antique de Kourion, en accès libre. Puis, 1,5 km plus loin, on parvient au sanctuaire d'Apollon Hylates.

RÉGION DE LIMASSOL

© HUGO CANABI - ICONOTEC

Basilique de Kourion.

© HUGO CANABI - ICONOTEC

Baie de Pissouri.

PISSOURI

Πισσούρι/Pissouri compte environ 1 000 habitants et appartient au district de Limassol. Le village est situé 36 km au sud-est de Paphos et 38 km à l'ouest de Limassol (liaisons en bus avec la ligne n° 70).

Ce beau village perché sur un promontoire regardant la baie de Pissouri s'est hélas beaucoup développé depuis les années 2000. Des hôtels, tavernes et villas ont poussé tout autour, et la moitié des habitants sont à présent de riches étrangers, des Britanniques en majorité. Hormis le rocher d'Aphrodite tout proche, l'intérêt réside ici dans les plages et les jolis villages de montagne des environs.

BUNCH OF GRAPES INN €

9, Ioanni Erotokritou

✆ +357 25 22 12 75

www.thebunchofgrapesinn.com

9 chambres. A partir de 50 € pour deux.

Ce petit établissement a bien plus de charme que bien des 3-étoiles standard de la côte. D'abord, il se trouve à deux pas du square du village et est donc idéal pour profiter du calme et paisible centre de Pissouri. Les chambres (avec wifi) sont aménagées le long d'un balcon de bois qui court sur la façade d'un bâtiment en « L ». Elles dominent et entourent une cour fermée fleurie. Elles sont assez petites, mais confortables et très propres. Certaines ont un plancher de bois ou un plafond tressé, ce qui leur donne du caractère.

PLAGES DE PISSOURI ★

La baie de Pissouri se trouve 5 km au sud du village, et la baie d'Avdimou 11 km au sud-est.

Au pied du village de Pissouri, dans la baie de Pissouri elle-même, la plage (sable et galets) s'étend sur plus de 1 km de longueur. Elle dispose de bons équipements (parasols, chaises longues, restaurants, hôtels, accès handicapés). Pour en profiter facilement, tout est une question de budget. En effet, ceux qui en ont les moyens pourront résider dans un des plus beaux villages touristiques de l'île : le Columbia Village (derrière l'hôtel du même nom). Mais l'endroit reste assez onéreux. Authentique et abordable, à l'est de Pissouri, la plage d'Avdimou est située dans la base souveraine d'Akrotiri. Elle s'étend sur 1,5 km de longueur, avec une plage principale (sable et un peu de galets, 1 km), puis une autre plage (sable, 200 m), ainsi que quelques petites baies. On y accède par des voies carrossables depuis l'autoroute au niveau du village d'Avdimou. Calme et peu fréquentée, on trouve quelques tavernes sur place. A l'ouest de la baie de Pissouri, le cap Aspro possède quelques petites criques sauvages et tranquilles. Enfin, une plage naturiste est accessible seulement par bateau ou à pied. Elle se trouve près de la plage d'Avdimou. Il faut d'abord parvenir à la plage connue sous le nom de Secret Beach. Pour cela, à partir du village d'Avdimou, suivre les indications pour la taverne Melanda Beach restaurant. Ensuite, depuis Secret Beach, il faut suivre la côte quelques minutes vers l'ouest en direction de Pissouri. Si cette plage est si difficile d'accès, c'est simplement que le naturisme est interdit à Chypre.

ANOGYRA

Ανώγυρα/Anogyra compte environ 300 habitants et appartient au district de Limassol. Le village est situé 17 km au sud de Pissouri et 38 km au nord-ouest de Limassol (*via* Avdimou).

Entouré de caroubiers, d'amandiers et de vignes, ce village isolé à 400 m d'altitude est prisé des Britanniques. Il possède une architecture préservée avec de petites maisons de pierre. Anogyra est célèbre pour ses *pastellis*, gâteaux à la caroube avec, sur place, trois musées qui leur sont dédiés. En montant d'Avdimou, ne manquez pas, à droite, la jolie église de l'ancien monastère de Timios Stavros (XVe siècle). Aucun bus depuis Limassol.

AGIOS AMVROSIOS

Άγιος Αμβρόσιος/Agios Amvrosios compte environ 280 habitants et appartient au district de Limassol. Le village est situé 15 km au nord-est d'Anogyra et 31 km au nord-ouest de Limassol (pas de liaison en bus).

Perché à 600 m d'altitude sur les contreforts du Troodos, Agios Amvrosios se distingue par son domaine viticole bio. Le village compte aussi de belles églises. Celle d'Agios Amvrosios, construite au XIVe siècle et remaniée au XIXe siècle, est dédiée à saint Ambroise de Milan (IVe siècle). Environ 3 km au sud se trouve la chapelle Agia Elisavet (Sainte-Élisabeth) qui abrite des fresques du XVIe siècle.

MUSÉES DE LA CAROUBE D'ANOGYRA

Dans le centre du village.

Visites gratuites uniquement sur rendez-vous. Notez que le musée Mavros Chrysos était temporairement fermé en 2022.

Le village compte trois musées consacrés à la caroube et au *pastelli*, gâteau brun et rond à base de sirop et de farine de caroube. Tous les trois proposent des produits à la vente et une visite gratuite avec démonstration de la recette et/ou du processus de fabrication du sirop et de la farine. Contacts : Mousio Pasteliou (« Musée du Pastelli », +357 25 22 26 79), To Paradosiakon (« L'Authentique », +357 25 22 15 00) et O Mavros Chrysos (« L'Or noir », +357 25 22 22 25).

GAIA OINOTECHNIKI

25, Archiepiskopou Makariou III

✆ +357 25 94 39 81

www.facebook.com/gaiaoinotechiki

Lundi-vendredi 8h-15h. Dégustation et visite en anglais : 2 €.

Le nom de ce domaine viticole (Γαία Οινοτεχνική) signifie « vinification de Gaïa », en référence à la déesse Terre de la mythologie grecque. Ici, ni pesticides ni engrais depuis 1992. Ioanna Papanyiotou a hérité du domaine de 6 ha de sa famille et a été la première vigneronne de Chypre à faire certifier bio sa production : environ 100 000 bouteilles par an avec comme cépages principaux le grenache, le cabernet sauvignon et la syrah. Cela donne d'intéressants rouges à la fois fruités et puissants. Le petit domaine produit aussi des blancs et des rosés bio.

Église Timios Stavros, à Anogyra.

RÉGION DE PAPHOS

Bienvenue dans la région chypriote aux paysages sans doute les plus marqués. La capitale, tout d'abord, Paphos, à la fois gigantesque station touristique et charmante petite ville portuaire de l'île, contient bien des trésors. Pour cela, elle a d'ailleurs été placée sur la liste officielle des trésors culturels et naturels de l'héritage mondial de l'Unesco. Autour de cette ville balnéaire se dessinent de beaux villages de montagne, de la péninsule sauvage d'Akamas à la côte nord oubliée des touristes. C'est là que naquit et fut adorée Aphrodite, la déesse de l'amour et de la beauté. Bordée de côtes pittoresques, la région abrite, dans l'arrière-pays et sur les hauteurs, de charmants villages où la vie est restée inchangée à travers le temps et où coutumes et traditions sont toujours vivantes.

phos
Cap Pomos
PACHYAMMOS
KATO PYRGOS
POMOS
Cap Akamas
Baie de Chrysochou
AYIA MARINA
GIALIA
NICOSIE
ARGAKA
PÉNINSULE
D'AKAMAS
LATSI
POLIS
NEO CHORIO
STAVROS TIS PSOK
PERISTERONA
Lysos
CAP LARA
Drouseia
KATO
AKOURDALEIA
Ineia
Kritou Tera
Miliou
Pano Arodes
KRITOU TERA
Giolou
Kannaviou
PANAGIA
CAP DREPANON
KATHIKAS
Peyia
POLEMI
Fotios
CHOULOU
Koili
LETYMVOU
Kallepeia
CORAL BAY
PITARGOU
Salamiou
TALA
TSADA
LEMONA
KOURDAKA
Kisonerga
EMPA
Mesogi
LEMPA
Kelokedara
EPISKOPI
Anavargos
Chlorakas
Konia
PAPHOS
GEROSKIPOU
Nata
Choletria
Anarita
Timi
Nikokleia
Paphos
International
Airport
Mandria
KOUKLIA
LIMASS
Point de Zefyros
Cap Aspro
10 KM
Cap Aspro

PAGES

PAPHOS ET SES ENVIRONS

176

C'est en « banlieue » de Paphos, vers Geroskipou que, selon la légende, se nichaient les jardins sacrés d'Aphrodite. Parmi les curiosités, le riche Musée ecclésiastique de Paphos a déménagé ici depuis 2017. Et on y trouve aussi les meilleurs loukoums de l'île !

PAPHOS ★★★

176

Dotée du deuxième aéroport du pays, Paphos voit défiler bien des touristes. Et encore plus depuis qu'elle a décroché le titre de « capitale européenne de la culture » en 2017. De prime abord, pourtant, son charme n'est pas flagrant. Mais il y a aussi, heureusement, ses incroyables sites archéologiques…

GEROSKIPOU ★★

189

Ce bourg de la banlieue de Paphos cache deux merveilles : la ravissante Agia Paraskevi, église byzantine du IXe siècle à cinq coupoles, et le Musée ecclésiastique de Chypre, qui abrite une centaine d'icônes, dont la plus ancienne de l'île.

TSADA

191

Placé sur une colline à 600 m d'altitude et agréablement frais en été, le village n'offre pas qu'un beau panorama sur la côte de Paphos. En effet, on pourra jeter un œil à son monastère grec orthodoxe, Timios Stavros Minthis, sans doute fondé au XIIe siècle.

EMPA ★

192

Ce village mérite surtout une halte pour sa belle église de la Panagia Chryseleousa. Dédiée à la « Toute Sainte de la Piété d'Or », cette petite église byzantine des XIIe et XIIIe siècles est superbe avec ses pierres de taille couleur dorée et ses deux coupoles.

TALA ★★

192

L'endroit est célèbre pour son étonnant monastère Agios Neophytos, l'un des plus réputés de l'île, fondé en 1170 par le saint chypriote Néophyte le Reclus. Cet ermitage a carrément été creusé dans la roche dans une vallée cernée par deux petites forêts.

LEMPA ★★

197

Connu de nombreux artistes qui ont fondé ici le Cyprus College of Art, Lempa renferme quelques pages d'histoire plus anciennes encore. Il abrite aussi les restes d'un village néolithique. Aux alentours, d'autres habitats préhistoriques ont été mis au jour.

CORAL BAY ★

198

Longue de 400 m et couverte de sable, Coral Bay est considérée comme l'une des plus belles de Chypre. De plus en plus fréquentée et désormais cernée par les constructions de toutes sortes, elle reste encore agréable… le matin, de bonne heure.

CAP DREPANON ★

198

Dans ce petit port de pêche, planté entre bananiers et orangers, on peut presque parler ici de tranquillité. Et plus encore si l'on veut s'aventurer dans le petit site archéologique d'Agios Georgios avec des découvertes de la période hellénistique.

PAGES

CAP LARA ★

199 Les tortues caouannes *(Caretta caretta)* et vertes *(Chelonia mydas)* viennent pondre leurs œufs sur ses deux plages. Celle de Lara, que l'on atteint en traversant une abondante végétation, est considérée comme l'une des plus belles de l'île.

KOUKLIA ★★

199 Voici LE site de Chypre où serait née, sortant de l'écume, la déesse Aphrodite. Le village abrite à la fois le célèbre sanctuaire d'Aphrodite, classé au patrimoine mondial de l'humanité par l'UNESCO, et le « rocher d'Aphrodite » (Petra tou Romiou), l'endroit le plus photogénique de l'île.

202 ●● NORD ET OUEST DE LA RÉGION

Si Paphos étend franchement sa zone touristique vers le sud, elle hésite encore à le faire vers le nord. Un premier itinéraire mène à la station de Panagia et son remarquable monastère. À l'intérieur des terres longeant la côte ouest, d'autres villages vous invitent à découvrir leurs vignobles balayés par le vent.

202 **POLEMI**

202 **LETYMVOU ★**

202 **PITARGOU ET KOURDAKA**

203 **LEMONA**

CHOULOU ★

203 Il s'agit surtout d'un village hanté par les fantômes de son histoire. Le minaret qui se dresse au milieu du village rappelle tous les jours à ses habitants que Choulou (*Hulu* en turc) fut autrefois un bourg important dont les habitants turcs ont dû fuir en 1964.

PANAGIA ★

204 Le village est réputé pour le monastère de Chrysoroyiatissa. On y vient pour l'architecture, la sérénité et la douceur des lieux, ainsi que pour son environnement préservé où l'on trouve des espèces endémiques protégées, comme le mouflon de Chypre.

STAVROS TIS PSOKAS ★

206 Dans une réserve qui lui est consacrée, vous rencontrerez peut-être ici le fameux mouflon de Chypre. Il y a de nombreuses balades à faire, à pied ou en voiture, notamment dans la vallée des Cèdres, des arbres parfois considérés comme une variété du célèbre Cèdre du Liban.

KATHIKAS ★

206 Ce village, comme ses voisins, vous invite à découvrir ses vignobles balayés par le vent. C'est là que l'on élève le *xynisteri*, un cépage de l'île qui croît dans ce climat tempéré et qui produit un vin solide aux arômes fins, parmi les meilleurs vins blancs de l'île.

206 **KRITOU TERA ★**

206 **KATO AKOURDALEIA**

206 **PERISTERONA**

PAGES

●● POLIS ET SES ENVIRONS

208 L'illustre petite cité est située sur la côte nord-ouest. Polis constitue une bonne base de séjour, où préparer ses promenades dans l'Akamas, vers les bains d'Aphrodite et le cap Arnaoutis. À proximité, la station de Latsi avec tous les loisirs nautiques et un charmant port de pêche…

LATSI (LATCHI) ★

208 Le port de Polis s'est développé pour devenir une station à part entière, de plus en plus en vogue, tout en ayant gardé son caractère familial. Les habitants de Paphos y vont très facilement le week-end faire de la voile ou de la plongée.

POLIS ★

209 Son nom est l'abrégé de Polis Chrysochou, rappelant la présence d'anciennes mines d'or (*chrysochou* signifiant « terre d'or »). Côté plaisirs de la mer, vous y trouverez surtout la plage de Dasoudi qui s'étire du camping jusqu'au port de Latsi sur 1 km.

NEO CHORIO ★

211 Vous approchez de l'Akamas. Sur la côte, cependant, ne ratez pas les mythiques Bains d'Aphrodite. La légende dit que cette eau de jouvence, où s'ébattaient Aphrodite et ses amants, donnerait l'éternelle jeunesse. Dommage, il est interdit de s'y baigner…

PÉNINSULE D'AKAMAS ★★

212 Unique par la diversité de sa végétation, l'Akamas « commence » au sud après le cap Drepano, à l'est des Bains d'Aphrodite. Tout au bout, il se termine par le cap Arnaoutis, une pointe où se « rejoignent » les côtes est et ouest, successions de criques rocheuses isolées et de plages quasi désertes.

212 ARGAKA ★

212 GIALA – AYIA MARINA

POMOS ★

214 Sans doute l'un des villages les plus isolés de Chypre et un vrai paysage de carte postale avec les barques des pêcheurs qui se balancent doucement dans le petit port. Ne pas rater non plus le beau panorama à la sortie de Pomos, sur la baie de Morfou, et, tout au loin, le cap Kormakitis.

PACHYAMMOS ★★

215 Sa plage, mélange de sable et de galets, est superbe, à la limite de la zone tampon qui entoure la minuscule enclave de 19 km², Kokkina (ou *Erenköy* en turc), une de ces absurdités politico-frontalières dont Chypre a le secret.

KATO PYRGOS ★

216 L'impression se poursuit à l'avenant en pénétrant dans ce village, abandonné en 1974 lorsque les Turcs débarquèrent à Kyrenia. Malgré la réouverture de la route depuis, ce village de 1 000 habitants reste très enclavé. Intéressant néanmoins…

PAPHOS ★★★

Paphos (Πάφος en grec, Baf en turc), 33 000 habitants (62 000 hab. avec l'agglomération) est le chef-lieu du district du même nom. Hormis ses sites archéologiques, la 3e ville la plus peuplée de Chypre Sud n'a – a priori – pas grand-chose pour elle : un développement touristique effréné, des plages et des restaurants très moyens. Et, pourtant, c'est une de nos étapes favorites à Chypre ! Pour espérer se refaire une virginité, Paphos a décroché le titre de « capitale européenne de la culture 2017 ». Mais ce n'est pas tout : ses sites archéologiques sont absolument fabuleux. Le parc archéologique de Paphos, classé au Patrimoine de l'Unesco est un enchantement non seulement pour les merveilleuses mosaïques romaines qu'il renferme, mais pour son environnement complètement préservé en bord de mer. Il en va de même avec le site des Tombeaux des rois, également idéalement placé et classé au Patrimoine mondial. En fait, partout dans la ville, le passé ressurgit çà et là, entre boîtes de nuit et parkings. Si bien qu'au bout de trois jours, on continue d'aller de bonne surprise en agréable découverte comme ce poussiéreux musée byzantin qui referme les icônes les plus précieuses du pays ou la ville haute (dont les Chypriotes Turcs furent chassés avec violence en 1974) avec ses rares monuments islamiques miraculeusement épargnés et ses jolies ruelles oubliées des hordes de touristes. Paphos est facile d'accès avec des liaisons fréquentes de ou pour Nicosie (2h de trajet) ou Limassol (1h, www.intercity-buses.com).

CATACOMBES D'AGIA SOLOMONI ★

Leoforos Apostolou Pavlou

Accès libre.

Les catacombes d'Agia Solomoni (Κατακόμβη Αγίας Σολωμονής/Katakomvi Agias Solomonis) portent le nom de la sainte qui, au IIe s. av. J.-C., refusa, avec ses sept fils, d'abjurer sa foi juive : ces sept fils, appelés les sept Maccabées, furent mis à mort devant leur mère, qui succomba à son tour. Les catacombes sont annoncées par un arbre garni de carrés de tissus noués sur les branches. On pénètre ainsi dans une grotte menant aux chambres mortuaires, appelée Grotte des sept dormeurs.

ÉPAVES

Se renseigner auprès des écoles de plongée pour être équipé et accompagné.

Il y a également plusieurs belles épaves à voir au large de Paphos pour les plongeurs. L'épave du *Vera K* est un site intéressant par exemple. Ce bateau de fret libanais a été dynamité en 1974. Désormais, il gît dans un cratère creusé par l'explosion mais garde son impressionnant pont resté pratiquement intact. L'*Edro III*, lui, a fini sa route sur les côtes chypriotes en décembre 2011. À cause du mauvais temps et secoué par des vents forts et une mer agitée, le navire s'est abîmé contre un rocher. Il a ensuite dérivé jusqu'à Coral Bay.

Kato Paphos.

© TOM PEPEIRA - ICONOTEC

Festival d'Aphrodite, à Paphos.

FORT MÉDIÉVAL DE PAPHOS ★

Coastal Broadwalk

✆ +357 26 30 62 17

www.mcw.gov.cy

De mi-avril à mi-septembre : 8h30-19h30 (sinon 17h), 2,50 €. Audioguide gratuit en français sur visitcyprus.com.

De la construction initiale des Lusignan, il ne reste qu'une tour fortifiée ayant échappé à la destruction par les Vénitiens au XVIe s. À partir d'une autre tour, détruite par l'attaque vénitienne, les Ottomans bâtirent un fort encore visible, et installèrent quelques pièces d'artillerie pour en étayer la défense : s'il n'y a pas grand-chose à découvrir à l'intérieur, les visiteurs se réjouiront de l'ascension jusqu'au sommet de la tour, pour la vue panoramique sur le port et sur la ville. Le lieu est parfois utilisé pour des événements exceptionnels.

AÉROPORT DE PAPHOS

Sur la côte, à 7 km au sud de Paphos.

✆ +357 77 77 88 33

www.cyprusairports.com.cy

La ligne n° 612 va jusqu'à la gare routière près du port. Kapnos relie le reste de l'île (www.kapnosairportshuttle.com).

Longtemps utilisé uniquement par les vols charters affrétés par les tour-opérateurs, le second aéroport du pays, après celui de Larnaka, est désormais desservi par les lignes régulières des compagnies low cost, à commencer par EasyJet, mais surtout Ryanair. L'irlandais y a installé un hub en 2012 avec 50 destinations en Europe (Grande-Bretagne, Italie, Grèce, Pologne, Hongrie…) et deux appareils basés à Paphos en permanence. Géré par le même consortium franco-chypriote que l'aéroport de Larnaka, l'aéroport de Paphos a été complètement remis à neuf en 2009.

BUS OSYPA

✆ +357 26 93 44 10

www.pafosbuses.com

Tous les trajets jusqu'à 23h : 1,50 €. Billet 24h : 5 €. Pass semaine : 15 €.

Il y a deux gares routières : la gare de Karavella, dans le quartier de Ktima (ville haute), et la gare Apostolou, près du port et du site des mosaïques. Le réseau OSYPA assure les dessertes non seulement dans la ville de Paphos et sa banlieue, mais aussi dans la région de Polis et vers les villages les plus reculés. Pour les usagers, en particulier pour les touristes, c'est un vrai gain, puisque toute l'offre de transports en commun est ainsi rassemblée sous la même bannière, les correspondances plus fluides, les horaires disponibles sur le même site Internet.

AGAPINOR €

24, Nikodimou Mylona

✆ +357 26 93 39 26

www.agapinorhotel.com.cy

73 chambres. Entre 65 et 80 € pour deux avec petit déjeuner.

A 250 m au sud du marché municipal, cet hôtel avec piscine est bien situé entre le centre-ville et le rivage, dominant toute la côte avec un superbe panorama depuis certaines chambres. Parties communes agréables et chambres bien tenues avec bonne salle de bains, bonne literie, climatisation, télévision, minibar et balcon. Personnel très professionnel et de bon conseil pour explorer la ville. Un des meilleurs rapports qualité-prix de Paphos. Parking. Très bien desservi par les bus faisant la navette entre Kato Paphos (côte) et Ktima (ville haute).

RÉGION DE PAPHOS

MUSÉE ARCHÉOLOGIQUE DE LA RÉGION DE PAPHOS ★★

43, Leoforos Georgiou Griva Digeni
✆ +357 26 30 62 15
www.mcw.gov.cy
Mardi-dimanche 10h-17h30, 2,50 €. Fermé lundi.

Didactique, ce musée (Αρχαιολογικό Μουσείο Επαρχίας Πάφου), créé en 1964, est abrité depuis 1989 dans un bâtiment fonctionnel et frais en été. Sa riche collection, qui va de la préhistoire au Moyen Âge, est présentée à travers 5 salles, avec aussi des objets volumineux dans la cour extérieure.

Préhistoire – *salle 1.* Objets des fouilles des sites de Lempa et Kissonerga : squelette d'une femme de 20 ans enterrée en 3000 av. J.-C., silex pour le travail du bois et du cuir, récipients en céramique représentant toutes les phases de l'âge de bronze, figurines, bijoux, reconstitution de l'alimentation à partir de grains carbonisés (blé, orge, lentilles, raisins, figues, olives).

Périodes archaïque et classique – *salle 2.* Objets des fouilles des villes antiques de Palaipaphos (site archéologique de Palaipaphos, à Kouklia), de Marion (à Polis) et de Nea Pafos (parc archéologique de Paphos), ainsi que d'autres sites moins importants : poteries athéniennes prouvant les échanges avec la Grèce, belles poteries bichromes décorées de représentations animales (VIII-VIIe s. av. J.-C.) provenant d'Anatoliko, collection numismatique allant jusqu'à la période romaine, statuettes votives en terre cuite représentant certaines parties du corps, grandes statues en pierre de Palaipaphos évoquant les kouroi des Cyclades et l'art égyptien, pierre tombale en syllabaire chypriote du Ve s. av. J.-C. portant l'inscription « Onasias a érigé ceci pour son père et sa mère », etc.

Périodes hellénistique et romaine – *salle 3.* Objets des fouilles réalisées sur le parc archéologique de Paphos et ses alentours : sarcophages hellénistiques en pierre, sculptures romaines en marbre. Remarquez les bouillottes thérapeutiques en argile découvertes sur l'Asclépiéion. A noter également, à l'extérieur du musée, les pierres tombales, sarcophages, colonnes et chapiteaux datés des mêmes périodes.

Périodes romaine, paléochrétienne et arabe – *salle 4.* Objets des fouilles de la zone portuaire de Kato Paphos et de la villa de Dionysos (parc archéologique de Paphos) : peintures murales, lampes à huile, poteries romaines vernies aux formes élaborées peintes d'oiseaux ou de motifs abstraits.

Période médiévale – *salle 5.* Objets des fouilles du site archéologique de la basilique Panagia Chrysopolitissa (Kato Paphos) et du château de Saranta Kolones (parc de Paphos) : poterie émaillée vénitienne, récipients en verre, sculptures en pierre, peintures murales, pierres tombales franques en grec et en latin.

PLAGES DE PAPHOS ★★

Coastal Broadwalk
Accès libre. Les plus grandes plages sont surveillées et presque toutes bénéficient de l'écolabel européen Blue Flag.

Le littoral du centre-ville jusqu'à Geroskipoua été très bien aménagé en 2011 avec une longue promenade agréable. Elle permet de découvrir çà et là de petites baies presque désertes.

Au sud du port et du fort de Paphos

Plage municipale. Il ne s'agit pas à proprement parler d'une plage, mais à l'origine de gros rochers. L'endroit a été aménagé en 2011, avec un large rebord en béton. On accède à la mer (eau claire, agréable avec un tuba et des palmes) par deux rampes avec marches. Pas mal pour aller piquer une tête avant un petit déjeuner au café-restaurant To Bania (« les bains » en grec, car c'est ainsi que les habitants appellent cette « plage »).

Alykes. Située à 300 m au sud de la plage municipale, cette plage de sable est dominée par deux des hôtels les plus luxueux de Paphos, Anabelle et Almyra. En grec, son nom signifie « lac salé », il s'agissait autrefois d'un lieu de collecte du sel pour les habitants. Elle est protégée par un brise-lames.

Vrysoudia A et B. Entre Alykes et Pachyammos, elles sont protégées par un brise-lames artificiel. La première en arrivant depuis le port de Paphos est Vrysoudia B : 200 m de sable et de rochers, elle est dominée par le gros hôtel Alexander Beach. Ensuite, Vrysoudia A. Plus petite (100 m) et de forme concave avec uniquement du sable, elle est sans doute la plage la plus fréquentée de Paphos. Sans doute parce qu'elle se trouve à côté du grand parking public du front de mer (1 €/12h). Entre les deux, le Deck Café, sympa et zen. Le nom de ces deux plages signifie « petites sources » en dialecte grec chypriote. Vrysoudia B est à Pachyammos. À 400 m au sud-ouest de la plage de Vrysoudia A, au niveau de l'hôtel Amathus. Cette toute petite baie abrite une magnifique plage de 100 m de sable, bien protégée du vent et des vagues.

Au nord du fort de Paphos

Cette partie-là du littoral n'est pas protégée par des brise-lames. Les courants peuvent être forts. Prudence, donc.

Faros. Dominée par un phare (*faros* en grec), au nord du fort de Paphos, le long du site archéologique des mosaïques, dans une zone épargnée par les constructions. Accessible par la route ou à pied depuis la forteresse. Elle s'étend sur 300 m. Comme elle est assez large (40 m), on ne s'y sent pas entassé.

Kefalos. Juste au nord, sans discontinuité de Faros, dominée par le Kefalos Beach Tourist Village. Elle mesure 300 m de long, mais elle est étroite. En longeant le chemin côtier, on tombe sur la minuscule plage de l'hôtel Elyseum (publique, mais occupée par les chaises longues et parasols de l'hôtel…), puis sur le site des Tombeaux des rois.

Plages de Paphos.

AXIOTHEA €€

2, Ivis Malioti Street

✆ +357 26 93 28 66

www.axiotheahotel.com

37 chambres. Entre 50 et 70 € pour deux avec petit déjeuner. Parking privé gratuit.

Situé au calme, à quelques pas de la vieille ville, à côté du parc Ivis Maliotou, cet hôtel est bien desservi par les bus allant à Kato Paphos. Il s'agit d'un élégant bâtiment du XIXe s. aux fenêtres en ogive et aux murs couleur pastel. La salle à manger offre une magnifique vue panoramique sur la Méditerranée. Les chambres, dont 21 avec vue sur mer, sont bien aménagées (avec rangements, climatisation, télévision...). L'établissement dispose d'un jardin, d'un parking privé et propose différents services dont la location de voiture.

ELYSIUM €€€

Rue Vasilissis Verenikis

✆ +357 26 84 44 44

www.elysium.com.cy

A partir de 250 € pour deux, avec le petit-déjeuner.

Situé à proximité des anciens Tombeaux des Rois, ce 5-étoiles est fréquemment récompensé par des prix internationaux. En combinant dans son apparence la richesse de l'architecture traditionnelle et les détails modernes, Elysium est un mélange d'influences différentes (byzantines, grecques, vénitiennes ou romaines) qui offre en même temps un confort impeccable. L'ocre et le beige dominent dans les parties communes, fraîches et superbes. Les élégants jardins, cascades et piscines figurent au centre de l'ensemble. Organisation de mariages, aussi...

ROMAN ET ROMAN II €€

Rue Lambrianos

✆ +357 26 945 411

www.romanhotel.com.cy

87 chambres. A partir de 60 € la chambre double avec petit déjeuner.

Difficile de les manquer. Que dire sur ces deux établissements ultra-kitsch qui se font face. A mi-chemin entre la mythologie et Las Vegas, murs en pierre, fausses colonnes ioniques, statues antiques et fresques murales mythologiques plantent le décor à l'extérieur comme à l'intérieur. Les chambres sont à l'image du bâtiment : profusion de coussins, de moquettes épaisses aux couleurs criardes (voire en faux léopard sur les murs...), de statues musclées, de peaux de bêtes... Passé la surprise, l'hôtel s'avère être bien équipé : bar, belle piscine, salle de gym.

Z AND X HOLIDAY VILLAS €€€

12 Agapinoros Street

✆ +357 26 945222

www.zandxvillas.com

Prix sur demande.

Avec plus d'une centaine de villas de vacances à Chypre et dans la région de Paphos, vous êtes sûr de trouver votre bonheur. Les villas comportent souvent une piscine privée, des cuisines entièrement équipées, ainsi que tout le confort nécessaire pour des vacances entre amis ou en famille. Les villas sont proches des commodités, non loin de la plage et sont situées dans les villages environnants de Paphos tout en offrant des vues à couper le souffle sur les montagnes ou de magnifiques vues panoramiques sur la Méditerranée, dans un cadre luxueux.

© MARCIN KRZYZAK - SHUTTERSTOCK.COM

(sinon
çais

ques de
mondial
entre de
la fin du
IVe s. av. J.-C. par le roi Nicoclès. Le lieu est surtout réputé pour ses mosaïques qui comptent parmi les plus belles de l'Antiquité. Elles sont pour l'essentiel datées de la période romaine (IIe-IVe s. de notre ère). Le parc abrite aussi d'importants monuments de la période hellénistique (IVe-IIe s. av. J.-C.) ainsi que des vestiges hérités des Byzantins et des Lusignan. Le site est bien aménagé avec de nombreux panneaux en anglais et en grec pour les principaux monuments. A l'entrée, une carte détaille un itinéraire en 14 points, de la billetterie (1) aux chambres mortuaires de Toumpallos (14).

Entrée

Point n° 1 sur la carte du site. C'est ici que les guides conférenciers donnent rendez-vous si l'on a réservé auprès de l'office de tourisme 24h à l'avance.

Centre des visiteurs

Point n° 2 sur la carte du site, 50 m à l'ouest de l'entrée (escaliers). En haut des marches, à gauche, ce bâtiment moderne abrite un point d'information, une boutique de souvenirs et une petite exposition intéressante sur la biodiversité du site. Cette dernière met en relation les espèces d'oiseaux vivant encore ici et celles représentées dès le XIVe s. av. J.-C. sur les vases, poteries et mosaïques découverts lors des fouilles. Un film sur le travail des archéologues est également projeté.

Villa d'Aiôn

Point n° 3 sur la carte du site, environ 150 m à l'ouest du Centre des visiteurs. Cette villa romaine construite et modifiée entre le IIIe et le Ve s. abrite certaines des plus belles mosaïques de l'Antiquité découvertes en 1983 par l'équipe d'archéologues polonais (universités de Varsovie, Cracovie et Wrocław) qui travaille ici depuis 1965. La plus grande salle (67 m^2), où se tenaient les banquets et dont le sol est décoré de mosaïques, est protégée par une structure moderne en pierre. La villa doit son nom à une représentation d'Aiôn (ou Aïon), dieu du Temps dans les mythologies grecque, phénicienne et romaine. Elle est également appelée « villa du Siècle ».

Mosaïque d'Aiôn. Il s'agit d'une mosaïque en 5 tableaux contenant des éléments géométriques et des figures humaines. Aussi appelée « mosaïque de Dionysos », elle est dans l'ensemble bien préservée, même si certaines parties sont manquantes. Les noms des personnages sont dévoilés par les inscriptions grecques. Dans la partie centrale, le dieu Aiôn apparaît comme le juge départageant un concours de beauté entre les Néréides Thétis, Doris et Galatée (nymphes de la mer) et Cassiopée, reine d'Ethiopie. Elle est découpée en deux scènes, l'une sur mer et l'autre sur terre. Cette dernière fait apparaître Cassiopée en grande gagnante, à moitié nue à la manière de l'Aphrodite Anadyomène sortant des eaux. En haut à gauche, figure Léda (mère d'Hélène de Troie, de Castor et de Pollux) séduite par Zeus ayant pris l'apparence d'un cygne. En haut à droite, le tableau représente la naissance de Dionysos, qui est confié au Silène Trophée (petit et vieux satyre, au centre). La partie en bas à droite figure le triomphe d'Apollon lors du concours de musique avec le satyre Marsyas (avec le bonnet phrygien) qui avait osé le défier. Enfin, en bas à gauche, le tableau représente le cortège solennel du jeune Dionysos allant à travers le monde. Cet ensemble est chargé de symboles mêlant paganisme et christianisme. Il est daté du début du IVe s., période durant laquelle le christianisme s'étendit à Chypre. Cela explique notamment que Dionysos, habillé et auréolé, soit représenté comme l'incarnation de la sagesse et non plus comme le dieu du vin et de la joie.

Villa de Thésée

Point n° 4 sur la carte du site, quelques mètres au sud de la villa d'Aiôn. Edifiée à la fin du IIIe s., c'est la plus grande habitation du site (9 600 m^2). Détruite par les tremblements de terre du IVe s., elle fut reconstruite et habitée jusqu'au début du VIIe s. Elle a été le siège du proconsul, gouverneur romain de Chypre. Comme la villa d'Aiôn, elle est sous la responsabilité de la mission archéologique polonaise. Cet ensemble architectural, dont subsiste les fondations et des colonnes restaurées, est organisé en quatre ailes autour d'un atrium avec environ 100 salles, dépendances, ateliers et bains (angle sud-est). Les salles administratives et de réception, décorées de mosaïques, se trouvent dans l'aile sud.

Mosaïques. Environ 1 400 m^2 de mosaïques ont été mises à jour, avec 3 œuvres principales décrivant des scènes de la mythologie grecque. La villa doit ainsi son nom à la représentation sous forme de cercle de Thésée tuant le Minotaure. Située à gauche au début de la passerelle *(salle n° 36)*, elle est datée du IIIe s. et fut restaurée au Ve s. C'est la plus ancienne des mosaïques de la villa. Autour de Thésée, trois personnages : derrière lui, un vieillard figurant le labyrinthe du roi Minos, en Crète ; à sa droite, une femme symbolisant la Crète, à sa gauche, Ariane, fille de Minos, qui aida Thésée à sortir du labyrinthe. La scène est entourée d'un vaste motif géométrique figurant de manière schématique le labyrinthe.

Parc archéologique de Paphos.

Plus loin, vers le nord, le sol de la salle n° 40, où le proconsul donnait ses audiences, est décoré de la mosaïque de la naissance d'Achille (ou « bain d'Achille ») qui date du IVe s. C'est le seul tableau subsistant d'un plus vaste ensemble. La mère d'Achille, Thétis, est allongée au centre, tandis que son père, Pélée, est assis à gauche. Une nourrice tient Achille dans ses bras et se prépare à lui donner son premier bain. Derrière Pélée apparaissent les trois Moires (divinités du Destin) : Clotho, Atropos et Lachésis. Cette œuvre est largement influencée par le christianisme. Sa composition rappelle la manière dont sont représentés la naissance et le premier bain du Christ dans les églises paléochrétiennes. Une troisième mosaïque figurant Poséidon et son épouse Amphitrite *(salle n° 76)* est généralement recouverte de sable pour en assurer la préservation.

Villa d'Orphée

Point n° 5 sur la carte du site, quelques mètres à l'ouest après avoir traversé la villa de Thésée. De taille modeste – mais toute de même dotée de bains, cette villa romaine de la fin du IIe s. a subit d'importantes dégradations dues à des pillages. Fouillée par le département des Antiquités de Chypre, elle abrite toutefois trois mosaïques bien préservées : Hercule combattant le lion de Némée (premier des douze travaux d'Hercule), une Amazone à cheval et Orphée apprivoisant au son de sa lyre des bêtes sauvages.

Villa de Dionysos

Point n° 6 sur la carte du site, environ 150 m au nord de la villa de Thésée. C'est la plus spectaculaire villa du site. Cette luxueuse résidence romaine s'étend sur environ 2 000 m², dont 556 m² couverts de mosaïques de très grande qualité. Elle été construite à la fin du IIe s. Détruite au cours du premier quart du IVe s. par un tremblement de terre, elle a été reconstruite peu après. Découverte par hasard, elle a été fouillée de 1962 à 1985 par le département des Antiquités de Chypre. Aujourd'hui recouverte d'une structure en bois, la villa est composée de 40 pièces réparties autour d'un patio, avec 16 d'entre-elles (salles de réception) décorées de mosaïques de la fin du IIe s., dont plusieurs représentent des scènes mythologiques en rapport avec le dieu Dionysos.

Mosaïque de Scylla – *pièce n° 1.* C'est la seule mosaïque qui ne se situe pas à son emplacement original. Elle appartenait à un bâtiment plus ancien sur lequel a été édifiée la villa romaine. Elle date de la période hellénistique (fin IVe-début IIIe s. av. J.-C.). On y voit Scylla, monstre marin mythique au buste de femme et dont le reste du corps est composé d'une queue de poisson et de têtes de chien, brandissant un mât de bateau et un trident, et entouré de dauphins et de figures géométriques.

Mosaïque de Narcisse – *pièce n° 2.* Représentation de Narcisse admirant son reflet dans l'eau du lac.

Mosaïque des Quatre Saisons – *pièce n° 3.* Elle comporte 5 panneaux représentant des figures humaines : l'été couronné d'épis tenant à la main une faucille *(en h. à g.)*, le printemps couronné de fleurs tenant à la main une houlette *(en h. à d.)*, l'automne couronné de feuilles *(en bas à d.)*, l'hiver *(en bas à g.)* et un personnage indéterminé *(au centre)*, sans doute le dieu du Temps, Aiôn.

Mosaïque du Triomphe de Dionysos – *pièce n° 4.* Elle est composée de 4 panneaux. Tout d'abord, la scène mythologique du retour triomphal de Dionysos après sa campagne militaire en Inde. Le dieu est assis sur un chariot tiré par deux panthères, dont Silène – son père adoptif – tient les rênes. Ils sont suivis d'un cortège formé de Pan (dieu de la Foule), d'un esclave indien ligoté et de deux Bacchantes (prêtresses du culte de Dionysos). De part et d'autre, deux petits panneaux des Dioscures (enfants de Zeus) Castor et Pollux (dieux tutélaires de l'Hospitalité et de la Navigation). Tous deux sont en tenue militaire, portent une lance et tiennent les rênes de leurs chevaux. Enfin, une scène de vendange est représentée dans le panneau central.

Mosaïques géométriques – *pièces n°s 5, 7, 9 et 14.* La plus riche est celle de la pièce n° 9 avec des formes d'étoiles et de carrés, décorées de figures en croix, de losanges, de peaux, de nœud de Salomon, de roses, de palmettes.

Mosaïques de chasse – *pièces n°s 10, 11 et 12.* Des chasseurs sont représentés avec des proies aussi diverses que le lion, le tigre, le léopard, le taureau, le mouflon, mais aussi le cochon et l'âne.

Mosaïque de Phèdre et Hippolyte – *pièce n° 6.* Hippolyte revient de la chasse accompagné d'un chien. Il semble embarrassé à la lecture de la déclaration d'amour de sa belle-mère, Phèdre. Celle-ci, à droite, est assise sur un trône, inquiète dans l'attente de la réaction du jeune homme. La passion de Phèdre est symbolisée par la flèche que Cupidon dirige vers son cœur. L'histoire finira mal : devant le refus d'Hippolyte, Phèdre l'accusera de viol et se suicidera.

Mosaïque du rapt de Ganymède – *pièce n° 8.* Réputé le plus beau des mortels, le prince troyen Ganymède est enlevé par Zeus, qui a pris l'apparence d'un aigle, pour en faire son amant.

Mosaïque du Paon – *pièce n° 15.* Magnifique paon à queue bleue faisant la roue.

Mosaïque à quatre panneaux – *pièce n° 16.* Chaque panneau suivant *(de g. à d.)* représente une scène mythologique sans lien avec les autres.

1er panneau : le suicide de Pyrame et Thisbé, les deux amants légendaires de Babylone. Pyrame, ayant découvert le voile de Thisbé déchiré et taché de sang par le tigre *(au centre)*, l'imagine dévorée par le fauve et se donne la mort. En découvrant le corps sans vie de son amant, Thisbé se suicide à son tour.

2e panneau : Dionysos révèle les propriétés enivrantes de la vigne au cultivateur athénien Icarios. Le dieu recommande de ne pas divulguer le secret, mais Icarios explique à deux bergers comment produire le vin. S'ensuit une malédiction qui cause la mort d'Icarios, de sa fille et des deux bergers. Dionysos et la nymphe Acmé à demi-nue sont représentés sur la partie gauche. Au centre, Icarios tient les rênes d'un char chargé d'outres de vin. A droite, les deux bergers en état d'ébriété avec l'inscription « ΟΙ ΠΡΩΤΟΙ ΟΙΝΟΝ ΠΙΟΝΤΕϹ » (« Les premiers buveurs de vin »).

3e panneau : Poséidon et Amymone. Le dieu de la Mer révèle à la fille du roi Danaos, dont le royaume est en proie à la sécheresse, l'emplacement d'une source, ici symbolisée par une amphore. Lors de cette rencontre, Poséidon et Amymone ont également une brève aventure, sous les auspices du dieu de l'Amour et de la puissance créatrice, Eros *(au centre, au-dessus de l'amphore)*.

4e panneau : Apollon et la nymphe Daphné transformée en laurier. Pour se venger d'Apollon, qui s'est moqué de lui, Eros *(à d.)*, décoche une flèche sur le dieu *(assis, à g.)* qui le rend fou amoureux de Daphné, l'autre sur la nymphe, qui inspire à cette dernière le dégoût de l'amour. Alors qu'Apollon la poursuit, épuisée, elle demande à son père, le dieu fleuve Pénée, de lui venir en aide. Ce dernier n'a d'autre choix que de métamorphoser sa fille en laurier.

Acropole

Points n° 8, 9, 10 et 12 sur la carte du site, 150 m au nord de la villa de Dionysos. L'acropole (« ville haute »), le centre de la cité de Nea Paphos, était constitué d'un ensemble de bâtiments aujourd'hui facilement repérables grâce au petit phare blanc qui domine le site archéologique.

Asclépiéion – *point n° 8 sur la carte du site.* Il s'agit des vestiges d'un temple du IIe s. dédié à Asclépios, dieu de la Médecine. Il s'étend au sud de l'odéon et au sud-ouest de l'agora. Ce vaste complexe établi autour d'une cour carrée a aussi été utilisé comme centre de guérison. En attestent les « bouillottes thérapeutiques » en forme d'organes humains découvertes sur place en 1968 par le département des Antiquités de Chypre.

Odéon – *point n° 9 sur la carte du site, à côté de l'Asclépiéion.* L'odéon (IIe s.) était destiné aux représentations musicales et aux concours de poésie et de musique. A l'état de ruines lors des fouilles menées par le département des Antiquités chypriotes dans les années 1970, l'odéon a été complètement reconstruit en 1993.

Agora – *point n° 10 sur la carte du site,* [illegible] *de l'odéon.* L'agora (place du marché) f[illegible] cœur de la cité à partir du IIe s. av. J.-C. Forma[illegible] un carré de 95 m de côté, elle n'offre aujourd'hui que peu à voir à part quelques colonnes.

Phare – *point n° 12 sur la carte du site, 50 m à l'ouest de l'odéon, pas de visite.* Construit en 1888 par les Britanniques, c'est un des principaux points de repère pour les navigateurs sur la côte ouest de Paphos. Situé sur une petite colline à 16 m d'altitude et d'une hauteur de 20 m, il émet un faisceau lumineux toutes les 15 secondes à la nuit tombée. Selon les archéologues, c'est à cet emplacement que se trouvait le centre de l'acropole.

Porte nord-ouest

Point n° 11 sur la carte du site, 150 m au nord du phare. Dès sa fondation au IVe s., la ville s'est dotée d'une enceinte de protection. La porte nord-ouest, construite au IIe s. de notre ère, est un des rares éléments du système défensif encore visibles.

Toumpallos

Point n° 14 sur la carte du site, à l'extrême nord-est du site, 300 m au nord-est de l'agora. Cet ensemble de cavités creusées sous le sol offre un peu d'ombre. On a longtemps pensé qu'il s'agissait d'une garnison de Ptolémée, héritier d'Alexandre le Grand en Egypte. Mais grâce aux recherches réalisées par une mission archéologique italienne, on sait depuis 2014 qu'il s'agissait d'un lieu de culte païen en hypogée, c'est-à-dire souterrain. Il s'agit même du plus grand de ce genre dans le bassin méditerranéen. Avec son vaste réseau de tunnels et de salles creusées dans la roche, dont certaines décorées de mosaïques, ce sanctuaire a été utilisé à partir du IVe s. av. J.-C., puis transformé en lieu de culte chrétien avec la construction d'une chapelle 8 siècles plus tard.

Château de Saranta Kolones

Point n° 13 sur la carte du site, 150 m au nord de l'entrée. Le château médiéval des « Quarante colonnes » (Σαράντα Κολώνες/Saranta Kolones) doit son nom au grand nombre de colonnes en granite découvertes ici. Le lieu a été fortifié à la fin du VIIe s. par les Byzantins pour défendre le port face aux raids arabes. Pour ce faire, de nombreux matériaux ont été prélevés sur le site de l'agora, les colonnes notamment. Les Lusignan ont modifié l'endroit, le transformant en château fort. Autour d'une cour intérieure carrée de 35 m de côté ont été creusées des douves et érigés des murs de 3 m d'épaisseur. L'ensemble était renforcé par 4 puissantes tours d'angle, quatre tours intermédiaires sur chaque mur et une porte côté est. Détruit par un tremblement de terre en 1222, le château a alors été abandonné. Il en reste d'imposantes ruines au milieu desquelles se détachent les frêles voûtes d'une ancienne basilique.

…UE

★★★

+357 26 30 62 17

Accès libre. Église Agia Kyriaki Chrysopolitissa : tous les jours ; de mi-avril à mi-septembre : 8h30-19h30 (sinon 17h.)

En plein cœur de la peu réjouissante zone touristique de Kato Paphos, se trouvent les merveilleuses ruines de la basilique de la Vierge de la Cité d'Or (Παναγία Χρυσοπολίτισσα/Panagia Chrysopolitissa). Construite dans la seconde moitié du IVe s., ce fut l'une des plus grandes basiliques de Chypre. Il en subsiste les fondations, de belles mosaïques et de nombreuses colonnes, dont le célèbre « pilier de Saint-Paul ». Centre de la ville au Moyen Âge, la basilique a été plusieurs fois remaniée.

Basilique. Elle a été construite à l'emplacement de ce qui est supposé avoir été l'une des premières églises au monde. Cette dernière aurait été érigée en 45 apr. J.-C. lors du passage des apôtres Barnabé, Paul et Marc venus de Salamine, et détruite lors d'un tremblement de terre en l'an 59. La basilique comptait à l'origine 7 nefs, qui ont été ramenées à 5 au cours du VIe s. lors de la construction d'un palais épiscopal dans la partie sud. La basilique est endommagée au début de l'occupation arabe de 653-688 – de cette période, 9 colonnes conservent des inscriptions en arabe, des invocations à Allah –, puis détruite lors d'un tremblement de terre en 685. À la fin du VIIe s., une plus petite église byzantine est reconstruite dans la partie nord-est de l'ancienne basilique. Cette dernière est remaniée au XIe s. puis disparaît lors d'un séisme en 1159. C'est à cet emplacement que se trouve l'actuelle église Agia Kyriaki Chrysopolitissa.

Mosaïques de la basilique. Tout le long des passerelles au-dessus des fondations de la basilique, on peut admirer des mosaïques entières ou en fragments. Elles datent des IVe et VIe s. Conformément aux canons de l'art paléochrétien, les représentations humaines sont ici proscrites, mais les artistes sont alors passés maîtres en matière de motifs géométriques, floraux et animaux, tous porteurs de symboles. Ainsi, le long de la passerelle centrale, on peut admirer une biche s'abreuvant qui illustre le psaume 42 : 1 *(« Mon âme a soif de Dieu »)*, et sur le fragment du panneau voisin, un bélier et une vigne évoquent la première phrase du chapitre 15 de l'*Evangile selon Jean* : *« Je suis la vraie vigne, et mon Père est le vigneron. »*

Ruines de l'église latine – *dans la partie nord du site.* Les archéologues pensent qu'il s'agit de la cathédrale catholique de Paphos construite à la fin du XIIIe s. ou au début du XIVe s. par les franciscains. De style gothique et composée de trois nefs, elle comptait également une chapelle funéraire. Remaniée au début du XVIe s., elle fut abandonnée après l'arrivée des Ottomans en 1571. Quatre statues d'anges du XVIe s. découvertes sur place dans les années 1980 sont conservées au musée archéologique de Paphos.

Pilier de Saint-Paul – *au nord du site, près des ruines de l'église latine (indiqué par un panneau).* Selon la tradition locale, c'est à cette colonne de marbre blanc haute de 1,70 m que saint Paul fut flagellé par les Romains lors de son passage à Paphos avec Paul et Barnabé en l'an 45. Alors qu'il recevait 39 coups de fouets, l'apôtre serait parvenu à convertir le proconsul de Chypre Sergius Paulus qui assistait à la sentence. Cité dans les *Actes des Apôtres*, Sergius Paulus serait ainsi devenu le premier notable romain à se convertir au christianisme. En revanche, aucune source ne mentionne le pilier, mais seulement une cellule souterraine où saint Paul aurait été détenu.

Tombe d'Erik Eigod – *au nord du site, près des ruines de l'église latine (indiqué par un panneau).* Le site abrite plusieurs tombes médiévales, parmi lesquelles celle du roi du Danemark Erik Ier Eigod (« toujours bon ») mort à Paphos en 1103 alors qu'il effectuait un pèlerinage à Jérusalem.

Église Agia Kyriaki Chrysopolitissa – *à l'est du site, sur les ruines de l'abside de la basilique.* Ancienne cathédrale orthodoxe du quartier de Kato Paphos, cette église de style byzantin et de dimensions assez modestes est « l'héritière » de la grande basilique paléochrétienne. Elle a été érigée dans les premières années de la période vénitienne, au début du XVe s. avec de nombreux matériaux provenant des anciennes églises du site. Elle est dédiée à sainte Dominique (Αγία Κυριακή/Agia Kyriaki), martyre du IIIe s., et reprend le nom de l'ancienne basilique à l'emplacement de laquelle elle s'élève, Chrysopolitissa (« Cité d'or »). Depuis 1987, elle est « prêtée » par l'église orthodoxe de Chypre à la paroisse catholique Saint-Paul (autre nom donné à l'église) qui la partage avec les différentes communautés chrétiennes de la ville. Ainsi, si elle conserve tous les attributs d'une église orthodoxe (iconostase et icônes de style naïf du XIXe s. notamment), c'est ici que sont célébrées les messes protestantes (quotidiennes pour les anglicans, mais aussi plus sporadiquement pour les luthériens et pour les évangélistes-luthériens finlandais), catholiques (de rite romain et maronite) et orthodoxes lors de grandes occasions. Des offices de rite catholique romain sont ainsi organisés tous les jours en anglais, une fois par mois pour les communautés polonaise, sri lankaise et philippine et trois fois le dimanche en anglais, en polonais et en latin. La communauté maronite s'y réunit quant à elle une fois par mois. Ce lieu de culte partagé assez unique en son genre a été choisi comme un symbole de rapprochement des Églises par le pape Benoît XVI qui y a célébré une messe œcuménique le 4 juin 2010.

Site archéologique de la Panagia

ES

★★★

7 26 30 62 95

9h30 (sinon

rançais sur

...ombeaux des rois ... των Βασιλέων/Tafi ton Vasileon, Tombs of the Kings) fait partie des trois sites de la zone de Paphos classée au Patrimoine mondial de l'Unesco en 1980. Il s'agit d'une nécropole antique unique en son genre, composée de huit tombeaux monumentaux et d'un grand tumulus. Elle s'étend sur 32 ha dans un bel environnement le long du rivage. Malgré leur nom actuel et aussi majestueux soient-ils, les tombeaux de Nea Paphos n'ont pas été conçus pour accueillir les dépouilles des rois de Paphos. Ils datent du IIIe s. av. J.-C. et la pratique des grands tombeaux destinés aux souverains a été abandonnée en 312 av. J.-C. Seul le tombeau n° 8 pourrait avoir servi pour un roi de la dynastie des Ptolémées. Toutefois, le mode de construction s'inspire bien des grands tombeaux royaux et des rituels mortuaires de Macédoine. Les 8 tombeaux sont presque tous élaborés selon le même schéma qui s'apparente à celui d'une maison. On y accède par un *dromos*, terme qui désigne littéralement un « chemin », mais qui consiste en fait en un escalier permettant de descendre dans la partie souterraine. On trouve ensuite un *atrium*, pièce centrale à l'origine recouverte d'une toiture aujourd'hui disparue. La galerie de l'*atrium* est constituée de piliers ou colonnes, le plus souvent doriques (chapiteau sans décor, fût à cannelure, absence de base). Généralement, près de l'entrée, se trouve une fontaine ou un puits servant à la préparation des corps et aux cérémonies rituelles. La galerie dessert une ou plusieurs chambres funéraires destinées aux personnages importants. Dans les chambres funéraires elles-mêmes, la galerie et/ou le *dromos*, on trouve également trois autres types de sépultures creusées dans la roche : des tombes en forme de caisson prévues pour des personnes de second rang, des *loculi* (niches funéraires, *loculus* au singulier) conçues pour des enfants ou des personnes de moindre rang et, enfin, des ossuaires. Comme ces tombeaux étaient destinés à servir de nombreuses fois, les corps plus anciens étaient retirés des plus grandes sépultures, de nouveau préparés et les os logés dans les ossuaires. Les tombeaux ont ainsi été utilisés pendant des siècles, de la période hellénistique à la période romaine, y compris par les premiers chrétiens. Ils ont été abandonnés suite à des tremblements de terre au IVe s. La plupart ont été endommagés, servant de carrière de pierre pour la construction de nouveaux bâtiments et/ou vidés de leurs objets précieux par des pilleurs de tombes jusqu'au Moyen Âge. Ils ont été redécouverts à la fin du XIXe s. et ont fait l'objet de « fouilles » par Luigi Palma di Cesnola. Ce dernier, consul des États-Unis à Chypre de 1865 à 1877, sous couvert de recherches historiques, a organisé un véritable pillage, volant les objets pour les revendre dans les salles des ventes et endommageant sans scrupule les vestiges qu'il jugeait sans intérêt. À partir de 1915, les archéologues chypriotes ont entamé les premières véritables fouilles scientifiques. Et c'est dans les années 1970-1980 que des fouilles systématiques ont été entreprises par le département des Antiquités de Chypre.

Visite

La visite du site est bien conçue avec un plan général à l'entrée, un parcours en 9 points, des panneaux explicatifs en anglais et en grec. On recommande de porter de bonnes chaussures.

Tombeau n° 1 – *20 m à gauche de l'entrée.* Il s'agit d'un énorme rocher dépassant de plusieurs mètres le niveau du sol. L'accès est amé-

RÉGION DE PAPHOS

Tombeau n° 3 du site archéologique des tombeaux des rois.

nagé par un escalier de 11 marches. Autour de l'*atrium* se trouvent 5 *loculi*, dont 3 destinés à des enfants et une salle conçue pour la préparation des corps. Sur certains *loculi*, on aperçoit les traces de plâtre coloré qui servait à la fois de décoration et d'isolant pour protéger la pierre.

Tombeau n° 2 – *100 m à l'ouest du tombeau n° 1, en direction de la mer, en quittant le chemin principal, assez mal indiqué.* Le *dromos* est constitué de 13 marches. À droite de l'entrée se trouve le puits pour les rituels funéraires. L'*atrium* est décoré de colonnes doriques. En face du *dromos*, la chambre mortuaire compte 4 *loculi* et 3 tombes en forme de caisson. À l'époque romaine furent ajoutés une seconde entrée côté sud et 2 autels sculptés au nord.

Tumulus – *près du tombeau n° 2, accessible seulement en partie.* Le site compte plusieurs *tumuli* (éminences artificielles recouvrant une ou plusieurs sépultures). Celui-ci est le plus vaste. Datant également de la période hellénistique, il est conçu sur le même modèle que les tombeaux macédoniens. Il abrite 3 tombeaux creusés dans le sol et qui furent ensuite recouverts de terre. Du sommet, on profite d'un beau panorama à 360°.

Tombeau n° 3 – *100 m au nord du tombeau n° 2, le long du chemin principal.* C'est l'un des plus beaux tombeaux du site. Le *dromos* (12 marches) donne accès à un élégant *atrium* composé de 12 colonnes doriques restaurées. À gauche de l'entrée se trouve le puits profond pour les rituels funéraires, et, au nord et au sud, les chambres mortuaires avec des ossuaires, des tombes et des *loculi* dont certains portent des traces de plâtre coloré. Dans le coin nord-ouest, on remarque une ouverture faite par des pilleurs de tombe.

Tombeau n° 4 – *à côté du tombeau n° 3.* Le *dromos* (13 marches en mauvais état) mène à un *atrium* composé de 4 piliers rudimentaires rectangulaires et de 6 colonnes doriques (2 sont manquantes). La chambre mortuaire *(à l'est)* compte plusieurs types de sépultures dont des *loculi* très simples. On trouve en outre 7 tombes en forme de caisson creusées dans la roche au nord et au sud sous le portique de l'*atrium*.

Tombeau n° 5 – *40 m au nord des tombeaux n°s 3 et 4 en tournant à gauche côté mer et en suivant un sentier qui longe la côte.* C'est le plus grand des tombeaux, couvrant une superficie de 390 m², à 5 m de profondeur. Le *dromos* est mal préservé. L'*atrium* est composé de 11 piliers rectangulaires composés de gros blocs de calcaire (un est manquant, 2 autres ont été grossièrement restaurés). Sous la galerie, à gauche de l'entrée, se trouve un *loculus* et un ossuaire. Un autre *loculus* est situé à droite. En face de l'entrée *(au sud)*, une chambre mortuaire fut utilisée durant les périodes hellénistique et romaine. Remarquez la pierre qui, par endroits, est complètement rongée par l'érosion et le vent.

Tombeau n° 3 du site archéologique des tombeaux des rois.

Tombeau n° 6 – *à l'extrémité nord du site, 150 m au nord du tombeau n° 5.* Moins spectaculaire, il est presque entièrement découvert et à l'air libre. Le long *dromos* de 20 m de longueur (14 marches), en partie recouvert d'arcades, abrite lui-même des *loculi* et un ossuaire. Durant la période romaine, le *dromos* fut fermé et un autel fut ajouté pour les cérémonies rituelles. De l'*atrium* ne subsiste que la base de 10 piliers, taillés dans la roche et rongés par l'érosion, et 2 fines colonnes. La galerie de l'*atrium* abrite plusieurs tombes en forme de caisson et une niche grillagée protégeant des fragments de fresques. À l'ouest de l'*atrium* se trouve la chambre mortuaire avec des *loculi* et une tombe en forme de caisson.

Tombeau n° 7 – *50 m au sud du tombeau n° 6, sur la gauche du chemin principal, mal indiqué.* Bien préservé, il compte un *atrium* de colonnes doriques et un *dromos* où se trouvent une tombe et des ossuaires. Le tombeau a été transformé en chapelle chrétienne vers le Ve s. et est surnommé « Παλιό Εκκλησία/Palio Ekklisia », ce qui signifie « vieille église ».

Tombeau n° 8 – *120 m au sud du tombeau n° 7, sur la droite du chemin principal.* Sa structure diffère des autres tombeaux. On y accède par un *dromos* monumental de 13 marches et une entrée voûtée. À la place de l'*atrium* se dresse une chambre mortuaire rectangulaire taillée dans la roche. Autour, un couloir dessert d'autres chambres mortuaires *(au sud et à l'est)* ainsi que des *loculi*, des ossuaires et des tombes creusées dans la roche en forme de caisson. Les archéologues y ont trouvé des statuettes en argile représentant probablement l'aigle des Ptolémées, dynastie fondée par un général d'Alexandre le Grand en Égypte et qui a régné sur l'île durant la période hellénistique. Du fait de cette découverte et de l'aménagement original, on imagine que ce tombeau aurait pu abriter la dépouille d'un roi de la dynastie Ptolémée.

VILLE HAUTE DE KTIMA ★★

Ayoras

Mosquée Kebir : entrée libre. Marché municipal : tous les jours jusqu'à 14h ou 16h, fermé dimanche.

Pour un peu d'authenticité à Paphos, grimpez dans la vieille ville de Ktima. C'est là que se trouvent le centre administratif, mais aussi les musées et quelques restaurants traditionnels. La partie la plus charmante est l'ancien quartier chypriote turc de Mouttalos (Μουτταλος), situé derrière le marché municipal et autour de la mosquée Kebir.

Mosquée Kebir – *rue Namık Kemal, à l'angle de la rue Fellahoğlu, 200 m au nord de l'office de tourisme.* Officiellement appelée mosquée Kebir (Cami-i Kebir en turc, τζαμί Κεπήρ/Tzami Kebir en grec), son nom signifie « grande » en arabe. Mais elle est aussi connue sous différentes appellations : Cami Büyük (« grande mosquée » en turc) Mouttalos, Ebubekir ou Agia Sophia. Autant de termes qui évoquent son histoire. Elle fut érigée entre 1584 et 1592 par le gouverneur ottoman Mehmet Bey Ebubekir sur les ruines de la cathédrale catholique Sainte-Sophie qui datent du règne des Lusignan. Préservée lors du sinistre épisode de l'été 1974, elle est restée fermée pendant 40 ans. Autour se trouvent de vieilles tombes et un türbe de la période ottomane.

Marché municipal – *rue Agoras.* D'ici, la vue sur Kato Pathos est superbe. Mais le « marché populaire » (λαϊκή αγορά/laïki agora), depuis le départ forcé de la communauté chypriote turque, a beaucoup perdu de son authenticité. Les halles n'abritent plus que quelques commerçants dont des vendeurs de souvenirs pour touristes. Sur le parvis, en revanche, certains petits producteurs locaux viennent encore vendre leur récolte chaque matin, notamment du très bon « thé de la montagne » ? Facile à rapporter en avion.

Bains ottomans Mehmet Bey Ebubekir – *rue Petraki Miltriadou, sous le marché, à l'angle de la rue Nicodemou Milona qui monte de Kato Pathos.* Comme la mosquée Kebir, ils ont été construits à la fin du XVe s. Ils ont été utilisés jusqu'aux premiers heurts entre communautés, en 1950. Ils ont ensuite hébergé le musée archéologique de Paphos de 1964 à 1989. Rénovés depuis les années 2000, ils abritent un restaurant, mais la plupart des salles sont en accès libre et disposent de panneaux explicatifs en anglais. Les bains sont divisés en 3 salles : la 1re est dédiée au rafraîchissement (vestiaire, parloir, relaxation). La 2e salle, aménagée avec des bancs de pierre et des lavabos en marbre pour se laver, et légèrement plus chaude en température. Dans la 3e salle, très chaude, une surface est élevée au centre pour les massages, tandis que l'eau coule en permanence tout autour. De là, on accède à des petites salles individuelles où la température pouvait atteindre 40 °C.

FAT MAMAS RESTAURANT €€

Avenue Tombs of the Kings

✆ +357 26 949 619

Ouvert tous les soirs à partir de 17h. A partir de 15 €/personne.

Au premier abord, une adresse « noyée » au milieu des autres restaurants de cette première partie de l'avenue Tombs of the Kings. Mais il est aisé de la repérer. Le soir, c'est celle dont la terrasse est bondée. En effet, les résidents des hôtels alentour s'y retrouvent en masse pour s'attabler devant de larges portions de viandes grillées, viandes en sauce, baked potatoes bien faites et coupes de glaces à étages multiples. La carte est suffisamment longue pour que chacun y trouve son bonheur. Dans « le genre », c'est une bonne adresse.

LAONA €€

6, Votsis

✆ +357 26 93 71 21

www.laonarestaurant.blogspot.com

Tous les jours sauf dimanche 11h-15h, mardi et vendredi 11h-15h, 19h-23h. Env. 20 €/personne.

A 200 m au sud-est du marché, à l'angle de l'avenue Makarios, près de l'office de tourisme, c'est assurément l'un des restaurants préférés des touristes de passage à Paphos. En même temps, c'est vrai que la cuisine est par ici un tel désastre que cette taverne peut paraître exceptionnelle. On y sert pourtant que du très banal en matière de gastronomie « chypriote » (mezzés et plats grecs), sans surprise mais reposant pour les papilles. Nappes à carreaux, agréable petite terrasse dans une rue piétonne calme, service efficace.

ATELIER DE MYRIANTHI CONSTANTINIDOU

4 rue Ellados

✆ +357 99 420130

https://myrianthisicons.com

La plupart des icônes orthodoxes en vente à Chypre, y compris dans les monastères, proviennent de Grèce ou d'Italie. Si vous souhaitez juste décorer votre salon avec, cela ira. Mais pour un usage religieux, privilégiez un achat dans les rares ateliers spécialisés qui en produisent encore comme ici. Car, pour avoir le statut d'image sacrée, une icône doit avoir été réalisée par un moine ou une personne très pieuse. Pour transporter votre icône en cabine, veillez à bien l'emballer.

GEROSKIPOU ★★

Geroskipou/Γεροσκήπου (prononcez yé-ros-ki-pou), ou *Yeroşibu* en turc, compte 8 500 habitants. Le centre se situe à 4 km au sud-est de Kato Paphos ; les plages de Geroskipou se trouvent dans la continuité de celles de Paphos et se poursuivent après l'avenue Poseidonos. Ce bourg mérite une visite culturelle et gourmande, voire balnéaire. Situé sur l'avenue Makarios-III menant à l'aéroport et au site archéologique de Kouklia, il doit son nom de « jardin sacré » (*geros kipou* en grec) à la mythologie grecque. C'est ici que, selon la légende, se tenaient les jardins sacrés d'Aphrodite. Le béton a remplacé la verdure, mais la place centrale conserve la superbe église byzantine Agia Paraskevi célèbre pour ses cinq dômes. Juste à côté se trouvent deux autres incontournables : le petit mais riche Musée ecclésiastique de Paphos, installé ici depuis 2017, et la boutique Aphrodite Delights où sont vendus les meilleurs loukoums de l'île. Le « loukoum de Geroskipou » bénéficie de la plus ancienne Indication géographique protégée de l'Union européenne accordée à une sucrerie. Les abords de la place comptent des cafés ainsi que le Musée des Traditions populaires (tous les jours 8h30-16h, jusqu'à 17h en été, 2,50 €). Enfin, à 4 km au sud de la place, Geroskipou possède la plus grande plage de l'agglomération, avec deux parcs d'attractions (Paphos Waterpark et Pafos Luna Park) et une immense boîte de nuit. De Paphos, le centre de Geroskipou est desservi par les lignes 601 et 606. Cette dernière permet aussi de se rendre aux plages de Geroskipou.

PLAGE DE GEROSKIPOU (RIKKO'S BEACH)

Ayapinoros

Poste de surveillance pour la baignade et pavillon pour la qualité de l'eau.

C'est la plus grande plage de l'agglomération de Paphos. Elle s'étend sur 1 km de longueur, avec des galets et surtout du sable gris, mais peu d'ombre. La municipalité de Geroskipou promet depuis des années d'en faire la « meilleure plage de Paphos », mais force est de constater que les détritus jonchent toujours le sable. Sur place : quelques chaises longues, trois snack-bars (dont l'historique Ricco installé là depuis 1975), un restaurant, le Pafos Luna Park, et le Summer Club.

APHRODITE DELIGHTS ★

En face de l'église Agia Paraskevi. Usine : 2, Kantarenas, à Geroskipou (1,6 km au sud-est de la boutique). ✆ +357 26 96 22 12

www.aphroditedelights.com

Tous les jours 8h-21h (dimanche à partir de 10h). Usine : tous les jours sauf dimanche 7h-16h, samedi 9h-13h.

La confiserie des « délices d'Aphrodite » doit sa célébrité au *loukoumi geroskipou* : le loukoum de Geroskipou, première sucrerie au monde à avoir bénéficié d'une indication géographique protégée (IGP), en 2007. Sur place, on peut acheter des loukoums et plein d'autres sucreries maison. Mais surtout, il est aussi possible de visiter le site de production, un peu à l'écart du centre du village, mais intéressant. Certes, il existe aujourd'hui d'autres artisans proposant le loukoum de Geroskipou dans la commune. Mais la petite entreprise fondée en 1895 par Sofoklis Athanasiou est la plus ancienne. Toujours gérée par la même famille, c'est elle qui a œuvré à la reconnaissance du produit phare de Geroskipou. Pour ces Chypriotes grecs, l'enjeu était tout d'abord de créer une nouvelle identité au loukoum, inventé par les Turcs au XVIe siècle. Il s'agissait aussi de faire oublier que ce bonbon mou est appelé *turkish delight* (« délice turc ») en anglais. Le magasin a donc été rebaptisé Aphrodite Delights pour profiter de la renommée de la déesse de la beauté et de son sanctuaire de Kouklia, tout proche. Comme quoi, à Chypre, même les gourmandises ont un parfum politique.

Franchement, le loukoum de Geroskipou est très bon et n'a rien à envier à ceux des meilleurs confiseurs d'Istanbul. Bien sûr, c'est ultra-calorique avec environ 80 % de sucre et 20 % de farine d'amidon. Mais le goût du sucre n'est pas trop présent et la pâte ne colle pas aux dents. Tous les loukoums de Geroskipou sont sans gluten et la boutique propose même un loukoum sans sucre. Outre les deux parfums historiques, rose et bergamote, le loukoum se décline ici à la grenade, à la noix de coco, au chocolat, à la figue, ou encore au citron. Il intègre aussi des ingrédients typiquement chypriotes comme le vin doux de la Commandaria et le sirop de caroube.

Visite. La boutique de la place centrale de Geroskipou abritait depuis 1895 l'atelier de confection des loukoums et autres sucreries maison. Le site de production d'Aphrodite Delights est depuis 2007 installé dans une usine moderne située dans la zone industrielle de Geroskipou. Sur place, un hall d'exposition et une boutique sont ouverts au public avec petite visite guidée et dégustation gratuite. En théorie, il faut réserver, mais les individuels peuvent s'y rendre sans souci aux horaires indiqués ci-dessus. Sinon, il est aussi possible de visiter l'atelier de la confiserie concurrente Loukoumia Arsinoe (tous les jours 8h30-20h30), située dans le centre du bourg, presque à côté de la boutique Aphrodite Delights.

ÉGLISE AGIA PARASKEVI ★★★

1, Plateia Agias Paraskevis
✆ +357 26 96 18 59
Tous les jours sauf dimanche 8h30-13h et 14h-16h30. Entrée libre. Photos interdites.

La nef centrale à trois dômes a été érigée aux VIIIe et IXe siècles à l'emplacement d'un temple dédié à Aphrodite. Ce dernier constituait jusqu'au IVe siècle la première étape pour les pèlerins se rendant au sanctuaire de la déesse, à Kouklia. L'église fut d'abord dédiée à la Sainte Croix, dont des fragments furent rapportés à Chypre par sainte Hélène, mère de l'empereur Constantin, au IVe siècle. Puis l'édifice a reçu le nom d'Agia Paraskevi (Sainte-Parascève). Ce terme désigne en grec le vendredi, jour de la « préparation », hérité de la tradition juive de la veille du sabbat. Les coupoles et les nefs latérales furent ajoutées au XIe siècle. L'église prit sa forme actuelle au XIXe siècle, avec un clocher d'inspiration vénitienne et une extension à l'ouest. Le bâtiment est le plus ancien du type « église à file de coupoles » : une nef couverte d'une succession de coupoles sur pendentifs, ici 3 coupoles en enfilade datant du IXe siècle. Cette technique chypriote ne fut que très peu utilisée, avec 6 édifices byzantins jusqu'au XIe, dont l'église Agios Lazaros de Larnaka. Mais le système a été repris par l'école dite « périgourdine ». Ce singulier courant de l'art roman s'est inspiré de l'église de Geroskipou. Une quarantaine d'églises « à file de coupoles » ont ainsi été construites dans le sud-ouest de la France, notamment les églises Saint-Étienne de Périgueux et Saint-Martin d'Angers au XIe, puis les cathédrales de Saintes ou de Périgueux au XIIe. Les fresques du XVe siècle sont assez bien préservées sous 2 des 3 coupoles de la nef centrale. En entrant, vous faites face à 5 épisodes du cycle de la Passion : la Cène, le lavement des pieds, le baiser de Judas, Jésus devant Ponce Pilate et Simon de Cyrène aidant le Christ à porter la croix. Remarquez l'apparence des soldats romains, semblables à des combattants turcs du Moyen Âge. Sur le mur opposé figurent 4 scènes du cycle des fêtes orthodoxes : samedi de Lazare, dimanche des Rameaux, Nativité de Marie et Présentation de Marie au Temple. Le 2e dôme est orné de l'Orante : la Mère de Dieu et le Christ enfant ouvrent les mains en signe de prière. En dessous, côté nord, la grande scène de Crucifixion avec certains personnages en habits de la Renaissance a perdu sa partie centrale, laissant apparaître une portion de la fresque de la dormition de la Mère de Dieu du XIIe. Côté sud, seules deux fêtes orthodoxes sont encore visibles : la Nativité du Christ et le Baptême du Christ. Enfin, derrière l'iconostase (XIXe), le dernier dôme central abrite la plus ancienne fresque : une *crux gemmata*.

MUSÉE ECCLÉSIASTIQUE DE PAPHOS ★★★

Makariou III Avenue ✆ +357 26 27 12 21

Tous les jours sauf dimanche 9h-16h (samedi jusqu'à 13h). Entrée 4 €. Photos interdites.

Installé dans une ancienne école, ce musée abrite une centaine d'icônes, dont la plus ancienne de Chypre.

Icône de sainte Marina. La plus ancienne icône de l'île est posée sur un tréteau à l'entrée de la 1re salle. Datée du VIIe ou du VIIIe siècle, elle est dédiée à sainte Marguerite d'Antioche, aussi appelée sainte Marina. Composée de deux planches de bois, elle est endommagée mais conserve des détails du martyre de la sainte dans la partie gauche. Elle est d'autant plus précieuse qu'elle a survécu aux destructions de la crise iconoclaste (726-843). Provenant de l'église Agia Marina du village de Filousa Kelokedaron (Troodos), elle comporte au verso une icône de saint Georges (XIIIe siècle). La même salle abrite 5 autres icônes doubles. Remarquez celle du prophète Élie soumis à la tentation par un corbeau semblant tenir « dans son bec un fromage » (XVe siècle).

Icône de saint Georges Pervoliatis. Cette très rare icône aux magnifiques rouges du XVIe siècle est la plus grande du musée. Placée à droite en entrant dans la 3e salle, elle représente le martyr chevauchant sur la mer avec un enfant en croupe. Elle provient d'une ancienne église de Paphos et son épithète *Pervoliatis* (« des vergers ») évoque les jardins sacrés d'Aphrodite. Ce n'est pas la représentation habituelle de saint Georges terrassant le dragon mais celle, orientale, de « saint Georges sauvant un garçon de la captivité ». La tradition remonte au VIIIe siècle, quand la Paphlagonie (nord de l'actuelle Turquie) fut envahie par des pirates arabes. Un garçon chrétien est enlevé pour devenir serviteur d'un notable (arabe, bulgare ou turc selon les versions) et délivré alors qu'il est en plein service, pichet à la main. La rareté de cette icône tient au fait qu'elle est l'une des 8 représentations du « cavalier des eaux » *(Nerokavalla)* répertoriées en Grèce et à Chypre. Le musée possède d'ailleurs la seule autre icône de ce type, celle endommagée de saint Georges de Cappadoce (XIIIe). On retrouve la même scène sur les fresques de deux églises du Troodos à Pedoulas et à Platanistasa.

Et aussi. La 3e salle abrite deux firmans (décrets) de 1853 signés du sultan Abdülmecid accordant des droits à l'évêque de Paphos. Dans la 4e salle, ne manquez pas l'icône de la Panagia Vrefokratousa (« Toute-Sainte tenant l'Enfant ») du XVIe du village de Simou. Dans la 6e salle se trouvent des vêtements sacerdotaux brodés (XVIIIe-XIXe siècles) ainsi qu'une petite icône russe de sainte Catherine (XVIIe siècle).

SUMMER CLUB

Ayapinoros ✆ +357 70 00 08 01

www.facebook.com/summerclub.paphos

De mi-mai à mi-septembre. 22h-3h30, le dimanche à partir de 15h. Entrée 12 €. Programmation sur la page Facebook.

Officiellement appelée Barrio del Mar (« quartier de la mer » en espagnol), cette discothèque est la plus célèbre et la plus bondée de l'agglomération de Paphos, accueillant certains soirs jusqu'à 2 000 personnes. Créée en 1997, c'est le plus ancien *beach club* du pays qui donne directement sur la plage de Geroskipou, avec les puissants *sound systems* faisant vibrer le sable. Les consommations sont chères. Et, pour entrer, mieux vaut être sur son 31 qu'en maillot de bain. Programmation : pop grecque, dance internationale, soirées live et DJ grecs ou chypriotes.

TSADA

Tsada/Τσάδα (prononcez « tsa-dha »), 1 050 habitants, est situé à 11 km au nord-est de Paphos. Placé sur une colline à 600 m d'altitude, ce village offre un beau panorama sur la côte de Paphos. Niché autour de son église de la Panagia Chryseleousa (« Toute-Sainte-de-la-Piété-d'Or ») du XIXe siècle, il est réputé pour sa fraîcheur en été, pour ses trois vieilles fontaines en pierre (Gerolakkos, Rodio et Pigadia) et pour son héros local, Evagoras Pallikarides (1938-1957), jeune membre de l'EOKA qui fut pendu par les Britanniques durant l'insurrection chypriote grecque pour l'indépendance. On s'y rend encore pour le monastère grec orthodoxe de Timios Stavros Minthis qui donne son nom au golf de Minthis qui l'entoure (et qui a pris le nom français de Sainte-Croix-de-la-Menthe au XVe siècle). Mais Tsada a bien changé depuis 1994 avec la création, juste à côté, du complexe immobilier du golf de Minthis. Les villas avec piscine ont même envahi le village et la population a doublé en quelques années avec l'arrivée de nouveaux habitants, principalement britanniques. L'accent du Yorkshire se fait entendre dans l'Aphrodite's Rock Microbrewery, où une famille anglaise produit ici sa propre bière depuis 2010 à base de houblon importé d'Europe du Nord. Dans le même temps, la crise du vin chypriote a bouleversé l'économie locale. Toutefois, le village voisin de Stroumpi (à 9 km au nord) abrite encore la plus grosse cave du pays, celle de la coopérative Sodap. On y accède par la route B7 allant de Paphos à Polis. En bus, le village est relié à Paphos par les lignes 614 et 639.

MONASTÈRE TIMIOS STAVROS MINTHIS

3 km au sud-est du village, au sein du parcours de golf de Minthis. ✆ +357 26 64 27 74
Visite sur rendez-vous. Fêtes orthodoxes le troisième dimanche de Carême, le 14 septembre et le 1er août.

Ce monastère grec orthodoxe donne son nom au golf de Minthis qui l'entoure. Sans doute fondé au XIIe siècle, il a pris le nom français de Sainte-Croix-de-la-Menthe au XVe siècle, lorsque les franciscains chassèrent les moines et découvrirent une croix cachée par ces derniers dans un buisson de menthe. Récupéré par les orthodoxes pendant l'ère ottomane, il est inoccupé depuis les années 1930, mais son catholicon (église principale) bâti au XVIIIe siècle abrite toujours la fameuse croix.

FOUNTAIN OF GEROLAKKOS €€

38, Gerolakou
✆ +357 99 33 07 81
Tous les jours sauf lundi 18h30-23h30, à partir de 12h30 le dimanche. Menu mezzé 17 €.

Ouverte en 2010, cette taverne familiale tire son nom d'une des trois fontaines du village. Elle vaut le détour pour ses plats chypriotes rustiques et son agréable atmosphère. Les viandes cuisent dans le kleftiko installé dans la cour et l'on se réchauffe dans la belle salle en pierre auprès de la cheminée. On y sert des œufs brouillés aux asperges sauvages (au printemps), des frites maison et un menu mezzé de vingt plats carnivores (*stifado*, *tavas*, poulet, saucisse…). Le soir, quand il fait un peu frais, c'est parfait. Il y a aussi une belle vue spectaculaire.

MINTHIS GOLF CLUB

Minthis Avenue
✆ +357 26 84 22 00
www.minthisresort.com
Parcours de golf : tous les jours 7h-18h. Tarifs : se renseigner.

Depuis 1994, une oasis scintille dans l'aride vallée d'Ezousa. Ce parcours de 18 trous a largement participé à l'appauvrissement des ressources en eau de la région, entraînant une désertification de l'île. Certes, le golf de Minthis fait à présent des efforts pour recycler l'eau. Mais, sur 5 km², c'est désormais un complexe d'une centaine de villas de luxe avec piscines qui pompe dans les nappes phréatiques. Les riches étrangers qui investissent ici vivent en vase clos avec restaurants, chefs à domicile, centre de bien-être, terrains de sport et centre équestre.

EMPA ★

Empa ou Emba/Εμπα compte environ 6 000 habitants et appartient au district de Paphos. Le bourg est situé à 7 km au nord du port de Paphos en suivant l'avenue des Tombeaux-des-Rois, puis en prenant à droite via Chlorakas. Peu à peu grignoté par les hôtels touristiques sans âme et les lotissements pour retraités britanniques, Empa vaut surtout une halte pour sa belle église médiévale, absolument superbe avec ses pierres de taille couleur dorée et ses deux coupoles à chaque extrémité de la nef centrale. Là, dans le centre du bourg, vous trouverez plusieurs tavernes et cafés avant de poursuivre, par exemple, en direction du monastère Agios Neophytos de Tala. C'est la même route que suit la ligne de bus 604 venant de Paphos.

TALA ★★

Tala (Τάλα) compte environ 4 000 habitants et appartient au district de Paphos. Village familial du chanteur Cat Stevens, Tala est réputé pour son étonnant monastère Agios Neophytos bâti dans une vallée cernée par deux petites forêts. Installé au pied d'une falaise surplombant Paphos, ce monastère grec orthodoxe est l'un des plus réputés de l'île, fondé en 1170 par le saint chypriote Néophyte le Reclus. C'est le plus important complexe monastique de l'île après celui de Kykkos, mais c'est ici plus calme et, surtout, plus authentique avec la fameuse Enklistra creusée dans une falaise par saint Néophyte le Reclus au XIIe siècle. Le vieux village lui-même, niché sur une colline à 150 m d'altitude, est plutôt mignon. Près de la place centrale se trouve l'élégante petite église Agia Ekaterini (Sainte-Catherine) des XVe et XVIe siècles. Ouverte tous les jours sauf le dimanche de 9h à 16h, elle abrite de belles fresques du XVIe siècle. Mais les alentours ont été ravagés avec des lotissements à perte de vue : comme beaucoup de communes de la banlieue de Paphos, Tala est devenu un lieu de résidence ou de villégiature pour de nombreux Britanniques. On y trouve donc un vaste choix de cafés et restaurants. La taverne Melitzia (ouverte tous les jours sauf le dimanche à partir de 17h), près de l'église Agia Ekaterini, offre une belle vue sur Paphos et Coral Bay, et propose une cuisine chypriote correcte. Tala est desservi depuis Paphos par la ligne n° 604 (sauf le dimanche) qui va jusqu'au monastère Agios Neophytos en passant par Chlorakas, Empa et Tala.

ÉGLISE DE LA PANAGIA CHRYSELEOUSA ✝ ★★

Nikolaou Ellina

Entrée libre en journée, sinon un numéro de téléphone est indiqué sur la porte.

Située à côté de l'imposante église moderne Apostolos Andreas (1996), cette petite église byzantine des XIIe et XIIIe siècles est superbe avec ses pierres de taille couleur dorée et ses deux coupoles à chaque extrémité de la nef centrale. Dédiée à la « Toute Sainte de la Piété d'Or », elle abrite des fresques du XIIe au XVIe siècle et une rare iconostase du XVIe siècle. Malgré leur apparente unité, les deux coupoles de l'église sont de périodes distinctes. La partie orientale a été érigée sous l'ère byzantine, au XIIe siècle, à l'emplacement d'une basilique paléochrétienne, et adopte le plan typique des églises grecques en forme de croix. Puis, au début de la période des Lusignan, au XIIIe siècle, ont été ajoutés le narthex et le second dôme, à l'ouest, reliés à la partie orientale par un bâtiment voûté. Le clocher a quant à lui été construit au XVIIIe siècle, pendant la période ottomane. Notre conseil : n'hésitez pas à repasser à la nuit tombée. Avec l'éclairage, l'église est encore plus belle. Vous pouvez par exemple dîner en face, dans la taverne To Steki tou Thanasi.

La plupart des fresques visibles aujourd'hui datent des XVe et XVIe siècles (périodes vénitienne et ottomane). Dans le passage voûté menant vers la coupole orientale, la partie gauche comporte un cycle des apparitions du Christ après sa résurrection. On reconnaît l'épisode de la deuxième pêche miraculeuse sur le lac de Tibériade avec l'apôtre Pierre qui s'est jeté à l'eau. En face se trouve une vaste assemblée de tous les saints réunis autour de la Déisis formée par le Christ, la Mère de Dieu et saint Jean-Baptiste. On arrive ensuite sous le dôme orné du Christ Pantocrator (« Tout-puissant ») avec, au registre inférieur, des anges (séraphins et chérubins), et entre les fenêtres du tambour, douze prophètes de l'Ancien Testament.

L'iconostase, cette paroi séparant le clergé célébrant du reste de l'église, est l'une des plus anciennes et plus précieuses de Chypre. En bois finement sculpté et couverte à la feuille d'or, elle date du XVIe siècle (période ottomane). Elle conserve ses deux grandes icônes portatives d'origine situées de part et d'autre des portes royales : celle du Christ tenant les Évangiles dans sa main gauche et celle de la Mère de Dieu Odigitria (« conductrice ») signée du peintre chypriote Titos en 1536. Remarquez comme elles sont protégées, notamment grâce à des copies miniatures et sacrées que les fidèles peuvent embrasser, ainsi que le veut la tradition orthodoxe.

MONASTÈRE AGIOS NEOPHYTOS ✝ ★★★

Agios Neofytos Avenue ✆ +357 26 65 24 81
www.stneophytos.org.cy

Tous les jours 9h-13h et 14h-18h (9h-16h en novembre-mars). Entrée du musée et de l'Enklistra : 2 €.

Installé au pied d'une falaise surplombant Paphos, ce monastère grec orthodoxe est l'un des plus réputés de l'île. Dédié à la Sainte Croix (*Timios Stavros*), il a été fondé en 1170 par le saint chypriote Néophyte le Reclus. Celui-ci a creusé pendant 60 ans la roche, d'abord seul, à partir de 1159, puis avec des disciples, pour créer l'Enklistra. Cette étonnante structure troglodyte accueille une chapelle décorée de fresques réalisées par le grand peintre byzantin Theodoros Apsevdis. Toujours occupé par des moines, le monastère abrite un catholicon du XVIe siècle et l'un des plus riches musées ecclésiastiques de l'île.

À la fois moine et ermite, saint Néophyte le Reclus (*Agios Neofytos o Enklistos* - 1134-1219) a été canonisé par la plupart des Églises orthodoxes en tant que « grand ascète ». Il est le saint chypriote le plus important avec saint Barnabé. C'est aussi l'un des principaux chroniqueurs de la conquête de l'île par les croisés à partir de 1191. Né dans une famille de paysans de Kato Drys, il devient moine à 18 ans au monastère Agios Ioannis Chrysostomos de Koutsovendis (dans la partie Nord et fermé depuis 1974). En 1159, il s'embarque pour la Terre sainte. Pendant 6 mois, il parcourt les déserts à la recherche d'un directeur ascétique sans succès. Désabusé, il rentre à Chypre et s'installe dans une petite grotte au-dessus de Paphos. Il passera le restant de sa vie, dans son *Enklistra*, « lieu de réclusion » ou « ermitage ». Considéré comme un saint de son vivant, Néophyte attire des disciples, mais rechigne à diriger la communauté. Pourtant, en 1170, sous la pression de l'évêque de Paphos, il fonde le monastère Timios Stavros, dédié à la Sainte Croix, dont il détient une relique. Il impose aux moines une vie d'isolement, de renoncement et de prière dont il fixe les règles dans sa *Typiki Diataxis* (« Ordonnance rituelle »). Après sa mort, le monastère est renommé en son honneur, mais le rigorisme ascétique s'étiole à mesure que le complexe s'agrandit, attirant quantité de moines jusqu'au XVIIe siècle. Bien que gratifié de la prééminence sur les autres monastères par le patriarche de Constantinople en 1618, il est quasiment abandonné en 1650. Il renaît un siècle plus tard, grâce à la « redécouverte miraculeuse » de la relique de Néophyte orchestrée par les autorités religieuses en 1750. Dès lors, le monastère accueille de nombreux pèlerins, principalement russes. Néophyte le Reclus est célébré le 24 janvier et le 28 septembre.

Monastère Agios Neophytos.

© TATIANA POPOVA/SHUTTERSTOCK.COM

CATHOLICON DU MONASTÈRE AGIOS NEOPHYTOS

Dédiée à la Theotokos (Mère de Dieu), l'église principale du monastère a été érigée au début du XVIe siècle dans le style des basiliques vénitiennes. C'est ici que se déroulent les offices religieux qui rythment la vie des moines. La plupart de ses fresques ont disparu pour une raison inconnue entre 1585 et 1611. Mais l'église conserve de riches icônes du XVIe siècle et de précieuses reliques, en particulier celles de la Sainte Croix et celles de saint Néophyte.

TALA MONASTERY CATS

1 km au nord-est de Tala.
✆ +357 99 25 34 30
www.talacats.com
Tous les jours 10h-14h. Entrée libre, dons bienvenus (parrainage d'un chat à partir de 30 € pour 6 mois).

C'est une curiosité locale. En effet, ce refuge pour chats a été créé en 2012 par un couple de Britanniques sur un terrain prêté par le monastère Agios Neophytos. Ce dernier accueille ici très régulièrement des félins abandonnés. Pour les amateurs, c'est irrésistible. Et ce sont désormais plus de 850 minous qui sont pris en charge ici par le « monastère des chats de Tala ». L'entrée est gratuite et toutes les bonnes volontés sont acceptées pour caresser les chats, les nourrir, les adopter et, surtout, participer aux frais (vétérinaire, nourriture, etc.).

KAMARES VILLAGE €€

✆ +357 26 652 277
www.kamaresvillage.com
Pour 4 à 6 personnes, autour de 250 € par jour.

Superbes villas avec piscines construites dans un style traditionnel. A plusieurs, c'est une option économique. Le lave-linge et le lave-vaisselle sont un plus en vacances et l'emplacement de la villa est parfait. En voiture, vous êtes à 10 minutes des centres d'intérêt. On y trouve aussi une piscine pour paresser. Parmi les services appréciés, le service de restauration s'adresse à tous les régimes alimentaires, y compris les diabétiques, végétariens et autres intolérants au lactose... ou juste ceux qui veulent simplement des aliments savoureux.

MUSÉE DU MONASTÈRE AGIOS NEOPHYTOS ★★★

Tous les jours 9h-13h et 14h-18h (9h-16h de novembre à mars). Entrée du musée et de l'Enklistra : 2 €.

À travers cinq salles est présenté le trésor du monastère, accumulé depuis le XIIe siècle. Dès l'entrée, ce musée ecclésiastique vous accueille avec une pierre sculptée d'une fleur de lys des Lusignan, puis, dans l'escalier, des icônes du XIXe siècle, dont la plus grande représente la Panagia en Trône, et une vitrine contenant calices, patènes et croix sculptées (XVIIIe-XIXe siècles).

- **Icônes du peintre Apsevdis.** La 1re salle abrite des icônes du XIIe au XVIe siècle, dont les deux plus anciennes du monastère, commanditées par saint Néophyte au peintre Theodoros Apsevdis vers 1183. Il y a tout d'abord celle du Christ Filanthropos (« Ami des Hommes ») tenant la Bible dans la main gauche et effectuant le signe de bénédiction de la main droite, avec les doigts indiquant sa double nature humaine et divine. Mais l'image a perdu de sa puissance lors d'une rénovation au XVe siècle. En revanche, l'icône de la Panagia Éléousa (« Toute-Sainte de Tendresse » ou « de Compassion ») conserve son intensité. Sur un fond doré, le peintre s'est affranchi de la représentation typique de l'Éléousa, puisque la Mère de Dieu est sans l'Enfant. En fait, le peintre a suivi le modèle de l'Ecténie (Supplication), avec Marie en prière, les mains ouvertes, tout en inscrivant le terme « Éléousa » dans la partie droite. Tout dans la tendre gestuelle évoque la présence invisible du Christ.

- **Images et manuscrits sacrés.** La 2e salle abrite des encensoirs (XVIIe-XXe siècles), des icônes (XVIe-XIXe siècles), des portes royales (XVIIIe siècle), différents livres couverts d'argent et des manuscrits anciens. Le plus précieux est la *Typiki Diataxis* : l'Ordonnance rituelle du monastère rédigée par saint Néophyte à la fin du XIIe siècle. Dans la 3e salle se trouvent d'autres icônes et objets liturgiques. La pièce maîtresse est ici l'icône de la Panagia de l'Enklistra. Datant du début du XVIe siècle et encadrée de son trône en bois sculpté, elle appartient au genre Vrefokratousa (« tenant l'Enfant »). Il s'agit de l'œuvre du peintre Theophylactos à qui l'on doit aussi les fresques de l'église de la Panagia Theotokos de Kalopetria (1514) dans le Troodos.

- **Collection archéologique.** La 5e salle rassemble des amphores des Xe-VIe siècles av. J.-C. qui proviennent de la nécropole d'Anatolikon, située sur une dépendance, près de l'aéroport. L'une des plus anciennes pièces est magnifique avec son décor de bandes rouges et noires et ses cercles concentriques, typiques de l'art géométrique chypriote.

RÉGION DE PAPHOS

ENKLISTRA DU MONASTÈRE AGIOS NEOPHYTOS ✝ ★★★

D'avril à octobre, tous les jours 9h-13h et 14h-18h, sinon 16h. Entrée : 2 €.

Cet ermitage a été creusé dans la roche par saint Néophyte le Reclus à partir de 1159 et jusqu'à sa mort en 1219. Masquée par une vaste façade en pierre percée de cinq arches, l'Enklistra s'étage sur trois niveaux. Par un escalier de 23 marches, on accède à un ensemble troglodyte organisé à la fois en chapelle dédiée à la Sainte Croix et en *kellia* (cellule), puis en tombeau pour le fondateur du monastère. Toute cette partie est ouverte à la visite. Elle a été décorée par le peintre Theodoros Apsevdis sous la férule de Néophyte entre 1183 et 1187. La plupart des fresques ont survécu, et certaines ont été repeintes en 1503 à l'initiative d'un moine nommé Néophyte. L'ermite aurait ainsi creusé une grotte appelée l' « Egkleistra » dans les flancs de la montagne. Ses parois sont encore aujourd'hui recouvertes de fresques byzantines du XIIe au XVe siècle qui comptent parmi les plus raffinées de Chypre. Les cavités inférieures, le réfectoire des moines (au même niveau que l'église rupestre) et la dernière kellia du saint (au niveau supérieur) ne sont pas accessibles. Enfin, pour être complet, l'ensemble monastique comprend par ailleurs un musée ecclésiastique digne d'intérêt.

Narthex

Constituant le vestibule de la chapelle rupestre, c'est la seule partie de l'Enklistra à ne pas être taillée dans la falaise. Le narthex originel a été reconstruit en 1503 et décoré de nouvelles fresques. Au-dessus de la porte, la scène de l'Annonciation est en partie effacée, mais, au registre inférieur, on reconnaît, à gauche, l'apôtre Pierre et les Pères de l'Église Grégoire de Nazianze et Grégoire de Nysse, à droite l'apôtre Paul et les saints Sabas le Sanctifié et Nicolas de Myre. En vous retournant, vous profitez d'une belle vue sur le jardin et la cour du monastère.

Naos

Taillé dans la roche sur 6 m de longueur et moins de 4 m de largeur, le naos est la partie centrale de la chapelle où les moines se réunissaient pour la liturgie (messe). Tout bosselé, il donne accès au bema, mais aussi à deux petites cavités creusées par Néophyte pour suivre les offices à l'écart : le saint a nommé celle du bas *Hagiasterion* (« lieu saint ») et celle du haut *Hieron Akroaterion* (« lieu sacré du haut »). Les murs sont recouverts de fresques de 1183 relativement bien conservées illustrant deux cycles principaux, la Passion et la Résurrection du Christ. Mais ce sont tout d'abord onze portraits de saints ascètes qui vous accueillent sur le mur face à l'entrée, dont deux sont nus (Onuphre l'Anachorète et Macaire de Scété) : ces Pères du désert furent les modèles de Néophyte. Sur votre droite se trouve l'épisode dit *Noli me tangere* (« Ne me touche pas » en latin), quand le Christ ressuscité rencontre les Myrophores venues parfumer son tombeau. Au registre supérieur figurent les scènes de la Passion : la Cène (repeinte en 1503), le lavement des pieds, la prière au mont des Oliviers (où le Christ est représenté deux fois), la trahison de Judas (avec Malchus à qui l'apôtre Pierre vient de trancher l'oreille), etc. Remarquez les soldats romains vêtus de casques arabes et de turbans : on est alors en pleine période des croisades. Il faut aussi noter, à droite de l'iconostase (moderne et sans valeur), la manière dont coïncident trois fresques mettant en scène la Sainte Croix : la descente de la croix, les portraits de l'empereur Constantin et de sa mère Hélène (qui rapporta la relique de la croix à Chypre vers 328) et les archanges Michel et Gabriel encadrant une réplique de la Sainte Croix.

Bema

Chose très rare dans un lieu de culte orthodoxe, le bema, lieu sacré strictement réservé au clergé communiant, est ici ouvert aux visiteurs. Particulièrement étroit et bas de plafond, ses fresques datent de 1183 et 1187. Et l'on retrouve une nouvelle série de saints ascètes, dont Hilarion de Gaza, mort à Chypre en 391. Jésus apparaît deux fois : sur la voûte de l'entrée sous les traits d'un adolescent en Christ Emmanuel (incarnation de la sagesse) et sur le petit dôme en Christ Pantocrator (« Tout-puissant ») encadré par la Mère de Dieu et saint Jean-Baptiste pour former la Déésis (prière pour l'humanité). Marie réapparaît dans une très belle scène où l'archange Gabriel ouvre ses ailes pour la bénir, puis encadrée par trois Pères de l'Église au-dessus du petit autel. Taillé par Néophyte, ce dernier est orné du christogramme IΣ / XΣ / NI / KA. C'est l'abréviation en grec de « Jésus-Christ Victorieux ».

Kellia et tombeau

La petite cellule du fondateur du monastère communique directement avec le bema. C'est la pièce la plus émouvante de l'Enklistra, où se trouvent le lit de Néophyte, son bureau et aussi son tombeau. En fait, tout ici a été pensé par le saint pour devenir un lieu de dévotion. Les fresques réalisées de son vivant participent à cette mise en scène avec, au-dessus du lit, Néophyte conduit au Paradis par les archanges Michel et Gabriel, et au-dessus du bureau, Néophyte baisant le pied du Christ de la Déésis. Le tombeau est quant à lui placé sous la protection du Christ qui, aux portes de l'Enfer, ressuscite Adam et Ève (à gauche) et fait sortir de leurs sarcophages saint Jean-Baptiste et les prophètes David et Salomon (à droite). Mais l'archevêché chypriote n'a pas respecté les dernières volontés de Néophyte, puisque ses reliques furent déplacées en grande pompe dans le catholicon du monastère en 1750.

LEMPA ★★

Le village de Lempa (Λέμπα en grec, Çıralı ou Lemba en turc), 300 habitants, situé entre Paphos et Coral Bay, est connu de nombreux artistes. C'est ici que Stass Paraskos a fondé le Cyprus College of Art. Mais Lempa abrite aussi les restes d'un village néolithique (tous les jours 9h-17h), établi il y a quelque 5 500 ans. Les vestiges des maisons circulaires eux-mêmes sont peu spectaculaires pour les non-spécialistes. Mais les archéologues ont reconstitué des habitats chalcolithiques à proximité. Cela permet d'imaginer la vie quotidienne des hommes de cette époque, des agriculteurs qui cultivaient des céréales, légumes, olives. Aux alentours, d'autres sites d'habitat préhistoriques ont été mis au jour. A Kissonerga, on a ainsi découvert de larges maisons circulaires datant de 4000 ans av. J.-C. Leurs dimensions suscitent l'interrogation des archéologues, notamment en ce qui concerne la technique utilisée pour la construction des toits. Non loin, au lieu-dit Myloudkia, on fouille encore, là où l'on a trouvé des traces d'établissement humain datant de 8500 av. J.-C., soit 1000 ans plus vieux que le fameux site de Choirokoitia.

Transports

En bus, Lempa est desservi depuis Paphos (Karavella) par les lignes n° 607 (Chlorakas, Lempa, Kissonerga et Peigeia) et n° 642 (Chlorakas, Lempa, Kissonerga et Akoursos). Pour accéder aux plages, on peut prendre la ligne n° 615 qui relie Paphos (Paostolou Pavlou) à Coral Bay, avec un arrêt près de l'hôtel St George, dans le village voisin de Kissonerga (1 bus toutes les 10-20 min tous les jours).

Lempa.

CYPRUS COLLEGE OF ARTS ★

6, Stass Paraskos
✆ +357 26 27 05 57
Tous les jours 11h-15h, entrée libre.

Fondée en 1969 par l'artiste chypriote Stass Paraskos (1933-2014), cette école d'art se trouvait à l'origine à Famagouste. Après l'invasion turque de 1974, elle a élu domicile dans le village de Lempa. Tout ce qu'il y a de plus sérieux au niveau des cursus universitaires, elle se distingue par son esprit encore très hippie. A la manière du facteur Cheval, c'est Paraskos lui-même qui a construit les premiers bâtiments avec des matériaux de récupération. Ces installations complètement loufoques sont appelées la « Grande Muraille de Lempa » par les habitants.

CYNTHIANA €€

Village de Kissonegra
✆ +357 26 93 39 00
www.cynthianahotel.com
230 chambres. A partir de 80 € la double hors saison, avec petit déjeuner.

Situé tout près de Kato Paphos et du site archéologique des Tombeaux des Rois, une oasis de paix et de tranquillité. Les grands espaces verts de l'hôtel et ses jardins offrent un cadre intime et reposant. L'hôtel fait face à deux piscines, dont une spécialement conçue pour les enfants. Les chambres avec balcon privé sont climatisées. L'annexe de l'hôtel, l'Olympian Wing, est composée de deux étages, avec 32 chambres de classe supérieure. Dans le restaurant, vous pouvez goûter des plats locaux ou internationaux, sur une terrasse avec vue magnifique sur la mer.

ST GEORGE SPA & GOLF BEACH RESORT €€€

Agiou Georgiou
✆ +357 26 84 50 00
www.stgeorge-hotel.com
255 chambres. A partir de 120 € pour deux avec petit déjeuner.

Voilà un bel havre de paix, même si c'est un gros hôtel. Excellente situation, un peu isolé, entre route et plage, voici un grand hôtel au confort correct, à mi-chemin entre Paphos et Coral Bay. Son nom lui vient de l'épave du bateau *St George* que l'on aperçoit depuis l'agréable plage. Climatisation, ascenseur, télévision, piscine, minibar sur la plage, tennis, volley-ball, minigolf, squash, gym, sauna, bain bouillonnant, salon de coiffure, piscine couverte.

RÉGION DE PAPHOS

CORAL BAY ★

Située sur la commune de Pegia, la station balnéaire de Coral Bay a perdu de sa superbe. Pendant des années, elle fut l'alternative belle et tranquille à Paphos. Mais voilà, alors que la capitale régionale s'est refait une beauté, Coral Bay a cédé aux sirènes de la construction à tout-va. Ses plages sont devenues bling-bling avec l'arrivée de la jeunesse dorée russe et les prix des hôtels se sont envolés. Mieux vaut éviter d'y séjourner. En bus, Coral Bay est desservie depuis Paphos (Apostolou Pavlou) par la ligne n° 615 (1 bus toutes les 10-20 min tous les jours). Entre Coral Bay et le village de Pegia, les lignes 616A et 616B assurent une dizaine de liaisons par jour.

CAP DREPANON ★

Entre Coral Bay et le cap Lara, à 20 km au nord du site archéologique de Paphos, le cap Drepano (*Akrotirio Drepano*/Ακρωτήριο Δρέπανο en grec, *Drepano Burnu* en turc) abrite un petit port de pêche d'environ dix bateaux que l'on atteint en traversant des plantations de bananiers et d'orangers où « poussent » aussi de jolies villas. On y trouve une petite plage et la charmante petite église d'Agios Georgios qui domine la mer. On peut presque parler ici de tranquillité. Vous y trouverez quelques restaurants et un lieu de baignade agréable mais non surveillé. Néanmoins, le dimanche, les locaux et touristes affluent et fini l'intimité ! En bus, les lignes nos 616A et 616B assurent des liaisons entre Coral Bay et le village de Pegia.

PLAGES DE CORAL BAY

Coral Bay Avenue

Accès libre. Les deux plages de la station bénéficient de l'écolabel Blue Flag, et sont surveillées (13h-17h en été).

© SMSPSY/SHUTTERSTOCK.COM

Longue de 400 m et couverte de sable, Coral Bay est considérée comme l'une des plus belles de Chypre. Elle ne doit pas son nom au corail, qui n'a jamais existé ici, juste à l'office de tourisme qui trouvait cela plus vendeur. De plus en plus fréquentée et désormais cernée par les constructions de toutes sortes, elle reste encore agréable… le matin, de bonne heure. A côté, il y a Laourou. Aussi appelée plage municipale de Pegia, elle se trouve dans la baie voisine de Coral Bay, à 100 m à l'ouest. Elle s'étend sur 300 m (sable) et est protégée par un brise-lames.

SITE ARCHÉOLOGIQUE D'AGIOS GEORGIOS ✝ ★

Agiou Georgiou

www.mcw.gov.cy

Tous les jours ; de mi-avril à mi-septembre : 9h30-17h ; reste de l'année : 8h30-16h ; 2,50 €.

On a aussi découvert ici des traces d'occupation humaine (citernes, fondations de maisons) datant de la période hellénistique et mis au jour des tombes chrétiennes anciennes. Près de l'église actuelle d'Agios Georgios (Saint-Georges), on a retrouvé les vestiges de deux basiliques du Ve s. L'une d'elles a conservé de belles mosaïques représentant pour certaines des animaux (oiseaux et poissons). Un complexe de bains a également été mis au jour.

PSAROCHORI TAVERN €

Agiou Georgiou

✆ +357 26 62 34 44

Tous les jours midi-minuit (18h dimanche). Fermé lundi. Env. 30 €/pers.

Une bonne adresse pour manger du poisson mais aussi des mezzés, des viandes grillées… Ce restaurant, à l'écart de la grand route touristique, est très calme, avec une vue magnifique. Le personnel est aussi très gentil. C'est vrai que c'est un restaurant de fruits de mer mais il y a d'autres plats. Nous vous mettons d'ailleurs au défi de terminer leurs portions ! Les mezzés, salades et autres poissons grillés sont également magnifiques. Seul bémol, c'est un peu cher. Une petite folie que l'on recommande plutôt pour les grandes tablées prêtes à partager.

CAP LARA ★

Le cap Lara (Ακρωτήριο Λάρας/*Akrotírio Laras*) se trouve à 26 km au nord du site archéologique de Paphos, en grande « banlieue ». Si vous avez un moyen de locomotion, c'est une destination appréciée pour son environnement sauvage et pour les tortues qui viennent y déposer leurs œufs. Une piste très correcte part par exemple de l'église Agios Georgios, au cap Drepano, en traversant notamment la gorge de calcaire d'Avgas. Néanmoins, on peut aussi venir, à pied, par un chemin provenant de Drousia, Ineia et Fasli, prétexte à une promenade dans l'Akamas. On peut aussi emprunter un chemin partant de la piste côtière entre Drepano et Lara, pour explorer les étroites gorges d'Avakas. Quoi qu'il en soit, cela reste assez déconseillé en hiver. Au-delà du cap Lara, la piste devient (très) difficile avec une auto. Mais en 4x4, à VTT, à pied avec beaucoup de patience, cela reste possible. C'est cette difficulté d'accès qui rend l'endroit agréable et le préserve des foules. On longe la côte et on s'enfonce dans la péninsule de l'Akamas, préservée (jusqu'en 2000, elle a servi de champ de tir pour l'armée et la marine britanniques...). Les criques de cette côte découpée sont nombreuses, mais pas toujours aisées à atteindre. S'y baigner (pas partout) est un vrai bonheur. La végétation est superbe, surtout en hiver et au printemps quand le sol se couvre par endroits d'un tapis vert et de petites fleurs colorées. La faune (perdrix, lézards de toutes tailles...) apparaît riche et variée si l'on sait être patient et observateur.

PLAGES DU CAP LARA

Dromos Paphou-Akama

Accès libre.

Les tortues caouannes *(Caretta caretta)* et vertes *(Chelonia mydas)* viennent pondre leurs œufs sur deux plages. Il y a Lara que l'on atteint en traversant une abondante végétation est considérée comme une des plus belles de l'île. A la mi-saison, vous aurez peut-être le plaisir de l'avoir pour vous tout seul. L'eau est claire et limpide. Et il n'y a pas un gramme de béton à l'horizon (enfin !). Un peu plus au sud, la grande plage de sable sauvage de Toxeftra est souvent battue par les vents de l'ouest avec une mer houleuse. Prudence, donc, pour se baigner.

KOUKLIA ★★

Le village de 900 habitants se trouve
23 km au sud-est de Paphos. Kouklia abrite à la fois le célèbre sanctuaire d'Aphrodite, classé au patrimoine mondial de l'humanité par l'Unesco avec les différents sites de Paphos, et le « rocher d'Aphrodite » (Petra tou Romiou), endroit le plus légendaire et le plus photogénique de l'île. Les deux sites valent franchement le détour. Mais le reste de la commune connaît un développement frénétique avec la construction de deux énormes complexes autour de parcours de golf qui font grincer des dents. En bus, Kouklia est desservi depuis Paphos (Karavella) par la ligne n° 632 qui va jusqu'à Archimandrita.

PITHARI TAVERNA €€

3, avenue Aphroditi

✆ +357 26 82 80 75

De 20 à 50 €/personne. Ouvert midi et soir.

Oui, on peut venir manger dans le très classieux Aphrodite Hills Resort, même sans se payer une villa avec piscine. La taverne Pithari, c'est à elle d'insuffler l'esprit « village chypriote » auquel tiennent tant les promoteurs du complexe. Le pari est plutôt réussi. C'est de l'authentique quand on attaque le *kleftiko* ou les mezzés, quand on recommande un *miso kilo* de vin rouge frais. Et, puis, soudain, c'est plutôt l'addition qui rompt le charme. Car la taverne Pithari, c'est une vraie cuisine chypriote, avec quand même des prix de résidence pour riches.

APHRODITE HILLS GOLF CLUB

2, Aphroditi avenue

✆ +357 26 82 82 00

www.aphroditehills.com

Par 70/71, 18-trous, 6 269 m. Handicap requis : hommes 28, femmes 36.

Ce parcours de golf, le deuxième du pays, inauguré en 2002, est situé non loin du rocher d'Aphrodite, à 20 km à l'est de Paphos. Il est ouvert aux particuliers pour pratiquer ou pour apprendre. Entouré de caroubiers et d'oliviers, le parcours surplombe la mer quasiment à chaque trou, notamment le trou n° 7, réputé chez les golfeurs européens. Ce terrain nécessite un million de litres d'eau par an, soit plus que la consommation de tous les habitants du district de Paphos.

PETRA TOU ROMIOU (ROCHER D'APHRODITE) ★★★

B6

Accès libre.

Voici « le » site de Chypre où serait née, sortant de l'écume, la déesse Aphrodite. Petra tou Romiou (Πέτρα του Ρωμιού), le « Rocher du Grec », est un beau gros rocher battu par les vagues. Et il y a un parking et une petite plage pour admirer les féeriques couchers de soleil.

Petite leçon de grec (1). Cette excroissance rocheuse, d'où serait sortie la déesse de l'Amour, des Plaisirs et de la Beauté, porte quand même un nom bizarre… *Petra* (*πέτρα*), c'est simple, ça veut dire « pierre » ou « rocher » en grec. Mais *Romiou* (*Ρωμιού*), ça ressemble plus au mot désignant un « Romain » (*Ρωμαίου/Romeou*) qu'à celui qui désigne un « Grec » (*Ελληνας/Ellinas*). Il faut revenir à une autre légende locale pour comprendre l'origine du nom. Durant la période byzantine, l'île était souvent sujette à des attaques de pirates sarrasins. C'est le personnage légendaire de Digenis Akritas qui un jour les aurait repoussés de cet endroit. Digenis Akritas était bien grec, mais un Grec byzantin. Depuis l'occupation de la Grèce par les Romains, puis la création de l'Empire romain d'Orient (dirigé par des Grecs), les Grecs étaient apparentés aux Romains et désignés (au pluriel) comme *Roméi* (*Ρωμαίοι*), *Romios* (*Ρωμιός*) ou *Romi* (*Ρωμιοί*). C'est ce dernier terme au singulier qui a été retenu pour rappeler l'exploit d'Akritas le Grec. Ce rocher est donc bien grec, et non romain ou roumain. Ouf, on y retrouve son latin.

Petite leçon de grec (2). Revenons à Aphrodite, qui est quand même la vraie star de ce rocher. Est-elle la fille de Zeus et Dioné, comme l'affirme Homère ? Ou, comme le veut la tradition la plus populaire, la fille d'Ouranos, dieu du Ciel ? Toujours est-il que les Grecs anciens aimaient tant cette déesse qu'elle existait en plusieurs modèles, l'une en Grèce, l'autre à Chypre. Les Chypriotes vénéraient Kyprogenis (*Κυπρογενής*), la déesse « née à Chypre ». Mais leurs cousins de Grèce, eux, vouaient un culte à la déesse Aphrogène (*Αφρογενής*), c'est-à-dire « née de l'écume ». Cette dernière version semble prendre tout son sens ici, quand on voit les vagues s'écraser sur Petra tou Romiou. Cela accrédite même carrément la filiation d'Aphrodite avec Ouranos. Mais alors, pourquoi les Chypriotes ont-ils gardé l'autre nom ? Sans doute parce qu'ils étaient (déjà) un peu chauvins, mais sûrement aussi parce qu'ils étaient prudes… Car dans la mythologie, l'écume (*αφρός/aphros*), c'est le sperme d'Ouranos. Eh oui, le pauvre Ouranos aurait eu en ces lieux le sexe tranché par Cronos !

SITE DE PALAIPAPHOS (SANCTUAIRE D'APHRODITE) ★★★

Aphroditis ✆ +357 26 43 21 55
www.mcw.gov.cy
De mi-avril à mi-septembre : 8h30-19h30 (sinon 17h), 4,50 €. Audioguide gratuit en français sur visitcyprus.com.

Le site archéologique de Palaipaphos (Αρχαιολογικός Χώρος Παλαίπαφου) a été le premier site chypriote classé au Patrimoine mondial par l'UNESCO en 1980, en même temps que le site archéologique de Paphos. L'ancienne cité de Paphos (Palaipaphos) a en effet été durant quinze siècles l'un des principaux centres religieux de Méditerranée et du monde grec, puisque la ville s'est développée à partir de 1200 av. J.-C. autour d'un sanctuaire dédié à la déesse Aphrodite. Malgré leur portée historique nettement supérieure, les vestiges ne sont toutefois pas aussi impressionnants que ceux du site de Paphos.

Histoire. Le culte d'Aphrodite s'est développé à Chypre dès le néolithique. Arrivés de Grèce au début du XIIe siècle av. J.-C., les Mycéniens se mirent également à vénérer la déesse. En son honneur, ils établirent ici un sanctuaire. Homère le décrit entouré de murs et accessible par de grandes portes colorées. Plusieurs colonnes votives et bâtiments destinés aux prêtres entouraient également l'autel. C'est ici que les rois de Paphos établirent leur capitale. Et, après le transfert de cette dernière à Nea Paphos (la ville actuelle de Paphos) par le roi Nikokles (ou Nicoclès) au IVe siècle av. J.-C., Palaipaphos demeura l'un des plus importants centres religieux du monde grec. Durant la période romaine, c'est aussi ici qu'était organisé le culte de l'empereur et qu'était contrôlée l'émission de pièces de monnaie. Ce n'est qu'au IVe siècle, avec la propagation du Christianisme, que le culte d'Aphrodite disparut. Appelé la Covocle par les Lusignan, le site connu un nouvelle vie à partir du XIIIe siècle comme centre agricole. Le nom de Covocle est dérivé du grec *kouvouklia* qui désigne peut-être la forme hémisphérique des tombeaux autour de Paphos, ou encore la forme des lits des empereurs byzantins.

Sanctuaire d'Aphrodite. Du grand sanctuaire décrit par Homère et de nombreux auteurs de l'Antiquité, subsistent deux groupes de vestiges situés dans la partie nord-est du site. Au sud se trouve le premier sanctuaire (sanctuaire I) érigé à l'âge de bronze tardif. Il se composait d'un téménos (lieu sacré) sous forme de cour ouverte entouré d'un mur monumental composé d'énormes blocs de calcaire. Juste à côté, au nord, recouvrant une partie du sanctuaire I, le sanctuaire romain (sanctuaire II) a été construit à la fin du Ier s. ou au début du IIe siècle apr. J.-C. Il en demeure les vestiges des bâtiments qui entouraient une cour spacieuse ouverte au sud : une *stoa* (galerie) au nord et une autre *stoa* plus importante au sud, reliées entre elles, par une aile à l'est.

Manoir de la Covocle *(musée)*. Construit au début du XVIe siècle, au sud du sanctuaire I, cet élégant bâtiment en pierre servit de centre de raffinage de la canne à sucre dont les Lusignan avaient développé la culture dans la région dès le XIIIe siècle. Profondément remanié durant la période ottomane, il abrite aujourd'hui le musée où sont présentés les plus remarquables objets découverts sur le site de Palaiapaphos. La plus importante pièce est la « pierre noire ». Haute de 1,25 m, polie et de forme conique, il s'agit du bétyle du sanctuaire I. Découverte en 1887, elle a valu au site d'être surnommé Agia Mavra (« la Vierge Noire ») par les habitants. Sont également conservées la belle mosaïque romaine dite de la « maison de Leda » et d'importantes inscriptions en syllabaire chypro-minoen, écriture particulière à Chypre.

Sanctuaire d'Aphrodite.

POLEMI

C'est à Polemi, 700 habitants, 430 m d'altitude, que l'on commence à rencontrer les cépages recherchés de l'île, le xinisteri en particulier. Mais la plupart des vignerons du coin vendent leur production à la plus grosse coopérative du pays, la Sodap, qui produit des vins dont on peut très bien se passer. En revanche, on ne peut faire l'impasse sur une visite à la cave Tsalapatis (très bon vin et visites en français). Après Polemi, par la E703, vers Agios Dimitrianos, on bascule sur l'autre versant en découvrant un panorama beaucoup plus ample. En bus, Polemi est desservi depuis Pahos (Karavella) par la ligne n° 637. Arrêts à Tsada, Polemi, Psathi, Agios Dimitrianos, Kannaviou, Asprogia et Panagia.

© ALEKA ALYA/SHUTTERSTOCK.COM

Polemi.

THE OLIVE TREE SNACK GARDEN €

Archiepiskopou Makariou III Avenue
✆ +357 26 63 23 09
Tous les jours 10h-minuit. Env. 6-15 €/pers.

Ce petit resto-snack ne paye pas de mine, mais on y mange de très bonnes brochettes et des côtes de porc, fondantes comme il faut. Vous mangerez ici au frais sous la tonnelle et sous d'énormes grappes de raisin. En haute saison, l'ombre fournie par les vignes est vraiment agréable. Pas de la grande gastronomie mais des encas simples comme des salades fraîches et surtout des *souvlaki* (brochettes) avec de la salade dans du pain pita. Et le vin du village n'est pas mal.

CAVE À VIN TSALAPATIS

Au centre du village, prendre à droite en direction de Letymvou. La cave se trouve à environ 3 km.
✆ +357 26 93 81 01
wineriescyprus.com/tsalapatis-winery/
Sur rendez-vous. Dégustation et visite en français sur demande.

Andreas Chrysostomou fait partie des rares vignerons et producteurs de l'île à avoir suivi des études d'œnologie. Et pour cela, c'était dans les années 1990, il choisit le meilleur endroit au monde : la Bourgogne. Ce qui nous vaut deux choses quand on est reçu dans sa cave : ses vins sont meilleurs que ceux de ses collègues, et Andreas parle français. Sur ses 12 ha, il produit quelques vins de table tout à fait charmants, mais surtout un très bon sauvignon blanc et le Rigas (le « roi » en dialecte local), le rouge star de sa cave, à partir de cépage *mataro*.

LETYMVOU ★

Entre Tsada et Choulou, Letymvou (Λετύμβου ou Λετύμπου) compte de jolies maisons en pierre, mais surtout de nombreuses églises et chapelles, dont la plus ancienne, Agios Kyrikos et ses remarquables peintures. Construite au XVe siècle sur un plan en croix, on ne manquera pas de visiter l'intérieur, à l'origine couvert de fresques. Aujourd'hui, certaines ont disparu (sur le dôme notamment), mais l'intérêt demeure néanmoins. Près de l'église principale (Panagia Theotokos) se dresse la petite chapelle d'Agia Marina. C'est là qu'a lieu la fête du village qui se déroule à la mi-juillet. En bus, Letimvou est desservi depuis Paphos (Karavella) par la ligne n° 639. Arrêts à Tsada, Kallepia, Letimvou, Lemona et Choulou.

PITARGOU ET KOURDAKA

Ces deux villages, où résidaient des Chypriotes turcs, sont abandonnés comme beaucoup d'autres dans cette partie de l'île. En février 1964, Pitargou, alors nommé *Akkargı* en turc et peuplé de 200 habitants, avait servi de refuge à la population turque de la région, accueillant les familles de Choulou et Kourdaka. Assiégé par les miliciens chypriotes grecs des villages voisins, le village dut être abandonné quelques jours plus tard. À l'été 1964, quand la tension fut redescendue, des familles retournèrent s'installer à Pitargou, jusqu'au 30 août 1975, date de leur évacuation définitive vers la partie occupée de l'île sous la protection des Casques bleus.

LEMONA

Ce hameau de 50 habitants fut, paraît-il, construit à l'emplacement du château de Jeanne l'Aleman, maîtresse de Pierre Ier de Chypre (1328-1369), seigneur français de la maison des Lusignan. Le nom du village viendrait de là. L'Aleman, Lemona… oui, bon, ça paraît un peu tiré par les cheveux. Mais il faut dire qu'à l'époque, cet adultère a marqué les esprits. La femme de Pierre, Eléonore d'Aragon, qui avait eu vent de cette relation, prit assez mal la chose et fit emprisonner la belle Jeanne. À son retour de croisade, Pierre libéra sa maîtresse pour la mettre en sécurité ici, juste à côté de son palais d'été, situé dans le village voisin de Choulou. De rage, la pauvre épouse bâtit une chapelle surplombant le château de la favorite de ses propres mains, afin de marquer son territoire en quelque sorte. Aujourd'hui encore, effectivement, on aperçoit bien une petite chapelle qui surplombe Lemona. Mais le nom du village vient peut-être d'un autre épisode : celui du combat de l'archange Michel contre les démons qui pullulaient ici. Le village aurait alors pris le nom de Demona, pour ne changer la première lettre que plus tard. Afin de remercier ce bon Michel, les habitants lui auraient alors offert leurs oliviers. Comme l'archange n'est jamais revenu, les oliviers n'auraient jamais été coupés ni taillés, ce qui expliquerait les formes parfois étranges de ces arbres dans les environs. On voit d'ailleurs d'autres arbres fruitiers dans le coin. Des citronniers. Et comment ça se dit citronnier en grec ? Eh bien, *lemonia*, tout simplement. En bus, des liaisons depuis Paphos (Karavella) par la ligne n° 639.

CHOULOU ★

Le minaret qui se dresse au milieu du village rappelle tous les jours à ses habitants que Choulou (*Hulu* en turc) fut autrefois un bourg important, la petite capitale de cette région de l'arrière-pays. Dans les années 1960, on y dénombrait plus de 1 000 personnes. Mais en 1964, la communauté turque a fui sous la menace des miliciens chypriotes grecs. La plupart des maisons ont été abandonnées et l'on ne compte plus aujourd'hui que 200 habitants. Certaines belles bâtisses sont à présent rénovées, mais, rien à faire, Choulou reste hanté par les fantômes de l'histoire. Le village est connu dans toute l'île grâce à *Arodafnousa*, une ballade médiévale déclamée par les troubadours en décapentasyllabes (des vers de quinze pieds, très rares et très compliqués à réciter). Fait étrange, cette ballade fait penser à un autre récit entendu dans le village voisin de Lemona, avec les mêmes personnages : le roi franc Pierre Ier de Chypre (1358-1369), sa femme Eléonore d'Aragon et la maîtresse. À Choulou, la favorite n'est plus la belle princesse franque Jeanne l'Aleman, comme à Lemona, mais une jeune Chypriote du nom d'Arodafnousa. Et ici, l'histoire se termine beaucoup plus mal, puisque Arodafnousa finit brûlée vive par sa rivale. Qu'on se rassure, c'est pour de faux. En fait, il s'agit bien de la même histoire, mais dont l'issue a été volontairement modifiée par les conteurs de l'époque afin d'en accentuer la portée dramatique. Ouf ! En quittant Choulou, on revient, hélas, à une autre réalité, celle des villages à l'abandon. Peu avant Panagia, on peut faire une halte au joli petit monastère d'Agia Moni.

THE MITAS TAVERNA IN CHOULOU €

En plein cœur du village.
✆ +357 96 65 77 77
De 8 à 13 €/pers.

Quelques spécialités chypriotes cuites au feu de bois à manger sur une terrasse à l'ombre des arbres et du minaret. Les offres sont rares, voire inexistantes, dans ce village dépeuplé hanté par les fantômes de son histoire. Cette taverne ouvre de façon aléatoire près du minaret, au milieu du village. Si jamais vous passez au bon moment, vous vous calerez en général de quelques mezzes, voire d'un plat du jour. La carte n'est pas très longue. Une adresse pour dépanner !

PANAGIA ★

Le village natal de l'archevêque Makarios III (1913-1977) est un lieu de pèlerinage où les Chypriotes viennent rendre hommage à celui qui fut le premier président de 1960 à 1974. Situé à 800 m d'altitude, Panagia (ou Pano Panagia), 560 habitants, est réputé pour le monastère voisin de Chrysoroyiatissa, ainsi que pour son environnement sauvage où l'on trouve des espèces endémiques protégées, comme le mouflon de Chypre. Panagia vaut le coup pour son panorama. On est ici au pied des montagnes. En montant à 1 000 m, en direction du la vallée des Cèdres et du monastère de Kykkos, on embrasse les vallées jusqu'à l'Akamas et la côte jusqu'au cap Lara. Dans le village, la maison natale de l'archevêque Makarios III se visite. Elle est toute simple et bien conservée, avec ses murs en pierre et sa porte en bois, décorée de mobilier du début du XXe siècle. Makarios passa ici son enfance avec ses 11 frères et sœurs, avant d'être envoyé au monastère de Kykkos. Un peu plus loin, on trouve une statue du prélat, semblable (en réduction) à celle qui se trouve sur la place de l'Archevêché à Nicosie. Le centre culturel abrite un musée consacré à la vie du grand homme. Les vignes en terrasse entourent le village, et le vin qu'on y produit est très apprécié, en particulier celui du monastère de Chrysoroyiatissa. En bus, Panagia est desservi depuis Pahos (Karavella) par la ligne n° 637 (4 bus/jour, 3 le samedi, aucun le dimanche) avec des arrêts à Tsada, Polemi, Psathi, Agios Dimitrianos, Kannaviou, Asprogia et Panagia.

MONASTÈRE PANAGIA CHRYSORROGIATISSA ★★

E703

Mai-août : tous les jours 9h30-12h30 et 13h30-18h30 ; sinon fermeture à 16h ; entrée libre, tenue correcte exigée.

Une visite s'impose dans ce monastère de montagne, pour l'architecture, la sérénité et la douceur des lieux, mais aussi pour la beauté du site (très beaux points de vue sur les vignes et l'arrière-pays). Le bâtiment actuel date du XVIIIe s. et les édifices précédents ont subi de nombreux dommages, le dernier en date ayant vu les Turcs ravager la construction du XIIe s. en 1821. L'église du monastère possède une belle iconostase et la traditionnelle icône de la Vierge, voilée et cachée. C'est saint Ignace qui, selon la légende, aurait été attiré vers la mer par une lumière vive qui lui aurait fait apparaître l'icône. Désireux de l'emporter dans la montagne, il aurait été une nouvelle fois appelé pour désigner l'endroit où il devait fonder son monastère. La scène se passe au milieu du XIIe s., date de la construction du premier édifice. A l'extérieur, sur le porche, une fresque représentant la dormition de la Vierge. Un musée a récemment été créé pour préserver les trésors ecclésiastiques du monastère. Juste en dessous se situe un autre petit édifice religieux, Agia Moni, sur le site d'un temple antique dédié à Héra, l'épouse de Zeus. Les parties les plus anciennes de l'église appartiennent à une construction du VIe s. On apprécie surtout l'ambiance particulière de ce monastère, où l'on produit l'un des meilleurs vins blancs de l'île. Il y a en effet assez peu d'endroits où vous entendrez dire : « Vous ne pourrez pas rencontrer l'évêque, ce matin il est dans les vignes. »

PALATI TOU XYLARI €

4, rue Iasonos

✆ +357 99 61 46 73

www.cyprusagrotourism.net

Deux chambres et deux studios. 50 €/nuit pour deux, avec deux nuits minimum.

Superbe maison en pierre, extrêmement typique, dont l'intérieur ressemble en tout point à celui d'une bâtisse de campagne du siècle dernier. Les chambres sont équipées d'une kitchenette et aménagées avec soin (poutres apparentes et meubles de menuisier). Capacité de 4 personnes dans les studios. Certains logements comprennent une terrasse et/ou un balcon avec vue sur les montagnes. Ils ont également une kitchenette équipée d'un four, d'un grille-pain et d'un réfrigérateur. Belle cour intérieure et jardin avec table où prendre ses repas. Charmant et reposant.

THE GREEN LEAF €

88, avenue Archiepiskopou Makariou III

✆ +357 26 72 24 38

Environ 15 €/personne. Ouvert midi et soir.

Cette « feuille verte » (référence à la fois au drapeau national et à la forêt toute proche) est une vraie bonne petite adresse tenue par Leonidas et Galisteni Philippou. Le vin et les olives proviennent de leur propre production. Ils servent une authentique cuisine chypriote, avec une mention particulière pour les *stifados* et *kleftikos* (viande au four). Sinon, la carte est très classique avec des plats copieux (gemista, salades, grillades...). Il faut guetter les plats du jour. Car parfois, aussi, Leonidas rapporte du lapin de la chasse.

Monastère Panagia Chrysorrogiatissa.

STAVROS TIS PSOKAS ★

Le site abrite la forêt de Paphos, à l'est de la ligne Paphos-Polis. On y trouve aussi, dans une réserve qui lui est consacrée, le fameux mouflon de Chypre. Il y a des balades à faire, à pied ou en voiture. On ira en particulier vers Stavros tis Psokas, sorte de station forestière où l'on trouve cette réserve de mouflons et un refuge. Les Chypriotes apprécient beaucoup ces sorties pour pique-niquer ou cueillir des champignons. La région compte aussi des petits villages qui offrent de beaux exemples d'architecture traditionnelle comme Lasa, Drynia ou Kritou Marottou, mais aussi Fiti. En bus, Fiti est desservi depuis Agios Dimitrianos par la ligne n° 639.

KATHIKAS ★

Des petites boutiques, un *kafeneion*, et une taverne parmi les plus accueillantes de l'ouest. Voilà un village bien agréable, pas envahi, très homogène, baignant dans une atmosphère de vacances perpétuelles. Autour, on travaille pour la bonne cause : les vignes sont à la sortie du village vers Paphos. On pourra se rendre à Akoursos, un charmant village.

Liaisons en bus avec Paphos (Karavella) : ligne n° 641 avec 2 bus par jour sauf dimanche, arrêts à Theletra, Kathikas, Arodes (Pano et Kato), Drousia, Inia, Kritou Terra, Terra. Et avec Polis : ligne n° 626 avec 2 bus par jour sauf dimanche, arrêts à Kritou Terra, Drousia, Inia, Arodes (Pano et Kato), Kathikas, Theletra.

CAVE À VIN VASILIKON

27, Gerokampou

✆ +357 26 63 39 99

www.vasilikon.com

Tous les jours sauf dimanche ; mai-octobre : 8h-22h ; reste de l'année : dégustation et restauration possibles.

Cette exploitation familiale de taille moyenne (300 000 bouteilles/an) a été créée en 1993. Située à 650 m d'altitude, à 5 km de la mer, la région se distingue par un microclimat particulier. La cave à vin Vasilikon possède ses propres vignes et produit des vins plutôt réputés, déclinés en quatre gammes : un vin blanc (cépage local xynisteri), un rosé (mélange de cépage local maratheftiko et de syrah) et deux vins rouges (l'un issu d'un mélange de syrah, cabernet-sauvignon, merlot, lefkada et maratheftiko, et l'autre 100 % cabernet-sauvignon).

KRITOU TERA ★

Près de Drousseia, le village natal du *dragoman* Hadjigeorgakis Kornesios, personnalité la plus puissante de la communauté grecque du XIXe siècle, propriétaire en son temps de la plus belle maison de Nicosie, est bien modeste. Mais on y trouve une belle église, Agia Aikaterini, au milieu des vignes, qui a durement souffert de destructions successives. La population était naguère presque entièrement turque (90 habitants chypriotes grecs aujourd'hui). Après 1974, la plus grande partie du village fut occupée par les Chypriotes grecs expulsés du Nord. Tera, un peu au nord, est un village quasi désert (une quinzaine d'habitants, contre plus de 300 en 1973). Des liaisons en bus avec Paphos (ligne n° 641) et Polis (n° 626).

KATO AKOURDALEIA

À partir de Kathikas, prenez la route vers Akourdaleia. Dans ce charmant village, on peut visiter un petit musée botanique et folklorique, aménagé dans l'école primaire, face à l'église. Il présente plusieurs dizaines d'espèces pour beaucoup aromatiques. On verra aussi des vieilles photos, des instruments anciens, témoignant de la vie villageoise des décennies passées. Le village est divisé en deux parties, Pano Akourdaleia et Kato Akourdaleia. En bus, Kato Akourdaleia est desservi depuis Polis par la ligne n° 646 avec deux bus par jour sauf le dimanche, arrêts à Chrysochou, Goudi, Skoulli, Choli, Akourdaleia (Pano et Kato), Miliou.

PERISTERONA

Village de 200 habitants à 9 km de Polis, resté à l'écart du développement touristique de la région. Il jouit pourtant d'une bonne situation géographique, avec une vue dégagée sur la mer et les collines qui annoncent le Troodos. La mairie a entrepris d'attirer les visiteurs en encourageant la rénovation des anciennes maisons en pierre et en favorisant la construction de nouvelles maisons, toujours avec ce même matériau. Le village profite aussi de la présence chez ses habitants de nombreux agents du Service national des forêts pour entretenir et planter des arbres au bord des rues. En bus, Peristerona est desservi depuis Polis par la ligne n° 640. Arrêts à Steni, Filousa et Lysos.

VALLÉE DES CÈDRES ★

VALLÉE DES CÈDRES

Accès libre. On fera le tour de la vallée en un gros quart d'heure (2 km environ).

Environ deux milliers de spécimens ***Cedrus brevifolia***, cousin endogène à Chypre du cèdre du Liban : voilà ce que vous propose la réserve naturelle appelée « vallée des Cèdres », qui s'étire le long d'une bande de faible largeur (un petit km). On peut supposer que cette variété occupait naguère un territoire plus étendu, mais on ne peut que saluer l'initiative visant à les préserver aujourd'hui dans cette zone. À cet égard, le fait qu'aucune route « facile » n'y conduise est sans doute un gage de longévité. On décrit souvent cette vallée comme une destination presque mythique, chargée d'une aura particulière, une sorte d'aboutissement, comme le cimetière des éléphants ou la mer des Sargasses. En toute franchise, le chemin qui y mène est aussi intéressant que son but : on circule à travers la forêt, sur une piste assez facile lorsqu'on vient de Panayia, et plus problématique en venant de Stavros ou Tsakistra. On appréciera la fraîcheur fournie par de grands pins d'Alep et des cyprès et le déroulement, une fois abandonné le bitume, de 11 km de piste avant de parvenir à ce site convoité : une allée de cèdres d'environ 800 m, au milieu de cette forêt de pins. C'est fort joli, il y a une fontaine pour se désaltérer et une aire de pique-nique. Vous trouverez également un panneau explicatif sur le cèdre de Chypre et sa période de floraison, en septembre et octobre, qui sont d'excellents mois, en ce qui concerne le climat et la fréquentation, pour choisir cette destination. L'île compte environ 230 000 cèdres.

© VADIM IN_SHUTTERSTOCK.COM

LATSI (LATCHI) ★

Latsi (ou Latchi), c'est le port de Polis. Il s'est développé pour devenir une station à part entière, de plus en plus en vogue. Les habitants de Paphos y vont le week-end faire de la voile ou de la plongée. On vient même de Limassol. Situé sur la commune de Polis, mais à 2 km du centre, Latsi a gardé son caractère familial et une côte encore relativement peu touchée par les constructions. Déjà, des travaux d'aménagement ont été menés pour agrandir la jetée et les installations portuaires. Cela veut dire davantage de restaurants, de cafés et de boutiques de souvenirs... Aux alentours, les villas poussent comme des champignons. On a bien du mal à croire qu'ici s'est élevé l'un des plus vieux ports de la Méditerranée (sans doute en 600 av. J.-C.). Les Egéens l'utilisaient pour le transport du cuivre, avant que Paphos ne devienne le port principal de la région. Mais les plages de la baie de Chrysohou sont, pour le moment, suffisamment longues pour que l'on ne s'y sente pas à l'étroit. On y pratique à peu près tous les sports, voile, plongée, y compris le vol libre (vous verrez peut-être les montgolfières dans le ciel). Pour ceux qui veulent délaisser les joies de la baignade, les balades dans l'Akamas sont superbes. Sitôt après le port se trouve la plage de Latsi qui s'étire sur 500 m avec pratiquement que du sable et un peu de galets. C'est la plage la plus animée de la région de Polis, avec un poste de surveillance, des loueurs de parasols et des sports nautiques. Elle se prolonge au nord-ouest avec la plage de Cambos tou Soulio. En bus, de Polis, Latsi est desservi par les lignes 622 et 623.

RÉGION DE PAPHOS

Y&P LATCHI HOTEL €

Avenue Akamados
✆ +357 26 32 14 11
www.latchihotel.com

10 chambres. A partir de 65 € pour deux, petit déjeuner 5 €.

On est ravi de trouver ce petit établissement pour dépanner. Tenu par Yangos et Peter, voici un petit hôtel simplissime, mais néanmoins très chaudement recommandé par les lecteurs du *Petit Futé*. Les chambres offrent un confort moderne et complet (frigo, TV, douche, balcon en bois pour la plupart) et un décor frais très agréable. Le lieu est idéal si l'on veut profiter de l'activité du petit port de pêche se trouvant à vos pieds et de la plage de Latsi. Au rez-de-chaussée se trouve le très célèbre restaurant de poisson Y&P Fish Tavern.

Y&P FISH TAVERN €€

Avenue Akamados
✆ +357 26 32 14 11

Ouvert tous les jours. Autour de 15 €/personne.

Ce fut il y a quelques années la taverne à poisson réputée la meilleure de l'île, les familles venant de tout Chypre pour y manger le week-end. Avec le succès, le restaurant s'est agrandi, et c'est assez classique, la qualité n'a pas réussi à suivre. Cela reste quand même très honorable avec des prix doux, un service professionnel et aimable. On peut encore choisir son poisson avant que celui-ci ne soit cuisiné (ce qui était autrefois la norme partout à Chypre et en Grèce). Le tout avec vue sur le petit port et la mer où a vécu le poisson que l'on déguste.

Latsi (Latchi).

GEORGE'S WATERSPORTS - BOAT HIRE

LEOFOROS AKAMANTOS CHARAPOLIS COMPLEX SHOP 7 ✆ +357 99 15 95 88
www.georgesboathire.com

7j/7 8h-19h. Saison ouverte d'avril à novembre. Permis non obligatoire.

George's Watersports vous offre la possibilité de louer des bateaux sans permis, avec plusieurs types de gammes (standard, luxe, exclusif). C'est l'opportunité de découvrir seul ou en famille de magnifiques baies, le long de la péninsule d'Akamas. En plus de la location de bateaux qui est leur activité principale, ils proposent d'autres services avec des partenaires locaux de confiance. Cet établissement familial tenu par un couple franco-chypriote bénéficie d'un staff francophone.

POLIS ★

Cette jolie station de 3 000 habitants bénéficie d'un environnement de choix et d'une côte découpée encore sauvage, à l'est comme à l'ouest. Elle est l'héritière d'une très longue histoire, puisque la cité primitive, Marion, naquit aux environs du XIIe s. av. J.-C. et acquit une rapide prospérité grâce aux mines de cuivre situées au sud-est et au sud-ouest. Les Ptolémées, qui voulaient marquer la région de leur empreinte, décidèrent de créer deux villes nouvelles, nommées toutes deux Arsinoé, l'une aux environs de Paphos, dont il ne reste rien, l'autre en lieu et place de l'antique Marion, qu'ils avaient préalablement détruite lors de leur prise de contrôle de l'île. La cité prit finalement le nom de Polis. Ce qui ne veut rien dire d'autre que « ville » et qui est en fait l'abrégé de Polis Chrysochou, du nom d'un proche domaine vénitien, rappelant la présence d'anciennes mines d'or (chrysochou signifiant « terre d'or »). Côté plaisirs de la mer, vous y trouverez la plage de Dasoudi, appelée aussi plage municipale, qui s'étire du camping jusqu'au port de Latsi sur 1 km environ. Composée de sable et de galets, elle dispose d'un très sommaire accès pour handicapés et, l'été, d'une surveillance. Elle est protégée par des brise-lames dans la partie proche de Latsi. À ce niveau, on trouve un loueur de parasols et chaises longues, ainsi qu'un bar-restaurant La Plage. Parfait pour un verre, mais pour manger, mieux vaut pousser jusqu'à la très bonne taverne Psaropoulos. Au départ de Paphos, la ligne n° 645 dessert Chrysochou, Goudi, Choli, Skoulli, Giolou, Stroumbi, Tsada, Paphos (gare routière de Karavella).

ÉGLISE AGIOS ANDRONIKOS ★

Agios Andronikos
✆ +357 26 32 29 55
Lundi-vendredi 10h-13h, dimanche 8h30-16h, fermé samedi, entrée libre.

Dans le petit parc municipal, à côté de la place centrale, entourée de palmiers, cette petite église vaut le détour. Elle a sans doute été construite au XVIe siècle par les Vénitiens. Elle a ensuite été transformée en mosquée et agrandie pendant la période ottomane. Avec l'expulsion des Chypriotes turcs de la ville à partir de 1963, elle a été délaissée. Jusqu'à ce que l'on découvre récemment sous les enduits, des fresques datant de la période vénitienne. Il est aujourd'hui possible d'admirer ces fresques, finalement bien conservées.

Église néo-byzantine, Polis.

MUSÉE D'ARCHÉOLOGIE MARION ARSINOE ★

26, Archiepiskopou Makariou III Avenue
✆ +357 26 32 29 55
www.mcw.gov.cy
Lundi-vendredi 8h-16h, samedi 9h-15h, 2,50 €.

A l'est du centre-ville, vers Kato Pyrgos. dans ce petit musée archéologique sont ici exposés les vases, pièces, statues et autres objets découverts lors des fouilles du site de l'ancienne cité de Marion Arsinoe. Les représentations animales (vase en forme de canard), les poteries peintes, les bijoux en or, les statues funéraires datant parfois du Xe siècle av. J.-C. composent une belle collection, variée et colorée, qui permet une agréable visite.

CAMPING POLIS CHRYSOCHOUS €

Avenue Thessalonikis
✆ +357 26 81 50 80
200 emplacements. 3,40 € par jour et par emplacement + 2,50 € par personne et par jour. Ouvert de mars à fin octobre.

Voici le meilleur camping de Chypre. Pas pour la qualité de ses installations (des douches, de l'électricité, et c'est à peu près tout), mais pour sa situation : juste en bord de mer. Ce n'est certes pas la meilleure plage du coin, mais elle fait des envieux chez les promoteurs immobiliers et le camping de Polis est régulièrement fermé. Pour l'heure, le camping est séparé du village lui-même par des plantations d'orangers. Il se trouve dans une inattendue forêt d'eucalyptus.

PARADISOS HILLS HOTEL €€

A Lysos, 14 km de Polis
✆ +357 26 32 22 87
www.paradisoshills.com
27 chambres. La double à partir de 100 € en été, avec le petit déjeuner.

L'hôtel familial dans le village de Lysos offre une vue spectaculaire sur la côte et sur les montagnes. Le Paradisos Hills Hotel propose 27 chambres spacieuses qui possèdent salle de bains, douche, air conditionné, téléphone, Internet, TV, radio... Un restaurant de cuisine nationale et internationale fait partie de l'offre tout comme la piscine, l'équitation, la plongée, le cyclisme, les massages et les cours de cuisine que donnent les propriétaires. Possibilité de demi-pension et plusieurs options de restauration sur place.

MOUSTAKALIS €€

10, rue du 9 Juillet
✆ +357 26 32 28 83
www.moustakallis.com/
De 12 à 20 €/personne. Ouvert de 10h à 23h30.

Cette taverne est une institution pour les touristes. Bien placée, avec une équipe sympa et une terrasse à l'ombre des palmiers, on y sert du classique plutôt convenable : *kleftiko*, *souvla*, mezzés et poissons. Comme elle est ouverte toute la journée, on peut aussi y prendre son café ou le petit déjeuner. C'est le premier restaurant de Polis. À la fin des années 1970, Papa Moustakalis travaillait à la mine où il raffinait le cuivre. Il a également travaillé comme boucher à temps partiel afin d'aider à équilibrer les comptes, et a poursuivi dans cette voie !

NEO CHORIO ★

Ce village de 600 âmes est la porte d'entrée de l'Akamas. Il domine Polis et sa baie. On y longe de sympathiques maisons de pierre et quelques nouvelles constructions. Sur la côte, c'est là que se trouvent les mythiques Bains d'Aphrodite, mais aussi dorénavant la plupart des hôtels et complexes touristiques de la région de Polis. Dans le village aussi, les possibilités de logement s'y multiplient (comme les appartements Tavros à l'entrée). La population se compose de Chypriotes et d'expatriés. Ces derniers envoient fréquemment leurs enfants à l'école grecque, ce qui resserre les liens entre les communautés. Parmi les trois églises du village, Agios Minos est la plus intéressante : elle date sans doute du XIIe siècle et abrite des peintures murales et une jolie petite fontaine. Après Agios Minas, la route mène à l'aire de pique-nique de Smigies. On pénètre alors dans une nature superbe. Entre oliviers et murets de pierre, on y a un beau panorama sur la baie. La piste continue et s'enfonce dans l'Akamas. Seuls les marcheurs et les 4x4 pourront poursuivre. La plage de Halavro, longue d'un kilomètre, se trouve au niveau de l'hôtel Anassa. Superbe, avec du sable et des galets, elle dispose de loueurs de parasols et de chaises longues, ainsi que des bars et des restaurants. En bus, Neo Chorio est desservi depuis Polis par la ligne n° 623. Elle dessert Prodromi, Latsi et Neo Chorio. Pour les Bains d'Aphrodite, toujours depuis Polis, il faut prendre la ligne n° 622. Elle dessert Prodromi, Latsi et les Bains d'Aphrodite.

BAINS D'APHRODITE ★

Avenue Akamatos

Entrée libre.

Il s'agit d'une cuvette d'eau douce, alimentée par un petit filet d'eau tombant des rochers. La légende dit que cette eau de jouvence, où s'ébattaient Aphrodite et ses amants, donne l'éternelle jeunesse (c'est certainement pour cette raison qu'il est interdit de s'y baigner ou d'en boire). Un peu décevant, même si l'environnement est plaisant, planté d'arbousiers, de genévriers et de figuiers. Attention, il y a des explosifs militaires signalés par des panneaux jaunes. On y accède par un beau sentier, à partir du pavillon du tourisme, à l'ouest de Latsi.

APHRODITE BEACH HOTEL €€

Avenue Akamados

✆ +357 26 32 10 01

www.aphrodite-beachhotel.com

40 chambres et appartements. Chambre double de 65 à 90 € en été avec le petit déjeuner. Demi-pension possible.

Sur la côte, c'est l'une des dernières constructions que l'on découvre avant d'arriver aux Bains d'Aphrodite. Il faut reconnaître que son architecture et sa décoration n'ont rien d'exceptionnel. En même temps, on ne loge pas ici pour cela. On vient pour l'isolement de l'hôtel, sa situation privilégiée au bord d'une longue plage peu fréquentée. Et à ce niveau-là, on est servi ! Et il y a aussi pour l'extrême gentillesse de la famille qui le gère. Vraiment une excellente adresse dans cette catégorie de prix. Possibilité de demi-pension.

Bains d'Aphrodite.

PÉNINSULE D'AKAMAS ★★

L'Akamas « commence » au sud après le cap Drepano (au nord de Paphos et Coral Bay), à l'est des Bains d'Aphrodite et au village de Neo Chorio. Tout au bout, il se termine par le cap Arnaoutis, une pointe où se « rejoignent » les côtes est et ouest, successions de criques isolées et de plages quasi désertes. L'Akamas est unique par la diversité de sa végétation, de sa faune et de son sol, la beauté de ses paysages et de ses côtes et la richesse de son héritage historique et culturel. Le promeneur, ou le naturaliste, appréciera la variété du paysage et de la végétation, et se réjouira d'y trouver une nature intacte et des villages authentiques. Jusqu'en 2000, la région a servi de champ de tir à l'armée et à la marine britanniques. L'état pratiquement vierge de la région fait de cet endroit un refuge rêvé pour la détente et le plaisir du corps et de l'esprit. Plusieurs espèces protégées comme les tortues de mer, l'otarie moine de Méditerranée ou des chauves-souris vivent ici. Et l'équilibre entre tourisme et protection de l'environnement reste très fragile. Tout autour de la péninsule, la côte est surtout constituée de rochers et de falaises. Mais dans la partie nord, juste avant le cap Arnoutis, on a repéré une baie à l'eau cristalline et relativement facile d'accès en suivant les traces des quads et des 4x4 qui viennent ici en excursion depuis Polis et Latsi. De l'autre côté, on trouve quelques accès à la mer, puis, en descendant en direction du cap Drepanon, la belle et sauvage plage Lara.

L'Akamas.

ARGAKA ★

Situé à 8 km au nord-est de Polis, ce village de 800 habitants est divisé en deux : sur la côte, la petite station balnéaire de Kato Argaka et, sur les hauteurs, Ano Argaka avec ses maisons fleuries de bougainvillées et son église Agia Varvara (Sainte-Barbe). La plage s'étend sur 8 km entre l'ancien port minier de Limni et Agia Marina en passant par Galila. Couverte de sable et de galets, elle ne bénéficie d'aucune installation ni de surveillance. Avant de traverser Argaka, une aire de pique-nique donne directement sur la plage. En bus, Argaka est desservi depuis Polis par la ligne n° 643 A et B avec des arrêts à Argaka, Agia Marina, Nea Dimmata, Pomos, Pachyammos (la ligne B dessert en plus Pano Argaka et Pano Gyalila).

GIALA - AYIA MARINA

Depuis Polis, on découvre sur la côte d'abord Gialia (200 hab.), puis Agia Marina Khrysokhous (650 hab.). Le tout sur environ 1 km de long. Et c'est vrai que ces deux villages n'en font presque qu'un. Pourtant, en fait, ils sont quatre… Comme beaucoup de lieux habités sur les côtes de Chypre, Gialia et Agia Marina sont composés d'une partie basse sur le rivage et d'une partie haute dans la montagne. Une séparation qui permettait autrefois de bénéficier à la fois des ressources de la terre et de la mer, mais aussi de se protéger en cas d'attaque des pirates. Au XIXe siècle, afin d'exploiter la forêt, les Anglais ont forcé les habitants à abandonner la partie haute, où ne subsistent aujourd'hui que quelques ruines et l'église d'Agia Marina. À Gialia, en revanche, la partie haute (Pana Gialia) existe toujours. Entouré de vergers, le village est réputé pour ses bananes et surtout pour ses oranges. La mer est ici d'un bleu azur remarquable, mais les longues plages ont un sol un peu caillouteux. La route est vraiment proche, ce qui est un bénéfice pour l'accès, un peu moins pour la tranquillité. Une taverne de poisson à l'entrée du village, Gialia Fish Tavern. Dans le village, sur les hauteurs, la taverne Mylos vaut, à elle seule, un petit détour. Même décor un peu plus loin sur la plage d'Agia Marina. Des rochers plats tabulaires s'ajoutent au sable, propices aux plongeons et au farniente. En bus, Agia Marina est desservi depuis Polis par la ligne n° 643 A et B. Arrêts à Argaka, Agia Marina, Nea Dimmata, Pomos et Pachyammos.

RÉGION DE PAPHOS

Cap Akamas.

MONASTÈRE GÉORGIEN DE PANAGIA CHRYSOGIALIOTISSA ★

En remontant le cours de la rivière Gialia, 2 km au sud après Pana Gialia, on arrive au monastère géorgien de Panagia Chrysogialiotissa. Datant du Xe s., il n'en reste que des ruines, dont deux arches et quelques murs bien conservés, dont certains portent des inscriptions en alphabet géorgien. Le monastère aurait été occupé par des moines venant régulièrement de Géorgie jusqu'à l'invasion ottomane au XVIe s. Découvert en 1981, ce site a surpris les historiens.

ASTROFEGIA APARTMENTS €

66, avenue Dimokratias
✆ +357 26 81 27 06
www.astrofegia.com

15 appartements et villas. En haute saison, pour un appartement, à partir de 100 € par nuit pour deux.

L'agence Astofegia ne fait pas dans le luxe, puisqu'il s'agit de maisons du village et des alentours, plutôt jolies, bien équipées et relativement isolées, pas d'un gros complexe construit exprès pour les touristes. On est donc au calme, proche des habitants (ils ne sont pas très nombreux) et sans avoir à supporter la foule des vacanciers rouge écrevisse. De l'agrotourisme qui ne dit pas son nom, en somme. Toutes les villas sont hyper-détaillées sur le site Internet avec des tarifs qui varient pour chacune et de la saison (du simple au double en été).

MYLOS TAVERNA €

Pana Gialia
✆ +357 26 34 26 76

Environ 15 €/personne. Ouvert tous les jours, de 11h à 23h.

Vous trouverez très facilement cette taverne qui est bien signalée. De toute façon, c'est facile, il s'agit de l'ancienne école du village. C'est ce qui fait aussi son grand charme. Dans la véranda entourée par la forêt, on déguste (oui, c'est le mot) des tomates et poivrons farcis, des olives, des *sheftalia* (saucisses sans peau entourées de crépinette) et du pain. A noter que tout cela est fait maison… Un vrai délice et une très bonne surprise, globalement, sur l'île. Et c'est pour cela qu'il faut venir jusqu'à Gialia. Absolument !

POMOS ★

On est donc loin ici du développement frénétique qui commence à toucher Polis (à seulement 17 km, en fait). On accède à Pomo (450 hab.) par l'une des plus belles routes côtières du pays. Ici, on pourra aussi visiter l'église Panagia Chrysopateritissa. Datant du XVIe siècle, mais grossièrement rénovée en 1816, elle abrite une icône de la Vierge de 1524. Des pistes difficiles partent de Pomos vers les montagnes et mènent à des villages abandonnés perdus dans la forêt : Livadi et Paliampela. Beau panorama à la sortie de Pomos, sur la baie de Morfou, et, tout au loin, le cap Kormakitis. Le village est connu dans tout le pays parce que c'est ici qu'on a découvert la plus célèbre des figurines préhistoriques, dite « idole de Pomos » en forme de croix typique de la période chalcolithique (3000 av. J.-C.). Elle est d'autant plus célèbre que, depuis l'adoption de la monnaie unique par Chypre, en 2008, c'est cette idole de Pomos qui orne les pièces de 2 € du pays. La statuette est exposée au musée d'Archéologie de Nicosie. La plage de sable et de calcaire de Pomos, elle, est vraiment ignorée des touristes, alors autant en profiter ! En continuant par la côte, le paysage est encore plus sauvage, plus découpé aussi, mais de nombreuses descentes en pente douce dessinant de petites criques rendent la côte assez semblable à la côte portugaise. Un vrai dépaysement et de quoi satisfaire les amoureux de la mer. En bus, Pomos est desservi depuis Polis par la ligne n° 643 A et B.

Pomos.

RÉGION DE PAPHOS

PACHYAMMOS ★★

Pachyammos (70 hab.), cela signifie « riche sable » en dialecte chypriote grec. Et pour cause, la plage, faite de sable et de galets, est remarquable… et déserte ! Mais, attention, à l'est de la plage, le chemin est barré, sous la surveillance des soldats de l'Onu. Nous sommes ici en effet à la limite de la zone tampon qui entoure l'enclave turque de Kokkina. À cause de cela, Pachyammos se trouve dans un cul-de-sac, avec comme quasi seul moyen d'y parvenir la route venant de Polis, à 24 km de là. Pour aller jusqu'au dernier village chypriote grec avant la « frontière », Kato Pyrgos, la route côtière est interdite et l'on doit suivre une tortueuse route de montagne sur des kilomètres. Dans le village de Pachymmos, on remarquera l'énorme église néo-byzantine Agios Rafaïl qui surplombe la plage. Cette quasi-cathédrale a été érigée en 1991, à l'époque où le village comptait encore 100 habitants. Stupéfiant. Par ailleurs, si, sur une brochure sur Chypre, vous voyez une longue plage déserte s'étendre sur des centaines de mètres, ce ne peut être que la plage de Pachyammos. Elle a récemment été labellisée Blue Flag. Elle est sublime et encore un peu épargnée par le tourisme de masse. Attention, en cas de vent fort venant du nord, il vaut mieux éviter de se baigner (il n'y pas non plus de brise-lames…). Mais le reste du temps, le sable sera pour vous et souvent vous seul. Le village est desservi depuis Polis par la ligne n° 643 A et B (la ligne B dessert en plus Pano Argaka et Pano Gyalila).

Pachyammos.

ENCLAVE DE KOKKINA

Kokkina

Le village reste occupé par un contingent de l'armée turque et la route est sous la surveillance de l'Onu.

Voilà encore une de ces absurdités politico-frontalières dont Chypre a le secret. Bienvenue dans les méandres de l'histoire chypriote contemporaine ! Kokkina (en grec) ou Erenköy (en turc) est une minuscule enclave de 19 km², coupée du monde, occupée par l'armée turque… et vide de toute population civile. On pourrait en rire si ce village n'avait été le théâtre de combats sanglants entre les deux communautés. En 1964, quatre ans après l'indépendance et dix ans avant l'invasion turque, Chypre est encore unie. Mais, cette année-là, le pays manque de sombrer dans le chaos. C'est dans cette région, la Tyllirie, que les heurts sont les plus violents. Le village de Kokkina compte alors 300 habitants, tous chypriotes turcs. C'est par ce petit port qu'arrivent des armes, mais aussi les miliciens chypriotes turcs de la TMT (Türk Mukavemet Teşkilatıaprès, organisation turque de résistance) qui reviennent après avoir été entraînés par le gouvernement d'Ankara. Pour Nicosie, ce n'est pas tolérable, il faut reprendre le village. Le 6 août 1964, des éléments de la garde nationale chypriote et de l'armée grecque encerclent et bombardent Kokkina, forçant les défenseurs et la population civile à se replier jusque sur la plage. Treize résistants et civils chypriotes turcs seront tués. Le 8 août, Ankara donne l'ordre à son aviation de soutenir le village assiégé. Les troupes et les navires chypriotes grecs participant au blocus sont bombardés et l'hôpital de Kato Pyrgos est touché, faisant de nombreuses victimes civiles, du côté grec cette fois. L'URSS menace la Turquie de représailles. Le président chypriote Makarios ordonne d'attaquer tous les villages turcs de l'île si les raids aériens ne cessent pas. Pour enrayer l'escalade, le Conseil de sécurité des Nations unies vote dans l'urgence une résolution instaurant le cessez-le-feu. Le 9 août, les soldats de l'Onu sont déployés pour s'interposer autour de Kokkina et porter assistance à la population assiégée. Ils découvrent un village détruit par l'artillerie chypriote grecque et des dizaines de victimes. Les Casques bleus ne repartiront pas. Pour Nicosie, c'est un échec, puisque le cessez-le-feu entraîne, de facto, la perte de contrôle de ce bout de territoire. Pour les Turcs, la bataille de Kokkina est un symbole de résistance, un exemple qui servira à justifier l'invasion de 1974. Depuis, les deux camps se font face, séparés par une zone tampon. Le village a vécu dix ans isolé du reste de Chypre avant que la population soit finalement évacuée vers Chypre Nord en 1975.

RÉGION DE PAPHOS

PACHYAMMOS HOLIDAYS VILLAS €€

✆ +357 22 51 20 50
kypriaki.com

4 villas avec piscine pour 4 ou 5 personnes. De 122 à 368 €/nuit, de 736 à 1 325 €/semaine.

Cette agence basée à Nicosie est la seule à notre connaissance à proposer des logements à Pachyamos. Les quatre villas sont neuves, splendidement blanches, situées à proximité immédiate de la plage, bien équipées (grande cuisine, congélateur, terrasse, DVD, linge et serviettes, chambres avec vue sur mer) et dotées chacune d'une piscine. Pour la location, on peut passer par l'agence ou directement par les propriétaires, Christoforos et Adele Elia : +357 99 67 88 44 ou +357 99 78 37 48.

KATO PYRGOS ★

On a une drôle d'impression en pénétrant dans ce village, dont les abords respirent un tourisme d'un autre âge, comme si les vacanciers avaient fui précipitamment. On imagine d'ailleurs sans peine que ce fut le cas en 1974, lorsque les Turcs débarquèrent, s'installant dans la baie de Morfou (à 2 km). Malgré la réouverture de la route vers la partie occupée en 2010, ce village de 1 000 habitants reste très enclavé. Mais on peut séjourner agréablement dans cette petite station du bout du monde qui ne demande qu'à se développer. C'est d'ailleurs peut-être dans ces conditions de simplicité, loin des hôtels-resorts du sud, que l'on goûte au charme très personnel de l'île et à la gentillesse des habitants. On appréciera la place centrale et son chêne plus que centenaire, l'église Panagia Galoktisti, les fontaines d'eau potable présentes un peu partout, et, sur les hauteurs, la tour vénitienne de Troulli. Le 18 octobre 2010, Kato Pyrgos est devenu le septième point de passage vers la partie Nord de l'île sous occupation turque. La réouverture de la route menant au village de Limnitis (*Yeşilirmak*), fermée depuis 1964, était une vieille revendication des habitants de Kato Pyrgos. À présent, en passant par la zone Nord, le trajet pour la capitale est d'une heure et demie, contre plus de trois heures auparavant. Les six autres points de passage sont la rue Ledra et le Ledra Palace (Nicosie, tous deux uniquement pour les piétons), Agios Dhometios (dans la banlieue nord de Nicosie), Pergamos et Strovilia (check-points sous contrôle britannique sur la base de souveraineté de Dhekelia) et Zodhia (au niveau de Morfou).

Kato Pyrgos.

TYLOS BEACH €

40, rue Nikolaou Papageorgiou
✆ +357 26 52 23 48
www.tyloshotel.com.cy

70 chambres. A partir de 80 € la double, petit déjeuner inclus.

Un hôtel classique avec belle vue sur la mer (on est pratiquement sur l'eau). Si la propreté et la décoration évoquent un peu un hôpital, on appréciera les chambres et les salles de bains spacieuses avec télévision ainsi que les grands balcons avec vue. Moins agréable évidemment si on vous propose une vue sur la route (qui est assez calme, cela dit). Cet hôtel possède un restaurant, un service de nettoyage à sec/blanchisserie et un coffre-fort à la réception. Et il y a un parking. Toutes les chambres offrent aussi des balcons aménagés.

RÉGION DE TROODOS

Vous pourrez ici camper, marcher et surtout visiter des églises ou de vieux monastères nichés dans des vallées solitaires ou sur le flanc de la montagne. A l'époque byzantine, la région devint un grand centre d'art, lorsque églises et monastères se construisirent dans les montagnes pour échapper aux incursions arabes sur les côtes. Dix églises byzantines du Troodos sont incluses sur la liste officielle des trésors culturels de l'héritage mondial placés sous la protection de l'Unesco. Le photographe, le grimpeur, l'amateur d'art trouveront tous à satisfaire leur passion, tout autant que le botaniste à la recherche des 127 espèces de plantes et de fleurs particulières à Chypre, telles que l'orchidée sauvage, le chêne doré, l'alysson, la pivoine, l'euphorbe et la sauge qui poussent dans des endroits magnifiques.

Région de Troodos
vers NICOSIE
vers LIMASSOL
5KM
KAMBOS
Tsakistra
Charkeia 923
Gerakies
KALOPANAGIOTIS
MOUTOULLAS
Chill Kykkos 1318
Marathasa
MYLIKOURI
PEDOULAS
Lemithou
PRODROMOS
Mouti tis Primithias 1234
Palaiomylos
Kaminaria
Forêt du Troodos
MONT OLYMPE
TROODOS
BASE DE LOISIRS DU TROODOS
Kofinou 856
FOINI
PLATRES
Kato Platres
Mandria
Agios Nikolaos
Praitori
ARSOS
Kedares
OMODOS
Vasa
Potamiou
Gerovasa
Malia
Kissousa
PERA PEDI
Kouka
KILANI
Silikou
VOUNI
LOFOU
Doros
Monagri
Laneia
Trimiklini
Moniatis
Evrychou
Korakou
Temvria
Kaliana
Solea
Sinaoros
GALATA
KAKOPETRIA
Agios Theodoros
NIKITANI
AGIOS GEORGIOS
VYZAKIA
Adhelphi Forest
Kalyfes 1158
Kannavia
SPILIA
Saranti
KYPEROUNTA
Chandria
Agridia
Pano Amiantos
AMIANTOS
1216
PELENDRI
AGROS
Agios Loannis
Kato Mylos
Troumithos 873
Agios Mamas
Kapileio
Limnatis
Zoopigi
Kalo Chorio
LOUVARAS
Listis 1216
Agios Pavlos
Agios Konstantinos
Sykopetra
Arakapas
Agios Theodoros
LAGOUREDA
Pitsylia
PLATANISTASA
Fterikoudi
Polystypos
Alona
Askas
PALAICHORI
Xyliatos
Agia Marina
Kato Moni
Mitsero
Agios Epifanios
Agrokipia
Malounta
Arediou
Klirou
Kalo Chorio
Fikardou
Gourri
Apliki
Farmakas
Kampi
Makheras Forest
Episkopelo
Pera
Kampia
Kapedes
Odou
Melini
EPTAGONEIA
Lageia

222

●● AUTOUR DU MONT OLYMPE

Le coin offre bien des surprises. Si près des plages et des stations balnéaires, on découvre ici de petits villages de montagne, de vastes forêts, des églises peintes classées au Patrimoine mondial de l'humanité par l'Unesco et même des pistes de ski…

222

BASE DE LOISIRS DU TROODOS ★

Ce n'est pas un village, mais une base de loisirs située à 1 750 m d'altitude. D'ici, de nombreux sentiers proposent aux voyageurs des promenades en montagne dans un environnement exceptionnel. La plupart de ces sentiers sont accessibles à tous, et ne présentent pas de difficulté particulière.

222

MONT OLYMPE ★

Le mont Olympe est le point culminant de l'île, à 1 952 m d'altitude. La station se résume à quatre remonte-pentes et un restaurant d'altitude qui valent le coup d'œil. Attention : la station est souvent pleine à craquer le week-end, mieux vaut venir tôt le matin en semaine.

226

PLATRES ★★★

C'est dans les rues Spyrou Kyprianou et Aidonion (« les rossignols » chers à Georges Séféris) que se cache l'âme du village. On ne résiste pas non plus à boire un verre à l'Hôtel Forest, palace romantique et désuet qui accueillait jadis l'élite du Moyen-Orient.

227

PRODROMOS

229

PERA PEDI ★

Entouré de pins et traversé par la rivière Kryos descendant du mont Olympe, ce village vit essentiellement du vin. On y trouve la première grande cave moderne de l'île, fondée en 1894 par des Britanniques et rachetée en 1924 par Keo, la plus grande compagnie d'alcools de Chypre.

229

FOINI

229

AMIANTOS

230

●● RÉGION DE PITSILIA

Sur le versant est du massif du Troodos. De pittoresques villages se nichent sur les pentes de la montagne, parmi les vignes, les champs d'amandiers et des étendues d'étonnantes fleurs sauvages. La région est surtout réputée pour ses trois églises peintes classées au Patrimoine mondial de l'humanité par l'Unesco.

230

AGROS ★

Parmi les curiosités figure un centre d'art contemporain, improbable dans un village du massif du Troodos. Sinon, dans ce village de montagne (1 100 m d'altitude), le panorama et l'air pur l'emportent ici sur toute autre considération.

231

PELENDRI ★★

Ce beau village est surtout célèbre pour son élégante petite église de la Sainte-Croix (*Timios Stavros*), classée au patrimoine mondial de l'humanité par l'Unesco. Une partie de l'église sert de chapelle privée à l'un des hommes les plus riches de l'île, Jean de Lusignan (1329-1375).

PAGES

231 **KYPEROUNTA** ★

232 **LAGOUDERA** ★

232 **PLATANISTASA** ★★

Les amateurs continuent de se régaler avec ici une autre église peinte classée au patrimoine mondial de l'humanité, Timios Stavros tou Agiasmati. Bien préservé, le village est un bel exemple d'architecture traditionnelle chypriote de montagne avec ses maisons en pierre et ses ruelles escarpées.

235 **PALAICHORI** ★

236

●● VALLÉE DE SOLEA

Sur la route principale Nicosie-Troodos, à mi-chemin entre la capitale et Limassol, la vallée de la Solea, appelée aussi vallée des Pommiers, abrite trois des plus belles églises peintes du pays, classées au Patrimoine mondial de l'humanité par l'Unesco, à Nikitari, Galata et Kakopetria.

236 **SPILIA** ★★

De ce village tranquille perché à 1 100 m d'altitude, on peut déjà entreprendre de belles randonnées dans toutes les directions. Et il vaut aussi le détour pour les superbes églises situées dans deux villages voisins, à Kourdali et à Agia Irini. Le village est situé à 9 km au sud-ouest de Kakopetria, 7 km au nord de Kyperounta, et 60 km au sud-ouest de Nicosie.

236 **KAKOPETRIA** ★★

Excellente base s'il en est, ce village se trouve à proximité de trois églises classées au patrimoine mondial par l'Unesco et d'autres également, tout aussi intéressantes. On pourra ainsi grimper quelques dizaines de mètres jusqu'au vieux village.

238 **GALATA** ★★

Les visiteurs, déjà, seront charmés par leur promenade. Pour l'architecture de ses maisons, Galata est surnommé le « village des balcons ». L'endroit est aussi connu pour ses églises à fresques, en particulier Panagia tis Podithou, classée au patrimoine mondial par l'Unesco.

240 **NIKITARI** ★★

Ce village est le point d'entrée pour l'église Panagia tis Asinou, l'une des plus célèbres églises du Troodos classées au patrimoine mondial par l'Unesco. En partant, sur la route en direction de Kaliana, notez aussi les vestiges des maisons du village d'Agroladou, abandonné par ses habitants turcs en 1963.

240 **VYZAKIA** ★

242

●● VALLÉE DE MARATHASA

Cette vallée fertile est surtout connue pour accueillir le monastère de Kykkos, le plus visité de l'île. On appréciera aussi le calme et l'authenticité des trois églises peintes classées au Patrimoine mondial de l'humanité par l'Unesco : Archangelos Mikhail (à Pedoulas), Agios Ioannis Lampadistis (à Kalopanagiotis) et Panagia tou Moutoulla (à Moutoullas).

PAGES

242 **PEDOULAS ★★**

Encore un arrêt digne d'une carte postale. Ce village est connu pour ses cerisiers et son église peinte Archangelos Mihail, inscrite au patrimoine mondial de l'humanité par l'Unesco. En face, un petit musée byzantin abrite des icônes remontant au XIIe siècle, dont certaines sont prêtées dans le monde entier.

244 **MOUTOULLAS ★★**

L'endroit vaut le détour pour son église peinte Panagia tou Moutoulla inscrite au patrimoine mondial de l'humanité par l'Unesco. Sans grand rapport, le village est aussi connu pour ses objets en pin sculpté et son eau minérale. On boit un verre ?

244 **KALOPANAGIOTIS ★★★**

Voilà une agréable exception. Loin du tourisme de masse, ce village est devenu une référence en matière d'agrotourisme. On peut y loger, et bien sûr visiter le monastère Agios Ioannis Lampadistis, classé au patrimoine mondial de l'humanité par l'Unesco.

245 **MYLIKOURI**

245 **KAMBOS**

247 ●● LES VILLAGES DE LA KOMMANDARIA

Ils se trouvent sur les versants sud du Troodos, où la vigne se plaît particulièrement. Quatorze d'entre eux font partie de l'appellation « commandaria », un vin rouge liquoreux connu depuis le Moyen Âge. Depuis Omodos, Arsos et Lofou, on peut partir explorer cette région située à seulement une trentaine de kilomètres de Limassol.

247 **OMODOS ★★**

Le village est très populaire en été, quand les cars d'excursion déposent chaque jour des centaines de touristes. Arrivez tôt le matin pour passer quelques heures dans ses ruelles étroites, ses boutiques de souvenirs et dans le cloître du monastère Timios Stavros.

249 **ARSOS ★★**

C'est le plus important village viticole de Chypre. Arrêtez-vous au passage à la cave Argyrides, l'une des plus traditionnelles de Chypre depuis quatre générations. Construit tout en pente, Arsos se distingue aussi par ses ruelles étroites et ses maisons traditionnelles.

251 **KILANI ★**

251 **VOUNI ★★**

251 **LOFOU ★★**

Ce ravissant village s'étale sur deux collines et servit de refuge au Moyen Âge aux habitants de la côte face aux raids arabes puis aux invasions ottomanes. La plus ancienne partie est constituée de petites maisons de pierre et de ruelles pavées où les chats se reposent à l'ombre d'arbres fleuris.

252 **LOUVARAS ★**

BASE DE LOISIRS DU TROODOS ★

Troodos (Τρόοδος, *Troodos Village*) appartient à la municipalité de Platres et au district de Limassol. Ce n'est pas un village, mais une base de loisirs située à 1 750 m d'altitude, au cœur du massif qui porte son nom, un carrefour où se rejoignent les routes vers Platres, Kakopetria, la station de ski du mont Olympe et le monastère de Kykkos. On y trouve un parking, un centre d'information, des étals de souvenirs et des points de départ de randonnées, les Chypriotes appréciant la fraîcheur de cette forêt de pins. Autour de ce point névralgique pousse en abondance le pin noir, dont les feuilles sont plus petites que celles du pin d'Alep.

MONT OLYMPE ★

Le mont Olympe (Όλυμπος/*Olimbos* en grec, *Olimpos Tepesi* en turc) est le point culminant de l'île, à 1 952 m d'altitude. Il est situé à 4 km à l'ouest de Troodos (base de loisirs) et à 5 km à l'est de Prodromos. Impossible de louper le point culminant du pays : il est surmonté d'un énorme radar de la Royal Air Force… Pas de confusion possible, on est bien ici dans une ancienne colonie britannique et pas sur l'Olympe grec (2 917 m) de la mythologie. Pour ne pas se tromper, les Chypriotes appellent l'endroit Χιονιστρα/*Chionistra* (« engelure »). C'est qu'il y fait frais en été et carrément froid en hiver. Au temps des colonies, tout le Moyen-Orient venait s'y rafraîchir, comme le roi Farouk. Et entre janvier et mars, on y skie !

CENTRE D'INFORMATION ENVIRONNEMENTALE

B8
✆ +357 25 42 01 44
www.moa.gov.cy
Tous les jours 10h-16h en été, 10h-15h en hiver, 1 €.

Le centre d'information, géré par l'office des forêts, propose une exposition présentant la faune, la flore et la géologie du massif de manière claire et efficace. Un film est projeté présentant le Troodos. Et une grande maquette du massif vous permettra de visualiser les sentiers. Vous pourrez la compléter par l'achat d'ouvrages plus pointus. Plusieurs chemins de randonnée partent du centre d'information comme le petit sentier de découverte des plantes et roches locales.

© FLUIERAS ANA-CRISTINA/SHUTTERSTOCK.COM

Mont Olympe.

TROODOS HOTEL & SPA €€

16, Troodos Square ✆ +357 25 42 00 00
www.troodoshotel.com
48 chambres. A partir de 70 € pour deux avec petit déjeuner.

Cet établissement de standing jouit d'un emplacement idéal pour profiter de la station de ski du mont Olympe en hiver et des sentiers de randonnée en été, mais aussi pour partir à la découverte du massif du Troodos. Les chambres sont agréables, offrant de magnifiques panoramas sur les montagnes. Elles sont spacieuses, certaines avec balcon intérieur, et toutes disposent du wifi, d'une TV LCD, d'un sèche-cheveux et de rangements. L'hôtel dispose d'un restaurant et d'un spa.

STATION DE SKI DU MONT OLYMPE

Prodromos-Troodos Road
✆ +357 25 42 01 04
www.skicyprus.com
Janvier-mars, tous les jours 9h-16h. Forfaits à partir de 10 €.

La station se résume à quatre petites pistes de ski alpin, une grande piste de ski de fond, quatre remonte-pentes, un resto d'altitude et un local pour louer les équipements et acheter les forfaits. Le télésiège de la piste Zeus est réputé « le remonte-pente le plus lent d'Europe ». La station est souvent pleine à craquer le week-end, mieux vaut venir tôt le matin en semaine, surtout vers la fin de la saison, quand la neige a tendance à fondre l'après-midi.

SENTIERS DU TROODOS ★★

Ici, vous aurez l'embarras du choix, niveau balades. Au départ de Platres et de Troodos, de nombreux sentiers proposent aux voyageurs des promenades en montagne dans un environnement exceptionnel. La plupart de ces sentiers sont accessibles à tous, et ne présentent pas de difficulté particulière. Nous vous recommandons simplement de vous munir de bouteilles d'eau, car les étapes peuvent être assez longues, surtout en été. Tout au long de ces itinéraires, des panneaux vous renseigneront sur les distances couvertes et à parcourir.

Artemis. Ce sentier démarre à environ 300 m de la jonction entre la route Troodos-Prodromos, à une altitude de 1 850 m. Long de 7 km, soit environ 2 heures et demie de marche lente, il traverse la forêt de *Pinus Nigra*, réputée pour sa flore. Vous y trouverez également quelques ruines vénitiennes, datant du XVIe siècle. Il prend fin sur le sentier Atalanti. On a donné à ce sentier le nom de la divinité des forêts de la mythologie grecque, Artémis (Diane). Il suit circulairement le sommet de Chionistra (mont Olympe) à une altitude moyenne de 1 850 m. En suivant ce sentier, vous aurez l'occasion de voir et d'observer la forêt, la flore, les roches. Vous aurez des points de vue sur de nombreux villages des districts de Limassol, Pafos et Nicosie.

Atalanti. Ce sentier démarre au carrefour de Troodos, pour un parcours circulaire d'environ 12 km, soit 5 heures de marche lente. À une altitude régulière de 1 700 m, il traverse la forêt de *Pinus Nigra* et passe devant l'entrée d'une mine de chrome qui n'est plus en service depuis 1982.

Du poste de Troodos aux mines de chrome. Le nom d'une héroïne de la mythologie grecque habile à la course et vivant dans les forêts a été donné à ce sentier long de 9 km environ. Il part de la place de Troodos et se termine aux baraques des mines de chrome. La durée de la marche est de 3 à 5 heures. La variété du paysage et la diversité des points d'intérêt vous donneront l'occasion d'observer la forêt, la flore, les roches, etc. Des différents points de vue, vous pourrez voir les régions et villages des districts de Limassol, Paphos et Nicosie. Vous trouverez à 3 km de la place de Troodos une source d'eau potable et, de place en place, des bancs de bois pour le repos des marcheurs.

Persephone. Ce sentier démarre également au carrefour de Troodos et s'étire sur 3 km, le double si on considère que la plupart des personnes le font dans les deux sens. Il est sans doute le plus facile, car il suit le flanc de la montagne et par conséquent n'est pas très accidenté. Il offre cependant de superbes paysages sur plusieurs vallées. On a donné à ce sentier le nom de la déesse du printemps de la mythologie grecque. La durée de la marche est de 1 heure et demie à 2 heures. Son point de départ est à environ 150 m au sud de la place de Troodos (très beau point de vue). Sur presque tout son parcours, de très beaux endroits boisés au milieu d'une riche végétation.

Kampos tou Livadiou. Ce petit sentier circulaire part de l'aire de pique-nique de Kampos tou Livadiou, à 3 km du carrefour de Troodos. Il peut être parcouru en 1 heure assez facilement et présente principalement un intérêt pour la flore qui s'y développe.

Kalidonia. Ce sentier, sans doute le plus incontournable, part de la route Platres-Troodos et remonte plus haut sur cette même route, à environ 2 km du carrefour de Troodos. Il suit une petite rivière qui serpente dans une nature exceptionnelle et contourne les chutes de Kalidonia qui, avec leurs 10 mètres, sont les plus hautes de l'île. Voir également le sentier des Rossignols – Kryos Potamos – Cascade de Kalidonia. La durée de la marche est de 1 à 2 heures. Le sentier part d'un certain point de la rivière Kryos Potamos, près de la résidence d'été présidentielle, à une altitude de 1 580 m, suit le bord de la rivière, la traverse fréquemment en cours de route et se termine à la très jolie cascade de Kalidonia, près de Platres, à une altitude de 1 340 m. Le Kryos Potamos est une des rares rivières régulières de Chypre. Son eau est utilisée, entre autres, pour l'approvisionnement en eau de Troodos. Le sentier d'étude de la nature suit cette petite vallée fraîche et pittoresque.

Sentier de Psilo Dendro, Vryses, Kaminoudia, Pouziaris et Psilo Dendro. Il part du même endroit que celui de Kalidonia, légèrement sur la droite. Long de 8 km, soit 3 heures de marche, il rejoint le sentier Persephone par deux chemins possibles, en passant par Pouziaris, dans une nature superbe.

Chutes de Myllomeris. Au départ de Platres, ce petit sentier vous conduira aux chutes de Myllomeris qui, si elles sont moins impressionnantes que celles de Kalidonia, sont également très intéressantes et attirent parfois moins de monde, ce qui peut être un gros avantage si vous recherchez en priorité la tranquillité.

De Kalopanagiotis à Oikos. Ce tout petit sentier d'environ 1,5 km est situé plus au nord que la plupart des autres. Il relie Oikos et Kalopanagiotis et offre l'avantage de passer à proximité de monastères, sans être emprunté pour autant par trop de randonneurs.

De Kampos tou Livadiou à Agios Nikolaos. Partant de 2 km au nord du carrefour de Troodos, ce long sentier de 8 km vous conduira à Agios Nikolaos en traversant une nature superbe. Il faut cependant penser au retour, soit en passant par le même chemin, soit en empruntant la route vers Prodromos.

Gerakies. Partant de Gerakies, au nord de Pedoulas, ce sentier circulaire de 4 km est une formidable promenade dans les environs du village.

Sentiers du Troodos.

PLATRES ★★★

Platres (Πλάτρες) ou Pano Platres (Πάνω Πλάτρες), 280 habitants, appartient au district de Limassol. Le village se trouve 3 km au nord-est de Kato Platres, 9 km au sud de Troodos (base de loisirs), 12 km au sud-est du mont Olympe. Platres a perdu de sa superbe. Ce petit village (500 hab. au total avec le village du bas, Kato Platres) fut à partir de 1879 le lieu de villégiature de l'élite du Moyen-Orient venant ici chercher un peu de fraîcheur. À force de développer le tourisme de masse sur les côtes, les autorités ont fini par délaisser les stations d'altitude. Quelle déception en descendant l'axe principal, la rue Olympou : c'est une succession de petits hôtels et restaurants défraîchis, à l'architecture aussi maussade qu'hétéroclite. C'est dans les rues Spyrou Kyprianou et Aidonion (« les rossignols » chers à Georges Séféris) que se cache l'âme du village. De la fontaine Roxannis Koudounaris, où coule l'eau venant du mont Olympe, en descendant jusqu'au rond-point du mythique Park Forest Hotel, c'est un enchantement : de sages petites maisons en brique au décor soigné émergent le long de la route entre les pins, avec çà et là d'extravagants hôtels abandonnés et d'immenses villas bardées de caméras de surveillance. Une ambiance de roman policier à découvrir à pied pour se replonger dans les années folles qui ont inspiré la romancière Daphne du Maurier.

Transports

De Limassol, liaison directe depuis la gare routière de Leontiou avec la ligne n° 50 de la compagnie EMEL (horaires et renseignements : ✆ +357 77 77 81 21, www.limassolbuses.com).

MONASTÈRE DE PANAGIA TROODITISSA ★

Platres-Prodromos Road

Église : tous les jours 9h-12h, 14h-16h, entrée libre. Reste du monastère fermé aux visiteurs.

Le monastère de Trooditissa fut fondé au XIIe s. Une fête religieuse y est célébrée le 15 août. Situé au milieu des pins à une altitude de 1 380 m, il a été détruit et reconstruit deux fois aux XVIIIe et XIXe s. Comme le monastère de Kykkos, il doit son prestige à une icône de la Vierge attribuée à saint Luc, mais aussi à la présence d'une « ceinture de fertilité » ayant appartenu à la Vierge. Seule l'église, reconstruite après un incendie en 1842, est accessible aux visiteurs.

FOREST PARK HOTEL €€

62, Spyrou Kyprianou

✆ +357 25 42 17 51

www.forestparkhotel.com.cy

137 chambres, 75-140 € pour deux avec petit déjeuner. Restaurant : 12h30-14h30, 19h30-22h, 15-30 €/personne.

Ne serait-ce que pour prendre un verre ou profiter de la piscine, on adore ce palace romantique, désuet et un peu défraîchi qui ne cherche pas à faire moderne. Certes, les chambres sont vintage mais l'établissement a su conserver l'essentiel de sa grandeur passée : cours de tennis, spa, billard, salles de conférence, bars, restaurant et piscines (un bassin de 25 m et 5 lignes en extérieur, ouvert de mai à octobre, et une plus petite, chauffée à l'intérieur pour l'hiver). En hiver, on peut aussi profiter des formules « spécial ski ».

PSILO DENDRO €

13, Aidonion

✆ +357 25 81 31 31

Tous les jours 9h-17h. Fermé décembre-mars. 18 €/ personne.

Le site du « grand arbre » (*psilo dendro*) a toujours été très fréquenté par les touristes allant à pied du mont Olympe à Platres. Depuis les années 1980, c'est une ferme d'élevage de truites et un café-restaurant. L'immense terrasse aux centaines de chaises en plastique n'a d'autre charme que la nature environnante. On y sert de la truite, tout juste prélevée des bassins, et de bonnes brochettes. Au retour de la promenade jusqu'aux chutes d'eau de Kalidonia, c'est une halte bien méritée, ne serait-ce que pour boire un verre.

CAVE À VIN ANTONIADES

E802

✆ +357 25 42 26 38

www.antoniadeswinery.com

Tous les jours 9h-17h (mars-novembre jusqu'à 18h), samedi 9h-13h, dimanche sur rendez-vous. Visite et dégustation 2 €.

La cave se trouve près du village de Mandria, dans les collines Afames, à 1 000 m d'altitude, sur le vignoble de Krasochoria. La production de 100 000 bouteilles par an repose en grande partie sur des achats de raisins aux vignerons locaux. Deux des vins de la famille Antoniades bénéficient d'une AOP, le Kastellani blanc (sec) provenant du cépage chypriote *xynisteri* et le Kastellani rouge (sec aussi), mélange de *mavro* local (60 %) et de cabernet sauvignon (40 %). Marios Antoniades parle français et propose une visite de ses caves.

SEMIRAMIS LODGE €€

55, Spyrou Kaprianou
✆ +357 25 42 27 77
semiramishotelcyprus.com
10 chambres. 60-80 € pour deux avec petit déjeuner.

Située dans le plus bel endroit du village, cette belle villa classée est typique de Platres : briques rouges, volets verts, pièces rondes, cheminée. L'aménagement intérieur est moderne. Belle vue depuis certains balcons, parking. Construite au début du XXe s., cette maison est un résumé de la riche histoire hôtelière de Platres. Le Semiramis Lodge dispose d'un bar à vin et offre une grande sélection de vins internationaux. Grâce à sa terrasse entourée d'arbres, vous pourrez y déguster des saveurs chypriotes authentiques dans un environnement unique. L'établissement dispose de staff francophone, n'hésitez pas à les contacter pour plus d'informations.

© DR

© DR

PRODROMOS

Prodromos (Πρόδρομος), 120 habitants, est le plus haut village de l'île, à 1 380 m d'altitude. Situé à côté de la station de ski du mont Olympe, il voit sa population exploser en hiver et compte 200 résidences secondaires. Mais on n'y trouve plus d'hôtels en activité de qualité médiocre. Mais que cela ne vous empêche pas d'y faire un tour ou une agréable excursion. Vous pouvez aussi poursuivre un peu plus loin votre chemin : une autre option se trouve dans l'un des deux campings du massif du Troodos (le pays n'en compte que cinq) qui ne se trouve pas très loin. Pour plus de confort, on recommande la très bonne Themis House (pas chère et avec piscine) dans le village voisin de Lemithou. Réputé pour donner les meilleures pommes de Chypre, Prodromos est divisé en deux parties : Kato Prodromos, en bas, qui est le village d'origine, et Pano Prodromos, en haut, où se trouvent les constructions les plus récentes. Dans les environs, 7,5 km au sud-ouest en passant par Lemithou, le village de Palaiomylos abrite une belle église dont les fresques datent du XVIe siècle.

Transports

De Limassol, liaison directe (ligne n° 60) depuis la gare routière de Leontiou (✆ +357 77 77 81 21, www.limassolbuses.com). De Nicosie, liaison directe (ΒΔ34) depuis la gare routière d'Anigma Kolokasi, à côté du bastion Podocataro. Horaires et renseignements auprès de la compagnie OSEL (✆ +357 77 77 77 55, www.osel.com.cy).

THEMIS HOUSE €€

✆ +357 25 46 25 25
www.themishouse.com
4 studios. De 60 € pour deux à 100 € pour quatre.

A 3 km à l'ouest de Prodromos, sur la route principale, c'est la première maison à l'entrée du village de Lemithou en venant de Prodromos. Ce petit complexe de type agrotourisme est l'un des rares de la région à posséder une piscine. Situé dans une maison en pierre bien rénovée datant de 1890, géré de manière pro, il dispose de studios de 28 à 35 mètres carrés pouvant accueillir de deux à quatre personnes. Ils sont bien équipés : coin cuisine, balcon ou terrasse, wifi, télé et pour certains, cheminée et spa. Il est possible de demander le petit déjeuner.

CHUTE D'EAU DE KALIDONIA ★★

Point de départ à Psilo Dendro (à côté du restaurant du même nom), 1 km au nord du centre de Platres en suivant la rue Olympou.

Randonnée : 3 km avec quelques passages dans l'eau, 1h30-2h pour monter, env. 40 min pour redescendre.

On rejoint par un chemin bien balisé la chute d'eau de Kalidonia, la plus importante de l'île (12 m de haut). Certes, le saut accompli par la rivière Kryos n'évoque pas les chutes du Niagara, mais l'endroit est agréable. 2 km au nord de la chute d'eau, près du Troodos, se trouve la résidence d'été du président de la République chypriote, bâtie à la fin du XIXe s. pour accueillir les dignitaires britanniques. Parmi les ouvriers qui en assurèrent la construction, un nom familier apparaît : Arthur Rimbaud y travailla quelque temps comme contremaître.

KAFENION KAMINARIA €

Kaminaria
✆ +357 97 80 40 67
Tous les midis, sur réservation. Environ 12 € par personne.

Ce café au décor austère du tout petit village de Kaminaria n'a pas vraiment de nom, mais deux vieux propriétaires y servent une cuisine authentiquement géniale. Sur les nappes en papier à carreaux bleus : grosses brochettes de porc (*souvla*), boulettes de viande (*keftedakia*), foie d'agneau frit aux tomates et aux oignons (*tiganito sikoti*), gratin de pâtes (*pasticcio*), herbes aux œufs (*horta me afga*) et la spécialité maison, de succulents œufs frits (*tiganita afga* ou *zalatina*). Une adresse dont il faut profiter avant qu'il ne soit trop tard !

PERA PEDI ★

Pera Pedi (Πέρα Πεδί), 120 habitants, appartient au district de Limassol. Le village est situé à 9 km au sud de Platres. Entouré de pins et traversé par la rivière Kryos descendant du mont Olympe, ce village vit essentiellement du vin. On y trouve la première grande cave moderne de l'île rachetée en 1924 par Keo, plus grande compagnie d'alcools de Chypre. Le site ne se visite pas, mais on peut prendre rendez-vous pour une dégustation. Dans la partie la mieux conservée du village, on peut visiter l'église Agios Nikoloas (XVIIIe siècle) qui abrite des icônes du XVIe siècle et les reliques de plusieurs saints locaux. Liaison directe avec Limassol grâce à la ligne n° 62 (www.limassolbuses.com).

NEROMYLOS €€

Anexartisias
✆ +357 25 47 05 36
neromyloscafe.com
12h30-23h, fermé dimanche. 18 €/personne.

Cette taverne aménagée dans un ancien moulin à eau (*neromylos* en grec) propose des plats chypriotes et… d'Europe centrale. Le propriétaire est en effet marié à Gabriella, une Tchèque qui officie en cuisine. En terrasse ou dans la salle décorée de trophées de chasse, on peut donc aussi bien prendre un *kleftiko* (le dimanche) qu'un goulash de chevreuil, un goulash de porc à la crème ou la spécialité de la maison, le jarret de porc (*veprevo*), le tout accompagné d'un vin local ou d'une bière Pilsner Urquell. Aire de jeux pour enfants.

FOINI

Foini (Φοινί, prononcer « Fini »), 390 habitants, appartient au district de Limassol. Le village se situe 3,6 km à l'ouest de Platres. Ce village typiquement chypriote tranche avec les environs marqués par la présence britannique. Lieu de naissance de l'archevêque Sophronios II (1191-1209), Foini est réputé pour son artisanat, en particulier ses poteries, ses chaises et coffres de bois sculptés, mais aussi ses costumes folkloriques. On trouve encore quelques artisans et un musée dédié à la poterie. Dans les environs, on peut aller pique-niquer aux chutes d'eau de Hantara. Liaison directe depuis Limassol avec la compagnie EMEL (ligne n° 50, www.limassolbuses.com).

AMIANTOS

Amiantos (Αμίαντος), 220 habitants, appartient au district de Limassol. En direction de Pitsilia et de Nicosie, on longe une énorme mine à ciel ouvert de 10 km² s'élevant à 1 500 m d'altitude avant d'arriver à Pano Amiantos. Les paysages sont superbes, mais le village a été abandonné. C'est que les habitants étaient malades. Malades de cette mine qui les faisait vivre et qui a donné son nom à leur village. Eh, oui, c'est bien de l'amiante que l'on a extrait ici pendant près d'un siècle. Le site employait des milliers de personnes et fut un temps la principale source de revenus de l'île. Jusqu'à ce qu'en 1988, le gouvernement décide de fermer le site pour des raisons de santé. La population restante a été relogée dans la partie basse, à 500 m en contrebas, à Kato Amiantos. Mais ce scandale sanitaire a continué d'empoisonner la nature et les habitants pendant des années encore. Car ce n'est qu'à partir de 1995 qu'ont été entrepris des travaux pour neutraliser la mine afin d'empêcher l'amiante de se répandre par infiltration souterraine ou par les airs. Il paraît que cela va mieux maintenant… N'empêche, l'Office des forêts continue d'y planter des arbres afin de fixer l'amiante (renseignements sur www.amiandos.eu pour suivre l'évolution du projet de réhabilitation). On peut s'y promener et s'arrêter quelques minutes pour voir l'église Agios Nikolaos et le jardin botanique planté le long de la route. Liaison directe avec Limassol (gare routière de Leontiou) grâce à la ligne n° 63 (www.limassolbuses.com).

AGROS ★

Agros (Αγρός), 800 habitants, appartient au district de Limassol. Ce village de montagne est le principal carrefour de la région de Pitsilia. Le panorama et l'air pur l'emportent ici sur toute autre considération. Preuve de son statut de station d'altitude, on y a construit un important centre sportif destiné à accueillir les athlètes chypriotes (et ceux des pays nordiques en hiver). Disposant de nombreux commerces (banque, supermarché, hôtels, etc.), Agros offre de beaux panoramas. Les origines de ce village en forme d'amphithéâtre remontent au XIe s., avec un monastère, mentionné à l'emplacement de l'église actuelle (1909), dédiée à la Vierge de Miséricorde (Panagia Eleousa). Ce monastère fut fondé par une quarantaine de moines venus d'Asie Mineure au temps des conflits avec les iconoclastes : ils le baptisèrent du nom de celui qu'ils avaient abandonné, Megas Agros (« les grands champs »). Il fut détruit au XIXe s., mais les icônes purent être sauvées, et notamment l'icône de la Panagia Eleousa, aujourd'hui exposée près de l'entrée de l'église dans un cadre de verre. Les Agrotes sont réputés être de francs patriotes, ayant participé à tous les combats de la guerre d'indépendance en Grèce en 1821 à la défense de Chypre en 1974, en passant par les mouvements de résistance contre les Allemands, puis contre les Britanniques. L'eau de rose est la spécialité du village. Elle est obtenue à partir de roses de Damas qui poussent à l'état naturel aux alentours, une espèce bien connue des créateurs de parfum. En mai, il y a un Festival de la rose. Liaisons vers Limassol et Nicosie avec la compagnie EMEL.

MUSÉE FOLKLORIQUE ET ECCLÉSIASTIQUE D'AGRIDIA ★

Agridia
✆ +357 25 52 13 36
www.agridia.org
Visite sur RV auprès de la mairie, gratuit.

Dans le village d'Agridia, l'ancienne église Agios Ioannis Prodromos abrite un moulin où fut produite de l'huile d'olive jusque dans les années 1960. Dans ce lieu, transformé en musée en 1996, sont exposées de vieilles presses à olives, mais aussi des objets religieux issus des églises de la région, dont une icône d'Agia Paraskevi datant du XVIe s. Tout en haut du village, l'église Profitis Elias offre un superbe point de vue. Bref, cela vaut un petit détour !

MUSÉE FRANGOULIDES ★

Agros Avenue
✆ +357 25 52 12 01
www.agros.org.cy
Août : tous les jours 10h-12h, 17h-19h ; reste de l'année : sur RV. Gratuit.

Original de trouver de l'art contemporain dans un village du massif du Troodos ! Ce petit musée se trouve dans le centre d'Agros, à côté de l'église Panagia Eleousa. L'établissement est géré par la mairie est consacré à l'artiste chypriote Solomos Frangoulides (1902-1981) qui séjourna à Agros dans les années 1930. Le peintre s'inspira des icônes de l'église Panagia Eleousa pour réaliser certaines de ses œuvres, plutôt figuratives et réalistes. Des esquisses et des tableaux, comme celui de l'archevêque Makarios III, sont exposés là.

RODON HOTEL AND RESORT €€

1, Rodou ✆ +357 25 52 12 01
www.rodonhotel.com
154 chambres. Entre 60 et 110 € pour deux avec petit déjeuner.

Ce grand complexe hôtelier offre une vue imprenable sur le village. Il dispose de deux piscines, dont une à l'intérieur, d'un spa, de terrains de sport ainsi que d'un restaurant... qu'il vaut mieux éviter. Car, il faut bien le dire, le personnel n'est pas toujours à la hauteur des ambitions des propriétaires. C'est dommage, car les chambres qui ont été récemment rénovées sont superbes et fonctionnelles. On recommande particulièrement celles du deuxième niveau (206 et 207) qui donnent certes sur le parking, mais surtout sur toute la vallée.

KOILADA €€

Agros Avenue
✆ +357 25 52 13 03
Tous les jours 12h-22h (le dim 10h30-21h). 18 €/personne.

A l'entrée du village en arrivant de Limassol, il se trouve dans le virage en épingle avant la banque. Ce restaurant chypriote est typique : un nom simple (« la vallée »), un menu sans tralala (grillades et *kleftiko*), un cadre naturel réjouissant (une belle maison en pierre avec tonnelle verdoyante), sans oublier le petit truc bizarre qui fait toujours un peu tache (ici, pour faire chic, du vin français, cher et pas très bon). Bref, ce restaurant a toutes les qualités et plus encore, puisque le vin maison en carafe est plutôt sympathique !

VENUS ROSE

12, Triantafillou
✆ +357 25 52 18 93
www.venus-rose.com
Lundi-vendredi 8h-17h, week-end 10h-17h.

Ce magasin fait honneur à la jolie spécialité du village. Cette boutique, judicieusement située rue « de la Rose » (*triantafillou* en grec), propose des produits à base de... rose, la grande spécialité d'Agros. On est ici chez Maria Tsolakis, héritière de la première famille du village a avoir développé la culture de la fleur de Damas, vendant eau et huile de rose aux parfumeurs européens depuis 1948. Récemment, elle a lancé sa propre gamme de produits, dont certains bio : parfums, déodorants, lotions corporelles, soins du visage et même du thé.

TAVERNA SIMPOSIO €€

Sur les hauteurs du village, sous la colline boisée, à 500 m du centre et à 1 km au nord de l'église Timios Stavros. ✆ +357 99 40 43 48
Restaurant : 12h30-17h (et 19h-22h vendredi et samedi), fermé lundi, 20 €/pers. Hébergement : compter 160 € pour deux.

Mieux vaut réserver pour déguster les très bonnes spécialités de cette belle petite taverne de cinq à six tables. Quasiment tout est fait maison. Une fois installé près du feu de cheminée (terrasse extérieure en été), on appréciera les très bons vins (ce qui est rare à Chypre), le cochon de lait à la broche (*gourounista*, à commander 48h à l'avance), le *halloumi* du village ou encore, certains jours, le *kleftiko*. Les propriétaires disposent également de logements pour deux à quatre personnes dans trois maisons traditionnelles bien équipées situées dans le village.

PELENDRI ★★

Pelendri (Πελένδρι) ou Pelentri (Πελέντρι), 1 000 habitants, appartient au district de Limassol. Le village est situé à proximité de la route Karvouna-Limassol, 10 km au sud-ouest d'Agros. Un peu d'histoire : ce beau village fut jadis le fief de Jean de Lusignan (1330-1375), fils du roi de Chypre, Hugues IV de Lusignan. Pour le reste, Pelendri est surtout célèbre pour son église Timios Stavros, classée au patrimoine mondial de l'humanité par l'Unesco. Dans les environs, on pourra également visiter l'église Panagia Katholiki, datant du début du XVIe siècle. Couverte d'un toit en bois, elle abrite un musée des icônes (tous les jours 10h-15h et 17h-19h, sinon demander la clé au prêtre). Ces dernières proviennent des églises abandonnées de la région. Attention, c'est à en perdre son latin, mais il s'agit pourtant bien ici d'une église orthodoxe. En grec, le terme *katholiki* (« de tous », « pour tous » ou « universel ») désigne en effet en tout premier lieu l'église d'un village ou d'un évêché par opposition au *katholikon* qui se rapporte à l'église d'un monastère. On remarquera aussi dans le village le récent monument des Propilea, consacré aux héros de l'indépendance chypriote. On trouve des infos historiques et pratiques utiles sur le site Internet de la mairie (www.pelendri.org). De quoi vous donner peut-être envie de vous y arrêter, au moins quelques heures... En bus, Pelendri est desservi de Limassol par la compagnie EMEL. Ligne n° 60 : 9 bus/jour en semaine, 3 le samedi, 2 le dimanche. Plus d'infos : ✆ +357 77 77 81 21, www.limassolbuses.com.

KYPEROUNTA ★

Kyperounta (Κυπερούντα), 1 500 habitants, est dominé par le mont Madari (1 536 m d'altitude), c'est le village de montagne le plus peuplé de Chypre. Il est en fait composé d'une dizaine de hameaux traditionnellement bâtis chacun autour d'une petite église. L'habitat s'étend ainsi sur 4 km de long d'est en ouest et sur 2 km du nord au sud dans la partie la plus large, si bien qu'on ne trouve pas vraiment ici de centre animé comme à Agros. À la rigueur, c'est dans la partie est du village que l'on pourra trouver un semblant de « civilisation ». Perchés entre 1 100 et 1 300 m d'altitude, chacun de ces petits « quartiers » a conservé son identité. Il règne un sentiment de calme à Kyperounta, pour ne pas dire d'ennui. Le nom du village vient d'une plante asiatique proche du papyrus que l'on trouve ici en abondance, la kyperos (*Cyperus rotondus*). Les conditions climatiques, très douces pour cette région du Proche-Orient, ont amené les Britanniques à construire un sanatorium à l'ouest de la commune. Aujourd'hui transformé en hôpital, il continue d'accueillir des patients atteints de maladies respiratoires. Pour le reste, l'activité économique est encore largement tournée vers l'agriculture, en témoignent les vergers et les vignes qui cernent les habitations. Pour faire connaître le village et y apporter un peu d'animation, la mairie et l'office de tourisme national organisent depuis quelques années, à la mi-octobre, un festival de la pomme. Le village possède aussi trois petits musées dédiés à la guerre d'indépendance (1955-1959), à la vie sauvage, au folklore local et le récent musée ecclésiastique.

ÉGLISE TIMIOS STAVROS ★★★

17, 1is Apriliou
✆ +357 99 35 25 47
Avril-octobre : lundi-vendredi 9h-14h ; sinon demander la clé auprès de la mairie ; entrée libre.

Datant du XVe s., l'église de la Sainte-Croix (Τίμιος Σταυρός/*Timios Stavros*) a été remaniée dans les décennies qui ont suivi sa construction. Cela correspond à une période de profonds bouleversements politiques : la disparition de l'Empire byzantin (1453), le déclin des Lusignan et la prise de contrôle de Chypre par les Vénitiens (1489). Les principales fresques aujourd'hui visibles datent ainsi de 1521. Le thème développé ici est celui de « l'Invention de Croix », c'est-à-dire, la redécouverte de la croix sur laquelle Jésus fut mis à mort et les miracles qui sont attribués à cette relique. Alors que catholiques et orthodoxes se querellent depuis le IVe s. pour savoir qui possède les reliques de la Vraie Croix, la question prend à Chypre et à cette époque particulière une dimension forcément polémique. Ce que le commanditaire a ici exigé, c'est la représentation de la vision des vainqueurs (catholiques) dans le lieu de culte des vaincus (orthodoxes). Pas seulement dans les choix stylistiques, clairement influencés par l'art occidental (enluminures médiévales, Renaissance italienne, etc.). Mais surtout dans le sens donné aux peintures. Cela est frappant dans la partie nord où l'on peut voir le motif d'une grande croix adorée par des anges. En fait, avant 1521, figuraient à cet emplacement des scènes de la vie de Constantin (premier empereur romain d'Orient) et de l'Exode (un thème cher aux Byzantins réfugiés à Chypre après la prise de Constantinople). Un peu plus à gauche, toujours au nord, c'est la scène de la Glorieuse Exaltation de la Croix qui a été remaniée. Selon la légende, c'est Hélène, mère de Constantin, qui a découvert la relique de la Sainte-Croix en 326 à Jérusalem. La peinture originale a été effacée. Hélène est bien représentée, mais dans une posture bien moins prestigieuse qu'elle ne devait l'être au départ. Enfin, sous la chaire qui s'élève entre les deux escaliers, deux groupes d'hommes sont représentés selon un schéma byzantin classique. Il s'agit effectivement d'une peinture originale. Sauf que quelques années plus tard, une croix latine décorée de pierres a été ajoutée à la scène. Autant de symboles difficiles pour nous à décrypter aujourd'hui, mais qui à l'époque étaient perçus comme des messages politiques très clairs. L'entrée de l'église accueille un petit musée ecclésiastique avec une collection d'objets liturgiques et d'icônes qui s'enrichit lentement d'année en année. La plupart des pièces sont récentes (XIXe et XXe s.), mais on compte au moins un livre de prière du XVIe s..

LAGOUDERA ★

Lagoudera (Λαγουδερά), 80 habitants, appartient au district de Nicosie. Le village est situé à 10 km au nord d'Agros. Ce village isolé reste célèbre pour son église peinte inscrite au patrimoine mondial de l'humanité, Panagia Arakiotissa. Elle est située presque à mi-chemin entre Lagoudera et le village voisin de Saranti. De l'église, un sentier de randonnée accidenté permet de relier une autre église peinte classée au patrimoine mondial par l'Unesco, Timios Stavros Agiasmati (7,5 km, 3h), en bénéficiant de magnifiques paysages variant rapidement dès que l'on passe une nouvelle crête. La ligne ΒΔ21 dessert Lagoudera de Nicosie (gare routière d'Anigma Kolokasi, bastion Podocatoro).

PLATANISTASA ★★

Platanistasa (Πλατανιστάσα), 110 habitants, appartient au district de Nicosie. Le village est situé à 9 km au nord-ouest de Palaichori, 15 km au nord-est d'Agros, 14 km à l'est de Kyperounta, 48 km au nord de Limassol et 50 km au sud-ouest de Nicosie. Ce petit village très isolé est surtout célèbre pour son église peinte classée au patrimoine mondial de l'humanité, Timios Stavros tou Agiasmati. L'activité agricole se concentre autour de la culture de la vigne grimpante et de l'exploitation des noisetiers. Bien préservé, le village est un bel exemple d'architecture traditionnelle chypriote de montagne avec ses maisons en pierre et ses ruelles escarpées. On pourra profiter d'une balade pour visiter le petit musée folklorique, généralement ouvert pendant la journée (entrée libre, ✆ +357 22 65 20 90) ou acheter quelques produits dans la bonne charcuterie Allantika Platanik (✆ +357 22 65 24 40). Dans les environs, le petit village d'Alona (à 3 km au sud, 60 hab.) revit chaque 15 août lors de la fête de la Vierge. En continuant sur la route de Palaichori, on peut s'arrêter à l'ombre du chêne trois fois centenaire de la place du village de Fterikoudi (à 8 km à l'ouest, 120 hab.) et admirer les très belles vues sur les alentours. On y trouve la jolie petite église en pierre Agios Nikolaos (XIXe siècle) et la tombe de saint Avvakoum (à 2,5 km à l'est au-dessus de Fterikoudi), un ermite et thaumaturge du Moyen Âge. Le village ne possède pas non plus de liaison directe en bus avec les grandes villes. Il est relié à la gare routière du village d'Arediou (24 km), où l'on trouve de fréquentes correspondances pour Nicosie.

Église Timios Stavros.

ÉGLISE PANAGIA ARAKIOTISSA ✝ ★★★

Dans la vallée de Pitsilia,
700 m au nord-ouest de Lagoudera.
✆ +357 99 55 73 69
Tous les jours 9h-12h, 14h-17h, entrée libre. Audio guide en français disponible sur www.visitcyprus.com.

La fonction de cette église dédiée à la Vierge (*Panagia*) demeure floue : s'agissait-il d'une chapelle privée ou du *catholicon* de l'ancien monastère du même nom dont il demeure un bâtiment quelques mètres au nord ? L'origine du nom l'est tout autant : vient-il du mot grec *arakas* qui désigne les « pois sauvages » (à Chypre, les plantes sont parfois associées à la Vierge) ou d'un donateur, le logothète général Ierakas, haut responsable de l'administration fiscale byzantine ? Cette église entrée au patrimoine mondial de l'Unesco en 1985 réserve d'autres surprises… Érigée au XIIe s., elle fut recouverte au XIVe s. d'un toit en tuiles de bois et de murs en boiseries devant la protéger des intempéries. Cet ensemble dissimule la structure originale : un bâtiment rectangulaire en pierre en forme de croix coiffé d'une coupole. À l'intérieur, la plupart des peintures datent de décembre 1192, ainsi qu'en atteste l'inscription au-dessus de l'entrée nord (sous la représentation du saint Keramion, tuile sacrée sur laquelle se serait fixé le visage de Jésus). Il s'agit d'un témoignage unique de l'art byzantin, puisque c'est la plus importante série complète d'œuvres iconographiques de la fin de la dynastie Comnène qui nous soit parvenue (à Constantinople, toutes les fresques et peintures de la période mésobyzantine furent détruites lors du saccage de la ville par les croisés en 1204). Au sommet de la coupole, le Christ Pantokrator (Tout-Puissant) est représenté au moment du Jugement dernier avec, plus bas, douze prophètes entre les douze fenêtres du tambour de la coupole qui annoncent la venue du Christ sur terre. Les deux triangles sphériques, à l'est, sont occupés par les scènes de l'Annonciation, tandis que les deux autres, à l'ouest, représentent les évangélistes Matthieu et Marc (triangle nord-ouest), Jean et Luc (sud-ouest). Le mur nord accueille la Présentation de la Vierge au Temple. La moitié sud de la voûte ouest montre la Nativité et la moitié nord, la Descente aux Enfers. À l'est de l'entrée nord, figure la Présentation du Christ au Temple. On remarquera le soin porté aux détails : regards, mouvements, parures, bijoux, etc. Le nom de l'artiste n'est pas connu, mais le trait se rapproche de celui de Theodoros Apsevdis, qui réalisa en 1183 les peintures murales de l'église du monastère Agios Neophytos, à Paphos. En s'avançant vers le sanctuaire, le style utilisé dans l'abside est différent. Il s'agirait d'un autre artiste ayant œuvré peu avant 1192.

ÉGLISE TIMIOS STAVROS TOU AGIASMATI ✝ ★★★

Dans la vallée de Pitsilia, 6,5 km au nord de Platanistasa.
Visites possibles en appelant le +357 99 51 41 79) ou la mairie (+357 22 65 20 90) pour la clé. Entrée libre.

L'église de la Sainte-Croix (*Timios Stavros*) d'Agiasmati est le seul bâtiment qui subsiste de l'ancien monastère fondé à la fin du XVe s. Au sud, les emplacements des anciennes cellules des moines sont encore visibles. L'origine du mot Agiasmati vient d'*agiasma*, terme qui désigne en grec une source d'eau ou fontaine sacrée. Il pourrait même s'agir plus précisément de l'agiasma de l'église Sainte-Marie-Hodigitria de Constantinople, ce qui pourrait conduire à penser que le monastère a été fondé par des réfugiés d'Asie Mineure arrivés ici après la prise de la ville par les Ottomans en 1453. Construite en pierre et couverte d'un toit à double pente en tuiles de bois, l'église a été érigée vers 1494 grâce à la donation d'un prêtre nommé Petros Peratis, ainsi qu'en atteste l'inscription que l'on peut encore lire au-dessus de l'entrée nord. Sur le mur extérieur sud, le prêtre et sa femme Pepani (rappelons au passage que chez les orthodoxes, seuls les moines font vœu de célibat) sont représentés tous les deux ensemble en train de placer l'église entre les mains du Christ. Des peintures extérieures sont également encore visibles sur les murs ouest et sud, avec notamment la représentation du Jugement dernier. On connaît ici l'artiste qui a décoré toute l'église. Son nom figure au-dessus de l'entrée sud : Philippos Goul, un Syrien orthodoxe qui a aussi œuvré dans l'église Agios Mamas à Louvaras. L'intérieur, de dimensions modestes (9,50 x 3,70 m), est entièrement peint – y compris les solives et les poutres – de représentations du Nouveau Testament. Le style est particulièrement intéressant, puisqu'il mêle l'art naïf local, le courant iconographique byzantin de la période des Paléologues et l'esthétique de la Renaissance italienne. L'influence latine est notamment perceptible dans la scène de Crucifixion (pignon du mur ouest), avec la présence de quatre anges tournant autour de la croix. La représentation de la sainte Croix, qui donne son nom à l'église, n'apparaît que sous forme de miniature reléguée dans l'arc aveugle du mur nord. Plus étonnant, il s'agit des scènes de l'Invention et de l'Exaltation de la Croix, thèmes courants en Occident mais très rares dans l'iconographie byzantine. Enfin, le plus bel exemple de l'esthétique naïve locale est le majestueux saint Mamas assis sur le dos d'un lion à la morphologie hasardeuse (anthropomorphe), une figure très populaire dans la peinture religieuse chypriote du Moyen Âge.

PALAICHORI ★

Palichori (Παλαιχώρι), 1 100 habitants, appartient au district de Nicosie. Plus gros village de la vallée de Pitsilia, Palaichori a la particularité d'être séparé en deux par la petite rivière Akaki, un affluent de la Serrachis : Palaichori Morphou à l'ouest (750 habitants), Palaichori Orinis à l'est (400 habitants). Les deux parties du village ont leur propre mairie. De part et d'autre, l'atmosphère délicieusement vieillotte s'accorde parfaitement avec son nom (« vieux village »). Très bien irrigué grâce au barrage construit en amont en 1973, Palaichori est réputé pour ses fruits (pommes, poires, cerises, raisins) et légumes (tomates, pommes de terre, fèves). Le village est surtout connu pour son église peinte classée au patrimoine mondial de l'humanité par l'Unesco en 2001, Metamorfosis tou Sotiros (« Transfiguration du Sauveur »), un peu à l'extérieur d'Orinis. Toujours dans la partie est du village se trouvent le petit musée gratuit de l'Héritage byzantin et l'église Panagia Chrysopantanassa. Juste à côté, dans la maison de la famille Karolis, se trouve l'ancien QG secret de Gregoris Afxentiou (1928-1957), l'un des chefs de l'EOKA durant la guerre d'indépendance. Malgré un ratissage complet du village, les soldats britanniques ne parvinrent pas à découvrir cette cachette. On remarquera aussi à l'entrée du village le monument de la Mère, statue d'une femme assise commémorant le sacrifice de toutes les mères chypriotes ayant perdu un enfant pendant la guerre d'indépendance. A 5 km, le village d'Askas mérite aussi une halte pour la beauté de ses minuscules et étroites rues où l'architecture traditionnelle a été bien préservée.

EVGENIA'S HOUSE €

2, Andrea Kanari

✆ +357 99 64 23 93

4 studios. 60 € pour deux, petit déjeuner 7,50 €. Réductions à partir de 2 nuits.

Christakis, le propriétaire, affirme que sa maison date du XVIe s. On ne sait pas si c'est vrai. En tout cas, c'est charmant. Chaque studio est comme une petite pièce de musée avec ses dalles en terre cuite, son plafond en nattes de roseau et son balcon en bois surplombant le village. Toutes ont la clim et la TV, deux d'entre elles possèdent même leur propre cheminée. Un des studios peut accueillir jusqu'à six personnes. Au gré des saisons, Christakis et sa famille se proposent de faire découvrir les différentes activités du village. Bref, du vrai agrotourisme !

ÉGLISE METAMORFOSIS TOU SOTIROS ★★★

✆ +357 99 97 42 30

Mardi et jeudi 10h-13h, autres jours sur RDV, entrée libre. Audio guide en français disponible sur www.visitcyprus.com.

Dans la vallée de Pitsilia, 300 m à l'est du centre de Palaichori Orinis (partie est de Palaichori), vous la trouverez le long de la rue rejoignant la E903. C'est la « petite nouvelle ». L'église de la Transfiguration du Sauveur est la dernière église peinte ajoutée au patrimoine de l'humanité par l'Unesco en 2001. Elle a été construite au début du XVIe s. Le narthex a été ajouté au début du XVIIe s. (côtés ouest et sud). L'ensemble est doté d'un toit à la charpente de bois au fronton élancé, couvert en tuiles. Ce type de couverture, qui n'existe nulle part ailleurs dans le monde byzantin, est caractéristique de la région montagneuse du Troodos. A l'intérieur, les murs sont entièrement couverts de peintures de la période byzantine tardive (XVIe s.), ce qui constitue l'ensemble pictural le plus important de cette période à Chypre. L'île était alors sous domination vénitienne, mais le peintre qui a exécuté ces œuvres s'inscrit pleinement dans la tradition orthodoxe avec une très faible influence occidentale. Sur le mur ouest, les peintures murales sont plus tardives (1612). Quant aux panneaux de bois peints de l'iconostase, ceux-ci ont sans doute été réalisés au début du XVIIIe s. Les icônes datent de la même période et sont le travail d'un seul moine du mont Athos, Matheos Koutloumousios.

Parmi les églises peintes classées par l'Unesco à visiter à proximité figurent Timios Stavros tou Agiasmati (Platanistasa), Panagia Arakiotissa (Lagoudera) et Timios Stavros (Pelendri).

© C. MORANDI

RÉGION DE TROODOS

SPILIA ★★

Spilia (Σπήλια), 120 habitants, appartient au district de Nicosie. Ce village tranquille perché à 1 100 m d'altitude vaut le détour pour les superbes églises situées dans deux villages voisins, à Kourdali et Agia Irini. À Kourdali, hameau rattaché à Spilia, l'église Panagia Chrysokourdaliotissa (Notre-Dame-de-la-Dormition) date du début du XVIe siècle. De belle dimension, avec un toit à double pente, elle a conservé des fresques de grande valeur. Depuis 2002, elle figure sur la liste indicative de l'Unesco en vue d'un classement au patrimoine mondial. Elle est en principe ouverte aux visiteurs toute l'année (✆ +357 22 92 22 12 ou ✆ 99 77 05 92, 8h-13h et 16h-19h). À Agia Irini, hameau de 40 habitants, la chapelle Timios Stavros (Sainte-Croix) recèle des fresques du XVIe siècle, mélange de classicisme byzantin et d'art naïf local (visite sur rendez-vous auprès de la mairie : ✆ +357 22 92 23 32). De Spilia, on peut entreprendre de belles randonnées dans toutes les directions : à l'est, vers le village de Lagoudera (église Panagia Arakiotissa classée au patrimoine mondial par l'Unesco), au nord vers Nikitari (église Panagia tis Asinou, classée au patrimoine mondial par l'Unesco). On peut même prévoir, sur deux jours, la montée vers l'église Panagia tis Asinou, puis redescendre par une autre piste (bien indiquée) vers Kakopetria (église Nikolaos tis Stegis, elle aussi inscrite au patrimoine mondial) avant de revenir par la route : la totalité du circuit fait environ 22 km, dans de très beaux paysages montagneux. De Nicosie, ligne directe (BΔ37, www.osel.com.cy).

KAKOPETRIA ★★

Kakopetria (Κακοπετριά), 1 200 habitants, appartient au district de Nicosie. Le village est situé à 1 km au sud de Galata (église peinte classée), 22 km au sud-ouest de Nikitari (église peinte classée), 23 km au nord-ouest d'Agros, 50 km au nord-ouest de Limassol, et 63 km au sud-ouest de Nicosie. Destination prisée des habitants de Nicosie qui viennent chercher ici un peu d'air frais en été, Kakopetria est devenu le principal carrefour de la vallée de la Solea. Le village est entouré de forêts et de vergers (citronniers notamment). Son centre touristique est, lui, occupé par des boutiques de souvenirs, des bars et des restaurants, qui lui donnent un aspect de petite station de montagne, aujourd'hui un peu en perte de vitesse. Kakopetria se trouve à proximité de trois églises classées au patrimoine mondial par l'Unesco et d'autres églises également, tout aussi intéressantes. Le site Internet de la commune (www.kakopetria.eu) est très utile, fourmillant de conseils et de bonnes idées (balades, visites d'églises, etc.). On peut ainsi grimper quelques dizaines de mètres jusqu'au vieux village, riche de maisons typiques en pierre ou en brique avec leurs balcons de bois. Les petites rues promettent une très agréable promenade entre les échoppes d'artisans, les femmes qui présentent la production de la maison (miel, confitures, soutzoukos, gâteaux secs, etc.). En redescendant jusqu'au centre, un petit chemin passe au-dessus de la Solea et conduit à une impressionnante bâtisse verticale. Il s'agit d'un ancien moulin à eau qui abrite aujourd'hui l'hôtel-restaurant The Mill. De Nicosie, ligne directe (BΔ12) ou ligne BΔ39 qui va à Troodos.

THE MARJAY INN 🛏 €€

Madari Road

✆ +357 22 92 22 08

www.marjay.com

Hébergement : 5 chambres, 60-80 € pour deux avec petit déjeuner. Restaurant : menus de mezzés 15 € (végétarien) et 22 €.

Dans le village, vers la partie sud-ouest, le long de la rue principale, cet établissement a été ouvert en 1993 et en partie rénové en 2009. Parmi ses avantages indéniables, cette ravissante petite auberge familiale offre une superbe vue sur les montagnes boisées depuis les balcons de toutes les chambres. Ces dernières sont d'un confort convenable avec télé, avec wifi et salle de bains. Mention spéciale à la chambre n° 3, la plus agréable (et un peu plus chère). La partie restaurant (Sama) est ouverte à tous. Beau jardin et accueil sympa.

EKALI HOTEL 🛏 €€

22, Georgiou Griva Digeni

✆ +357 22 92 25 01

www.ekali-hotel.com

57 chambres. 50-80 € pour deux avec petit déjeuner.

Cet établissement est le meilleur rapport qualité-prix que l'on ait trouvé à Kakopetria. Malgré des tarifs officiels à plus de 100 € pour deux, les fréquentes offres promotionnelles permettent de diviser le prix par deux. Les chambres sont propres, confortables et offrent une belle vue (montagne ou village). Accueil professionnel et chaleureux. Le gérant, Andreas, se fera un plaisir de discuter avec vous dans un français impeccable. Réserver à l'avance en été, car l'hôtel est apprécié tant par les touristes étrangers que par les Chypriotes.

ÉGLISES ALENTOUR

Ce sont des lieux de visite intéressants et réunis dans un périmètre restreint. Kakopetria se trouve en effet à proximité de trois églises classées au patrimoine mondial par l'Unesco : l'église Agios Nikolaos tis Stegis, située sur le territoire de la commune, 2 km à l'ouest en direction de Prodromos, l'église Panagia tis Podithou, dans le village voisin de Galata, et l'église Panagia tis Asinou, à Nikitari, près de la route de Nicosie. On peut également visiter les églises du village qui, sans figurer au patrimoine mondial, n'en sont pas moins précieuses. L'église Panagia Theotokos (avenue Makarios, 400 m au nord de la place centrale), construite au XVIe siècle, présente, sous son toit à double pente, un mobilier intéressant et quelques belles peintures qui datent de la même période, ainsi que les portraits de ses donateurs. L'église d'Agios Georgios Perachoritis (le long de la voie rapide B9, rue Agios Georgios, 300 m à l'est de la place centrale) a, quant à elle, gardé la plupart de ses peintures murales du premier quart du XVIe siècle. On sera sensible au style particulier de ses peintures, emplies de piété et de simplicité. Le nom Kakopetria, qui signifie « mauvaise pierre », vient d'un rite religieux ancien. Lors des mariages, le prêtre faisait tourner les nouveaux mariés trois fois autour d'une grosse pierre située dans le village, afin de bénir leur union. Or, lors d'une de ces cérémonies, un couple fit une chute à cette occasion, les époux moururent tous les deux, ce qui fit penser à une malédiction de la pierre.

THE MILL €€

8, Milos
✆ +357 22 92 25 36
www.cymillhotel.com
13 chambres. 90-150 € pour deux avec petit déjeuner. Fermé 20 novembre-20 décembre.

Impossible de manquer cette impressionnante « forteresse », faite de pierre, de brique, de pisé, tout en hauteur, plaquée contre une colline. Ancien moulin à eau (*mill* en anglais, *milos* en grec) abandonné dans les années 1950, le bâtiment a été restauré et transformé en hôtel en 1999. Les chambres sont gigantesques avec chacune un balcon donnant sur le vieux village situé, tandis que l'ascenseur extérieur offre une vue panoramique sur le village. Le petit déjeuner est copieux et le restaurant reste le meilleur de la ville pour ses truites.

PRASINI KILADA (GREEN VALLEY) €€

B9
✆ +357 22 92 26 51
Tous les jours 12h-16h, 19h-minuit. Grillades 10-15 €.

Ici, tout n'est que nature luxuriante, ambiance festive et simplicité. Cernée par la forêt et les bougainvilliers, l'immense terrasse de 500 couverts est surtout conçue pour les gros banquets de famille. La cuisine est sans chichis, comme on aime : grillades et *kleftiko* servis avec des vraies frites ! Le menu minimaliste propose quand même quelques alternatives comme la truite d'élevage, des champignons grillés ou au vinaigre et des spaghettis. En dessert, fruits confits ou de saison.

Église néo-byzantine, Kakopetria.

ÉGLISE AGIOS NIKOLAOS TIS STEGIS ★★★

Dans la vallée de la Solea, 2,7 km au sud-ouest de la place centrale du village de Kakopetria. ✆ +357 22 92 25 83

Mardi-samedi 9h-16h, dimanche 11h-16h, sauf jours fériés, entrée libre. Audio guide en français sur www.visitcyprus.com.

L'église Saint-Nicolas-du-Toit, avec ses faux airs de bergerie, est un petit bijou. Vestige d'un monastère actif du XIe au XIXe s., elle doit son nom à son double toit. Le premier, en bois et en forme de dôme, a été recouvert d'un second, de tuiles, pour protéger l'édifice des chutes de neige. À l'intérieur, six siècles de peintures murales éclatent de mille couleurs malgré l'obscurité. Les plus anciennes, datant du XIe s., constituent à Chypre le plus important témoignage de cette période. Mais c'est à partir du XIIe s., avec l'échec de la deuxième croisade (1147-1149) que le monastère va se développer. Chassés de Terre sainte, les chevaliers catholiques s'attirent les bonnes grâces de leurs sujets orthodoxes par le moyen de donations. Chypre occupe alors une place singulière dans l'épanouissement d'une peinture d'icônes dite « des croisades » ou *maniera cypria* qui opère une synthèse entre traditions grecques et latines tout autour de la Méditerranée orientale. Saint-Nicolas-du-Toit profite pleinement des largesses du clan Ravendel, une puissante famille française établie en Terre sainte depuis la première croisade. Meilliour de Ravendel, seigneur de Maraclée, et son épouse figurent ainsi en bonne place sur la magistrale icône de saint Nicolas. L'œuvre aux dorures soignées et aux bleus vifs mêle intimement caractères latins et byzantins. C'est sans doute la plus belle illustration de cette *maniera cypria*, désormais visible au musée byzantin de Nicosie (Fondation Makarios).

© KIRILL_MAKAROV - SHUTTERSTOCK.COM

GALATA ★★

Galata (Γαλάτα), 580 habitants, appartient au district de Nicosie. Le village est situé à 1 km au nord de Kakopetria (église peinte classée), et à 51 km de Limassol. Pour l'architecture de ses maisons, Galata est surnommé le « village des balcons ». L'endroit est surtout célèbre pour ses églises à fresques, en particulier Panagia tis Podithou, classée au patrimoine mondial par l'Unesco. Les visiteurs, déjà charmés par leur promenade dans Kakopetria, au sud, seront comblés par cet itinéraire religieux. Le village est également associé à Aphrodite. Selon la mythologie grecque, c'est là que se tenait la statue créée à son image. Ligne directe (ΒΔ11) depuis la gare routière d'Anigma Kolokasi, à côté du bastion Podocataro.

« ÉGLISES DE POCHE » DE GALATA 📷 ★★

A travers toute la commune, principalement dans le centre du village. ✆ +357 22 92 35 48

Demander les clés au prêtre (+357 22 92 35 48) ou au kafenion Galatas au centre du village. Entrée libre.

Outre les célèbres Panagia tis Podithou (Unesco) et Archangelos Mihhail, Galata compte toute une ribambelle d'églises minuscules à l'architecture typique du Troodos.

Agios Sozomenos. Dans le centre du village, près de l'église moderne de la Panagia Odegetria. Dimensions intérieures : 11,80 x 3,80 m. Date : 1513. Célébration : 26 novembre. Belles peintures signées de Siméon Axentis (même peintre que la chapelle Archangelos Mihail).

Agios Nikolaos. À l'entrée ouest du village, le long de l'avenue Makarios reliant Kakopetria. Dimensions intérieures : 7 x 3,60 m. Date : XVe s. Célébration : 6 décembre. Les seules fresques en partie préservées datent de la première moitié du XVIe s.

Agios Georgios. Dans la partie centrale du village, le long de l'avenue Makarios. Dimensions intérieures : 6 x 3 m. Date : premier quart du XVIe s. Célébration : 23 avril. Contrairement aux autres, elle est orientée vers le sud. Une seule fresque subsiste sur le mur nord, représentant saint Georges de Galata.

Agia Paraskevi. Dans la partie sud du village, le long de l'avenue Makarios reliant Kakopetria. Dimensions intérieures : 7,20 x 3,60 m. Date : 1514. Célébration : 26 juillet. Très peu de peintures murales subsistent.

Apostolos Tychikos. 4 km à l'ouest en empruntant un chemin de terre battue qui mène à l'emplacement supposé de l'ancien village médiéval. Date : XIe s. À l'état de ruine. En 2006, une nouvelle chapelle dédiée, elle aussi, à l'apôtre Tychicus, disciple de saint Paul, a été érigée à côté.

CHAPELLE ARCHANGELOS MIHAIL ✝ ★★

B9

Demander la clé au prêtre (+357 22 92 35 48) ou au kafenion Galatas au centre du village, entrée libre.

Connue comme la chapelle de l'Archange Michel (Αρχάγγελος Μιχαήλ), elle est en fait consacrée à la Panagia Theotokos (« Vierge Mère de Dieu »). Plus petite encore que sa toute proche voisine Panagia tis Podithou, elle fut érigée quelques années plus tard, au début du XVIe s. L'intérieur contient une série assez rare représentant l'ensemble de la vie du Christ, avec notamment le glaçant épisode de la « sueur de sang » frappant Jésus au mont des Oliviers (il s'agit en fait d'une pathologie aujourd'hui identifiée comme l'hématidrose et qui se manifeste par la sécrétion de sang ou d'un liquide rougeâtre causée par l'anxiété et le stress). Le style est ici d'inspiration purement byzantine, ce qui peut paraître paradoxal quand on sait que Constantinople a perdu Chypre trois siècles plus tôt. L'île est alors sous domination vénitienne et le développement de l'art italo-byzantin ne semble pas avoir influencé l'auteur de ces peintures. On connaît d'ailleurs l'identité de celui-ci : le peintre Siméon Axentis. Son nom apparaît sur le mur nord avec la date d'achèvement des travaux de décoration (le 17 janvier 1514) dans la représentation de la famille du donateur. Aux côtés de Polos Zacharia, sa femme Madelena tient dans ses mains un rosaire catholique, tandis que leur fille aînée porte un livre où l'on peut lire en grec les premières paroles de l'Hymne acathiste cher aux orthodoxes. Famille latine hellénisée, les Zacharia sont représentatifs de la société chypriote de l'époque. Polos Zacharia est d'origine vénitienne et s'est converti comme une partie de ses enfants à l'orthodoxie. Sa femme, descendante des Lusignan, et deux de leurs filles sont quant à elles restées fidèles au catholicisme. Une attitude plutôt courante sur l'île à cette période et semble-t-il bien acceptée si l'on en juge par la représentation que cette puissante famille entendait donner d'elle-même ici à ses contemporains. Reste à comprendre pourquoi les Zacharia ont choisi de faire appel à Siméon Axentis. Celui-ci a réalisé d'importants travaux à Metamorfosis tou Sotiros (Palaichori), Timios Prodromos (Askas) ou encore, dans le même village de Galata, dans l'église Agios Sozomenos. Ses œuvres se situent toujours dans la même veine du classicisme byzantin. Sans doute par nostalgie de l'ancien Empire : Constantinople est tombée quelques décennies plus tôt (1453) entre les mains des Ottomans. Mais peut-être aussi pour le prestige, en faisant travailler pour soi un « artiste à la mode ».

ÉGLISE PANAGIA TIS PODITHOU ✝ ★★★

Dans la vallée de la Solea, 400 m à droite avant l'entrée de Galata en venant de Nicosie.
✆ +357 22 92 23 94

Clé au café au centre du village (+357 22 92 23 94), entrée libre. Audio guide en français sur www.visitcyprus.com.

Le mur extérieur ouest porte encore le nom des donateurs de cette église aux allures de simple corps de ferme érigée en 1502 : un certain Déméter de Coron et sa femme grecque Hélène. Noble français converti au rite orthodoxe, Déméter de Coron est capitaine de la baronnie de Pentagia (aujourd'hui Yeşilyurt en zone occupée), la plus puissante des régions de l'île. Depuis le XVe s., les Lusignan ont de plus en plus de mal à tenir le royaume de Chypre. Les créanciers génois et vénitiens, mais aussi les Ottomans et les sultans égyptiens tentent d'influer sur la cour. En 1460, Déméter de Coron participe à la révolte menée par les Mamelouks et les prétendants au trône contre la reine Charlotte de Lusignan (1458-1460). Quarante ans après cet épisode, alors que l'île est passée sous le contrôle de Venise, Déméter de Coron tente de se racheter en finançant la construction du nouveau monastère de Panagia tis Eleousas, aujourd'hui plus connu sous le nom de Podithou. Le *katholikon* (église du monastère) est le seul bâtiment du complexe qui subsiste. D'aspect simple de l'extérieur, l'église étonne par la richesse de ses peintures intérieures, qui sont pratiquement toutes d'origine. Il s'agit à première vue de motifs de style byzantin, comme en atteste la traditionnelle représentation du donateur âgé et de sa femme offrant symboliquement l'église à la Vierge. Mais l'influence occidentale est flagrante, aussi bien dans le style « italo-byzantin » empruntant à la Renaissance italienne que dans les thèmes abordés. La scène de crucifixion du fronton ouest contient plusieurs détails chers à l'Occident : la représentation des deux brigands accompagnant Jésus au supplice, les soldats romains jouant aux dés, les vêtements du Christ, Marie-Madeleine embrassant la base de la croix, etc. Autant de thèmes étrangers à la tradition iconographique orthodoxe, beaucoup plus dépouillée. Mais ces choix du peintre ne sont pas tant liés au passé catholique de Déméter de Coron qu'à la très forte influence italienne qui s'exerce alors partout dans l'île : depuis 1489, Chypre est passée sous la coupe de la Sérénissime République. Cela se ressent jusque dans l'iconostase (en partie rénovée au XVIIIe s.) : le lion de Venise gravé au côté du blason de Déméter de Coron, l'utilisation de techniques (laques notamment) et de motifs (riche ornementation) typiquement vénitiens. Autant d'éléments qui valent à l'église Panagia tis Podithou d'être parfois considérée comme « latine ».

TO SPITI TOU XENI €

3, Georgiou Zacharia
✆ +357 22 92 23 91
3 studios. 60-80 € pour deux sans petit déjeuner.
Au sud du village, à la limite de Kakopetria, près de l'église Agia Paraskevi, à 150 m à l'ouest de l'avenue Makarios. La rue Georgiou Zacharia est perpendiculaire à l'avenue Makarios. Construite en pierre de façon traditionnelle, « la maison de Xenis » date de 1906 et a été rénovée en 2004. Dans chacune des chambres, un vrai petit chez-soi : balcon, télé, clim, cuisine, grand lit en fer forgé. La plus grande dispose même d'un bain bouillonnant. Toujours pas de wifi, mais une belle terrasse avec tonnelle de vigne grimpante et de bons feux de cheminée en hiver.

NIKITARI ★★

Nikitari (Νικητάρι), 400 habitants, est le point de passage obligé pour se rendre à l'église Panagia tis Asinou, l'une des plus célèbres églises du Troodos classées par l'Unesco. Dans les environs, on peut visiter plusieurs villages habités et les ruines d'anciens villages dont les habitants chypriotes turcs ont fui dans les années 1960-1970. Evrychou (à 16 km au sud-ouest) fut le terminus de la ligne de chemin de fer partant de Famagouste et traversant Nicosie. Le village abrite le nouveau musée du Chemin de fer chypriote. Dans le village, on remarquera la petite église Agios Kyriakos, située dans le cimetière. Datant du XVe siècle, elle est demeurée intacte. Korakou (à 18 km au sud-ouest et à 2 km à l'ouest d'Evrychou) est un beau village aux maisons traditionnelles. Juste à la sortie, sur la route de montagne qui longe la B9 en direction de Kaliana, on peut encore voir les vestiges des maisons du village d'Agroladou, abandonné par ses habitants turcs en 1963. Kaliana (à 20 km au sud-ouest et à 2 km au nord d'Evrychou) abrite l'église Saint-Joachim (peintures du XIIe siècle) et un caravansérail aux arches de brique (où les paysans se réunissaient pour vendre leurs productions). Flasou (à 19 km à l'ouest en passant par Evrychou) est un centre important de transformation des olives. À proximité se trouve également l'ancien village turc d'Aybifan, désormais abandonné et rebaptisé Agios Epifanios. De Nicosie, liaison directe depuis la gare routière du bastion Podocataro (parc Anigna Kolokasi) par la ligne ΒΔ26 (« vita dhelta ekosi exi » en phonétique).

MUSÉE DU CHEMIN DE FER CHYPRIOTE ★

Evrychou
✆ +357 22 86 58 88
www.mcw.gov.cy
De mi-avril à mi-septembre : tous les jours 9h30-17h ; reste de l'année : 8h30-16h. 1 €.
Pour le visiter, il faudra se rendre à 17 km au sud-ouest de Nikitari. Du centre d'Evrychou, suivez les panneaux marron « Railway Museum » et vous y arriverez facilement. Installé depuis 2013 dans l'ancienne gare ferroviaire d'Evrychou, ce musée retrace donc l'histoire du train à Chypre. La Compagnie de chemin de fer du gouvernement de Chypre *(Cyprus Government Railway, Kypriakos Kyvernitikos Sidirodromos)* fut créée par les Britanniques en 1905 et fonctionna jusqu'en 1951. Son réseau était constitué d'une seule ligne de 122 km à voie étroite (762 mm d'écartement entre les rails) reliant Famagouste à Evrychou. Avec 12 locomotives, 17 wagons pour passagers et une centaine de wagons de fret, elle était à l'époque surtout utilisée pour le transport du bois et des minerais exploités dans le massif du Troodos et expédiés depuis le grand port de Varosha, à Famagouste. D'ailleurs, la ligne continua d'être exploitée après la disparition de la compagnie par la Cyprus Mines Corporation jusqu'à l'invasion de l'île par la Turquie en 1974. Désormais gérée et complètement restaurée par le département des Antiquités, la gare accueille une exposition permanente constituée d'objets, photos et documents d'époque et de reconstitution de la vie des 200 employés de la compagnie. A l'extérieur, quelques mètres de voie ferrée ont été recréés, permettant de présenter une locomotive, un wagon et une draisine à pompe autrefois utilisée pour l'entretien des voies.

VYZAKIA ★

Vyzakia (Βυζακιά), 340 habitants, est situé à 3 km à l'ouest de Nikitari et à 27 km au sud-est de Kakopetria. Ce village, sur les contreforts du Troodos, permet d'accéder à la vallée d'Elia, fermée par le barrage de Vyzakia. Ancien fief du vicomte sicilien Nicolas Morabit au XVe siècle, Vyzakia est surtout réputé pour son église Archangelos Mihail (Archange Michel) du XVIe siècle. De facture classique, à nef unique comme les chapelles de montagne, elle possède quelques belles fresques d'influence vénitienne, avec notamment d'impressionnantes scènes de la naissance et du martyre du Christ. En bus de Nicosie, ligne directe (ΒΔ071, www.osel.com.cy).

ÉGLISE PANAGIA TIS ASINOU ★★★

Près de la vallée de la Solea, 3,6 km au sud du village de Nikitari.
✆ +357 99 83 03 29
Lundi-dimanche 9h30-16h (17h en hiver), entrée libre. Audio guide en français sur www.visitcyprus.com.

Appelée église Panagia Forviotissa (Notre-Dame-de-Farvion) et plus connue sous le nom de Panagia tis Asinou (Notre-Dame-d'Asinou), c'est l'une des plus célèbres et des plus visitées. Elle fut autrefois le *katholikon* (église du monastère) du monastère de Farvion, actif entre le XIIe et le XVIIIe s. et en a conservé le nom (Forviotissa). Désormais, l'usage veut qu'elle soit désignée du nom de la petite rivière Asinou qui trouve sa source non loin de là. À première vue, le bâtiment n'a rien d'exceptionnel. Mais son très classique toit à double pente dissimule en fait une nef surmontée d'un dôme et un narthex doté de deux petites absides semi-circulaires. La nef date sans doute de 1099, année où a été créé le monastère de Favrion. C'est au XIIe s. qu'ont été ajoutés le narthex et le toit actuels, l'ensemble ayant encore été remanié au XIVe s. suite à un tremblement de terre. Toute la richesse de l'église réside dans ses peintures murales, contrastant de façon saisissante avec la modestie de ce simple édifice. Les plus anciennes, datant de 1105-1106, se concentrent dans la nef (scènes de la vie du Christ) et les absides avec une très émouvante et ancienne représentation de la Vierge. Les spécialistes reconnaîtront le plus pur style byzantin de la période des Comnène. À Constantinople, l'empereur Alexis Ier Comnène (1081-1118) a décidé de faire de Chypre sa principale place forte en Méditerranée et on peut imaginer que les meilleurs peintres aient suivi les stratèges sur l'île.

PEDOULAS ★★

Pedoulas (Πεδουλάς), 140 habitants, situé à 4 km au sud de Moutoullas et à 22 km à l'est du monastère de Kykkos, compte pas moins de 12 églises. Le village est surtout connu pour ses cerisiers et son église peinte Archangelos Mihail, inscrite au patrimoine mondial de l'humanité par l'Unesco. En face de l'église, on pourra aussi visiter le petit musée byzantin qui abrite des icônes remontant au XIIe siècle, dont certaines sont prêtées dans le monde entier. Pedoulas est aussi un centre de loisirs important pour de nombreux Nicosiens venus chercher la fraîcheur. L'été, on vient en famille le dimanche garer son 4x4 devant l'un des restaurants et manger en contemplant le superbe panorama sur le village aux toits rouges, ses églises blanches et la vallée. La personnalité la plus célèbre de Pedoulas est sans aucun doute Stelios Haji-Ioannou, le fondateur de la compagnie aérienne EasyJet. C'est ici qu'est né le père de l'homme d'affaires anglo-chypriote. Depuis 2010, l'ancienne école du village est même devenue le siège de la branche environnement de la Stelios Philanthropic Foundation (http://stelios.org).

Transports

En bus de Nicosie, ligne directe (ΒΔ31) de la gare routière d'Anigma Kolokasi, à côté du bastion Podocataro. Départs de Nicosie en semaine à 6h45, 10h30, 13h40 et 16h30, samedi à 8h, 12h30 et 16h, dimanche à 8h30 et 16h30. Départs de Pedoulas en semaine à 5h20, 6h25, 8h50, 10h25 et 15h55, samedi à 6h25, 10h et 15h55, dimanche à 7h25 et 15h55. Renseignements : ✆ +357 77 77 77 55, www.osel.com.cy

ÉGLISE ARCHANGELOS MIHAIL ✝ ★★★

Tout en bas du village de Pedoulas, 300 m en dessous de la grande église moderne et blanche de Timios Stavros. ✆ +357 22 95 27 04

Tous les jours 10h-18h en été (16h en hiver), entrée libre. Audio guide en français disponible sur www.visitcyprus.com.

Cette drôle de petite église se remarque à peine au milieu des habitations. Comme ses petites sœurs du Troodos, elle ne possède pas de clocher et reste de dimensions très modestes. Heureusement, elle est bien indiquée et son toit à double pente asymétrique provoque forcément la curiosité. La pente du toit dirigée vers le nord-ouest plonge quasiment dans le sol, permettant d'étendre le narthex de l'étroit édifice. Cette extension était utilisée comme salle de prière pour les femmes, le narthex lui-même et l'entrée principale étant réservés aux hommes. C'est là, sur l'entrée nord, que l'on peut lire la date de construction : 1474. En passant la porte, la première fresque représente le donateur et sa famille. Il s'agit du prêtre Vasilios Chamados, de sa femme et de leurs deux filles (chez les orthodoxes, seuls les moines font vœu de célibat). La plupart des peintures représentent les scènes de la vie de la Vierge et la Passion du Christ. Fait exceptionnel, on connaît ici l'auteur de ces œuvres. Il s'agit d'un certain Minas, artiste originaire de la région, qui a décoré l'ensemble de l'église. Tout aussi naïvement celui-ci a gravé sur le templon séparant le clergé des fidèles l'aigle à deux têtes de la dernière dynastie byzantine des Paléologue (l'Empire est tombé en 1453) ainsi que le lion couronné des Lusignan (le vacillant royaume de Chypre disparaîtra en 1489). Les deux puissances avaient beau être ennemies, elles sont représentées ici conjointement.

ELYSSIA HOTEL €€

47, Filoxenias

✆ +357 99 00 58 17

25 chambres. La double à partir de 60 € avec petit déjeuner.

Premier bon point : le petit déjeuner (copieux) avec enfin de la vraie confiture maison dans cette région réputée pour ses vergers (rien de tel pour commencer la journée...). Du coup, tout le reste nous a plu, même l'aspect un peu vieillot de cet établissement familial : le bar sur le toit, le parking privé, les chambres dont le balcon surplombe le village (plus elles sont dans les étages, mieux c'est). Elles ont été en partie rénovées avec des salles de bains correctes. Le restaurant de l'hôtel est – sans surprise – lui aussi de bonne tenue. Très bonne adresse.

PLATANOS €

48, Timios Stavros

✆ +357 99 43 88 20

Tous les jours 12h-22h. Environ 15 €/personne, grillades 8-10 €.

Impossible à louper, sous le plus gros platane de Pedoulas ! Le restaurant est à l'angle de la rue Aristidi Charalambous, en plein cœur du village en allant vers l'église Archangelos Mihail. Même si le patron ne parle presque pas anglais, c'est devenu le restaurant le plus réputé du coin. Il faut dire que le cadre est sympa, les spécialités de grillades sont tout à fait honorables et l'emplacement est idéal sur le chemin menant des hôtels aux églises Timios Stavros et Archangelos Mihail. L'établissement dispose aussi de quelques chambres à louer.

Intérieur de l'église Archangelos Mihail.

MOUTOULLAS ★★

Moutoullas (Μουτουλλάς), 170 habitants, est situé à 800 m d'altitude. Ce village est surtout célèbre pour son eau minérale vendue dans tout le pays. L'endroit vaut le détour pour son église peinte Panagia tou Moutoulla inscrite au patrimoine mondial de l'humanité par l'Unesco. Moutoullas est aussi réputé pour ses objets en pin sculpté. On peut poursuivre à pied jusqu'à Kalopanagiotis (les deux villages se touchent) pour visiter les églises du monastère Agios Ioannis Lampadistis, lui aussi classé par l'Unesco. Ligne directe (ΒΔ27) de la gare routière d'Anigma Kolokasi, à côté du bastion Podocataro, et liaisons vers Nicosie. Renseignements : ✆ +357 77 77 77 55, www.osel.com.cy.

KALOPANAGIOTIS ★★★

Kalopanagiotis ou Kalopanayiotis (Καλοπαναγιώτης), 260 habitants, est situé à 2 km au nord de Mouttoulas, à 6 km au nord de Pedoulas, et à 19 km à l'est du monastère de Kykkos. Kalopanagiotis est devenu un modèle en matière d'agrotourisme. Ce village est composé de hameaux s'étendant sur 2 km de long dans la vallée encaissée de la Marathasa. Depuis la fermeture de sa briqueterie et, surtout, de ses thermes, Kalopanagiotis a perdu une grande partie de sa population. Mais les choses sont en train de changer grâce à la mise en valeur de son impressionnant patrimoine. Célèbre pour son pont de la période vénitienne, on y trouve aussi de très nombreuses églises et chapelles : Agia Marina, Panagia Theotokos, Agios Andronikos, Agia Athanasia, Agios Georgios, Agios Kyriakos, Archangelos Mihail, Agion Sergios kai Bachos et Panayia Theoskepasti. Sans oublier, bien sûr, les trois églises du monastère Agios Ioannis Lampadistis, site classé au patrimoine mondial de l'humanité par l'Unesco. Depuis 2015, la partie la plus escarpée du village est reliée au bas de la vallée par une sorte d'ascenseur ultramoderne à crémaillère. Alors, pas de doute, Kalopanagiotis, c'est le petit village chypriote qui monte !

Transports

Ligne directe (ΒΔ14) de la gare routière d'Anigma Kolokasi, à côté du bastion Podocataro. Quatre départs de Nicosie en semaine, trois le samedi et deux le dimanche. Cinq départs de Kalopanagiotis en semaine, trois le samedi et deux le dimanche. Renseignements : ✆ +357 77 77 77 55, www.osel.com.cy

ÉGLISE PANAGIA TOU MOUTOULLA ✝ ★★★

Dans la vallée de Marathasa,
50 m en contrebas de la route principale traversant le village de Moutoullas.
✆ +357 22 95 23 45

Clé à demander au café, entrée libre. Horaires de visite aléatoires. Audio guide en français sur www.visitcyprus.com.

Construite en pierre grise à flanc de colline, rectangulaire et couverte d'un double toit en bois, Notre-Dame-de-Moutoullas est la plus ancienne des églises peintes du Troodos classées au patrimoine mondial. Elle a été érigée en 1280, ainsi qu'en atteste la dédicace visible sur le mur nord du *bêma*, la partie réservée au clergé (seul le narthex a été ajouté au XIVe ou au XVe s.). Le même texte précise aussi que la construction et la décoration de l'église furent financées par Jean et Irène (Ioannis et Irini) de Moutoullas, représentés sous la dédicace. Cet honneur accordé au couple fait penser qu'il s'agissait d'une chapelle privée. À l'origine, ce sont tous les murs qui étaient recouverts de peintures. Tandis que celles situées à l'extérieur se sont considérablement dégradées avec le temps, celles de l'intérieur ont conservé toutes leurs couleurs. À l'exception de la Présentation du Christ au Temple, ajoutée ultérieurement, toutes les scènes ont été peintes aussitôt l'église terminée. Nativité, résurrection de Lazare (en partie effacée), dimanche des Rameaux, Crucifixion : les grandes étapes de la vie du Christ sont peintes avec moult détails et personnages. Elles sont ponctuées de petites déesis typiques de l'art byzantin, ces représentations du Christ, de la Vierge et saint Jean-Baptiste priant pour le salut des chrétiens. Mais le plus intéressant est le trait de l'artiste (inconnu, comme c'est souvent le cas). Il s'agit de peintures particulièrement naïves, d'un art presque primitif : les yeux et têtes sont disproportionnés, les corps rendus difformes par un désintérêt du réalisme et de la morphologie humaine. Ce style se retrouve en fait dans toutes les zones isolées ou récemment perdues de l'Empire byzantin, de la Palestine au sud de l'Italie en passant par la Sicile et certaines îles grecques. La différence iconographique entre Occident et Orient n'est encore pas réellement affirmée. Les artistes chypriotes sont alors au croisement de plusieurs influences : la Rome antique, les peintres latins qui ont suivis les croisés en Terre sainte et le clergé de Constantinople qui a alors une conception brutale de l'art, privilégiant un style vivant et peu recherché, le dessin inachevé étant perçu comme un moyen de se rapprocher de Dieu. L'église de Panagia tou Moutoulla est non seulement un bon exemple de l'art byzantin du XIIIe s., c'est aussi le seul site chypriote attesté a en conserver un ensemble aussi large.

MONASTÈRE AGIOS IOANNIS LAMPADISTIS ★★★

Dans la vallée de Marathasa, en face du centre du village de Kalopanagiotis en traversant le pont. ✆ +357 22 95 34 60

Mardi-samedi 9h-13h, 15h-17h (16h-18h en été), entrée libre. Audio guide en français disponible sur www.visitcyprus.com.

La date de sa fondation n'est pas connue, mais il tient son nom de l'église érigée à l'emplacement de la tombe de saint Jean l'Illuminateur. Mais c'est d'abord le complexe monastique lui-même qui vaut le détour : il est constitué de trois églises, sous la même imposante charpente en bois érigée entre le XVe et le XVIIIe s : Agios Herakleidios, une chapelle « latine » et Agios Ioannis Lampadistis. Les plus anciennes peintures murales se trouvent dans l'église Agios Herakleidios : elles datent des XIIIe et XIVe s. et remontent jusqu'aux XIe et XIIe s. dans l'abside. Sur le pilier nord supportant le dôme, on remarquera la très rare représentation d'une scène biblique avec le saint Suaire. Les peintures du narthex appartiennent à une période plus tardive, puisqu'elles ont été réalisées par un artiste originaire de Constantinople réfugié à Chypre lors de la prise de la capitale byzantine par les Ottomans (1453). Le travail du bois est également remarquable : le templon, séparant les laïcs dans la nef des prêtres préparant les sacrements sur l'autel, est le plus ancien de Chypre. Il est orné de blasons figurant des animaux tels que le lion des Lusignan et l'aigle byzantine, ainsi que des armoiries des divers chevaliers latins. Les peintures de la chapelle « latine » sont quant à elles pour certaines de véritables fresques. Réalisées aux alentours de 1500, elles combinent effectivement les techniques et styles de la Renaissance italienne avec la tradition byzantine.

© KIRILL_MAKAROV - SHUTTERSTOCK.COM

CASALE PANAYIOTIS €€€

80, Markou Drakou ✆ +357 22 95 24 44
www.casalepanayiotis.com

42 chambres à partir de 150 €, petit déjeuner inclus. Accessible aux personnes à mobilité réduite.

Avec son spa et ses trois restaurants, c'est l'offre la plus luxueuse en matière d'hébergement dans la vallée de la Marathasa. Implantées dans quatre maisons traditionnelles rénovées avec soin, les chambres sont élégantes, spacieuses et bien équipées (cheminée pour certaines). On appréciera l'harmonieux mélange d'ancien et de moderne, les meubles en bois sculpté, les rideaux travaillés à la main. Et surtout, il y a de la confiture maison au petit déjeuner. Une des meilleures adresses de l'île. Activités à proximité, notamment 10 circuits de randonnée balisés.

MYLIKOURI

Mylikouri est un village de 30 habitants construit dans la zone montagneuse de Troodos à une altitude de 800 mètres. Administrativement, il dépend de Nicosie, mais il appartient à la région géographique de Marathasa. Religieusement, cependant, Mylikouri appartient à la métropole de Kykkos et Tillyrias. En effet, le village est construit près du monastère de Panagia Kykkos et c'est généralement pour cette raison que l'on y passe. Le monastère de Kykkos (Ιερά Μονή Κύκκου) est situé à 1 200 m d'altitude, à 6,5 km au nord-ouest de Mylikouri. L'isolement est réel. On aperçoit parfois des mouflons, et on produit une *zivania* (alcool local) réputée. Possibilité d'hébergement en guesthouse (demander aux habitants).

KAMBOS

Kambos (Κάμπος), 400 habitants, est complètement isolé dans la forêt de Paphos entre le monastère de Kykkos et la zone tampon (à 17 km au nord). Kambos n'attire que peu de touristes. Le village marque l'entrée de la vallée de la Tylliria et de la baie de Morfou (occupée par la Turquie). On y trouve un petit musée consacré à l'activité forestière (www.kambos-museum.org). On peut dormir au Country House Petsas (✆ +357 26 62 17 00). La route qui descend vers le nord permet d'arriver à Kato Pyrgos, seul point de passage vers la zone occupée sur la côte nord. Ligne directe de Nicosie (ΒΑΔ01) depuis la gare routière de Solomou. Renseignements : ✆ +357 77 77 77 55, www.osel.com.cy.

RÉGION DE TROODOS

MONASTÈRE PANAGIA TOU KYKKOU ★

✆ +357 22 94 27 36
www.kykkos-museum.cy.net
Tous les jours 10h-16h en hiver (18h en été). Musée 5 €. Audioguide en français sur visitcyprus.com.

Dédié à l'icône de la Vierge de Kykkos *(Panagia tou Kykkou)*, l'ensemble de ce lieu exprime la richesse et le pouvoir de l'Église orthodoxe de Chypre : de l'or, des mosaïques, des sculptures, des peintures… qui pour la plupart datent des années 1990. La partie la plus ancienne remonte au XVIIIe s. Il s'agit du katholikon, l'église principale. A nef unique et surmontée d'une coupole, il abrite la fameuse icône de la Vierge, soi-disant peinte par saint Luc, et un somptueux mobilier. L'iconostase, finement sculptée, date de 1850. A droite de l'icône de la Vierge, se trouve un rostre d'espadon, offrande d'un marin qui fut sauvé, paraît-il, en invoquant la Vierge. Autre loufoquerie : une main desséchée : c'est, dit-on, celle d'un homme qui voulut allumer sa cigarette avec un des cierges de l'église et qui se gangréna… Dans la cour, se trouve la statue de Makarios III (1913-1977), archevêque et premier président de la République chypriote. En 2008, suite à un acte de vandalisme, cette statue de marbre a été retirée de l'archevêché de Nicosie pour être installée ici. C'est la statue de Makarios la plus haute de l'île et la plus célèbre (des copies en réduction sont à vendre un peu partout dans le pays). Elle fut élevée à l'instigation de l'archevêque actuel Chrysostomos II. Enfin, le musée abrite les dons des diverses églises orthodoxes et de riches mécènes, principalement des objets liturgiques (ivoires, vêtements, croix sculptées, etc.), dont certains ont plus de 900 ans.

TOMBEAU DE L'ARCHEVÊQUE MAKARIOS III ★

2,5 km à l'ouest du monastère, par un sentier.
Accès libre.

La colline d'où Makarios regarde son peuple pour l'éternité accueille une petite chapelle contemporaine dédiée à la Vierge que l'on invoque dans les périodes de sécheresse. La visite vaut autant pour le panorama que pour la chapelle elle-même. Les 7 et 8 septembre a lieu une procession annuelle présentant la sainte icône et les prières s'adressent à la Vierge afin d'obtenir un hiver pluvieux. Le tombeau de Mgr Makarios, tout proche en descendant un peu, est un des sites les plus visités de l'île. Les touristes, mais aussi tous les Chypriotes, défilent devant cette sépulture que Makarios a voulue simple, perchée sur les montagnes pour contempler son île. L'inscription dit : « De cette montagne, je pourrai voir ce pays et ce peuple que j'ai tant aimés. » Le regard porte en effet très loin, pratiquement jusqu'à Paphos. En redescendant vers Kykkos, la vue plonge sur la baie de Morfou, distante à vol d'oiseau d'une quinzaine de kilomètres. Après la mort de Makarios, son corps fut exposé à Nicosie avant de prendre la route de Kykkos. Toute l'île ou presque fit cortège pour accompagner l'archevêque jusqu'à son tombeau. Le chemin jusqu'à ce lieu privilégié n'existait pas : il fut aménagé d'année en année pour permettre aux visiteurs de plus en plus nombreux d'y accéder facilement. L'endroit est gardé jour et nuit : un soldat en armes (ils étaient deux auparavant), immobile et hiératique, veille sur la sépulture du grand homme. La relève a lieu chaque demi-heure.

Monastère de Kykkos.

© KIRILL_MAKAROV - SHUTTERSTOCK.COM

Omodos.

OMODOS ★★

Omodos (Όμοδος), 320 habitants, accueille en été des cars d'excursion qui y déversent chaque jour des centaines de touristes. Il est devenu l'un des villages les plus fréquentés de Chypre. Venant pour la plupart passer quelques heures, les groupes se massent dans les ruelles étroites, les boutiques de souvenirs et dans le cloître du monastère Timios Stavros. Omodos possède plusieurs atouts : sa proximité avec Limassol (35 min), sa production viticole (Omodos fait partie des quatorze villages de l'appellation commandaria et compte sept caves), une tradition d'artisanat et un patrimoine médiéval relativement bien préservé, avec notamment sa belle place centrale rectangulaire (plateia Tyllirias) devant le monastère. Au XIVe siècle, Omodos fut le fief du puissant seigneur franc Jean de Brie, futur prince de Galilée, qui s'illustra en 1362 dans la défense de Chypre contre les Ottomans. Le village compte ainsi de belles maisons traditionnelles récemment restaurées et pas moins de huit petits musées : le Centre de sauvegarde de la dentelle, un musée folklorique, la maison Sokratous, une petite galerie d'art, une exposition permanente de photographies anciennes du village, le monastère hébergeant le musée de la Lutte pour l'indépendance et deux musées d'art religieux. Profitant à plein de ce tourisme d'excursion à la journée, Omodos dispose d'une dizaine de restaurants (de qualité moyenne). L'offre d'hébergement est en revanche peu développée. Liaisons directes avec Limassol depuis la gare routière de Leontiou avec la compagnie EMEL (ligne n° 40). Renseignements : ✆ +357 77 77 81 21, www.limassolbuses.com.

MAISON SOKRATOUS ET MUSÉE DU VIN ★

Linos

✆ +357 25 42 24 53

Tous les jours 9h30-17h (19h en été). Gratuit. Dégustation gratuite et vente de vins maison.

De nombreuses maisons ont été préservées et rénovées par les familles du village. Ouverte aux visiteurs depuis 1987, elle a été rénovée par Socrates Sokratous et sa famille. La bâtisse compte aujourd'hui dix pièces, où sont reconstitués des intérieurs traditionnels avec une multitude d'objets anciens. Dans le cellier, on évoque la fabrication du vin, et notamment le foulage traditionnel aux pieds nus. C'est là que trône le grand pressoir datant, paraît-il, de l'époque des Lusignan.

CAVE À VIN OLYMPUS ETKO

Route Omodos-Platres

✆ +357 25 42 23 80

www.etkowines.com

Tous les jours sauf dimanche 9h-20h, samedi 9h-13h30, sur RDV. Bouteilles à partir de 10 €.

Il ne s'agit plus ici à proprement parler d'une « cave » ou d'un « château », mais bien d'une véritable usine à vin, la plus vaste et sans doute la plus moderne du pays. Le site appartient à ETKO (l'une des quatre grandes marques d'alcools chypriotes), qui concentre toute sa production de vin à Omodos depuis 2003. Ici, les cuves isothermes peuvent contenir l'équivalent de 2 millions de bouteilles de vin… Mais ça vaut le coup de visiter. Certaines de ses bouteilles continuent d'être saluées par les œnologues, notamment son Saint Nicholas Commandaria.

Presse à vin, Omodos.

MONASTÈRE DE TIMIOS STAVROS ★★

Plateia Tyllirias
✆ +357 25 42 28 33
Tous les jours 9h30-16h, jusqu'à 19h en été. Gratuit.

Autoproclamé « plus ancien monastère de Chypre » et situé en plein centre d'Omodos, le monastère de la Sainte-Croix (*Timios Stavros*) été entièrement reconstruit au XIXe s. Il n'abrite plus de moines depuis 1917. En partie ceinturée par un cloître à deux étages d'arcades, l'ancienne chapelle a été transformée en église paroissiale où sont quotidiennement célébrés les offices. On notera sa charpente en bois tantôt brut, tantôt sculpté, et son toit en pierre taillée. La légende veut que le monastère ait été fondé vers l'an 200, avant l'arrivée de sainte Hélène à Chypre en 327. C'est bien sûr complètement improbable : le monachisme chrétien est d'abord le fait d'ermites isolés, les premières communautés de moines n'apparaissant que vers 350 en Egypte. La date exacte de création du site reste inconnue, mais serait bien plus tardive, sans doute entre le XIIe et le XIVe s. Il est en tout cas très rare dans la tradition byzantine qu'un village ait été construit autour d'un monastère. Toujours est-il que Timios Stavros doit davantage sa réputation aux reliques qu'il renferme qu'à sa prétendue antériorité. Il est en effet supposé posséder le crâne de l'apôtre Philippe (transféré à Chypre après le sac de Constantinople par les croisés en 1204), une partie de la sainte Croix sur laquelle est mort le Christ et qui donne son nom au site et, surtout, un morceau de la sainte Corde (appelée aussi saint Chanvre, *Agios Kannavos* en grec) avec laquelle Jésus aurait été attaché sur la croix. L'authenticité et même la présence de ces reliques sont bien entendu sujettes à caution, en particulier concernant saint Philippe. Alors que de nombreux sites religieux à Chypre et en Méditerranée disent posséder eux aussi des restes de la sainte Croix, le monastère d'Odomos serait le seul au monde à détenir encore une relique de la sainte Corde. Découvert par sainte Hélène (mère de Constantin, premier empereur chrétien) à Jérusalem au début du IVe s., ce morceau de chanvre tressé porterait, dit-on, les traces rouges du sang du Christ. Les miracles qui sont attribués à ces reliques ont largement contribué au rayonnement de Timios Stavros dans le monde orthodoxe. Le monastère a ainsi reçu de nombreuses offrandes au cours de son histoire. Une partie d'entre elles sont désormais exposées au sein des deux petits musées d'art religieux que compte le monastère dont l'un abritant les plus anciennes sculptures de bois et icônes du monastère (du XVe au XIXe s.).

ARSOS ★★

Arsos (Άρσος), 190 habitants, est situé sur un flanc du mont Laona (772 m d'altitude). Plus important village viticole de Chypre, il attire nombre de touristes venus de Limassol et de Paphos. Les vignerons y produisent un vin rouge conservé dans de grands pots de terre appelés *pitharia*. Construit tout en pente (on y arrive forcément d'en haut), Arsos se distingue par son habitat concentré, ses ruelles étroites et ses maisons traditionnelles. Très élégantes, elles sont rectangulaires, édifiées sur deux niveaux en pierre, blanchies à la chaux et couvertes de toits en tuile. La plupart conservent d'anciennes presses à raisin, parfois encore utilisées. Il y a quelques décennies, la population atteignait facilement 2 000 âmes, mais dix fois moins aujourd'hui du fait de l'exode rural. La municipalité (http://arsos.org) s'efforce toutefois d'entretenir l'héritage culturel en organisant des festivités pour Pâques, des fêtes traditionnelles en juillet, le festival Xarkis (musique traditionnelle et contemporaine, http://xarkis.org) en août et la fête des palouzes (spécialité sucrée locale) fin septembre. Dans les environs, le village de Malia, perché au sommet d'une colline que couvrent des cultures de vigne en terrasse, est aujourd'hui un centre viticole important où KEO a des installations. Son petit minaret qui domine les vallées alentour témoigne de la présence d'une population chypriote turque avant 1974. Cette mosquée et les quelques maisons abandonnées apportent un peu de mélancolie à cette petite bourgade. Liaisons directes avec Limassol de la gare routière de Leontiou avec la compagnie EMEL (ligne n° 40).

MUSÉE FOLKLORIQUE ★

Plateia Apostolou Philippou
✆ +357 25 94 32 23
www.arsos.org
7h30-15h, samedi 15h-17h, dimanche 10h-12h. Gratuit (dons bienvenus).

Abrité dans une maison traditionnelle du XIXe s. au centre du village, ce petit musée gratuit vaut le détour et propose un aperçu des modes de vie traditionnels de la région ainsi que des outils, du mobilier et des ustensiles principalement utilisés dans la viticulture. Dans le genre, c'est un des plus intéressants de la région. En sortant, on pourra y suivre un parcours fléché (très bien indiqué) permettant de découvrir en longeant la rivière, six sources fontaines médiévales, un pressoir à olive et une chapelle de la même époque.

CORNARO HOUSE €

12, Agias Mariamnis
+357 25 35 88 36
7 studios et appartements. A partir de 50 € pour deux sans petit déjeuner, 75 € pour quatre.

En plein centre, à 100 m à l'est de l'église Apostolo Philippou, l'établissement porte un nom célèbre. Dernière reine de Chypre de 1474 à 1489, la Vénitienne Catherine Cornaro trouverait sans doute l'endroit un peu trop simple pour elle. N'empêche, la belle maison traditionnelle avec jardin qui porte aujourd'hui son nom ne manque ni de charme ni de confort. Les studios de 30 à 60 m² sont joliment rénovés avec salle de bains, coin cuisine, coin salon, wifi et clim. Possibilité de pension complète ou demi-pension. Accueil parfois en français.

TEA SHOP ARSOS

Plateia Apostolou Philippou
+357 96 57 92 81
http://arsosteashop.webs.com
Tous les jours 8h-21h.

Ce salon de thé sert du thé, mais pas seulement. Ici, on peut faire plein de choses et vraiment varier les plaisirs. Bien sûr, on peut prendre un petit déjeuner typiquement chypriote, boire des infusions et acheter des herbes locales, des vins bio et, évidemment, les spécialités sucrées de la région, le *soujouko* et la *pelouze*, tous deux à base de moût de raisin. Cette sympathique boutique a aussi la bonne idée de proposer des soirées musicales, des visites guidées gratuites du village (13h30-16h) et des randonnées gourmandes.

PYRKOS TAVERN €€

Vasa Kilaniou
+357 25 94 26 55
www.pyrkostavern.com
Tous les jours sauf jeudi 12h-15h, 19h-23h. Compter 15 €/personne.

Une bonne adresse bien connue dans la région pour sa très belle terrasse et ses spécialités de grillades. On y sert notamment de très généreuses brochettes (*souvla*) accompagnées de pommes de terre confites au four. Le mezzé est vraiment pas mal aussi avec des boulettes de viande, des feuilles de vigne farcies, de petites salades, hommous… Le vin maison est tout à fait acceptable et le *mahalepi* est offert en dessert. Autre bonne taverne à Vasa Kilaniou : Ariadni, après le premier grand virage à la sortie du village en direction d'Omodos.

CAVE À VIN DE VASA - DOMAINE ARGYRIDES

Vasa Kilianou
+357 25 94 59 99
www.vasawinery.com
Visites en anglais sur rendez-vous (et généralement en groupe) lundi-vendredi 10h-14h, samedi 10h-12h.

L'exploitation est gérée par la famille Argyrides depuis quatre générations. Dans ce bâtiment en pierre rénové en 1999 ne sont produites que 18 000 bouteilles par an. La cave de Vasa est située dans la région viticole de Laona, une des quatre zones à bénéficier d'une appellation d'origine protégée (AOP). Les vignes s'étalant entre 800 et 1 100 m d'altitude se répartissent entre cabernet sauvignon, chardonnay, merlot et les cépages locaux *mataro* et *maratheftiko*.

Arsos.

RÉGION DE TROODOS

KILANI ★

Kilani (Κοιλάνι, ou « Koilani »), 210 habitants, est un très beau village. Secret, peu fréquenté, car concurrencé par Omodos tout proche, il fut peuplé de plus de mille habitants dans les années 1960. Pittoresque et calme, il y règne une atmosphère méditerranéenne qui fait oublier le temps. L'église est modeste, mais jolie, au bout d'une ruelle, dans un site charmant. Le village servit naguère de résidence pour l'archevêque de Limassol. Près du haut platane, en bord de rivière, la chapelle d'Agia Mavri (XVe siècle) est dédiée à la Vierge Noire. Une liaison directe vers Limassol de la gare routière avec la compagnie EMEL (ligne n° 62). Renseignements : www.limassolbuses.com.

MUSÉE ECCLÉSIASTIQUE DE KILANI ★

✆ +357 25 47 10 08

Tous les jours 9h-17h. Gratuit.

Dans le centre du village, derrière l'église de Panagia Eleoussa. Créé par l'archevêché de Limassol en 1987, ce petit musée de 2 salles regroupe des objets de culte et icônes de différentes églises abandonnées de la région, certains remontant au XIVe s. Pour la petite histoire, six évêques de Limassol résidèrent à Kilani entre le XVIe et le XVIIe s., ce qui explique la bonne tenue de ce petit musée. Le village compte également un musée du vin (*✆ +357 25 43 30 31*).

CAVE À VIN AGIA MAVRI

8, Archimandriti Kyprianou

✆ +357 25 47 02 25

www.ayiamavriwinery.com/?lang=en

Tous les jours sur RDV, 9h30-18h en été, 10h-17h en hiver.

Cette exploitation familiale possède 5 ha à 1 100 m d'altitude et produit 50 000 bouteilles/an en achetant les récoltes de vignerons des environs. Outre les cépages locaux (*mavro* et *xynisteri*), les vins, dont un muscat, sont produits à partir de cabernet, grenache, *mataro*, riesling, chardonnay et carignan. Ses 900 mètres d'altitude, son climat et son terroir sont idéals pour la production de vin. La plantation de vignes remonte à des centaines d'années dans cette région. Jusqu'à récemment, chaque logement à Koilani abritait une petite cave avec son propriétaire.

VOUNI ★★

Vouni (Βουνί), 140 habitants, a été préservé par l'obligation de n'utiliser que des matériaux traditionnels pour construire ou restaurer les maisons. Résultat, les habitations, toutes de pierre presque jaune, sont homogènes. Vouni est connu pour son sanctuaire des ânes chypriotes. Pour rentrer à Limassol de Vouni, on peut emprunter la route qui traverse Kivides, Souni et arrive à Episkopi. Les panoramas sur la baie d'Episkopi, la plage de Kourion et le lac salé d'Akrotiri sont superbes. Des liaisons avec Limassol depuis la gare routière avec la compagnie EMEL (ligne n° 40). Horaires et renseignements : www.limassolbuses.com.

LOFOU ★★

Lofou (Λόφου), 50 habitants, l'un des plus beaux villages du Troodos, s'étale sur deux collines. Son nom, qui vient de λόφους/*lofous* (« collines » en grec), rappelle que le lieu servit de refuge au Moyen Âge aux habitants de la côte face aux raids arabes puis aux invasions ottomanes. La plus ancienne partie est constituée de petites maisons de pierre et de ruelles pavées. Particularité : on compte ici plus de 70 citernes – plus que d'habitants – qui permettaient de recueillir l'eau de pluie. L'église principale date du XIXe siècle. Proche de Limassol, Lofou attire les touristes et propose plusieurs chambres d'hôtes et tavernes, plutôt axées agrotourisme. Dans les environs, le village de Monagri (à 10 km à l'ouest via Agios Georgios, 170 hab.), est, lui aussi, superbe avec ses rues étroites et ses maisons traditionnelles groupées autour d'une église du XVe siècle. On fera aussi un détour par le monastère Archangelos Mihail (entrée libre 7h-19h, 7h-18h en hiver). En poursuivant vers Platres, le village de Lania (à 14 km à l'ouest via Monagri, 280 hab.) est également agréable à parcourir avec ses rues étroites et fleuries, ses superbes portes en bois et ses grandes jarres pour le vin. Enfin, Liminatis (à 28 km à l'est via Alassa et le lac artificiel de Kouris, 300 hab.) est la capitale des amandes. Les amandiers l'entourent et nombreuses sont les familles qui vivent encore de cette culture. Pour y aller, des départs de Limassol avec la compagnie EMEL (ligne n° 40, ✆ +357 77 77 81 21, www.limassolbuses.com).

APOKRYFO €€€

Sur la colline nord, à l'est.
✆ +357 25 81 37 77
www.apokryfo.com
A partir de 150 € pour deux avec petit déjeuner. Restaurant : 12h-22h, brunch le dimanche, environ 30 €/personne.

Situé dans une belle maison en pierre, cet hôtel de luxe doté d'une piscine a été ouvert en 2008 par l'architecte Vakis Hadjikyriajou et sa femme Diana, une designeuse britannique. Chaque appartement ou maison est décoré avec soin selon un thème particulier : olive, amande, noix, etc. Conçu comme une suite, chacun offre cuisine, wifi, peignoirs, etc. L'établissement dispose aussi d'un centre spa (hammam, sauna, bain bouillonnant, massages), d'une salle de conférence, d'une cave à vin et d'un bon restaurant ouvert aux non-clients de l'hôtel.

KAMARES €€

Sur la colline nord, en plein centre du village.
✆ +357 25 47 07 19
Mardi-samedi 12h-22h, menu mezzé à 20 €.

Malgré son décor trop typique pour être honnête et ses clients venus en masse de Limassol, cette taverne sert pourtant une bonne cuisine à la fois traditionnelle et inventive : pita fourrée au fromage et à la tomate, *halloumi* frit servi avec une sauce au miel de caroube, ravioli aux épinards et au fromage, porc au vin rouge, agneau mijoté, etc. Dans le village, on peut également aller dans les tavernes Kazani et Agrovino qui, comme Kamares, ont reçu le certificat Vakhis décerné par l'office de tourisme pour leur cuisine traditionnelle.

LOUVARAS ★

Louvaras (Λουβαράς), 360 habitants, est célèbre pour son église Agios Mamas décorée par le grand peintre du Moyen Âge Philippe Goul. C'est aussi un bon point de départ pour explorer les villages des environs. Le village de Kalo Chorio, réputé pour ses vins, compte deux églises : Agios Georgios (1768) qui renferme quelques jolies icônes, et Agia Marina, dans le centre, qui abrite une iconostase très colorée datant de 1900. Le village de Zoopigi (4,5 km au nord via Kalo Chorio) jouit d'une jolie vue sur la plaine, vers Limassol et la côte. Des liaisons directes avec Limassol de la gare routière de Leontiou avec la compagnie EMEL (ligne n° 50). Renseignements : www.limassolbuses.co

ÉGLISE AGIOS MAMAS ★★★

✆ +357 99 31 88 32
Clé à demander au prêtre ou à la mairie aux numéros indiqués ci-dessus.

L'église se trouve dans le vieux quartier, à 600 m à l'est du centre du village, et il ne faut surtout pas la manquer. Depuis 2002, l'église Saint-Mammès (*Agios Mamas* ou *Agios Mamantos*) est en effet inscrite sur la liste indicative de l'Unesco en vue de rejoindre les dix autres églises peintes du Troodos déjà classées au Patrimoine mondial de l'humanité. Ce serait dommage de se priver d'une si jolie visite. Et intéressante. Sa valeur historique tient surtout à la qualité de ses peintures murales signées par Philippe Goul. Là encore, comme à Palaichori ou Stavros tou Agiasmati, l'artiste a fait preuve d'une imagination débordante, sachant en outre parfaitement se renouveler tout en peignant à peu près (voire parfois exactement) les mêmes scènes. Outre la présentation, facilement identifiable, d'Agios Mamas chevauchant un lion, on notera la présence de deux scènes de l'Annonciation qui peuvent faire penser qu'elles ne sont pas de la même main. Il faut savoir que saint Mammès, dont le nom signifie « celui qui a été allaité », est un personnage célèbre dans l'Orient chrétien, ayant vécu à Césarée de Cappadoce (aujourd'hui appelé Kayseri et actuellement en Turquie) au IVe siècle. L'imagerie est célèbre. Orphelin, notre personnage se nourrissait du lait des biches et des chèvres dont il faisait du fromage. Il apprivoisait même les bêtes et les fauves. Les ours, les lions et les tigres le suivaient comme des moutons suivent leur berger. Célébré de l'Espagne au Liban en passant par la France (pour information, une commune de Seine-et-Marne porte même son nom), il est parfois considéré comme le protecteur de Chypre. En tout cas, la légende entourant sa vie est ici assez différente de la version originale. À Chypre, il s'agissait d'un ermite vivant pauvrement et refusant de payer l'impôt. Établi dans la région de Morfou (aujourd'hui Güzelyurt, dans la partie occupée par la Turquie), il sauva un agneau attaqué par un lion et parada dans la ville en chevauchant le félin. Sa bravoure lui valu d'être exempté d'impôt. La représentation de saint Mammès sur le dos du lion est très courante dans les lieux de culte chypriotes, notamment dans les vingt-cinq églises et monastères qui sont consacrés au saint à travers l'île. Quant à la présence du lion à Chypre, il peut s'agir d'une pure invention, d'une métaphore de la bête à laquelle les premiers chrétiens étaient jetés soit, effectivement, quelques lions amenés d'Égypte (avec laquelle Chypre entretenait des relations soutenues) qui seraient retournés à l'état sauvage.

NICOSIE

Bienvenue dans une ville capitale ! Vue du ciel, la vieille Nicosie, « intra-muros », brille comme une étoile à onze branches. C'est de loin l'ensemble urbain le plus intéressant de Chypre et, de part et d'autre de la ligne verte, on se prend à rêver d'une Nicosie unifiée. Les quartiers anciens du Sud comme du Nord sont superbes. En attendant une éventuelle réunification, les deux côtés vivent déjà ensemble, ou du moins côte à côte. Depuis l'occupation de la partie Nord par l'armée turque en 1974, il n'a jamais été aussi simple de passer d'un côté à l'autre. Sur les neuf points de passage ouverts à ce jour, celui de la rue Ledra est clairement le plus touristique. On dort au Nord et on mange au Sud, et inversement. Il suffit de montrer une pièce d'identité pour passer de part et d'autre, à n'importe quelle heure.

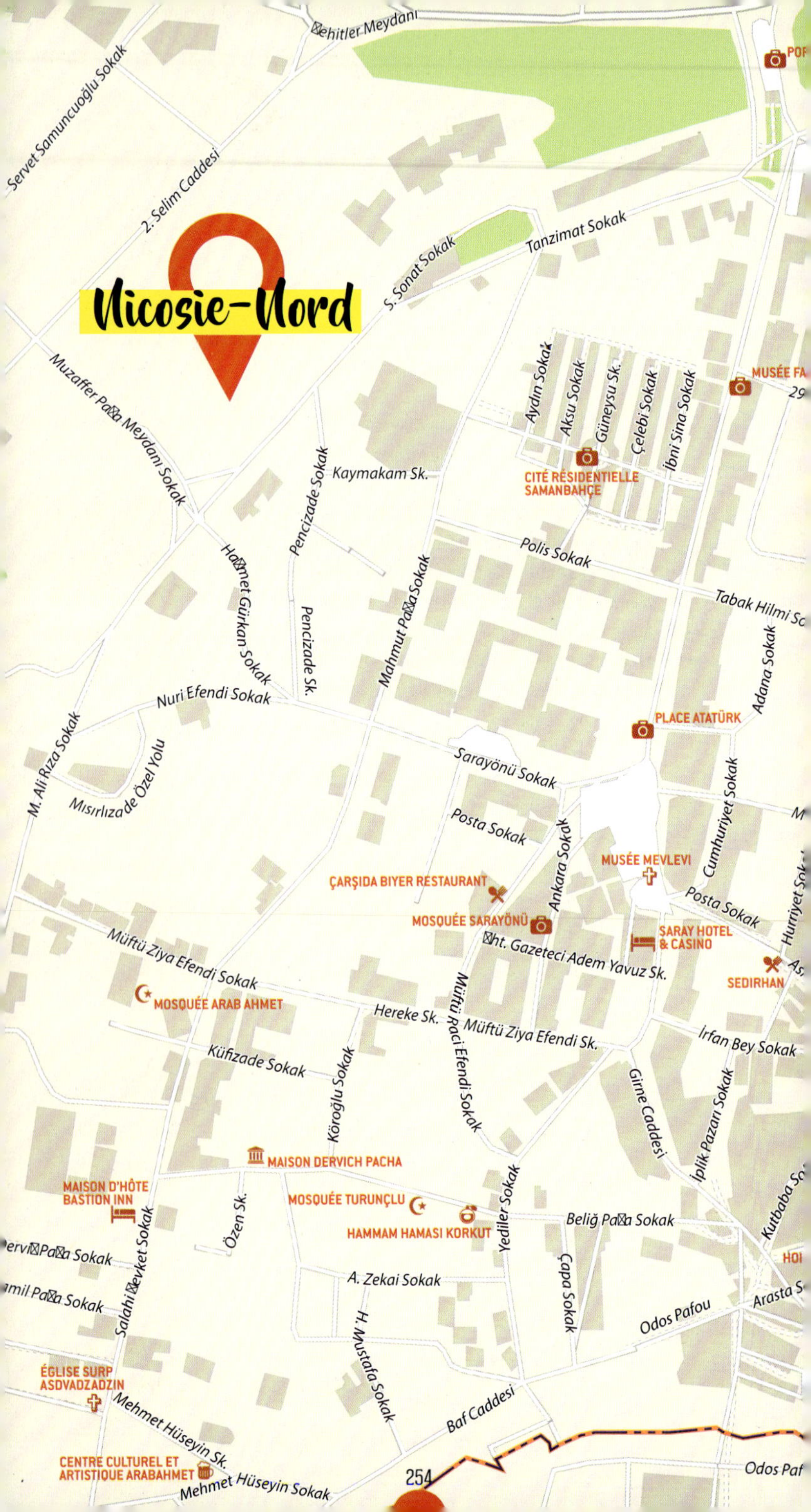

Nicosie-Nord
□ehitler Meydanı
Servet Samuncuoğlu Sokak
2. Selim Caddesi
Tanzimat Sokak
S. Sonat Sokak
Muzaffer Pa□a Meydanı Sokak
Aydın Sokak
Aksu Sokak
Güneysu Sk.
Çelebi Sokak
İbni Sina Sokak
MUSÉE FA
29
CITÉ RÉSIDENTIELLE SAMANBAHÇE
Kaymakam Sk.
Pencizade Sokak
Polis Sokak
Tabak Hilmi So
Ha□met Gürkan Sokak
Pencizade Sk.
Mahmut Pa□a Sokak
Adana Sokak
Nuri Efendi Sokak
PLACE ATATÜRK
M. Ali Rıza Sokak
Mısırlızade Özel Yolu
Sarayönü Sokak
Cumhuriyet Sokak
Posta Sokak
Ankara Sokak
MUSÉE MEVLEVI
ÇARŞIDA BIYER RESTAURANT
Posta Sokak
Hurriyet Sokak
MOSQUÉE SARAYÖNÜ
SARAY HOTEL & CASINO
□ht. Gazeteci Adem Yavuz Sk.
SEDIRHAN
Müftü Ziya Efendi Sokak
MOSQUÉE ARAB AHMET
Hereke Sk.
Müftü Ziya Efendi Sk.
Müftü Raci Efendi Sokak
İrfan Bey Sokak
Küfizade Sokak
Köroğlu Sokak
Girne Caddesi
İplik Pazarı Sokak
MAISON DERVICH PACHA
Kutbaba So
MAISON D'HÔTE BASTION INN
MOSQUÉE TURUNÇLU
HAMMAM HAMASI KORKUT
Yediler Sokak
Beliğ Pa□a Sokak
Özen Sk.
Dervi□ Pa□a Sokak
Salahi □evket Sokak
A. Zekai Sokak
Çapa Sokak
Arasta S
amil Pa□a Sokak
Odos Pafou
H. Mustafa Sokak
ÉGLISE SURP ASDVADZADZIN
Mehmet Hüseyin Sk.
Baf Caddesi
CENTRE CULTUREL ET ARTISTIQUE ARABAHMET
Mehmet Hüseyin Sokak
Odos Paf

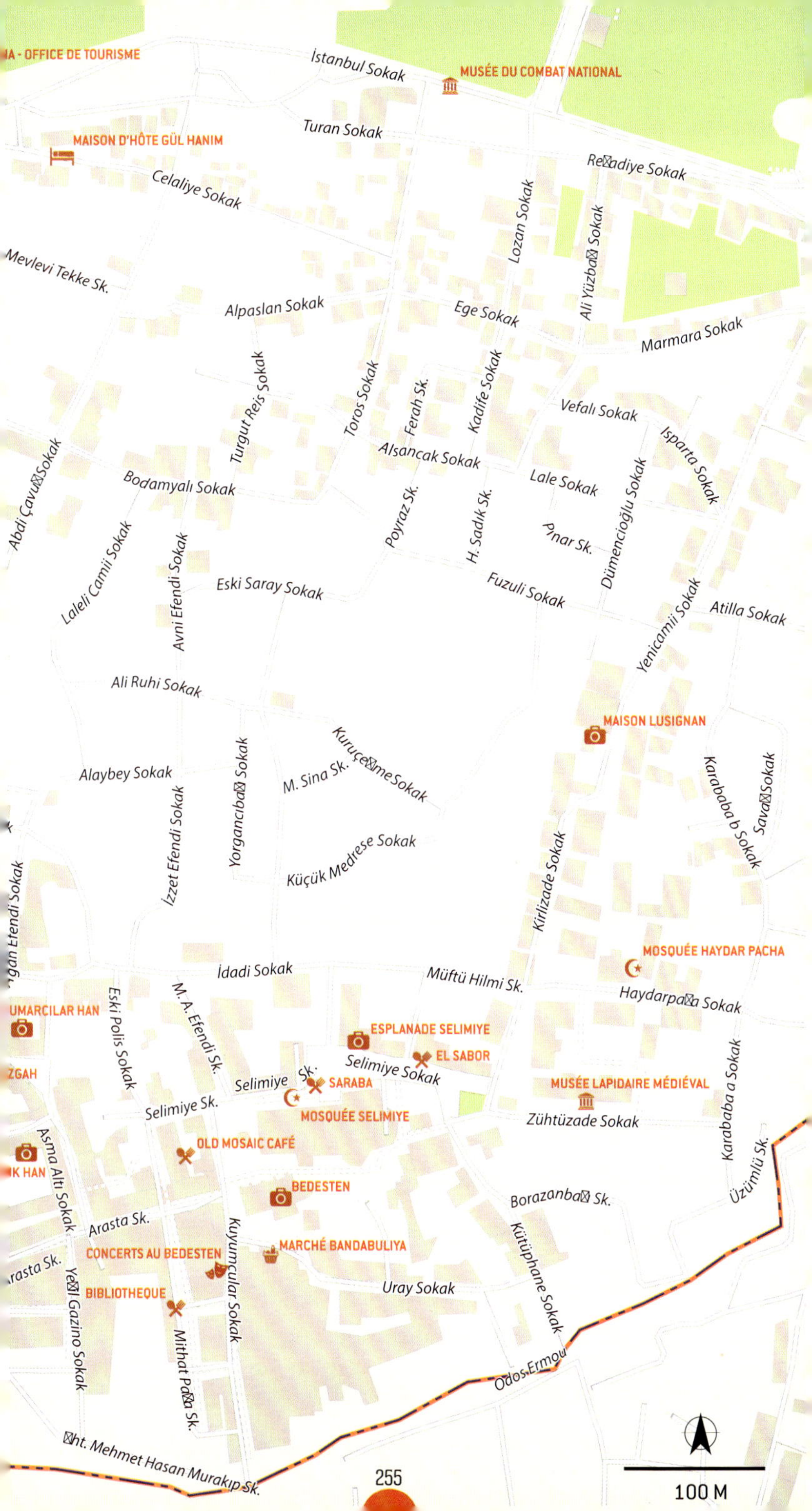

OFFICE DE TOURISME
MUSÉE DU COMBAT NATIONAL
MAISON D'HÔTE GÜL HANIM
MAISON LUSIGNAN
MOSQUÉE HAYDAR PACHA
ESPLANADE SELIMIYE
EL SABOR
SARABA
MOSQUÉE SELIMIYE
MUSÉE LAPIDAIRE MÉDIÉVAL
OLD MOSAIC CAFÉ
BEDESTEN
MARCHÉ BANDABULIYA
CONCERTS AU BEDESTEN
BIBLIOTHEQUE
İstanbul Sokak
Turan Sokak
Celaliye Sokak
Mevlevi Tekke Sk.
Alpaslan Sokak
Ege Sokak
Lozan Sokak
Marmara Sokak
Turgut Reis Sokak
Toros Sokak
Ferah Sk.
Kadife Sokak
Vefalı Sokak
Isparta Sokak
Alsancak Sokak
Lale Sokak
Dümencioğlu Sokak
Bodamyalı Sokak
Poyraz Sk.
H. Sadık Sk.
Pınar Sk.
Laleli Camii Sokak
Avni Efendi Sokak
Eski Saray Sokak
Fuzuli Sokak
Yenicamii Sokak
Atilla Sokak
Ali Ruhi Sokak
M. Sina Sk.
Alaybey Sokak
İzzet Efendi Sokak
Küçük Medrese Sokak
Kirlizade Sokak
İdadi Sokak
Müftü Hilmi Sk.
Eski Polis Sokak
M. A. Efendi Sk.
Selimiye Sk.
Selimiye Sokak
Zühtüzade Sokak
Asma Altı Sokak
Arasta Sk.
Kuyumcular Sokak
Uray Sokak
Kütüphane Sokak
Üzümlü Sk.
Odos Ermou
100 M

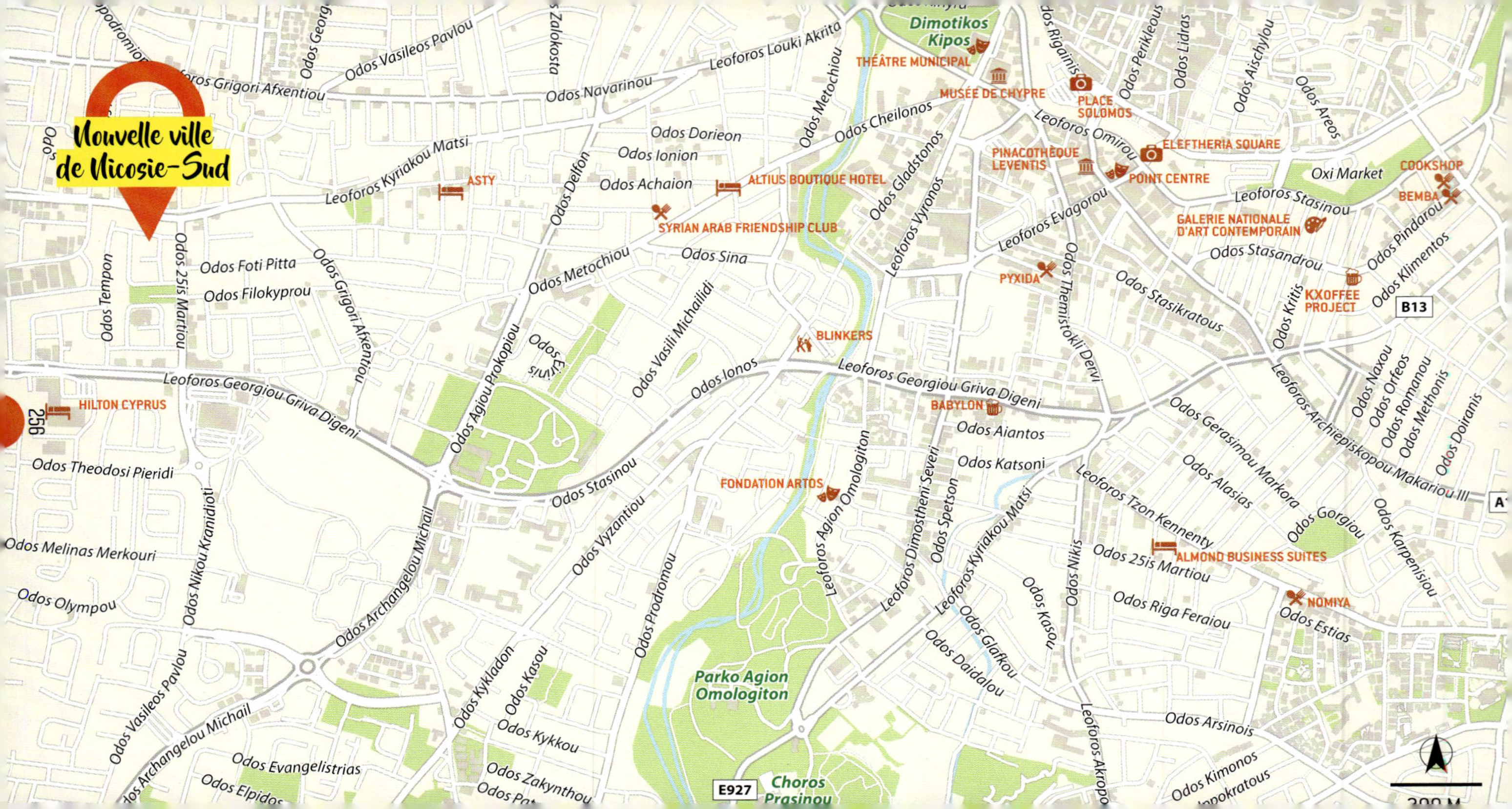

Nouvelle ville de Nicosie-Sud
Dimotikos Kipos
THÉÂTRE MUNICIPAL
MUSÉE DE CHYPRE
PLACE SOLOMOS
ELEFTHERIA SQUARE
PINACOTHÈQUE LEVENTIS
POINT CENTRE
Oxi Market
COOKSHOP
BEMBA
GALERIE NATIONALE D'ART CONTEMPORAIN
KXOFFEE PROJECT
PYXIDA
ASTY
ALTIUS BOUTIQUE HOTEL
SYRIAN ARAB FRIENDSHIP CLUB
BLINKERS
BABYLON
FONDATION ARTOS
ALMOND BUSINESS SUITES
NOMIYA
HILTON CYPRUS
Parko Agion Omologiton
Choros Prasinou
B13
E927
Leoforos Louki Akrita
Odos Vasileos Pavlou
Leoforos Grigori Afxentiou
Odos Navarinou
Zalokosta
Odos Metochiou
Odos Cheilonos
Odos Dorieon
Odos Ionion
Odos Achaion
Leoforos Kyriakou Matsi
Odos Delfon
Odos Tempon
Odos 25is Martiou
Odos Foti Pitta
Odos Filokyprou
Odos Grigori Afxentiou
Odos Sina
Odos Gladstonos
Leoforos Vyronos
Leoforos Evagorou
Leoforos Omirou
Odos Rigainis
Odos Perikleous
Odos Lidras
Odos Aischylou
Odos Areos
Leoforos Stasinou
Odos Stasandrou
Odos Pindarou
Odos Klimentos
Odos Kritis
Odos Stasikratous
Odos Themistokli Dervi
Odos Agiou Prokopiou
Odos Eirinis
Odos Vasili Michailidi
Odos Ionos
Leoforos Georgiou Griva Digeni
Odos Aiantos
Odos Katsoni
Odos Stasinou
Leoforos Agion Omologiton
Leoforos Dimostheni Severi
Odos Spetson
Leoforos Kyriakou Matsi
Leoforos Tzon Kennenty
Odos Gerasimou Markora
Odos Alasias
Leoforos Archiepiskopou Makariou III
Odos Naxou
Odos Orfeos
Odos Romanou
Odos Methonis
Odos Doiranis
Odos Gorgiou
Odos Karpenisiou
Odos 25is Martiou
Odos Riga Feraiou
Odos Estias
Odos Nikis
Odos Kasou
Odos Glafkou
Odos Daidalou
Odos Arsinois
Leoforos Akropo
Odos Kimonos
Odos Theodosi Pieridi
Odos Melinas Merkouri
Odos Olympou
Odos Nikou Kranidioti
Odos Archangelou Michail
Odos Vyzantiou
Odos Prodromou
Odos Kykladon
Odos Kasou
Odos Kykkou
Odos Zakynthou
Odos Evangelistrias
Odos Elpidos
Odos Vasileos Pavlou
Odos Archangelou Michail

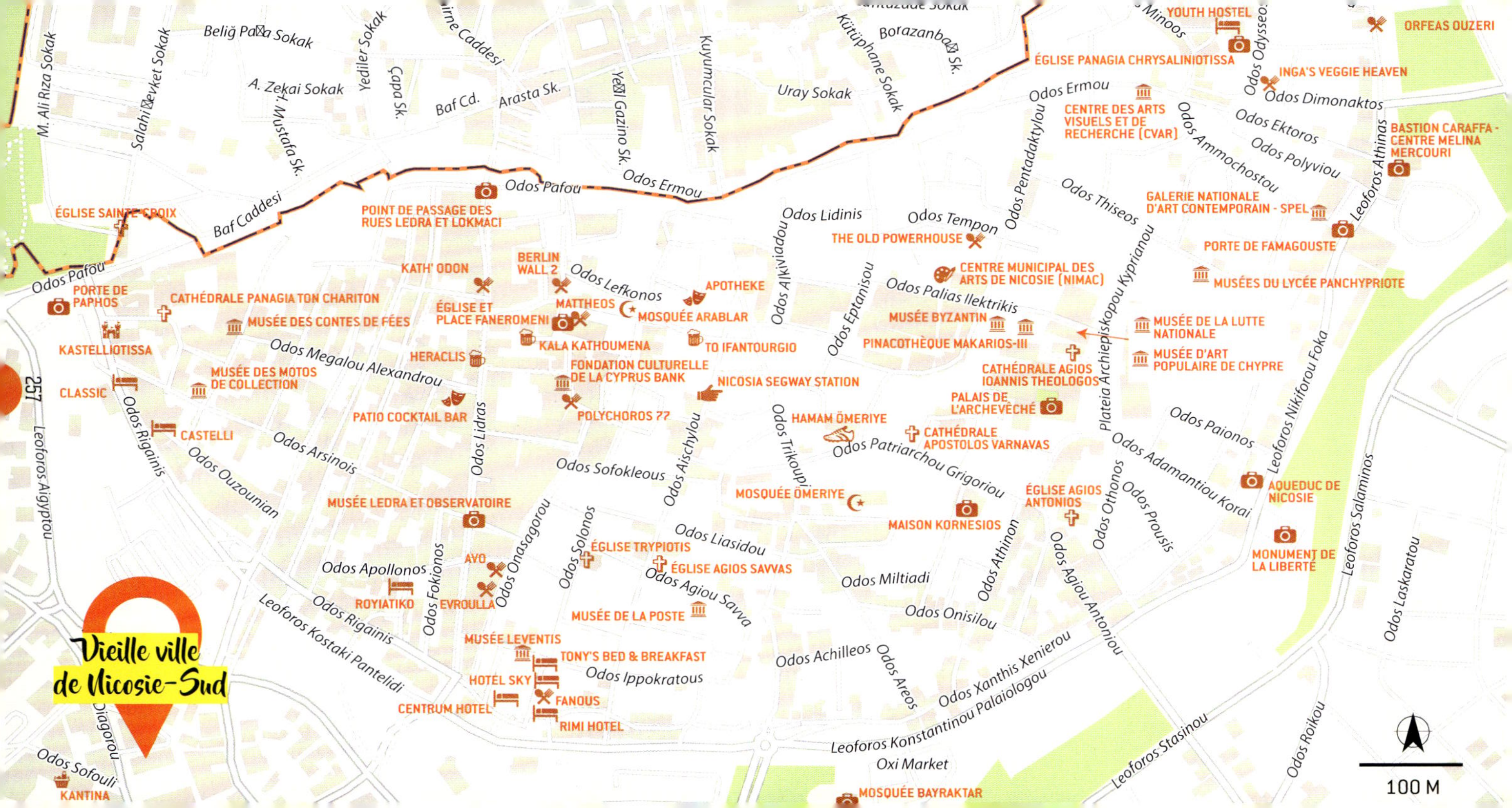
Vieille ville de Nicosie-Sud
100 M
YOUTH HOSTEL
ORFEAS OUZERI
ÉGLISE PANAGIA CHRYSALINIOTISSA
INGA'S VEGGIE HEAVEN
CENTRE DES ARTS VISUELS ET DE RECHERCHE (CVAR)
BASTION CARAFFA - CENTRE MELINA MERCOURI
GALERIE NATIONALE D'ART CONTEMPORAIN - SPEL
PORTE DE FAMAGOUSTE
MUSÉES DU LYCÉE PANCHYPRIOTE
THE OLD POWERHOUSE
CENTRE MUNICIPAL DES ARTS DE NICOSIE (NIMAC)
MUSÉE BYZANTIN
PINACOTHÈQUE MAKARIOS-III
MUSÉE DE LA LUTTE NATIONALE
MUSÉE D'ART POPULAIRE DE CHYPRE
CATHÉDRALE AGIOS IOANNIS THEOLOGOS
PALAIS DE L'ARCHEVÊCHÉ
CATHÉDRALE APOSTOLOS VARNAVAS
HAMAM ÖMERIYE
MOSQUÉE ÖMERIYE
MAISON KORNESIOS
ÉGLISE AGIOS ANTONIOS
AQUEDUC DE NICOSIE
MONUMENT DE LA LIBERTÉ
MOSQUÉE BAYRAKTAR
ÉGLISE SAINTE-CROIX
POINT DE PASSAGE DES RUES LEDRA ET LOKMACI
PORTE DE PAPHOS
KASTELLIOTISSA
CLASSIC
CASTELLI
CATHÉDRALE PANAGIA TON CHARITON
MUSÉE DES CONTES DE FÉES
MUSÉE DES MOTOS DE COLLECTION
KATH' ODON
BERLIN WALL 2
ÉGLISE ET PLACE FANEROMENI
MATTHEOS
MOSQUÉE ARABLAR
APOTHEKE
KALA KATHOUMENA
TO IFANTOURGIO
HERACLIS
FONDATION CULTURELLE DE LA CYPRUS BANK
NICOSIA SEGWAY STATION
PATIO COCKTAIL BAR
POLYCHOROS 77
MUSÉE LEDRA ET OBSERVATOIRE
ÉGLISE TRYPIOTIS
ÉGLISE AGIOS SAVVAS
AVO
EVROULLA
ROYIATIKO
MUSÉE DE LA POSTE
MUSÉE LEVENTIS
TONY'S BED & BREAKFAST
HOTEL SKY
FANOUS
CENTRUM HOTEL
RIMI HOTEL
KANTINA
M. Ali Riza Sokak
A. Zekai Sokak
H. Mustafa Sk.
Yediler Sokak
Çapa Sk.
Baf Cd.
Arasta Sk.
Kuyumcular Sokak
Kütüphane Sokak
Uray Sokak
Baf Caddesi
Odos Pafou
Odos Ermou
Odos Minoos
Odos Odysseos
Odos Dimonaktos
Odos Ektoros
Odos Polyviou
Odos Ammochostou
Leoforos Athinas
Odos Pentadaktylou
Odos Thiseos
Odos Lidinis
Odos Tempon
Odos Alkiviadou
Odos Eptanisou
Odos Palias Ilektrikis
Plateia Archiepiskopou Kyprianou
Leoforos Nikiforou Foka
Odos Paionos
Odos Adamantiou Korai
Odos Lefkonos
Odos Megalou Alexandrou
Odos Lidras
Odos Aischylou
Odos Trikoupi
Odos Patriarchou Grigoriou
Odos Othonos
Odos Prousis
Leoforos Salaminos
Odos Laskaratou
Odos Rigainis
Leoforos Aigyptou
Odos Arsinois
Odos Ouzounian
Odos Sofokleous
Odos Onasagorou
Odos Solonos
Odos Liasidou
Odos Agiou Savva
Odos Miltiadi
Odos Athinon
Odos Agiou Antoniou
Odos Onisilou
Odos Apollonos
Odos Fokionos
Leoforos Kostaki Pantelidi
Odos Ippokratous
Odos Achilleos
Odos Areos
Odos Xanthis Xenierou
Leoforos Konstantinou Palaiologou
Oxi Market
Leoforos Stasinou
Odos Roikou
Diagorou
Odos Sofouli

SE REPÉRER SE DÉPLACER

Se déplacer dans la vieille ville (4,5 km de circonférence) est une affaire de piétons. Les voitures y sont autorisées, mais les ruelles étroites, les sens uniques et les rues piétonnes ne facilitent pas la vie des conducteurs. Si les parkings publics sont quasi absents dans la partie Nord, ils sont nombreux dans la partie Sud, mieux organisée. Pour ce qui est des quartiers extérieurs de Nicosie, au sud et au nord, là, c'est le royaume des voitures. Dans la partie Nord, la ville ne s'est développée que sur environ 4 km autour des fortifications vénitiennes. Mais au sud, les faubourgs s'étendent jusqu'à 17 km depuis la place Eleftheria, avec un habitat souvent très dense et de grandes voies rapides. Heureusement, les transports en commun sont dans cette partie-là très bien conçus avec la rutilante flotte de bus bleus de la compagnie Cyprus Public Transport qui sillonne toute la banlieue sud avec clim', prises USB et réseau 5G.

AÉROPORT INTERNATIONAL ERCAN

Ercan Havaalanı Yolu ✆ +90 39 26 00 50 00
www.ercanairport.net
Liaisons en bus avec Nicosie-Nord, Girne/Kyrenia, Mağusa/Famagouste et Güzelyurt/Moprhou (voir kibhas.org).

Cet aéroport (Ercan Uluslararası Havalimanı) est le seul de la zone Nord de Chypre. Créé en 1975, il est installé sur une ancienne base britannique de la Seconde Guerre mondiale et porte le nom de l'officier turc Fehmi Ercan (1935-1974) tué lors de l'invasion. Il est bien équipé, mais son statut d'aéroport « international » n'est pas reconnu : tous les avions doivent transiter par la Turquie. Les habitants de la zone Nord utilisent davantage celui de Larnaka pour rejoindre l'Europe.

GARE ROUTIÈRE DE NICOSIE-NORD

Gazeteci Kemal Aşık Caddesi
www.lefkosabelediyesi.org/ulasim
Départs toutes les 10/20 minutes de 6h30 à 18h, toutes les heures de 18h à 21h – 8/14 TYR selon la distance.

Cette gare routière (Lefkoşa Otobüs Terminali) est la plus importante de la partie Nord. Elle permet de rejoindre Girne/Kyrenia, Gazimağusa/Famagouste, Güzelyurt/Morphou, Lefke/Lefka et des localités autour de Nicosie-Nord. Le service est assuré par plusieurs compagnies privées avec des *dolmuş* (minibus). Sur place, on trouvera les kiosques des différentes compagnies où acheter les billets. Plus près de la porte de Kyrenia, une autre gare routière (Itimat) dessert uniquement Famagouste.

KAPNOS AIRPORT SHUTTLE

Kyrenias
✆ +357 77 77 14 77
www.kapnosairportshuttle.com
Liaisons quotidiennes avec les aéroports de Larnaka (8 €) et de Paphos (15 €).

Le système de navettes entre l'aéroport de Larnaka et Nicosie fonctionne extrêmement bien. Il est fiable et peu onéreux. Cependant, il est davantage pensé pour les habitants que pour les touristes. En effet, la station de départ et d'arrivée à Nicosie se situe loin du centre-ville. Il faut donc prendre un taxi (10 €) ou un bus (ligne 121) pour rejoindre le centre. En revanche, les habitants, eux, n'ont qu'à laisser leur véhicule sur le grand parking situé juste à côté et à le reprendre à leur retour. Non loin se trouve le musée de la Police.

POINT DE PASSAGE D'AGIOS DOMETIOS-METEHAN

Andrea Kariou
✆ +357 22 61 40 00
unficyp.unmissions.org
24h/24 – les véhicules loués dans le Nord ne peuvent pas passer, ceux loués dans le Sud, si.

C'est le principal point de passage à travers la zone tampon (voitures, piétons, cyclistes). Créé en 2004, il est situé sur la commune d'Agios Dometios/Aydemet, dont le quartier de Kermia/Metehan est sous occupation turque. Il est officiellement appelé *Agios Dometios-Metehan Crossing Point* par l'Onu. Comme les assurances internationales pour les véhicules ne s'appliquent pas dans le Nord, il faut en prendre une nouvelle de l'autre côté (forfaits de quelques jours proposés sur place).

LES QUARTIERS DE NICOSIE

C'est un – joli – fait : la séparation de l'île et de Nicosie a eu pour effet de préserver le cœur historique de la capitale. Jusqu'à la création des points de passage du Ledra Palace en 2003 et de la rue Ledra en 2008, chacune des deux parties s'est développée en dehors du centre, l'une vers le nord, l'autre vers le sud. Aujourd'hui, si Nicosie-Nord est moins développée économiquement, elle est sans doute la plus riche en monuments historiques. De son côté, Nicosie-Sud est plus opulente en musées dignes des plus grandes capitales, mais aussi en hôtels, restaurants et magasins. On visite deux cités distinctes, et pourtant très facilement accessibles. C'est pourquoi, en attendant une – éventuelle – réunification politique prochaine, nous avons décidé d'intégrer la vieille ville de Nicosie-Nord à ce chapitre. Après tout, on dort au Nord et on mange au Sud, et inversement. Il suffit de montrer une pièce d'identité pour arpenter l'ensemble de la ville à n'importe quelle heure…

La Vieille Ville côté Sud

Dans cette ville circulaire de 4,8 km de diamètre, cernée de murs par les Vénitiens, il est facile de se repérer grâce à ses trois portes historiques et à ses onze bastions. Cinq des bastions sont dans la zone sous occupation turque, cinq dans la partie chypriote grecque et un partagé par la zone tampon. Deux des portes sont du côté grec, une seule du côté turc. Vous cernerez facilement les limites de la vieille ville de Nicosie-Sud d'ouest en est en suivant la porte de Paphos (juste à côté de la zone tampon), le bastion Tripoli (face au musée archéologique), le bastion D'Avila (sur lequel a été bâtie la mairie actuelle), le bastion Constanza, le bastion Podocataro, la porte de Famagouste (fermée à la circulation) et le bastion Flatro (situé en majeure partie dans la zone chypriote grecque, mais inaccessible).

À l'intérieur de l'enceinte fortifiée, quelques points de repère permettent de s'y retrouver rapidement. Le premier d'entre eux est évidemment la zone tampon qui coupe la ville en deux sur 2 kilomètres de long. Deuxième point de repère : le check-point de la rue Ledra, qui permet de passer dans la partie sous occupation turque directement depuis le centre-ville. La rue Ledra elle-même constitue le principal axe (nord-sud) piétonnier et commerçant, entre le check-point et la place Eleftheria (place de la « Liberté », entre les bastions Tripoli et d'Avila). Accessoirement, cette grande place fait aussi figure de principal point de passage entre la vieille ville et la ville moderne de Nicosie-Sud.

© PEETERV

Vue sur les parties Sud et Nord de Nicosie.

© ANDRCGS - ISTOCKPHOTO.COM
Nicosie.

La place Eleftheria permet en outre d'accéder à la rue Onasagorou, parallèle à la rue Ledra et elle aussi piétonne, qui redescend jusqu'à la place Faneromeni. C'est dans le rectangle Ledra-Eleftheria-Onasagorou-Faneromeni que se concentre l'essentiel de l'activité de la vieille ville. On pourra également retenir un autre repère : l'archevêché, à l'est de la place Faneromeni. En dehors de ce périmètre, on se perdra un peu dans l'enchevêtrement des petites ruelles, mais on finira toujours par retomber soit sur les murs vénitiens, soit sur les guérites des soldats montant la garde le long de la zone tampon. Et c'est bien cela qui rend cette ville si étonnante…

Même si ce n'est pas politiquement correct de le dire, il faut bien avouer que la séparation de la ville en deux a permis de sauvegarder la vieille ville de Nicosie. Comme le centre ne peut se développer à cause de la zone tampon, les promoteurs immobiliers ont préféré aller défigurer les faubourgs… Résultat, la ville intra-muros est aujourd'hui un petit bijou urbain. Revers de la médaille, il a aussi été un peu abandonné par la population qui préfère les lotissements modernes de la banlieue.

La Ville Nouvelle

Outre la séparation nord-sud, qui fait de Nicosie la dernière capitale au monde à être ainsi coupée en deux, la ville « grecque » présente deux aspects bien différents selon que l'on se trouve « intra » ou « extra » muros.

Dans l'immense banlieue, côté Sud, l'activité nocturne se concentre aux abords de la vieille ville et entre les avenues Makarios et Santaroza au sud et Themistokli à l'ouest avec deux axes centraux, Stasifratous et Mnasiadou. C'est aussi ici que se trouvent certains des plus beaux musées comme le Musée national de Chypre (p.278), le plus grand musée du pays. Également appelé musée archéologique de Chypre, il abrite les plus beaux et plus précieux objets du département des Antiquités découverts à travers toute l'île. Vous y trouverez aussi la pinacothèque Leventis, ouverte en 2014, où l'on peut admirer les tableaux de grands peintres français et européens du XVIIe au XXe siècle.

La Vieille Ville côté Nord

Les « deux Nicosies » partagent un passé commun encore très fort, à commencer par les magnifiques fortifications vénitiennes qui ceinturent la vieille cité médiévale, elle-même coupée en deux. Un vaste programme de rénovation entamé depuis plusieurs années a déjà permis d'embellir les quartiers les plus pittoresques de la ville. Ce programme est soutenu par les Nations unies et l'Union européenne qui travaillent conjointement avec les autorités locales, au Nord comme au Sud. Comme à Nicosie-Sud, la vieille ville est ici structurée en une dizaine de vieux quartiers hérités de la période ottomane. Parmi eux, cinq concentrent l'essentiel des lieux de visite. Le long de la rue Girne (qui remonte du passage des rues Ledra et Lokmacı), on traverse les quartiers İplik Pazarı (bains turcs et place Atatürk) et İbrahimpaşa (musée Mevlevi et derviches tourneurs) jusqu'à la porte de Kyrenia. À l'est d'İplik Pazarı se trouvent le fantastique quartier Selimiye (avec la mosquée-cathédrale du même nom et tous les monuments les plus célèbres de Nicosie) et son petit voisin Haydarpaşa (musées et mosquée). Enfin, occupant presque tout l'ouest de la rue de Girne, jusqu'aux remparts, se trouve le paisible et majestueux Arabahmet. En dehors des murs de la vieille ville, les quartiers modernes n'offrent que très peu d'intérêt sauf pour leurs gares routières, hôpitaux et grands magasins.

La vieille ville-Nord abrite les plus beaux monuments de tout Nicosie : mosquée Selimiye, caravansérails, Bedesten, église Surp Asdvadzadzin, etc. Elle offre toutefois un aspect moins riche que la partie Sud. On y trouve par exemple encore peu d'hôtels, bien que l'offre se développe. Après l'invasion turque en 1974, la partie ancienne, située à l'intérieur des fortifications vénitiennes, a en effet été délaissée par les autorités locales au profit des zones touristiques de Kyrenia et de Famagouste. Résultat, c'est aujourd'hui au-delà des murs que se concentre l'essentiel de la population et de l'activité économique de Nicosie-Nord. Mais, depuis les années 2000, grâce à l'ouverture de points de passage et aux grands projets de réhabilitation menés par l'ONU, la vieille ville-Nord commence à revivre avec le magnifique quartier d'Arabahmet (p.291), quelques cafés branchés autour du Büyük Han et les milliers de touristes venant à la journée des stations balnéaires de toute l'île.

Nicosie-Nord est directement reliée à Nicosie-Sud par trois points de passage : les rues Ledra et Lokmacı *(vieille ville, piéton)*, le Ledra Palace *(ville nouvelle, à l'ouest de la vieille ville, piéton)* et celui d'Agios Demetios-Metehan *(6 km à l'ouest, pour autos, piétons et cyclistes)*.

SUN RENT A CAR

10, Abdi İpekçi Caddesi
✆ + 90 39 22 27 23 03
www.sunrentacar.com

Tous les jours sauf dimanche 8h-18h (14h samedi) – à partir de 25 €/jour pour une citadine.

Cette entreprise de location de voitures créée en 1978 est l'une des plus réputées du nord de l'île. Sa flotte de 335 véhicules est composée de modèles Hyundai, Ford, Opel, Nissan, Fiat, Volkswagen, Mercedes et BMW, de la citadine jusqu'au 4x4 de luxe. Elle propose également ses services de transfert vers les aéroports de Larnaka et de Paphos au départ de Nicosie-Nord, de Girne/Kyrenia, de Gazimağusa/Famagouste et d'Alsancak/Karavas où elle dispose d'agences annexes. Service très pro, possibilité de payer en livre turque ou en euro.

CYPRUS PUBLIC TRANSPORT

Plateia Solomou ✆ +357 22 22 14 16
publictransport.com.cy

Trajet simple 2 € (1,50 € avec carte magnétique), forfait hebdomadaire 20 € – détail des lignes sur le site Internet.

Cette compagnie de bus créée en 2020 opère la quasi-totalité des transports en commun dans la partie sud du district de Nicosie. Avec la place Solomos comme gare routière centrale, ses 200 bus bleus modernes (clim', prises USB, réseau 5G) sillonnent la ville et sa banlieue ainsi que les zones rurales jusqu'au Troodos. La compagnie opère aussi dans le district de Larnaka, conjointement avec les bus Zinonas. Au lieu du ticket papier que l'on peut acheter à bord, les usagers sont incités à utiliser des cartes magnétiques (rechargeables ou non, nominatives ou non).

ASTRA CAR RENTALS

1, Metochiou ✆ +357 22 55 80 00
www.astracarrentals.com

Tous les jours sauf dimanche 8h-17h (13h samedi) – à partir de 15 €/jour pour une citadine.

Astra Car Rental a été créé en 1946 avec un emplacement dans le centre de Nicosie, A.S.T.R.A ; l'acronyme de « A Service To Remember Always », a réussi à construire une flotte de plus de 1 250 véhicules, ce qui en fait l'une des plus grandes compagnies de location de voiture de la petite île de Chypre. Ce loueur chypriote est réputé pour son professionnalisme et la bonne qualité d'entretien de ses véhicules. Il dispose d'une équipe en partie francophone. Agences à Nicosie (ville moderne et hôtel Hilton) et possibilité de récupérer sa voiture à l'aéroport.

À VOIR / À FAIRE

Cernés par les murs vénitiens et la « ligne verte », cinq anciens quartiers ottomans concentrent les lieux de visite de la vieille ville de Nicosie-Sud. Ils sont très proches les uns des autres, mais chacun a sa propre identité. Les deux plus centraux et les plus animés, situés le long de la rue Ledra, sont Faneromeni et Trypiotis. À l'ouest, près de la porte de Paphos, se trouve Agios Andreas, agréable et très paisible. À l'est, Ömeriye et Agios Ioannis sont proches l'un de l'autre, mais offrent deux visages complètement différents. Le charme de la capitale est évidemment de passer facilement à Nicosie-Nord, par la rue Ledra. Au nord-est, Chrysaliniotissa est tout simplement le plus beau quartier de Nicosie avec celui d'Arabahmet, dans la zone Nord. Mais on quittera aussi les murs pour découvrir certains lieux d'exception de la ville nouvelle comme le Musée national de Chypre ou la Pinacothèque Leventis.

OFFICE DE TOURISME DE CHYPRE À NICOSIE

11, Aristokiprou
✆ +357 22 67 42 64
www.visitnicosia.com.cy
Lundi-vendredi 8h30-16h, samedi 8h30-14h.

On y trouvera de très précieuses informations, des cartes. Les événements (expositions, cinéma, concerts) à venir sont toujours clairement affichés. Normalement, l'une des deux employées parle très bien français. L'office de tourisme organise parfois des visites guidées gratuites en anglais avec départ à 10h devant le bureau. Le siège de l'office de tourisme de Chypre se trouve dans la ville nouvelle, sur la commune d'Aglantzia, au 19, boulevard Lemesou.

LOUIS TRAVEL GROUP IN CYPRUS

11, avenue Lemesos
✆ +357 77 778 555
https://thelodiakopes.com
Du lundi au vendredi de 9h à 17h (jusqu'à 18h en été), samedi de 9h à 13h.

Très réputé et reconnu internationalement, Louis Travel propose toutes sortes de services : de la croisière aux billets d'avion, à des excursions organisées de deux à plusieurs jours, en passant pour des séjours all inclusive avec hôtels. À partir de Nicosie, cet interlocuteur pourra surtout vous aider à prolonger votre séjour ailleurs sur l'île, voire sur l'eau. Nous vous recommandons toutefois de le contacter idéalement plutôt en amont de votre séjour.

VISIT CYPRUS

www.visitcyprus.com
Site Internet.

Voici le site Internet indispensable pour organiser au mieux votre visite sur l'île et à Nicosie en particulier. Vous y trouverez d'excellentes brochures à télécharger en plusieurs langues, des idées d'excursions, de restaurants et des pistes pour se loger. C'est ici que l'on trouve les dernières informations sanitaires ainsi que des informations administratives sur divers horaires. Il est même possible de télécharger des guides audio. Mais il comprend aussi une liste de guides (dont certains francophones) que vous pouvez contacter sur place.

NICOSIA SEGWAY STATION

77, rue Aischylou
✆ +357 22 76 37 36
www.segwaystationcyprus.com
Tarif : 48 € par personne pour une visite de trois heures ou 38 € pour deux heures.

Ils sont basés le long de l'école Faneromenis. Depuis 2011, on peut découvrir Nicosie intra-muros avec un guide en conduisant un Segway, le fameux véhicule électrique monoplace doté d'un manche et d'un moteur électrique. La même petite compagnie propose aussi des locations de Trikkes, des appareils plus sportifs à trois roues disposant d'un moteur électrique. La promesse est de vous montrer la vieille ville de Nicosie comme vous ne l'avez jamais vue auparavant : architecture, allées et ateliers traditionnels, ligne verte et recoins connus des habitants...

AQUEDUC DE NICOSIE

Nikiforou Foka

Accès libre.

Cette portion d'aqueduc ottoman [Υδραγωγείο Λευκωσίας/Ydragogio Lefkosias] s'étire sur environ 30 m de longueur avec onze arcades bien préservées. Connu sous le nom d'aqueduc Silahtar (« armurier » en turc), l'ouvrage complet longeait les fortifications orientales à partir de la porte de Kyrenia. Il fut construit en 1801-1803 sur ordre du gouverneur Silahtar Hacı Hüseyin Ağa pour alimenter les fontaines et bains de la ville avec de l'eau qui était captée dans les monts Pentadaktylos, au nord, vers Kerynia. L'aqueduc fut démantelé au début de l'ère britannique.

CATHÉDRALE APOSTOLOS VARNAVAS

1, Patriarchou Grigoriou

Accès libre en journée. Tenue correcte exigée. Pratique : un parking de 140 places est situé sous la cathédrale.

La cathédrale orthodoxe grecque de « l'Apôtre Barnabé » [Καθεδρικός Ιερός Ναός Αποστόλου Βαρνάβα/Kathedrikos Ieros Naos Apostolou Varnava, Saint Barnabas Cathedral] a été consacrée en juin 2021. Située dans le complexe du palais de l'Archevêché, elle partage avec la cathédrale voisine (Agios Ioannis Theologos) le siège de l'archevêché orthodoxe de Chypre. Elle est dédiée à saint Barnabé, considéré comme le fondateur de l'Église chypriote au Ier siècle. Celui-ci ne faisait pas partie des apôtres du Christ, mais ce titre lui est reconnu en vertu de son rôle de missionnaire. Le projet de la nouvelle cathédrale, coûteux (10 millions d'euros) et contesté, a été lancé par l'archevêque Chrysostome II (né en 1941) dès son investiture en 2006. Mais le chantier n'a commencé que dix ans plus tard, engendrant au passage la destruction de bâtiments classés. Finalement, cette cathédrale néo-byzantine affiche des proportions presque modestes. Mais elle frappe par sa structure inédite : une coupole sans piliers de 14 m de diamètre et de 22,3 m de hauteur encadrée par quatre bas-côtés et quatre clochers (18 m). L'intérieur en impose aussi. L'or de l'iconostase et de la coupole en mosaïque tranche avec le blanc des murs et des sols en marbre de Grèce. L'immense Christ Pantocrator du dôme ainsi que les vitraux ont été réalisés en Roumanie. Les lustres dorés sont des répliques de ceux de la cathédrale voisine et proviennent de Tchéquie. Et c'est en Pologne qu'ont été fondues les cloches.

CATHÉDRALE AGIOS IOANNIS THEOLOGOS ★

2a, Platia Archiepiskopou Kyprianou

✆ +357 22 55 46 00

Tous les jours sauf dimanche 9h-15h, samedi jusqu'à 12h – tenue correcte exigée.

Cette cathédrale [Καθεδρικός ναός αγίου Ιωάννη του Θεολόγου/Kathedrikos naós agíou Ioánni tou Theologou, St. John's Cathedral] est le siège de l'archevêque orthodoxe de Chypre, conjointement avec la nouvelle cathédrale voisine. Fondée au XVIIIe siècle, elle est dédiée à Jean, dit « le Théologien », l'un des apôtres du Christ. Depuis l'indépendance (1960), c'est ici que se déroulent les grandes cérémonies officielles du pays. Le bâtiment a été érigé à l'emplacement d'une abbaye bénédictine du début du XIIIe siècle, elle-même bâtie sur un complexe fondé par des moines orthodoxes de Syrie au Xe siècle. Ce n'est que peu de temps avant la prise de la ville par les Ottomans (1570) que les Vénitiens confient le lieu au clergé orthodoxe de Chypre. Renommé « Saint-Jean-le-Théologien », l'endroit demeure d'abord un monastère. Dès 1592, c'est d'ailleurs un puissant centre de diffusion de l'hellénisme, toléré par les Ottomans. L'ancienne chapelle bénédictine est agrandie à partir de 1662, puis transformée en cathédrale en 1730.

Visite. D'inspiration gothique et byzantine, le bâtiment se révèle pourtant bien pataud : une simple nef de 22 m de longueur soutenue par de gros contreforts carrés et se terminant à l'est par une abside, un narthex *(ouest)* ajouté en 1779 et un clocher datant du milieu du XIXe siècle. À sa décharge, le bâtiment fut remanié lors d'une grave crise interne de l'Église chypriote (1720-1730). On note trois remplois d'ornementations provenant de la chapelle bénédictine. Au-dessus de la petite entrée utilisée au quotidien, le linteau en marbre est gravé du lion de Venise, bien préservé. En revanche, au-dessus de l'entrée principale, sous le narthex, un autre linteau en marbre porte un bas-relief très abîmé : deux lions entourant les armes des rois de Chypre et de Jérusalem. Ce traitement différent de deux symboles du passé n'est pas un hasard. Aux yeux de l'archevêché, les Lusignan « volèrent » l'église aux orthodoxes ; les Vénitiens la leur « rendirent ». À l'intérieur, les voûtes et les murs sont entièrement recouverts de motifs de style byzantin réalisés entre 1736 et 1756. Il s'agit des plus anciennes peintures chrétiennes conservées à Nicosie. Parmi les milliers de personnages représentés, les scènes du plafond retracent l'histoire du premier évêque de Chypre, saint Barnabé, et la découverte de son tombeau à Salamine (près de Famagouste). L'iconostase est tout aussi chargée, recouverte de nombreux motifs à la feuille d'or.

CATHÉDRALE PANAGIA TON CHARITON

8, Agiou Marona ✆ +357 22 67 04 34
www.panagiatonhariton.com
Messes (en grec et en arabe chypriote maronite) à 7h30 et à 17h30 en semaine, à 8h30 et à 10h30 le dimanche.

La cathédrale catholique « Notre-Dame-des-Grâces » (Καθεδρικός Ναός της Παναγίας των Χαρίτων) est le siège de l'archéparchie maronite de Chypre. De style moderne et flanquée d'un clocher en béton de 22 m de hauteur, elle a été érigée en 1961. Principal lieu de culte des maronites chypriotes (environ 6 000 personnes), elle a reçu la visite du pape Benoît XVI en 2010. À côté se trouve le restaurant Kormakitis, du nom du principal village maronite de l'île, dans la région de Kyrenia.

CENTRE DES ARTS VISUELS ET DE RECHERCHE (CVAR) ★

285, Ermou
✆ +357 22 30 09 99
www.cvar.severis.org
Tous les jours sauf lundi 9h30-17h (tous les jours sauf dimanche hors saison) - 5 €.

Ce centre (Κέντρο Εικαστικών Τεχνών & Έρευνας/Kentro Eikastikon Technon & Erevnas, Centre of Visual Arts and Research) a été créé en 2014 par la Fondation Severis. Il comprend un musée consacré à l'histoire et aux arts de Chypre, mais aussi un centre de recherche (réservé aux universitaires), un café et une boutique. Il est installé dans un ancien caravansérail ottoman remodelé au fil des siècles. L'intérêt de ce lieu tient à la philosophie du fondateur, Costas Severis, riche banquier né en 1949 qui œuvre au rapprochement des communautés de l'île. Le CVAR est ainsi l'une des très rares institutions culturelles à mettre en avant l'aspect multicommunautaire de l'histoire chypriote. Les quatre niveaux sont organisés avec des expositions temporaires et permanentes. Sont notamment présentées de manière tournante des pièces de la collection Severis. Celle-ci couvre la période du XVIIIe au XXe siècle à travers la peinture, le cinéma, la littérature, la photographie, etc. Point commun des objets présentés ici : chacun a un rapport avec l'histoire chypriote, qu'il s'agisse d'un costume de femme chypriote turque du XVIIIe siècle, du *Monastère de Cozzafani*, représentation de l'abbaye de Bellapaïs (près de Kyrenia) par le peintre orientaliste français Louis-François Cassas (1756-1827) qui séjourna sur l'île en 1785, ou encore, des œuvres d'artistes contemporains qui jouent avec les clichés chypriotes (religion, Antiquité, etc.). L'ensemble profite d'une muséographie soignée.

CENTRE MUNICIPAL DES ARTS DE NICOSIE (NIMAC) ★

19, Palias Ilektrikis
✆ +357 22 79 74 00
www.nimac.org.cy
Lors des expositions : mardi-samedi 10h-21h. Gratuit. Restaurant The Old Powerhouse.

Le NiMAC (Nicosia Municipal Arts Centre) est le plus grand musée d'art contemporain à Chypre. Créé en 1994 par la mairie et la Fondation Pierides, il est abrité dans une ancienne centrale électrique et accueille des expositions temporaires d'artistes du monde entier. Dans la rue, notez l'installation Υπέρβαση (« Excès ») créée en 2015 par Constantinos Kalisperas (né en 1973) : un container suspendu sous lequel sont inscrits les numéros des résolutions de l'Onu concernant Chypre.

ÉGLISE AGIOS ANTONIOS

Patriarchou Grigoriou
Tous les jours à partir de 11h (en théorie). Tenue correcte exigée.

Cette église orthodoxe grecque (Ιερός Ναός Αγίου Αντωνίου) vaut surtout le détour par ses abords : le quartier Agios Antonios avec ses ruelles pittoresques et tranquilles aux maisons homogènes. Elle est dédiée à Antoine le Grand, fondateur de l'érémitisme chrétien au IVe siècle. Le bâtiment est toutefois doté une tour-clocher d'une assez élégante finesse (XIXe siècle) et d'un intérieur d'une belle simplicité. La nef (XVIIIe siècle) possède quelques accents gothiques mâtinés d'influence byzantine. L'église abrite aussi des tombes médiévales.

ÉGLISE AGIOS SAVVAS

33a, Eschilou
✆ +357 99 29 24 88
Tous les jours 8h-12h – tenue correcte exigée.

Cette église orthodoxe grecque (Ιερός Ναός Αγίου Σάββα/Ieros Naos Agiou Savva) a été établie en 1608 et remaniée jusqu'au début du XXe siècle. Si elle ne possède pas de valeur architecturale particulière, elle profite d'un bel emplacement dégagé. Et, surtout, elle renferme de nombreux objets précieux : icônes, portraits de donateurs, objets liturgiques, dont le plus ancien calice en or de Chypre (1501) et la précieuse croix de l'iconostase (XVIe siècle). Elle est dédiée à Sabas le Sanctifié (439-532), moine grec de Cappadoce, fondateur de plusieurs monastères.

ÉGLISE AGIOS KASSIANOS ★

Agiou Kassianou
✆ +357 22 77 49 47
Tous les jours 8h-13h – tenue correcte exigée.

Réputée pour ses icônes et ses reliques, cette église orthodoxe grecque (Ιερός Ναός Αγίου Κασσιανού/Ieros Naos Agiou Kassianou) est située le long de la zone tampon. Construit en belle pierre calcaire couleur de miel, le bâtiment actuel date des XVIIIe et XIXe siècles, mais il intègre des éléments d'églises plus anciennes. Il s'agit d'une des 25 églises dédiées à saint Jean Cassien à Chypre. Ce moine scythe, né vers 360 sur les bords de la mer Noire, à l'est de l'actuelle Roumanie, est considéré comme l'un des créateurs du monachisme occidental. Fondateur notamment des abbayes Saint-Victor et Saint-Sauveur, à Marseille, c'est dans cette ville qu'il meurt vers 435. Selon la tradition chypriote, l'église possède ici des reliques du saint, en particulier son casque aux prétendues vertus miraculeuses. Objets d'une dévotion toujours vive, ces reliques auraient été rapportées de la basilique Sainte-Sophie de Constantinople après la prise de la capitale byzantine par les Ottomans en 1453. Le décor de l'intérieur de l'église est également remarquable. Complètement couverte d'or, l'iconostase en bois gravé du XVIIIe siècle conserve des icônes des XVe et XVIe siècles, qui elles aussi proviendraient de la basilique Sainte-Sophie de Constantinople. Mais l'icône la plus précieuse de l'église, datant de 1340, est aujourd'hui exposée au Musée byzantin de la Fondation Makarios-III. Représentant une Vierge dorée à l'Enfant, elle a été offerte par une congrégation carmélite et intègre des éléments typiques de l'art des croisés.

ÉGLISE SAINTE-CROIX

1, Viktoria ✆ +357 22 66 21 32
holy-cross-nicosia.com
Accès libre en journée. Tenue correcte exigée. Messe en français le premier dimanche du mois à 12h.

Cette église catholique romaine (Καθολικός Ναός του Τιμίου Σταυρού/Katholikos Naos tou Timiou Stavrou, Holy Cross Church) surprend. Sa façade couronnée d'un fronton triangulaire se trouve à Nicosie-Sud. Mais son entrée latérale, fermée depuis 1974, est en zone Nord. Entourée de barricades et de barbelés, elle a été érigée en 1902 grâce à un don de la famille royale d'Espagne. Le 5 juin 2010, le pape Benoît XVI y a célébré une messe. Juste à côté est installée depuis 1973 la nonciature apostolique du Saint-Siège à Chypre, c'est-à-dire l'ambassade du Vatican.

ÉGLISE ET PLACE FANEROMENI ★

53a, Faneromenis
✆ +357 22 67 32 96
Église : tous les jours 6h30-13h et 16h-20h (hors saison : 6h30-13h et 15h-18h30) – tenue correcte exigée.

La grande église orthodoxe grecque de la Panagia Faneromi (Ιερός Ναός Παναγίας Φανερωμένης/Ieros Naos Panagias Faneromenis) et sa place (Πλατεία Φανερωμένης/Platia Faneromenis) forment un bel ensemble au cœur de la vieille ville fortifiée. L'église a été érigée en 1872 à l'emplacement d'une église orthodoxe détruite en 1715, qui fut elle-même bâtie sur un couvent catholique du XIVe siècle démoli par les Ottomans en 1571. Cette basilique à trois nefs d'inspiration gothique et byzantine est couverte d'une coupole et dotée d'un clocher de 25 m de hauteur. Construite en belle pierre couleur miel, elle est dédiée à la « Toute-sainte révélée » *(Panagia Faneromeni)*, du nom de l'icône « miraculeusement » découverte intacte parmi les ruines de la précédente église en 1871. Cette image sainte de la Vierge à l'Enfant du XIVe siècle est conservée ici et fait l'objet d'une profonde dévotion. Jusqu'à la création de la nouvelle cathédrale Agios Varnavas, achevée en 2022, l'église Faneromeni était la plus grande église de la vieille ville. Mais elle demeure la plus fréquentée par les fidèles orthodoxes de Nicosie.

▶ **Éolienne, mausolée et gourmandises.** Autour de l'église, la cour abrite une grande éolienne des années 1940 qui ne fonctionne plus *(côté nord)*. La cour est fermée le soir. Mais le jour, elle permet de passer des terrasses de café de la rue Faneromeni *(à l'ouest, face à l'entrée de l'église)* à la place Faneromeni *(à l'est, derrière l'église)*. Cette dernière est dominée par les quatre colonnes néoclassiques de la façade de l'école Faneromeni, premier établissement scolaire pour filles de l'île, créé par le clergé en 1857. Entre l'église et l'école se tient un mausolée sculpté dans du marbre blanc provenant du mont Pentélique, à Athènes. Il s'agit du *Monument des Martyrs chypriotes* qui rend hommage aux 418 victimes du 9 juillet 1821. Ce jour-là une révolte en soutien à la guerre d'indépendance en Grèce fut réprimée dans le sang par les Ottomans. Le mausolée contient les dépouilles de quatre dignitaires de l'Église chypriote exécutés ce même 9 juillet. Installé en 1930, il est l'œuvre du sculpteur grec Constantin Dimitriadis (1879-1943), célèbre pour sa statue du *Lanceur de disque finlandais* (1924), dont il existe deux exemplaires à New York et à Athènes. Au nord de la place se trouvent la petite mosquée Arablar et le très bon restaurant familial Mattheos. Au sud, ne manquez pas les gourmandises de la pâtisserie Tria Fanaria.

ÉGLISE PANAGIA CHRYSALINIOTISSA ★★

Chrysaliniotissis

✆ +357 22 43 08 57

www.churchofcyprus.org.cy

Tous les jours 8h30-12h30 et 16h-19h (hors saison : 8h30-12h30 et 14h-17h) – tenue correcte exigée.

Cette église (Ιερός Ναός Παναγίας Χρυσαλινιώτισσας/Ieros Naos Panagías Chrysaliniotissas) est considérée comme le plus ancien lieu de culte orthodoxe de la vieille ville. Dédiée à la « Vierge du lin doré », sa première version fut sans doute une basilique byzantine du VIIe ou VIIIe siècle. Elle doit son nom à la légende selon laquelle une icône miraculeuse de la Mère de Dieu aurait été découverte à cet emplacement à une époque où se trouvait ici un champ de lin jaune *(Linum flavum)*, aussi appelé « lin doré ». Sur l'église initiale, de taille modeste et surmontée d'un dôme, sont venus s'ajouter tous les éléments aujourd'hui existants. Vers le Xe siècle, deux chapelles aux arcs plein cintre sont disposées au nord et au sud. En 1450, d'importants travaux sont entrepris par la princesse byzantine Hélène Paléologue, épouse du roi de Chypre Jean II de Lusignan. Deux narthex de style gothique sont construits : l'un à l'ouest avec des voûtes aux arcs brisés ; l'autre sur la chapelle nord aux voûtes presque arrondies. Environ un siècle plus tard, un exonarthex surmonté d'un dôme vient prolonger la façade ouest. Puis, en 1735, la chapelle sud se voit dotée de deux petites salles voûtées et d'une colonnade à chapiteaux gothiques. Enfin, au XXe siècle, est installée la galerie de la façade ouest. À l'intérieur, toutes ces « couches » successives se ressentent nettement avec un espace assez restreint hérité du bâtiment initial et des voûtes aux angles presque jamais identiques.

ÉGLISE TRYPIOTIS ★★

47, Solonos

✆ +357 22 66 36 01

Tous les jours sauf dimanche et mercredi après-midi 6h30-12h10 et 15h30-17h30 (juillet-août : 16h-18h).

Cette église orthodoxe grecque (Ιερός Ναός Αρχαγγέλου Μιχαήλ Τρυπιώτου/Ieros Naos Archangelou Michail Trypiotou) a été érigée en 1695 sur la base d'une église de la période latine. Elle est dédiée à l'archange Michel « qui a ouvert un trou » *(trypiotis)*, référence au miracle de Chône, en Phrygie, où l'archange aurait détourné la rivière qui menaçait les habitants. De la période latine, l'édifice conserve sa triple nef et ses arches gothiques. La coupole est quant à elle de style byzantin. Sur le portail gauche de la façade nord *(dans la rue Arch.-Michail menant à l'église Agios Savvas)*, le linteau en marbre blanc magnifiquement sculpté est surmonté d'un blason vénitien du XVIe siècle. Sous la galerie du narthex, le portail principal possède lui aussi un linteau orné d'un bas-relief latin figurant deux manticores (lions à visage humain). Au-dessus a été installé un tableau du XVIIIe siècle de la dormition de la Vierge où l'archange lutte avec le diable. L'intérieur abrite un riche mobilier et une relique de saint Reginos (IVe siècle), martyr grec de Skopelos. L'élément principal est la somptueuse iconostase en bois sculpté et doré réalisée en 1812-1816. Elle court sur presque toute la largeur (20 m), portant 56 images sacrées. La plus intéressante et la plus ancienne est celle de la Sainte Famille. Située à l'extrême droite, elle date du XVe siècle et révèle une forte influence italienne. À côté, sur un panneau séparé, l'icône de l'archange Michel fut exécutée par le peintre chypriote Pavlos l'Hagiographe en 1634.

Église Panagia Chrysaliniotissa.

FONDATION CULTURELLE DE LA CYPRUS BANK ★★

86-90, Faneromenis
✆ +357 22 12 81 57
www.boccf.org
Tous les jours 10h-19h - gratuit.

Cette institution créée en 1984 (Πολιτιστικό Ίδρυμα Τραπέζης Κύπρου, Politistiko Idryma Trapezis Kyprou) appartient à la première banque privée du pays. Installée dans l'ancien siège de la Cyprus Bank, un bâtiment en pierre de 1936, elle abrite cinq musées et collections différentes. Les parties les plus intéressantes sont celles consacrées à l'archéologie et à la numismatique. Le musée de la Monnaie chypriote est situé au rez-de-chaussée. Il présente plus de 600 pièces du VIe siècle av. J.-C. à nos jours, des premières cités-États à la livre chypriote et jusqu'au passage à l'euro en 2005. À noter que le logo de la Cyprus Bank reprend l'inscription ΚΟΙΝΟ ΚΥΠΡΙΩΝ *(« le bien commun des Chypriotes »)* qui figurait sur les pièces de monnaie émises durant la période romaine, au Ier siècle de notre ère. En montant à la mezzanine, on parvient au Musée de la collection Pierides. Il regroupe une partie des objets chypriotes amassés par la même famille depuis 1839, dont l'essentiel est présenté au musée Pierides, à Larnaka. Ici, plus de 600 objets sont exposés, de l'âge du bronze (2500 av. J.-C.) à la fin de la période vénitienne (1571) : poteries, figurines d'argile, pièces de monnaie, articles en cuivre, bijoux ainsi qu'une importante série de sculptures. Les deux musées sont modernes et dotés de bornes interactives. Au rez-de-chaussée se trouvent une boutique et les trois autres collections : manuscrits et livres rares ; cartes de Chypre ; gravures, photographies et aquarelles.

MONUMENT DE LA LIBERTÉ

Nikiforou Foka
Accès libre.

Ce monument de 10 m de hauteur (Μνημείο Ελευθερίας/Mnimio Eleftherias) est installé sur le bastion Podocataro des fortifications vénitiennes. D'un style réaliste assez fade, l'œuvre du sculpteur grec Ioannis Notaras (1907-2001) a été érigée en 1973 pour commémorer la guerre d'indépendance contre les Britanniques (1955-1959). Composé d'une base en marbre blanc et de 14 statues de bronze, le monument représente la Liberté entourée de deux militants de l'Organisation nationale des combattants chypriotes (EOKA) ouvrant la porte d'une prison au peuple chypriote.

MOSQUÉE BAYRAKTAR

Konstantinou Paleologou
Mosquée : ne se visite pas. Marché : mercredi et week-end 6h-17h.

Cette petite mosquée (Τέμενος Μπαϊρακτάρη/Temenos Baïraktari) se trouve sur le bastion Constanza des fortifications vénitiennes. C'est par ici que les Ottomans pénétrèrent le 9 septembre 1570. Et c'est en l'honneur du porte-drapeau (*bayraktarı* en turc) du sultan, tué pendant l'assaut, que fut érigée la mosquée, reconstruite en 1820. Le bastion accueille aussi un parking qui s'anime trois fois par semaine avec un marché, dit « marché du Non » *(laïki agora Ochi)* en souvenir du « Non » adressé par la Grèce à Mussolini le 28 octobre 1940 (fête nationale à Chypre).

PORTE DE FAMAGOUSTE ★

Athinas
✆ +357 22 79 76 60
www.visitnicosia.com.cy
Centre culturel : lundi-vendredi 10h-13h et 16h-19h. Accès libre sauf lors d'événements privés.

© TRABANTOS - SHUTTERSTOCK.COM

Cette porte vénitienne (Πύλη Αμμοχώστου/Pyli Ammochostou) fut construite en 1567-1568 et baptisée *Porta Giuliana* en l'honneur de l'architecte Giulio Savorgnano. Son architecture est copiée sur celle de la porte Lazaretto de la forteresse vénitienne d'Héraklion, en Crète (Grèce). Un tunnel aménagé à travers la muraille rejoint les douves avec, au centre, une coupole de 11 m de diamètre qui laisse filtrer la lumière. De part et d'autre du tunnel se trouvent les anciennes salles de garde, réhabilitées depuis 1981 en espaces municipaux d'exposition et de réception.

FORTIFICATIONS VÉNITIENNES ★★★

Athinas

Comptez 4h pour faire le tour des remparts (dans le sens des aiguilles d'une montre) en partant du bastion Flatro.

Les fortifications vénitiennes de Nicosie (Ενετικά Τείχη της Λευκωσίας/Enetika Techni tis Lefkosias en grec, Lefkoşa'nın Venedik Surları en turc) ceinturent complètement la vieille ville selon un tracé circulaire de 4,5 km de longueur. Particulièrement bien conservées, elles constituent un chef-d'œuvre de l'art militaire du XVIe siècle. Vues du ciel, elles évoquent une étoile à onze branches, chacune de ces « branches » constituant un bastion défensif avançant en forme de flèche en dehors de l'enceinte.

Histoire

Une première enceinte fut érigée par les rois francs entre le XIIIe et le XIVe siècle. Mais celle-ci fut rendue obsolète par le développement de l'artillerie.

Trois ans de chantier. Après le siège de Malte, en 1565, au terme duquel les Hospitaliers parvinrent à repousser les Ottomans, les Vénitiens décidèrent dans l'urgence de doter Nicosie d'un nouveau système défensif pour faire face à la menace grandissante d'une invasion. En 1567, l'architecte militaire Giulio Savorgnano, l'administrateur de Chypre Francesco Barbaro et le gouverneur de la ville Niccoló Dandolo dessinèrent les plans et parvinrent à boucler l'immense chantier en moins de trois ans. Pour cela, les anciens murs hérités des Lusignan furent détruits et la superficie de la ville fut réduite d'un tiers. Un grand nombre d'églises, palais et maisons furent rasés à la fois pour récupérer les matériaux mais aussi afin de dégager les abords de la ville.

Bastions bombés. Les fortifications furent considérées à l'époque comme un chef-d'œuvre de l'art militaire avec leurs larges murs à pans inclinés, leurs 11 bastions et leurs trois portes fortifiées. Depuis l'extérieur de la vieille ville, les murs laissent apparaître une technique de construction typique de la Renaissance vénitienne : une couche de pierres et de mortier recouverte de pierres de taille parfaitement ajustées sur une surface légèrement bombée pour mieux encaisser les chocs de l'artillerie. Ce dispositif fut complété par des douves, et le fleuve Pedios fut dévié de son lit pour permettre leur mise en eau. Mais les Vénitiens n'eurent pas le temps de remplir les fossés.

Un siège sanglant. Dès le 22 juillet 1570, les Ottomans établissaient le siège de la ville. Bien qu'incomplets, les remparts prouvèrent leur efficacité. C'est la négligence et l'incompétence de certains défenseurs qui entraîna la prise de Nicosie au bout de quarante jours, le 9 septembre. Si la ville eut à souffrir de nombreuses destructions et de la mort d'environ 20 000 personnes, les fortifications demeurèrent presque intactes. Laissés à l'abandon durant les siècles suivants, les remparts de Nicosie sont pourtant très bien préservés.

Visite

Grâce au travail de rénovation entrepris par l'Onu entre 1996 et 2004, les murs vénitiens constituent aujourd'hui un agréable itinéraire de promenade autour de la vieille ville. Toutefois, comme Nicosie est coupée en deux depuis 1963, en faire le tour complet s'avère impossible. Sur les onze bastions, cinq sont placés dans la zone sud, cinq dans la zone nord et le 11e se trouve dans la zone tampon. Ils sont reliés entre eux par douze portions de mur d'environ 400 m de longueur chacun.

Bastion Flatro (Προμαχώνας Φλάτρο) – *Rue Athinas (côté sud) ou Mehmet-Ali-Riza (côté nord), à l'est de la vieille ville.* Sous contrôle de l'Onu, c'est le seul bastion inaccessible. Il doit son nom au vicomte vénitien de Nicosie Ugo Flatro, issu d'une famille française de Chypre (les Flatres ou Flatre). C'est lui qui finança la construction de l'ouvrage, mais c'est sur le bastion Constanza qu'il trouva la mort en 1570. Au total, une dizaine de membres de la famille Flatro périrent en défendant la ville.

Bastion Caraffa (Προμαχώνας Καράφα) – *Rue Athinas, 400 m au sud du bastion Flatro.* Il a été nommé en l'honneur du capitaine Scipio Caraffa, issu d'une famille noble napolitaine. L'intérieur abrite le centre Mélina-Mercouri (mariages, réceptions et expositions). Au-dessus se trouvent un jardin et la statue du *Poète* (1983). Composée de plaques de verre empilées, cette œuvre de 6 m de hauteur est la première réalisation de l'artiste grec Costas Varotsos (né en 1955), à qui l'on doit surtout la célèbre statue du *Coureur* (1988) située devant l'hôtel Hilton d'Athènes, en Grèce.

Porte de Famagouste – *Rue Athinas, à côté du bastion Caraffa.* C'est la plus impressionnante des trois portes de la ville.

Bastion Podocataro (Προμαχώνας Ποδοκάταρος) – *Rue N.-Foka, 400 m au sud-ouest de la porte de Famagouste.* Dominé par le *Monument de la Liberté*, il fut financé par la famille vénitienne des Podocataro qui donna plusieurs archevêques catholiques à Nicosie.

Bastion Constanza (Προμαχώνας Κωνστάντζα) – *Rue K.-Paleologou, entre le bastion Podocataro et la place Eleftherias.* Sa construction fut financée par la famille Costanzo, aux origines siciliennes et dont l'un des membres fut amiral de la flotte des Lusignan au début du XVe siècle. C'est par ici que les Ottomans pénétrèrent dans la ville le 9 septembre

1570 : profitant du sommeil des défenseurs, quelques assaillants menés par le porte-étendard du sultan Sélim II installèrent des échelles le long des remparts et s'emparèrent par surprise du bastion, permettant aux renforts de se ruer à l'intérieur de Nicosie. Le porte-étendard fut tué durant l'assaut et enterré sur place. C'est en son honneur que fut érigée ici la mosquée Bayraktar.

Bastion D'Avila (Προμαχώνας Νταβίλα) – *Rue K.-Paleologou, en face de la place Eleftherias.* Depuis 1944, c'est ici que se trouve l'hôtel de ville. Le bastion est un bon point de repère, puisqu'il est situé entre le Laïki Gitonia et la place Eleftherias. Le bastion doit son nom à Antonio D'Avila, connétable issu d'une famille noble d'origine espagnole. Après la capture de Nicosie, il trouva refuge en Italie, puis en France, à la cour de Catherine de Médicis.

Bastion Tripoli (Προμαχώνας Τρίπολι) – *Place Solomou, entre le bastion D'Avila et la porte de Paphos.* C'est l'élément des remparts le moins facile à identifier. Il est occupé par un parking et cerné par la gare routière Solomos installée sur un pont (à l'ouest), une caserne de pompiers et des terrains de tennis. Il doit son nom au défenseur de la ville Jacques de Nores. Celui-ci était issu d'une famille de la noblesse franque de Chypre, héritière du titre honorifique des comtes de Tripoli, un ancien fief des croisés sur la côte de l'actuel Liban.

Porte de Paphos – *Rue Pafou, au sud-ouest de la vieille ville, à côté du bastion Roccas.* Située au bord de la ligne tampon, c'est la moins belle des trois portes. Pour voir les fortifications situées dans la partie nord de Nicosie, il faut ensuite emprunter l'un des deux points de passage.

Bastion Roccas (Yiğitler Burcu, Προμαχώνας Ρόκκας) – *Rue Tanzimat, entre les points de passage des rues Ledra et Lokmacı (800 m à l'ouest) et du Ledra Palace (800 m au nord-ouest).* Aujourd'hui occupé par un petit parc avec café, cet ouvrage fut pendant quarante ans l'un des seuls lieux où les Chypriotes grecs et turcs pouvaient se voir, se parler… et s'invectiver. On est en effet ici au point le plus étroit des 180 km de la zone tampon : le bastion, situé dans la partie sous occupation turque, surplombe directement le rond-point de la porte de Paphos, dans la partie chypriote grecque. Il doit son nom au lieutenant-général Eugène Synclitici comte de Rocas. Celui-ci était le descendant de la famille française des de Rouchas, seigneurs de Morphou, à qui était confiée la régence lorsque les rois francs de Chypre étaient absents. Réputé incompétent, Eugène de Rocas était en charge du bastion Constanza la nuit où les Ottomans s'en emparèrent. Il fut l'un des premiers tués lors de l'assaut avec le comte de Tripoli Jacques de Nores. En turc, le site est connu comme le « bastion de la frontière » (Sınır Burcu), ou celui des « fidèles » (Yiğitler Burcu), ou encore, comme celui « du vénérable Kaytaz » (Kaytazağa Burcu), en référence au poète local Kaytazzade Mehmet Nazım (1857-1924).

Bastion Mula (Zahra Burcu, Προμαχώνας Μούλα) – *Rue Zahra, 400 m au nord du bastion Roccas.* Situé entre le point de passage du Ledra Palace et le magnifique quartier d'Arabahmet, ce bastion doit son nom au *consegliero* Niccolò da Mula, membre d'une vieille famille de l'aristocratie vénitienne. En 1557, lors d'une tournée d'inspection à Chypre, c'est lui qui préconisa le renforcement des défenses de Nicosie. En turc, le nom de l'ouvrage renvoie à la présence ici du mausolée du religieux soufi Abu Zahra (XIXe siècle).

Bastion Quirini (Cephane Burcu, Προμαχώνας Κουιρίνι) – *Rue Selahattin-Sonat, entre le bastion Mula et la porte de Kyrenia.* L'ouvrage fut construit grâce à la grande famille vénitienne des Querini, dont plusieurs membres participèrent à la défense de Chypre en 1570-1571, l'un comme amiral, l'autre comme gouverneur de l'île. Le bastion abrite un parc et un ancien dépôt de munitions (*cephane* en turc) de l'armée britannique. Ce dernier est reconverti depuis 1978 en palais présidentiel (Cumhurbaşkanlığı) de l'autoproclamée République turque de Chypre du Nord.

Porte de Kyrenia – *Rue Girne, entre les bastions Quirini et Barbaro, 800 m au nord du passage des rues Ledra et Lokmacı via la place Atatürk.* Minuscule et elle aussi transformée par les Britanniques, elle abrite l'office de tourisme de la partie nord de la ville.

Bastion Barbaro (Musalla Burcu, Προμαχώνας Βάρβαρο) – *Rue İstanbul, entre la porte de Kyrenia et le bastion Loredano.* Ce bastion a été nommé en l'honneur de l'administrateur de Chypre Francesco Barbaro qui supervisa les travaux des fortifications de 1566 à 1568. Après la conquête ottomane, le lieu fut utilisé comme musallam, un espace de prière musulman. Il abrite depuis 1978 le musée local de la Lutte nationale. La portion de mur qui suit a été percée pour faire passer une route dans les années 1920. Cela permet d'accéder à la gare routière Itimat (minibus pour Famagouste).

Bastion Loredano (Cevizli Burcu, Προμαχώνας Λορεντάνο) – *Rue İstanbul, entre les bastions Barbaro et Flatro.* Le tour des fortifications s'achève avec ce bastion qui reçut le nom du 85e doge de Venise, Pietro Loredano (1567-1570). Il a été rebaptisé du nom du village turcophone de Cevizli (Κιβισίλι/Kivisili, 18 km au sud-ouest de Larnaka), dont les habitants furent chassés en 1974. On y trouve l'agréable « parc de la cascade » (Çağlayan Parkı). De là, la rue Yenicami permet de revenir vers le centre de la vieille ville par le quartier de Haydarpaşa.

NICOSIE

PORTE DE PAPHOS

Pafou

Accès libre.

Cet ouvrage défensif (Πύλη Πάφου/Pyli Pafou, Paphos Gate) fut la première porte créée par les Vénitiens en 1567. Si c'est un important point de passage pour les véhicules, elle a subi de nombreuses transformations. Sa partie nord a été percée par les Britanniques en 1879 afin de fluidifier la circulation. Et, depuis 1974, elle est surmontée d'un affreux bunker qui veille sur la zone sous occupation turque toute proche. Elle conserve toutefois deux larges rampes (conçues pour y monter les canons) qui entourent un petit tunnel aujourd'hui réservé aux piétons.

GALERIE NATIONALE D'ART CONTEMPORAIN - SPEL

73, Ammochostou

✆ +357 22 47 96 00

www.moca.org.cy

Mardi-vendredi 10h-18h, samedi 11h-19h. Gratuit.

Ce musée (Κρατική Πινακοθήκη Σύγχρονης Τέχνης/Kratiki Pinakothiki Synchronis Technis, State Gallery of Contemporary Art) est reparti en deux lieux. Ici, le nouveau bâtiment ouvert en 2018 est très vaste : 3 630 m² sur trois étages. Il est installé dans les locaux de l'ancienne société de gaz naturel SPEL (ΣΠΕΛ). Et il s'intéresse aux œuvres chypriotes de 1950 à nos jours. Deux fois par an environ, une exposition est consacrée à un thème ou à un artiste contemporain différent.

KASTELLIOTISSA

94b, Rigenis

✆ +357 22 80 09 70

Ouvert lors d'événements culturels. Renseignements : office de tourisme ou théâtre-cinéma Pallas (à côté).

Avec sa belle porte en pierre et sa grande salle voûtée, ce « châtelet » (Καστελλιώτισσα/ Kastelliotissa) est l'un des rares vestiges francs de Nicosie. Il s'agit d'une ancienne partie souterraine du château « Marguerite » construit à partir de 1368 sur les ordres de Pierre Ier de Lusignan (1328-1369). Celui-ci comptait enfermer ici ses opposants. Mais c'est lui qui y fut assassiné l'année suivante, victime d'un complot sans doute ourdi par sa seconde épouse Éléonore d'Aragon. C'est aujourd'hui un lieu d'exposition et une salle de concert.

MAISON KORNESIOS ★

20, Patriarchou Gregoriou

✆ +357 22 30 53 16

www.mcw.gov.cy

Mardi-vendredi 8h30-15h30, samedi 9h30-16h30. 2,50 € (souvent gratuit hors saison).

Cet hôtel particulier (Οικία Χατζηγεωργάκη Κορνέσιου/Ikia Chatzigeorgaki Kornesiou) est l'un des bâtiments du XVIIIe siècle les mieux préservés de Nicosie. Il comprend trois étages, dont l'un est ouvert aux visites depuis 1960. La maison fut construite en 1793 pour Chatzigeorgakis Kornesios (1750-1809), puissant bourgeois de la communauté chypriote grecque qui fut drogman, c'est-à-dire interprète et médiateur officiel entre les autorités ottomanes et la population chrétienne orthodoxe. Elle est principalement de style ottoman avec sa *cumba*, balcon en bois couvert en encorbellement sur la rue. Par son allure massive, ses fenêtres grillagées et ses épais murs en pierre de taille, elle rappelle la *kula*, la « maison-tour » typique du sud-ouest des Balkans. Elle comprend aussi des éléments vénitiens et byzantins. Ainsi, la porte à voûte en berceau brisé est surmontée d'un bas relief représentant le lion et la devise latine de la cité des doges : *Pax tibi Marce evangelista meus* (« Que la paix soit avec toi, Marc, mon évangéliste »). Et l'on trouve aussi ici l'aigle à deux têtes de Byzance. À l'intérieur, au-dessus de la porte, figurent le monogramme de Kornesios, la date de 1793 (fin des travaux) et le sigle en forme de croix en grec byzantin « IC XC NIKA » pour IηcouC XρictoC NIKA (« Jésus-Christ vainqueur ») accompagné de la croix et de l'éponge, symboles du supplice de Jésus.

Jardin, *oda* et *iliakos*. Les trois ailes du bâtiment en forme de U entourent une cour qui donne sur un jardin qui abritait une fontaine en marbre et un hammam. À l'exception de l'aile ouest en pierre de taille, les murs sont ici plus légers, en pans de bois et matériaux de remplissage, percés de multiples ouvertures. À l'étage, la vaste salle de séjour servait d'*iliakos* (solarium) avec la *cumba* donnant sur la rue. On accède ici à différentes pièces, notamment l'ancienne chapelle privée et la *oda*. Cette dernière était destinée à recevoir les invités de marque et à la détente de la famille. Il s'agit de la seule *oda* de Chypre ayant conservé son décor du XVIIIe siècle : canapés, panneaux en bois, armoires encastrées (l'une dissimule un passage pour accéder au toit), plafond à caissons de bois. Au-dessus des fenêtres sont accrochés quatre portraits de famille, dont celui de Chatzigeorgakis Kornesios. Il apparaît en habit traditionnel de drogman (pelisse et bonnet fourré de zibeline) tenant le *firman* (décret) du sultan Sélim III qui, en 1796, lui accorda le titre de drogman à vie. Cela n'empêcha pourtant pas le notable de finir exécuté à Constantinople en 1809.

MOSQUÉE ARABLAR

45, Lefkonos

Ne se visite pas.

Cette minuscule « mosquée des Arabes » (Araplar Camii en turc, Τζαμί Αραπλάρ/Tzami Arablar en grec) a été fondée au XVIIIe siècle sur la base de l'église catholique arménienne de la Vraie-Croix (XIVe siècle). Elle fut utilisée par des esclaves arabes jusqu'à la fin du XIXe siècle. En grec, elle est plus souvent appelée « Croix de Missirikou » (*Stavros tou Missirikou*), sans doute une déformation du mot arabe *Misr* qui désigne l'Egypte, d'où venaient de nombreux esclaves de l'Empire ottoman. Le long du mur ouest se trouve l'agréable terrasse du restaurant Mattheos.

MUSÉE DE LA POSTE

3b, Agiou Savva ✆ +357 22 30 47 11

www.cypruspost.post/en/museum

Tous les jours sauf dimanche 9h-15h (13h samedi) – gratuit – vente de timbres et de cartes postales.

Le musée de la Poste de Chypre (Ταχυδρομικό Μουσείο Κύπρου/Tachydromiko Mousio Kyprou) a peu changé depuis sa création en 1981. Installé dans un petit immeuble de deux étages, il relate l'histoire des services postaux de l'île entre le premier système de courrier mis en place par les Vénitiens au XVIe siècle jusqu'à la création de la poste nationale à l'indépendance en 1960. Il possède une riche collection de timbres, très recherchés des philatélistes. Notez les timbres britanniques émis à Chypre représentant des palmiers, des dromadaires et la reine Victoria.

MUSÉE DE LA LUTTE NATIONALE

2b, Platia Archiepiskopou Kyprianou

✆ +357 22 30 58 78

Lundi-vendredi 8h-14h30. Gratuit.

Ce musée (Μουσείο Εθνικού Αγώνα/Mousio Ethnikou Agona, National Struggle Museum) est consacré à la lutte pour l'indépendance contre les Britanniques entre 1955 et 1969. Fondé en 1961, il rend hommage aux Chypriotes grecs de l'Organisation nationale des combattants chypriotes (EOKA). Le conflit, qui fit environ 600 victimes, est présenté avec des photos d'atrocités, des armes ou encore une reconstitution de la poutre de la prison de Nicosie où neuf militants de l'EOKA furent pendus.

MUSÉE DES CONTES DE FÉES

32-34, Granikou

✆ +357 22 37 65 22

www.fairytalemuseum.org.cy

Sur rendez-vous. Atelier 1h à partir de 4 ans : 5 €.

Ouvert en 2017 à côté d'un poste militaire de la zone tampon, ce petit musée (Μουσείο Παραμυθιού/Mousio Paramythiou, Fairytale Museum) est surtout destiné au public scolaire local. Mais toutes les animations sont conçues en version bilingue (grec et anglais). Les histoires racontées par les animateurs reposent sur la riche tradition orale chypriote, sur la mythologie grecque et piochent aussi dans les contes internationaux. Même sans pouvoir en profiter, les enfants francophones apprécieront la muséographie et les activités manuelles.

Mosquée Arablar.

MOSQUÉE ÖMERIYE ★

Platia Tillirias

Visite possible en journée. Tenue correcte exigée, se déchausser, se couvrir la tête pour les femmes.

Ce vaste édifice gothique de 50 m de longueur (Τέμενος Ομεριέ/Temenos Omerie) est l'ancienne église catholique Sainte-Marie du couvent des Augustins fondé vers 1330. Celle-ci fut convertie en mosquée et dotée d'un haut minaret (35 m) par le général ottoman Lala Mustafa Pacha, conquérant de Chypre en 1570-1571. Il la dédia à Omar, calife et ami du prophète Mahomet, qui selon la croyance de l'époque, aurait fait halte à Nicosie après s'être emparé de Jérusalem en 637. Rouverte au culte depuis 2010, la mosquée accueille principalement des fidèles non chypriotes.

MUSÉE BYZANTIN ★★★

4a, Platia Archiepiskopou Kyprianou
✆ +357 22 43 00 08
www.makariosfoundation.org.cy
Tous les jours sauf dimanche 9h-16h30 (13h samedi) – 4 € avec la pinacothèque Makarios-III.

Ce musée ecclésiastique (Βυζαντινό Μουσείο/Viyzantino Mousio) appartient à la fondation culturelle Makarios-III installée dans le complexe du palais de l'Archevêché. Créé en 1982, il abrite la plus grande collection d'objets sacrés du pays, avec notamment plus de 300 icônes provenant de toute l'île. Dans la salle n° 1 se trouve l'icône de la Panagia Vlachernitissa. Cette représentation de la Vierge des Blachernes est la plus ancienne icône de la collection (IXe siècle). Elle appartenait à la précédente église Faneromeni de Nicosie détruite en 1715. Cette Vierge à l'Enfant tient son nom du sanctuaire le plus sacré de Constantinople. Elle a été réalisée selon une technique égyptienne avec un mélange de pigments et de cire brûlante. Dans la même salle se trouvent certaines des icônes des dix églises médiévales du Troodos classées au Patrimoine mondial de l'Unesco. Remarquez en particulier celle, magnifique, de saint Jean-Baptiste (début du XIIe siècle) de l'église Panagia Asinou (village de Nikitari). De l'église Panagia Arakiotissa (village de Lagoudera) proviennent de superbes icônes du Christ et de la Vierge, sans doute réalisées par Theodoros Apsevdis, le même peintre qui a exécuté les fresques de l'église au XIIe siècle.

▶ **Fresques et mosaïques.** Quant à l'église Agios Nikolaos tis Stegis (village de Kakopetria), elle offre ici à voir une icône de la Vierge (XIIIe siècle) et deux fresques du XIe siècle : représentations de l'Ascension et de la Mère de Dieu priant entre les archanges Michel et Gabriel. La salle n° 2 abrite la précieuse mosaïque de la Panagia Kanakaria. Constituée de milliers de tesselles dorées, c'est la plus ancienne pièce du musée, datant des années 530. Elle était située dans l'abside de l'église paléochrétienne Panagia Kanakaria, à Boltaşlı/Lythrangomi, dans la péninsule de Karpas (zone Nord). En 1979, une partie de la mosaïque avait été retirée de l'église et revendue illégalement sur le marché de l'art. L'essentiel a pu être récupéré en 1991. La mosaïque complète représente la Vierge assise sur un trône portant le Christ enfant sur ses genoux, entourée des archanges Michel et Gabriel et surmontée des apôtres, du Christ et de la Sainte-Croix en médaillons. Toujours dans la salle n° 2 sont exposées d'autres mosaïques, des iconostases et des portes royales en bois sculpté ainsi que des icônes datant du XVIe au XXe siècle. Enfin, au sous-sol, un émouvant espace est consacré aux icônes, mosaïques et peintures murales détruites ou pillées des églises et monastères de la zone occupée par la Turquie depuis 1974.

MUSÉE D'ART POPULAIRE DE CHYPRE ★★

2, Platia Archiepiskopou Kyprianou
✆ +357 22 43 25 78
www.cypriotstudies.org
Tous les jours sauf dimanche 9h-16h, lundi 10h-14h, samedi 9h-13h – 2 €.

Fondé en 1937, ce musée national (Μουσείο Λαϊκής Τέχνης Κύπρου/Mousio Laïki Technis Kyprou, Cyprus Folk Art Museum) est installé depuis 1961 au rez-de-chaussée de l'ancien palais de l'Archevêché (XVe siècle). S'il est vieillot, il abrite une très riche collection consacrée aux traditions chypriotes grecques du XVIIe au XXe siècle : reconstitution d'un atelier de tissage et d'une chambre à coucher, instruments de musique, objets en bois sculpté, tapisseries, broderies, poteries, peintures et tableaux profanes, icônes et fresques sacrées… Les objets les plus étonnants sont situés dans le couloir, juste après la billetterie. Remarquez les *kolotzia*, des légumes de la famille des cucurbitacées. Ces calebasses *(Lagenaria siceraria)*, aussi appelées gourdes, sont décorées de motifs géométriques ou de scènes historiques. Elles servaient justement de gourde aux bergers et aux paysans. On en retrouve aujourd'hui comme décoration dans de nombreuses tavernes. Juste à côté, un autel orthodoxe grec est reconstitué avec une icône peinte entourée d'offrandes typiquement locales. Il y a tout d'abord un *ploumisto psomi* (littéralement « pain riche »). Ce type de pain décoré est toujours préparé pour la nouvelle année ou pour de grandes fêtes. Un musée lui est même consacré à Limassol.

▶ **Cochon de cire et art naïf.** L'autel abrite aussi des *tamata*, sortes d'ex-voto déposés dans les sanctuaires pour demander l'intercession d'un saint face à une épreuve de la vie. Ils sont en métal et, surtout, en cire. Ces derniers sont propres aux chrétiens du Proche-Orient (Syrie, Chypre…). Ils représentent des parties du corps ou des enfants touchés par une maladie ou un handicap, mais aussi des animaux domestiques, comme ici un cochon. Cette pratique est encore courante : les fidèles déposent des *tamata* auprès d'icônes ou de reliques réputées « miraculeuses ». Toujours dans le couloir, un peu plus loin à droite, deux peintures ont été détachées d'un café disparu du village de Geri *(10 km au sud-est de Nicosie)*. Elles représentent deux héros de la culture populaire panhellénique : le général Athanasios Diakos (1788-1821), qui s'illustra lors de la Guerre d'indépendance grecque, et Panayotis Koutalianos, qui fut un lutteur célèbre en Europe et en Amérique dans les années 1860-70 (en grec le terme *koutalianos* désigne depuis un « homme fort »). Enfin, au bout du couloir, on ne peut que tomber sous le charme des tableaux du peintre naïf Michalis Kassialos (1885-1974).

MUSÉE DES MOTOS DE COLLECTION

44, Granikou ✆ +357 22 68 02 22
agrino.org/motormuseum
Lundi-vendredi 9h-13h et 15h-18h, samedi 9h-13h. 5 €.

Ce musée (Μουσείο Ιστορικής Μοτοσικλέτας Κύπρου/Mousio Istorikis Motosikletas Kyprou, Cyprus Classic Motorcycle Museum) a été créé en 2005 par un passionné qui expose ici 150 modèles de deux-roues datant de 1914 à 1983, dont trois servaient à l'escorte de police de l'archevêque Makarios III. À côté du musée, à l'angle des rues Granikou et Agiou-Marona, remarquez le masjid Tophane (XVIIIe siècle). Rénové en 2014, il s'agit d'une petite mosquée ottomane sans minaret et à la porte verte.

MUSÉE LEDRA ET OBSERVATOIRE ★

Arsinois
✆ +357 22 67 93 69
Tous les jours sauf dimanche 11h-17h ou 10h-19h selon la saison. 2,50 € (avec audioguide en français).

Ce musée (Μουσείο Λήδρας και Παρατηρητήριο/Mousio Lidras kai Paratiritirio, Ledra Museum and Observatory) vaut pour son emplacement, au 11e étage de la tour Shacolas. Construite en 1959, celle-ci fut longtemps le plus haut immeuble de l'île avec 50 m de hauteur et le seul moyen d'observer la partie sous occupation turque. Une exposition créée en 1998 en collaboration avec la Fondation Leventis revient sur l'histoire de Nicosie. On profite surtout de la vue à 360 degrés sur la ville.

MUSÉES DU LYCÉE PANCHYPRIOTE

10-16, Agiou Ioannou
✆ +357 22 46 60 14
Tous les jours sauf dimanche 9h-15h30, mercredi jusqu'à 17h, samedi jusqu'à 13h – gratuit.

Ces « musées » (Μουσεία του Παγκυπρίου Γυμνασίου/Mousia tou Pankypriou Gymnasiou, Pancyprian Gymnasium Museums) sont en fait douze salles d'exposition d'un même musée attenant au plus ancien établissement scolaire de l'île. Une salle est consacrée à l'histoire de ce lycée fondé en 1812 où enseigna l'écrivain Lawrence Durrell de 1953 à 1956. On y trouve aussi des collections d'archéologie, d'art gothique, d'histoire naturelle, de numismatique, de cartes et d'armes et une galerie d'art.

MUSÉE LEVENTIS ★★

15-17, Hippocratous
✆ +357 22 66 14 75
www.leventismuseum.org.cy
Tous les jours sauf lundi 10h-16h30 – gratuit.

Situé dans un élégant bâtiment néoclassique de 1892, ce musée municipal (Λεβέντειο Δημοτικό Μουσείο/Leventio Dimotiko Mousio) regroupe des objets retraçant les 5 000 ans d'histoire de Nicosie, du Paléolithique au XXe siècle. Créé en 1989, il abrite en particulier la collection privée du commerçant chypriote Anastasios Leventis (1902-1978) qui fit fortune en Afrique. La muséographie moderne et didactique rend la visite agréable. Dans la salle n° 2, au rez-de-chaussée, sont exposés les plus anciens objets (3900-325 av. J.-C.), essentiellement des céramiques provenant de tombes de Ledra, l'ancêtre de Nicosie fondée vers 1050 av. J.-C. Tout le 1er étage est consacré à la ville du Moyen Âge au XIXe siècle. La longue période byzantine (IVe-XIIe siècles) est retracée dans une seule salle (n° 4), presque uniquement au travers de pièces de monnaie. Les trois salles suivantes, consacrées à la période des Lusignan (1192-1489), sont les plus riches : pièces de monnaie franques et byzantines, bijoux, armes, armures et très beaux exemplaires de plats colorés et vernissés. Les deux salles sur la période vénitienne (1489-1570) abritent de superbes pièces de vaisselle et des plans des formidables fortifications de la ville.

De l'ère ottomane à celle des pillages. Les salles nos 11 à 15 sur la période ottomane (1570-1878) sont assez pauvres, malgré d'intéressants exemples d'orfèvrerie (salle n° 14). Mais elles sont très didactiques. On comprend ainsi que les habitants orthodoxes profitaient d'une plus grande liberté religieuse que durant l'occupation latine. Au 2e étage, la période britannique (1878-1960) se résume à une salle avec des objets et documents du quotidien : service à thé, journaux, costumes, timbres, etc. En redescendant au rez-de-chaussée, il ne faut pas manquer deux autres fonds privés eux aussi confiés à la municipalité. Dans la salle n° 17, la collection Leto et Costakis Severis est « politiquement sensible ». Elle est en effet en grande partie composée d'objets archéologiques provenant de pillages réalisés durant le conflit civil entre communautés chypriotes grecque et turque des années 1960. Ce fonds, qui compta jusqu'à 2 000 objets, fut lui-même en grand partie pillé lors de l'invasion de 1974. Les pièces exposées ici n'en demeurent pas moins précieuses et leur origine douteuse est signalée par le musée. Enfin, dans la salle n° 19 sont présentés les 150 objets rescapés (dont de gracieuses poteries en terre cuite) de la grande collection Phylactou créée entre 1935 et 1944, puis disloquée lors du chaos de l'invasion turque.

PALAIS DE L'ARCHEVÊCHÉ ★

4, Platia Archiepiskopou Kyprianou
✆ +357 22 55 46 00
churchofcyprus.org.cy
Ne se visite pas.

Ce palais (Αρχιεπισκοπικό Μέγαρο/Archiepiskopiko Megaro, Archbishop's Palace) est la résidence officielle de l'archevêque de Chypre, le chef de l'Église orthodoxe du pays. Le bâtiment jouit dans l'île d'une aura considérable tant au niveau religieux et moral que politique, faisant parfois figure de « palais présidentiel bis ». Une confusion qui doit beaucoup à Marakios III qui fut à la fois archevêque (1950-1977) et président de la République (1974-1977) de Chypre. Et c'est lui qui fit ériger le palais entre 1956 et 1960. De style néo-byzantin, cet édifice de deux étages s'étend sur 50 m de largeur en façade. S'il n'est pas ouvert aux visites, il fait partie d'un vaste complexe qui comprend plusieurs bâtiments accessibles et pour certains très intéressants. Il y a tout d'abord l'ancien palais de l'Archevêché (XVe siècle) qui abrite le musée d'Art populaire et le musée de la Lutte nationale. À côté se trouve la cour qui donne sur l'entrée de la Fondation culturelle Makarios-III. Celle-ci se compose du Musée byzantin et de la pinacothèque Makarios-III. Enfin, le complexe comprend non pas une mais deux cathédrales : la cathédrale Agios Ioannis Theologos du XVIIe siècle et la nouvelle cathédrale Apostolos Varnavas consacrée en 2021. Entouré de grilles, le palais donne aussi à voir un buste de Makarios III ainsi que les deux voitures blindées de l'archevêque-président exposées derrière une vitrine : une Cadillac Fleetwood de 4,2 tonnes et une Mercedes 600, la même que celles d'Elvis Presley et de Mireille Mathieu.

© MARCIN KRZYZAK/SHUTTERSTOCK.COM

PINACOTHÈQUE MAKARIOS-III ★★

4a, Platia Archiepiskopou Kyprianou
✆ +357 22 43 00 08
www.makariosfoundation.org.cy/11.html
Lundi-vendredi 9h-13h et 14h-16h30 – 4 € avec le Musée byzantin.

Cette pinacothèque (Πινακοθήκη Ιδρύματος Αρχιεπισκόπου Μακαρίου Γ'/Pinakothiki Technis Idrymatos Archiepiskopou Makariou G, Archbishop Makarios III Foundation Art Galleries) abrite une intéressante collection d'art européen acquise en 1963 par l'archevêque Makarios III (1913-1977). Ouverte en 1982, elle fait partie de la Fondation Makarios-III installée au sein du complexe du palais de l'Archevêché. La salle n° 1 est consacrée à la peinture européenne : au milieu de toiles anonymes des écoles italienne, flamande et française, se détachent *Le Sacrifice de Noé après le Déluge* (XVIIe siècle) de Nicolas Poussin, un *Satyre* (XIXe siècle) de Jean-Auguste-Dominique Ingres, un portait de saint Jean-Baptiste (XVIe siècle) par Caravaggio et *Le Christ descendu de la Croix* (XVIe siècle) par Sebastiano del Piombo. La salle n° 2 a pour thème la Grèce vue par les peintres occidentaux. L'œuvre majeure est ici ce tableau signé « E. D. » et attribué à Eugène Delacroix : *Le Comte de Palagiano en costume grec* (1885). Deux gravures de Claude Gellée, dit Le Lorrain (1600-1682), sont présentes. Le maître du paysage classique imagine le temple d'Apollon de Délos en s'inspirant du… Panthéon de Rome. Et, sans lien avec la Grèce, notez une étude de Géricault de 1817 pour le *Radeau de la Méduse*. Enfin, les salles n°s 3-4 regroupent des tableaux grecs et chypriotes. Remarquez ceux du peintre et sculpteur grec Nikos Khatzikyriakos-Ghikas (1906-1994) et ceux du Chypriote Adamantios Diamantis (1900-1994).

SITE ARCHÉOLOGIQUE DE L'ANCIEN HÔTEL DE VILLE ★

400 m à l'est de l'église Panagia Faneromeni par la rue Lefkonos, 200 à l'ouest du palais de l'Archevêché.
Accès libre. Juste à côté : un café-restaurant (tous les jours sauf dimanche) et le centre municipal des Arts.

Ce petit site de 8 000 m^2 (Αρχαιολογικός Χώρος Παλαιού Δημαρχείου/Archaiologikos Choros Palaiou Dimarchiou, Old Town Hall Archaeological Site) est bien aménagé et mérite une halte sur le chemin du palais de l'Archevêché. Il abrite des vestiges des XIe-XVIe siècles : deux églises, des habitations privées, des ateliers et des puits. Il se trouve à l'emplacement de l'ancien hôtel de ville et fut mis au jour en 2002 lors de travaux de construction d'un immeuble des services municipaux.

NICOSIE

POINT DE PASSAGE DES RUES LEDRA ET LOKMACI

Ledras

24h/24 – se munir d'un passeport – 2 paquets de cigarettes et 5 cl d'alcool peuvent être rapportés du nord vers le sud.

Situé presque au centre de Nicosie, le point de passage des rues Ledra et Lokmacı est l'unique lien entre les parties sud et nord de la vieille ville. Ouvert en 2008 et réservé aux piétons, il fait partie des 9 points de passage à travers la « ligne verte » qui coupe le pays en deux. Contrôlé par 3 forces de police, il est emprunté par de nombreux habitants et touristes. L'endroit est officiellement appelé *Ledra/Lokmacı crossing* (en anglais) par les Nations unies.

Côté nord

En turc, le point de passage est appelé « porte de Lokmacı » (Lokmacı Kapısı) ou « poste frontalier de Lokmacı » (Lokmacı Sınır Kapısı).

Check-point. Il se compose de deux rangées de préfabriqués avec chacune 8 guichets : l'une côté ouest pour les entrées dans la zone Nord, l'autre côté est pour les sorties vers la zone Sud. Il est tenu par des policiers de la « RTCN » qui scannent les passeports. Jusqu'en 2016, un visa de 90 jours était délivré sous la forme d'un coup de tampon sur une feuille volante. Ce n'est désormais plus le cas, même si la durée d'un séjour en zone Nord reste limitée à 90 jours (le scan du passeport sert à vérifier cela). Les contrôles sont en général rapides.

À proximité. À côté des guichets des entrées se tient, dans un autre préfabriqué, un bureau d'information touristique. Juste après, se trouve le croisement avec la rue Ermou (ancienne grande artère commerçante de Nicosie), dont l'accès est bloqué par l'armée turque, puis les premiers commerces et cafés de la rue Girne. On parvient 30 m plus loin à une place avec bureaux de change et distributeurs de billets. De là partent plusieurs rues. Sur la droite, la rue piétonne Arasta est désormais l'artère la plus commerçante de la vieille ville de Nicosie-Nord. C'est elle qui mène vers le quartier Selimiye comptant les plus riches lieux de visite de tout Nicosie.

Histoire. Le check-point est situé au bout de la rue Girne (Kyrenia, en grec), mais ce tronçon est surnommé Lokmacı. Ce nom provient de l'ancienne boutique Lokmacı Krikor qui était tenue au XIXe siècle par une famille chypriote arménienne vendant une friandise d'origine turque : des *lokmas*, petits beignets ronds enrobés de miel ou de sirop. Appelés *lokmades* en grec et *lokması* en turc, leur nom est dérivé de l'arabe *lokmat* signifiant « bouchées ».

Zone tampon

Entre les deux points de contrôle, il faut traverser une portion de rue d'environ 25 m de longueur placée sous le contrôle des Nations unies.

Histoire. Avant l'ouverture du point de passage, cette portion de rue était un no man's land : les immeubles furent progressivement abandonnés à partir de 1956 et des barricades installées de part et d'autre en 1963. Dès que la décision prise de rouvrir le passage, le 26 mars 2008, des travaux de déminage et de consolidation des bâtiments en ruine furent entrepris en urgence par les casques bleus. Après 34 ans, les premiers piétons furent autorisés à traverser ce tronçon le 3 avril 2008 à 9h du matin. Pour la seule année 2008, on enregistra 700 000 passages.

Aujourd'hui. Depuis 2008, les immeubles du tronçon entre les deux points de contrôle ont tous été consolidés et leurs murs extérieurs restaurés. Une association intercommunautaire y a même désormais son siège. C'est devant ces bureaux que se tiennent des manifestations quotidiennes (en général vers 17h) pour la paix et la réunification organisées par des mouvements citoyens des deux zones. Sous la surveillance d'observateurs et policiers non armés de l'Onu, l'ambiance y est bon enfant. On peut sans problème se joindre aux manifestants qui chantent en grec, en turc et en anglais. Jour et nuit, on peut rester là aussi longtemps que l'on veut et prendre des photos. Mais il est strictement interdit d'emprunter les ruelles transversales – plus ou moins bouchées – vers le no man's land, toujours en ruine et en certains endroits miné.

Côté sud

En grec, pour désigner les points de passage entre les deux zones, le terme de « frontière » n'est jamais employé, puisque la République de Chypre s'étend officiellement sur la partie Nord de l'île. Ici, il s'agit du « point de passage de la rue Lidra » (σημείο διέλευσης της οδού Λήδρας / *simío diélefsis tis odoú Lídras*).

Check-point. Il est constitué d'un seul bureau tenu par la police cypriote et doté de 4 guichets pour les entrées et sorties. Les agents scannent les passeports dans les deux sens et sont volontairement peu souriants (chaque passage vers le Nord est une reconnaissance implicite de la « RTCN »), mais les formalités sont rapides. En arrivant de la zone Nord, mieux vaut respecter les limitations fixées quant aux achats que l'on peut rapporter côté sud.

À proximité. Le check-point débouche directement sur la rue piétonne Ledra, principal axe de la partie sud de la ville qui mène jusqu'à la place Eleftherias. On trouve un centre d'information, de nombreux cafés, restaurants et boutiques, mais aucun bureau de change. Dans la *stoa* (passage couvert) d'un immeuble moderne, quelques à mètres à gauche en arrivant de la zone Nord, se tient le premier et le dernier samedi du mois le Gynaikobazaro, marché uniquement tenu par des femmes. Il s'agit d'une initiative lancée lors de l'ouverture du passage en 2008 pour faire revivre l'atmosphère multicommunautaire de l'ancien « marché des femmes » qui se tenait là jusqu'en 1958.

CHAPELLE AGIOS MNASON

A la sortie nord du village de Politiko, en direction d'Episkopio.

Entrée libre.

Cette jolie chapelle n'est pas d'un grand intérêt historique, mais le saint à qui elle dédiée présente de nombreuses similitudes avec saint Héraclite : même époque, même origine, et même parcours que saint Barnabé et saint Paul. Et une fin presque similaire, sauf que saint Mnason s'en échappa par un miracle : à deux doigts d'être lapidé par la foule, il rendit aveugle ses assaillants et ne leur fit recouvrer la vue qu'en échange de leur conversion. La chapelle est aujourd'hui tout ce qu'il reste de l'ancien monastère Agios Mnason, sans doute détruit au XIIe siècle.

GALERIE NATIONALE D'ART CONTEMPORAIN ★

1, Kritis

✆ +357 22 45 82 28

www.moec.gov.cy

Tous les jours sauf lundi 10h-18h, samedi 11h-20h. Gratuit.

Ce musée (Κρατική Πινακοθήκη Σύγχρονης Τέχνης/Kratiki Pinakothiki Synchronis Technis, State Gallery of Contemporary Art) est reparti en deux lieux. Ici, la galerie originelle de 1990 est installée dans une jolie villa coloniale des années 1920. Elle expose des artistes de la première moitié du XXe siècle. Elle présente notamment les œuvres des deux précurseurs de l'art contemporain à Chypre, le sculpteur Andreas Thymopoulos (1881-1953) et le peintre Vassilis Vryonides (1882-1958).

ELEFTHERIA SQUARE ★

Eleftheria Square

La place de la « Liberté » (Πλατεία Ελευθερίας/Platia Eleftherias) est le point central de Nicosie-Sud. Elle fait la jonction entre la rue Ledra (vieille ville) et le boulevard circulaire (ville nouvelle). Au terme d'un long projet (2005-2021) piloté par la prestigieuse architecte irako-britannique Zaha Hadid (1950-2016), toute la zone a été réaménagée avec un pont, un parking souterrain et un parc public qui s'insèrent habillement entre les remparts, les douves et les bastions D'Avilla (mairie) et Tripoli (gare routière). C'est un grand lieu de rassemblement.

MUSÉE D'HISTOIRE NATURELLE

Odysseos

✆ +357 22 58 58 34

www.natmuseum.org.cy

Lundi-vendredi 8h30-13h – sur rendez-vous – gratuit – possibilité de visite de la brasserie.

Ce musée (Κυπριακό Μουσείο Φυσικής Ιστορίας/Kypriako Mousio Fysikis Istorias) est installé au sein d'une brasserie Carlsberg. Il a été créé en 1996 par Photos Photiades (1920-2018), également fondateur du groupe qui brasse les bières chypriote Leon et danoise Carlsberg. Interessante exposition sur la faune, la flore et la géologie de Chypre, avec de nombreux animaux empaillés, dont un requin griset (*Hexanchus griseus*), très présent autour de l'île, mais inoffensif pour l'Homme.

NICOSIE

© MICHALAKIS PPALIS/SHUTTERSTOCK.COM

Eleftheria Square.

MUSÉE DE CHYPRE ★★★

1, Mouseiou ✆ +357 22 86 58 54

www.mcw.gov.cy

Tous les jours sauf lundi 8h-18h, samedi 9h-17h, dimanche 10h-13h, jusqu'à 20h le premier mercredi du mois – gratuit.

Le plus grand musée de l'île (Κυπριακό Μουσείο/Kypriako Mousio, Cyprus Museum) est aussi appelé Musée archéologique de Chypre (Αρχαιολογικό Μουσείο της Κύπρου/Archeologiko Mousio dis Kyprou). Fondé en 1882, il abrite de précieux objets mis au jour à travers l'ensemble du pays depuis deux siècles. Installé dans un bâtiment colonial britannique d'un seul niveau, il profite d'une présentation soignée qui rend la visite agréable (comptez 2h). Intéressante boutique (reproductions, livres, objets déco...).

▸ **Figurines cruciformes** – *salle n° 1.* Sont ici présentés des objets du néolithique des périodes précéramique et céramique jusqu'à la fin du chalcolithique (9000-2500 av. J.-C.) : outils, silex, poteries bicolores. Les plus importantes pièces sont les figurines humaines cruciformes en picrolithe (pierre tendre), répandues au 4e millénaire av. J.-C., typiques de la culture chalcolithique de Chypre. Remarquez notamment cette statuette féminine provenant du site de Kissonegra (Paphos), aux détails très fins et portant elle-même un pendentif. Dans la même vitrine se trouve la « star » du néolithique chypriote : la « dame de Lampa » (3e millénaire av. J.-C.), découverte en 1976 sur le site de Lempa (Paphos) et une autre, trouvée à Kissonegra et unique à Chypre, représentant une femme en train d'accoucher. Ces statuettes sont les plus anciens témoignages d'une pratique religieuse dans l'île, sans doute liés à un culte de la fertilité.

▸ **Céramiques** – *salles nos 2 et 3.* La salle n° 2 regroupe les céramiques du néolithique (5000-3900 av. J.-C.) avec des récipients, une grosse louche, des objets décoratifs ou votifs. Dans la vitrine centrale, notez ces personnages réunis dans une pièce circulaire avec une figurine au long cou et les animaux offerts en sacrifice. Dans la salle n° 3, on suit l'évolution technique avec des céramiques de l'âge de bronze moyen (1500-1100 av. J.-C.) à la période romaine (à partir de 58 av. J.-C.) avec des influences et des importations mycéniennes, phéniciennes et de l'Attique. Au milieu de la salle, ce cratère (850-750 av. J.-C.) qui servait à préparer le vin est décoré d'un groupe de danseurs et musiciens.

▸ **Figurines du sanctuaire d'Agia Irini** – *salle n° 4, avec vidéo en anglais.* C'est l'une des salles les plus spectaculaires du musée. Des centaines de statuettes humaines, animales et mythologiques de toutes tailles (de quelques centimètres à plus de 1 m de hauteur), en argile, sont placées en arc de cercle. Elles datent des VIIe et VIe s. av. J.-C. et ont été retrouvées intactes et sous cette forme sur le site d'Agia Irini (région de Güzelyurt/Morphou) en 1929 par des archéologues suédois.

▸ **Sculptures** – *salle n° 5.* Sont présentées les statues de la période chypro-archaïque (VIIIe-Ve av. J.-C.) à la période romaine. En l'absence de carrière de marbre à Chypre, les statues de marbre sont rares et importées (seuls deux exemplaires sont présentés). On travaille alors surtout le calcaire et la terre cuite pour représenter des figures humaines : divinités (Aphrodite en particulier), héros de la mythologie, kouroi (jeunes hommes), korés (jeunes femmes), athlètes, satyres, etc. On dénote d'abord de fortes influences égyptiennes, puis grecques, notamment dans les visages aux traits fins. Remarquez la mode vestimentaire du VIe siècle av. J.-C : les kouroi dont le bras droit (« en écharpe ») reste dissimulé sous l'étoffe. Enfin, la dernière grande acquisition du musée est le groupe de deux

Figurines du sanctuaire d'Agia Irini, Musée national, Nicosie.

sphinx et trois lions en calcaire (VIe siècle av. J.-C.), tout à fait unique, découvert en 1997 sur le site de Tamassos, près de Nicosie.

Statues de la période romaine – *salle n° 6*. Il s'agit surtout de statues de marbre (importées) et de bronze (principale richesse de l'île). L'espace est dominé par une statue colossale en bronze de l'empereur Septime Sévère (119-211) découverte en 1928 sur le site de l'ancienne cité de Chytri (village de Değirmenlik/Kythrea, zone Nord). Remarquez également les statues de divinités égyptiennes provenant des temples de l'antique Soli, près de Güzelyurt/Morphou.

Objets de bronze, pièces de monnaie et bijoux – *salle n° 7*. La salle n° 7 est divisée en trois sections. La première est dédiée à la riche collection d'objets de bronze de différentes périodes : outils agricoles, armes, casques, sceaux utilisés pour la monnaie d'échange (petits cylindres de la taille d'un filtre de cigarette) et objets rituels, comme cette statue du XIIe siècle av. J.-C. d'une divinité à cornes provenant d'Engomi (banlieue de Nicosie) représentée sur un lingot de cuivre en forme de « peau de bœuf ». La 2e section *(au centre)* abrite une collection numismatique complète avec des exemplaires de pièces frappées par les 10 royaumes chypriotes, ainsi que des tétradrachmes de la période de domination des Ptolémées découverts en 1978 sous les mosaïques de la villa Dionysos du parc archéologique de Paphos. La 3e section contient des bijoux en or, des vaisseaux d'argent, des objets en verre et en ivoire ainsi que des lampes datant de l'âge de bronze jusqu'au début de l'ère chrétienne.

Art funéraire – *salles nos 8-11, dans l'aile nord du musée*. Dans la salle n° 8 sont reconstituées des tombes qui montrent l'évolution des rites funéraires du IVe millénaire au IVe siècle av. J.-C. La salle n° 9 abrite une collection de stèles et sarcophages du VIe s. av. J.-C. au IIe siècle de notre ère. Remarquez notamment la stèle aux deux lions et celle représentant un guerrier tenant son bouclier de la main gauche. La salle n° 10 contient également des stèles funéraires. Ces dernières permettent de suivre l'évolution de l'écriture chypriote depuis le syllabaire chypriote, utilisé du XIe s. au IVe siècle av. J.-C., puis abandonné au profit de l'alphabet grec sous l'impulsion du roi Évagoras de Salamine. Dans cette même salle, le seul objet non funéraire exposé ici est une pièce unique à Chypre datant du Ier siècle de notre ère : les horoscopes de deux personnes gravés sur une même tablette de calcaire, l'un se référant au calendrier romain, l'autre aux calendriers juif et égyptien.

Métallurgie – *salle n° 12 (aile nord)*. Cette salle revient principalement sur l'exploitation du cuivre qui occupa une place centrale dans la vie économique de Chypre durant toute l'Antiquité. Le nom de l'île (Κύπρος/Kypros en grec) pourrait d'ailleurs provenir du terme *kuprous* qui, dans la langue parlée ici à l'âge de fer (l'étéo-chypriote), signifiait « cuivre ». On peut voir une reconstitution d'une mine et des différentes étapes du travail du cuivre, plusieurs objets de bronze (alliage de cuivre), comme le talent (39 kg), principale unité de mesure pour les échanges commerciaux, ainsi que des moules utilisés pour la fabrication de flèches, outils et d'autres objets de bronze.

Musée de Chypre.

Exposition temporaire – *à gauche de la salle n° 12 (aile nord)*.

Salamine de Chypre – *salles nos 11 (aile nord) et 13 (en reprenant le sens de la visite à partir de la salle n° 7)*. Deux salles sont consacrées au site de l'ancienne capitale de Chypre (près de Famagouste). La salle n° 12 contient les objets découverts dans les tombes des rois de Salamine : lit en bois et trône revêtus d'ivoire, très beaux visages en argile (représentent sans doute les membres de la dynastie Nicocréon de Salamine), chaudron de bronze, unique en son genre, portant sur ses rebords des bustes de griffons et de sphinx, etc. La salle n° 13 abrite quant à elle des statues de marbre (importées) qui décoraient le gymnase de Salamine au IIe s. de notre ère, dont une magnifique statue d'Apollon Kitharodos (« jouant de la lyre »).

Figurines en forme de planche – *salle n° 14*. La dernière salle est consacrée aux figurines typiques de Chypre, que l'on retrouve de l'âge du cuivre (2100 av. J.-C.) à la période romaine. Réalisées généralement en terre cuite, elles se caractérisent par leur aspect simpliste et leur forme de planche ou planchette surmontée d'une tête plate. Il s'agit de représentations d'une divinité de la fertilité invoquée notamment lors de l'accouchement. La salle abrite d'autres réalisations en terre cuite de périodes différentes, dont des masques et figurines d'acteurs du théâtre antique.

MUSÉE DE LA POLICE

À Aglantzia, 4 km au sud-est de la place Solomos. En bus arrêt « Police Headquarters » (lignes 4, 5, 23, 25, 26 et 42). ✆ +357 22 80 87 93

www.police.gov.cy

Lundi-vendredi 9h-13h – gratuit.

Ce musée (Μουσείο Κυπριακής Αστυνομίας/Mousio Kipriakis Astinomias) est situé à côté du quartier général de la police et 500 m au sud de la petite gare routière Kapnos Airport Shuttle. Vous pouvez donc y passer quelques instants avant de prendre la navette reliant l'aéroport de Larnaka. Créé en 1933, au départ uniquement pour initier les jeunes recrues, il est ouvert au public depuis 2004. Il relate les enquêtes les plus marquantes de l'île au XXe siècle et présente différents types de matériels utilisés par les forces de l'ordre depuis la période britannique.

PLACE SOLOMOS

Plateia Solomou

Cette place (Πλατεία Σολωμού/Platia Solomou) accueille depuis 2011 la gare routière de Nicosie, entre la vieille ville et la ville nouvelle. S'étendant entre le bastion Tripoli et un pont au-dessus des douves vénitiennes, elle porte le nom de Dionysios Solomos (1798-1857), auteur du poème *Hymne à la Liberté* qu'il rédigea en 1823 et qui devint l'hymne national de la Grèce (1865), puis de Chypre (1966). Un buste de celui-ci est installé au sud de la place, au niveau des départs des bus Intercity. Au nord se dresse un ancien petit château d'eau ottoman à coupole.

SITE ARCHÉOLOGIQUE DE TAMASSOS ★★

Dans le village de Politiko (Πολιτικό), 22 km au sud-ouest de Nicosie. GPS : 35.028512, 33.243044.

✆ +357 22 62 26 19 - www.mcw.gov.cy

Lundi-vendredi 9h30-17h (hors saison : 8h30-16h) – 2,50 €.

Ce petit site archéologique (Αρχαιολογικός Χώρος Ταμασσού/Archeologikos Choros Tomassou) n'est pas très bien mis en valeur, mais on peut y visiter deux majestueuses tombes dites « royales ». Mentionnée dans l'*Odyssée* d'Homère sous le nom de Temese, Tamassos fut au VIIe siècle av. J.-C. l'une des dix cités-royaumes de Chypre. Cette ville assyrienne tirait alors ses richesses de mines de cuivre. Le site abrite également les vestiges d'un temple vraisemblablement dédié à Aphrodite.

PINACOTHÈQUE LEVENTIS ★★★

5, Anastasiou G. Leventi

✆ +357 22 66 88 38

www.leventisgallery.org

Mercredi 10h-22h, jeudi-dimanche 10h-17h – 5 € (7 € avec audioguide en anglais).

Cette galerie d'art ouverte en 2014 (Λεβέντειος Πινακοθήκη/Leventios Pinakothiki, Leventis Gallery) abrite 800 œuvres, principalement des tableaux de grands artistes français, grecs, chypriotes et européens des XIXe et XXe siècles. Elles faisaient partie de la formidable collection de l'homme d'affaires chypriote et amateur d'art Anastasios G. Leventis (1902-1978) qui fit fortune au Nigeria et vécut à Paris. Au rez-de-chaussée, l'espace consacré aux peintres chypriotes abrite *Le Monde de Chypre* (1967-1972), composition en onze panneaux d'Adamantios Diamantis (1900-1994). Au premier étage, changement de décor avec les appartements parisiens où vécu Leventis à partir de 1948. Les deux adresses du boulevard Suchet et de l'avenue Foch sont reconstituées avec des petits bronzes du XVIIe siècle, des porcelaines chinoises de la dynastie Tang (VIIe-Xe siècles), des peintures de l'atelier du Titien (XVe-XVIe siècles), une *Tête du Christ* de Rubens (XVIIe siècle)... L'homme d'affaires avait accordé une place particulière à *L'Extase de saint François*, petit tableau (30 x 35 cm) du Greco peint vers 1585/1590. Parmi les autres chefs-d'œuvre, notez les vues de Venise et Florence par Canaletto (mi-XVIIIe siècle) et les tableaux de Fragonard et de Gainsborough (XVIIIe siècle).

▸ **Monet, Renoir, Chagall...** S'en suit une autre très riche salle (« De l'impressionnisme au modernisme »). On retrouve ici le pointillisme de Paul Signac avec *Le Chaland* (1901), un Monet méconnu (*La Seine à Jeufosse près de Vernon*, 1884), une belle *Plage de Trouville* (1889) d'Eugène Boudin, des œuvres tardives de Pissarro et de Sisley, comme cette *Vue de Moret et des rives du Loing* (1887) et pas moins de trois tableaux de Renoir, dont un émouvant portrait de son fils (*La Collerette*, 1909). Plus près de nous, la collection comprend des œuvres des frères Raoul et Jean Dufy et un Chagall de la série des *Fiancés au bouquet* (1954-1963). Remarquez également la petite sculpture d'Aristide Maillol. Le deuxième étage abrite les peintres grecs. On prend plaisir à se plonger dans les magnifiques paysages des Cyclades, du mont Athos et de l'Acropole d'Athènes vus par des artistes classiques de la fin du XIXe siècle ou plus contemporains avec une étonnante vue de l'île d'Hydra sculptée sur bois et peinte par Tassos (1914-1985). On note aussi les *Faucheurs* de Stelios Miliadis (1881-1965), un élégant *Paysage japonais* du Franco-grec Démétrios Galanis (1879-1966) ainsi que les beaux portraits des grands peintres Giorgos Gounaropoulos (1890-1977) et Panayiotis Tetsis (1925-2016).

BEDESTEN ★★★

Kuyumcular Sk

Tous les jours 8h-18h - gratuit.

Avec la mosquée Selimiye située juste à côté, le Bedesten est un des monuments phares de Nicosie. Il s'agit de l'ancienne église catholique Saint-Nicolas érigée à partir de la fin du XIIe siècle. Un temps transformée en « marché fermé » (bezistan en français, *bedesten* en turc) par les Ottomans, elle a connu une vie mouvementée. Mais le bâtiment a conservé une partie de sa formidable architecture gothique mêlant diverses influences. Un grand projet de rénovation achevé en 2009 a reçu le prestigieux prix Europa Nostra. Désormais transformé en centre culturel, l'édifice accueille des expositions et conférences tout au long de l'année.

Histoire

Église. Une première basilique byzantine a été construite à cet emplacement vers le VIe siècle. Et c'est à la fin du XIIe siècle qu'est érigée l'église catholique Saint-Nicolas. Celle-ci est d'abord confiée par les Lusignan à aux moines anglais de l'ordre de Saint-Thomas de Canterbury, proche des rois de France. Puis l'église passe progressivement sous la coupe des orthodoxes qui la rebaptisent Panagia Odigitria (« Vierge qui montre la voie »). Agrandi plusieurs fois au cours des XIVe et XVe siècles, le bâtiment devient le siège de l'évêché orthodoxe de Nicosie durant la période vénitienne (XVIe siècle).

Marché. En 1573, les Ottomans transforment l'église en bedesten, marché fermé la nuit pour sécuriser ses soieries et biens de luxe. Le nom lui restera. Le lieu change pourtant plusieurs fois de fonctions à partir du siècle suivant, servant aussi bien de halle des bouchers que d'entrepôt de blé. Cœur commercial de Chypre pendant trois siècles et demi, le Bedesten est fermé en 1935 après la création du nouveau marché situé à côté. Il est par la suite utilisé comme lieu de stockage et d'exposition de pierres tombales médiévales jusqu'au lancement d'un vaste projet international de restauration en 2004.

Visite

Ce bâtiment d'environ 30 m de longueur a conservé l'apparence de l'église telle qu'elle était au XVIe siècle, avec son architecture empruntant aussi bien aux styles gothiques et byzantins qu'à la Renaissance française, vénitienne ou espagnole. D'importantes parties ont toutefois disparu : l'essentiel du pavement et de la toiture (remplacée par une structure moderne en 2009) ainsi que la plus grande partie des bâtiments conventuels de l'ancien monastère.

Extérieur. L'église n'ayant pas été transformée en mosquée, de nombreux éléments originaux sont préservés. Ceux-ci témoignent de différents styles : le dôme byzantin situé au-dessus du chœur, d'imposantes gargouilles gothiques en forme de chiens, mais aussi les 4 portails de la façade nord qui révèlent des influences à la fois latines et orientales.

Portail principal – *façade nord, face à la mosquée Selimiye.* Au-dessus du linteau en marbre décoré d'une croix, le tympan conserve la représentation de saint Nicolas (au visage martelé durant l'ère ottomane) entourée des 6 blasons de grandes familles vénitiennes. Les 4 voussures en arc brisé ornées de motifs végétaux reposent sur 8 chapiteaux sculptés dont sept sont des visages ornés de feuillage. Il s'agit de représentations de l'« homme vert », symbole d'origine païenne évoquant la force de la nature. C'est ici un cas unique dans le monde orthodoxe : ce motif ornemental est relativement fréquent dans les bâtiments médiévaux de Grande-Bretagne et, dans une moindre mesure, en France, mais il est complètement absent des églises orientales.

Portail secondaire – *à droite du portail principal de la façade nord.* Son linteau en marbre est sculpté d'une petite scène de la dormition de la Vierge Theotokos (mort et montée au ciel de la Mère de Dieu), thème très fréquent dans l'iconographie orthodoxe mais délaissé par les catholiques qui lui préfèrent celui de l'Assomption (montée au ciel de la Vierge sans évocation de sa mort).

Intérieur. Les 3 nefs asymétriques témoignent des changements et agrandissements apportés du XIIIe au XVIe siècle. On entre par la partie la mieux conservée : le bas-côté nord, composé de 4 travées et s'achevant par une chapelle (25 m de longueur). S'en suit la nef centrale, la plus longue (30 m) qui se termine par l'abside. Elle comptait à l'origine 5 travées. Deux subsistent : celle de l'autel et le dôme situé au-dessus du chœur. Enfin, le double bas-côté sud (22 m) a conservé uniquement la moitié de ses 6 doubles travées et ses deux absidioles.

Aménagements récents. Au cours de la dernière restauration, des ouvertures ont été aménagées au sol pour laisser apparaître les fondations de la basilique byzantine du VIe siècle. Une baie vitrée a également été dressée sur une moitié du côté sud de la nef principale : elle donne sur les vestiges des bâtiments conventuels et sur ceux du double bas-côté sud. En 1913, ce dernier fut notamment amputé de son portail de style roman pour décorer le jardin de la résidence du gouverneur britannique.

Plan byzantin. Si les hauts piliers et élégantes voûtes croisées évoquent une église gothique, le plan est celui d'une basilique byzantine en croix-inscrite. Les 3 nefs parallèles forment en effet une croix au niveau du chœur. La conversion de monastère catholique en église orthodoxe dédiée à la Vierge est également attestée par une des clés de voûte portant un étrange motif : une croix et un croissant de lune. Ce dernier n'est pas ici une évocation de l'Islam. Il s'agit d'un symbole d'origine païenne reliant les cycles lunaires et menstruels. Le motif de la clé de voûte est effet la représentation de la pureté de la Vierge.

BÜYÜK HAN ★★

Asmaaltı Sk

8h-20h (plus tard le samedi) - accès libre.

Ce « grand caravansérail » fut construit en 1572, deux ans après la conquête de Chypre par les Ottomans. Le Büyük Han fut le plus imposant et le plus beau des édifices de l'île conçus pour accueillir les commerçants, leurs marchandises et leurs montures. Rénové, ce lieu agréable abrite aujourd'hui cafés, restaurants et petites boutiques de souvenirs. De forme presque carrée (50,67 m x 45,25 m), le Büyük Han fut d'abord appelé Yeni Han (« nouveau caravansérail »), puis Alanyalılar Hanı (« caravansérail de ceux d'Alanya », car accueillant principalement des marchands d'Anatolie). Il prit son nom actuel au XVIIe siècle quand la ville comptait alors 18 autres caravansérails. Utilisé comme prison, centre commercial, puis hospice durant la période britannique, le lieu a pourtant été bien préservé. Autour de la cour pavée, deux niveaux desservis par des galeries aux voûtes d'inspiration gothique accueillent chacun une série de 68 chambres. À celles-ci s'ajoutent 10 espaces pour les entrepôts et écuries derrière les colonnes de l'entrée est. Cet ensemble est aujourd'hui occupé par une dizaine de petites boutiques et de cafés-restaurants. Au centre de la cour se dresse une étonnante fontaine surmontée d'un masjid (terme désignant ici une petite mosquée sans minaret). Enfin, derrière ce bâtiment se trouve ce qui est présenté comme le türbe (mausolée) du fondateur du caravansérail, Muzaffer Pacha, premier gouverneur ottoman de l'île (celui-ci a plus vraisemblablement été inhumé en Égypte ou en Libye).

CITÉ RÉSIDENTIELLE SAMANBAHÇE ★

Şaban Paşa Sk

Aucun commerce ni café sur place.

Datant du début du XXe siècle, la cité résidentielle Samanbahçe (Samanbahçe Evleri) est un ensemble de 72 petites maisons de 85 m² sur un niveau construites à l'initiative de l'Evkaf (fonds religieux musulman) afin de loger les habitants chypriotes turcs les plus pauvres de la ville. Récemment restauré, cet ensemble « HLM » mérite une petite promenade dans ses ruelles alignées portant des noms de grands hommes de l'histoire de la communauté chypriote turque.

ESPLANADE SELIMIYE ★★

Selimiye Mh

Maison Saçaklı : 9h-15h30, jeudi 8h-13h, 14h-17h - fermé week-end (sauf événements) - entrée libre.

Venez ici pour profiter d'un point de vue plus dégagé sur la mosquée Selimiye. On peut y observer les tours et clochetons du chevet de l'ancienne cathédrale Sainte-Sophie, mais surtout les contreforts qui donnent majesté et hauteur à la nef centrale.

Fontaine Ali Ruhi *(Ali Ruhi Paşa Çeşmesi) – 90 m au nord de l'arrière de la mosquée.* Datant de 1829, la fontaine permettait d'alimenter en eau la prestigieuse Büyük Medrese, la première « grande école » turcophone de l'île construite en 1573 et à l'état de ruine depuis 1931.

Ancien archevêché catholique *(Latin Başpikopos Sarayı) – juste à côté, à l'est, de la fontaine Ali Ruhi.* Avec sa façade de 20 m de long et ses 2 étages, cette belle maison fut pendant 3 siècles le symbole de la domination des Latins sur les orthodoxes. Construit au milieu du XIIe siècle, le siège des archevêques catholiques de Chypre fut pris pour cible lors d'une grande révolte en 1313. Reconstruit en 1329, il fut agrandi au XVIe siècle par des mécènes vénitiens dont les blasons sont toujours visibles. Durant la période ottomane, il fut modifié avec l'ajout d'une *cumba* (fenêtre à encorbellement) et servit de siège au premier *cadi* (juge).

Monument des Loups gris *(Ülkü Ocakları Anıt) – dans le petit parc situé juste à l'arrière de la mosquée.* Il rend hommage au mouvement ultra-nationaliste turcophone des « Foyers idéalistes », connu sous le nom de « Loups gris ».

Bibliothèque Mahmoud II *(Sultan II. Mahmut Kütüphanesi) – à côté, au, sud, du monument des Loups gris.* Ce petit bâtiment ressemble à une mosquée avec son grand dôme central et ses 3 coupoles placées au-dessus du porche. Il fut construit par le même commanditaire et la même année (1829) que la fontaine Ali Ruhi. Première bibliothèque turcophone de Chypre, elle fut nommée en l'honneur du sultan Mahmoud II qui fit un don de 1 800 ouvrages.

Maison du Chapitre *(Papazların meclis binası) – Zühtüzade Sk - en face, au sud-est, de la bibliothèque Mahmoud II (panneaux « Chapter House »).* Datant du XIVe siècle, cette bâtisse de 2 étages en pierre taillée servait de lieu de réunion aux chanoines attachés à la cathédrale Sainte-Sophie.

Maison Saçaklı *(Saçaklı Ev) – 8, Kütüphane Sk, presque en face de la maison du Chapitre (panneaux « Eaved House »).* Cette élégante « maison à avancée » du XVIIe doit son nom à son toit en saillie *(saçaklı)*. Elle abrite un centre culturel. Bâtie en forme de L autour d'une agréable cour, elle mêle éléments architecturaux ottomans (étage et toiture), abbassides (hall aux murs en treillis de bois enduits de plâtre) et francs (rez-de-chaussée).

Vue sur Buyuk Han, le plus grand caravansérail de Chypre.

KUMARCILAR HAN

Asmaaltı Meydanı

Accès libre en journée.

Ce « caravansérail des parieurs » est avec le Büyük Han le dernier des 19 caravansérails que compta Nicosie durant la période ottomane. Nettement plus petit que son grand voisin, il n'était doté que de 44 chambres pour accueillir les caravanes de commerçants. Datant de la fin du XVIIe siècle, il intègre des éléments de bâtiments de la période latine. L'origine de son nom actuel tient sans doute à la réputation très bohème du lieu, qui fut aussi appelé « caravansérail des musiciens itinérants ». Sauvé de la destruction en 2016, il n'accueille que peu de commerces.

MAISON LUSIGNAN ★

2, Yenicami Sk

9h-15h30, jeudi 9h-13h, 14h-17h - fermé week-end (sauf événement) - 5 TYR (tarif réduit 3 TYR).

Cette belle demeure du XVe siècle, dite « maison Lusignan » (Lüzinyan Evi), a été rouverte au public en 2013. Elle est décorée de meubles des périodes franque, vénitienne et ottomane. Il s'agit de l'ancienne résidence de la famille Dampierre, comtes de Champagne liés aux rois de Chypre. Elle a été remaniée au cours des siècles, notamment par l'ajout de plafonds en bois et d'une cumba (fenêtre à encorbellement), typiques de l'architecture ottomane. La voûte gothique de l'entrée conserve les armoiries sculptées de la famille Dampierre : deux poissons (bars) adossés.

MARCHÉ MUNICIPAL - TEKKÉ AZIZ EFENDI ★

Kuyumcular Sk

Tekké : le plus souvent fermé. Centre d'information municipal à l'entrée du marché.

Enserré dans la partie sud du marché, le tekké, ce lieu de culte soufi, fut érigé après la conquête de Nicosie (1570). Il abrite le turbé (tombeau) d'Aziz Efendi, aumônier de l'armée ottomane, tué lors de la prise de la ville. Adoré des soldats, le mufti eut aussi les honneurs du sultan Sélim II qui fit construire en son honneur une petite mosquée (1571) accolée au tekké. Ce mini-complexe religieux fut pendant quatre siècles un important lieu de dévotion pour les musulmans de l'île.

MOSQUÉE HAYDAR PACHA ★★

Haydarpaşa Mh

9h-18h - fermé week-end et hors expositions - entrée libre.

La mosquée Haydar Pacha (Haydarpaşa Cami) a été fondée en 1570 dans les murs de l'église catholique Sainte-Catherine, elle-même construite au XIVe siècle. Il s'agit du plus grand monument gothique de la zone Nord après la mosquée Selimiye. Elle abrite aujourd'hui un espace d'expositions temporaires. L'église d'origine appartenait au couvent Sainte-Catherine de l'ordre de Saint-Benoît (une cinquantaine de tombes de femmes ont été découverts à proximité). Transformée en mosquée après la prise de la ville par les Ottomans (1570), elle fut d'abord appelée Ağalar Camisi (« mosquée des seigneurs »), du fait de l'installation de l'élite ottomane dans le quartier. L'édifice pris son nom actuel au début du XVIIIe siècle en l'honneur de Baba Haydar, membre de la confrérie soufie Naqshbandiyya, mort en 1700. Personnage important de l'histoire ottomane, celui-ci donne également son nom à un quartier et à la célèbre gare de Haydarpaşa, à Istanbul.

Visite. Doté d'un haut minaret, d'un mihrab, d'un minbar et renforcé de contreforts durant la période ottomane, le bâtiment conserve pourtant son apparence originelle : une nef à deux travées et un chœur en abside dominé par une forêt de voûtes en ogives, des gargouilles en forme d'animaux, de hautes ouvertures et une riche ornementation extérieure (dragons, corbeaux, motifs floraux, etc.). Les visages du portail sud ont toutefois été martelés, comme celui de la représentation évoquant la fée Mélusine sur l'une des consoles de l'archivolte du portail nord.

MOSQUÉE TURUNÇLU

Beliğ Paşa Sk

Rarement ouverte.

La « mosquée de l'oranger » (Turunçlu Camii) a été érigée en 1825 pour accueillir les étudiants d'une médersa (école) aujourd'hui disparue. Elle est située à l'emplacement d'une précédente mosquée, elle même sans doute bâtie sur une ancienne église catholique. La mosquée est rarement ouverte. Restauré en 1972, le bâtiment actuel est dominé par un minaret de 15 m de hauteur. Sous le porche composé de six arches, une inscription revient sur l'édification du bâtiment, ordonnée par le gouverneur ottoman de Chypre Seyyit Mehmet Agha.

MOSQUÉE SARAYÖNÜ ★★

Ankara Sk

Tenue correcte exigée, se déchausser avant d'entrer, se couvrir pour les femmes.

Elle est située à 80 m au sud-ouest de la « colonne vénitienne » de la place Atatürk, derrière l'hôtel-casino Saray. Cette élégante petite mosquée Sarayönü (Sarayönü Camii) doit son nom (« face au palais ») à sa proximité avec l'ancien palais des Lusignan détruit en 1901 par les Britanniques. Érigée en 1903 à l'emplacement de différents bâtiments antérieurs, elle présente une architecture d'influence arabe tout à fait inhabituelle dans le monde ottoman. De nouveau ouverte au culte depuis 2014 sous la pression de groupes musulmans conservateurs, elle avait servi de salon pour les cérémonies de mariage à partir de 1963. Cet édifice vaut le détour pour son architecture extérieure et intérieure. En pratique, toutefois, la visite des bâtiments intérieurs n'est pas très aisée. On peut toutefois éventuellement tenter sa chance le vendredi, une heure avant (ou après) la grande prière hebdomadaire (vers 12h-13h).

Architecture. Les 7 voûtes (dont deux latérales) du porche et toutes les ouvertures des murs de la haute salle de prière sont réalisées en pierre calcaire taillée. Elles utilisent la technique de l'arc outrepassé brisé : deux arcs de cercles qui se rejoignent en pointe au sommet. On retrouve ceci dans certains monuments chrétiens et musulmans du sud de l'Espagne et du Maghreb. L'architecte anglais en charge de la conception avait en effet séjourné en Andalousie. En revanche, les voûtes des plafonds du porche (en pierre) et de la salle de prière (en bois) sont de style davantage ottoman et gothique. Le minaret est quant à lui disjoint du bâtiment.

Histoire. La mosquée actuelle se trouve à l'emplacement du vaste monastère carmélite Saint-Dominique fondé vers 1250. Celui-ci fut le siège du Patriarche latin de Jérusalem. Il servit également de cimetière pour les nobles francs jusqu'en 1326. C'est là que furent enterrés certains rois de Chypre, mais aussi d'autres « célébrités » comme Jean, le fils de Saint Louis, mort peu après sa naissance lors du passage de son père à Nicosie en 1248. Le monastère fut pillé et en partie détruit par les Vénitiens en 1567, au moment de la construction des murs d'enceinte de la ville. À partir de 1570, les quelques bâtiments conventuels restants furent utilisés comme caserne ottomane et l'église du monastère fut transformée en mosquée réservée aux troupes. Celle-ci prit le nom de Orduönü Mescidi (« lieu de prière du campement de l'armée »). Elle fut plus tard rasée pour laisser place à une nouvelle mosquée. Mais cet édifice fut détruit par un tremblement de terre en janvier 1900.

MOSQUÉE SELIMIYE ★★★★

Selimiye Sk

Tous les jours 9h-22h, sauf lors des jours de prière - entrée libre.

À 400 m au nord-est du passage de la rue Ledra via la rue commerçante Arasta ou à 450 m au sud-est de la place Atatürk par la rue Mecidiye, elle est facile à trouver, repérable à son minaret, visible des deux côtés. Il ne faut pas la manquer : la mosquée Selimiye (Selimiye Camii), installée dans les murs de l'ancienne cathédrale catholique Sainte-Sophie, reste en effet un véritable chef-d'œuvre de l'art gothique érigé à partir de 1209. Long de 82,50 m, c'est le monument le plus prestigieux de Nicosie. Et néanmoins, comme souvent dans cette ville déroutante, c'est aussi, depuis quelques années maintenant, un symbole de division. Entre ses deux minarets s'élevant à 50 m de hauteur sont suspendus deux grands drapeaux, clairement visibles depuis de nombreuses rues de Nicosie-Sud : l'un turc, l'autre aux couleurs de l'autoproclamée « République turque de Chypre Nord ».

Visite de l'extérieur

À l'exception des deux minarets, le bâtiment possède l'apparence générale de la cathédrale gothique d'origine. Çà et là demeurent même des motifs végétaux sculptés de la période latine qui ne furent pas jugés impies par les Ottomans. Mais – presque – tous les symboles ostensiblement chrétiens, a fortiori les représentations humaines, ont été détruits ou martelés : vitraux figurant des scènes de l'Ancien Testament, gargouilles, croix sculptées, etc.

Éléments islamiques. Dès 1570-71, deux minarets jumeaux de 26 m de hauteur sont érigés de part et d'autre de la façade qui s'élève elle-même déjà à 24 m. Construits avec soin, en utilisant la même pierre calcaire que le reste du bâtiment, ils sont installés sur des supports qui devaient accueillir des clochetons ou des flèches. Dans la cour fermée, face à l'entrée principale, se trouve la fontaine destinée à l'ablution rituelle précédant la prière (wudu). Datant elle aussi de la fin du XVIe siècle, elle est ornée de ramages de style gothiques en forme de trèfle. En revanche, la plupart des bâtiments annexes construits plus tard, dont une madrassa (école), ont disparu.

Façade et porche. La façade de 1326 est percée par une grande baie en rosace où le vitrail a été remplacé par des tessons de couleur laissant pénétrer la lumière à l'intérieur. Sur le modèle de Notre-Dame de Paris, la façade est précédée d'un remarquable porche achevé quelques années plus tard. Celui-ci est surmonté, à gauche, d'une tour d'où étaient sonnées les cloches. Une autre tour était prévue à droite, mais elle ne fut jamais construite. Le porche s'ouvre sur trois portails réalisés en marbre à partir de matériaux antiques provenant du site de Salamine de Chypre (près de Famagouste). Toutes les niches des trois portails ont perdu les statues de saints qui les ornaient.

Portail central. Il conserve les seules représentations humaines de l'édifice. Celles-ci sont sculptées au niveau des voussures du tympan et sur une petite partie du tympan lui-même. Enduites de plâtre lors de la prise de la ville, ces œuvres n'ont été redécouvertes qu'en 1949. Les voussures sont décorées de guirlandes de feuillages, de bouquets d'églantier et, surtout, de 88 statuettes intactes : 28 rois, 30 saints et 30 évêques. En bas de la partie centrale du tympan, trois autres personnages sont visibles : deux à terre et un autre renversé en arrière. Ils appartenaient à une représentation de la Transfiguration, épisode durant lequel le Christ change d'apparence pour révéler sa nature divine à ses disciples. Ce thème est rarement traité dans les églises latines, mais fréquemment observé dans les églises byzantines.

NICOSIE

Mosquée Selimiye.

Enfin, au niveau du seuil de l'entrée, remarquez les plaques de marbre gravées de noms, monogrammes et symboles. Il s'agit de graffitis de pèlerins chrétiens des XIVe et XVe siècles.

Conseils pour la visite de l'intérieur

Lieu de culte. Depuis quatre siècles et demi, la mosquée Selimiye est le centre de la communauté musulmane de Chypre. Par exemple, aujourd'hui, c'est d'ici que sont émis les appels à la prière pour la zone Nord, via un réseau de communications reliant toutes les mosquées. Toujours ouverte au culte, elle est surtout devenue un lieu destiné à être visité. Elle n'accueille les fidèles que lors de grandes fêtes religieuses comme la fin du Ramadan.

Visite de l'intérieur

La première impression en entrant dans l'édifice est une perte de repères, un « choc des perspectives ». Cela est dû la conversion de la cathédrale en mosquée. Dans le bâtiment initial du XIIIe siècle tout était conçu pour orienter le regard vers l'est, en direction de Jérusalem. La transformation en mosquée a entraîné un changement de perspective vers le sud-est, en direction de La Mecque. Alors, forcément, ça complique un peu la compréhension du lieu. À moins de « lire » l'intérieur de cette mosquée-cathédrale en deux temps.

Le temps de la cathédrale. Bien entendu, aucune fresque chrétienne, ni l'autel et les attributs classiques d'une église ne subsistent. Mais on reconnaît bien le plan typique des cathédrales françaises du XIIIe siècle : nef, chœur sans transept et abside. Après le porche, on pénètre dans la nef qui date de la deuxième partie du XIIIe siècle. Celle-ci est composée de la nef centrale avec deux bas-côtés [axe ouest-est] et de 4 travées [axe nord-sud] délimitées par deux rangées de 5 larges et hautes colonnes. Les colonnes sont soutenues chacune par des contreforts extérieurs dont les colonnes fasciculées sont encastrées sur les murs des bas-côtés. Grâce à un élégant système de voûtes en arc brisé, cette disposition a permis d'élever le plafond de la nef centrale à 24 m de hauteur, mais aussi d'ouvrir de hautes fenêtres sur les bas-côtés [en partie obstruées depuis 1570, elles accueillaient les vitraux]. La symétrie générale de la nef a été rompue par l'ajout d'une chapelle sur le bas-côté sud au XVe siècle. Celle-ci devait servir de base à une flèche ou un clocher qui ne fut jamais construit. Après la nef, le chœur constitue la partie centrale et la plus ancienne de l'édifice qui date du début XIIIe siècle. S'il n'est pas ouvert sur les côtés par un transept, deux chapelles latérales évoquent tout de même les bras du Christ en croix. Les deux chapelles sont reliées à l'abside [elle aussi érigée à partir de 1209] par un déambulatoire en arc-de-cercle. Ce dernier prend appui sur 8 contreforts extérieurs et 8 colonnes intérieures. Ces dernières sont soit identiques à celles de la nef, soit composées de remplois divers : fûts de colonnes romaines provenant de Salamine de Chypre, chapiteaux byzantins, etc. Notez qu'un des chapiteaux a été étrangement utilisé comme base de colonne. Cela témoigne sans doute d'une reconstruction hâtive suite à un tremblement de terre.

Mosquée Selimiye.

Le temps de la mosquée. Ce sont d'abord deux éléments secondaires qui s'imposent : la blancheur du lieu et l'épaisse moquette striée de bandes parallèles. Si les murs, les colonnes et les voûtes ont été passés à la chaux dès 1570, c'est pour faire disparaître les symboles chrétiens. Mais on remarque toutefois les chapiteaux des colonnes soulignés de vert et de doré. Sans doute l'intérieur de la mosquée comporta un temps davantage de couleurs. Quant à la moquette, elle est un élément moderne qui assure un minimum de confort durant les prières collectives qui s'effectuent en partie à genoux. Elle a aussi un aspect pratique, puisque ses bandes parallèles délimitent chacune un rang sur lequel viennent se placer les fidèles sans avoir à tenir compte du découpage de l'espace imposé par les colonnes. Lors de la prière, tous les fidèles se tournent ainsi vers le sud-est, en direction de la qibla, l'emplacement de la Kaaba de La Mecque. La qibla est signalée par le mihrab. Cette niche sculptée constitue l'élément central des mosquées. Elle est ici installée dans l'ancienne chapelle du bas-côté sud. Créé dès 1570, ce magnifique mihrab est orné de faïences et peintures aux couleurs éclatantes. En face du mihrab, la grande estrade à balustrade est le dakka, espace réservé au muezzin et aux personnalités importantes. Et, à la droite du mihrab, se trouve le minbar, second élément le plus important d'une mosquée. C'est du haut de cette chair que l'imam dirige la prière et fait son sermon [khutba] lors des grandes prières collectives. Le minbar est lui aussi richement décoré.

MUSÉE DU COMBAT NATIONAL ★

13, İstanbul Cd

9h-15h30, jeudi 9h-13h et 14h-17h. Fermé le week-end. Gratuit.

Le musée du Combat national (Milli Mücadele Müzesi) a été fondé en 1982, un an avant la déclaration d'indépendance de la zone Nord. Il aborde les questions délicates de l'histoire et de l'identité de la minorité turcophone de Chypre. Disons-le toute de suite, le résultat est décevant, pas d'une grande finesse et tout à fait propagandiste. Malgré une restauration en 2003, la muséographie demeure en outre assez kitsch avec des tableaux d'illustration même pas dignes du réalisme soviétique. Toutefois, les armes, objets, photographies – souvent sanglantes – et documents d'époque exposés ici possèdent une vraie valeur historique. La présentation de certains faits permet aussi de contrebalancer la version chypriote grecque de la partition de l'île présentée au musée du Combat national (même nom !) de Nicosie-Sud. Il est impossible de revenir ici sur toutes les approximations et autres « oublis » de ce musée. Mais voici quelques clés pour tenter d'effectuer une visite dans les conditions les plus « objectives » possibles.

Visite

Outre le hall d'entrée, le musée est divisé en 3 sections chronologiques, dont la 2e est elle-même découpée en 3 sous-sections.

Atatürk. Dans le hall d'entrée, le visiteur est notamment accueilli par un buste de Mustafa Kemal, dit *Atatürk* (« Père des Turcs »), fondateur de la République de Turquie en 1923. La statue s'accompagne de la phrase *Ne mutlu Türküm diyene* (« Heureux celui qui se dit turc »). Prononcée par Atatürk en 1933, cette maxime est devenue un signe de ralliement pour les minorités turques d'Asie et d'Europe. Depuis 1974, elle est martelée partout dans la zone Nord de Chypre. Elle apparaît notamment à côté du drapeau géant peint sur le massif du Pentadactylos qui domine Nicosie 10 km plus au nord. Et, pourtant, le « Père des Turcs » lui-même n'a jamais fait de la question chypriote un enjeu. L'île ne figure en effet pas parmi les revendications territoriales de son « Pacte National » *(Misak-ı Millı)*, document de 1920 sur lequel s'est bâtie la politique étrangère de la Turquie jusqu'à nos jours.

1878-1955. Après le départ des Ottomans s'ouvre la période britannique. Celle-ci est ici présentée comme une époque noire. Dans les faits, elle a été plutôt bénéfique pour les minorités de l'île. Le contrôle de Chypre par le Royaume-Uni a permis d'éviter que se reproduise le « scénario crétois » de 1923 : une île historiquement grecque d'où l'importante minorité turcophone a été subitement chassée après quatre siècles de présence.

1955-1958. Il s'agit de la première de 3 sous-sections couvrant les deux décennies mouvementées de 1955-1974. Elle met en avant les aspects les plus sombres de la lutte menée par le mouvement chypriote grec de l'EOKA pour l'indépendance. La perspective de l'*Énosis* (rattachement de Chypre à la Grèce) fait alors craindre un scénario crétois. La muséographie insiste sur les premiers groupes isolés de Chypriotes turcs luttant contre l'EOKA et les Britanniques. Mais elle « oublie » de mentionner que plus nombreux furent les turcophones à joindre les forces de sécurité britanniques lors de ce combat.

1958-1963. Cette 2e sous-section est plus « glorieuse », puisqu'elle va de la création de l'Organisation de résistance turque (TMT) à la première *Taksim* (« partition ») du pays en 1963. Les exactions de l'EOKA sont mises en avant, celles de la TMT, ignorées et l'indépendance de Chypre (1960), à peine mentionnée.

1963-1974. Ici, tout est fait pour présenter l'intervention militaire turque du 20 juillet 1974 (nommée « opération Paix pour Chypre ») comme une libération pour la minorité chypriote turque : les massacres commis par l'EOKA B (groupe dissident en faveur de l'*Énosis*), les « injustices » imposées par les autorités de la nouvelle République chypriote. Le président Makarios III n'est présenté sous un jour positif que lorsqu'il est victime d'une tentative de coup d'État organisée par l'EOKA B et la Grèce des colonels le 15 juillet 1974. Il est vrai, Makarios était sans doute le seul rempart face à l'*Énosis* et à la *Taksim*. Il est vrai aussi, que sans l'intervention de l'armée turque, nul ne sait ce qui serait advenu de la minorité chypriote turque.

Depuis 1974. Cette section tente de faire apparaître la « République turque de Chypre Nord » comme un véritable État. Mission délicate quand on sait que depuis sa déclaration d'indépendance le 15 novembre 1983, la « RTCN » n'a été officiellement reconnue que par un seul pays, la Turquie. Ici, sont passés sous silence les larges subsides accordés par Ankara sans lesquelles la zone Nord ne pourrait pas vivre. Est aussi minimisée l'implantation de dizaines de milliers de colons turcs envoyés pour contrebalancer l'avantage démographique des Chypriotes grecs.

Sur le même thème ailleurs dans la ville

Les références à la figure tutélaire d'Atatürk, au combat pour la *Taksim* et aux « martyrs » chypriotes turcs sont présentes partout dans Nicosie-Nord. De nombreux parcs, rues et bâtiments ont été renommés à partir de 1963. Le combat pour l'identité « turque » à Chypre est célébré à travers plusieurs monuments. Dans la vieille ville, c'est discret, comme le monument des Loups gris sur l'esplanade Selimiye. Dans les faubourgs, en revanche, on a vu les choses en grand. Le plus imposant de ces monuments est parc de la République *(Cumhuriyet Park, 5 km au nord-ouest de la porte de Kyrenia)*. Achevé en 2012, il accueille une grande colonne blanche dédiée aux combattants de la TMT et le mausolée de Rauf Denktaş, premier président de la « RTCN » (1983-2005).

MUSÉE FAZIL KÜÇÜK ★

172, Girne Cd

9h-15h30, jeudi 9h-13h, 14h-17h - fermé week-end - gratuit.

Le musée Fazıl Küçük (Dr. Fazıl Küçük Müzesi) est consacré à celui-ci qui fut le premier vice-président de la République de Chypre. Créé en 1997, il est installé dans la très belle maison où vécu ce médecin et homme politique chypriote turc. Fazıl Küçük (1906-1984) a suivi des études de médecine à Istanbul, Lausanne et Paris avant de rentrer à Chypre en 1937. Il devient un des leaders de la communauté chypriote turque en créant en 1941 le journal *Halkin Sesi* (« Le Cri du Peuple », toujours édité), puis différentes formations politiques. Habile négociateur, il sera l'un des principaux acteurs de l'indépendance (1960). Dès décembre 1959, il est nommé vice-président de la République de Chypre, pour seconder le président Makarios III. Alors que le pays est rongé par les tensions intercommunautaires, il conservera ce poste pendant treize ans en privilégiant le dialogue. Jusqu'à sa mort, Fazıl Küçük continuera de plaider la cause chypriote turque, notamment comme négociateur dans le cadre des discussions en vue d'une réunification de l'île.

Visite. C'est dans cette maison de style colonial britannique que Fazıl Küçük s'installa en 1937. Deux espaces sont ouverts aux visites : le bureau où se tinrent nombre de réunions qui décidèrent de l'avenir du pays, le cabinet de médecin où Küçük continua d'exercer après s'être lancé en politique. Juste derrière le musée se trouve le cimetière du tekké Bahçesi (Tekke Bahçesi Şehitliği) qui abrite 155 tombes de chypriotes turcs tombés lors affrontements intercommunautaires de 1963-1974.

MUSÉE LAPIDAIRE MÉDIÉVAL ★

2, Zühtüzade Sk

9h-15h30, jeudi 9h-13h, 14h-17h - fermé week-end - 5 TYR (tarif réduit 3 TYR).

Le Musée lapidaire médiéval (Ortaçağ Taş Eserler Müzesi) est installé dans belle une maison vénitienne de la fin du XVe siècle. Il abrite une vaste collection de pierres sculptées médiévales de la ville. C'est notamment ici que sont conservées les plus beaux vestiges du palais des Lusignan, qui était situé à côté de l'actuelle place Atatürk. Remarquez aussi les gargouilles de l'ancienne cathédrale Sainte-Sophie, la statue vénitienne du lion de Saint-Marc et les sarcophages francs : celui d'Adam d'Antioche (maréchal au XIIIe siècle) et de la famille Dampierre.

MUSÉE MEVLEVI ★★★

186, Girne Cd ✆ +90 533 863 53 32

www.danceofcyprus.com

Musée : tous les jours 8h-15h30, jeudi 8h-13h, 14h-18h (jusqu'à 17h en octobre-mai) - 5 TYR.

Le musée est abrité dans un ancien mevlevihane, lieu de culte musulman s'apparentant à un cloître et aussi appelé tekké. Celui-ci appartenait à la confrérie mevlevi, l'une des principales composantes du mouvement soufi. Le soufisme étant lui-même une branche de l'islam, à la fois mystique, empreinte de tolérance et proche du chiisme. Couvert de 6 dômes, ce long bâtiment du XVIIe siècle accueillait une vingtaine de derviches (« moines ») et invités avec chambres, espaces de méditation et cuisine. Certaines de ces pièces sont aujourd'hui restaurées et ouvertes aux visites. Sous les voûtes sont alignés 16 turbés (tombes) abritant chacun le corps d'un ancien père spirituel (cheik ou dede) de différentes communautés mevlevies de l'île. Le petit complexe compte une agréable cour qui abrite des arbres fruitiers, des stèles et une fontaine pour les ablutions rituelles. Fondée au XIIIe siècle par le poète persan Jalal al-Din Rumi (1207-1273), la confrérie mevlevi fut interdite en Turquie entre 1926 et 1950. Mais elle perdura dans plusieurs pays, notamment à Chypre jusqu'à la mort du dernier cheik local en 1954. En partie démoli en 1961, le mevlevihane de Nicosie a été restauré et reconverti en musée en 2002.

Le musée Mevlevi (Mevlevi Müzesi) sert aussi de cadre à un spectacle unique à Chypre, celui des derviches tourneurs *(semazenler)*. Dans une salle circulaire, ils commencent à tourner sur eux-mêmes, prenant appui sur leur pied gauche et utilisant le pied droit pour pivoter. Cette danse giratoire peut durer plusieurs heures.

NICOSIE

PLACE ATATÜRK ★

Atatürk Meydanı

Accès au bar-restaurant panoramique de l'hôtel Saray : 10h-minuit - 5 TYR, consommation en sus.

Autour d'un rond-point dominé par la « colonne vénitienne », la place Atatürk (*Atatürk Meydanı*) et ses environs constituent aujourd'hui le centre névralgique de Nicosie-Nord. Ce fut le site du palais des Lusignan, le siège du pouvoir politique à Chypre pendant 5 siècles. Toujours appelée *Sarayönü Meydanı* (« place en face du palais »), l'endroit fut officiellement baptisé en 1943 en l'honneur du fondateur de la République de Turquie, Mustapha Kemal, dit Atatürk (« Père des Turcs »). C'est un passage obligé vers le reste de la zone Nord du pays.

Ancien palais des Lusignan. La place et ses environs ont été aménagés par les Britanniques en 1901. À cette occasion fut détruit l'ancien palais royal des Lusignan datant de 1427. Certains vestiges du palais sont exposés au Musée lapidaire médiéval, dans le quartier Haydarpaşa.

Colonne vénitienne *(Venedik Sütunu)*. En 1489, une partie des jardins du palais des Lusignan fut transformée en place publique par les Vénitiens, peu ou prou à l'emplacement de la place actuelle. Une colonne en granit provenant de l'antique cité de Salamine de Chypre fut érigée en son centre et ornée d'une statue du Lion de saint Marc. La colonne fut retirée par les Ottomans, puis réinstallée ici par les Britanniques en 1915, cette fois surmontée d'un globe en bronze.

Nord-ouest de la place. Le long du rond-point, se tient une fontaine octogonale construite par les Ottomans vers 1760. Elle a cessé de fonctionner au siècle suivant. Derrière la fontaine, s'étend sur 1 ha l'ancien tribunal britannique érigé à l'emplacement du palais des Lusignan. De style colonial, les bâtiments abritent aujourd'hui différents services publics de l'autoproclamée « République turque de Chypre Nord » : haute cour de justice, commissariat central de Nicosie-Nord, etc.

Sud-ouest de la place. Derrière une petite esplanade plantée d'arbres se dresse l'hôtel-casino Saray (« palais »). Datant de 1962, et vraiment défraîchi, c'est le plus haut édifice de Nicosie-Nord (30 m). Au 8e étage, un bar-restaurant panoramique offre d'intéressantes vues sur la ville. Autour du Saray, on trouve la mosquée Sarayönü (« en face du palais ») ainsi que des banques installées dans d'élégants bâtiments de la période britannique, dont l'un est surmonté d'un grand portrait d'Atatürk. Juste au sud de l'hôtel, le long de la rue Girne qui mène au point de passage des rues Ledra et Lokmacı, un petit monument rend hommage au « Père des Turcs, situé devant un très bel hôtel particulier de style ottoman qui abrite le siège la puissante Evkaf (fondation religieuse musulmane).

PORTE DE KYRENIA - OFFICE DE TOURISME ★★

Girne Cd

Office de tourisme : 8h-17h, week-end 9h-16h (en théorie).

A la jonction des rues Tanzimat (vers l'ouest et le bastion Quirini) et Istanbul (vers l'est et le bastion Barbaro) et du boulevard extérieur Cemal Gürsel, la porte de Kyrenia (Girne Kapısı) est aujourd'hui un des principaux points de repère dans la partie nord de la ville, le bâtiment abritant en outre un bureau de l'office de tourisme de la « RTCN ». Localement, l'édifice est appelé porte de « Girne », le nom turc de Kyrenia.

Histoire. Il s'agit de la plus petite des trois anciennes portes de la ville, nommée à l'origine *Porta del Provveditore* en l'honneur de l'administrateur Francesco Barbaro. Le bâtiment en pierre de taille a été profondément remanié. En 1821, les Ottomans lui ajoutèrent une tour carrée utilisée comme salle de garde et surmontée d'un dôme. En 1931, les Britanniques percèrent les remparts de chaque côté du bâtiment afin de créer des axes de circulation automobile. Au-dessus de l'entrée voutée, la façade porte elle aussi la trace des différents occupants. Au centre, l'inscription en latin URBE DERELI[CTA] (« ville abandonnée ») et l'année 1562 font référence au délabrement de Nicosie avant le début des travaux de fortification entrepris par les Vénitiens. En haut se trouve le monogramme du sultan Sélim II, sous le règne duquel la ville fut conquise par les Ottomans. Enfin, de part et d'autre, on peut lire les initiales GVRI et la date 1931 rappelant le percement des murailles pendant le règne de l'empereur britannique George V (*Georgius V Rex et Imperator*).

© TRABANTOS - SHUTTERSTOCK.COM

QUARTIER ARABAHMET ★★★

Şht. Salahi Şevket Sk

Accès libre jusqu'au quartier Karamanzade où passe la zone tampon.

Autour de la mosquée du même nom, l'ancien quartier ottoman Arabahmet (Arabahmet Mahallesi) occupe la plus grande partie de la partie ouest de la ville. Autrefois habité par une importante population arménienne, il se confond avec l'ancien quartier arménien de Karamanzade situé le long de la zone tampon. Depuis 1974, tous deux sont presque uniquement peuplés de Chypriotes turcs et de Turcs. Peu fréquenté par les touristes, cet ensemble offre pourtant d'agréables itinéraires dans des rues calmes et bien restaurées grâce aux programmes d'aide internationale et à l'implantation de l'American University of Cyprus. D'ailleurs, Arabahmet est aujourd'hui un des plus beaux quartiers de toute l'île avec celui de Taht-el-Kale, à Nicosie-Sud. Les maisons blanches bordent des rues et ruelles parfois piétonnes (Derviş Paşa Sokak est l'une des plus jolies). Les volets et les grands balcons fermés sont verts, bruns, mauves. Il y a peu de voitures. On devine de belles cours intérieures, des jardins. Des plantes aux fleurs colorées embellissent les façades. Les remparts ne sont pas loin. En contrebas, on arrose un terrain de foot, coincé entre les barbelés du point de passage du Ledra Palace.

Pour une visite complète, comptez 3 heures de promenade et de visite entre la mosquée Arab Ahmet, la maison Dervich Pacha, le Centre culturel et artistique d'Arabahmet et l'église Surp Asdvadzadzin. Soyez juste prévenu : il n'y a presque aucun café ni restaurant dans le quartier, il faudra retourner vers la place Atatürk.

MAISON DERVICH PACHA ★

44, Beliğ Paşa Sk

8h-15h30, jeudi 8h-13h, 14h-17h - fermé le week-end - 5 TYR (tarif réduit 3 TYR).

La maison Dervich Pacha (Derviş Paşa Konağı) est l'une des plus belles résidences bourgeoises de Nicosie-Nord. Il s'agit d'un konak (hôtel particulier ottoman) ayant appartenu au riche Chypriote Hadji Ahmet Dervich Efendi (Hacı Ahmet Derviş Efendi) qui édita le premier journal en langue turque de l'île *(Zaman)* à la fin du XIXe siècle. Restaurée, la maison accueille depuis 1988 un musée des traditions populaires.

Visite. Érigée sur la base d'un ancien bâtiment de la période des Lusignan, cette maison a pris un aspect nettement plus ottoman lors d'importants travaux entrepris en 1829 et 1869. Le rez-de-chaussée en pierre de taille et la cour sont dominés par une imposante structure en bois à encorbellement. Deux entrées desservent chacune un espace bien distinct : celui réservé aux femmes d'un côté (harem ou sérail), celui des hommes et des pièces de réception de l'autre *(selamlik)*. L'intérieur, de style abbasside (murs en treillis de bois enduits de plâtre), est décoré de meubles, costumes, ustensiles de cuisine, armes et autres objets de la fin du XIXe siècle. On peut prolonger la visite avec un café turc servi dans l'agréable salon.

À proximité. En poursuivant vers le sud par la rue Şht. Salahi Şevket, on passe devant le restaurant Boghjalian Konak *(n° 53)* installé dans une maison de style ottoman et le siège de l'American University of Cyprus *(n° 49)*. À noter, sur la droite, la succession de jolies ruelles pavées. La première d'entre-elles, Derviş Paşa Sk, abrite au n° 4 le siège de l'Association franco-chypriote turque.

NICOSIE

© PRDYAPIM - SHUTTERSTOCK.COM

Quartier Arabahmet.

ÉGLISE SURP ASDVADZADZIN ★★★

22, Şht. Salahi Şevket Sk

Tous les jours 8h-17h - entrée libre.

À côté du Centre culturel et artistique d'Arabahmet. Vous trouverez l'entrée dans la rue Şht. Mehmet Hüseyin, à droite du portail. Face au Centre culturel, frappez à la petite porte et un gardien vient (normalement) ouvrir. La très belle église arménienne Surp Asdvadzadzin (Sainte-Mère-de-Dieu), érigée à partir du XIIIe siècle, est aussi connue sous les noms d'*Ermeni Kilisesi* (« église arménienne », en turc) et de Notre-Dame de Tyr (en français dans le texte), référence à la ville libanaise d'où sont originaires nombre de Chypriotes arméniens.

Histoire. L'église fait d'abord partie de l'abbaye catholique Notre-Dame de Tyr fondée six ans après la perte de Jérusalem par les croisés (1187). Celle-ci abrite une communauté monastique féminine de l'ordre bénédictin, puis de l'ordre des Chartreux, en majorité des sœurs arméniennes. Rénovée après un tremblement de terre en 1308, l'abbaye est confiée à l'Église catholique arménienne en 1504. Après la prise de la ville par les Ottomans (1570), ces derniers accordent de larges avantages aux Arméniens orthodoxes qui leur ont apporté leur soutien, leur permettant de s'implanter dans le quartier et d'établir leur évêché au sein de l'abbaye. L'église est alors renommée Surp Asdvadzadzin. En 1932, dans la cour du complexe, est érigé l'un des premiers monuments au monde marquant le souvenir du génocide arménien (1915-1923). Entre 1963 et 1974, la minorité arménienne de Chypre se réfugie dans la zone Sud. L'église est abandonnée et le monument du génocide, détruit par l'armée turque.

Visite. Un projet de restauration de l'église a vu le jour en 2007. Des trois bâtiments principaux de l'ancienne abbaye du XIIIe siècle, seule l'église est désormais restaurée et ouverte aux visites. À l'extérieur, celle-ci est dotée d'un portique mauresque (côté nord) et surmontée d'un clocher érigé en 1860. L'intérieur conserve, lui, toutes les caractéristique d'une église gothique du début du XIVe siècle : un chœur polygonal et une nef simple de deux travées, l'une avec des voûtes en ogives, l'autre, plus tardive, avec des voûtes en berceau. Le monument présente de nombreuses similitudes avec la mosquée Selimiye (ex-cathédrale Sainte-Sophie) et la cathédrale de Bourges (érigée à partir de 1280). Dans le cadre de la restauration, l'intérieur a été laissé volontairement dépouillé. Ainsi que le veut la tradition arménienne, le sanctuaire est séparé de la nef par un grand rideau. Au-dessus de l'entrée le large balcon en bois qui était réservé aux femmes au XIXe siècle a été également reconstitué.

MOSQUÉE ARAB AHMET ★★

Şht. Salahi Şevket Sk

Horaires aléatoires, mais plus sûrement le vendredi 1h avant et 1h après la grande prière hebdomadaire (vers 12h-13h).

Entourée d'un agréable jardin et d'un petit cimetière, la mosquée Arab Ahmet (Arab Ahmet Camii) est un rare monument d'architecture ottomane classique à Chypre. Construite à la fin du XVIe siècle à l'emplacement d'une église byzantine, elle fut nommée en l'honneur du gouverneur de Rhodes Arab Ahmet Pacha qui commandait une partie des troupes ottomanes lors de la conquête de l'île en 1570-1571.

Dôme. Le bâtiment a subi une importante restauration en 1845, mais il a conservé l'essentiel de sa structure originelle. C'est un exemple quasi unique à Chypre de mosquée avec dôme de la période ottomane. Ici, le dôme mesure 6 m de diamètre et couvre le bâtiment central de forme carrée avec 4 plus petites coupoles placées aux coins. Trois coupoles supplémentaires sont disposées au-dessus du proche d'entrée. Autre singularité : la mosquée reprend le plan en croix-inscrite de l'église du XIVe siècle sur laquelle elle a été érigée.

Vestiges chrétiens. Toutes les ornementations islamiques du XVIe siècle ont été perdues lors de la restauration de 1875. Mais la mosquée conserve des éléments de l'église antérieure. Sous le porche de l'entrée, le pavement est composé de divers remplois, dont un linteau portant un blason aux deux lions affrontés (possiblement celui de la famille de Jacques d'Allemagne, chevalier de l'ordre de Saint-Jean de Jérusalem). Mais, surtout, sont ici visibles d'importants fragments de pierres tombales chrétiennes. Parmi les inscriptions, on peut lire les noms et l'année de décès de membres de grandes familles latines.

© LENSFIELD/SHUTTERSTOCK.COM

SE LOGER

Nicosie est la plus grande ville de Chypre, mais pas la plus prisée par les touristes qui préfèrent souvent loger en bord de mer. Résultat : l'offre en matière d'hôtels est plutôt moyenne. Faute de concurrence, les prix sont assez élevés, pour une qualité pas toujours à la hauteur. Ensuite, au moindre événement (réunion diplomatique, rencontre sportive européenne, etc.), toutes les chambres convenables sont prises d'assaut. Et comme la plupart des clients viennent ici pour le business, c'est souvent plein en semaine. Parfois, il ne faudra pas forcément être très regardant. En même temps, les choses commencent à bouger à Nicosie-Nord où l'on peut désormais loger sans problème. On trouve désormais quelques adresses de charme un tout petit peu moins chères que les hôtels de Nicosie-Sud. On peut enfin recommander de venir dormir ici et d'aller explorer l'autre côté de la « ligne verte » pendant la journée.

ASTY €

12, Prikipos Karolou
✆ +357 22 77 30 30
www.astyhotel.com
53 chambres. A partir de 60 € pour deux avec petit déjeuner.

Cet hôtel, même s'il paraît un peu vieillot (mention spéciale au lambris dans les chambres), est peut-être la meilleure affaire de la ville. L'établissement est un peu loin du centre ? A 1,8 km à l'ouest de la porte de Paphos, oui, mais l'accueil est particulièrement agréable avec de très bonnes prestations : sauna, salle de gym, baby-sitting, Wifi, parking, bouilloire et café dans les chambres, petit déjeuner basique mais copieux, boissons et fruits en libre service toute la journée, etc. Au final, un excellent rapport qualité-prix.

AUBERGE DE JEUNESSE - YOUTH HOSTEL €

30, Chrysaliniotissis
✆ +357 22 45 96 91
onek.org.cy/en/
20 lits. 10 €/pers. Réception tous les jours 10h30-13h30, 16h30-19h30 en été, 14h-19h en hiver, fermé jours fériés.

Ouverte en 2012 dans une vieille maison bien restaurée, cette auberge de jeunesse dispose de cinq chambres communes dotées chacune de quatre lits et d'une salle de bains avec douche ou petite baignoire. Il est possible de payer par virement au moment de la réservation. Sinon, sur place, les paiements se font uniquement en liquide. C'est la solution de logement la moins chère de Nicosie, mais aussi normalement réservée aux clients de moins de 35 ans.

HOTEL SKY €

7c, rue Solonos
✆ +357 22 66 68 80
www.skyhotel.ws
23 chambres. À partir de 60 € pour deux avec petit déjeuner.

Voilà vraiment une petite adresse intéressante, dans une rue piétonne ultra-centrale, au-dessus de chez Fanous, un très bon restaurant libanais. On y trouve des chambres un peu vieillottes, qui mériteraient d'être rénovées, mais très correctement équipées (air conditionné, télévision satellite, bouilloire, wifi). Et surtout, cette adresse reste très abordable et bien située dans la capitale. La gentillesse et la disponibilité du personnel ajoutent aussi pour beaucoup au charme et à l'intérêt de l'endroit. Un bon plan pour un passage à Nicosie.

TONY'S BED & BREAKFAST €

13, rue Solonos
✆ +357 22 66 67 52
10 chambres. 50 € pour deux avec petit déjeuner.

Au cas où toutes les autres solutions de logement auraient été épuisées, voici votre plan B. Des chambres rustiques, dans leur jus depuis des années, des sanitaires un peu vétustes, pas de télé ni d'air conditionné. Et autant le dire aussi, c'est occasionnellement un hôtel de passe. Mais au moins c'est bien situé et l'on peut même négocier le prix. Impossible à manquer : il suffit de suivre l'odeur de mélasse et de fruit qui se dégage en bas de l'hôtel. Car l'établissement fait aussi bar à narguilé. Et ça, on recommande davantage.

ALMOND BUSINESS SUITES €€

11 rue 25i Martiou

✆ +357 22 87 91 31

www.almondbusinesshotel.com

32 chambres. À partir de 100 € pour deux avec petit déjeuner.

À 1,3 km au sud de la vieille ville. Comme son nom l'indique, ce bel hôtel s'adresse d'abord à une clientèle d'affaires, d'où des prix avantageux le week-end pour les touristes. L'établissement est bien situé, près des ambassades (à 900 mètres à l'est de celle de France). Le personnel est accueillant et les chambres sont spacieuses, calmes, meublées avec un beau design. On trouve aussi des salles de conférence, un espace fitness-sauna (de 9h à 21h) et un bar-véranda ouvert 24h/24. Tout est fait pour le business. Le wifi et une imprimante sont aussi en accès libre.

ALTIUS BOUTIQUE HOTEL €€

1, Achaion Avenue

✆ +357 22 25 55 40

www.altiushotel.com

52 chambres. À partir de 80 € pour deux avec petit déjeuner.

Très design et proche de la vieille ville, même à pied, à 1 km à l'ouest de la porte de Paphos en suivant les avenues Mouseiou, Chilonos et Metochiou. Le décor coloré est le fruit d'une récente rénovation. On apprécie les 20 chambres qui disposent d'une terrasse privée mais aussi le professionnalisme de son personnel. Chambres très confortables avec wifi (bon réseau), literie tip-top, bouilloire, sèche-cheveux, TV et insonorisation. Salle de petit déjeuner agréable, services de blanchisserie, navette aéroports et location de voitures, bar, parking.

CASTELLI €€

38, rue Ouzounian

✆ +357 22 71 28 12

www.castellihotel.com.cy

46 chambres. Double à partir de 80 €, petit déjeuner compris (buffet américain).

Un hôtel très élégant dans une rue calme de la vieille ville, à proximité des musées, restaurants et lieux d'intérêt. Situé en plein cœur de Nicosie, le Castelli Hotel propose des hébergements paisibles, très propres et plutôt bien aménagés. Le décor est particulièrement élégant. Outre les chambres confortables et chaleureuses, on appréciera des équipements de qualité, un bar et un service de concierge. Service agréable. Une bonne adresse donc, à deux pas de toutes les curiosités de la capitale. Et le parking privé sur place est gratuit.

CENTRUM HOTEL €€

15, Pasikratous

✆ +357 22 45 64 44

www.centrumhotel.net

47 chambres. À partir de 95 € avec petit déjeuner.

En plein centre du « quartier traditionnel » (Laïki Gitonia), entre les rues Onasagorou et Solonos, derrière le bastion d'Avila. Difficile de faire plus central : comme son nom l'indique, l'établissement se situe près des remparts, à la limite entre ville nouvelle et ancienne. C'est aussi un bâtiment historique datant de 1912 et récemment restauré. Les chambres sont grandes et toutes joliment et simplement décorées. Les parties communes sont modernes et élégantes. Wifi gratuit. Mention spéciale au petit déjeuner servi dans un patio ombragé. Parking municipal.

CITY ROYAL HOTEL & CASINO €€

19, Gazeteci Kemal Aşık Caddesi

✆ +90 39 22 28 76 21

www.city-royal.com

80 chambres. À partir de 60 € pour deux avec petit déjeuner.

Hors de la vieille ville mais pas si loin, à 850 m au nord-est de la porte de Kyrenia, via l'avenue Cemal Gürsel, voici un grand établissement joliment rénové en 2015. Vous y trouverez des chambres confortables et modernes. Cependant, l'hôtel cumule quand même quelques handicaps : il est un peu bruyant et son restaurant est sans intérêt. Néanmoins on le recommande, surtout pour ses tarifs et sa piscine intérieure. Sinon il possède aussi un spa-hammam. Nombreux services.

CLASSIC €€

94 Rigenis

✆ +357 22 66 40 06

www.classic.com.cy

57 chambres. À partir de 80 € avec petit déjeuner.

Plébiscité par les hommes d'affaires, le Classic comble aussi les touristes. Idéalement situé (dans la vieille ville et à deux pas de la zone tampon et de la rue Ledra), cet hôtel est moderne, joliment rénové et bien pensé. Le petit déjeuner est copieux, le restaurant et surtout le bar à vin ont très bonne réputation, les chambres sont spacieuses et les fumeurs apprécieront le patio qui leur est dédié. Télévision satellite, wi-fi et même (on a adoré ce détail pratique) quelques prises de courant identiques aux nôtres. L'imprimante en accès libre est aussi un plus.

MAISON D'HÔTE BASTION INN €€

67, Şht. Salahi Şevket Sk
✆ +90 39 22 27 21 17
www.bastioninn.com

3 chambres. 70 € pour deux avec petit déjeuner. Parking payant à proximité.

Cette belle villa coloniale de la période britannique appartient à la même famille depuis 1923. Rénovée en 2017, elle se situe dans l'un des plus beaux quartiers de Nicosie. On apprécie le mélange de l'architecture victorienne et du mobilier design années 1950, mais aussi le patio avec ses arbres fruitiers et sa pelouse anglaise, le petit déjeuner et les confitures maison. Chambres soignées au décor sobre, élégantes salles de bains avec douche et sèche-cheveux, bonne literie.

MAISON D'HÔTE GÜL HANIM €€

36, Celaliye Sk
✆ +90 53 38 61 25 82
www.gulhanimhouse.com

3 chambres. 70 € pour 2 avec petit déjeuner. Pas de parking.

Agréablement meublée cette maison d'hôte est dans les mains de la famille Selay depuis trois générations et porte le surnom de la grand-mère (« dame rose »). L'accueil est merveilleux. Et l'on apprécie la patine des carrelages et l'ombre de la tonnelle du jardin sous laquelle sont servis de merveilleux petits déjeuners, mais aussi la cuisine collective bien équipée. Les chambres sont décorées de plafonds en bois sculpté et de meubles en bois modernes faits à l'ancienne. Bonne salle de bains attenante avec douche et sèche-cheveux, bonne literie, rangements.

RIMI HOTEL €€

5, rue Solonos
✆ +357 22 68 01 01
www.rimihotel.com

26 chambres avec des doubles à partir de 70 € sans petit déjeuner.

Situé au cœur de la ville de Nicosie, à proximité des commerces, dans la rue piétonne de Laïki Geitonia, cet hôtel propose un service d'un bon rapport qualité/prix. Ce qui ne gâte rien : l'hôtel possède également un restaurant servant une cuisine française et chypriote, le tout agrémenté par la présence de musiciens chypriotes. Mais ce très bon emplacement se paie, moins sur la note qu'au niveau du confort sonore. Si vous pouvez, évitez les chambres donnant sur la rue et la musique forte jouée à l'extérieur jusqu'à très tard le soir. Personnel sympathique.

ROYIATIKO €€

27, Apollonos
✆ +357 22 44 54 45
royiatikohotel.com.cy

32 chambres. A partir de 60 € pour deux avec petit déjeuner.

Ouvert en 2012, cet hôtel est vraiment très bien placé, en plein centre, à deux pas des remparts et, surtout, avec une piscine (petite mais c'est tellement rare dans la vieille ville !). Ajoutez à cela une salle de sport et un bon petit déjeuner et cet établissement justifie son standing. Le Royiatiko Hotel bénéficie d'un superbe emplacement dans le centre de Nicosie, à seulement 250 mètres de la gare routière et proche de la zone piétonne et des restaurants. L'intérieur est bien conçu et la décoration moderne. Parking compris juste derrière l'hôtel.

SARAY HOTEL & CASINO €€

Atatürk Meydani
✆ +97 15 66 72 21 63

72 chambres. La double à partir de 75 €. Ou 8 TRY (4 €) consommation comprise, juste pour monter voir la vue.

Situé en plein sur la place centrale de la vieille ville, c'est le premier grand hôtel que l'on aperçoit en arrivant de la partie Sud. Cette grande tour blanche datant des années 1960, dont les chambres ont été rénovées en 2011, surplombe la place Atatürk et vous offrira de belles vues depuis quelques-unes de ses chambres. Il est d'ailleurs tentant de monter boire un verre dans son bar-restaurant au 8e étage. Il y a même un balcon pour prendre quelques photos. Dommage, pour voir la partie la plus intéressante (les collines du Nord), il faut passer par la cuisine.

HILTON CYPRUS €€€

98 avenue Makariou III
✆ +357 22 37 77 77
www.cyprus.hilton.com

294 chambres. À partir de 200 € pour deux avec petit déjeuner.

À 1,8 km au sud-est de la vieille ville, au niveau de l'université de Nicosie, le meilleur hôtel de la ville pour beaucoup. Si le bâtiment lui-même est un peu vieillissant, ce 5-étoiles offre le luxe discret d'une classe internationale. Une efficacité et un confort à toute épreuve. L'emplacement, sur l'avenue Makarios, est également bien choisi. Il suffit de continuer pour arriver en plein centre-ville. Télévision, piscines (extérieure et intérieure), tennis, minigolf, squash, gym, sauna, salon de coiffure. La chaîne possède un autre hôtel, avenue Griva Digeni.

SE RÉGALER

C'est dans la vieille ville, et particulièrement le soir dans la rue Onasagorou, parallèle à la rue Ledra, que l'on trouvera le plus facilement le restaurant de son choix. C'est véritablement le soir qu'elle s'éveille, avec ses restaurants à la mode londonienne, ses bars à narguilés et ses tavernes aux terrasses animées. Après la crise financière chypriote de 2012-2013, de nombreux établissements ont fermé, notamment dans la ville nouvelle, et cela a suscité un vrai renouveau. De multiples nouveaux établissements et bars sont ainsi apparus dans l'enceinte de la vieille ville alors que celle-ci continuait de perdre des habitants au profit de la banlieue résidentielle. Résultat : la vieille ville est redevenue le lieu de rendez-vous de toute la population et retrouve des couleurs. On mangera aussi très facilement (et plus oriental) dans la vieille ville côté Nord dont les restaurants font surtout le plein le midi avec des menus à prix plus doux.

AVO €

22 rue Onasagorou

✆ +357 22 66 11 72

Tous les jours de 8h à 23h30. Sur place, à emporter et livraisons. Lahmajoun 1,30 €, souvlakis 3-6 € selon la taille.

Ouvert en 2010, le fast-food arménien Avo est vite devenu une adresse incontournable dans la désormais très festive rue Onasagorou. La spécialité maison, le *lahmajoun*, « pizza » orientale roulée à la viande d'agneau (également très répandu en Syrie, au Liban et en Turquie), s'avale en trois bouchées. Pour un repas complet, on ira donc piocher dans les *souvlakis* à la viande légèrement épicée servis dans une pita peu épaisse avec du persil et des tomates. A noter que les *souvlakis* sont proposés en version pour une ou deux personnes. C'est frais et vraiment pas cher.

BERLIN WALL 2 €

2 rue Faneromenis

✆ +357 22 67 49 35

Autour de 10 €/personne. Le soir uniquement. Fermé le dimanche.

Certes, ce n'est pas un temple de la gastronomie, mais on s'y arrête volontiers le temps d'un encas... et d'une photo. Un café qui sert des kebabs sous l'œil d'un jeune soldat grec avachi dans sa guérite ? La référence au Mur de Berlin était au départ un attrape-touristes. C'est devenu une taverne aux plats très simples, surtout fréquentée par les gens du quartier. La clientèle locale se presse autour de ses petites tables en plastique recouvertes d'une toile à carreaux. Plats à partir de 5 €, brochettes à 10 €. Une bonne adresse, sous bonne garde.

CHATEAU STATUS €€

12 rue Markou Drakou

✆ +357 77 77 11 67

www.chateaustatus.com

Tous les jours de 11h à 3h. A partir de 20 € par personne.

Le restaurant ne présente guère d'intérêt (cuisine internationale), mais le jardin et le bar à cocktails du complexe (The 74 Bar) sont très agréables. Mais on est en pleine zone tampon, entre les sacs de sable, les barbelés et les maisons abandonnées criblées d'impacts de balles... On y organise aussi bien des fêtes de famille, des séminaires d'entreprise que des soirées arrosées... Le complexe Chateau Status a ouvert en 2007 au check-point du Ledra Palace, juste à côté des murs ouest de la vieille ville et en face de l'ancien hôtel occupé par les Casques bleus.

EVROULLA €

5 stoa Klokkaris

✆ +357 22 66 53 46

Autour de 10 € par personne. Ouvert tous les jours midi et soir.

Dans l'étroite *stoa* (galerie) Kokklaris, il faut se frayer un chemin entre les tables pour parvenir jusqu'à cette jolie petite souvlakerie qui sert de très bonnes *stefalies* grillées (la *stefalia*, ou *şeftali kebabı* en turc, est une petite crépinette en forme de saucisse), des brochettes de poulet tout à fait honorables, le tout servi avec frites et salade. Bien ombragé, l'endroit est agréable pour se restaurer rapidement à l'abri de la chaleur. Seul hic, les établissements de la *stoa* Kokklaris jouent parfois chacun leur propre musique en même temps.

FANOUS €

7c rue Solonos

✆ +357 22 66 66 63

www.fanous.eu

Autour de 15 €/personne. Ouvert tous les jours de 11h à minuit.

Chicha, thé à la cardamome, et mezzé dans cet authentique restaurant libanais. Après le narguilé, on peut prendre un taboulé ou une délicieuse petite salade *fatoush* au pain toasté ou un *shish taouk*. *Shawarma* à 9,50 €. Narguilé (mélasse de pomme et raisin) à 8 € et 12 € à la pomme fraîche. Mieux vaut ne pas être pressé, car le service est un peu long. Certains soirs, spectacle de danse du ventre. Pour info, l'établissement loue quelques chambres et dispose d'une petite annexe 100 % narguilé à l'angle des rues Solonous et Sokratous.

INGA'S VEGGIE HEAVEN €

2 rue Dimonaktos

✆ +357 22 34 46 74

Du mardi au samedi, de 10h à 16h. En été, du mardi au samedi de 18h à 23h. Environ 15 € par personne.

Au nord-est de la vieille ville, à 200 m de la mosquée Taht-el-Kale. L'adresse est peu connue de la plupart des habitants eux-mêmes et située dans la partie la plus calme de la vieille ville, au sein du petit complexe artisanal Chrysaliniotissa. Aux commandes, l'Islandaise Inga propose une multitude de bons petits plats copieux qui sentent bon le fait maison : courgettes farcies, houmous, gratins, salades, soupes, glaces... Cette cuisine saine et savoureuse fait le bonheur des touristes et expatriés qui saturent vite de la cuisine chypriote souvent trop grasse.

KATH' ODON €€

62 rue Ledra
✆ +357 22 66 16 56
Tous les jours de 9h à minuit. Environ 15 € par personne.

À côté du point de passage de la rue Ledra, c'est l'endroit où tout le monde passe, devant le check-point de la rue Ledras. Musique live et menu (gentiment) politiquement incorrect. Vous prendrez bien des ***soutsoukakia*** de Smyrne (« pour ceux qui s'en souviennent », de l'époque où les Grecs habitaient en Turquie) ou une salade allemande (« souvenir de 1940 »). Et pour ceux qui en douteraient, un petit laïus sur le menu se charge de vous raconter la vie du propriétaire, émigré grec. Mais, surtout, à part cette amusante diversion, on y mange correctement.

MATTHEOS €

6, place 28 Oktovriou (place Phaneromenis)
✆ +357 22 75 58 46
Le midi seulement, jusqu'à 16h, du lundi au samedi. Environ 12 € par personne.

Une excellente adresse qui n'a pas bougé depuis les années 1960 ! On mange ici comme à la maison des plats chypriotes familiaux, sur une nappe cirée dans de la vaisselle vintage. C'est au choix : à l'intérieur ou sur la petite terrasse en écoutant les oiseaux en cage ou les rumeurs de l'école à côté. ***Kouneli*** (lapin), ***stifado*** ou ***kleftiko*** (agneau au four d'une tendresse incroyable)... On sent que les plats ont mijoté de longues heures. Signe qui ne trompe pas, les anciens du quartier et les ouvriers viennent s'y restaurer et semblent tous se connaître.

ORFEAS OUZERI €

23, avenue Athinas
✆ +357 22 43 05 24
De 10 à 15 €/personne. Ouvert tous les soirs.

Une excellente adresse où les gens du quartier viennent chercher le repas du soir, où les couples ou groupes d'amis viennent se restaurer avant de jouer les papillons de nuit. En terrasse, mais surtout dans deux grandes pièces à l'étage de cette grande maison traditionnelle, on ne vous donnera pas de menu. A vous de commander parmi les classiques locaux : brochettes, mezze, agneau au four, etc., accompagnés de salade simple mais goûteuse. La qualité des ingrédients et de la préparation fait toute la différence avec les autres établissements.

PIATSA GOUROUNAKI €

76, Onasagorou
✆ +357 70 00 76 70
www.piatsagourounaki.com
Lundi-samedi 12h30-15h30, 19h-23h, dimanche 12h15-16h, 19h-22h30. Viandes 1,30-12,50 €.

La « Place du petit cochon » est l'une des souvalkeries les plus fréquentées de Nicosie. Pas chère et souvent archibondée le soir (même en semaine), l'adresse propose de bonnes viandes grillées (beaucoup de cochon, mais pas seulement) selon trois formules : petite portion avec pain, petite portion avec pain pita et accompagnement (tomates, frites), grosse portion avec pain pita et accompagnement. On peut aussi agrémenter le repas de sauces et salades en version individuelle ou collective ou choisir une formule pour deux : viandes grillées, poulet ou végétarienne.

POLYCHOROS 77 €€

77, rue Faneromenis
✆ +357 22 68 08 04
Tous les soirs sauf le lundi à partir de 19h30. Environ 15 € par personne.

Sur sa grande terrasse en pleine rue, cette taverne traditionnelle tenue par une ancienne chanteuse propose les classiques grecs et chypriotes (***keftedes***, brochettes, salades...) ainsi que le « poulet Polychoros », mariné au citron et à l'anis. Mais ce n'est pas tellement pour la cuisine (assez quelconque, il faut bien le dire) que les habitants de Nicosie aiment se retrouver ici en famille ou entre amis, mais pour la musique. Pratiquement tous les soirs, un très bon groupe de ***bouzouki*** (parfois de jazz) vient ici pousser la chansonnette.

THE OLD POWERHOUSE €€

3, Tempon
✆ +357 70 08 73 00
www.facebook.com/theoldpowerhouse
Tous les jours 18h-1h, week-end 10h-1h – environ 15 €/personne.

Le restaurant de « la vieille centrale électrique » (Παλιά Ηλεκτρική/Palia Ilektriki) est installé au sein du Centre municipal des Arts de Nicosie (MiMAC). Il dispose d'une cour très agréable en été et d'un salle au design moderne. On sert ici une cuisine méditerranéenne de saison plutôt légère ainsi que des bons plats de viande traditionnels chypriotes légèrement revisités. Brunch le dimanche matin, intéressante sélection de vins grecs et chypriotes, cocktails avec ou sans alcool. Une des rares adresses convenables dans la vieille ville.

BEMBA €€

Pindarou 2a.

✆ +357 222 52 626

Ouvert tous les jours, midi et soir. A partir de 15 €/personne.

C'est probablement le meilleur restaurant de Nicosie en ce moment. On y trouve une bonne sélection de plats de viande, de fruits de mer et de poisson. Dans un espace chaleureusement décoré et un brin rétro, vous trouverez aussi diverses pitas cuites au four à bois et des raviolis maison. Le menu change régulièrement, proposant des plats du jour. On apprécie sa carte locale et ses produits de saison. Et sa carte des vins (notamment grecs) est abordable. En prime, il possède une très agréable cour à l'arrière, alors profitez du beau temps tant que vous le pouvez.

AU BON PLAISIR €€

15e rue Alasias

✆ +357 96 75 51 11

www.aubonplaisir.com

Ouvert de 19h à minuit. À partir de 20 € par personne.

Le bistrot de Gatienne demeure aujourd'hui une référence en matière de gastronomie française à Chypre. Des publicités anciennes aux murs, un poster à la gloire d'une bière ch'ti familière, on se sent comme à la maison ! Soupe gratinée à l'oignon, rillettes et foie gras sont au menu. Mais le plus exotique pour la clientèle locale, ce sont les moules-frites. À l'angle des rues Zinonos Sozou et Alasias, près du centre culturel russe, à 1 km à pied de la vieille ville. La rue Alasias est parallèle à l'avenue Archiepiskopou Makariou III.

COOKSHOP €

Pindarou 6a.

✆ +357 99 012 307

www.foodlovers.com.cy

Ouvert du lundi au samedi le midi, et le vendredi soir. Autour de 15 €/personne.

Une des bonnes adresses pour se nourrir à Nicosie. Une fois que vous le découvrirez, vous vous en voudrez de ne pas l'avoir trouvée plus tôt ! Très courue par les salariés le midi, cette « cantine » agréable propose notamment d'honnêtes burgers à petits prix, avec frites et salade. Mention spéciale, pour les amateurs, au burger « Pac Man » végétalien avec betteraves et pois chiches rôtis, sauce aux herbes, mayonnaise végétalienne marinée et maison. Sinon, la carte s'enrichit d'autres plats végétariens (notamment des pâtes et des salades).

NOMIYA €€

46D Avenue John Kennedy

✆ +357 22 055099

Ouvert midi et soir du mardi au vendredi, le soir lundi et samedi. Fermé le dimanche. Compter 15 €/pers.

La dernière adresse jeune et branchée dont on parle et qui fait partie du nouveau paysage culinaire de la capitale. Peut-être un peu trop. Rançon du succès : il y avait foule et pas moyen de mettre la main sur un menu quand nous sommes passés. Mais on y arrive. On peut boire un verre avec une collation ou manger. A la carte (par exemple) : salade de canard laqué au tamarin avec ses patates douces rôties, bouchées de poulet frit avec sauce gochujang coréenne et graines de sésame, nems d'été aux gambas avec menthe fraîche, vermicelles et sauce aux cacahuètes...

PYXIDA €€

5 rue Menandrou

✆ +357 22 44 56 36

www.pyxidafishtavern.com

Tous les jours de midi à 15h et de 19h30 à 23h. A partir de 15 € par personne.

A côté de l'ancien stade GSP, à 600 m du bastion d'Avila, entre l'avenue Evagorou et la rue Themistokli Dervi, on ne perd pas le nord : cette « Boussole » (*Pyxida* en grec) est sans doute la meilleure *psarotaverna* (taverne à poissons) de Nicosie. Dans un cadre plutôt élégant mais un peu guindé, on sert ici des fruits de mer, des poissons grillés, des crevettes à la feta ou à la moutarde, des croquettes de poisson, des plats mijotés comme la seiche cuite dans son encre, des pâtes aux homard ou aux palourdes, etc. Et aussi de très bonnes frites à l'origan !

SYRIAN ARAB FRIENDSHIP CLUB €€

17, Vassilissis Amalias

✆ +357 22 77 62 46

Tous les jours midi-minuit. Menu mezzé 15 €/personne.

Ancien petit café des espions du Proche-Orient amateurs de narguilé, ce club est devenu la référence en matière de cuisine libanaise et syrienne. Fréquenté par les expatriés anglo-saxons, quelques touristes et les familles nicosiennes, le lieu est immense, un peu kitsch et très verdoyant. Efficace et sympathique, le personnel sert à une incroyable vitesse un impressionnant menu mezzé avec *houmous* (purée de pois chiche et tahiné), *moutabal* (caviar d'aubergine au yaourt et tahiné)...

BIBLIOTHEQUE €

Mithat Paşa Sk 7.
✆ +90 533 833 71 65
Ouvert tous les jours à partir de 9h. Environ 40 TYR/personne.

Des spécialités locales pas chères dans un cadre inattendu : manger dans une ancienne bibliothèque, avec des livres autour, cela vous dit ? L'immense intérieur magnifiquement rénové du lieu, avec un grand bar agréable en journée et ombragé, invite à une pause déjeuner ou à un dîner relativement au calme. La carte est locale et internationale (avec des fajitas, des plats de pâtes ou des brochettes). Pas forcément de la super gastronomie mais une offre honnête à un excellent emplacement. Le lieu est toujours très fréquenté, avec une belle ambiance.

ÇARŞIDA BIYER RESTAURANT €

45, Müftü Raci Efendi Sk
✆ +392 229 30 25
11h30-19h - formule tout compris 18 TYR.

A côté du palais de justice, en pleine rue des avocats et des notaires, cet établissement file droit. Le « restaurant du quartier du marché de la bière » sert une cuisine maison dans un décor bistrot. La formule rapide comprend eau, yaourt, salade et un plat à piocher parmi une quinzaine de spécialités chypriotes ou turques. On recommande deux gourmandises locales : les *kıbrıs köftesi*, des boulettes de pommes de terre à la viande bien aromatisées, et le *herse*, une bouillie de blé au poulet, sorte de risotto traditionnellement servi lors des mariages chypriotes.

EL SABOR €

Selimiye Meydanı 29.
✆ +90 392 228 8322
Environ 40 TYR/personne. Ouvert tous les jours à partir de 11h.

Vous en avez assez des mezzes, kebabs et autres brochettes ? Mille sabords, El Sabor brouille les cartes. Servant une cuisine plutôt espagnole - quoique pas toujours -, ce restaurant propose des assiettes généreuses de tapas mais aussi de nouilles asiatiques. Il y a un menu pour enfants et une sélection de vins et de bières correcte. En tout cas, c'est extrêmement bien placé, avec une terrasse avec vue sur la mosquée Selimiye voisine. Et la gentillesse et la qualité du service rendent quand même l'expérience culinaire tout à fait supportable finalement !

OLD MOSAIC CAFÉ €

4-5, Kuyumcular Sk
✆ +392 227 93 47
Tous les jours 10h30-22h. Mezzés 4 TYR/portion, salades 25-30 TYR, plats 35-50 TYR. Euros acceptés.

Cet endroit vous paraîtra-t-il touristique ? Oui un peu, mais pas trop comparé à d'autres. Ici, aucune retape au coin de la rue, et c'est bon signe ! Et le cadre est adorable. Ce café-restaurant-antiquaire est idéal pour une pause-café à l'ombre d'un oranger, dans une cour intérieure bien située juste en face du plus beau monument de Nicosie. Service sympa et bonne cuisine à base de mezzés : purée d'aubergine, saucisse épicée, haricots blancs à la tomate, etc. On y trouve aussi quelques chambres bien équipées (tarifs : se renseigner).

SARABA €

Selimiye Meydanı 35.
✆ +90 392 228 9345
Tous les jours à partir de 11h. Environ 20 TYR/personne.

Une cuisine locale honnête à des prix évidemment très raisonnables. On apprécie le quartier, bien que touristique, et cette belle cour. Mais si l'adresse est recommandée, c'est aussi car c'est une entreprise familiale et chaleureuse. Malgré l'affluence, surtout le midi, ce modeste restaurant reste à moitié caché sur le côté de la mosquée Selimiye. Les assiettes sont copieuses. Essayez notamment des plats tels que le *karnıyarık* (aubergines farcies) et n'oubliez pas non plus de commander le houmous maison, savoureux avec ses notes citronnées.

SEDIRHAN €€

8, Asmaaltı Sokak
✆ +90 39 22 28 77 60
Lundi-samedi 9h30-20h. Environ 40 TYR/personne. Euros acceptés (taux de change correct).

L'environnement est absolument splendide... et très fréquenté. Dans le cadre splendide du Büyük Han (« Grand caravansérail »), on sert ici une cuisine chypriote et proche-orientale réalisée devant les clients : *mantı* (raviolis turcs), *pirohu* (raviolis chypriotes), *hellim boregi* (burek au halloumi), mais aussi différentes sortes de kebabs, *lahmacun* (« pizza arménienne » à pâte très fine) et *pide* (« pizza turque » de forme ovale). Equipe jeune et sympathique, service rapide. Etablissement très apprécié des touristes et des habitants.

FAIRE UNE PAUSE

Les bars les plus agréables et les plus fréquentés de Nicosie se situent sans conteste dans la vieille ville, côté Sud et Nord. Au Sud, la plupart se situent dans le périmètre des artères piétonnes Ledra et Onasagorou, ainsi que dans le « quartier traditionnel » (Laïki Gitonia) où l'on trouve la plupart des bars à narguilés. Beaucoup, comme Kala Kathoumena (dont le nom signifie « Comme par enchantement »), ont investi d'agréables *stoas* (galeries). De l'autre côté, on se dirigera vers Bandabuliya, le « vieux marché » de Nicosie-Nord, pour une ambiance traditionnelle. Mais cette partie de la ville a aussi ses lieux plus intellos, comme Hoi Polloi (littéralement « les nombreux ») dont la terrasse ombragée est devenue le rendez-vous des partisans de la réunification. On y croise des intellos chypriotes venus des deux côtés de la « ligne verte », des touristes amoureux de la ville et des vieux artisans du quartier.

BABYLON

6 rue Iasonos
✆ +357 22 66 57 57
Tous les jours de 20h à 2h. Bières à partir de 5 €, restauration environ 12 € par personne.

Ouvert en 1993, le Babylon est un des bars les plus courus de la partie moderne. On l'apprécie surtout pour son cadre : une ancienne maison décorée façon pub et, surtout, dotée d'une grande terrasse rafraîchissante plantée de palmiers. Au menu : cocktails, bières internationales et vins locaux, ainsi qu'une cuisine simple (viandes grillées, hamburgers et salades). A 1 km à pied du bastion d'Avila en suivant l'avenue Dimostheni Severi jusqu'au croisement. Dans une petite rue parallèle à l'avenue Griva Digeni, au croisement de Dimostheni Severi.

DANS LE BANDABULIYA (VIEUX MARCHÉ)

Dans le vieux marché.
Ouvert tous les jours de 8h à 18h.

C'est dans ce « vieux marché », un marché couvert situé en plein cœur de la vieille ville et qui réunit des artisans très variés, que vous prendrez aussi un agréable café dans la partie nord de la ville. Beaucoup de locaux s'y retrouvent. On observe l'agitation de cette vaste halle de 4 500 m², agréablement restaurée, en buvant un café turc et en mangeant une glace ou une pâtisserie. On peut même y faire quelques courses et y acheter des souvenirs.

CENTRE CULTUREL ET ARTISTIQUE ARABAHMET

5, Şht. Mehmet Hüseyin
✆ +533 848 72 07
Tous les jours sauf dimanche 8h-17h (samedi jusqu'à 13h) - entrée libre.

Le Centre culturel et artistique Arabahmet (Arabahmet Kültür ve Sanat Evi) est installé dans une belle maison de maître construite sous les Lusignan et remaniée plusieurs fois jusqu'au XXe siècle. Rénové en 2002 et aujourd'hui géré par l'American University of Cyprus, on peut y boire un verre en assistant à des spectacles au sein d'un théâtre datant de la période britannique. On y trouve aussi un minuscule musée du Jouet et, parfois, une expo temporaire.

HERACLIS

110 rue Ledra
✆ +357 22 66 41 98
www.heraclis.com
Tous les jours de 9h à minuit. 2 € le cornet de deux boules de glace à emporter.

À 300 m du point de passage de la rue Ledra, le lieu est une véritable institution, qui régale les Nicosiens depuis 1939. C'est ici que l'on mange les meilleures glaces de la ville. Nombreux parfums au choix sous forme de sorbets, yaourts glacés, boules, cornets, compositions… Il y a même des glaces à 0 % de matière grasse. La restauration légère (pizzas, hamburgers et salades) ne vaut quant à elle pas le détour. Mais l'endroit reste une bonne adresse, surtout pour les familles grâce à son petit parc avec attractions (payantes) pour enfants.

HOI POLLOI

13, Arasta Sk
✆ +357 99 45 62 74
Tous les jours 11h-2h. Concerts, projections, animations : en général mercredi et samedi en soirée.

Situé à côté d'un des monuments-phares de l'héritage ottoman, cet agréable petit café porte fièrement son nom tiré du grec ancien οἱ πολλοί, littéralement « les nombreux », un terme généralement utilisé pour désigner de manière péjorative « la plèbe ». Cela ne doit pas forcément plaire… au plus grande nombre. Mais la terrasse ombragée d'Hoi Polloi est devenue le rendez-vous des partisans de la réunification. On y croise des intellos chypriotes venus des deux côtés de la « ligne verte », des Occidentaux amoureux de la ville et de vieux artisans du quartier.

TO IFANTOURGIO

69, rue Lefkonos
✆ +357 22 76 22 75
www.yfantourgeio.com
Tous les jours de 11h à 1h du matin.

Avec ses gros fauteuils club, son billard, son coin bibliothèque, Infantourgio (« le moulin à vent » en grec) n'a pourtant rien d'un club pour officiers anglais en permission. C'est plutôt un café intello, fait de bric et de broc et géré par une association culturelle (on peut y emprunter livres et films). Ambiance sympa, programmation musicale recherchée, on y sert du thé bio, des smoothies rafraîchissants et des cocktails, comme cet étonnant mojito au mastic. Restauration rapide et wifi. Seule manque une terrasse pour profiter de tout cela en plein air.

KALA KATHOUMENA

21, rue Nikokleous
✆ +357 22 66 46 54
Tous les jours à partir de 10h (13h le dimanche). Bière à 3 €, bouteille ouzo 8 €, café grec 2 €.

Dans une petite rue à moitié couverte entre la rue Ledra et la place Faneromenis, ce charmant bar, dont le nom signifie « Comme par enchantement », fut le premier à ouvrir dans les années 2000 dans la *stoa* (galerie) Papadopoullou. Depuis, d'autres terrasses, un magasin de design et un vendeur de BD sont venus le rejoindre. Preuve que l'emplacement est recherché, toute la jeunesse s'y presse pour boire un café grec (pas d'espresso ici) et jouer au backgammon comme les grands-pères. Wifi gratuit (on y a rédigé pas mal de ces pages…).

TRIA FANARIA

3 rue Mouson
✆ +357 22 66 47 06
Tous les jours de 8h à 22 h, sauf le lundi et le mercredi jusqu'à 14h. Café 2 €, pâtisseries 2 €, plateau de mezzés 7 €.

Cette pâtisserie n'a presque pas changé depuis sa création en 1952. La famille Savvas propose de très bons petits encas salés (*tiropita*, *spanakopita*) et sucrés (*galaktoboureko*, *baklava*, *kataifi* ou un rafraîchissant *mahalepi* à l'eau de rose). Institution centrale et ombragée, « Les Trois Lanternes » (*Tria Fanaria* en grec) constituent un bon point de départ pour un café matinal avant d'explorer le méandre des ruelles de la vieille ville. On peut aussi venir y prendre un dessert après avoir déjeuné chez Mattheo, juste à côté sur la même place.

TEZGAH

Asmaaltı Sk
✆ +90 53 38 79 01 84
Tous les jours 9h-21h. Thés et cafés 5-11 TYR, pâtisseries 3-13 TYR, sandwichs 13-14 TYR.

En face du Kumarcılar Han, à mi-chemin entre le Büyük Han et la mosquée Iplik Pazarı, voici vraiment un lieu ravissant qui propose de bonnes pâtisseries turques et américaines maison, mais aussi des cocktails, des milk-shakes, des plateaux de fromages et une petite restauration salée (une excellente tarte aux épinards) à déguster en terrasse ou à emporter. On peut y manger, mais on recommande plutôt l'endroit pour un café et un dessert. Goûtez par exemple le *kadayıflı muhallebi*, une petite gourmandise aux cheveux d'ange et à la crème.

A KXOFFEE PROJECT

29D Pindarou
✆ +357 22 261898
Lundi-vendredi 8h-19h, samedi 9h-16h.

Cet établissement né d'un projet artistique en 2013 au sein de la galerie Apotheke propose le meilleur café de Nicosie. Pour chaque type de café une machine dédiée : espresso, americano, cappuccino, etc. Mais le préféré des hipsters – qui constituent le gros de la clientèle –, c'est le « café infusé à froid » *(cold drip)* obtenu grâce à la plus étonnante des machines, un système tout en spirales digne du laboratoire du professeur Tournesol. Avec ce processus, entre 5 et 7h de goutte à goutte sont nécessaires pour obtenir une petite cafetière.

(SE) FAIRE PLAISIR

Si l'on trouve de tout dans la capitale, les achats les plus intéressants et authentiques (icônes, dentelle, loukoums, tapis et kilims...) se feront plutôt dans des villages dans le reste de l'île. Globalement et sans surprise, tout est moins cher du côté Nord. Cependant, ne voyez pas trop grand en faisant vos emplettes de l'autre côté. Car si vous devez repasser par la partie Sud, votre achat risque d'être saisi au point de passage de la zone tampon : la valeur maximale des achats pouvant entrer dans la République de Chypre depuis le territoire occupé est en effet fixée à 200 € et un objet volumineux attirera forcément l'attention des policiers chypriotes grecs. Il est tentant aussi d'acheter des cartouches de cigarettes côté Nord. Néanmoins, même si les contrôles ne sont pas systématiques, sachez que vous ne pouvez théoriquement repasser côté sud qu'avec 1 litre d'alcool et 40 cigarettes par personne. Attention aussi aux contrefaçons.

CENTRE D'ARTISANAT CHYPRIOTE ★★

186, Athalassas Avenue
✆ +357 22 30 50 24
Boutique : tous les jours sauf dimanche 8h-14h et 16h30-19h, fermé mercredi et samedi après-midi.
Dans cet atelier d'État (Κέντρο Κυπριακής Χειροτεχνίας/Kentro Kypriakis Chirotechnias, Cyprus Handicraft Centre) sont fabriqués et vendus des produits artisanaux traditionnels : broderie, tapisserie, vannerie, sculpture sur bois, poterie, ferronnerie, orfèvrerie, dinanderie, maroquinerie. On y trouve aussi des carreaux de céramique et des reproductions de figurines antiques. Une bonne adresse shopping. Visite des ateliers et cours techniques sur rendez-vous.

MARCHÉ BANDABULIYA

5, Uray Sk
Tous les jours sauf le dimanche 8h-18h.
Cette halle couverte de 4 500 m² fut construite en 1932 à l'endroit où se tenait déjà le marché central de Nicosie depuis les Lusignan. Presque abandonnée après la séparation de la ville en 1963, elle revit depuis 2004. La plupart des 80 échoppes sont occupées par des boucheries, primeurs, boutiques de vêtements et de souvenirs répartis entre trois rues intérieures. Le nom turc de *Bandabuliya* vient du grec Παντοπωλεία/*Pantapolia* qui signifie « boutiques (ouvertes) en continu ». L'endroit est aussi connu comme le « vieux marché » en grec (Παλιά Αγορά/Palia Agora).

KANTINA

48 rue Sofouli
✆ +357 99 437753
Ouvert du lundi au vendredi de 10h à 18h30, et 15h le samedi.
Si votre billet le permet - avec enregistrement d'un bagage en soute -, l'achat de quelques gourmandises locales, liquides comprises, est tentant. Vous trouverez ici plein d'idées de cadeaux gourmands. Nous recommandons son huile d'olive. Petite curiosité : on y trouve ce qui est peut-être la meilleure huile d'olive chypriote, en culture bio, qui se trouve être de production française, commercialisée sous la marque Astas. Nicolas Netien a obtenu en 2015 le droit de planter 6 000 oliviers dans le no man's land de la zone tampon, près du village d'Evrychou.

RUE KURTBABA

Kurtbaba Sk
Nombreux commerces et restaurants. Nous recommandons une bonne table : Sabır Lokantası (tous les jours 10h-18h).
Cette rue commerçante (Kurtbaba Sokak) est très touristique. Ses boutiques débordent de vêtements siglés à prix cassés d'origine douteuse. Pour rappel, la valeur maximale des achats pour retourner dans la zone Sud est de 200 €. Et les contrefaçons sont strictement interdites (risque de grosse amende au point de passage). La rue doit son nom au mausolée de Kutup Baba (déformé en « Kurt » Baba) situé au coin de la rue Asmaaltı. Ce soldat ottoman de la confrérie des bektashis est mort lors la prise de la ville en 1570. Il est inhumé ici avec deux de ses compagnons.

BOUGER & BULLER

En raison de la taille et de la configuration très piétonne de ses rues, aucun côté de la vieille ville ne se prête vraiment au sport. Il faudra vous rendre au Stade Atatürk de Nicosie, en banlieue, dans la partie nord de Chypre, ou au stade Makarios, à Engomi, dans la périphérie de la ville nouvelle de Nicosie-Sud, pour assister à une éventuelle rencontre. L'enceinte la plus visible de la vieille ville se situe aujourd'hui dans la zone tampon et sert surtout au personnel de l'Onu. En revanche, on trouvera d'agréables lieux de détente, et en premier lieu des hammams de part et d'autre de la ligne verte. Côté Sud, le hammam Ömeriye a été fondé par les Lusignan au XIVe siècle. Les services proposés ici sont plus chers que dans les anciens bains turcs de Nicosie-Nord. D'extérieur, le hammam Hamasi Korkut, situé presque en face de la mosquée Turunçlu, ne paye pas de mine. Moins touristique qu'au Sud, c'est une autre expérience agréable.

FÉDÉRATION CHYPRIOTE DE GOLF

21, Amfipoleos
✆ + 357 22 44 98 74
www.cgf.org.cy

La jeune fédération créée en 2000 se félicite d'accueillir un nombre croissant de golfeurs. Vous trouverez sur le site le calendrier des compétitions locales. L'IGCN (International Gulf Club of Nicosia) est situé dans la zone protégée des Nations unies sur le terrain de l'ancien aéroport international de Nicosie, à seulement 10 minutes en voiture du centre-ville. Le club se compose d'un parcours de 18 trous et de 2 zones et filets d'entraînement, et d'un club-house accueillant.

PARC NATIONAL D'ATHALASSA

En bus, le parc est desservi depuis Nicosie par la ligne n° 150 qui part de la place Solomou.

Ce parc national forestier s'étend sur 9 km² et offre de belles idées de balades. Dominé par les ruines du château La Cava (construit par les Lusignan au XIVe siècle), on y trouve plusieurs sentiers balisés, des parkings, des aires de pique-nique, un petit musée dédié à l'environnement local et le parc des Nations, planté d'arbres provenant de toutes les régions du monde. Attention, car le massif forestier est surtout composé d'eucalyptus et n'est donc ni très vert ni très ombragé.

HAMAM ÖMERIYE ★★★

8, Platia Tillirias
✆ +357 22 46 00 06
www.hamamomerye.com

10h30-21h30 (week-end jusqu'à 19h30) - fermé lundi - soins et massages à partir de 25 €.

Le hammam Ömeriye (Λουτρά Ομεριγέ) a été fondé par les Lusignan au XIVe siècle. Il a pris sa forme et son nom actuels sous les Ottomans. Le projet de rénovation lancé par l'Onu et l'UE en 2002 a été récompensé du prestigieux prix Europa Nostra en 2006. Depuis 2014, les bains ont reçu le nom « Hamam Omerye ». Les services proposés ici sont plus chers, mais aussi d'un niveau nettement plus luxueux que dans les deux anciens bains turcs de Nicosie-Nord. Autre différence : ici, c'est mixte, mais aménagé avec des espaces privés pour préserver l'intimité.

HAMMAM HAMASI KORKUT ★

18, Beliğ Paşa Sk

Tous les jours 8h-22h - hommes uniquement et gay friendly - 20 TYR, possibilité de massages.

Situé presque en face de la mosquée Turunçlu, le hammam Hamasi Korkut (Hamasi Korkut Hamamı) date du XVIIe siècle. Il doit son nom à l'ancien quartier Korkut Effendi, intégré depuis longtemps à celui d'Iplik Pazarı. D'extérieur, ces bains turcs ne payent pas de mine avec leur enseigne Pepsi Cola. Moins touristiques que ceux du Büyük Hamam, leur intérieur est bien préservé avec les trois espaces traditionnels (repos, bain chaud, bain tiède). Des dômes percés de petites ouvertures laissent filtrer des rayons de lumière qui se perdent dans les vapeurs.

SORTIR

La capitale regorge d'adresses très diverses pour sortir. Il y a des boîtes de nuit pour les amateurs, côté Sud. Mais vous trouverez surtout d'agréables lieux où assister à des événements ou des concerts, dans la vieille ville, de part et d'autre de la ligne verte. Pourquoi ne pas commencer la soirée par exemple avec une exposition chez Apotheke (une ancienne pharmacie transformée en galerie) dans la vieille ville côté Sud, et prolonger avec un spectacle de derviches tourneurs dans le musée Mevlevi côté Nord, ou passer au Centre culturel et artistique Arabahmet qui accueille régulièrement des spectacles dans son théâtre ? Mention spéciale enfin à l'art contemporain, bien représenté dans la ville nouvelle. La dynamique Fondation Artos est résolument tournée vers la création et le monde des arts, comme Point centre, qui accueille des artistes chypriotes et étrangers et organise souvent des événements.

BLINKERS

5 rue Andrea Avraamidi
✆ +357 22 35 15 50
Tous les soirs de 19h à 4h. Entrée de 10 à 70 € avec ou sans repas et selon la programmation et le placement en salle.

Ne pas se fier à son nom anglais (qui peut signifier « œillères » ou « clignotants ») : le Blinkers est l'un des rares clubs de Nicosie à proposer de la musique traditionnelle grecque et chypriote. Ne pas se fier non plus aux apparences, car si jusqu'à 23h l'endroit ressemble à une taverne, il se transforme rapidement en véritable discothèque, passant des hits internationaux et accueillant des groupes de bouzouki et des vedettes locales ou grecques. Enfin, dernier avertissement, la clientèle est un peu plus âgée qu'ailleurs (la quarantaine).

S//IP CLUB BOITE DE NUIT

Theofanous Theodotou

Au centre de Nicosie, un endroit bien décidé à faire la fête et à combler le vide après deux ans de pandémie. Situé dans le complexe brutaliste du Zena's Palace, le S//IP est une discothèque dédiée à la musique électronique à Nicosie. L'établissement offre une vie nocturne de qualité, d'excellentes boissons et les meilleurs artistes et interprètes locaux (et parfois internationaux) du moment. L'endroit est aussi fermement engagé dans la lutte contre l'homophobie. Son actualité et la programmation sont à suivre sur les réseaux sociaux et sur sa page Facebook.

CENTRAL NIGHT CLUB OF NICOSIA

40 Evagorou
✆ +357 99 111522
Centralclub.eu
Ouvert vendredi et samedi de 23h30 à 4h. Sur réservation.

Le Central se targue d'incarner la « prochaine génération d'expérience de boîte de nuit », avec des services haut de gamme et un habillage digne des dernières technologies de son et lumière... Code vestimentaire exigé : chic et stylé ! Ici, l'atmosphère se veut un peu plus glamour, avec des services de haute qualité et une ambiance unique. Côté musique, les DJ changent régulièrement. Suivez la programmation sur la page Facebook de la boîte de nuit.

APOTHEKE ★

23, Kleanthi Christofidi
✆ +357 99 76 48 16
10h-13h, 16h-20h - fermé dimanche - entrée libre.

Dans la vieille ville et le quartier Faneromeni, à 150 m au nord-est de la place et située en plein milieu d'ateliers de menuiserie, cette ancienne pharmacie est devenue une galerie gérée par une association dynamique qui propose toutes sortes d'expos. L'endroit organise aussi des *happenings*, toujours inventifs, souvent loufoques et parfois politiquement incorrects. Dans la même rue, se trouve The Office *(32, Kleanthi Christofidi - theofficegallery.com)*, une autre galerie d'art contemporain, plus sérieuse mais tout aussi réputée.

CONCERTS AU BEDESTEN

Kuyumcular Sk

Pour les concerts de jazz, environ 30 TYR la place - billets en vente sur place.

Avec la mosquée Selimiye située juste à côté, le Bedesten est l'un des monuments phares de Nicosie. Désormais transformé en centre culturel, l'édifice accueille des expositions et des conférences tout au long de l'année, et régulièrement des concerts. Pour la programmation des expositions et des conférences, se renseigner auprès de l'office de tourisme. Pour les concerts de jazz, comptez une dizaine de dates de septembre à novembre. Un stand de vente de billets pour le spectacle des derviches tourneurs du musée Mevlevi est installé devant l'entrée du Bedesten.

POINT CENTRE ★

2, Evagorou

✆ +357 22 66 20 53

www.undopoint.org

11h-18h, samedi 11h-15h - fermé dimanche-lundi - gratuit.

Dans la ville nouvelle, à 250 m au sud-ouest du bastion d'Avilla, près de la pinacothèque Leventis, ce centre d'art contemporain a été créé en 2012 par un collectif réuni autour du journal d'art new-yorkais *UNDO* et du Künstlerhaus Bethanien de Berlin. Il accueille des artistes chypriotes et étrangers et organise des expositions et événements (rencontres, projections de films, débats) tout au long de l'année (voir programmation sur le site Internet). Cette institution s'intéresse particulièrement à la création en Méditerranée orientale. Café sympa.

FONDATION ARTOS ★

64, Agion Omologiton Avenue

✆ +357 22 44 54 55

www.artosfoundation.org

9h-17h - fermé week-end - gratuit. Spectacles et événements : voir programmation sur la page Facebook.

Dans la ville nouvelle, quartier Agion Omologiton (près du parc de la résidence du président de la République), la Fondation Artos (Artos Foundation) a été créée en 2004 par deux des artistes contemporains les plus prolifiques de Chypre, Achilleas Kentonis et Maria Papacharalambous. Le lieu est résolument tourné vers la création entre les sciences et le monde des arts (danse, théâtre, musique, cinéma et arts visuels). En dehors des horaires d'ouverture des expositions, des spectacles et événements y sont organisés régulièrement.

SPECTACLE DES DERVICHES TOURNEURS

www.danceofcyprus.com

Spectacle (15-25 min) : tous les jours sauf dimanche de 12h à 14h et de 15h à 17h. 25 TYR ou 7 € avec accès au musée.

Le musée Mevlevi (Mevlevi Müzesi) sert de cadre à un spectacle unique à Chypre, celui des derviches tourneurs. Dans une salle circulaire, ils commencent à tourner sur eux-mêmes, prenant appui sur leur pied gauche et utilisant le pied droit pour pivoter. Cette danse giratoire peut durer plusieurs heures. Ce show n'en reste pas moins impressionnant. Une certaine grâce se dégage même de ces danseurs faisant virevolter leur jupe blanche, les bras levés, la tête inclinée et le regard fixe.

PATIO COCKTAIL BAR

55 rue Megalou Alexandrou

✆ +357 22 66 44 88

www.patiococktailbar.com

Tous les jours de 19h à 2h. Environ 15 € par personne.

Parmi les établissements qui ont fleuri récemment, ce bar à vin et à tapas est celui qui nous a le plus enthousiasmés. Une grande cour rectangulaire à ciel ouvert (d'où son nom) dont l'immense mur ouest est couvert de volets multicolores. Par son ambiance aussi, avec musique *live*, bar à cocktails. Et surtout par ses spécialités espagnoles et hispanisantes bien réalisées : beaucoup de fritures croustillantes et pas trop grasses, un très bon bœuf *milonga* accompagné de petites sauces épicées, des salades rafraîchissantes, des charcuteries et bières ibériques.

THÉÂTRE MUNICIPAL

4, rue Mouseiou

✆ +357 22 66 40 28

www.cyprusevents.net

Ouvert au public uniquement pour les représentations.

Ce vaste théâtre de style néoclassique a été achevé en 1967. Il contient 1 220 places et est utilisé pour les représentations du Théâtre national, les concerts et récitals musicaux, les spectacles de danse, ainsi que pour diverses cérémonies. Après rénovation, l'objectif est de transformer le lieu en un « palais de la Culture » capable d'attirer une plus large audience tout en réservant cent jours dans l'année exclusivement au public scolaire. Derrière le bâtiment, le principal et plus ancien jardin municipal de Nicosie offre un peu d'ombre et de fraîcheur.

CHYPRE NORD

Bienvenue à Chypre-Nord ! Eh oui, c'est presque ici, un autre pays qui commence. Une autre monnaie (la lire turque, TYR), une seule langue officielle (le turc) et un État non reconnu par la communauté internationale (à l'exception de la Turquie) : la « République turque de Chypre Nord » ou « RTCN » *(Kuzey Kıbrıs Türk Cumhuriyeti, KKTC)*, créée en 1983. Il s'agit pourtant officiellement d'un territoire de la République chypriote, lui aussi entré dans l'Union européenne en 2004. Mais du fait de l'occupation par l'armée turque depuis 1974, l'État chypriote ne peut y exercer son autorité. Chypre-Nord possède les plus belles plages de l'île. On y trouve aussi un très important patrimoine historique : mosquées, églises, sites antiques, etc. Autre attrait : le coût de la vie est moins élevé que dans la zone Sud.

Chypre nord

100 M
Cap Zafer
RIZOKARPASO - DIPKARPAZ
GIALOUSA - YENI ERENKÖY
Péninsule du Karpas
Mer Méditerranée
KAZAFANI - OZANKOY
ÇATALKÖY
AKANTHOU - TATLISU
GALATIA - MEHMETÇIK
LYTHRANKOMI - BOLTAŞLI
LIVERA - SADRAZAMKÖY
KARAVAS
KYRENIA
DAVLOS - KAPLICA
KORMAKITIS
LAPITHOS
AYLOS AMVROSIOS
Cayirova
VOKOLIDA - BAFRA
KARAMAN
Bagaziepe
Baie de Morphou
Camlibel
BELLAPAÏS – BEYLERBEYI
ARAPKOY
KLEPINI
TRIKOMO - YENI ISKELE
ZONE TURQUE
Degirmenlik
Geçitkale Havaalani
Baie de Famagouste
GÜZELYURT (MORFOU)
Gönyeli
SALAMIS
NICOSIE (LEFKOSA)
Dörtyol
Ercan Havaalani
Akdogan
LEFKA
FAMAGOUSTE
Gaziler
ZONE CHYPRIOTE
VERS AGIOS GERGIOS
VERS TATLISU
LARNAKA (LARNAKA)

●● CÔTE DE KYRENIA

313

Autrefois appelé « région de Cirènes » par les chevaliers francs et les voyageurs francophones, le district de Kyrenia est la partie la plus touristique de la zone Nord. Hélas ! les affres du tourisme de masse ont ravagé l'essentiel du littoral. Proche de Nicosie, il comprend toutefois d'une large palette de paysages (plages et baies sableuses, plateaux verdoyants, vastes forêts de pins…) et parmi les monuments les plus emblématiques de Chypre : château et Vieux-Port de Kyrenia, abbaye de Bellapaïs, château de Saint-Hilarion, etc. À l'ouest, au creux de la baie de Morphou, la plaine agricole la plus généreuse de Chypre échappe pour l'heure au tourisme de masse. Avec peu de belles plages facilement accessibles, cette région offre encore d'intéressants lieux de visite et un accueil plus authentique que Kyrenia.

KYRENIA – GIRNE ★★★

313

Kyrenia est sans conteste la station balnéaire la plus fréquentée de la zone Nord. Lieu d'excursion ou de villégiature, elle a réussi à préserver un petit centre-ville charmant et riche en lieux de visite. On visitera en priorité son vieux port et son agréable château.

AGIOS GERGIOS - KARAOĞLANOĞLU

319

Premier village à l'ouest de Kyrenia, ce n'est pas forcément le plus intéressant. La baie de Kervansara abrite la seule plage publique de la commune. La chapelle Agios Gerogios et ses grottes forment toutefois un ensemble intéressant.

KARAVAS – ALSANCAK ★★

320

C'est ici, sur la plus belle plage des environs de Kyrenia, que l'armée turque débarqua le 20 juillet 1974. Le long de la route côtière principale, perdus entre les installations touristiques de toutes sortes, un musée et un monument en marquent le souvenir.

LAPITHOS – LAPTA ★

323

Enfin une station balnéaire presque agréable sur la « Riviera de Kyrenia ». Aménagé par la municipalité, un sentier côtier permet une agréable promenade le long d'un rivage constitué de rochers et de falaises. On y croise des petites plages et des criques, des bars et des restaurants.

KAZAFANI – OZANKÖY ★★

324

Son vieux village est l'un des plus beaux de la zone Nord. Situé à 300 m à vol d'oiseau et 20 minutes à pied en dessous de Bellapaïs, il constitue vraiment une très belle étape sur le chemin des Croisés (*Crusaders Way*) qui mène aux ruines de la célèbre abbaye.

AGIOS AMVROSIOS – ESENTEPE

325

Filez vers la plage d'Alakati, la plus belle de la côte de Kyrenia : formée de 4 baies sableuses et d'un éperon rocheux, elle est aussi surnommée Turtle Beach, car c'est une zone de ponte naturelle des tortues vertes (*Chelonia Mydas*) et caouannes (*Caretta Caretta*).

ÇATALKÖY ★

325

Dans la partie ouest, plus rocheuse, se dresse le magnifique tekké Hazreti Omer, un lieu de dévotion comme il n'en existe qu'à Chypre. Et, tout à l'est, se trouve la magnifique plage d'Alakati, où l'on peut assister à la naissance des bébés tortues.

PAGES

327 ## ● ● MASSIF DU PENDACTYLOS

Dans la région de Kyrenia, la chaîne du Pentadactylos abrite certains des lieux de visite les plus intéressants de la partie nord du pays : châteaux médiévaux de Saint-Hillarion et de Buffavento, abbaye de Bellapaïs, monastères Sourp Magar et Christos Antiphonitis, chacun d'entre eux est facilement accessible.

KARMI – KARAMAN ★★

327 On y vient pour son château, éperon rocheux situé à 732 m d'altitude. Érigé par les Byzantins, puis renforcé par les Lusigan, le château de Saint-Hilarion offre l'une des plus belles vues de la côte de Kyrenia. C'est aussi le mieux conservé des trois châteaux médiévaux du massif du Pentadactylos.

BELLAPAÏS – BEYLERBEYI ★★★

329 L'abbaye de Bellapaïs est sans doute le monument le plus romantique de Chypre. Surplombant Kyrenia à 220 m d'altitude, les magnifiques ruines de ce monastère gothique du XIIIe siècle offrent un panorama grandiose, célébré par des écrivains-voyageurs comme Lawrence Durrell dans les années 1950.

ALEVKAYA ★

332 Isolé dans une zone boisée à 800 m d'altitude, il présente au moins deux curiosités : l'Herbier de Chypre Nord et un accès au monastère arménien Sourp Magar, un complexe du Moyen Âge et l'un des deux plus anciens monuments de la minorité arménienne de Chypre.

KLEPINI - ARAPKÖY ★

333 On s'arrête ici pour visiter le château de Buffavento, le plus élevé (950 m d'altitude) des trois châteaux médiévaux du massif du Pentadactylos. Le village lui-même offre un panorama grandiose du mont « à cinq doigts » qui barre le nord de l'île.

335 ## ● ● CAP KORMAKITIS

Le cap de Kormakitis est une région à part. Aujourd'hui peu développé économiquement, il constitua pourtant l'un des fiefs les plus prospères durant la période médiévale. La plupart des plages y sont encore vierges et l'offre touristique toujours embryonnaire.

KORMACIT - KORMAKITIS ★★★

335 Ce village est le symbole de la persistance de la culture maronite à Chypre depuis plus de 14 siècles. À l'ouest, il est aussi bordé par la grande plage vierge de Paliokastro qui s'étend sur environ 3,5 km de longueur et abrite un espace naturel de ponte des tortues marines.

LIVERA - SADRAZAMKÖY

335 C'est ici que se trouve le cap Kormakitis, la partie de Chypre la plus proche de la Turquie, à 60 km. Avec ses paysages désolés battus par les vents, il est peu fréquenté par les visiteurs. Cerné de rochers et de plages à gros rouleaux, l'extrémité du cap se prolonge avec l'îlot Kormakitis.

PAGES

337 ●● RÉGION DE MORPHOU

MORFOU – GÜZELYURT ★

337 Malgré des apparences trompeuses, c'est un coup de cœur pour l'accueil des habitants et deux sites uniques : le monastère orthodoxe Agios Mamas (XVIe siècle) parmi les monuments chrétiens les mieux préservés au Nord et son musée d'archéologie et d'histoire naturelle.

LEFKA ★

Cette petite ville « blanche » enclavée vous ravira. Le site archéologique de Soli
341 (Soli Antik Kenti) abrite les vestiges gréco-romains de ce qui fut l'une des plus puissantes cités-États de l'île. C'est ici qu'ont été découvertes certaines des plus belles œuvres de l'Antiquité chypriote. Elle possède aussi un patrimoine architectural ottoman intéressant.

345 ●● RÉGION DE FAMAGOUSTE

Pour les touristes qui visitent le nord de l'île dans le cadre d'une excursion, Famagouste est une destination phare. Surnommée « la ville aux 365 églises », Famagouste fut par deux fois capitale de Chypre : capitale politique du temps des Vénitiens et capitale touristique dans les années 1950-1970. Aujourd'hui deuxième ville de la zone Nord, elle possède trois atouts majeurs : de longues plages de sable blanc, une vieille ville fortifiée presque intacte héritée du Moyen Âge et, à proximité, les ruines de l'antique Salamine de Chypre.

FAMAGOUSTE (AMMOCHOSTOS - GAZIMAĞUSA) ★★★

Cette grande agglomération moderne s'étend tout autour des remparts et du port
345 et ne compte plus ses trésors. Sur le port, à 400 m de la mosquée Lala Mustafa Pacha, vous voilà plongé dans l'univers shakespearien, dans le château d'Othello. Coincée dans la zone tampon, la partie sud abrite l'étrange « ville fantôme » de Varosha.

SALAMINE DE CHYPRE (SALAMINA - SALAMIS) ★★★

Il faut visiter son site archéologique, l'un des plus beaux avec celui de Paphos.
349 Dans un cadre naturel magnifique, en bord de mer, il s'agit de l'ancienne cité-État créée au XIe s. avant notre ère. Ici se sont succédé et entremêlées les cultures assyrienne, phénicienne, grecque, perse, égyptienne, hellénistique, romaine et byzantine…

352 ●● PÉNINSULE DE KARPAS

Ce vaste espace méconnu offre des paysages contrastés : le massif du Pentadactylos qui vient mourir au ras des flots, de grandes étendues de sable encore ignorées des promoteurs immobiliers, des plaines arides, de petites criques bordées de ruines antiques et même des vallées verdoyantes où l'on fait du vin.

TRIKOMO - YENI ISKELE ★

352 Il faut s'arrêter dans la minuscule église franco-byzantine Agios Iakovos qui date des XIVe et XVe siècles. Elle est dédiée à saint Jacques et demeure un symbole de l'emprise des Lusignan sur la région. En plus, elle abrite un office de tourisme…

PAGES

352 **VOKOLIDA - BAFRA**

S'étendant sur 3 km le long des plages, elle a pris des airs de Las Vegas méditerranéen avec quatre grands complexes hôteliers, dont le dernier-né, le Grand Colosseum, est inspiré à la fois du Colisée de Rome et de la villa d'Hadrien de Tivoli. On y trouve des casinos et des piscines géantes.

353 **GALATIA - MEHMETÇIK ★**

Changement de décor : ce village de vignerons vaut le détour pour ces raisons gastronomiques. Réputé pour ses escargots et son *sulu kebap* (viande d'agneau fondante cuite au four), il a son festival gastronomique. Il a aussi adopté le label Slow Food.

354 **AKANTHOU - TATLISU ★★**

Sa grotte de Platani est considérée comme la plus grande de Chypre et la plus belle de la zone Nord, avec un long passage joliment dardé de stalactites et stalagmites. Son élégante église orthodoxe Chrysosotiros est l'une des plus grandes du Nord, aujourd'hui utilisée comme mosquée.

356 **DAVLOS - KAPLICA ★★**

Arrêtez-vous au château de Kantara. Cet édifice fut érigé au Xe siècle par les Byzantins pour servir de poste d'observation. Situé à 630 m d'altitude, il offre de magnifiques panoramas sur la péninsule de Karpas, le massif du Troodos et la plaine de la Mésorée jusqu'à Famagouste.

357 **LYTHRANKOMI - BOLTAŞLI ★**

Dominé par une grande mosquée moderne, le village vaut surtout une halte pour son monastère byzantin Panagia Kanakaria, érigé aux V-VIe siècles, puis plusieurs fois modifié jusqu'au XVIIIe siècle. Son catholicon abrite une précieuse mosaïque de la Vierge.

357 **GIALOUSA - YENI ERENKÖY ★**

Ce bourg sans charme particulier est le plus gros village de la péninsule. Une halte peut être intéressante pour consulter ici le seul réel office de tourisme dans la péninsule. Partiellement en ruine, la basilique Agia Triadas est célèbre pour ses mosaïques.

359 **RIZOKARPASO - DIPKARPAZ ★★★**

Vous voilà presque au bout, à la toute l'extrémité de la péninsule de Karpas. On ne regrette pas son voyage. Son parc naturel s'étend sur 9 500 hectares. Quant aux plages, ce sont tout simplement les plus agréables, les plus sauvages et plus belles de Chypre.

KYRENIA - GIRNE ★★★

Kyrenia (Κυρήνεια), Kerinia (Κερύνεια) ou Girne (en turc, prononcer « guirné »), est la troisième ville de la zone Nord derrière Nicosie-Nord et Famagouste avec environ 40 000 habitants (environ 72 000 habitants avec l'agglomération). C'est aussi le chef-lieu du district de Girne. Kyrenia se trouve à 23 km au nord de Nicosie-Nord et à 42 km au nord-ouest de l'aéroport d'Ercan. Réputée pour sa forteresse médiévale et son magnifique vieux port aux allures de Saint-Tropez, Kyrenia est devenue la station balnéaire la plus fréquentée de la zone Nord. À la veille de l'invasion militaire de 1974, les Chypriotes grecs représentaient 65 % des 4 000 habitants. Les orthodoxes ainsi que les petites minorités maronites et arméniennes (5 %) sont contraints à l'exil. La ville se repeuple depuis avec les réfugiés chypriotes turcs chassés de Limassol ou de Polis, puis avec des colons arrivés de Turquie. Et, surtout, elle s'est ouverte au tourisme. Grâce au tourisme, Kyrenia a connu un important développement ces dernières années. Un peu trop à notre goût : en été, les touristes – essentiellement turcs et britanniques – se massent sur les terrasses le long des quais et font monter le niveau sonore jusque tard dans la nuit. Il n'en demeure pas moins que le petit centre-ville est absolument charmant et riche en lieux de visite. C'est aussi une bonne base de départ pour explorer la région de Morphou ainsi que la péninsule de Karpas. Des liaisons fréquentes avec Nicosie-Nord : une toutes les 10-15 min de 6h30 à 18h30 et jusqu'à 19h en été (durée 30-45 min, 8 TYR).

MUSÉE ARCHÉOLOGIQUE DE KYRENIA ★

Dans le donjon des Lusignan, au sein du château de Kyrenia.

Entrée incluse dans le billet du château de Kyrenia (mêmes horaires).

Créé en 2006, le musée archéologique de Kyrenia (Arkeoloji Müzeleri) présentes découvertes faites dans les trois principaux sites néolithiques de la région.

Village de Vrysi – *rez-de-chaussée - salle n° 1.* Ce site du rivage de la commune d'Agios Epiktitos (Çatalköy), à l'est de Kyrenia, fut occupé entre 4400 et 3700 avant J.-C. Installé sur une falaise surplombant la mer, il fut fouillé avant 1974 par une équipe britannique. Un vaste diorama reconstitue les scènes de vie supposées de ses habitants pratiquant l'agriculture et la chasse.

Tombes de Kirni – *rez-de-chaussée - salle n° 2.* Elles furent utilisées pendant plus de trois siècles entre 2075 et 1725 avant J.-C. Le site a été mis au jour – illégalement – par des archéologues turcs en 1982 dans l'actuel village de Krini (Pınarbaşı), près du château de Saint-Hilarion. Deux squelettes et pas moins de 81 objets (principalement des poteries) découverts sur place sont exposés dans des vitrines et dans la reconstitution d'une des tombes.

Sanctuaire d'Agia Irini – *1er étage.* Creusé entre 1200 et 1050 avant J.-C. à l'ouest du village d'Agia Irini (Akdeniz), près du cap Kormakitis, ce *temenos* fut découvert en 1929 par une mission chyprio-suédoise. Le site est célèbre pour ses quelque 2000 statuettes votives (VIIe-VIe siècle avant J.-C.) aujourd'hui conservées au Musée national de Chypre, à Nicosie, et au Medelhavsmuseet de Stockholm (Suède). La cavité fut utilisée comme tombeau jusqu'au premier siècle de notre ère.

CHYPRE NORD

Kyrenia.

CHÂTEAU DE KYRENIA ★★★

Küpdemir Sk
+90 39 22 27 29 16
Tous les jours 8h-18h (sauf dimanche en basse saison) - dernière entrée 1h avant la fermeture.

Le château de Kyrenia (*Girne Kalesi*) abrite une église byzantine, deux musées et la célèbre « épave de Kyrenia ».

Histoire. Le site a été occupé dès le VIIe siècle av. J.-C. et fortifié par les Byzantins à partir du VIIe siècle pour faire face aux raids arabes. Transformé tour à tour par les croisés, les Lusignan, les Vénitiens, les Ottomans et les Britanniques, le château a connu de nombreux sièges. En 1191, notamment, Richard Cœur de Lion le prend aux Byzantins lors de la troisième croisade. Et, en 1373, le château est presque entièrement détruit par les Génois. Reconstruit par les Vénitiens, il prend son apparence actuelle vers 1450, avec notamment des tours rondes plus adaptées contre l'artillerie. À partir du XIXe, les Britanniques utiliseront le château d'abord comme caserne, puis comme prison. Il servira de quartier général à la garde nationale chypriote jusqu'à l'invasion turque de 1974.

Entrée du château. Après la billetterie, un pont en pierre de 70 m de long mène à la porte principale érigée vers 1400 lors du comblement de l'ancien port du château. Cette entrée était défendue par un pont-levis jusqu'à la période ottomane. Après un tunnel, on accède à trois parties du château : aux remparts, à un étroit tunnel menant à la chapelle Agios Georgios ou à la cour principale, sous une grande porte voûtée surmontée des armoiries de Richard Cœur de Lion.

Église Agios Georgios. Dédiée à saint Georges, elle fut construite vers 1170. Agrandie avec l'ajout d'un narthex sous les Lusignan, elle conserve 4 colonnes soutenant le dôme et une partie de son pavement originel. Située d'abord à l'extérieur des murs, elle servit ensuite de passage vers le rempart nord-ouest après l'agrandissement du château par les Vénitiens.

Remparts et cour principale. Vaste espace de forme carrée planté de palmiers, la cour donne, elle aussi, accès au chemin de ronde des remparts *(4 escaliers)* d'où l'on profite d'un beau panorama sur la mer, le Vieux-Port et le massif du Pentadactylos. Encadrée par quatre tours (une byzantine, une franque et deux vénitiennes), la cour abrite le donjon *(au fond, face l'entrée)* où sont installés les deux musées et un café ombragé.

Tour Alix de Champagne - *à gauche au fond de la cour.* C'est la seule des 4 tours du château ouverte aux visites. Appelée aussi « tour Lusignan », elle doit son nom à Alix de Champagne-Jérusalem, épouse du roi de Chypre Hugues Ier, qui fit ériger l'édifice entre 1208 et 1211. Les deux niveaux de la tour comprennent chacun une salle de garde, puis une salle « de combat » percée de larges meurtrières.

CIMETIÈRE DE BALDÖKEN ★

Sertaç Sevim Kalebey Sk
Accès libre.

© NEJDET DUZEN/SHUTTERSTOCK.COM

Petit îlot de verdure en pleine ville, le cimetière de Baldöken (Baldöken Mezarlığı) date de la période romaine. Il fut utilisé par les Ottomans pour enterrer leurs soldats après la prise de la ville en 1570. Réservé aux militaires jusqu'au XVIIe siècle, il fut transformé en cimetière civil, puis occupé par des aménagements urbains. De la période ottomane subsistent quelques stèles, une fontaine et le turbe couvert d'un dôme. En descendant vers le château et le Vieux-Port, on passe le long de la petite église anglicane St. Andrew (Saint-André) érigée en 1913.

MAISON DE LA CAROUBE ET DE CHYPRE

100, 20 Temmuz Kordonboyu
Lundi-vendredi 9h-14h (jusqu'à 16h jeudi) - 5 TYR.

Il s'agit de l'ancien musée des Traditions populaires, appelé *Carob Store and Cyprus House* (Harup ambarı ve Kıbrıs Evi). Il est installé dans un ancien entrepôt du XVIIIe siècle cédé à la République chypriote par une riche Écossaise en 1966. Les marchandises – en particulier la caroube cultivée dans la région – étaient transférées sur les navires par la rampe située à gauche de l'entrée. Au rez-de-chaussée sont exposés des outils agricoles, notamment une presse à l'huile d'olive.

Château de Kyrenia.

MUSÉE DE L'ÉPAVE ★★★★

Dans le donjon des Lusignan, au sein du château de Kyrenia.

Entrée incluse dans le billet du château de Kyrenia (mêmes horaires).

Le musée de l'Épave (Batık Gemi Müzesi) abrite l'épave et la cargaison d'un navire marchand grec échoué au large de Kyrenia aux alentours de 300 avant J.-C. et retrouvée en 1965. Souvent présentée localement comme le « plus vieux navire au monde », cette embarcation possède en tout cas une valeur inestimable. Elle a permis aux chercheurs de développer de nouvelles techniques d'archéologie sous-marine, mais aussi d'en savoir davantage sur les routes maritimes, la menuiserie et la navigation durant l'Antiquité en Méditerranée. Objet de fierté pour les habitants du pays, le navire est représenté sur les pièces de 10, 20 et 50 centimes d'euro émises par la République de Chypre.

Rez-de-chaussée - salle n° 1.

Carte et vue d'artiste. Une carte représente le trajet supposé du navire entre différentes îles grecques de la mer Egée et Chypre. En fait, il est seulement certain que l'équipage a embarqué 319 amphores de vin à Rhodes. Pour le reste, il est probable qu'il soit parti de Kos ou Nisyros, puis qu'il a fait escale à Samos et/ou sur la côte d'Anatolie.

Photographies. Un mur de photos revient très succinctement sur la découverte et le sauvetage de l'épave. On y voit le portrait d'Andreas Kariolou, plongeur professionnel de Kyrenia ayant repéré le navire le 20 novembre 1965 à 33 m de profondeur alors qu'il cherchait des éponges. Ayant perdu la position exacte, il replongea 200 fois avant de retrouver l'épave en août 1967. C'est ensuite une équipe américaine du musée d'Archéologie et d'Anthropologie de l'université de Pennsylvanie qui mena la campagne de fouilles et de préservation du navire. Celui-ci fut assemblé avec le concours de l'Unesco jusqu'à l'invasion de 1974. Mais le travail se poursuivit hors de tout cadre légal jusqu'en 1976. On note ici le portrait du chef de la mission, Michael Katzev (1939-2001), qui devint grâce à l'épave de Kyrenia l'un des pionniers de l'archéologie sous-marine.

Rez-de-chaussée - salle n° 2.

Marchandises. Au fond de la salle, la coupe transversale d'une reconstitution du navire présente une partie de la cargaison marchande. Celle-ci était composée de : 375 amphores de vin et d'huile, dont 56 provenant probablement de Samos ; 29 meules à grain, portant la marque de maçons de Kos ou Nisyros et utilisées comme lest au niveau de la quille ; quelque 9 000 amandes, peut-être chypriotes, chargées dans des sacs et des pots en terre. Au total, le navire devait transporter aux alentours de 20 tonnes de marchandises.

Effets personnels. La découverte de l'épave a permis de faire un bond de géant sur la connaissance de la vie à bord des navires marchands de l'Antiquité en Méditerranée. L'équipage, ici sans doute composé de 4 hommes, vivait frugalement. Si de nombreux ustensiles de cuisine et un « barbecue » sophistiqué sont ici exposés, presque aucune trace de vivres n'a été retrouvée.

Voilure. Aucun mât n'a été mis au jour. Mais est ici exposé un nœud attaché à une pièce de bois. Étonnamment préservé, ce bout de corde a été noué par un homme, il y a plus de 2 300 ans. Il a permis aux chercheurs de déterminer que le navire était propulsé par une seule voile carrée. Dans une Méditerranée aux vents changeants, ce type de voilure, alors très répandu, condamnait le navire une navigation lente et hasardeuse.

Causes du naufrage. La présence, ici, d'outils utilisés en cas d'avarie et d'osselets divinatoires évoquent la dangerosité d'un tel voyage. D'autant que le navire était âgé d'environ 80-100 ans lorsqu'il sombra. La vétusté est-elle la cause du naufrage ? Peut-être. Mais les archéologues penchent pour une autre explication : un acte de piraterie. Le navire aurait été pris d'assaut et ses biens les plus précieux et les plus faciles à transporter, volés.

Premier étage, salle de l'épave

Coque. C'est, bien entendu, l'élément phare du musée. Elle est présentée derrière des parois en verre qui permettent de conserver le bois dans un environnement contrôlé, sans variation de température ni intrusion de micro-organismes xylophages. Préservée à 70 %, la coque a notamment perdu son étrave tribord. Mais il a été facile d'évaluer sa taille d'origine : 14,7 m de long et 4,4 m de large.

Menuiserie. Le bois utilisé (coupé vers 390 avant J.-C.) est essentiellement du pin d'Alep, espèce alors courante en Grèce continentale et en Palestine, mais à l'origine absente de la mer Egée. Ce qui évoque un lieu de provenance du bateau plus lointain que Rhodes. La coque laisse aussi apparaître plusieurs zones réparées par l'ajout de lattes et mortaises en bois d'origine diverses.

Conservation. Après avoir dégagé la cargaison en 1970, il fallut deux étés aux archéologues pour remonter les 5 tonnes de la coque, alors constituée de pièces de bois gorgées d'eau salée et à la consistance d'une éponge visqueuse. Dans la cour du château de Kyrenia, un long et délicat travail de lyophilisation (séchage) commença en 1972. Il allait durer quatre ans.

Collaboration gréco-turque. En pleine phase cruciale du sauvetage de l'épave, débuta l'invasion de Chypre. Un embargo international fut décrété. Des systèmes produisant de l'air conditionné, indispensables au processus de lyophilisation, furent bloqués à Athènes. On assista alors à un acte incroyable : la Grèce accepta de livrer les machines. En plein été 1974, alors que les combats faisaient rage, l'armée turque accepta qu'un navire grec pénètre dans Kyrenia occupée pour décharger sa précieuse cargaison. C'est cette collaboration gréco-turque inattendue qui permit à l'épave d'être sauvée.

MOSQUÉE AGHA CAFER PACHA ☪ ★★

Ağa Cafer Paşa Sk

Entrée libre en journée, généralement 9h-22h, sauf durant les offices religieux (tous les jours 10h-13h).

Facile à repérer grâce à son minaret, la mosquée Agha Cafer Pacha (Ağa Cafer Paşa Camii) date des années 1580. Toujours utilisée, elle a été érigée peu après la conquête ottomane sur la base d'un ancien entrepôt de la période des Lusignan dont elle conserve la forme rectangulaire. Ce bel édifice en pierre de taille divisé en trois salles de prière doit son nom à son donateur, un amiral de la flotte ottomane et gouverneur de Chypre. À gauche de la mosquée se trouve la fontaine Hasan Kavizade Huseyn Efendi, construite en 1841 par le gouverneur du même nom.

MUSÉE DES ICÔNES ✞ ★

Canbulat Sk

Réouverture prévue en 2018. Tous les jours sauf week-end 8h-12h (jeudi jusqu'à 16h) - 5 TYR.

Construite en 1860, l'église Archángelos Michaíl (Başmelek Mikail Kilisesi - Ιερός Ναός Αρχαγγέλου Μιχαήλ) est un lieu de culte orthodoxe grec dédié à l'Archange Michel. Depuis l'invasion turque de l'île en 1974, le bâtiment a subi de nombreuses dégradations. Fermée au culte, l'église a été transformée en musée des Icônes (Girne İkon Müzesi) en 1990. Elle abrite ainsi une cinquantaine d'icônes (XVIIIe-XXe siècles) qui ont échappé aux nombreux pillages des églises de la zone occupée, ainsi que l'iconostase en bois sculpté originale.

SIDETOUR

7a, Canbulat Sk

✆ +90 39 28 15 30 08

www.side-tour.com

Lundi-vendredi 8h-18h, samedi 9h-13h, par téléphone week-end jusqu'à 18h.

Excursions culturelles et randonnées privées pour 2 à 6 personnes à des prix très abordables à Nicosie et à Famagouste ou dans la péninsule de Karpas : voilà une agence de tourisme comme on les aime. Basée à Kyrenia, à Chypre Nord, elle est spécialisée dans l'écotourisme et les randonnées (vélo, à pied). Son grand plus : une partie de l'équipe est francophone. Houssem, Franz et Ozgur sont de bon conseil pour établir les circuits. Ils proposent aussi des séjours complets de part et d'autre de la zone tampon pour individuels et petits groupes avec encadrement.

VIEUX-PORT DE KYRENIA ★★★

20 Temmuz Kordonboyu

Pontons et jetée en accès libre. Excursions en bateau à partir de 70 TYR ou 20 €.

Dominé par le château, le Vieux-Port de Kyrenia (Eski Limanı) est sans aucun doute le plus beau port de Chypre avec sa forme de « fer à cheval ». Bien que malheureusement très souvent bondé, il reste en effet ravissant (surtout en début de journée...). Bordé de terrasses de restaurant serrées les unes contre les autres, il constitue le point névralgique de l'activité touristique de la région. Abrité des forts vents du large, il est fermé par une jetée et accessible par un chenal longeant le château. Il accueille à la fois bateaux de plaisance, d'excursion et de pêche. Les plus gros navires et les ferries pour la Turquie mouillent au nouveau port (1991), 500 m à l'est du château.

Histoire. Fréquenté par les marchands grecs dès le Xe siècle avant J.-C., le port est aménagé par les Romains qui érigent la jetée. Quinze siècles plus tard, les Vénitiens lui donnent sa forme actuelle en « fer à cheval » et construisent des entrepôts le long des quais. En déclin durant la période ottomane, le port n'héberge alors qu'une simple flottille de caïques utilisée pour la pêche (poissons, éponges) et le commerce avec l'Anatolie (produits agricoles, bétail). Vers la fin du XIXe siècle, l'activité redémarre avec les exportations de caroube, que de grands navires étrangers viennent embarquer à l'automne et au début de l'hiver. À partir des années 1960, le port se tourne vers le tourisme, d'abord avec la plaisance, puis désormais avec les navires d'excursion. Capturé deux jours après le débarquement turc du 20 juillet 1974, il sert alors à acheminer les renforts qui permettront la conquête de la partie nord du pays. En souvenir de cet événement, la rue qui longe les quais porte le nom de « promenade du 20-Juillet » (20 Temmuz Kordonboyu).

Tour de la Chaîne. Au centre du Vieux-Port, subsiste cet édifice circulaire en pierre fr taille surmontée d'une colonne conique. Érigée au XVe siècle par les Vénitiens, la tour était utilisée pour y accrocher une chaîne qui barrait l'entrée du port aux navires ennemis. La chaîne était reliée à l'autre tour conique située sur la jetée.

Excursions. Le long des quais, une dizaine de petites compagnies proposent des excursions en mer. Les navires quittent en général le port à 10h pour revenir vers 16h30. Tarifs en fonction des sorties proposées : baignade, pêche, clubbing ou dîner au coucher du soleil.

Liaisons avec la Turquie. Une compagnie maritime, Akgunler Denizcilik (www.akgunlerdenizcilik.com), assure des liaisons entre le nouveau port de Kyrenia et deux ports de Turquie, Taşucu (2h30) et Mersin (10h).

GARE ROUTIÈRE DE KYRENIA

Aşağı Girne Mh

Billets à acheter sur place auprès des bureaux des différentes compagnies.

C'est de la gare routière de Kyrenia (Girne Otobüs Terminali) que partent et arrivent la plupart des bus et dolmuş. Une grande partie des dolmuş dessert la place Ramadan Cemil (rond-point) et le parking Baldöken, tous deux situés juste au-dessus du quartier du Vieux-Port et plus pratiques d'accès. Mais pour être certain d'avoir une place, mieux partir de la gare routière. Taxis classiques et taxis collectifs *(taksi dolmuş)* sur place. On compte de très fréquents départs de bus et dolmuş pour Nicosie-Nord : 1 toutes les 10-15mn de 6h30 à 18h30 et jusqu'à 19h en été.

HÔTEL BRITISH €

rue Eftal Akça

✆ +90 392 815 22 40

www.britishhotelcyprus.com

A partir de 65 € la double standard, avec le petit déjeuner.

Un hôtel très sympathique du fait de sa situation privilégiée sur le petit port. Les chambres sont soignées, propres et décorées simplement mais avec goût et de façon moderne. Coup de cœur pour la terrasse sur le toit où l'on prend son petit déjeuner, avec une vue fantastique sur le vieux port et ses bateaux. Une vraie bonne adresse de charme. Au passage, notez aussi que souvent, pour 10 ou 20 € de plus, une chambre au 2e ou au 3e étage vous garantira une meilleure vue sur le port. Transfert proposé de l'aéroport de Larnaka pour d'Ercan, côté nord.

NOSTALGIA COURT HOTEL €

22, Çafer Paşa Sokak

✆ +90 39 28 15 30 79

www.nostalgiaboutiquehotel.com

28 chambres. À partir de 50 € en saison avec petit déjeuner.

En plein centre, à 120 m au sud-ouest du quai du petit port, entre le marché et la mosquée Çafer Pacha, l'emplacement est séduisant. Bien situé et offrant le meilleur rapport qualité-prix de la ville, ce charmant hôtel est le seul établissement de ce standing à disposer d'une piscine à Kyrenia. Le staff anglophone est très « friendly » et plein de bons conseils. Chambres avec wifi, TV, salle de bains (douche), clim, sèche-cheveux et coffre-fort. *English breakfast* copieux. Restaurant, bar, location de voitures, transferts aéroports, excursions en bateau.

DOME HOTEL €€

Rue Kordonoboyu

✆ +90 392 815 24 53

www.dome-cyprus.com

160 chambres. A partir de 60 € la double, avec le petit déjeuner.

Ouvert depuis 1930, cet hôtel est une véritable institution, le plus célèbre de la ville. Il commence à se faire vieux, mais la situation des installations en bord de mer, à 2 min à pied du vieux port, reste un de ses atouts principaux. Il souffre bien sûr de l'ouverture de complexes luxueux et plus modernes dans la région. Mais son ancienneté et son histoire font aussi son charme. Possibilité de pension complète. De plus, vous pouvez bénéficier d'une piscine extérieure et de nombreux services, dont une conciergerie. Parking gratuit sur place.

KYRENIA PALACE BOUTIQUE HOTEL €€€

Ağa Cafer Paşa Sokak

✆ +90 39 28 15 60 08

11 chambres à partir de 90 € pour 2 avec petit déjeuner. Restaurant : tous les jours 11h-23h, 12-20 €/personne.

Juste derrière le quai sud du petit port, cette vieille maison en pierre de 1889 rénovée et meublée avec goût dispose d'un très bon emplacement, d'une splendide cour intérieure avec terrasse et jardin. Les chambres sont richement décorées de mobilier ancien (lit à baldaquin pour certaines) et possèdent salle de bains, rangements, wifi, TV, minibar et clim. Bon service. Restaurant, espace fitness, massage, sauna, blanchisserie, location de voitures, navette aéroports.

AZURE CYPRUS €€

13 Efeler Sokak

✆ +90 533 873 80 88

Ouvert tous les jours de 12h à 15h et de 18h à 22h30. Entre 15 et 25 € par personne.

Situé dans le centre de Kyrenia, proche de la place municipale et à quelques pas du vieux port, ce restaurant familial propose une cuisine méditerranéenne avec à la carte des spécialités égéennes (grecques), turques, mezzés et tapas. la carte des vins est de bonne qualité. L'établissement dispose d'une salle intérieure et d'une jolie terrasse extérieure. Le service est professionnel et l'équipe sympathique, l'aimable propriétaire Ali parle français et saura vous conseiller dans vos choix. C'est l'endroit parfait pour découvrir l'authentique hospitalité chypriote.

CANLI BALIK €€

Sur le port

✆ +90 392 815 11 23

Autour de 15 €/personne. Ouvert tous les jours de 11h30 à minuit.

Sur les quais du vieux port (au milieu). Parmi les meilleurs restaurants de poissons de la ville. L'établissement nous avait été recommandé par des locaux et nous n'avons pas été déçus. Les sardines et le maquereau étaient fabuleux. Habib, le propriétaire, sait prendre soin de ses convives. L'endroit est vraiment idéal pour manger au bord de l'eau avec une belle vue sur le château de Kyrénia. Vous prenez votre dessert en regardant l'activité des bateaux. La terrasse est remarquable et la carte excellente pour ses poissons. Mais les carnivores seront comblés aussi.

EZIÇ PEANUTS

26, Karakız Sk

✆ +90 39 24 44 88 88

www.ezic.com.tr/ezic-peanuts

Tous les jours 8h-minuit. Env. 40 TYR/pers. Prévoir une serviette de bain si l'on veut plonger de la terrasse.

Un café-resto les pieds dans l'eau surtout fréquenté par les locaux qui aiment venir y casser une petite « graine ». L'endroit doit son nom aux cacahuètes distribuées ici à pleines poignées et que l'on écosse en refaisant le monde. Pour qui n'est pas allergique à l'arachide, on recommande surtout pour un cocktail romantique au ras des flots ou un p'tit déj' d'après baignade. Car le menu est bien trop exotico-n'importe quoi pour être honnête : pizzas, fajitas, burgers, pâtes chinoises... Quelques salades et poissons valent tout de même le détour.

THE ROUND TOWER

4, Ziya Rızkı Cd

✆ +90 39 28 15 63 77

Mars-novembre : 10h-18h, dimanche 11h-17h ; reste de l'année : 11h-17h.

Voici, de loin, le plus intéressant et le plus beau magasin de souvenirs de Kyrenia. Et pour cause, il est installé dans une ancienne tour des fortifications de la ville. Appelé localement « tour des Lusignan » (Lüzinyan Kulesi), cette tour ronde date en fait du VIIe siècle, lorsque les Byzantins édifièrent les murs de la ville pour contrer les raids menés par les Arabes. Elle fut par la suite renforcée par les Francs et les Vénitiens, puis abandonnée durant la période ottomane lorsque la zone devint plus sûre, et restaurée à la fin des années 1980.

AGIOS GERGIOS - KARAOĞLANOĞLU

Agios Georgios (Άγιος Γεώργιος) ou Karaoğlanoğlu compte 4 000 habitants. Premier village à l'ouest de Kyrenia, cet ancien village de pêcheurs chypriote grec offre peu d'intérêt et a connu un vaste bouleversement lors de la première partition de l'île en 1963. Les quelque 600 habitants orthodoxes partent, tandis qu'environ 900 réfugiés chypriotes turcs des autres régions du pays s'installent. Après 1974, d'autres réfugiés chypriotes turcs, ainsi que des colons venus de Turquie, arrivent. Et, en 1977, le village est rebaptisé du nom du colonel turc Halil İbrahim Karaoğlanoğlu, tué le 21 juillet 1974 alors qu'il dirigeait le débarquement sur le rivage de la commune voisine de Karavas.

CHAPELLE AGIOS GEORGIOS - GROTTE AGIOS FANOURIOS ★

Sur la presqu'île (Zafer Bolkan) entre le Merit Park Hotel et le Kaya Palazzo Resort, accès le long du Mountain View Hotel et du stade de football.

Tous les jours 8h-18h - accès libre. Pèlerinage annuel le 27 août pour la saint Fanourios.

La chapelle Agios Georgios (Εκκλησάκι Αγίου Γεωργίου - *Ayorgi Kilisesi*) et la grotte Agios Fanourios (σπηλιά του Αγίου Φανουρίου - *Agios Fanurios mağara*) sont intéressantes et forment le principal lieu de dévotion orthodoxe de l'agglomération de Kyrenia. Vandalisées après 1974, la chapelle et la grotte sont de nouveau ouvertes aux pèlerins et valent largement que l'on s'y arrête un peu si l'on est à proximité..

Chapelle. Ce petit bâtiment blanc dédié à saint Georges a été érigé en 1924 à l'emplacement d'une église plus ancienne qui donna son nom au village. La chapelle est située au-dessus d'une falaise dont les cavités furent utilisées comme catacombes par les premiers chrétiens.

Grotte. La plus grande des anciennes catacombes abrite le sanctuaire dédié à saint Phanourios, martyr chrétien du IVe siècle. Ce saint est particulièrement vénéré à Rhodes (Grèce), où une icône le représentant serait miraculeusement apparue au XVe siècle. Dans la tradition chypriote, une « légère » distorsion spatio-temporelle fait de la grotte le refuge du saint fuyant les Arabes au VIIe siècle. Les dizaines d'icônes déposées ici témoignent de la dévotion à Phanourios, considéré comme le protecteur des prêtres et saint patron des « choses perdues » : clés, amour, argent... À conseiller aux joueurs malchanceux des casinos voisins.

Pratique. Attention, il est recommandé de porter de bonnes chaussures à cause des escaliers menant à la grotte qui sont inégaux et taillés dans la falaise.

KARAVAS – ALSANCAK ★★

Karavas (Καραβάς) ou Alsancak (en turc). Avis aux fans de George Michael (1963-2016) : c'est d'ici que vient la famille paternelle du chanteur britannique, ex-leader du groupe Wham! et personnalité – d'origine – chypriote la plus célèbre. Le nom de ce village (dérivé du mot grec *karávi*, « bateau ») est toutefois rentré dans l'histoire pour une autre raison. C'est ici, sur la plus belle plage des environs de Kyrenia, que l'armée turque débarqua le 20 juillet 1974. Le long de la route côtière principale, perdus entre installations touristiques de toutes sortes, un musée et un monument en marquent le souvenir. Fondé au VIIe siècle par les habitants de la cité antique de Lapithos-Lambousa, Karavas fut aussi un important foyer de la culture hellénique à Chypre. Outre le grand monastère Achiropietos, le village compta pas moins de 14 églises orthodoxes et participa activement à la guerre d'indépendance grecque en 1821. La population exclusivement chypriote grecque (environ 2 200 personnes) quitta le Karavas dès les premières heures de l'invasion de 1974. Le village fut renommé Alsancak (« bannière rouge »), en référence au drapeau national turc, puis repeuplé de réfugiés chypriotes turcs de la partie Sud. Côté tourisme, on ne trouve qu'une seule plage publique gratuite (Alsancak belediyesi halk plaji). Dotée d'un bar louant transats et parasols, elle est située dans la partie ouest de la commune, à côté du site archéologique de Lapithos-Lambousa.

SITE ARCHÉOLOGIQUE DE LAMBOUSA ★★

Turunçgil Sk

Accès libre.

A l'extrémité ouest de Karavas, sur une presqu'île le long de la mer, le site archéologique de Lambousa abrite les ruines de l'antique Lapithos (Αρχαία Λάπηθος). Celle-ci fit partie des 9 cités indépendantes de Chypre avant de prendre le nom de Lambousa durant la période romaine. À l'époque médiévale, la ville céda la place à une nécropole et à un important centre religieux. Occupé par l'armée turque jusqu'en 2016, ce vaste espace d'environ 60 ha est désormais accessible librement.

MUSÉE DE LA PAIX ET DE LA LIBERTÉ ★

Karaoğlanoğlu Cd

Tous les jours 8h-15h30 (jeudi jusqu'à 17h) - gratuit.

Le musée de la Paix et de la Liberté (Barış ve Özgürlük Müzesi) porte assez mal son nom, puisqu'il est consacré à l'invasion turque de 1974. Créé dans les années 1980, il s'agit bien sûr d'un outil de propagande. Mais il faut rappeler que cette opération fut accueillie avec soulagement par la minorité chypriote turque qui craignait alors de passer sous contrôle de la junte militaire d'Athènes.

Extérieur. Dès l'entrée et dans les allées ombragées du parc sont rassemblés les équipements lourds de la Garde nationale chypriote détruits ou capturés par l'armée turque durant l'opération Attila de l'été 1974. Il s'agit essentiellement de matériel datant de la Deuxième Guerre mondiale : char T-34 de fabrication soviétique, half-tracks M3 provenant de stocks américains, etc. À l'est du bâtiment se trouve un cimetière. Les tombes des 70 soldats turcs et de leur colonel tués dans les premiers jours de l'invasion sont parfaitement alignées face à la mer, gardées par un monument aux morts de style moderniste et par les drapeaux de la Turquie et de la « RTCN ».

Intérieur. Dans une villa datant de la période britannique sont rassemblés des cartes d'état-major, des armes personnelles, des photos, des illustrations et des uniformes d'époque. Le bâtiment est celui dans lequel fut tué, le 21 juillet 1974, le colonel qui commandait l'opération, Halil İbrahim Karaoğlanoğlu. Présenté ici comme un martyr de la cause chypriote turque, son nom fut donné à la commune voisine.

PLAGE DE PENTE MILI ★★

Şht. Ali Lakay Sk
✆ +90 392 821 83 30
www.escapebeachclub.com
Juin-octobre : tous les jours 8h-2h. 20 TYR/ personne avec transat et parasol.

Son nom grec (Πέντε Μίλι) et sa traduction anglaise (Five Mile Beach) sont trompeurs : cette plage ne mesure pas « cinq miles » de long, mais elle se situe 5 miles à l'ouest de Kyrenia (environ 8 km). Ses 300 m de sable fin et sa belle crique ornée d'un gros rocher en font tout de même la plus belle de la « Riviera de Kyrenia ». La plus célèbre aussi. C'est ici que débarquèrent les soldats turcs le 20 juillet 1974 avant d'envahir la partie nord du pays. Toutefois, la plage est rarement désignée par son nom officiel turc, Yavuz Çıkarma (« inflexible déclenchement », en référence au débarquement), mais plus souvent Five Mile Beach ou Escape Beach.

Escape Beach Club. Bien que la plage soit peu large et les transats serrés les uns contre les autres, l'endroit, propre et bien organisé, est très apprécié des touristes et des locaux (venir assez tôt le matin pour avoir une place).

Monument. L'accès de la plage est gardé par un monument en béton blanc érigé dès 1974 pour marquer le souvenir du débarquement du 20 juillet. Appelé *Monument pour la Paix et la Liberté* (Barış ve Özgürlük Anıtı), sa partie basse en arc-de-cercle symbolise la longue période de « soumission » de la minorité chypriote turque entre le départ des Ottomans et l'indépendance (1878-1960). La partie haute, constituée de 11 barres dressées et légèrement inclinées (la plus longue mesure 41,50 m de long), représente les onze années de lutte jusqu'à l'invasion turque (1963-1974). Cette partie-là vaut au monument le surnom local d' « érection turque ».

VESTIGES DE LAPITHOS-LAMBOUSA ★★

Turunçgil Sk
Accès libre.

Les origines de Lapithos sont mal connues, puisqu'on ne sait si elle fut fondée par les Phéniciens ou les Spartiates. Les plus anciennes traces d'habitat dateraient de 3000 avant J.-C., tandis que les premiers éléments d'urbanisme remonteraient à 1000 ans avant notre ère. Lapithos joua en tout cas très tôt un rôle commercial majeur dans les échanges entre la Grèce et l'Orient. Pour la richesse et son rayonnement, elle reçut des Romains le nouveau nom latin de Lambousa (« éclatante »). Important foyer du christianisme durant les premiers siècles de notre ère, la cité fut progressivement abandonnée vers le VIIIe siècle du fait des raids arabes. Redécouvert au XIXe siècle, le site a abondamment pillé jusqu'à récemment. Les plus beaux objets mis à jour ici se trouvent désormais dans les musées étrangers (dont le Louvre). Seuls quelques-uns sont conservés au Musée national de Chypre, à Nicosie.

Visite. L'essentiel des bâtiments antiques a disparu, le site ayant servi de carrière lors de la création des deux villes voisines (Karavas et l'actuelle Lapithos). Des centaines de tombes creusées dans le sol rocheux constellent le site. Leur nombre indique que le lieu fut sans doute utilisé comme nécropole à partir du IVe siècle. Au nord, on parvient devant une grande cavité rectangulaire (27 x 14 m). Taillée dans la roche au niveau des flots, elle intrigue les chercheurs : on ne sait si elle servit d'enclos à poissons ou de *natatio* (piscine) à des thermes romains.

CHYPRE NORD

© LEV LEVIN - SHUTTERSTOCK.COM

Site archéologique de Lambousa.

MONASTÈRE PANAGIA ACHIROPIETOS ✝ ★★

Kocatepe Sk
✆ +90 392 650 20 00
www.gau.edu.tr
Visite extérieure des bâtiments uniquement - accès libre.

À l'entrée ouest de l'ancienne ville de Lambousa, le monastère Panagia Achiropietos (Ιερά Μονή Παναγίας Αχειροποιήτου - *Akhiropiitos Manastırı*) est l'un des édifices orthodoxes majeurs de la région de Kyrenia.

Il doit son nom à une icône acheiropoïète du Christ, c'est-à-dire « non faite de la main de l'homme », qui se serait miraculeusement déplacée d'Asie Mineure jusqu'ici, indiquant l'emplacement pour édifier le nouveau lieu de culte au VIe siècle. Jusqu'au XIIIe siècle, il est le siège d'un des 15 évêchés de Chypre. Parmi les prélats qui se succèdent ici, l'un d'eux finira canonisé, l'évêque saint Eulalios à qui est dédiée l'église voisine Agios Evlalios. Mais la renommée du lieu attire aussi les convoitises. Pour échapper aux pilleurs arabes, 28 précieux objets byzantins d'or et d'argent sont enterrés à proximité. Ce « trésor de Lambousa » est découvert en 1897 et aujourd'hui exposé au Metropolitan Museum de New York et au British Museum de Londres. À partir du XVe siècle, la réputation du lieu est relancée par une rumeur locale : les moines de Lambousa détiendraient le Saint-Suaire du Christ. Les pèlerins affluent. Et les pilleurs reviennent. Par deux fois, au XVIIIe siècle, des bandes armées ottomanes effectueront des raids dévastateurs. On perd alors la trace de la fameuse icône acheiropoïète. Le monastère ne s'en remettra pas et cesse de fonctionner dès le début du XXe siècle. Transformé en caserne par l'armée turque entre 1974 et 2016, il est désormais entre les mains de la riche Girne American University (université turco-américaine de Kyrenia).

Le complexe du monastère est cerné par une grande cour rectangulaire formée de bâtiments annexes en plus ou moins bon état de conservation. Au centre, l'imposant catholicon est constitué d'éléments de périodes variées. Côté ouest, il s'ouvre par un exonarthex aux voûtes gothiques et se poursuit avec un narthex franco-byzantin couvert d'un dôme, puis une nef à trois ailes de style byzantin couverte d'un toit en voûte et d'une coupole sur tambour. L'église se termine par une abside qui se prolonge en largeur avec deux absidioles héritées d'une basilique paléochrétienne. Environ 30 m au nord, le long de la mer, se dresse la superbe église franco-byzantine Agios Evlalios, bien préservée avec sa coupole montée sur tambour. En face du parking, à l'écart du rivage, demeurent les ruines de l'église Agios Evlambios, la seule dont on peut visiter l'intérieur - dont il ne reste rien depuis 1974.

RIVERSIDE GARDEN'S RESORT ALSANCAK €

Salhane Sk Alsancak, Alsancak
✆ +90 392 821 89 06
www.riversideholidayvillage.com
Double à partir de 50 €, petit déjeuner inclus.

Un hôtel touristique confortable, bien équipé et pas trop loin de la mer. L'ancien King's Hotel a été récemment repris et complètement rénové. Les bâtiments imitent l'architecture villageoise. L'ensemble est entouré de citronniers et d'orangers. Récemment construites, les chambres jouent la carte du haut de gamme, avec douches à jets et bains à remous. Et, surtout, il y a une vue fantastique depuis votre balcon sur la mer et la nouvelle piscine de l'établissement. Restaurant.

ADA BEACH HOTEL €€

✆ +90 392 821 82 36
www.adabeachhotel.com
73 chambres. La double affichée à 150 € en été (mais moitié moins hors saison).

Ce grand complexe, posé sur une jetée, a vraiment les pieds dans l'eau. L'hôtel compte également une belle piscine, un sauna, un centre de remise en forme, un spa et centre de bien-être, et une piscine intérieure. Activités sportives payantes (10 minutes de jet ski ou de ski nautique pour 75 TRY par exemple). On peut aussi se rendre ici en touriste, pour une journée ou quelques heures. Il vous en coûtera 25 TRY de parasol et chaise longue pour la journée et profiter des deux petites baies artificielles et des bars. Petite restauration en terrasse.

ALTINKAYA'S FISH RESTAURANT €€

Yavuz Cikarma Plaji Alsancak
✆ +30 392 8218341
Ouvert tous les jours midi et soir. Autour de 10 €/personne.

Un restaurant offrant des spécialités de poissons et une belle vue sur la Méditerranée, à l'écart de Kyrenia. Il s'agit d'une taverne traditionnelle doublée d'un restaurant de poisson près de la plage avec une vue imprenable sur la baie dorée. Plusieurs sortes de poissons frais, que vous pouvez choisir en cuisine. Mais vous pouvez également commander des mezzes de poissons, un peu moins chers mais tout aussi délicieux. Ambiance détendue et bon service.

LAPITHOS - LAPTA ★

Lapithos (Λάπηθος) ou Lapta (en turc). Enfin une station balnéaire presque agréable sur la « Riviera de Kyrenia » ! Certes, on trouve ici encore tout un barnum touristique, mais la pression immobilière sur le littoral se relâche un peu. La municipalité a même réussi à tracer un sentier pavé de 5 km le long de la côte. Pour plus de calme, on recommande aussi une promenade dans les vieux quartiers du centre du village, légèrement à l'intérieur des terres. Les maisons anciennes, églises et mosquées sont entourées d'oliviers et citronniers, grandes spécialités locales avec la « broderie de Lapta » (*Lapta Hesap Işi*) vendue dans de nombreuses boutiques. Chaque année, la municipalité organise trois petits festivals : l'un pour les touristes (début juin), avec danses folkloriques et animations sportives, et deux autres consacrés aux espèces endémiques de tulipes (mars) et d'orchidées (avril) avec randonnées, spectacles et repas traditionnels.

Histoire

Fondé au VIIe siècle, le village a repris le nom de l'antique Lapithos dont les ruines sont situées dans la commune voisine de Karavas (Alsancak). En 1960, Lapithos/Lapta – les deux noms étaient déjà utilisés – était mixte, peuplé de Chypriotes grecs (environ 3 200) et turcs (environ 400). Les Chypriotes turcs ont été chassés en 1964. Puis les Chypriotes grecs furent chassés à leur tour en 1974. Après l'invasion, le village a été repeuplé par ses anciens habitants chypriotes turcs, mais aussi par des réfugiés chypriotes turcs de la zone Sud et des citoyens turcs d'Anatolie.

VIEUX QUARTIERS DE LAPITHOS ★★

Le centre du village est situé 1,7 km au sud de la route côtière (Fevzi Çakmak Cd) en prenant la longue rue rectiligne Şht. Muhammer Karaağaç peu avant l'hôtel du bord de mer Haci Ali.

Nombreuses petites collines à monter et à descendre pour passer d'un quartier à l'autre.

Nouées dans la verdure à moins de 150 m d'altitude, ces six anciennes paroisses orthodoxes et le vieux quartier musulman offrent de beaux panoramas et un peu d'authenticité.

Ano Lapithos. Sur les « hauts de Lapithos » se trouvent de belles maisons, certaines de style byzantin. Installé sur un éperon rocheux, à l'emplacement d'un château, l'ancien monastère Agia Anastasia (XVIIIe siècle) domine tout le village.

Agia Paraskevi. À l'ouest d'Ano Lapithos, ce haut quartier doit son nom à l'église dédiée à sainte Parascève (1892) qui fut pillée en 1974. Belles maisons d'architecture franque et ottomane.

Prodromos. La mairie est située ici, au pied des deux quartiers précédents. Le plus petit quartier du village possède aussi l'une des plus belles églises, Timios Prodromos (Saint-Jean-Baptiste).

Aşağı. À côté de Prodromos, le quartier « du bas » était avant 1974 le seul habité par des Chypriotes turcs. On y trouve deux mosquées, dont celle dédiée à Haydar Paşazade Mehmet Bey, un philanthrope du XVIIe s.

Agios Theodoros. Plus rural, il abrite l'église Agios Theodoros (1834) qui conserve deux grandes colonnes blanches d'une église byzantine du XVIIe siècle.

Agios Luka et Agios Minas. Ces deux quartiers se trouvent au sud-est d'Ano Lapithos, en direction de Karavas (Alsancak). Le premier, très vaste, abrite l'église Agias Luka (1850), transformée en école de danse. Le second doit son nom à l'église Agios Minas (1843) où quelques icônes ont été préservées.

SENTIER CÔTIER DE LAPITHOS ★

68, Maraşal Fevzi Çakmak Cd

Sentier de 5 km aménagé pour poussettes et fauteuils roulants. Compter 3h A/R sans pause.

Aménagé par la municipalité, il permet une agréable promenade le long d'un rivage constitué de rochers et petites falaises. On y croise une demi-douzaine de petites plages et criques, des bars et restaurants. En ponctuant les parcours aller et retour de quelques pauses, il faut bien compter 5h. La partie la plus étonnante se situe 1,5 km après le point de départ : au niveau de l'hôtel Eden Rock, le sentier emprunte une passerelle enjambant la baie de Galip et l'îlot de Geronissos.

HOTEL SEMPATI €€

24 rue Hürriyet
✆ 821 27 70
www.hotelsempati.com

À partir de 60 € la double, petit déjeuner compris.

Les chambres avec balcon offrant une vue sur la mer sont évidemment les plus intéressantes. L'ensemble est agréable bien que basique. En tout cas, l'hôtel propose un hébergement de bon niveau et chaque chambre bénéficie d'une superbe vue sur la mer, sur la terrasse et les jardins de la piscine privée. L'hôtel dispose de 65 chambres, chacune avec salle de bains, télévision satellite, climatisation et téléphone. Il y a un restaurant intérieur et un bar-salon. L'établissement propose aussi des appartements tout équipés pour se débrouiller seul (cuisine...).

KAZAFANI - OZANKÖY ★★

Kazafani (Καζάφανι), aussi appelé en turc Kazafana ou Ozanköy, compte environ 3 000 habitants. La partie ancienne se trouve à 4,5 km au sud-est du vieux port de Kyrenia (par la rue Kurtuluş). Cette grande commune s'étendant au pied de l'abbaye de Bellapaïs jusqu'aux faubourgs de Kyrenia possède aussi un vaste littoral. Mais celui-ci est presque exclusivement composé de falaises. La seule vraie plage est squattée par le méga hôtel-casino Cratos. Quant à la grande plaine agricole, elle est peu à peu grignotée par des zones de lotissements pour expatriés britanniques. Et pourtant, Kazafani mérite bien plus qu'une halte. Son vieux village est l'un des plus beaux de la zone Nord. Ici s'est développée une nouvelle offre en matière d'écotourisme.

Histoire

Habité dès le Néolithique, le lieu a pris le nom latin de Casa Pifani (« village de saint Épiphane ») sous la domination des Lusignan. C'est alors une puissante seigneurie peuplée de catholiques latins et orientaux (maronites), étroitement liée à l'abbaye de Bellapaïs – un temps appelée abbaye de Cozzafani. Après la conquête ottomane, des habitants orthodoxes chassés de Kyrenia viennent s'y installer. Une partie de la population catholique se convertit à l'Islam pour échapper aux taxes plus lourdes imposées aux chrétiens. Si bien qu'encore aujourd'hui, certains habitants chypriotes turcs sont ainsi en fait les descendants de vieilles familles françaises et maronites.

VIEUX VILLAGE DE KAZAFANI ★★★

Atatürk Meydanı

Situé à 300 m à vol d'oiseau et 20 minutes à pied en dessous de Bellapaïs, le vieux village de Kazafani (Kazafana eski köy) constitue vraiment une très belle étape sur le chemin des Croisés (Crusaders Way) qui mène aux ruines de la célèbre abbaye. Toujours noyé dans la verdure (citronniers, oliviers, caroubiers…), il a aussi conservé de nombreuses maisons des périodes ottomane et britannique. Avant 1974, il n'était pas rare de voir le pope et le mufti partager un café ensemble. Désormais, la cohabitation se fait davantage entre Chypriotes turcs, colons d'Anatolie et retraités anglais.

Mosquée. La place centrale Atatürk est dominée par la belle mosquée Kazaphana (XVIIe siècle), l'une des plus anciennes à l'est de la région Kyrenia. L'intérieur, autrefois richement décoré, a été entièrement blanchi et ne mérite pas forcément une visite. Mais la cour sur rue abrite deux tombes, celles des donateurs qui financèrent sa construction. Finement sculptées et gravées, elles constituent de magnifiques exemples de l'art ottoman à son sommet.

Église. Environ 200 m à l'est de la mosquée, rue Mesut Hasbi Efendi, se niche l'église Panagia Potamitissa (« Notre-Dame de la Rivière »). Ce petit édifice byzantin à nef unique a perdu la plupart de ses fresques du XVe siècle. Mais on reconnaît encore saint Georges chevauchant et saint Mamès à dos de lion. L'intérieur est accessible, soit lors d'expositions temporaires, soit en demandant la clé à la maison en face.

FARM HOUSE €€

38, Sehit Nuh Ahmet Sokak

✆ +90 392 815 33 83

Villa pour 4 pers. Quatre nuits mini 290 €.

Cette belle villa de style ottoman est bien située à 900 m *(15mn à pied)* de l'abbaye de Bellapaïs. Elle dispose de 2 chambres doubles, d'une petite salle de bains, d'une grande cuisine équipée, d'une salle à manger, d'une terrasse avec barbecue et coin repas, d'un balcon avec vue sur la mer et l'abbaye. Villa équipée clim, wifi, TV. Possibilité de location de voiture et de navette pour les différents aéroports de l'île. Dans le vieux village, plusieurs offres d'hébergement similaires à partir d'une nuit *(sur place ou sur airbnb.com)*.

AGIOS AMVROSIOS - ESENTEPE

Le centre de la commune se trouve légèrement à l'écart de la route côtière principale, à 22 km à l'ouest d'Akanthou (Tatlısu), premier gros village de la péninsule de Karpas. Agios Amvrosios (aussi appelée Aygurush ou Esentepe en turc) se situe à proximité de l'antique Macaria (« l'opulente » en latin) qui donna son surnom à Chypre jusqu'à la fin du Moyen Âge. Cette riche cité maritime grecque fut fondée, selon la légende, par les Arcadiens après la guerre de Troie – plus vraisemblablement par des Thessaliens vers le VIIe av. J.-C. Le long de la route côtière, l'accès au vieux village est encadré par une statue à la gloire de l'armée turque et le lotissement Greatstone Villa's. Voilà un bon résumé : une commune marquée par la division de l'île et dont le littoral est parsemé de résidences britanniques. Le cœur du village n'est pas désagréable avec des commerces et restaurants ainsi que l'élégante place centrale dominée par l'église Agios Amvrosios (XIXe siècle) transformée en mosquée. Si l'on veut poursuivre vers la péninsule de Karpas, pas la peine de s'attarder ici. En revanche, on conseille d'y passer pour atteindre le massif du Pentadactylos. À la sortie sud du bourg, deux routes de montagne : celle de gauche mène au monastère Christos Antiphonitis (6 km) et celle de droite conduit à Charkeia (Alevkaya) et aux vestiges du monastère arménien Sourp Magar (15 km).

ÇATALKÖY ★

Agios Epiktitos (Άγιος Επίκτητος) ou Çatalköy (en turc) compte environ 6 000 habitants. La commune est située 7 km à l'est du Vieux-Port de Kyrenia en suivant l'axe principal qui longe le littoral (Uğur Mumcu Bulvar). La côte d'Agios Epiktitos ne compte que deux portions vraiment préservées et libres d'accès. Dans la partie ouest, plus rocheuse, se dresse le magnifique tekké Hazreti Omer, un lieu de dévotion comme il n'en existe qu'à Chypre. Et, tout à l'est, se trouve la magnifique plage d'Alakati, où l'on peut assister à la naissance des bébés tortues. Pour le reste, cette commune n'a d'autre charme que d'être bien placée entre la mer et le massif du Pentadactylos.

PLAGE D'ALAKATI (TURTLE BEACH) ★★

Uğur Mumcu Bulvarı
✆ +90 548 886 86 84
cyprusturtles.org
Un seul café-restaurant directement sur la plage (fermé lundi, mardi et jeudi). Deux associations également sur place.

La plage d'Alakati (*Alagadi plaj*) est la plus belle de la côte de Kyrenia. Elle se trouve précisément à 9 km à l'est du centre du village d'Agios Epiktitos, le long de la route côtière principale entre la station d'électricité et le golf club de Korineum. C'est une zone de ponte naturelle des tortues vertes et caouannes qui viennent y pondre durant l'été. Certaines portions de la plage sont alors interdites d'accès, notamment la baie la plus grande, à l'est de l'éperon rocheux.

TEKKÉ HAZRETI OMER ★★

2 km au nord du village d'Agios Epiktitos,
8 km à l'est du Vieux-Port de Kyrenia.
Route d'accès à partir du supermarché Tempo.
Lundi-jeudi 9h-16h - entrée libre - tenue correcte exigée.

Difficile à trouver, ce lieu de pèlerinage musulman est l'un des plus réputés du pays avec le tekké Hala Sultan, près de Larnaka. Le tekké Hazreti Omer (Hazreti Ömer Tekkesi) est un lieu de culte soufi, la branche la plus spirituelle et la plus tolérante de l'islam, proche du chiisme. Construit par les Ottomans peu après la conquête de l'île en 1571, il se compose d'un tekké et d'un turbé. Le site est d'ailleurs plus souvent désigné comme tel en turc car le turbé abrite sept sarcophages recouverts d'un drap vert et entourés d'une aura particulière. La tradition locale veut que les sept corps reposant dans les sarcophages du turbe soient ceux du Hazreti Omer (Hadrat ou Hazrat Omar en arabe, que l'on peut traduire par « Son Excellence Omar ») et de ses six compagnons d'armes tombés face aux Byzantins lors de la conquête de l'île par les troupes arabes du calife Mu'awiyya entre 647 et 649. Enterrés à la hâte, ils auraient été redécouverts intacts neuf siècles plus tard lors de la prise de Chypre par les Ottomans en 1571. Ce « miracle » valut au site d'être sanctuarisé, devenant un important lieu de pèlerinage. Si les chercheurs ne peuvent infirmer ou confirmer la légende, l'historien français Gilles Veinstein a établi que les sultans ottomans ont plusieurs fois « utilisé » des lieux de sépulture arabes en terre chrétienne pour légitimer leurs conquêtes. Comme c'est le cas au tekké Hala Sultan de Larnaka et ici, les tombes arabes du VIIe siècle ont permis au nouveau pouvoir d'affirmer que Chypre avait été autrefois musulmane.

CHYPRE NORD

Monastère Christos Antiphonitis.

MONASTÈRE CHRISTOS ANTIPHONITIS ✝ ★★★

Tous les jours 9h-17h (jusqu'à 15h en octobre-mai) - 7 TYR.

Magnifiquement isolé, le monastère orthodoxe Christos Antiphonitis (Μονή Χριστού Αντιφωνητή), plus connu localement comme l'« église Antiphonitis » (Antiphonitis Kilisesi), est situé au milieu d'une forêt à 420 m d'altitude. Il vaut largement un petit détour. Vous le trouverez précisément à 6 km au sud-est du centre du village d'Agios Amvrosios par une petite route de montagne. Les fresques des XIIe-XIVe siècles qui faisaient la réputation du lieu ont pour la plupart été pillées après l'invasion de 1974. Elles ont été retrouvées en Allemagne en 1997 et sont désormais exposées au Musée byzantin de la fondation Makarios, à Nicosie. Le monastère n'en demeure pas moins d'une grande beauté et son architecture, unique.

Complexe. Ce monastère byzantin a été fondé au VIIe siècle et a été remanié jusqu'au XVe siècle. Il est consacré à l'archange Michel. Cependant, il porte le nom d'une icône miraculeuse du Christ réputée répondre aux prières et donc appelée *Christos Antiphonitis* (« Christ qui répond »). Cette icône, ni aucune preuve de son existence n'a été trouvée. Jetez aussi un œil autour du catholicon : ici subsistent un bâtiment annexe et le mur d'enceinte.

Catholicon. L'église à nef simple prolongée par une abside est couverte d'un vaste dôme soutenu par huit colonnes. Cette coupole montée sur un tambour cylindrique couvre presque tout le chœur. Il faut savoir que c'est la plus grande héritée de la période byzantine à Chypre. Sa déformation est due au terrible tremblement de terre de 1220. Le narthex *(ouest)* et l'arcade *(sud)* ont été probablement ajoutés au XVe siècle, lorsque le bâtiment fut brièvement transformé en lieu de culte catholique. L'église fut ensuite utilisée comme église paroissiale jusqu'à l'invasion de 1974. Elle a été légèrement restaurée en 1997.

Fresques. Elles couvraient à l'origine toutes les surfaces élevées de l'intérieur de l'église. Les fresques qui subsistent ici datent pour l'essentiel de la fin du XIVe siècle. Certaines sont bien conservées comme sur deux piliers du dôme où figurent saint Paul et une rare représentation de saint Eudoxe (Agios Evdoxos), martyr arménien du IIe siècle. D'autres fresques ont été dégradées sous l'effet de la lumière : anges de la coupole sous le Christ pantocrator (« en gloire »), saint George dans le narthex. Plus triste est le cas des fresques profanées peu après l'invasion de 1974. C'est le cas notamment en haut de l'abside : sur cette œuvre du XIIe siècle, les visages de la Vierge et des archanges Michel et Gabriel ont été martelés. Enfin, quelques fresques portent des « graffitis de dévotion » laissés par des pèlerins des XIXe et XXe siècles, certains rédigés en alphabet turc ottoman (caractères arabes).

Fresques et icônes manquantes. Les 30 fresques les plus précieuses de l'église ont été détachées des murs entre 1976 et 1979 par le grand trafiquant d'art turc Aydın Dikmen : Vierge et Pères de l'Église *(mur de l'abside)*, arbre de Jessé *(mur sud)*, Jugement dernier *(mur nord)*, saint Jean-Baptiste *(pilier sud-ouest)*, etc. Il s'agit des œuvres les plus précieuses du site, réalisées vers 1190 dans un style proche de l'ornementation de l'église Panagia Arakiotissa de Lagoudera (massif du Troodos). Elles sont aujourd'hui visibles au Musée byzantin de Nicosie. Mais certaines icônes demeurent introuvables, comme environ 20 000 biens historiques de la zone Nord disparus depuis 1974.

KARMI - KARAMAN ★★

Karmi (Κάρμι) ou Karaman (en turc) se trouve 4 km au sud de la route côtière principale au-dessus d'Agios Georgios (Karaoğlanoğlu). Bien que le château de Saint-Hilarion soit situé sur le territoire du village, tous deux ne sont pas reliés par la route, mais uniquement par un itinéraire de randonnée. Le château est lui-même rapidement accessible en auto de Kyrenia ou Nicosie, mais aucun bus ne s'y rend. Sans voiture, il faut passer par les agences de tourisme ou venir en taxi au départ de Kyrenia (env. 100 TYR A/R avec 1h sur place). Profitant d'un beau panorama, mais assez isolé à 300 m d'altitude, Karmi est un cas unique dans la zone Nord : c'est le seul village (presque) uniquement peuplé de ressortissants occidentaux, britanniques et allemands pour l'essentiel. En 1982, les nouvelles autorités locales invitèrent des étrangers à venir s'installer dans les maisons laissées à l'abandon par les anciens habitants, uniquement chypriotes grecs (environ 500 en 1973). Les premiers à répondre à l'appel furent surtout des hippies à la recherche de bicoques pas chères à retaper. Pour autant, tout ne s'est pas déroulé dans une ambiance *peace and love*. Certains ont fait fortune en construisant des villas de luxe, d'autres ont monté des pubs où l'on mange comme à Londres. Karmi conserve malgré tout une réputation de « village bohème ». Aujourd'hui, les anciens babas cool se font des cheveux gris pour autre chose : en cas de réunification de l'île, ils devront sans doute rendre leurs terrains et jolies maisons à leurs véritables propriétaires chypriotes grecs.

Karmi – Karaman.

VILLA JACARANDA €€€

Dogu Sokak
✆ +44 77 85 71 38 83
villajacaranda.com
Villa pour 6-8 pers. À partir de 100 € la nuit. 450-900 €/semaine selon la saison. Parking.

À quoi ressemblerait l'Angleterre s'il y faisait beau ? La réponse se trouve peut-être ici, dans cette villa moderne aménagée avec goût par des Britanniques. Dehors, c'est piscine, barbecue et super panorama. Dedans, c'est *cosy and clean* : une suite et deux chambres doubles, toutes avec salle de bains, deux lits d'appoint, un salon aux canapés confortables, une grande cuisine équipée avec coin repas, un salon, la clim, etc. Seule fausse note, le wifi est payant : 20 £… pas turques, mais anglaises par séjour. Eh, oui, même les prix sont *british*.

RANDONNÉE ENTRE KARMI ET LE CHÂTEAU ★★

Itinéraire (boucle) de 9,5 km balisé en bleu.

Dans son dépliant *Kyrenia West - Walking Trails*, l'office de tourisme de la zone Nord propose notamment cet itinéraire de randonnée décrit en anglais et en allemand avec une carte succincte. Le « Karaman (Karmi) Trail » part de la place centrale de Karmi, derrière l'église Panagia Karmiotissa, en direction de l'ouest. Cet itinéraire permet d'effectuer une boucle de 9,5 km passant par le château de Saint-Hilarion. Il suit des sentiers étroits, quelques pentes et descentes assez abruptes, mais aussi de nombreuses portions de pistes carrossables et même, sur 1,5 km, la route à l'ouest du château. Bien balisé (toujours suivre le balisage bleu), il ne présente pas de difficulté particulière. À noter qu'une fois arrivé au château de Saint-Hilarion, il est impossible de redescendre à pied par la route principale pour cause de présence de base militaire turque (seules les véhicules motorisés sont autorisés). Il faut donc suivre la seconde partie de la boucle proposée ou appeler un taxi à Kyrenia.

Au final, cet itinéraire (boucle) de 9,5 km et balisé en bleu présente 700 m de dénivelé et nécessitera 4 à 5 heures de marche. Pensez à prévoir de l'eau, de la crème solaire, de bonnes chaussures, un couvre-chef et portez un pantalon (à cause des buissons épineux). Utilisez le dépliant *Kyrenia West - Walking Trails* à demander à l'office de tourisme de Kyrenia ou à télécharger en entrant « Karaman (Karmi) Trail » (avec les guillemets) dans un moteur de recherche.

CHÂTEAU DE SAINT-HILARION ★★★

Aziz Hilaryon Cd
✆ +90 39 22 27 29 94
Avril-octobre : 9h-18h30 ; reste de l'année : 9h-15h30. 9 TYR (tarif réduit 5 TYR).

Le château de Saint-Hilarion (Saint Hilarion Kalesi) offre l'une des plus belles vues de la côte de Kyrenia depuis son étroit éperon rocheux à 732 m d'altitude. C'est aussi le mieux conservé des 3 châteaux médiévaux du massif du Pentadactylos. L'endroit doit son nom au saint local Hilarion qui aurait vécu en ermite ici au VIIIe s. Un monastère orthodoxe lui étant dédié y fut érigé au Xe siècle. Mais, les stratèges byzantins comprirent l'intérêt d'un tel site pour lutter contre les invasions, en particulier les raids arabes. Le monastère devint donc un château au XIe siècle. Réputé imprenable, celui-ci constituait l'aile ouest d'un vaste dispositif composé des châteaux de Buffevento *(au centre)* et de Kantara *(à l'est, dans la péninsule de Karpas)*. Il devait jouer deux rôles : prévenir les autres garnisons de l'île en cas d'approche de flotte suspecte, aux moyens de feux allumés au sommet, et servir de lieu de repli en cas de conquête. Ce qui explique la présence de quartiers militaires, magasins de vivres et réservoirs pour tenir un siège, mais aussi d'appartements réservés à la noblesse. Après l'arrivée des Lusignan, le château fut renforcé, mais son rôle resta le même. La plus grande partie des fortifications fut démantelée par les Vénitiens au XVe. Le château fut complètement abandonné par les Ottomans. Mais il retrouva un rôle stratégique durant les affrontements intercommunautaires de 1955-1964. Il servit alors de cache d'armes, puis de quartier général à l'Organisation de résistance turque (TMT). Et l'armée turque put l'utiliser comme point d'appui pour lancer sa foudroyante attaque de l'été 1974.

Quartier bas. Juste après le parking, on accède à la première partie par une porte fortifiée établie par les Byzantins. C'est ici qu'étaient établis les écuries et les dortoirs de la garnison. Le chemin commence ensuite à grimper. Sur la droite, on profite d'une belle vue à travers les pics du Pentadactylos.

Quartier médian. Il fut réaménagé sous les Lusignan, comme en témoignent les portes aux voûtes gothiques. Le quartier comprend les habitations des nobles, l'église restaurée de l'ancien monastère Saint-Hilarion, les cuisines et entrepôts *(à gauche)*. Ne manquez pas de faire une pause ici au Café Lusignan.

Quartier haut. Après des passages assez abrupts et des escaliers récemment aménagés, on parvient à la tour dite Jean de Lusignan, entouré par des précipices sur trois côtés. La vue depuis la « fenêtre de la Reine » vaut l'effort de la montée.

BELLAPAÏS - BEYLERBEYI ★★★

Bellapaïs (Πέλλαπαϊς) ou Beylerbeyi (en turc). « La route s'élevait lentement par maints détours par la lumière crue d'une belle matinée de printemps, vers la solennelle carcasse de l'abbaye, tel un grand navire venu mystérieusement s'échouer là, dans la verdure », écrit Lawrence Durrell dans *Citrons acides*, en 1957. Difficile de passer sans admirer son monument le plus célèbre. L'abbaye médiévale qui donne son nom au village doit sa renommée à son architecture gothique, à sa riche histoire, à son sublime cadre naturel et aux voyageurs étrangers qui en louèrent les charmes. Dans les années 1950, l'endroit a tant séduit l'écrivain Lawrence Durrell que celui-ci y séjourna 3 ans. Le récit qu'il en a tiré, *Citrons acides* (édité en français en 1961), raconte la vie des communautés chrétiennes et musulmanes de Chypre vivant alors encore ensemble dans une presque harmonie. Ce village, facile d'accès de Kyrenia, est très fréquenté par les groupes et redevient plus calme le soir.

Histoire

Important centre de pouvoir jusqu'au XIVe, le site est devenu un village chypriote grec durant la période ottomane. Tous ses habitants (environ 700) furent chassés après l'invasion de 1974. Bellapaïs prit le nom de Beylerbeyi (« bey des beys » ou « seigneur des seigneurs » en turc) et fut repeuplé de réfugiés chypriotes turcs de la zone Sud et de colons venus de Turquie. C'est depuis une vingtaine d'années un lieu de villégiature prisé de riches Turcs et Occidentaux.

© RUZANNA - ISTOCKPHOTO

Abbaye de Bellapaïs.

MAISON DE LAWRENCE DURRELL ★

Acı Limon Sokak

Visites en septembre seulement, tous les jours 11h30-13h. Accès libre.

C'est ici que vécu l'écrivain-voyageur britannique de 1953 à 1956, s'inspirant des moindres détails du quotidien de Bellapaïs pour écrire l'œuvre littéraire la plus célèbre consacrée à Chypre. Dans *Citrons acides (Bitter Lemons of Cyprus)*, Lawrence Durrell (1912-1990) consacre un chapitre entier au récit hilarant de l'achat de cette grande bâtisse beige et aux portes marron érigée en 1893. La maison est aujourd'hui habitée et seulement ouverte au public en septembre.

BELLAPAIS GARDENS HOTEL €€€

Sovalye Yolu ✆ +90 392 815 60 66

www.bellapaisgardens.com

A partir de 180 €/nuit avec petit déjeuner.

Situé en plein cœur du village pittoresque et charmant de Bellapais, le Bellapais Gardens est un véritable havre de paix. Avec seulement 9 cottages et 8 studios, entouré de plantations d'orangers et de citronniers on remarque au premier regard la splendeur du cadre et l'atmosphère singulière que révèle ce lieu. La renommée abbaye de Bellapais se trouve à deux pas. C'est le seul hôtel situé au cœur du village ; la célèbre abbaye d'un côté, et une vallée verdoyante de l'autre. Les chambres sont décorées avec goût, certaines villas mitoyennes sur deux étages.

BELLAPAIS GARDENS RESTAURANT €€€

Crusader Road P.Box 7 Bellapais

✆ +90 392 815 60 66

Ouvert de 10h à 22h30. Situé à 10 minutes de Kyrenia. Il est conseillé de réserver.

Le Bellapais Gardens restaurant est certainement l'une des meilleures adresse de Chypre, le chef Selim vous fera découvrir une gastronomie riche et variée. Situé en haut d'une falaise qui offre une magnifique vue sur la côte de Kyrenia, le Bellapais Gardens est une expérience magique et romantique. Le service est d'excellente qualité digne d'un étoilé. La carte des vins est complète, de plus l'établissement possède des vignes et fabrique également son propre vin.

ABBAYE DE BELLAPAÏS ✣ ★★★★

Şht. Kom. Ütgm. Sonnur Cd
Avril-octobre : 9h-18h ; reste de l'année : 9h-16h. 9 TYR (tarif réduit 5 TYR).

L'abbaye de Bellapaïs (Bellapais Manastırı) est sans doute le monument le plus romantique de Chypre. Surplombant Kyrenia à 220 m d'altitude, les magnifiques ruines de ce monastère gothique du XIIIe siècle offrent un panorama grandiose sur la mer et les verdoyants villages des alentours.

Moines-soldats et chanoines blancs. Au VIIe siècle, le site pourrait avoir servi de refuge aux évêques byzantins fuyant les raids arabes. Mais les premiers à s'y installer durablement furent les chevaliers catholiques de l'Ordre du Saint-Sépulcre après la prise de Jérusalem par Saladin en 1187. C'est pour ces augustins (moines suivant la règle de saint Augustin) que le roi de Chypre Amaury II de Lusignan fonde l'abbaye vers 1198-1205 sous le nom de Notre-Dame de la Montagne. Mais, dès 1206, les moines-soldats confient le lieu à l'ordre des prémontés, des chanoines vêtus de blanc venus de Laon (Picardie) et suivant comme eux la règle de saint Augustin. Ainsi, le monastère restera longtemps connu sous le nom d' « abbaye blanche ».

Prestige de la Vraie Croix. Ce qui va assurer la renommée de l'abbaye, c'est la donation du chevalier Roger Normand de 1246 : un trésor provenant du pillage de Constantinople par les croisés en 1204. Ce seigneur normand de Sicile offre à l'abbaye blanche 600 besants (pièces d'or byzantines) et, surtout, une relique supposée de la Vraie Croix, celle sur laquelle fut mis à mort le Christ. Les pèlerins accourent. Pour profiter de cette manne et du prestige de l'abbaye, les Lusignan se font nommer abbés de la communauté des prémontés. Les bâtiments que l'on peut voir aujourd'hui datent de cette période : entre 1267 et 1284, Hugues III de Chypre fait construire l'église et le dortoir, puis Hugues IV, le cloître, le réfectoire ainsi que ses propres appartements (1324-1359).

Décadence et polygamie. En 1373, l'abbaye est pillée par les Génois. Ceux-ci s'emparent de tous les biens de valeur, notamment la relique de la Vraie Croix. Commence alors un long déclin. Le complexe est délaissé par les Lusignan. Après la prise de l'île par les Vénitiens, en 1489, subsiste une petite communauté moines aux mœurs de plus en plus relâchées : les femmes y sont tolérées, puis s'y installent ; des témoins évoquent la polygamie et des novices uniquement choisis parmi les garçons nés de ces unions. Le monastère est rebaptisé « abbaye la pais » qui donnera plus tard le nom de Bellapaïs. Après la conquête ottomane (1571), le monastère est confié à l'Église orthodoxe de Chypre. Mais celle-ci s'en désintéresse. L'abbatiale sert d'église paroissiale et les bâtiments annexes sont utilisés comme carrière. Il faut attendre la fin du XIXe siècle pour que les premières mesures de conservation soient prises durant l'ère britannique. Lors des premiers jours de l'invasion de 1974, c'est ici que sera transféré l'hôpital de Kyrenia. Un an plus tard, le dernier prêtre orthodoxe est chassé de Bellapaïs.

Visite

L'abbaye conserve 5 bâtiments : église *(sud)*, cloître *(centre)*, réfectoire *(nord)*, dortoir et salle capitulaire *(est)*. À l'emplacement des entrepôts *(ouest)* se trouve aujourd'hui le restaurant Kybele.

L'église a subi peu de modifications depuis sa consécration vers 1280. Son nom actuel conserve aussi le souvenir de l'abbaye blanche des prémontés : Panagia Asproforousa, « Vierge à la robe blanche ». Longue de 27 m et haute de 11 m, l'abbatiale est dominée par un clocher-mur percé de quatre baies où ne subsiste qu'une cloche.

À l'intérieur de l'église, de belles voûtes d'ogive évoquent certaines églises françaises du XIIe siècle. Par sa simplicité, l'architecture révèle en effet une influence de l'ordre de Cîteaux : un narthex, une nef à deux travées avec un transept non saillant qui se prolonge par une abside. Les ornementations sont rares et postérieures : une chaire finement sculptée (XIVe siècle), des fresques italiennes sous le porche (XVe siècle). Parmi les éléments orthodoxes subsiste l'iconostase en bois sculpté (1884). Mais les icônes les plus précieuses (XVIIe siècle) se trouvent au Musée byzantin, à Nicosie.

Le cloître, plus tardif (mi-XIIIe siècle), témoigne du style « gothique rayonnant » avec ses arches aux rampages d'une grande finesse. Notez ce sarcophage romain en marbre sculpté (IIIe siècle) qui servait de lavabo aux moines. Les 18 arches ont été préservées, mais la galerie ouest a été démolie en même temps que le *cellarium* (entrepôt) au XVIIe siècle.

Le réfectoire, vaste bâtiment (30 x 10 m), est le mieux conservé avec sa chaire en saillie et sa rosace finement ouvragées, ses 6 voûtes intactes auxquelles répondent 6 fenêtres offrant une vue complètement dégagée sur la côte. Au-dessus de la porte, se trouvent 3 blasons sculptés : le lion des Lusignan, la croix des rois de Jérusalem et les deux éléments précédents combinés pour former les armes du royaume de Chypre.

Le dortoir affiche de moindres dimensions que le réfectoire (20 x 8,5 m). Autrefois recouvertes d'enduits, les pierres laissent apparaître les marques de fabrique des ouvriers qui les ont taillées : certaines en forme de N, d'autres proches d'un K, d'autres encore évoquant la croix des chevaliers de Jérusalem, puis des combinaisons aux graphies plus élaborées.

C'est dans la salle capitulaire (8,5 x 8,5 m), située dans le prolongement sud du dortoir, qu'étaient prises les décisions concernant la communauté. Un passage permettait d'accéder aux ateliers de la crypte et à la sacristie de l'église. Au centre, se dresse une colonne byzantine en marbre qui soutenait 8 arches.

L'abbaye de Bellapaïs, au Nord de Chypre.

ALEVKAYA ★

Halevga (Χαλεύκα) ou Alevkaya (en turc) est un hameau du village de Charkeia (Karaağaç) qui possède environ 300 habitants, à 7,5 km de Charkeia. Isolé dans une zone boisée à 800 m d'altitude, il est situé le long d'une des rares routes permettant de passer d'un versant à l'autre du massif du Pentadactylos. On y trouve l'Herbier de Chypre Nord. Ce hameau constitue le point d'accès le plus proche du monastère arménien Sourp Magar. Avant 1974, la commune de Charkeia comptait environ 600 habitants, tous chypriotes grecs. Ils furent chassés par l'armée turque. Le village fut ensuite repeuplé par des réfugiés chypriotes turcs venant du village de Karaağaç (Pelathousa), près de Paphos.

HERBIER DE CHYPRE-NORD

Esentepe Yolu, Karaağaç Bld.

Tous les jours 9h-16h - gratuit.

Voici une visite culturelle qui permet aussi de se mettre un peu au vert. Installé dans une maison de gardes forestiers, l'Herbier de Chypre Nord (Kuzey Kıbrıs Herbaryumu) regroupe une collection de 1 250 plantes, fleurs et herbes de la zone Nord, dont 17 sont endémiques. Ces végétaux sont présentés sous forme d'herbier, de photos ou de dessins. Ce centre a été créé en 1989 par Deryck Viney (1922-2016), un Britannique atypique qui fut à la fois linguiste, chasseur de nazis, botaniste, expert en armes bactériologiques et journaliste.

MONASTÈRE SOURP MAGAR ✝ ★★

Environ 7 km à l'ouest de Halevga par une petite route asphaltée serpentant dans la forêt. Peu après le hameau, prendre à droite juste après l'aire de pique-nique.

Accès libre. Café (avec petite restauration et W-C) dans la cour du monastère uniquement en été.

Aujourd'hui en ruine, ce complexe catholique du Moyen Âge est l'un des deux plus anciens monuments de la minorité arménienne de Chypre avec l'église orthodoxe Sourp Asdvadzadzin de Nicosie-Nord. Entouré de forêts et isolé à 515 m d'altitude, il offre un vaste panorama sur le nord de l'île jusqu'aux monts Taurus, en Turquie. Les Chypriotes arméniens l'appellent eux-mêmes Sourp Magar (« Saint-Marcaire ») ou plus souvent Magaravank (« monastère Marcaire »). En grec, il est désigné sous le nom de monastère Agios Makarios, tandis qu'en turc, il est simplement connu comme le « monastère arménien » (Ermeni Manastırı). Depuis 2007, un grand pèlerinage y est organisé le premier dimanche de mai par les Arméniens de différents pays. Le monastère est dédié au macaire d'Alexandrie, un anachorète égyptien du IVe siècle.

Histoire. Le complexe a été fondé par des coptes catholiques de Palestine vers l'an mil. Pendant plus de quatre siècles, il accueille une communauté de moines coptes et éthiopiens, menant un ascétisme strict. Mais, à partir de 1425, l'évêché catholique arménien de Chypre commence à y exercer son autorité. Vers 1550, Venise accorde officiellement aux Arméniens le monastère. Abritant d'importants manuscrits et l'icône sacrée de saint Marcaire d'Alexandrie, c'est alors la principale étape des pèlerins arméniens se rendant en Terre Sainte. Exempté de taxes par les Ottomans en 1642, le complexe tombe néanmoins en ruine en 1734. Reconstruit peu après, il n'accueille qu'une petite communauté de moines avant de cesser de fonctionner à la fin du XIXe siècle. Il sert brièvement de refuge aux rescapés du génocide arménien dans les années 1920, puis de colonie de vacances pour les orphelins de la communauté. Les 850 ha de terres agricoles du monastère constitueront les principaux revenus de l'évêché catholique arménien jusqu'à l'invasion de 1974. Il fut par la suite en partie détruit par l'armée turque.

Visite. Le complexe forme un vaste rectangle irrégulier constitué par les bâtiments annexes dont ne subsistent souvent que les murs. Dans la partie nord, se trouvent les cellules des moines aux portes et fenêtres de style gothique. Ils datent du XVe siècle et comptent parmi les plus anciens vestiges de bâtiments monastiques à Chypre. Dans la partie nord-est de la cour, se trouvent les ruines de deux chapelles qui furent intégrées un temps à une plus vaste église aujourd'hui disparue. La plus grande chapelle fut érigée en 1814. La plus petite date probablement du XIe siècle. Côté sud, des bâtiments du XVIIIe siècle ont été restaurés en 2005.

KLEPINI - ARAPKÖY ★

Klepini (Κλεπίνη) ou Arapköy (en turc) compte environ 600 habitants. Le village a un emplacement intéressant, car il est le point de passage obligé pour le château de Buffavento au départ de Kyrenia. À 250 m d'altitude, Klepini profite de paysages grandioses avec notamment côté sud-est, le mont Pentadactylos (706 m) dont la forme évoquant « cinq doigts » donne son nom au massif qui barre le nord de l'île. Une ancienne légende voulait que le Klepini soit détruit si la population dépassait 40 personnes. Non seulement, rien de tel ne s'est jamais produit, mais la commune est désormais composée d'immenses lotissements pour expatriés et vacanciers. Dans le vieux village, on trouve quelques commerces et restaurants ainsi que l'église Apostolou Louka (XVIIIe) transformée en mosquée.

Histoire

Le village porte depuis longtemps deux noms : Klepini, qui signifie « caché » en grec, et Arapköy, c'est-à-dire « village arabe » en turc. Au moment de la conquête ottomane, le lieu était habité par des Maronites. Ceux-ci se sont sans doute convertis à l'Islam et ont été assimilés aux Chypriotes Turcs. En 1973, le village, peuplé de Chypriotes grecs (environ 200), comptait une petite communauté chypriote turque de 30 personnes. Tous les Chypriotes grecs ont été chassés après l'invasion de 1974 et « remplacés » par des réfugiés chypriotes turcs venus du village voisin de Trapeza (Beşparmak) et de la zone Sud.

Klepini - Arapköy.

CHÂTEAU DE BUFFAVENTO ★★

Buffavento Kalesi Yolu

Tous les jours, du lever au coucher du soleil - gratuit. Ascension de 45mn à 1h.

Le château de Buffavento (Buffavento Kalesi) est le plus élevé (950 m d'altitude) et le moins bien préservé des trois châteaux médiévaux du massif du Pentadactylos. Les origines du château sont mal connues. Une légende raconte que, vers l'an 329, l'impératrice Hélène (mère de Constantin, le premier empereur chrétien de Rome), atteinte de la lèpre, se serait volontairement enfermée ici et aurait été guérie en découvrant une source miraculeuse. La partie basse fut sans doute fortifiée dès le Xe siècle par les Byzantins pour lutter contre les raids arabes. Les soldats qui étaient stationnés avaient notamment pour mission de prévenir les châteaux de Kantara et Saint-Hilarion au moyen de signaux de fumée en cas d'approche de flotte suspecte. L'endroit était réputé imprenable. Dans un premier temps, il était en effet dépourvu de porte d'entrée : on y pénétrait par un système de poulies et de cordes installé. Capturé par Richard Cœur de Lion en 1191, le site porta longtemps le nom de « château du Lion ». Les fortifications furent considérablement agrandies sous le règne des Lusignan. Mais le château servit dès lors essentiellement de prison. C'est ici qu'en 1368 fut condamné à mourir de faim Jean Visconti, vicomte de Nicosie. Son seul tort : avoir prévenu son fidèle ami le roi Pierre Ier de Chypre – tout juste revenu de croisade en Égypte – de la relation adultère qu'entretenait la reine Éléonore d'Aragon avec le comte Jean de Morphou. Il s'agissait d'un vaste complot ourdi par la reine, son amant et les Génois. Éléonore fit par la suite assassiner le roi (1369) et le frère de celui-ci, Jean d'Antioche (1374). Les fortifications furent démantelées par les Vénitiens au XVIe siècle.

Première partie. Après l'entrée située près du parking, environ 30mn de marche sont nécessaires pour parvenir à la première porte fortifiée. Jusque-là, le sentier est assez pentu mais en bon état – il a été refait en 2016. Peu de vestiges subsistent à l'exception des ruines des dortoirs des soldats, d'entrepôts et de citernes, aujourd'hui habitées par des chauves-souris.

Deuxième partie. Il faut compter encore 15-20mn pour parvenir jusqu'au sommet. Cette partie est toujours raide, aménagée avec des rampes auxquelles se tenir (mais certains passages ne sont pas équipés de garde-fou). On passe devant les ruines d'une chapelle avant d'arriver au sommet d'où l'on profite d'un panorama couvrant d'ouest en est : Kyrenia, la côte nord, le mont Pentadactylos, la plaine de la Mésorée, Famagouste, Nicosie et – lorsque le ciel est dégagé – le mont Olympe (massif du Troodos).

Château de Buffavento.

KORMACIT - KORMAKITIS ★★★

Le village est connu sous plusieurs noms : Kormacit en araméen, Kormakitis (Κορμακίτης) en grec, Koruçam en turc, Kurmajit en arabe chypriote maronite. Il compte environ 300 habitants, dont 250 Chypriotes maronites. Situé au cœur d'une vaste plaine agricole descendant doucement vers le cap Kormakitis, Kormacit – le nom que les habitants préfèrent, à prononcer « kormajit » – est le symbole de la persistance de la culture maronite à Chypre depuis plus de 14 siècles. Alors que les autres villages chypriotes maronites ont été vidés de leurs habitants lors de l'invasion de 1974, ici, quelque 250 villageois ont été tolérés par l'armée turque. Isolés jusqu'à l'ouverture de la « ligne verte » en 2003, la plupart sont aujourd'hui à la retraite. Mais le village connaît un nouvel essor depuis quelques années. D'abord grâce aux plus jeunes, installés dans la zone Sud, qui viennent ici presque chaque week-end pour participer aux activités agricoles et assister à la messe du dimanche, célébrée en grec, araméen et arabe chypriote maronite dans la cathédrale Agios Georgios (XIXe siècle). L'autre grand changement a été le développement de l'éco-tourisme. Regroupés au sein d'une association, les habitants ont monté des restaurants et des gîtes, retapé des maisons, participé à la création de sentiers de rando et à la restauration (2015) de la vieille église Agios Georgios (XIVe siècle). Petit à petit, Kormacit revit. Avec la péninsule de Karpas, c'est une de nos destinations préférées de la zone Nord.

PLAGES

Accès libre.

Envie de baignade ? À l'ouest, les communes de Kormacit et d'Agia Irni (Akdeniz) sont bordées par la grande plage vierge de Paliokastro qui s'étend sur environ 3,5 km de longueur. Connue sous différents noms (Corona, Sandouka ou Akdeniz Beach), elle est accessible soit par des chemins carrossables et des sentiers au départ de Kormacit (env. 6 km vers l'ouest), soit par la route en passant par le village d'Agia Irni (17 km au sud-ouest). Sur place : deux cafés-restaurants et un espace naturel de ponte des tortues marines (juin-septembre).

KORMACIT VILLAGE HOUSES €

Aziz Manoras Sk ✆ +357 22 76 16 60

www.kormacit.com

3 maisons d'hôtes pour 4-12 personnes, location de chambres doubles. Chambre à partir de 50 €.

Vous trouverez ici trois villas dont une grande et une autre avec piscine. Situées dans le centre du village, elles disposent : d'une cuisine équipée, d'une salle à manger, d'une salle de bains par chambre, d'une terrasse, d'un jardin et de la vue sur mer. Autres équipements : TV, accès internet ou wifi et climatisation. Possibilité de prendre un petit déjeuner rustique dans le café du village. Sinon, possibilité de louer des maisons tout équipées type villa sur les hauteurs du village. Confort et rapport qualité-prix très satisfaisant.

LIVERA - SADRAZAMKÖY

Livera (Λιβερά) ou Sadrazamköy (en turc) compte environ 170 habitants. Le village est situé à 8 km au nord-ouest de Kormacit (Kormakitis). C'est sur ce territoire agricole que se trouve le cap Kormakitis. Ancien fief des Lusignan, Livera pourrait tenir son nom de Jean d'Oliver, un noble du comtat Venaissin qui fut envoyé en 1365 comme émissaire du roi de France Charles V auprès de Pierre Ier de Chypre. Avant 1974, le village comptait environ 150 habitants, tous chypriotes grecs et chassés lors de l'invasion. Il fut repeuplé de colons turcs de la mer Noire et rebaptisé Sadrazamköy (« village des Sadrazam ») en l'honneur d'une famille chypriote turque des environs massacrée en 1964.

CAP KORMAKITIS ★

Sadrazamköy Bld.

Accès libre.

Le cap Kormakitis (Akrotirio Kormakiti en grec - Koruçam Burnu en turc) est la partie de Chypre la plus proche de la Turquie, distante de 60 km. Avec ses paysages désolés battus par les vents, il est peu fréquenté par les visiteurs. Le cap doit son nom à la version grecque du nom du village maronite de Kormacit. Cerné de rochers tranchants et de plages où se déversent de gros rouleaux, l'extrémité du cap se prolonge avec l'îlot Kormakitis. Bordé à l'ouest par la baie de Morphou et, au nord, par la côte de Kyrenia, le cap marque le début du massif du Pentadactylos.

Kormacit - Kormakitis.

MORFOU - GÜZELYURT ★

Morphou (Μόρφου) ou Güzelyurt (en turc) compte environ 18 000 habitants. Ne pas se fier à son nom en grec ou en turc : Morphou signifie « la belle » et Güzelyurt, « belle ville » mais ce n'est pas vrai. A l'exception de quelques villas de style colonial et du marché municipal hérités de la période britannique le long de la rue principale, pas grand-chose de joli par ici. Cela reste l'un de nos coups de cœur. Pour l'accueil sympathique des habitants, pas blasés par les visiteurs étrangers. Ensuite pour ses deux – et uniques lieux de visite : le monastère Agios Mamas et le musée d'Archéologie et d'Histoire naturelle. Tout cela justifie une halte. Et si la ville ne peut pas compter sur le tourisme pour se développer, elle possède d'autres atouts : ses alentours luxuriants riches en agrumes (50 % de la production de l'île) et son campus à l'américaine accueillant 3 000 étudiants (principalement turcs) qui a été créé en 2005 à la périphérie nord par la prestigieuse Middle East Technical University d'Ankara.

Histoire

Morphou aurait été fondée par les Spartiates vers le VIIIe siècle avant notre ère. Et ce sont ces mêmes colons venus de Grèce qui pourraient avoir introduit ici le culte d'Aphrodite. Constamment peuplée d'hellénophones durant des millénaires, la ville n'a jamais compté plus de 200 turcophones après la conquête ottomane. Tout a changé lors de l'invasion turque de 1974, avec le départ des 7 500 habitants chypriotes grecs et l'arrivée massive de réfugiés chypriotes turcs chassés de la zone Sud, notamment de Paphos.

GÜZELYURT HOTEL €

39, Bahçelievler
✆ +90 39 27 14 34 12
19 chambres. 50-70 € pour deux avec petit déjeuner.

Un petit hôtel bon marché. Mais sa principale vertu reste d'être la seule possibilité officielle d'hébergement de la ville. Confort basique mais suffisant avec télévision et climatisation. Les 19 chambres de l'hôtel sont équipées de la climatisation, d'un téléphone, d'une télévision. L'hôtel dispose également d'un bar et d'un service de blanchisserie. Situé au cœur du centre des agrumes de Chypre-Nord et au milieu de beautés naturelles, l'hôtel Guzelyurt possède les caractéristiques d'un hôtel de ville qui attend juste de servir ses clients.

GARE ROUTIÈRE DE MORPHOU - GÜZELYURT €€

İsmet Paşa Mh.
Aéroport d'Ercan (réservations +533 870 78 49) : sept liaisons par jour, trajet 1h, tarif 17,50 TYR.

La gare routière de Morphou (Güzelyurt Otobüs Terminali) est facile à trouver mais placée tout au sud de la ville. Elle dispose de liaisons régulières avec trois villes et l'aéroport d'Ercan. On trouve sur place une station de taxi, un café, une billetterie, ainsi que des taxis collectifs et quelques dolmuş pour les villages proches. Les liaisons avec Nicosie-Nord sont nombreuses (1 liaison toutes les demi-heures en semaine de 7h à 18h, trajet 1h, tarif 10 TYR).

CHYPRE NORD

© SAVAS_BOZKAYA/SHUTTERSTOCK.COM

Les environs de Morfou.

MONASTÈRE AGIOS MAMAS - MUSÉE DES ICÔNES ✞ ★★★

Ecevit Caddesi

9h-18h (jusqu'à 15h30 en octobre-mai) - 12 TYR (entrée couplée avec le musée d'Archéologie et d'Histoire naturelle).

Le monastère orthodoxe Agios Mamas (Aziz Mamas Manastırı - Μονή Άγιος Μάμας) a été érigé au XVIe siècle. Dédié à Mammès de Césarée, il figure parmi les monuments chrétiens les mieux préservés au Nord. L'église, fermée après l'invasion turque de 1974, accueille depuis 2004 un « musée des icônes » (İkon Müzesi). Elle est rouverte au culte chaque 17 août pour la Saint-Mammès. C'est la plus importante des 66 églises de Chypre consacrées à ce saint, en raison de la présence ici du tombeau supposé de celui-ci.

Mammès de Césarée. Ce martyr chrétien du IIIe siècle est particulièrement honoré à Chypre. Il s'agit d'un jeune martyr tué vers l'âge de 15-17 ans en Asie Mineure. Selon une légende locale du XIIe siècle, il vivait en ermite dans une grotte des environs de Morphou lorsqu'il fut arrêté et s'enfuit sur le dos d'un lion. C'est ainsi qu'il est représenté dans l'iconographie chypriote. Ses reliques, un temps conservées ici, furent transférées à Constantinople où elles furent pillées par les croisés en 1204. Son crâne fut alors rapporté à la cathédrale de Langres (Haute-Marne).

Complexe. Cet élégant monastère de style gothico-byzantin a été fondé au début du XVIe siècle sur les ruines de deux basiliques paléochrétiennes et d'une église byzantine du XIIe siècle. L'ensemble a subi de nombreuses transformations, principalement au XVIIIe siècle. Les deux bâtiments annexes subsistant ont été remaniés en 1749. L'aile nord-est est constituée d'une galerie aux arches de style byzantin en pierre taillée qui datent de bâtiments antérieurs. En été, on y trouve en général un petit stand proposant café turc et jus de fruits frais (aucun autre débit de boisson aux alentours). L'aile sud-est, sur deux niveaux, est clairement de style ottoman avec sa structure en bois.

Catholicon. L'église du monastère est de dimensions assez modestes : 19 m de longueur, 8 m de largeur et 7,5 m de hauteur. Elle conserve certains éléments du XIIe siècle et l'essentiel de sa structure du XVIe siècle, avec notamment ses deux rangées d'arches gothiques. Sous le porche côté nord-ouest, remarquez la belle représentation de saint Mammès sculptée à côté de la porte principale. Certains éléments extérieurs ont été ajoutés plus tardivement, notamment le dôme sur tambour de style byzantin (XVIIIe siècle) et le clocher (1900) aux influences à la fois gothique, hellénistique et vénitienne. Côté nord-est, la voûte de donnant sur l'entrée actuelle de l'église est gravée de la date de la dernière grande restauration du bâtiment (1907).

Intérieur du catholicon. Contrairement aux autres « musées des icônes » de la zone Nord, cette église conserve tous les attributs d'un vrai lieu de culte orthodoxe : rangées de chaises pour les fidèles, bancs sculptés réservés aux personnalités et au clergé, lustres, iconostase, chandeliers et cristal, etc. Seules quelques icônes provenant d'autres églises sont placées de manière « muséale » sur le mur sud-est.

Tombeau de saint Mammès. Situé à gauche de l'entrée actuelle, ce sarcophage de marbre blanc constitue l'élément central de l'église. Encastré dans le mur nord au XVIe siècle, il est visible à la fois de l'intérieur et de l'extérieur. C'est dans ce tombeau qu'aurait été inhumé Mammès de Césarée en 275. Si la dépouille du saint a depuis longtemps quitté l'île, son tombeau continue d'attirer les fidèles. En effet, un trou creusé dans le marbre à l'intérieur de l'église laisse suinter un liquide brunâtre qui, selon la croyance populaire, a le pouvoir de guérir. Les ex-voto disposés à proximité du tombeau (poupées et oreilles en cire, plaquettes en métal, etc.) témoignent des supposés rétablissements obtenus grâce à cet étrange « huile sacrée ».

Retable du tombeau. Le sarcophage de saint Mammès est surmonté d'un riche retable en bois finement sculpté du début du XVIe siècle. Celui-ci est composé de deux registres. Dans la partie inférieure, trois icônes amovibles de saints : au centre, celle de Mammès – durant la visite, un gardien entrouvre le rideau rouge qui la couvre – et, de part et d'autre, les images de Démétrios de Thessalonique *(à gauche)* et de Georges de Lydda, deux saints « militaires » particulièrement adulés chez les orthodoxes. Remarquez en particulier le drapé de la cape de saint Georges. Au second niveau *(partie semi-circulaire)*, une série de 38 vignettes retrace le martyre de Mammès : plusieurs fois mis à mort, il est à chaque fois sauvé par un ange, jusqu'à ce qu'un soldat lui ouvre le ventre. La séquence se termine *(en bas à droite)* avec le saint sortant de la ville en tenant ses intestins dans ses mains, puis demandant à Dieu de protéger les hommes, les bêtes et les plantes.

Iconostase. Cette remarquable cloison de marbre sculpté imitant le bois date du XVIe siècle. Elle intègre 47 icônes de différentes tailles selon quatre registres, auxquelles s'ajoutent les peintures sacrées des deux piliers latéraux (style vénitien), des portes royales, des deux portes diaconales et de la croix. Le décor sculpté de motifs végétaux (figues, raisins, glands), des armoiries vénitiennes et de dragons mêle les styles byzantin et italien. D'apparence complète, l'iconostase ne respecte pourtant pas l'usage : à gauche de la Vierge à l'Enfant, l'icône de la dédicace de l'église a disparu. L'image sacrée de saint Mammès – volée ? – est ici remplacée par une icône d'Agios Theologos (Jean le Théologien).

Monastère Agios Mamas - Musée des Icônes.

MUSÉE D'ARCHÉOLOGIE ET D'HISTOIRE NATURELLE ★★★

Ecevit Caddesi

9h-18h (jusqu'à 15h30 en octobre-mai) - 12 TYR, tarif réduit 7 TYR (entrée couplée avec le monastère Agios Mamas).

Fondé en 1979 dans le bâtiment de l'évêché orthodoxe de Morphou, le musée d'Archéologie et d'Histoire naturelle (Doğa ve Arkeoloji Müzesi) est largement boudé par les touristes. Si, au premier abord, cette institution s'avère un peu poussiéreuse, on y trouve les plus prestigieux objets découverts – illégalement – dans la zone Nord depuis 1974 : la statuette d'une Artémis polymastos et, surtout, les magnifiques objets en or provenant de tombes de la cité antique de Soli. Ces derniers profitent d'ailleurs d'une remarquable présentation, à la fois moderne et soignée.

Collection d'histoire naturelle, *rez-de-chaussée, à droite de l'entrée.* Dans une salle unique sont réunis différents animaux de la région, mammifères, tortues, poissons et oiseaux taxidermisés, serpents et lézards conservés dans du formol. Remarquez en particulier le requin cuivre *(Carcharhinus brachyurus)*, rarement observé en Méditerranée et l'aigle de Bonelli *(Aquila fasciata)*, espèce menacée avec moins de quelques dizaines de couples vivant encore à Chypre. Bien entendu, les spécimens les plus appréciés des rares visiteurs sont les deux « moutons mutants » : l'un à deux têtes, l'autre à deux corps et huit pattes.

Collection d'archéologie, *1er étage, à droite après l'escalier.* Sont ici exposés les objets provenant de différents sites de la zone Nord répartis en trois périodes. À noter que cette collection se poursuit dans l'agréable jardin avec des stèles funéraires et diverses pierres sculptées. Dans la partie dédiée au **Néolithique**, remarquez ce vase géométrique de Toumba tou Skoura (à 5 km au nord de Morphou), un superbe rhyton (petit vase) en forme de tête de taureau monté en pendentif (XIIIe siècle avant J.-C.) provenant d'Agios Iakovos (péninsule de Karpas) et une statuette de déesse de la fertilité, également trouvée à Agios Iakovos. La salle de la **période archaïque** abrite quelques beaux objets, notamment des statuettes votives (560-520 avant J.-C.) et des poteries aux motifs géométriques (750-475 avant J.-C.). La dernière salle, consacrée à la **période classique et à l'ère byzantine,** regroupe les découvertes de 475 avant J.-C. à 1185 et la pièce maîtresse de la collection : une grande statuette d'Artémis d'Éphèse du IIe siècle avant notre ère, découverte par hasard dans la baie de Salamis de Chypre (région de Famagouste) en 1980 par un touriste italien. Cette représentation de la déesse grecque de la Chasse et des Accouchements est un bon exemple de l'influence des cultes orientaux qui s'est développée à partir d'Éphèse (Asie Mineure) et de l'Égypte après les conquêtes d'Alexandre le Grand. La déesse est ici dite polymastos, c'est-à-dire « aux multiples seins ». En fait, les 36 oves présents sur le buste d'Artémis ne sont pas des seins. Il pourrait s'agir d'attributs masculins, plus précisément de testicules de taureau (une évocation du Mégabyse, grand prêtre eunuque du culte d'Artémis à Éphèse), ou bien encore d'œufs d'autruche (symbole de fécondité) ou, troisième hypothèse, de fruits, le reste du corps formant le tronc d'un arbre nourricier (autre symbole de fertilité). Les jambes de la déesse sont quant à elles décorées de cinq rangs de sphinx et de griffons, créatures légendaires associées à différentes divinités grecques et orientales.

« L'or de Soli », ***1er étage, en face de l'escalier.*** C'est la partie la plus prestigieuse du musée. C'est aussi, avec le musée de l'Épave (Kyrenia), l'espace d'exposition le mieux présenté de toute la partie nord de Chypre. Ouverte fin 2015, cette salle abrite les trésors provenant de trois tombes de la fin de la période classique (IVe siècle avant J.-C.) découvertes en 2005 sur le site de l'antique Soli, près de Lefka. Il s'agit d'une cinquantaine objets précieux, pour certains en or, avec lesquels furent enterrés des membres de l'aristocratie locale il y a 2 400 ans. Entièrement réalisé en or et d'une finesse remarquable, **un diadème de feuilles d'or** est orné de 18 feuilles et autant de baies reproduisant une branche de lierre. Il s'agit d'un type d'objet funéraire bien connu en Macédoine (nord-est de la Grèce actuelle) mais unique à Chypre. Le fait que ce diadème nous soit parvenu est exceptionnel, car les pilleurs de tombes agissaient souvent quelques années, parfois quelques jours après la cérémonie funéraire. En témoigne l'une des trois tombes de Soli, complètement vidée de son contenu lors de sa découverte par les archéologues chypriotes turcs. Le diadème nous renseigne aussi sur les échanges que la cité entretenait avec le monde hellénique. Le « trésor de Soles » est également composé d'une dizaine d'autres **objets en or** : un couvre-bouche (fine plaquette rectangulaire appliquée sur la bouche du défunt), de magnifiques bagues et bracelets ainsi qu'une couronne – qui ressemble à s'y méprendre à celle portée par Lynda Carter dans la série *Wonder Woman* ! Tous ces objets ainsi que le diadème pourraient avoir été réalisés par des orfèvres grecs ou macédoniens ayant séjourné à Soli. Enfin, une **statuette d'Aphrodite**, petite terre cuite représente la déesse de l'Amour et de la Sexualité sagement accompagnée d'un Éros aux traits d'enfant. Les plaisirs de la chair n'étaient en effet pas oubliés parmi les symboles avec lesquels étaient enterrés les défunts de culture grecque. Si le culte d'Aphrodite était très développé à Chypre, cette statuette révèle l'influence artistique d'Athènes.

© NEJDET DUZEN - SHUTTERSTOCK.COM

Musée d'archéologie et d'histoire naturelle.

LEFKA ★

Appelé Lefka (Λεύκα) en grec et Lefke en turc, ce bourg est situé 62 km à l'est de Nicosie (via le point de passage d'Astromeritis). Appartenant à la région administrative de Nicosie, il est depuis 2016 le chef-lieu du « district de Lefke » (non reconnu). Situé à 129 m d'altitude, au cœur d'une région très fertile, cette petite ville « blanche » (*lefka* en grec) a peu changé depuis 1974. Mais elle souffre de sa situation enclavée, puisqu'elle est coupée de son accès naturel au massif du Troodos par la « ligne verte ». Lefka possède aujourd'hui deux sites archéologiques proches (Vouni et Soli) et un intéressant patrimoine architectural ottoman avec un aqueduc (1609), quelques belles maisons bourgeoises des années 1900-1930 et trois mosquées : Aşağı (« du bas », 1901), Orta (« du milieu », 1904,) et Piri Mehmet Pasha, nettement plus ancienne. Récemment, Lefka est devenu un important lieu de pèlerinage grâce à la notoriété internationale du grand maître soufi Cheik Nazim.

Histoire

Fondée au IIIe siècle av. J.-C. par Lefkos, fils du roi grec d'Égypte Ptolémée. Important centre minier (cuivre) et agricole durant l'Antiquité, elle est dominée par les Phéniciens puis par les Romains. Peuplée par des colons venus d'Italie durant les périodes franque et vénitienne, elle devient turque rapidement après la conquête de 1570-1571. Avant l'invasion turque de 1974, la population (4 500 habitants) était en très large majorité chypriote turque. C'est toujours le cas avec environ 3 000 habitants aujourd'hui.

DARGAH DE CHEIKH NAZIM ★★

Fadil Nekipzade Cd

www.sheiknazim2.com

Accès libre le vendredi pour la grande prière hebdomadaire.

Située derrière la mosquée Aşağı, elle est accessible à l'occasion de la grande prière hebdomadaire et le rituel de la Hadrah (les autres jours, mieux vaut prévenir de sa venue). Le dargah de Cheikh Nazim (Şeyh Nazım Dergah) est un des plus récents lieux de dévotion soufis de Chypre. Transformée en sanctuaire (dargah), cette maison abrite le sarcophage de l'ancien chef spirituel de la confrérie des Naqshbandi-Haqqami.

Cheikh Nazim. Né à Larnaka en 1922 et décédé à Nicosie en 2014, Mehmet Nazim Adil, connu sous le nom de Cheikh Nazim Al-Haqqani, est une grande figure contemporaine du soufisme, la branche mystique de l'islam. Par ses messages d'amour, de paix et de tolérance, ses nombreux voyages et ses enseignements diffusés par vidéo sur Internet, ce lointain descendant du prophète Mahomet avait conquis de nouveaux fidèles en Occident. Il avait choisi de revenir s'installer dans son île natale dans les années 1970. Sa résidence de Lefka attirait ainsi chaque année des milliers de fidèles du monde entier venus le rencontrer.

Hadrah. Depuis le décès de Cheikh Nazim, son fils Muhammad Mehmet Adil lui a succédé. La maison est devenue un lieu de pèlerinage et continue d'accueillir – en anglais – les visiteurs, croyants ou non. Elle est plus particulièrement ouverte aux touristes et aux curieux le vendredi pour la grande prière hebdomadaire et la cérémonie de la *hadrah* (« présence » en arabe), une danse rituelle permettant de « lâcher prise » et de méditer collectivement, en mouvement et en rythme.

MOSQUÉE PIRI MEHMET PACHA ☪ ★

Pir Paşa Sk

Accès libre 1h avant et 1h après la prière de la mi-journée, vers 13h. Tenue correcte exigée.

La mosquée Piri Mehmet Pacha (Piri Mehmet Paşa Camii) est la plus ancienne de Lefka (années 1570). Elle est connue sous différents noms : Yukarı (« du haut »), Minareli (« minaret »), Piri Osman Pacha ou encore Ayyorgi (« Saint Georges). Si elle a perdu ses éléments de décor originaux, elle conserve un style typiquement ottoman avec trois arches en façade et cinq arches à l'arrière, et intègre des éléments provenant d'édifices antérieurs. Le bâtiment actuel se situe à l'emplacement de ce qui fut sans doute l'une des premières mosquées du pays, construite par les Arabes entre 649 et 963 – elle-même bâtie à la place d'un lieu de culte byzantin, l'église Agios Georgios (« Saint-Georges »). Après le départ des Arabes à la fin du Xe siècle, cette mosquée tombe à l'abandon. À l'occasion d'une tournée d'inspection à travers l'île en 1571, Mehmet Bey Ebubekir, premier gouverneur ottoman de Chypre, découvre en les ruines et décide de construire à cet endroit une nouvelle mosquée. Il lui donne le nom de son grand-père, Piri Mehmet Pacha, qui fut grand vizir (1518-1523) du sultan Sélim.

Cimetière. Agréable et verdoyant, il abrite une belle tombe ottomane, celle d'Osman Pacha, grand amiral et gouverneur de l'île mort en 1839 qui donne aussi parfois son nom à la mosquée. Richement décorée de motifs végétaux, la stèle a été réalisée par des artisans de Smyrne. Une autre tombe ornée de sculptures se distingue, celle de Huseyin Agha, gouverneur de l'île à la fin du XVIIIe siècle.

PLAGE ET ÎLOT DE LIMNITIS 📷 ★

Şht. Günfer Hasan Sk

Plage : accès libre. Îlot : accès interdit.

Longue de 500 m, Asmalı Plaj est bordée de galets mais très agréable, gratuite et située à côté d'un célèbre petit restaurant à qui elle doit son nom. En empruntant le chemin carrossable qui monte au-dessus d'Asmalı Plaj (1,5 km), on profite d'un superbe panorama à Petra tou Limniti, sur le « rocher de Limnitis ». Cet îlot de 150 m de longueur sur 105 m de largeur est situé à 80 m du rivage et aurait été habité par une tribu de pêcheurs environ 8 000 ans avant notre ère.

LEFKE GARDENS HOTEL 🛏 €

22, Fadil Nekipzade Cd

✆ +90 39 27 28 82 23

21 chambres. 55 € pour deux avec petit déjeuner.

Vous arriverez dans une jolie maison de style ottoman (1890) bien tenue avec jardin et véranda. Très calme, l'hôtel dispose d'une petite salle sur le jardin pour le dîner. Le confort est simple, mais largement compensé par le petit déjeuner copieux et l'accueil très sympathique. Les chambres sont rustiques et disposent d'une salle de bains correcte, de la climatisation, d'une bouilloire et d'une télévision. Le petit déjeuner est très simple avec du pain, du miel, des fromages, des œufs brouillés mais de très bonne qualité. Très bon rapport qualité-prix.

Site archéologique de Soli.

SITE ARCHÉOLOGIQUE DE SOLI ★★★

Yedidalga Mh

Tous les jours 9h-19h (jusqu'à 15h30 en octobre-avril) - 7 TYR (tarif réduit 5 TYR).

Le site archéologique de Soli (Soli Antik Kenti) abrite les vestiges gréco-romains de ce qui fut l'une des plus puissantes cités-États de l'île. C'est ici qu'ont été découvertes certaines des plus belles œuvres de l'Antiquité chypriote. Sur place, on peut admirer des mosaïques paléo-chrétiennes bien préservées et profiter d'un agréable panorama sur la baie de Morphou. Les origines de Soli sont mal connues, puisqu'on estime qu'elle aurait été fondée à l'emplacement de la cité d'Aïpéia, elle-même fondée au XIe siècle avant J.-C. par les Achéens de Thessalie (Grèce). Selon la légende, Aïpéia aurait été créée par Démophon, fils de Thésée. Ce sont les mines de cuivre de la vallée de la Solea (nom dérivé de Soloi), dans le massif du Troodos, qui assurèrent la richesse de la ville pendant plus de deux millénaires. Vers le VIIe siècle avant notre ère, la cité est peuplée par les Athéniens et prend le nom de Soloi (Σόλοι). Une inscription assyrienne datée de 673 avant J.-C. la compte parmi les 10 cités-royaumes de Chypre sous le nom de « Si-il-lu ». Mais, selon la tradition grecque, Soloi aurait été ainsi baptisée au VIe siècle en l'honneur du grand législateur athénien Solon (mort à Chypre vers 558 av. J.-C.) qui aurait conseillé aux habitants de déplacer la ville en hauteur, sur son site actuel. Détruite par les Perses lors de la révolte des Grecs de l'Ionie en 493 avant J.-C., elle est reconstruite et fournit une aide précieuse à Alexandre le Grand durant ses conquêtes (334-323 avant J.-C.). Elle est ensuite incorporée au royaume grec d'Égypte fondé par les héritiers d'Alexandre le Grand. Rebaptisée Soli par les Romains, elle est une des premières villes chypriotes gagnées par le christianisme, dès le milieu du Ier siècle, grâce au passage ici des apôtres Marc et Paul. Elle connaît ensuite une vaste expansion aux IIe et IIIe siècles, puis reste sous le contrôle des Byzantins. La cité est détruite par les Arabes en 648, mais une partie de la population revient s'y installer. Lorsque Chypre passe sous domination des Lusignan, ce n'est plus qu'une bourgade connue sous le nom de Casal Solia (« domaine de Soli »). Le site est abandonné vers le XVIe siècle avec la fin de l'exploitation des mines de cuivre. De 1859 à 1869, une partie des pierres des bâtiments antiques a été utilisée par les Britanniques pour construire Port Saïd et le canal de Suez (Égypte).

Visite

Établie sur une colline dont le sommet (75 m d'altitude) constituait l'acropole (ville haute), la ville s'étendait en terrasses sur le versant nord jusqu'à la mer. La partie basse, au nord, n'a pas fait l'objet de fouilles approfondies. La plupart des vestiges de la partie haute datent de la période romaine.

Basilique paléochrétienne – *près de l'entrée du site.* Célèbre pour ses mosaïques, elle a été mise à jour dans les années 1960 par les archéologues québécois de l'université de Laval. Elle occupe un vaste périmètre (45 x 25 m) entièrement couvert d'une protection récente. Une première structure en bois soutenue par des colonnes de pierre a été érigée au IVe siècle (« basilique A »), reconstruite « en dur » au Ve siècle (« basilique B ») et remaniée jusqu'au VIIIe siècle. Cet ensemble constitue l'une des basiliques du début de l'ère chrétienne les mieux préservées et les plus grandes de Chypre. Elle est dédiée à saint Auxibius, premier évêque de la ville (Ier ou IVe siècle), qui, selon la tradition chrétienne, aurait été baptisé ici par l'apôtre Marc, puis ordonné évêque par l'apôtre Paul vers l'an 60.

Mosaïques – *dans la basilique.* Elles appartiennent à la « basilique A » du IVe siècle, dont rien d'autre ne subsiste. Conformément aux traditions des premiers chrétiens, aucun personnage humain n'est représenté. Il s'agit de mosaïques aux motifs géométriques (damiers, croix, etc.) ou figurant des animaux (oiseaux, poissons, cheval, ours, chien) à caractère symbolique, comme les poissons représentant l'eau du baptême. Enfin, dans l'abside de la « basilique B » se trouve une autre mosaïque du IVe siècle portant l'inscription grecque « Jésus, protège ceux qui ont réalisé ces mosaïques ».

Théâtre romain – *vers le sommet de la colline.* Mis au jour par les archéologues suédois à la fin des années 1920, il a été entièrement – et maladroitement – reconstitué en 1962. L'essentiel des matériaux originaux de l'édifice ont été utilisés par les Britanniques pour la construction de Port Saïd. Datant de la fin du IIe siècle, il a été installé dans une large cavité creusée dans la colline, sans doute à l'emplacement d'un théâtre grec qui pouvait accueillir environ 3 500 spectateurs.

Sommet de la colline – *un peu plus haut derrière le théâtre.* On profite ici d'un beau panorama sur la baie de Morphou. Remarquez à l'ouest de la basilique, le site de fouilles de l'agora romaine gardé en l'état depuis de l'invasion turque. Plus loin sur le rivage, remarquez l'ancienne jetée utilisée au XXe siècle pour embarquer dans les navires le cuivre provenant des mines du Troodos. Aux abords du sommet, se trouvent d'autres sites de fouilles, eux aussi abandonnés en 1974. Il s'agit de vestiges datant de l'époque hellénistique : un grand palais, le temple d'Isis et celui d'Aphrodite où fut découverte la fameuse statue d'Aphrodite Soli. Enfin, le versant sud de la colline est occupé par une vaste nécropole. C'est là que fut mis au jour « l'or de Soli ».

SITE ARCHÉOLOGIQUE DE VOUNI ★★

Vuni Sk

Tous les jours 9h-19h (jusqu'à 15h30 en octobre-avril) - 5 TYR (tarif réduit 3 TYR).

Le site archéologique de Vouni (Vouni Sarayı) vaut surtout pour la magnifique vue qu'il offre sur la baie de Morphou. Situé au sommet d'une montagne (« vouni » en grec) à 250 m d'altitude, il s'agit d'une forteresse érigée vers 500 avant J.-C. puis transformée en *megaron* (palais). Détruit environ 120 ans plus tard, le site n'abrite désormais que des ruines. Les premiers occupants du lieu furent les Phéniciens de la cité de Marion (aujourd'hui Polis, dans la zone Sud), alors alliés aux Perses. En 449 avant J.-C., la forteresse est capturée par le général athénien Cimon. Elle est alors transformée en *megaron* et occupée par des aristocrates grecs de Souli. L'architecture perso-phénicienne d'origine est enrichie avec des apports de style mycénien. Environ cinquante ans plus tard, le site est détruit par un incendie d'origine inconnue et définitivement abandonné. Le site a été fouillé par la mêmes missions archéologiques que le site de Souli : une équipe suédoise en 1928-1932, une mission québécoise à partir de 1965 et jusqu'à l'invasion de 1974. Les plus beaux objets découverts sur place (poteries, bijoux, sculptures en pierre ou en bronze, pièces de monnaie, etc.) sont exposées au Musée national de Chypre, à Nicosie, et au Medelhavsmuseet, à Stockholm (Suède).

Visite. Le site est organisé en 3 terrasses étagées. La plus haute était occupée par un temple dédié à Athéna érigé par les Phéniciens au début du Ve siècle. Peu de vestiges subsistent, mais la vue sur la côte est magnifique. Remarquez notamment à gauche l'îlot de Limnitis (Petra tou Limniti). Le palais occupe la deuxième et plus grande terrasse. Sa forme actuelle date d'après la capture du lieu par Cimon, mais le bâtiment incorpore des éléments de la forteresse phénicienne originelle. Le *megaron* est composé de 137 pièces : salle du trône, salles d'apparat, appartements aristocratiques, chambres, vestibules, entrepôts, bains, ateliers, etc. Il enserre sur 3 côtés une cour à laquelle on accède par quelques marches. Sur cette esplanade a été placée une pierre sculptée en forme de poire. Celle-ci, croit-on, servait de contrepoids à système de poulies utilisé pour hisser des marchandises et matériaux depuis le bas de la « montagne ». Enfin, les habitations étaient situées dans sur la terrasse la plus basse orientée vers le nord-ouest, face à la mer. Construites essentiellement en brique et en boue séchée, elles étaient destinées au personnel du *megaron*. Là encore, le panorama est grandiose.

FAMAGOUSTE (AMMOCHOSTOS - GAZIMAĞUSA) ★★★

Famagouste (Ammochostos/Αμμόχωστος en grec, Mağusa ou Gazimağusa en turc) compte environ 50 000 habitants. Elle est le chef-lieu du district de Famagouste en grande partie occupée par l'armée turque depuis 1974. Depuis 1998, c'est le chef-lieu du district non reconnu de Gazimağusa. La ville se trouve 9 km au sud-est du site archéologique de Salamine de Chypre, 46 km à l'est de l'aéroport d'Ercan, 49 km au nord-est de Larnaka (via Pyla), 63 km à l'est de Nicosie. Les navettes sont sur Gazi Mustafa Kemal Bulvari, près de la statue de la Liberté. Départs pour Nicosie toutes les 30 min (trajet 1h10).

CATHÉDRALE AGIOS GEORGIOS TON HELLENON ✝ ★

Lala Mustafa Paşa Sokak

Accès libre.

Située à 150 m au sud de la mosquée Lala Mustafa Pacha, cette église se trouve aujourd'hui à l'état de ruine. Longue de 42 m, l'église Saint-Georges-des-Grecs (Άγιος Γεώργιος των Ελλήνων, Aya Yorgi Rum Katedrali, St George of the Greeks Cathedral) date du milieu du XIVe s. Malgré son état, elle vaut le détour car elle témoigne de la politique d'apaisement entreprise dans les dernières décennies du règne des Lusignan à l'égard de leurs sujets orthodoxes.

ÉGLISE AGIOS IOANNIS ✝

Odos Thrakis

Lundi-vendredi 9h-13h (en théorie), 4 TYR.

Dans le quartier de Varosha, à 1,3 km au sud-est de la place Namık Kemal en longeant le port, l'église orthodoxe Agios Ioannis (Άγιος Ιωάννης, Ayios Yuannis Kilisesi, St John Church), construite en 1960, est dédiée à saint Jean le Théologien, l'auteur de l'*Apocalypse*. Elle abrite un musée consacré aux icônes récupérées dans les différentes églises de la région de Famagouste (120 œuvres récentes). Depuis 2014, l'église est temporairement fermée, l'armée turque ayant décidé de restreindre l'accès aux alentours de la « ville fantôme » de Varosha.

ÉGLISE NESTORIENNE ✝ ★★

Necip Tözün Sokak

Visites parfois possibles en journée.

L'église nestorienne (Nasturi Kilisesi) est l'une des églises médiévales les mieux préservées de Famagouste. Elle fut érigée en 1360 par deux riches marchands syriens pour la communauté chrétienne nestorienne (mouvement considéré comme hérétique car séparant la nature humaine du Christ de sa nature divine). Dédiée à sainte Marie (Mart Maryam en assyrien), l'église fut transformée en étable après la prise de la ville par les Ottomans. En 1905, elle fut confiée par les autorités britanniques à la communauté orthodoxe et dédiée à saint Georges l'Exorciste.

CHYPRE NORD

La ville désertée de Varosha.

CHÂTEAU D'OTHELLO ★★

Sur le port, à 400 m au nord-est de la mosquée Lala Mustafa Pacha.

Juin-septembre : tous les jours 9h-18h ; reste de l'année : tous les jours 9h-17h. Billet : 7 TYR.

Restauré en 2015, ce château (Othello Kulesi, Othello Castle) reste la partie la plus célèbre des fortifications de la ville. Il a pris son nom actuel durant la période coloniale britannique, au XIXe s. C'est ici que Shakespeare entreprit de situer l'action de sa pièce *Othello ou le Maure de Venise*. Erigé au début du XIVe s. par Amaury de Lusignan (1272-1310), seigneur de Tyr (Liban actuel) et gouverneur de Chypre, cet ouvrage défensif doté de 4 tours carrées porta alors le surnom français « d'imprenable forteresse ». A la fin du XVe s., le château est remanié par les Vénitiens qui remplacent les tours carrées par des tours rondes plus résistantes face à l'artillerie. Bien conservé, le château est constitué de grandes salles et de couloirs permettant d'acheminer les munitions. Dans la cour sont disposés des boulets de pierre (pour les catapultes) et d'acier (pour les canons). Les douves ont été asséchées par les Britanniques au début du XXe s. pour réduire les risques de propagation de la malaria. Lorsque Shakespeare rédige sa pièce en 1604, la ville est déjà tombée aux mains des Ottomans (1571). Le long siège et la prise de Famagouste ont alors marqué les esprits à travers l'Europe. Il s'inspire librement des faits. L'action se déroule dans une ville portuaire de l'île sans préciser laquelle. Mais il reprend le nom de Cristoforo Moro, ancien gouverneur vénitien de Chypre (1506-1508), qu'il transforme en Othello le Maure.

Fortifications de Famagouste. Poste avancé de la chrétienté en Méditerranée, Famagouste a pris un rôle de premier plan après la prise de Jérusalem par Saladin en 1187. Elle a fait l'objet de travaux de fortifications constants entrepris par les Francs, puis par les Vénitiens. La vieille ville est aujourd'hui encore entourée de puissants murs atteignant parfois 8 m de hauteur et 16 m d'épaisseur, s'étendant sur 3,5 km de longueur. Ils sont eux-mêmes renforcés par le château d'Othello et toute une série de tours et bastions. Ainsi au sud-ouest de la ville (face à la place Yirmisekiz Ocak) se trouve le bastion Rivettina, le plus impressionnant. Véritable petit fort autonome, appelé *Akkule* (« tour blanche ») en turc, c'est par ici que les Ottomans entrèrent dans la ville après dix mois de siège, le 4 août 1471. Il est possible de visiter l'intérieur en semaine. A l'angle sud-est, le bastion de l'Arsenal domine le port. Il porte désormais le nom de Canbulat, en souvenir du bey de Kilis (actuelle Turquie), héros ottoman tombé lors de la prise de la ville. Il abrite le musée de Canbulat où se trouve le tombeau du bey.

ÉGLISE SAINT-GEORGES-DES-LATINS ★

Yeşil Deniz Caddesi

Accès libre.

A l'état de ruine, l'église Saint-Georges-des-Latins (Latinlerin St. George Kilisesi, St George of the Latins Church) est un édifice catholique qui date de la fin du XIIIe s. C'est l'une des plus anciennes églises de Famagouste. Son architecture s'inspire de la Sainte-Chapelle (1248) de Paris mais pourrait avoir été commandée par les Génois qui tenaient alors les Lusignan sous tutelle. Une partie des pierres proviennent de l'antique cité de Salamine de Chypre.

ÉGLISE SAINTE-MARIE-DU-CARMEL ★★

Server Somuncuoglu Sokak

Accès libre.

A l'état de ruine, l'église Sainte-Marie-du-Carmel (Carmine Kilisesi, St Mary of the Carmelites) est l'ancienne église des Carmes fondée par bulle papale en 1311. Longue de 30 m, son plan est caractéristique de la simplicité des ordres mendiants : une nef unique de trois travées, terminée par une abside à cinq pans. Faute d'entretien, ses murs se dégradent fortement depuis quelques années, mais elle abrite encore quelques fragments de peintures murales.

MONASTÈRE DE KANCH'UOR ★★

Server Somuncuoglu Sokak

Du réputé monastère catholique arménien de Kanch'uor (Çağıran Bakire Meryem Kilisesi, Ganchvor Monastery) fondé au XIIe s. ne subsiste qu'une chapelle datant de 1346. C'est la dernière des quatre églises arméniennes médiévales de Famagouste (3 orthodoxes et 1 catholique). Elle est elle-même dédiée à sainte Marie mais le nom du monastère reste un mystère pour les linguistes pour qui ce mot évoque aussi bien la couleur verte que l'action de crier : Sainte-Marie-de-Vert ou Sainte-Marie-la-Crieuse ? En tout cas, cette chapelle bien préservée est élégante.

MOSQUÉE LALA MUSTAFA PACHA ☪ ★★★

Namık Kemal meydanı

En journée, accès libre en dehors des heures de prière. Tenue correcte exigée, se déchausser.

La mosquée Lala Mustafa Pacha (Lala Mustafa Paşa Camii) domine la place Namık Kemal. Elle impressionne par ses dimensions (52,5 m de longueur, 22,5 m de largeur, 22 m de hauteur) et la belle couleur miel de ses pierres. Il s'agit de l'ancienne cathédrale Saint-Nicolas, lieu de culte catholique érigé sous les Lusignan entre 1298 et 1312. Chef-d'œuvre de l'art gothique, sa façade rappelle celle de la cathédrale Notre-Dame de Reims (construite entre 1211 et 1275), où étaient couronnés les rois de France. Ce n'est pas un hasard. La cathédrale de Famagouste occupait un rôle important dans les rituels politiques des rois francs de Chypre. Une fois intronisés à la cathédrale Sainte-Sophie de Nicosie (aujourd'hui mosquée Selimiye), les souverains recevaient ici le titre de roi de Jérusalem, titre simplement honorifique, puisque la ville sainte fut perdue en 1291. Certains éléments gothiques s'inspirent également de la basilique Saint-Urbain de Troyes (1265). Endommagée lors du siège de Famagouste par les Ottomans en 1570, la cathédrale Saint-Nicolas est transformée en mosquée dès l'année suivante après la prise de la ville. Le bâtiment prend alors le nom d'Ayasofya en référence à l'église Sainte-Sophie (Agia Sofia) de Constantinople elle aussi transformée en mosquée après la prise de la capitale byzantine en 1453. Elle est ensuite renommée du nom du conquérant de Chypre et Grand Vizir d'origine bosniaque Mustafa Pasha (1500-1580) qui porte le titre de *lala* (« précepteur du Sultan »).

NITOVIKLA GARDEN HOTEL 🛏 €€

PK Mehmetcik, à Kumyalı

✆ +90 392 375 61 20

10 chambres. La double à 70 €, avec le petit déjeuner.

Il faut se rendre à une dizaine de kilomètres de Famagouste, le long de la côte vers la péninsule de Karpaz, pour découvrir cet endroit étonnant : un hôtel certifié bio ! Zekai Altan, l'un des gérants, a publié plusieurs livres de cuisine. Cet endroit respire encore l'authenticité. Les chambres sont élégantes et adorables. Magnifique jardin et piscine. On apprécie en effet sa terrasse bien exposée avec piscine, le restaurant et le salon commun. Vous pourrez aussi profiter d'un jardin. Un petit-déjeuner continental est servi tous les matins sur place.

PLACE NAMIK KEMAL 📷 ★★

Namık Kemal meydanı

Donjon et musée Namık Kemal : 9h-14h en été ; tous les jours 9h-13h, 14h-16h45 en hiver. Billet : 4 TRY.

La place Namık Kemal (Namık Kemal meydanı, Namık Kemal Square) constitue le centre de la vieille ville. Cet espace piéton est entouré de plusieurs monuments d'intérêt. L'endroit est superbe, bien qu'un peu gâché par des constructions modernes peu inspirées. La place doit son nom à l'écrivain et journaliste turc Namık Kemal (1840-1888) qui influença le mouvement Jeunes-Turcs. Il fut emprisonné trois ans à Famagouste pour son œuvre *Vatan Yahut Silistre*, pièce de théâtre patriotique mais critique vis-à-vis du sultan et de l'islam. Une statue lui est dédiée au centre de l'esplanade. La place est dominée par la mosquée Lala Mustafa Pacha, à l'est. En face se trouve l'ancien marché couvert vénitien (Bandabuliya). Récemment rénové grâce au programme d'aide de l'Onu, il compte plusieurs cafés, restaurants et boutiques de souvenirs. À l'angle nord-ouest de la place, dans la rue Kışla Yolu, on reconnaît les bulbes du hammam Aga Cafer Pacha (Ağa Cafer Paşa hamam) construit en 1601 à l'emplacement d'un monastère franciscain. Ce bâtiment, en partie aménagé en café, fait partie des trois anciens bains ottomans de la ville avec le hammam Kertikli (surnommé *Notched Baths* en anglais), au nord, et le hammam Kizil (*Scarlaet Baths*), au nord-ouest. Un peu plus loin dans la rue s'élèvent les églises jumelles (İkiz Kiliseler, Twin Churches) de l'ordre des Templiers. Elles datent du XIVe s. et sont aujourd'hui occupées par une association artistique. Juste derrière le hammam Aga Cafer Pacha, se trouvent les imposantes ruines de l'église Saint-François (Francis Kilisesi, St. Francis Church) érigée sous le règne d'Henri II de Chypre (1285-1324) et qui appartenait à l'ordre franciscain. Le plus vaste monument, à l'ouest, est le palais du gouverneur vénitien (Venedikliler sarayı vali sarayı, Venetian Palace). Il n'en demeure que les hauts murs qui abritent depuis l'invasion de 1974 un parking. C'est également là que l'on peut visiter le donjon Namık Kemal (Namık Kemal Zindanı, Namik Kemal Dungeon) où fut emprisonné l'intellectuel turc de 1873 à 1876. Un petit musée est aménagé dans les cellules. Enfin, juste à côté, au sud du palais du gouverneur, se trouve la mosquée Sinan Pacha (Sinan Paşa Camii, Sinan Pasha Mosque), ancienne église Saints-Pierre-et-Paul construite en 1359 sous le règne de Pierre Ier de Chypre. Les Ottomans la transformèrent en mosquée après la prise de la ville. Les Britanniques en firent, quant à eux, un lieu de stockage de denrées alimentaires. On s'attardera avec bonheur dans le marché couvert animé qui jouxte la mosquée.

VILLE FANTÔME DE VAROSHA

Varosha

Excursions possibles d'Agia Napa et de Protaras dans le Sud. A partir de 35 €.

La plage de Varosha est pour certains la plus belle de Chypre… et l'une des illustrations les plus saisissantes de l'histoire contemporaine. La grande station balnéaire de la banlieue sud de Famagouste est longtemps restée une ville fantôme après 1974. Il faut en effet imaginer la scène : le 15 août 1974, en quelques heures, tous les habitants et les touristes ont fui, laissant tout derrière eux pour échapper aux bombardements de l'aviation et de l'artillerie turque. Pour les généraux d'Ankara, il s'agissait de s'en prendre à une ville symbole de l'industrie du tourisme chypriote. Depuis plus de quarante ans, Varosha a été laissée à l'abandon. En vertu des accords de cessez-le-feu, la ville est restée sous contrôle turc, mais les Nations unies ont interdit tout repeuplement, excepté par la population résidant là avant 1974. C'est donc le temps, plus que les bombes, qui a fini par détruire lentement les villas et les grands hôtels, laissés sans entretien. Cernée par les barbelés, Varosha (appelé Maras par les Turcs) a pourtant commencé à revivre doucement depuis quelques années. En violation des accords, les autorités du Nord ont ouvert une résidence pour étudiants à la fin des années 1990. Et, à partir de 2007, des excursions en bus y sont organisées à partir d'Agia Napa et de Protaras. Le spectacle évoque la fin du monde : immeubles éventrés, mobilier des années 1970 couvert de poussière et même un garage exposant les voitures neuves… d'époque. Difficile d'imaginer qu'il s'agissait d'une des perles du tourisme méditerranéen, attirant des stars comme Brigitte Bardot, Elizabeth Taylor, Richard Burton et Raquel Welch. Ce décor d'apocalypse a servi de modèle aux chercheurs et écrivains voulant savoir ce que deviendrait la Terre sans humains. Seule chose positive, les tortues ont repris possession de la plage pour y pondre leurs œufs. La ville pourrait-elle bientôt renaître ? En 2016, le gouvernement autoproclamé de Chypre du Nord a affirmé vouloir rouvrir Varosha à ses habitants chypriotes grecs. Mais alors que nous terminions ce guide, les barbelés n'avaient pas bougé. En réalité, seulement 5 % de la ville (deux rues et une partie de la jetée) sont désormais ouverts au public.

Visites. D'Agia Napa et de Protaras, l'agence Red Bus Cyprus organise des excursions à proximité de l'ancienne ville fantôme. Des excursions sont également organisées par les agences de tourisme depuis toutes les stations balnéaires de Chypre du Sud. Sinon, il est possible de s'y rendre par ses propres moyens depuis sa réouverture très partielle en janvier 2022.

THE DEE EUROPEAN HOTEL €€

Gazi Mustafa Kemal Bulvarı

✆ +90 39 23 66 10 10

42 chambres. 70 € pour deux avec petit déjeuner.

A 1,3 km à l'ouest de la mosquée Lala Mustafa Pacha, le long de la route menant à Nicosie, près de la gare routière principale. C'est un petit hôtel urbain sans charme particulier, mais c'est confortable et bien placé à proximité de la gare routière (et donc pas si loin de la vieille ville, à 5 min de la ville fortifiée et à 10 min des plages). C'est une bonne option, notamment pour les familles, avec des chambres de très bonne taille et propres. L'emplacement est proche de tous les sites et à distance de marche de la plage. Sinon, il y a une piscine extérieure.

ARKIN PALM BEACH HOTEL €€€

Nadir Yolu, Deve Limanı ✆ +90 392 366 2000

www.arkinpalmbeach.com

107 chambres. Double à partir de 120 € avec le petit déjeuner.

Cet hôtel est situé en bord de mer, au sud de la vieille ville et à la limite de la zone déserte de Varosha. Rien à redire. Plage très propre. Un peu éloigné du centre de la ville, mais avec un shuttle bus tous les jours. C'est un complexe comme on en trouve de temps en temps à Limassol ou Paphos. Avant 1974, c'était *the place to be* dans tout Chypre. Il faut avouer qu'il a ensuite perdu de sa superbe mais grâce à un nouveau management et une profonde rénovation, il a retrouvé son lustre d'autrefois. Piscine, tennis, sauna, hammam en prime…

PETEK PÂTISSERIE €

1, Yesil Deniz

✆ +90 39 23 66 71 04

Tous les jours 6h-minuit. Env. 5 TRY/pers.

Sur place ou à emporter, baklava et autres pâtisseries orientales à la pistache ou aux noix à partir de 3 €. Glaces à 2 €, dont l'impressionnante *marash* (*maras*), au lait et au sucre, que les serveurs doivent travailler avec force. Loukoums à 2 € et assortiment de 8 pièces au choix. Petit déjeuner turc avec yaourt, salami, concombre, tomate, etc. de 8 à 12 €. Sandwichs et plein d'autres plats salés, pâtes et pizzas. Patio avec fontaine (avec poissons et tortues) et terrasse à l'étage. Personnel sympa et pro. Et wi-fi gratuit !

SALAMINE DE CHYPRE (SALAMINA - SALAMIS) ★★★

Bien préservée, l'antique cité de Salamine (Σαλαμίνα en grec, Salamis en turc) fut la plus grande ville chypriote dans l'Antiquité. Sur place, le site archéologique, qui s'étend le long d'une superbe plage, est incontournable. Bien que les fouilles soient très loin d'être achevées (sous les dunes), les vestiges sont les plus spectaculaires de l'île. Le lieu revêt une place de premier ordre dans l'histoire religieuse du pays, puisque c'est ici que l'apôtre Barnabé connut le martyr. On peut aussi envisager une excursion à la journée à partir de la zone libre du pays. Juste avant l'entrée du site, on trouvera la taverne, agréable avec sa plage.

TOMBEAUX DES ROIS DE SALAMINE ★

2,2 km au sud-ouest du site archéologique de Salamine de Chypre, sur la route entre le site et le monastère Apostolos Varnavas, à gauche.

✆ +90 39 23 78 83 31

Tous les jours ; juin-septembre : 9h-19h ; reste de l'année (en théorie) : 9h-13h, 14h-16h45. Billet : 7 TRY.

Ces importantes structures funéraires creusées dans la terre datent du VIIe au VIIIe s. av J.-C. On y enterrait les anciens rois de Salamine avec leurs objets préférés, à boire, à manger et leurs esclaves sacrifiés pour l'occasion. Plusieurs influences architecturales peuvent être remarquées : égyptienne, phénicienne ou romaine. Les objets souvent en métaux précieux, armes, poteries, sont pour la plupart exposés au musée national de Chypre, à Nicosie (zone libre).

LONG BEACH RESORT €€

route Salamis

✆ +90 392 3789000

42 chambres. La double affichée à 80 € en été, avec le petit déjeuner. Séjour de 3 jours minimum parfois exigé.

Face et sur la plage, ce complexe hôtelier, très agréable, permet d'alterner piscine et mer, en passant par le beach bar, sans quitter son maillot de bain et en un clin d'œil. Il permet aussi de rayonner dans la région. Certaines chambres sont en bungalows. Sans être très moderne, l'endroit est accueillant, bien tenu et très clair. Salle de gym et restaurant. Les chambres du Long Beach Hotel sont équipées de la climatisation et d'un réfrigérateur. Pour plus de commodité, un parking gratuit est également mis à votre disposition sur place.

MONASTÈRE APOSTOLOS VARNAVAS ★★

Osman Bada Sokak

✆ +90 39 23 78 83 31

Tous les jours ; juin-septembre : 9h-19h ; reste de l'année : 9h-13h, 14h-16h45. Billet : 9 TRY.

Ce monastère orthodoxe fondé au Ve s. est l'un des plus importants lieux saints de l'île. Il est dédié à l'apôtre Barnabé (Απόστολος Βαρνάβας/Apostolos Varnavas en grec, Havari Barnabas en turc, Apostle Barnabas en anglais). C'est à cet emplacement que le saint fut exécuté vers l'an 75. Originaire de Salamine, Barnabé fut l'un des compagnons de Jésus-Christ. S'il ne fait pas partie des douze apôtres, les *Actes des Apôtres* lui en attribuent le titre au sens large, comme à Paul. Avec ce dernier, il fut un des premiers évangélisateurs chrétiens. C'est d'ailleurs lors de sa mission apostolique à Chypre qu'il fut assassiné par des membres de la communauté juive de Salamine, puis enterré par son cousin saint Marc. Depuis la redécouverte de son tombeau au Ve s., Barnabé est considéré par les Chypriotes comme le fondateur de l'église orthodoxe de Chypre. C'est à cette période que fut établi le monastère. Endommagé lors des raids arabes du VIIe s., le complexe fut reconstruit et demeura le siège de l'évêché jusqu'au XVIe s. Les bâtiments actuels, qui datent des années 1750, furent occupés jusqu'en 1976 par trois moines orthodoxes qui, sous la pression des autorités turques, durent quitter la zone occupée. Depuis 2005, les militaires autorisent les orthodoxes à célébrer une messe par an, le 11 juin (jour de la Saint Barnabé).

Musées. Dans les années 1980, l'endroit a été transformé en musée. L'église elle-même abrite une collection d'icônes d'églises de la région. Ces œuvres ne présentent guère d'intérêt. La plus ancienne date de 1760 (représentation de saint Jean-Baptiste) et de nombreuses icônes figurant saint Barnabé datent des années 1960. Certaines des icônes et l'iconostase du monastère ont quant à elles été pillées en 1974. Remarquez toutefois la représentation de la décapitation de Jean-Baptiste datée de 1858 (du côté opposé de l'iconostase, près de la grande porte en bois) où le bourreau est figuré sous les traits d'un soldat ottoman. Dans le contexte de l'occupation illégale du monastère par l'autoproclamée « République turque de Chypre du Nord », cela ne manque pas de piquant. Deux ailes des bâtiments annexes ont quant à elles été transformées en musée archéologique. Les collections sont plutôt riches mais sans pratiquement aucune légende ni explication. Elles couvrent une large période allant du néolithique au Moyen Âge. Notez notamment ces belles figurines en terre cuite de chevaux montés sur roues de la période archaïque (750-600 av. J.-C).

SITE ARCHÉOLOGIQUE DE SALAMINE DE CHYPRE ★★★

Salamis Yolu

Tous les jours ; juin-septembre : 9h-19h ; reste de l'année : 9h-13h, 14h-16h45. Billet : 9 TRY.

Profitant d'un cadre naturel magnifique et préservé, le site de Salamine s'étend sur 5 km² en bord de mer. Il s'agit de l'ancienne cité-Etat créée au XIe s. avant notre ère. Profitant d'un port naturel, la ville compta jusqu'à 100 000 habitants. Ici se sont succédé et entremêlées les cultures assyrienne, phénicienne, grecque, perse, égyptienne, hellénistique, romaine et byzantine jusqu'au VIIe s. apr. J.-C. C'est le plus grand et l'un des plus beaux sites archéologiques de l'île avec celui de Paphos. La comparaison s'impose d'ailleurs immédiatement : même type de situation sur le rivage, vestiges des mêmes périodes et, surtout, Salamine et Paphos ont été toutes deux capitales de l'île durant l'Antiquité. Toutefois, à l'inverse de Paphos, le site de Salamine ne bénéficie pas d'un classement au Patrimoine mondial de l'humanité par l'Unesco du fait qu'il se trouve en zone occupée par la Turquie.

Histoire. Dans la mythologie grecque, selon Homère et Pindare, la fondation de la ville est attribuée à Teucros, fils de Télamon, roi de l'île de Salamine (en Grèce, en face d'Athènes), après son retour de la guerre de Troie. Les découvertes archéologiques attestent d'une création au début du XIe s. av. J.-C. Depuis l'origine, Salamine de Chypre doit son développement à son port qui lui permet de commercer avec la Grèce et le Proche-Orient. Cette double influence se ressent notamment dans les arts funéraires. Dans les chambres mortuaires ont ainsi été retrouvés côte à côte des poteries aux motifs géométriques grecs et du mobilier assyro-phénicien. À partir du IXe s. av. J.-C., la ville passe sous contrôle assyrien. Elle continue de prospérer grâce à une autonomie économique et politique. Elle connaît son âge d'or au tournant du IVe s. av. J.-C. sous le règne du roi grec suzerain des Perses, Evagoras Ier (410-374 av. J.-C.). Celui-ci parvient à libérer la cité des Phéniciens, puis s'allie avec les Athéniens pour se défaire du joug perse. Par la suite, sous le règne des descendants d'Evagoras, Salamine jouera un rôle important lors des guerres entre les cités grecques et le royaume perse. La ville est ainsi fréquemment opposée à Kition (Larnaka), dont les souverains demeurent alliés aux Perses. Salamine apporte son soutien à Alexandre le Grand lors de sa conquête de l'empire perse (334-327), notamment lors du siège de Tyr (332). La cité en retire d'importants profits, mais elle est rapidement intégrée au nouveau royaume hellénistique d'Egypte fondé par Ptolémée Ier Sôter, l'un des généraux d'Alexandre. Elle perd son statut de ville-État pour devenir le siège du gouverneur de Chypre. Première capitale administrative de l'île unifiée, elle restera ainsi sous domination hellénistique pendant deux siècles, jusqu'à l'annexion de Chypre par Rome en 58 av. J.-C. La capitale est alors transférée à Paphos. Mais Salamine continue de prospérer, notamment sous l'impulsion des empereurs Trajan et Adrien qui dotent la ville d'équipements publics : bains, latrines, stade, théâtre, amphithéâtre, forum, etc. La période romaine est également marquée par les débuts du christianisme, avec la première évangélisation de Chypre menée par saint Barnabé. Appartenant à la communauté juive de Salamine et neveu de la Vierge, Barnabé part en Palestine et rejoint le petit groupe de fidèles qui accompagne Jésus. Sans faire partie des douze apôtres, il est un des premiers convertis à la nouvelle religion. Après la Crucifixion, avec son cousin Marc l'Evangéliste, il revient vers l'an 60 à Chypre et meurt en martyr à Salamine l'an-

Site archéologique de Salamine de Chypre.

née suivante. En 117 apr. J.-C., une insurrection juive conduit à la destruction de la ville. Puis ce sera un tremblement de terre vers 340. Refondée par l'empereur Constance II au IVe s., sous le nom de Constantia, la ville est finalement détruite par les Arabes en 647.

Fouilles. Après son abandon, le site de Salamine est resté connu des habitants à travers le Moyen Âge et la période moderne. Les premières fouilles ont été conduites au début de l'occupation britannique à partir de 1887 par les archéologues chypriotes de la Cyprus Exploration Fund. Le gymnase et l'amphithéâtre sont alors mis à jour. L'importance du site suscite l'intérêt du British Museum qui envoie sur place plusieurs missions dès la fin du XIXe s, si bien qu'aujourd'hui encore une partie des plus beaux objets découverts sur place sont exposés à Londres. Les fouilles se poursuivent jusqu'à l'indépendance. Elles prennent de l'ampleur avec la création de la Mission archéologique française à Chypre en 1964 sur invitation du grand archéologue chypriote Vassos Karageorghis. Menée par Jean Pouilloux, puis par Marguerite Yon à partir de 1972, avec le soutien du CNRS de Lyon, cette mission va permettre de nouvelles découvertes et, surtout une meilleure compréhension de l'histoire de Salamine. Mais, en juillet 1974, avec l'invasion par la Turquie, les archéologues français doivent brutalement stopper leurs travaux et le site subit d'importants pillages. Depuis, en vertu de la Convention de La Haye portant sur la protection des biens culturels en cas de conflit armé, aucune fouille archéologique ne peut plus être menée sur place du fait de l'occupation militaire.

Complexe du gymnase. Construit durant la période hellénistique, il fut agrandi et modifié sous l'empire romain et à l'époque paléochrétienne, puis servit de bains publics à l'époque byzantine. Le décor sculpté est aujourd'hui conservé au musée national de Chypre, à Nicosie. Au centre du gymnase se trouve la palestre – où se pratiquait la lutte – flanquée de 36 colonnes en marbre de style corinthien encore existantes.

Amphithéâtre. Construit sous le règne d'Auguste, à la fin du Ier s. av. J. -C., et partiellement détruit par un tremblement de terre au IVe s. de notre ère, ce fut le plus grand théâtre de l'île (15 000 spectateurs). Il était constitué de plus de 50 gradins, avec une scène de 40 m de large.

Grand réservoir. En traversant l'amphithéâtre, on parvient jusqu'au réservoir d'eau de la ville autour duquel se trouvait le marché au poisson et des bains romains (Salamine compta jusqu'à trois bains). Le réservoir date du début de la période byzantine. Il était alimenté par un aqueduc de 60 km de long transportant l'eau d'une source située près du village actuel de Kythréa/Değirmenlik.

Allée des colonnes. Cette agréable allée pavée relie le grand réservoir à la basilique Agios Epiphanios. Il s'agit sans doute d'une *stoa* romaine, une galerie commerçante.

Site archéologique de Salamine de Chypre.

Basilique Agios Epiphanios. Placée en plein centre du site archéologique, ce fut une des plus grandes basiliques du monde paléochrétien (58 x 42 m). Elle fut édifiée par Epiphane de Salamine (315-403), théologien et premier évêque de la ville à partir de 367, considéré comme un des Pères de l'Eglise par les orthodoxes et les catholiques (fête le 12 mai). Celui-ci, ayant du mal à réunir les fonds pour le chantier (la ville était encore majoritairement païenne), y fut enterré alors que le bâtiment n'était toujours pas terminé.

Agora. S'étendant sur 230 m de longueur et 55 m de largeur, c'est l'une des plus grandes de l'Antiquité. Elle date de la période hellénistique et a été restaurée au début du Ier s. sous le règne d'Auguste. Côté sud, d'importantes fractions de la colonnade (chapiteaux de style corinthien) qui bordait les deux côtés de l'agora ont survécu. Elle est délimitée au nord par un réservoir très profond et, au sud, par le temple de Zeus, dont le soubassement colossal est encore visible.

Basilique de la Campanopetra. C'est la plus belle partie du site, offrant une vue panoramique sur la mer, Famagouste et la ville fantôme de Varosha. Il s'agit des vestiges d'une basilique de la fin du Ve s. qui faisait partie d'un vaste complexe comprenant des thermes et un monastère, situé près des anses du port de la ville alors nommée Constantia. La taille et la richesse architecturale de cet ensemble témoigne de la christianisation des classes les plus élevées de la population qui en financèrent la construction. La basilique elle-même, formée de trois ailes, fut remaniée jusqu'au Xe s. et demeura en activité jusqu'au XIe s. alors que le reste de la ville avait été déserté depuis trois siècles.

TRIKOMO - YENI ISKELE ★

Trikomo (Τρίκομο), appelé Yeni İskele ou İskele (en turc) depuis 1974, compte environ 2 000 habitants (7 000 avec l'agglomération). Le village se trouve à 23 km au nord de Famagouste. Ce village peu touristique, situé à 3 km de la mer, fut un haut lieu de la culture chypriote grecque. Il abrite l'une des églises byzantines les plus remarquables de l'île. Ce fut aussi le lieu de naissance du leader du mouvement indépendantiste de l'EOKA Georgios Grivas (1898-1974) et du grand archéologue Vassos Karageorghis (né en 1929), réputé pour ses recherches sur les sites de Paphos, Salamine et Kition. C'est dans la station balnéaire de Vokolida (Bafra) que se concentre l'animation en été.

ÉGLISE AGIOS IAKOVOS ✝ ★

Ümmü Haram Sk

De début juin à mi-septembre : 10h-18h ; reste de l'année : 9h-13h, 14h-17h - fermé week-end - accès libre.

La minuscule église franco-byzantine Agios Iakovos (Ναός Αγίου Ιακώβου - Agios Iakovos Kilisesi) date des XIVe-XVe siècles. Elle est dédiée à saint Jacques et demeure un symbole de l'emprise des Lusignan sur la région. Depuis 2016, elle abrite un office de tourisme. Très élégante grâce à son clocher byzantin et à son dôme, elle évoque une petite boîte à musique. La reine Marie de Roumanie (1875-1938) en tomba sous le charme et en fit construire une réplique sur la mer Noire, dans sa résidence d'été de Balčik (aujourd'hui en Bulgarie).

VOKOLIDA - BAFRA

Vokolida (Βοκολίδα) ou Bafra (en turc) compte environ 1 100 habitants. Voici l'unique partie de la péninsule tournée vers le tourisme de masse. Effectivement, ici, on est bien loin du petit village de bergers vanté par les agences de tourisme. Cette carte postale a existé avant 1974. Vokolida (« bergère » en dialecte local) était alors peuplé uniquement de Chypriotes grecs (moins de 400). Tous ont été chassés. Le village s'est peu à peu repeuplé avec des colons venus du sud de l'Anatolie. Et comme les autres localités de la région, alors tournées vers la production de tabac, le village a pris le nom d'une marque de cigarettes turques, Bafra.

ÉGLISE PANAGIA THEOTOKOS - MUSÉE DES ICÔNES ✝ ★★★

Şehit Üsteğmen Mustafa Orhan Caddesi

✆ +90 39 22 27 29 16

Juin-septembre : tous les jours 9h-17h ; reste de l'année : tous les jours 9h-13h, 14h-16h45 - 5 TRY.

Dédiée à la « Vierge Mère de Dieu », l'église byzantine Panagia Theotokos (Ναός Παναγίας Θεοτόκου - *Panagia Theodokou Kilisesi*) est renommée « musée des icônes » (*Ikon Müzesi*) depuis 1991, pourtant elle n'abrite que des icônes d'assez médiocre qualité. Ce qui rend ce lieu si important, c'est à la fois son architecture et les fresques qu'il renferme.

Bâtiment. Construite en pierre de taille, l'église est d'apparence assez simple, bien que surmontée d'un élégant clocher. Il s'agit en fait d'un cas rare d'église byzantine à double nef symétrique. Les deux nefs, surmontées du même type de coupole ont été construites à deux périodes différentes. L'aile sud date du XIIe siècle, à la fin de la domination byzantine. Sa copie conforme, l'aile nord, a été ajoutée au XVe siècle à la fin de l'ère franque. Cette double nef a été conçue pour accueillir deux lieux de culte distincts, l'un orthodoxe (sud), l'autre catholique (nord). Cette proximité entre les deux communautés est un cas unique sur l'île. La prise de Constantinople en 1204 par les croisés a en effet rendu un tel rapprochement quasi impossible.

Fresques de l'aile sud. La partie orthodoxe de l'église abrite les fresques les plus précieuses, réalisées au XIIe siècle. C'est un vaste programme consacré au thème de la Nativité, et même plus particulièrement à la naissance de la Vierge et à l'histoire de ses parents, Joachim et Anne. Ces œuvres sont remarquables par leur vitalité, leurs couleurs et la liberté des scènes choisies. Elles ont été réalisées par le même groupe d'artistes anonymes qui a peint l'église Panagia tis Asinou (massif du Troodos). L'aile sud fait d'ailleurs partie des monuments chypriotes qui ont influencé Giotto et les peintres italiens, et lancé le mouvement de la Renaissance en Europe un siècle plus tard.

Fresques de l'aile nord. Les fresques de la partie catholique illustrent parfaitement la rencontre des courants artistiques latin et byzantin. Les thèmes abordés semblent même indiquer une volonté de réconciliation entre les deux communautés chrétiennes. Remarquez notamment cette représentation de la Vierge Blachernitissa (« des Blachernes »), référence à l'icône la plus sacrée des orthodoxes, protectrice de Constantinople. Ou encore, la fresque du dôme, ajouté au XVe siècle au centre des deux nefs : elle est dominée par un Christ Pantokrator (« maître de tout », « tout-puissant ») qui règne ici à la fois sur les orthodoxes et les catholiques.

ZONE TOURISTIQUE DE BAFRA

İnönü Cd
kibris.com.tr/bafra-otelleri
Accès libre. Plages privées réservées aux clients des hôtels. Autres services : se renseigner.

S'étendant sur 3 km le long des plages, elle a pris des airs de Las Vegas méditerranéen avec quatre grands complexes hôteliers : le Kaya Artemis (sorte de temple d'Ephèse bodybuildé), le Noah's Ark (immense arche de Noé en béton), le Limak Babylon (aux jardins soi-disant suspendus) et le dernier-né, le Grand Colosseum (inspiré à la fois du Colisée de Rome et de la villa d'Hadrien). On y trouve des casinos, des piscines géantes, des centaines d'appartements à louer ou à vendre...

EXOTIC HOTEL €€

Karpaz Anayolu
✆ +90 392 371 28 81
www.exotichotel.net
22 chambres. À partir de 55 € pour deux personnes avec petit déjeuner.

Petit établissement agréable avec des services intéressants : l'Exotic Hotel possède un bar, un salon commun, un jardin et une plage privée. Et son espace bien-être comprend un bain à remous et un sauna. Il possède un restaurant, un parc aquatique et une piscine extérieure ouverte en saison. Il propose un hammam, des animations en soirée et un service d'étage. Les chambres ont la TV, la clim, le wifi et une vue sur mer, comme le restaurant où est servi le petit déjeuner. Quelques concerts le soir. Familial et animé. Possibilité de transfert vers l'aéroport.

THALASSA BEACH RESORT €€€

İnönü Cd ✆ +90 53 38 58 28 18
www.thalassabeachresort.com
A partir de 500 € la semaine pour un appartement.

Cet établissement profite d'un magnifique environnement avec des plages de sable fin et un littoral spectaculaire encadré par le massif du Pentadactylos. Complètement isolé, sans constructions autour, ce complexe ouvert en 2016 propose des locations d'appartements et de résidences à la semaine ou au mois. Il faut généralement y séjourner trois nuits minimum. Les appartements sont bien équipés. L'établissement dispose d'une très grande piscine, d'une plage privée avec terrasses, d'un restaurant, d'un bar, d'une salle de sport, d'un centre de beauté.

GALATIA - MEHMETÇIK ★

Galatia (Γαλάτεια) ou Mehmetçik (en turc) compte environ 1 500 habitants (4 000 avec les différents hameaux). Situé dans la partie centrale de la péninsule (à 6 km de la mer) et entouré de vignes, Galatia est le principal village de vignerons de la zone Nord. On y produit du vin, mais aussi de la zivania et la « saucisse de raisin », sucrerie traditionnelle chypriote appelée ici *sucuk*. Le village mérite le détour pour ces raisons gastronomiques. Également réputé pour ses escargots et son *sulu kebap* (viande d'agneau fondante cuite au four), le village organise depuis 1960 le festival du Raisin (Mehmetçik Üzüm Festivali), généralement début août, avec repas, dégustations, chansons et danses. Par ailleurs, Galatia a été intégré en 2016 au réseau international Cittaslow. Ce label né du mouvement italien Slow Food est accordé aux municipalités qui encouragent leurs traditions culinaires, leur artisanat et le bien-être de leurs habitants. À ce titre, la commune organise des petits événements « gourmands » tout au long de l'année. Le nom de Galatia (celui le plus souvent employé par les habitants) a deux origines possibles. Selon la première, il s'agit d'un dérivé du mot grec *gallos* signifiant « français », le village ayant été habité au Moyen Âge par des colons latins, principalement des Francs. Autre hypothèse : après la conquête de Chypre par les Ottomans et le départ des villageois d'origine latine, le village aurait été repeuplé par une dizaine de familles du quartier de Galata, à Constantinople (aujourd'hui Istanbul).

ROZAGI GUEST HOUSE €€

49, Sht. Mulla Emin
✆ +90 533 889 09 03
5 chambres. 60 € pour deux avec petit déjeuner.

On trouve ici des chambres élégantes avec lit à baldaquin, une salle de bains bien conçue (douche, sèche-cheveux), la climatisation, la télévision et le wifi. On apprécie le jardin ainsi que les repas traditionnels proposés par les propriétaires, aux petits soins. Possibilité de demi-pension ou de pension complète, mais aussi de préparer ses propres repas. Service de navette payant sur demande. Cette auberge dispose d'un barbecue, d'une terrasse et d'un restaurant. L'établissement se trouve à 10 minutes en voiture d'une plage de sable publique.

AKANTHOU - TATLISU ★★

Akanthou (Ακανθού) ou Tatlısu (en turc) compte environ 1 500 habitants. Le village est situé en altitude, dans le massif du Pentadactylos, seulement accessible en voiture par le petit hameau côtier d'Aphrodision (Yalı), distant de 2,5 km, qui est lui-même traversé par la route principale de la côte nord de la péninsule. Premier village de la péninsule en arrivant de Kyrenia, Akanthou est situé dans un magnifique cadre naturel, à 743 mètres d'altitude, offrant un beau panorama sur la côte. Le village compte quelques commerces et un restaurant. Il conserve de jolis monuments du début du XXe siècle, notamment la mairie, un moulin, un entrepôt de caroube et l'élégante église orthodoxe Chrysosotiros (« Sauveur en or »), l'une des plus grandes de la zone Nord, aujourd'hui utilisée comme mosquée. En reprenant la route vers l'est en direction du village de Dalvos (Kaplıca), ne manquez pas l'église Panagia Pergaminiotissa.

Histoire

Akanthou fut fondée au VIIIe siècle par des habitants de l'antique cité côtière de Pergame qui cherchaient à échapper aux raids des Arabes. Avant l'invasion de 1974, il était peuplé de 1 300 habitants, tous chypriotes grecs. Tous ont été chassés. Akanthou a été d'abord repeuplée par une centaine de réfugiés chypriotes turcs qui ont rebaptisé le lieu du nom de leur village d'origine, Tatlısu (Mari en grec), situé dans la région de Larnaka. Puis sont arrivés des citoyens turcs du continent qui représentent aujourd'hui la vaste majorité de la population.

GROTTE DE PLATANI ★

17 km au sud d'Akanthou via Melounda (Mallıdağ). La grotte se trouve 2 km au sud-est du village de Platani (Çınarlı) par une petite route.
www.cypruswalksetc.com
Tous les jours sauf mercredi 9h-18h (9h-13h, 14h-16h45 en octobre-mai) - 5 TYR.

Appelée « grotte du Figuier » en grec (Σπήλαιο της Συκιάς/Spileo tis Sikias) ou « grotte du Platane » en turc (İncirli Mağara) et cachée par des… figuiers, elle est indiquée grâce à des panneaux et figure sur les cartes de l'Office de tourisme. Cette cavité est considérée comme la plus grande de Chypre et la plus belle de la zone Nord. Un long passage est joliment « décoré » par des stalactites et stalagmites. La grotte est accessible à pied depuis le village d'Akanthou (8 km, 400 m de dénivelé). Plusieurs agences comme Cyprus Walk Etc proposent des excursions.

PANAGIA PERGAMINIOTISSA - MINIATURES DE CHYPRE ✝ ★★

Girne-Karpaz Yolu
✆ +90 392 389 20 26
www.miniakibris.com
Tous les jours 9h-17h - 5 TYR (tarif réduit 2 TYR).

La très belle petite église Panagia Pergaminiotissa (Ναός της Παναγίας Περγαμηνιώτισσας - Panaghia Pergaminiotisa Kilisesi) est dédiée à la « Vierge de Pergame », du nom de la cité antique dont quelques ruines sont visibles à proximité. Juste à côté de l'église se trouve le parc des Miniatures de Chypre (Minyatür Kıbrıs ou Mina Park) qui offre un survol de certains des monuments les plus importants de l'île en modèle réduit.

Église. Il s'agit d'une église de forme carrée à croix inscrite, prolongée d'une abside semi-circulaire et surmontée d'un dôme monté sur tambour cylindrique. L'intérieur fut entièrement décoré de fresques au XIIe siècle. Tombée en ruine après l'invasion de 1974, l'église a été restaurée en 2009. L'intérieur conserve quelques traces du décor originel, au-dessus de l'autel. Mais l'essentiel des fresques a été pillé en 1979. Certaines d'entre-elles ont été saisies par la justice allemande et sont, depuis 2013, exposées au Musée byzantin de la fondation Makarios, à Nicosie. L'église abrite aujourd'hui un petit musée d'histoire naturelle (serpents et plantes de la région).

Miniatures de Chypre. Créé en 2015 juste à côté de l'église, ce petit parc abrite les miniatures de 17 monuments emblématiques de Chypre. Attention, il s'agit d'une vision parcellaire du patrimoine national, puisqu'un seul monument de la partie Sud du pays figure ici : le tekké Hala Sultan des environs de Larnaka. Côté nord, aucune trace de l'abbaye de Bellapaïs. Mais la collection devrait s'enrichir dans les années à venir.

Sites archéologiques. Près de l'église, sont également visibles quelques ruines de la cité antique de Pergame (Pergamon) qui, selon la légende, fut fondée après la guerre de Troie par des habitants de la grande ville de Pergame, en Asie Mineure. Dotée d'une acropole et d'un tunnel de 500 m de long permettant de s'échapper vers le rivage, elle fut abandonnée lors de la création du village d'Akanthou. Toujours à proximité de l'église se trouve l'ancien village néolithique d'Akanthou-Arkosykos (Çiftlikdüzü). Il fut habité par des chasseurs-cueilleurs entre 8400 et 7700 av. J.-C. Lors de fouilles – illégales – menées par des archéologues turcs entre 1988 et 2000, ont été mis à jour des ossements humains, de nombreux objets et les traces de maisons circulaires en pisé. Les deux sites ne sont pas officiellement ouverts aux visites et mal indiqués. Se renseigner auprès du gardien de l'église et du parc de miniatures.

Panagia Pergaminiotissa - Miniatures de Chypre.

DAVLOS - KAPLICA ★★

Davlos (Δαυλός) ou Kaplıca (en turc) compte environ 400 habitants. Le village se trouve à 10 km au nord du château de Kantara (route de montagne passant par Kantara). Il est situé en dessous du célèbre château et au bord d'une belle crique sableuse (plage publique). Avec son église Agios Georgios (1880) laissée à l'abandon, sa rue Recep Tayip Erdoğan et sa grande mosquée moderne dédiée à Rauf Denktaş (premier président de l'autoproclamée RTCN de 1976 à 2005), le centre du village offre un bon résumé de l'histoire mouvementée de la zone Nord : autrefois habité presque exclusivement par des Chypriotes grecs, Davlos/Kaplıca a été repeuplé par des Turcs de la mer Noire à partir de 1977.

PLAGES

Accès libre.

Vous pourrez naturellement vous baigner dans le coin. Il y a un peu de choix. Au bord de la plage publique du village se trouvent un hôtel-restaurant louant chaises longues et parasols (5 TYR) et un camping. Un festival de reggae y est organisé fin juillet-début août. Pour plus de calme, il suffit de suivre l'ancienne route côtière vers l'ouest pour dénicher rapidement de splendides petits spots de baignade (sable ou grands rochers plats). On peut également étendre sa serviette dans une autre petite crique juste à l'est de la plage publique.

KAPLICA BEACH HOTEL €€

Kaplıca Mersinlik Anayolu Cd

✆ +90 392 387 20 32

www.kaplicabeach.com

27 chambres et bungalows. Compter 70 € pour deux en saison avec petit déjeuner.

Devant la plage publique de Davlos (Kaplıca), voici un agréable petit complexe bien tenu, donnant directement sur la plage avec piscine, bar, restaurant, camping et comprenant une agence de tourisme. Que demander de plus ? Sur place, les chambres sont spacieuses, toutes avec balcon et avec vue sur mer, et accessoirement une bonne literie, une salle de bains de bon niveau avec sèche-cheveux, le wifi, un minibar, la clim, une TV. Nombreux services et excursions proposés. Parfois bruyant quand le restaurant est utilisé pour des mariages. Réservation indispensable.

CHÂTEAU DE KANTARA ★★★

Kale Yolu Sk

9h-18h30 (jusqu'à 15h30 en novembre-mars) - dernière entrée 1h30 avant la fermeture - 7 TYR (tarif réduit 5 TYR).

Situé sur le mont Kavallaropetra, à 630 m d'altitude, le château de Kantara (Κάστρο της Καντάρας - Kantara Kalesi) offre de magnifiques panoramas sur les côtes nord et sud de la péninsule de Karpas, sur le massif du Troodos et la plaine de la Mésorée jusqu'à Famagouste, voire la côte sud de la Turquie, et parfois en hiver sur les sommets du Liban (160 km à l'est).

Histoire. Aujourd'hui en ruine, cet édifice fut érigé au Xe siècle par les Byzantins pour servir de poste d'observation face à la menace des raids arabes. Avec les châteaux de Buffavento et de Saint-Hilarion (région de Kyrenia), il faisait partie de la ligne défensive du massif du Pentadactylos. Son nom vient de l'arabe *qantara* (« pont ») qui indique qu'il commandait un point de passage essentiel entre le nord et le sud de l'île, un col aujourd'hui situé au niveau du hameau de Kantara. Le château est pour la première fois mentionné en 1191 lors de la conquête de Chypre par Richard Cœur de Lion. Au cours de la tentative d'invasion génoise de 1373, il sert de refuge au prince Jean de Lusignan. Quelques années plus tard, le frère de celui-ci, Pierre Ier de Chypre, fait renforcer les fortifications, leur donnant l'aspect qu'on leur connaît aujourd'hui. Mais Vénitiens et Ottomans délaisseront le château qui tombera progressivement en ruine jusqu'à sa restauration en 1914.

Visite. Après la porte principale, le sentier mène aux grandes tours nord-est et sud-est puis continue vers une succession de salles aux voûtes gothiques. Les meurtrières indiquent qu'il devait s'agir d'un puissant poste de garde, à côté duquel subsistent les latrines. S'en suivent d'autres tours, latrines et salles en ruine. La légende raconte que le château comptait 101 salles, et que quiconque parviendrait à découvrir la porte de la 101e salle arriverait au paradis. Cette mystérieuse porte se trouverait à l'angle sud-ouest du château. Au sommet, on profite d'une vue dégagée à 360°. C'est ici que se dresse l'élément « phare » du château : la tour du haut de laquelle était allumé un feu en lorsque des navires suspects était aperçus au large. Ce signal permettait de prévenir à l'ouest le château de Buffavento qui, à son tour allumait un feu pour avertir la garnison de Saint-Hilarion.

Hameau. Point de passage obligé pour accéder au château, l'agréable hameau de Kantara (530 m d'altitude) dispose de plusieurs restaurants, d'un hôtel et d'un camping. On y trouve aussi l'église Panagia tis Kantariotissa (« Vierge de Kantara »), ultime vestige d'un monastère fondé en 1228 par deux moines orthodoxes venus d'Asie Mineure.

LYTHRANKOMI - BOLTAŞLI ★

Lythrangomi (Λυθράγκωμη) ou Boltaşlı (en turc) avec ses 350 habitants est situé dans la partie centrale de la péninsule, entre les villages de Vasili (Gelincik) et de Vothylakas (Derince). Dominé par une grande mosquée moderne, Lythrangomi vaut surtout une halte pour son monastère byzantin. Le village était autrefois mixte, mais depuis 1974, tous les habitants chypriotes grecs ont été chassés. On ne trouve sur place qu'une petite épicerie. Juste au nord, s'étend la grande forêt de Kavalla qui abrite les ruines de la forteresse de Trouilla. Et, vers le sud, un chemin carrossable de 5 km de long mène à de petites plages peu fréquentées et épargnées par les promoteurs.

GIALOUSA - YENI ERENKÖY ★

Gialousa (Γιαλούσα) ou Yeni Erenköy (en turc) compte environ 2 000 habitants, essentiellement des Chypriotes turcs et des Turcs. Ce bourg sans charme est le plus gros village de la péninsule. On y trouve le seul réel office de tourisme dans la péninsule. Avant l'invasion de 1974, la municipalité était presque exclusivement peuplée de Chypriotes Grecs (2 500 hab.). Tous ont été chassés. Et le village s'est en partie repeuplé avec l'arrivée de 300 réfugiés d'Erenköy (Kókkina en grec), exclave de la région de Polis transformée en base fortifiée par l'armée turque. Ces Chypriotes turcs ont changé le nom de Gialousa en « nouvelle Erenköy » (Yeni Erenköy).

KARPAZ GATE MARINA

Karpaz Anayolu
✆ +90 533 833 78 78
www.karpazbay.com
Restaurant : tous les jours 8h-23h - mezzés pour deux 30 TYR. Cabines proposées à 125 €/nuit en saison.

Créée en 2011, voici la plus moderne marina de Chypre Nord. D'architecture sobre et bien tenu, ce petit complexe cherche à attirer les plaisanciers de l'est de la Méditerranée en pratiquant des tarifs très compétitifs. Avec environ 200 places sur 18 000 m², il est capable d'accueillir des navires jusqu'à 56 m de long. On y trouve aussi des services ouverts à tous : plage, bars, restaurant, club de plongée, galerie d'art, magasin d'accastillage, et on peut même réserver des cabines où dormir. Le port de plaisance permet aussi des cours de plongée.

MONASTÈRE PANAGIA KANAKARIA ✠ ★★

Boltaşlı Bld.
Parfois ouvert en journée. Clé disponible auprès du chef (muhtar) du village.

Le monastère byzantin Panagia Kanakaria (Μονή Παναγίας Κανακαριάς - Panagia Kanakaria Kilisesi) a été érigé au V-VIe siècle, puis plusieurs fois modifié jusqu'au XVIIIe siècle. Son catholicon abritait une mosaïque de la Vierge considérée comme l'une des plus précieuses de l'art paléochrétien de l'Est de la Méditerranée. Mais celle-ci n'est qu'en partie conservée ici. Dédié à la Vierge (Panagia), le monastère est affublé d'un nom qui a deux origines possibles. Le complexe pourrait avoir été construit par un dénommé Kanakaris. Mais selon la légende locale, vers le VIIIe siècle, une femme du village appelée Maria Kanakaria aurait défendu la mosaïque de la Vierge qu'un pirate arabe tentait de marteler à coup de couteau. Le couteau se serait inexplicablement retourné contre l'agresseur et celui-ci serait mort de ses blessures. Par la suite, ce « miracle » provoqua la venue de nombreux pèlerins.

Histoire. De la première basilique ne demeurent presque aucun élément, à l'exception d'une partie de l'abside et d'un arc dans le cœur. Au VIIe siècle, elle est rebâtie avec une nouvelle structure à trois nefs. Détruite par un tremblement de terre (ou un incendie) en 1160, l'église bénéficie de nouveaux travaux avec l'ajout des voûtes latérales, du narthex couvert d'un dôme et la coupole centrale. Au XIIIe siècle, sont reconstruites l'abside, la voûte côté sud et ajouté un porche également côté sud. Plusieurs phases de restauration ont eu lieu aux XVe, XVIe et XVIIIe siècles. Le clocher a, lui, été élevé en 1888.

Fresques et mosaïque. Le narthex conserve une fresque de 1779 représentant la Vierge (tympan semi-circulaire) et une autre, partielle et plus ancienne, de la Nativité (mur occidental). Mais c'est dans l'abside que se situait le véritable joyau de l'église : la mosaïque d'une Vierge Odigitria (« montrant le chemin ») tenant Jésus enfant, encadrée des archanges Michel et Gabriel et entourée des médaillons du Christ et des douze apôtres. Exécutée sous le règne de l'empereur Justinien (527-565), c'est l'une des très rares représentations de la Vierge à avoir survécu aux destructions du mouvement iconoclaste ayant secoué l'Empire byzantin aux VIIIe et IXe siècles. À l'exception de la représentation de la Vierge toujours visible ici, cette œuvre a été détachée du mur par des pilleurs en 1979. La plus grande partie a été récupérée par la justice américaine, restituée à Chypre en 1991 et depuis exposée au Musée byzantin de la Fondation Makarios, à Nicosie.

BASILIQUE AGIA TRIADAS ✝ ★★

À l'entrée sud du village d'Agia Trias (Siphani), 1,8 km au nord de la Karpaz Gate Marina. Suivre panneaux « Agia Trias ».

Tous les jours 9h-17h (jusqu'à 15h30 en octobre-mai) - 5 TYR.

Partiellement en ruine, la basilique Agia Triadas (Βασιλική Αγίας Τριάδας - Agias Trias Bazilikası) est célèbre pour ses mosaïques. Cette église paléochrétienne du Ve siècle est dédiée à la Sainte-Trinité (Père, Fils et Saint-Esprit). Composée d'une nef, de deux ailes et d'un narthex, elle mesure 23 x 15 m. Outre ses mosaïques originelles, elle conserve un baptistère en forme de croix et une dizaine de bases de colonne.

Mosaïques. Elles couvraient à l'origine tout le sol de la basilique. Malgré l'absence de protection et la fréquentation touristique, environ 70 % d'entre elles sont encore visibles. La plupart des pavements sont décorés de somptueux motifs géométriques. Dans l'aile nord se trouve également les représentations de deux paires de sandales. On retrouve généralement cette configuration dans les villas romaines où les invités devaient se déchausser avant d'entrer. Enfin, de part et d'autre de la nef, deux mosaïques portent les noms des donateurs qui ont financé la construction de la basilique : le diacre Heraclius *(à l'entrée)* et les frères Aetis, Euthalis et Eutychianos *(côté ouest)*.

Village. La basilique donne son nom au village voisin appelé Agia Trias (environ 700 habitants), aussi connu sous le nom turc d'Aytriada (dérivé du grec). En 1976, il a été repeuplé de citoyens turcs de la mer Noire et rebaptisé du nom de la marque de cigarettes turques Sipahi (« cavalier »). Avant l'invasion, il comptait 1 200 habitants, tous chypriotes grecs. Environ 150 d'entre eux ont pu rester.

OFFICE DE TOURISME DE GIALOUSA - YENI ERENKÖY

Ecevit Cd

✆ +90 392 374 49 84

De début juin à mi-septembre : 10h-18h ; reste de l'année : 9h-15h.

Cet Office de tourisme (Turizm Ofisi) propose de bons renseignements pour découvrir les plages et monuments cachés de la péninsule de Karpas, en particulier les sites néolithiques : la forteresse de Nitovikla à Galinoporni (Kaleburnu) et les tombes rupestres de Vathylakas (Derince) et Korovia (Kuruova). Accueil en anglais, prospectus et cartes (rarement en français). Attention, le règlement des Offices de tourisme de la zone Nord interdit toute aide pour les locations de voiture.

THERESA HOTEL & RESTAURANT AT KARPAZ PENINSULA €

Yeni Erenköy

✆ + 90 5338 632 787

theresahotelcyprus.com

25 chambres. La double à 40 €, petit déjeuner inclus.

Voici un petit hôtel vraiment bon marché et surtout situé à deux pas de la mer, installé dans une maison très simple. On y apprécie l'accès à la plage privative de l'hôtel (avec tous les équipements attendus). Le confort y est basique mais suffisant, à noter la présence fort pratique d'un restaurant sur place. Et, cerise sur la gâteau, la péninsule de Karpaz et son environnement naturel, situés à proximité, font de ce lieu un camp de base à plébisciter.

Basilique Agia Triadas.

BALCI PLAZA €€

Karpaz Anayolu
✆ +90 533 824 0044
www.balciplaza.com
18 chambres. Chambre double à 85 € la nuit avec le petit déjeuner.

Même si on ne recommande pas de séjourner dans le village, voici quand même un petit paradis discret que certains hésitent à partager. De l'extérieur, rien de très ostentatoire. Des chambres simples aussi avec télévision satellite (quand même). Mais un accueil adorable, une excellente cuisine et, surtout, le calme absolu près de la mer. Vous bénéficierez d'un accueil souriant et chaleureux du propriétaire Hassan, de son bras droit Maria et de toute l'équipe. Ne venez pas ici pour trouver le grand luxe mais pour vous imprégner de sa douceur de vivre.

RIZOKARPASO - DIPKARPAZ ★★★

La commune de Rizokárpaso (Ριζοκάρπασο) ou Dipkarpaz (en turc) occupe toute l'extrémité est de la péninsule de Karpas. Par route, le centre du village se trouve 34 km à l'ouest du cap Apostolos Andreas, 29 km l'est de Gialousa (Yeni Erenköy). La commune compte environ 5 800 habitants, essentiellement arrivés de Turquie depuis 1974, mais aussi une minorité de Chypriotes grecs. Avant l'invasion militaire turque, la population de 2 500 personnes était largement chypriote grecque. Rizokárpaso n'est pas un beau village. Mais, bien qu'on y trouve la plage la plus somptueuse de Chypre, il est épargné par les ravages du tourisme de masse. En outre, ses environs sont riches en églises, vestiges antiques et médiévaux, circuits de randonnée balisés, hébergements pas chers. C'est de toute façon un immanquable sur la route du cap et du monastère Apostolos Andreas. Et pour cause : c'est le dernier lieu habité à l'est de l'île (son nom en grec et en turc signifie « l'extrémité de Karpas »). Entourée de terres très fertiles, cette ancienne baronnie des Lusignan vit encore essentiellement de l'agriculture. C'est aussi la commune qui compte la plus importante population chypriote grecque de la zone Nord. Quant aux plages, ce sont les plus agréables, les plus sauvages et plus belles de Chypre. Outre les magnifiques Golden Beach et Ronnas plaj (plage des Achéens), les abords du village regorgent de coins de baignade en tout genre.

CAP APOSTOLOS ANDREAS ★★★

Karpaz Anayolu
Accès libre.

Poursuivez la route 5 km au nord du monastère Apostolos Andreas, par un chemin carrossable longeant la côte. Appelé « cap de la Victoire » en turc (Zafer Burnu) - et parfois « cap Saint-André » en français - le cap Apostolos Andreas (Ακρωτήριο Αποστόλου Ανδρέα) constitue le point le plus à l'est de l'île. Il vaut le détour rien que pour cela d'ailleurs ! Vous savez où vous êtes : cet éperon rocheux est en effet dominé par deux mats portant les couleurs de la Turquie et de la « RTCN ». D'ici, la vue est magnifique. La nuit, on aperçoit les lumières de la ville syrienne de Lattaquié, située 109 km à l'est. Derrière le promontoire se trouve une maison de garde-côtes abandonnée. Le cap se prolonge sur environ 1 200 m avec un chapelet de 8 îlots rocheux, appelé Kleides (« les clés », en chypriote grec). Il accueille des colonies d'oiseaux marins et causa la perte de nombre de navires depuis l'Antiquité.

Archéologie. Connu sous le nom d'Apostolos Andreas-Kastros par les scientifiques, le cap fit l'objet de fouilles menées par une équipe française du CNRS entre 1970 et 1973. Ce chantier permit de découvrir un habitat circulaire d'une tribu de pêcheurs installée ici environ 6 000 ans avant notre ère. La mission archéologique ne put être poursuivie du fait de l'invasion de 1974. Et, en 2005, l'armée turque détruisit l'endroit pour installer le promontoire sur lequel flottent les deux drapeaux. Il s'agissait d'un des sites néolithiques les plus importants de Chypre avec celui de Choirokoitia (région de Larnaka).

ÉGLISE AGIOS PHILON - CITÉ ANTIQUE DE KARPASIA ✝ ★

Karpaz Anayolu
Accès libre.

Une visite à l'église byzantine Agios Philion (Ιερός Ναός Αγίου Φίλωνος - Ayios Philon Kilisesi) permet de découvrir la belle petite plage Ayphilon, mais aussi quelques ruines de la cité gréco-romaine de Karpasia. Fondée au IIe siècle avant J.-C., cette ville fut détruite par les Arabes en 802. L'église Agios Philion fut érigée entre le Xe et le XVe siècle à l'emplacement du port de Karpasia. Partiellement en ruine, cette structure à trois ailes couverte d'un dôme a été bien préservée.

CHYPRE NORD

ÉGLISE AGIOS SYNESIOS

Rauf Denktaş Cd

Tous les jours (se renseigner au kafeneion Agios Synesios, en face, à gauche, sur la place) - entrée libre.

L'église Agios Synesios (Ιερός Ναός Αγίου Συνεσίου - Ayios Sinensis Kilisesi) a été érigée en 1850 sur la base d'une ancienne église du Xe siècle. Dotée d'un dôme et d'une coupole sur tambour, elle est dédiée à Synésios de Cyrène, évêque de Libye du IVe siècle, né dans la péninsule de Karpas. Cette grande église blanche constitue avec le café le centre de la vie culturelle des habitants chypriotes grecs du village. Mais elle est aujourd'hui coincée entre la Yenicami (« nouvelle mosquée ») construite en 1989 et une énorme statue équestre d'Atatürk élevée en 2008.

ÉGLISES DU SITE D'OURANIA-AFENDRIKA ★★

Karpaz Anayolu

Accès libre.

On y accède en longeant la côte nord de la péninsule par une route mal entretenue qui se termine en chemin carrossable. Désigné par les noms d'Ourania (Ουρανία - Urania) et d'Afendrika (Αφέντρικα - Aphendrika), ce site archéologique comporte les ruines de trois églises construites et reconstruites entre le VIe et le XVIe siècle. Mal connue des historiens, la ville d'Ourania fut fondée ici vers le IVe siècle avant notre ère en hommage à Aphrodite « la céleste » (Ourania). Le site fut ensuite habité sous le nom d'Afendrika jusqu'au jusqu'à un raid ottoman en 1363. Les fondations d'une dizaine de maisons médiévales sont encore visibles.

Trois églises sont situées à l'entrée du site archéologique (qui s'étend lui-même sur 1 km le long du chemin). La première, à gauche du chemin, est l'église byzantine Agios Georgios (« saint Georges ») du Xe siècle, avec une arche préservée. À côté se trouve l'église Panagia Chrysiotissa (« Vierge dorée »), aussi appelée Panagia Afendrika. Cette ancienne basilique byzantine fut érigée à la fin du VIe siècle, puis reconstruite aux Xe et XVIe siècles. Elle conserve une élégante petite nef voûtée de style gothique. De l'autre côté du chemin, se dresse l'église Agios Asomatos (« Esprit Saint incorporel ») avec ses trois nefs encore clairement identifiables, dont une voûtée. Il s'agit là encore d'une basilique byzantine du VIe siècle, mais celle-ci fut reconstruite au Xe siècle avec de nombreux emprunts au style roman des croisés de Terre sainte.

GOLDEN BEACH ★★★

Karpaz Anayolu

sea-turtle-conservation.net

Accès libre, sauf certaines portions lors de la ponte des tortues marines (quelques jours entre juin et septembre).

Sur la rive sud de la péninsule, à 16 km au nord-est du centre de Rizokarpaso, voici une plage qui se mérite. Mieux vaut être prévenu, la chaussée est dégradée à partir du Blue Sea Hotel. Cependant, à la fin, on est clairement récompensé. Voici en effet peut-être la plus belle plage de Chypre : idyllique, en apparence, et du moins pour l'instant. C'est en tout cas la plus sauvage, sans aucune construction en dur à signaler à proximité (mais là encore, pour l'instant...). Et c'est clairement l'une des moins fréquentées. Il faut imaginer cette bande de sable s'étendant sur 3,7 km de longueur : la bien nommée Golden Beach attire au maximum un millier de baigneurs au pic de la saison touristique ! C'est assez calme et paradisiaque car cette belle étendue de sable fin doré entourée de douces dunes semi-boisées plonge dans une eau cristalline. Appelée Pachiamos (« sable épais ») en grec, elle est coupée en deux par une petite péninsule. La plage sud est la moins fréquentée. Et l'extrémité de la plage nord est appréciée des nudistes.

Parmi les points négatifs, la Golden Beach ne fait l'objet d'aucun encadrement particulier. Pas de secouristes, donc. Pas non plus de personnel pour ramasser les détritus laissés par les touristes (prévoir un sac poubelle à emporter).

Côté nature ; les tortues vertes *(chelonia mydas)* et les tortues caouannes *(caretta caretta)* viennent ici pondre plusieurs fois par an, principalement de mi-juillet à mi-septembre. Chypre héberge en moyenne un tiers des nids de tortues vertes et près de 20 % de ceux des tortues caouannes en Méditerranée. Mais avec l'urbanisation du reste des côtes de l'île, la Golden Beach est devenue l'un des derniers sanctuaires de ces deux espèces menacées. Il est possible de venir assister les naturalistes qui aident à l'éclosion et à la première sortie en mer des bébés tortues en s'inscrivant à l'avance sur le site internet indiqué ci-dessus (en allemand).

Deux restaurants sont installés directement le long de la Golden Beach, sur la partie nord. Pas de grande qualité, ils permettent en tout cas de se repérer puisqu'ils constituent les seuls accès possibles en voiture : Hassan's Turtle Beach se trouve au centre de la plage nord ; Teko's Place est situé un peu plus au sud, près de la petite péninsule. Tous deux proposaient des bungalows sur place, mais ceux-ci ont été retirés en 2017 par les autorités locales. Enfin, le café-restaurant Big Sand est placé en haut de la dune nord, le long de la route côtière, sans accès direct à la plage mais avec un beau panorama.

MONASTÈRE APOSTOLOS ANDREAS ✝ ★★★

Karpaz Anayolu

Tous les jours 8h-18h - accès libre à l'église et à la source sacrée.

Le monastère orthodoxe Apostolos Andreas (Μονή του Αποστόλου Ανδρέα - Apostolos Andreas Manastırı) a été érigé en 1867 au-dessus d'une source « miraculeuse », d'une tombe musulmane du VIIe siècle et d'une chapelle du XVe siècle. Partiellement restauré en 2016, il est dédié à saint André, le premier des douze apôtres à avoir suivi le Christ. Considéré jusqu'en 1974 comme le « Lourdes chypriote », c'est l'un des trois lieux de culte orthodoxes les plus vénérés de la zone Nord avec les monastères Agios Mamas (Morphou) et Agios Varvaras (Salamis de Chypre, près de Famagouste).

Un lieu de dévotion partagé

C'est à partir du début du XXe siècle que le site a été reconnu comme « saint » par les autorités religieuses orthodoxes et musulmanes de Chypre. Il devient alors un important lieu de pèlerinage pour les deux communautés. Trois légendes sont liées à ce lieu.

Légende chrétienne. Au Ier siècle de notre ère, saint André navigue vers la Palestine. Il échoue ici et découvre une source d'eau miraculeuse. Dans les siècles suivants, cette source est fréquentée par les premiers chrétiens et, au XIIe siècle, un monastère est érigé sur place.

Légende musulmane. En 650, l'un des premiers martyrs de l'Islam, Urwa ibn Thabit (appelé Urve bin Sabit en turc), meurt lors d'un raid arabe sur Famagouste. Il est enterré près de la source de saint André, à laquelle les Arabes attribuent aussi des vertus miraculeuses. Une tradition reprise plus tard à l'arrivée des Ottomans.

Légende syncrétique. En 1895, Maria Georgiou, une Grecque d'Anatolie, reçoit une apparition de saint André. Elle cherche son fils depuis dix-sept ans et l'Apôtre lui demande d'aller prier à l'église qui lui est dédiée à Chypre. Sur le navire qui l'emmène ici, elle raconte son histoire à l'un des passagers, un derviche (un « moine » soufi). Miracle : tous deux se reconnaissent, la mère orthodoxe et le fils musulman sont de nouveau unis.

Les bâtiments. En fait, depuis des siècles, il ne s'agit plus d'un monastère, mais d'une église. Tous les bâtiments annexes (XIXe-XXe siècles) sont des logements conçus pour accueillir les pèlerins. Depuis l'invasion de 1974, le complexe s'était passablement dégradé, faute d'entretien. Mais tout a changé avec le vaste programme de restauration lancé en 2014. Financé à parts égales par l'Église orthodoxe de Chypre et l'Evkaf de Chypre (fondation de bienfaisance islamique chypriote turque), ce chantier est devenu l'un des symboles de la réconciliation entre les communautés. La première phase achevée fin 2016 a permis de remettre en état le bâtiment principal avec la source sacrée et l'église du XIXe siècle. D'autres travaux de restauration sont en cours.

Visite

Fontaine. L'entrée sur le parking du complexe est marquée par la présence d'une fontaine datant du début du XXe siècle. Elle est utilisée par les pèlerins musulmans pour le *wudu*, l'ablution rituelle avant l'accomplissement de la prière.

Bâtiments annexes. Se dressent ensuite trois grands corps de bâtiments. En face, deux d'entre eux étaient réservés pour héberger des pèlerins chrétiens et musulmans. Fermés depuis 1974, ils devraient de nouveau fonctionner comme lieu d'accueil à partir de 2019. L'un d'eux compte une petite église du XXe siècle (côté nord).

Bâtiment principal. Sur la droite, se trouve le cœur du complexe, rénové en 2016. Ce long bâtiment sur deux niveaux et surmonté d'un clocher fut érigé entre 1855 et 1867. Construit le long de la pente descendant vers la mer, il abrite des bureaux et logements au 1er étage et, en dessous, l'église (1867) et la chapelle (XVe siècle). Dans la partie basse du bâtiment, le long du mur oriental, se trouve la source réputée miraculeuse.

Église. En descendant en direction de la mer (côté sud), il faut passer sous les colonnes soutenant l'étage du bâtiment principal pour pénétrer par une porte latérale dans le narthex. C'est ici que se tient le pope et que les fidèles chrétiens allument les cierges. Quelques marches mènent à la nef dominée par la vaste iconostase en bois sculpté qui date de 1867.

Iconostase. La tradition veut que l'on embrasse chacune des icônes du premier registre en récitant une prière. Ces images saintes datent de la fin du XIXe siècle et sont recouvertes d'une plaque de verre. En commençant par la droite, on passe ainsi devant les icônes de l'Archange Michel, de saint Georges, de saint Jean, de la Vierge à l'Enfant, puis, après les portes royales, devant celles du Christ, de saint Jean-Baptiste, des saints locaux Philon de Karpasia et Synésios de Cyrène, et, enfin, celle des apôtres Pierre et Paul.

Icône de saint André. Comme dans l'église Faneromenis de Nicosie, l'icône la plus vénérée du lieu se trouve hors de l'iconostase, juste à gauche de celle-ci. Elle est recouverte d'une riza en argent. Entre les jambes du saint, une petite trappe permet aux fidèles d'embrasser directement l'icône.

Chapelle. En ressortant de l'église par une autre porte latérale au sud de la nef, on revient sous les colonnes du bâtiment principal. Il faut descendre quelques mètres pour parvenir jusqu'à la chapelle byzantine du XVe siècle, sans doute construite à l'emplacement d'un monastère du XIIe siècle. C'est peut-être aussi là que se trouvait la tombe d'Urwa ibn Thabit. Très dépouillé, l'intérieur est constitué d'une simple nef à voûte gothique. La chapelle a aussi été restaurée récemment.

Parc national de Karpass.

PARC NATIONAL DE KARPAS ★★

Karpaz Anayolu
Accès libre.

Célèbre pour ses ânes sauvages et ses oiseaux migrateurs, le Parc national de Karpas (Karpaz Milli Parkı) a été créé par les autorités de la zone Nord en 2004. Il s'étend sur 9 500 hectares, englobant une majeure partie de la pointe sud de la péninsule entre la Golden Beach et le cap Apostolos Andreas. Malgré un manque de moyens et une fréquentation touristique en hausse (le monastère Apostolos Andreas est situé à l'intérieur du parc), cette zone semble relativement préservée avec seulement quelques constructions plus ou moins légales. Ces dernières années, la plupart des bungalows installés par les propriétaires de cafés des plages voisines ont même été déplacées hors du parc. Si on y trouve désormais que très peu d'hébergements, on peut y planter sa tente sans grand risque étant donné la quasi-absence de contrôles.

Les guides promenant les touristes ne manquent pas d'emporter à chaque voyage une cargaison de carottes et de pommes, de quoi appâter les ânes vivant ici en liberté. Protégé par les autorités locales depuis 2009, l'âne sauvage de Karpas n'est pas à proprement parler une espèce. Ces animaux sont les descendants de bêtes de somme abandonnées par les fermiers chypriotes grecs lors de l'arrivée des soldats turcs en 1974. Rendus à la liberté, ils ont enduré quelques années de disette. Aujourd'hui, ils seraient près de 1 300 ânes à vivre dans un petit périmètre de 300 km², détruisant les champs des fermiers, dévorant les plantes sauvages et profitant de « compléments alimentaires » fournis par les touristes.

PLAGE DES ACHÉENS ★★

Karpaz Anayolu
Accès libre (plage et monastère).

Appelée « Ronnas plaj » en turc, c'est sur cette longue étendue de sable (2,4 km) qu'auraient débarqué les Achéens chers à Homère. Ce peuple indo-européen, ancêtre des habitants des cités de la Grèce classique, semble avoir colonisé Chypre à partir du XVIe siècle avant notre ère. L'endroit est encore relativement sauvage et, comme la Golden Beach, il sert de lieu de ponte pour les tortues marines. L'extrémité sud de la plage est dominée par le monastère Panagia Eleusa dédié à la « Vierge de la Compassion ». On y accède par un chemin carrossable de 1,6 km de long.

OASIS AT AYPHILON €€

Karpaz Anayolu
✆ +90 533 840 50 82
www.oasishotelkarpas.com
Hôtel : 9 chambres - 60 € pour deux avec petit déjeuner. Restaurant : tous les jours 9h-23h - environ 40 TYR/pers.

Pour y accéder, parcourez 4,5 km au nord du centre du village, et, sur la côte, suivez les panneaux « Oasis at Ayphilon ». Vous serez dignement récompensé ! Placée juste au bord de la petite plage d'Ayphilon, avec pour seuls voisins les ruines de l'église Agios Philon et de l'antique Karpasia, cette pension-restaurant est une petite merveille. Chambres au confort sommaire mais agréables avec salle de bains correcte, climatisation et wifi. Petit déjeuner à base de produits locaux, bon restaurant et poisson frais. Réservation indispensable.

ORGANISER SON SÉJOUR

Si la République de Chypre accueille à elle seule près de 4 millions de visiteurs chaque année (sans compter la partie Nord...), c'est parce que la destination est particulièrement facile à aborder. Dans la partie Sud, les touristes européens se sentent souvent dépaysés en gardant des repères familiers comme l'euro ou l'usage de leur téléphone portable. Bien connue et appréciée de tour-opérateurs « historiques », elle est aussi très pratique à parcourir seul. Partir en individuel n'a rien de compliqué à Chypre, patrie natale, rappelons-le, du fondateur de la compagnie EasyJet ! À part en plein été et en particulier entre le 20 juillet et le 20 août, vous n'aurez aucun mal à trouver un hébergement qui corresponde à votre budget... Pour alléger son budget, il est même possible de loger dans la partie Nord à condition simplement de prendre quelques précautions.

ARGENT

Il y a deux devises : l'euro au Sud et la livre turque au Nord. Le taux de la livre au Nord est le même qu'en Turquie (en 2022, 1 € = 16 TRY et 10 TRY = 0,63 €).

Dans la partie nord de Chypre, si vous souhaitez changer des euros contre des livres turques, notez toutefois que les frais de change peuvent varier d'un bureau à autre. Le plus simple est souvent de retirer directement de l'argent avec sa carte bancaire à un distributeur. La partie sud de Chypre étant intégrée à la zone euro, vous pouvez y effectuer vos retraits et paiements par carte bancaire (Visa, MasterCard, etc.) comme vous le feriez en France.

BUDGET / BONS PLANS

Si vous n'êtes pas tenu de voyager pendant les vacances scolaires, partez en mai-juin ou septembre-octobre. L'avantage est triple : moins cher, moins de monde et moins chaud aussi ! Pendant cette période, vous pouvez espérer vous loger à 50-60 € la nuit, sauf à Nicosie où cela reste un peu plus cher.

PASSEPORT ET VISAS

Des deux côtés, une carte d'identité ou un passeport valide pour un séjour touristique de moins de trois mois. Seules les personnes désirant passer plus de trois mois à Chypre doivent faire une demande de permis auprès du ministère de l'Intérieur de la République de Chypre.

PERMIS DE CONDUIRE

Si vous venez d'un pays de l'Union européenne, de Suisse ou encore du Canada, un permis de conduire national suffit. Vous pouvez donc louer un véhicule sans avoir besoin de produire un permis international.

SANTÉ

Si aucun risque particulier n'est à signaler (à part le soleil), partez quand même avec votre Carte européenne d'assurance maladie (valable seulement dans la partie Sud) pour être soigné si nécessaire. En appel local, le numéro d'urgence européen 112 permet d'avoir aussi bien les pompiers, les ambulances que la police.

Livres turques.

L'ASSURANCE VOYAGE, LE BON RÉFLEXE POUR PARTIR L'ESPRIT TRANQUILLE

avec CATHERINE DIBOUES, responsable du marché voyage, loisir et mobilités chez Allianz TraveL

En cas d'annulation de voyage, peut-on bénéficier d'un remboursement des frais engagés ?

L'assurance voyage propose une indemnisation lorsque l'on doit abandonner son projet de séjour pour une raison indépendante de sa volonté. Contrairement aux idées reçues, les assurances liées aux cartes bancaires ne proposent pas toutes une assurance annulation.

Que se passe-t-il en cas de retard de vol ?

Avec l'assurance voyage Allianz Travel, les frais supplémentaires liés à l'attente sont pris en charge, à partir de 2h de retard. Il peut s'agir des frais de restauration, de transport lors d'un changement d'aéroport ou d'une éventuelle nuit d'hôtel.

L'assurance voyage couvre-t-elle la perte ou le dommage des bagages ?

Allianz Travel indemnise les voyageurs en cas de bagages endommagés ou perdus par la compagnie aérienne. Cela comprend l'indemnisation du bagage et son contenu.

Quelles sont les destinations couvertes par votre zoning Europe svp ? Est-ce uniquement l'UE ou l'ensemble du continent européen ?

Les pays européens ont des accords avec l'administration française. Avant de partir, il faut demander la carte européenne d'assurance maladie. La sécurité sociale et la mutuelle prennent alors en charge les frais médicaux, selon leurs barèmes. Les frais médicaux étant majoritairement plus élevés qu'en France, l'assurance voyage permet de se voir remboursé du reste à charge.

En cas de souci de santé sur place, que faut-il faire ?

En cas de doute ou pour des symptômes légers, nous proposons un service de téléconsultation médicale, par téléphone et en visio, qui permet d'être conseillé et orienté par un professionnel ainsi que d'obtenir une ordonnance si besoin. Pour une situation plus grave, il est nécessaire d'appeler les urgences locales, dont les numéros sont disponibles sur notre application mobile. Une fois à l'hôpital et dans un état stable, on appelle Allianz Travel pour déclencher les procédures de prises en charge. Notre centre d'assistance fonctionne 24h/24, 7j/7.

© ELIZAVE*A - STOCK.ADOBE.COM

VACCINS OBLIGATOIRES

Chypre ne présente aucun risque majeur sur le plan sanitaire. Aucun vaccin n'est obligatoire. Pensez toutefois à vous protéger contre le soleil.

SÉCURITÉ

Des deux côtés, les Chypriotes sont aimables et accueillants. A priori, aucun problème pour une femme seule, mais inutile tout de même de s'aventurer dans des quartiers déserts des villes, quelle que soit la partie, grecque ou turque, de l'île.

DÉCALAGE HORAIRE

Chypre est à +2 heures par rapport au méridien de Greenwich. Il faut donc ajouter une heure à l'heure française, et ce, en été comme en hiver.

LANGUES PARLÉES

Le grec est parlé par les Chypriotes grecs, le turc par les Chypriotes turcs. L'anglais est généralement parlé partout, et en particulier dans tous les hôtels, restaurants, bars, tavernes, magasins, bureaux de taxis. Le français est plus rare.

COMMUNIQUER

On peut donc se « contenter » de parler anglais à Chypre (60 % des Chypriotes le parlent), mais il est évidemment plus intéressant de connaître quelques mots de grec et quelques phrases usuelles en turc quand on passe de l'autre côté.

ELECTRICITÉ ET MESURES

Place ici au 240 volts, fiches à trois broches plates dans les constructions modernes (les hôtels prêtent un petit adaptateur). Les hôtels sont très souvent équipés de prises 110 volts pour les rasoirs électriques. Côté poids et mesures, Chypre a toutefois adopté le système métrique. On parle donc comme en France de mètres et kilomètres pour apprécier les distances et de grammes et kilogrammes pour les poids.

BAGAGES

En été, juillet et août sont des mois très chauds. Les robes d'été, chemises et shorts se portent jusqu'en octobre. Prévoir maillots de bain et tenues de plage. Seuls les mois de janvier et février peuvent être assez froids et pluvieux. Prévoir des lainages épais.

LES PHRASES CLÉS

Bonjour, je voudrais réserver un billet aller/retour pour…
Γεια σας, θα ήθελα ένα απλό/μετ' επιστροφής εισιτήριο για…

J'ai raté mon avion. Je voudrais échanger mon billet s'il vous plaît.
Έχασα την πτήση μου. Θα ήθελα να αλλάξω το εισιτήριό μου.

Mon vol est très en retard. Ma correspondance sera bien assurée ?
Η πτήση μου έχει μεγάλη καθυστέρηση. - Θα προλάβω την ανταπόκρισή μου;

Mes bagages ont été égarés, à qui dois-je m'adresser ?
Χάθηκαν οι αποσκευές μου, με ποιον πρέπει να μιλήσω;

Louez-vous des voitures avec chauffeur ?
Νοικιάζετε αυτοκίνητα με οδηγό;

Je n'ai presque plus d'essence. Où se trouve la station-service la plus proche ?
Η βενζίνη μου έχει σχεδόν τελειώσει. Ποιο είναι το πιο κοντινό βενζινάδικο;

S'Y RENDRE

Partir en individuel n'a rien de compliqué à Chypre, du moins pour la partie Sud. En revanche, il faut juste savoir, si l'on veut atterrir dans la partie Nord (uniquement reconnue au niveau international par la Turquie), qu'une escale par Istanbul est obligatoire. Pour le reste, l'offre hôtelière est riche et les moyens de se déplacer aisés. Au Nord comme au Sud, le wifi est développé, ce qui vous facilitera les réservations de dernière minute. L'île est une destination aussi prisée par les femmes seules et les familles. Cependant, il est recommandé de s'organiser un minimum, surtout dans le Sud, car les prix des vols et des chambres flambent vite en été. En haute saison, pensez à réserver avant que les prix des vols ne soient exorbitants. Ou décollez si vous le pouvez en mai ou en octobre : deux mois assez idéals qui vous permettront même le luxe suprême d'organiser votre séjour au jour le jour, sur place, en fonction de vos envies.

AEGEAN AIRLINES

Aeroport Paris Charles de Gaulle Terminal 1
✆ +33 1 70 03 13 23
fr.aegeanair.com

Aegean Airlines est la plus importante compagnie aérienne grecque depuis son rachat d'Olympic Air en 2013. Elle est aussi membre du réseau Star Alliance en 2010, premier réseau aérien mondial, et a été récompensée 8 fois « Meilleure Compagnie Régionale Europe » par Skytrax. De Paris, Aegean Airlines dessert de façon très efficace et régulière l'aéroport de Larnaka via une escale à Athènes. En saison, vous trouverez aussi souvent des vols avec la même correspondance au départ de Marseille, de Bordeaux, Lyon, Nantes, Nice ou Toulouse.

RYANAIR

www.ryanair.com

Vols avec la Belgique.

Si Ryanair n'assure aucune rotation entre la France et l'île de Chypre, la compagnie low cost irlandaise propose toutefois des liaisons entre Bruxelles-Zaventem en Belgique et l'aéroport de Larnaca. Mais elle dispose surtout, depuis 2012, d'un véritable hub à l'aéroport de Paphos avec 80 vols par semaine. Les prix sont souvent cassés à condition de faire escale ou de se rendre vers des destinations moins francophones situées essentiellement au Royaume-Uni, en Grèce, en Italie, en Espagne et globalement dans toute l'Europe de l'Est et du Nord.

EASYJET

✆ 08 20 42 03 15

Deux vols par semaine en saison.

Impossible de ne pas la citer. Non pas parce que la première compagnie aérienne « à petits prix » d'Europe qui relie en saison l'aéroport de Bâle-Mulhouse à l'aéroport de Larnaka, mais aussi parce que son fondateur, Stelios Haji-Ioannou, est un entrepreneur britannique d'origine chypriote. Raison de plus pour soigner cette destination ! Actuellement, la compagnie propose au moins deux vols par semaine en saison, mardi et samedi, avec des tarifs très bas, comme d'habitude, si l'on est capable de réserver son billet le plus tôt possible...

TURKISH AIRLINES

Vols quotidiens à destination des grandes villes européennes.

C'est mathématique. Sachant que la compagnie aérienne nationale turque relie tous les jours Paris (comme la plupart des capitales européennes) à Istanbul et qu'Istanbul affiche des liaisons quotidiennes avec Chypre, c'est une option. Néanmoins, ce ne sont pas des liaisons comme les autres car elles vous emmèneront à l'aéroport d'Ercan, dans la partie chypriote turque de l'île, non reconnue par la communauté internationale (à part la Turquie). C'est pourquoi vous ne trouverez pas de vols directs vers cet aéroport, à part d'Istanbul.

SÉJOURS ET CIRCUITS

Entre les prestataires « historiques » qui ont bâti leur réputation sur cette destination comme Héliades, le spécialiste de la Grèce et de Chypre, ou Clio, le tour-opérateur inspiré par la muse de l'histoire qui vous emmènera à la découverte de toute l'île via Paphos, le Troodos, Nicosie ou Famagouste, et sans compter des prestataires plus locaux, vous aurez l'embarras du choix. Comme souvent, l'important est de savoir si l'on souhaite voyager seul, en formule tout-compris, en groupe, à combien et avec quels centres d'intérêt. En effet, l'île de Chypre attire des visiteurs aux motivations bien différentes. Beaucoup aspirent, il faut le reconnaître, au nord comme au sud, à des formules « all-inclusive » centrées sur la baignade. Mais vous pouvez tout aussi bien pratiquer du farniente pur, des vacances sportives (en randonnée par exemple) ou encore découvrir son patrimoine historique et archéologique. À chacun son odyssée !

ARTS ET VIE

251, rue de Vaugirard - **PARIS** (15e)
✆ 01 40 43 20 21
www.artsetvie.com
Autres agences : Grenoble, Lyon, Marseille et Nice. Du lundi au vendredi de 9h à 12h30 et de 14h à 17h.

Depuis 50 ans, Arts et Vie, association culturelle de voyages et de loisirs, développe un tourisme tourné vers la découverte. En route vers Chypre, les férus de découverte ou d'histoire ne seront pas déçus ! En 8 jours, vous explorerez le passé du pays, à travers le vieux Larnaka et son musée Piérides par exemple, Paphos et ses trésors archéologiques, le monastère d'Agios Neophytos, les chapelles byzantines du Troodos... Un vrai voyage à travers le temps, assisté d'un accompagnateur Arts et Vie et d'un guide chypriote parlant français.

CLIO

34, rue du Hameau
PARIS (15e)
✆ 01 53 68 82 82
www.clio.fr
Agence ouverte du lundi au vendredi de 10h à 18h, le samedi de 10h à 13h et de 14h à 16h.

Le tour-opérateur Clio, dont le nom est inspiré par la muse de l'histoire, vous emmène à la découverte de l'île de Chypre lors d'un circuit de 8 jours (« toute l'île de Chypre, Paphos, Troodos, Nicosie et Famagouste »). Faites le plein de savoir grâce au guide qui vous instruira sur l'Histoire, l'art et l'architecture chypriotes. Vous partez à la découverte d'une conception du voyage originale et enrichissante pour mieux apprécier l'histoire et le patrimoine d'un pays, si possible dans un petit groupe de personnes réunies par leur goût commun de la découverte !

DIRECTOURS

27, boulevard des Italiens - **PARIS** (2e)
✆ 01 45 62 62 62
www.directours.com
Du lundi au vendredi 10h-18h, samedi 10h-12h et 14h-18h. Agence aussi à Lyon. Conseillers par téléphone 7j/7 9h-20h.

Directours est un tour-opérateur qui vend en direct au public, sans passer par les agences de voyages. Sa brochure est uniquement sur Internet, ce qui présente l'avantage de coller à l'actualité des promotions. Séjours, week-ends, voyages individuels à la carte, offres vol+hôtel, location de voiture, conseils de vendeurs connaissant la destination et prix constamment réactualisés. Concernant Chypre, un circuit « Chypre côté charme », à quelques kilomètres seulement des stations balnéaires de la côte, permet notamment de sortir des sentiers battus.

HÉLIADES

✆ 0 892 23 15 23
www.heliades.fr
Appeler du lundi au vendredi de 9h à 19h et le samedi de 10h à 18h.

Héliades est le spécialiste de la Grèce et de Chypre et propose donc une très large gamme de voyages pour cette destination. Séjours en hôtels (plusieurs catégories sélectionnées), locations d'appartements, de studios ou de villas, week-ends à Athènes... Pour les circuits, plusieurs formules existent : ceux en « étoile », qui alternent visites et détente depuis votre hôtel ; les classiques, qui sont des itinéraires très complets et exclusifs ; et enfin les combinés, qui se font au départ de deux hôtels pour un bon équilibre entre détente et découverte.

OPODO

✆ 01 70 91 75 75

www.opodo.fr

Centre d'appel ouvert du lundi au vendredi de 9h à 18h et le samedi et dimanche de 9h à 14h.

Pour préparer votre voyage, cette agence vous permet de réserver au meilleur prix des vols de plus de 600 compagnies aériennes, des chambres d'hôtels parmi plus de 1,7 millions d'établissements et des locations de voitures partout dans le monde. Vous pouvez également y trouver des locations saisonnières ou des milliers de séjours tout prêts ou sur mesure. De nombreuses offres de dernière minute sont proposées sur le site, de l'Amérique latine à l'Asie, en passant par l'Afrique et le Moyen-Orient. Opodo dispose également différentes options d'assistance.

JETCOST

www.jetcost.com

Jetcost compare les prix des billets d'avion et trouve le vol le moins cher parmi les offres et les promotions des compagnies aériennes régulières et *low cost*. Le site est également un comparateur d'hébergements, de loueurs d'automobiles et de séjours, circuits et croisières. L'interface du site Internet est très simple d'utilisation. Après avoir lancé la recherche, on peut affiner les résultats en fonction de ses choix afin de trouver le vol le plus intéressant, la durée du trajet, les éventuelles escales ou encore l'aéroport d'arrivée.

CREATIVE TOURS - VACANCES À CHYPRE

7, Spyrou Kyprianou Avenue

LIMASSOL

✆ +357 25 89 87 00

www.creative.com.cy

Lundi-vendredi : 8h-18h.

Cette agence a été créée par un Bordelais marié à une Chypriote en 1985. Son agence propose les mêmes services que ses concurrents (hôtels, villas, billets d'avion, location de voiture, excursions, activités sportives), mais met l'accent sur les voyages d'affaires et travaille avec les tour-opérateurs français. Creative Tours a récemment développé ses activités dans le domaine de l'agrotourisme : un bon moyen de découvrir la face cachée de Chypre. Et, bien sûr, ici, on parle français !

QUOTATRIP

www.quotatrip.com

Voyages sur mesure.

QuotaTrip est une nouvelle plateforme de réservation de voyage en ligne qui met en relation des voyageurs à la recherche d'expériences authentiques et uniques et des agences de voyages locales sélectionnées pour leurs compétences et leur sérieux. Le réseau de QuotaTrip couvre près de 200 destinations dans le monde entier. Le but de ce rapprochement est simple : proposer un séjour entièrement personnalisé aux utilisateurs. QuotaTrip promet ainsi l'assurance d'un voyage serein, sur mesure, sans intermédiaires et sans frais supplémentaires.

SIDETOUR

7a, Canbulat Sk - **KYRENIA – GIRNE**

✆ +90 39 28 15 30 08

www.side-tour.com

Lundi-vendredi 8h-18h, samedi 9h-13h, par téléphone week-end jusqu'à 18h.

Excursions culturelles et randonnées privées pour 2 à 6 personnes à des prix très abordables à Nicosie et à Famagouste ou dans la péninsule de Karpas : voilà une agence de tourisme comme on les aime. Basée à Kyrenia, à Chypre Nord, elle est spécialisée dans l'écotourisme et les randonnées (vélo, à pied). Son grand plus : une partie de l'équipe est francophone. Houssem, Franz et Ozgur sont de bon conseil pour établir les circuits. Ils proposent aussi des séjours complets de part et d'autre de la zone tampon pour individuels et petits groupes avec encadrement.

VIVANODA.FR

www.vivanoda.fr

Vivanoda.fr est un site français indépendant permettant en un clic de comparer et combiner plusieurs modes de transport (avion, train, autocar, ferry et covoiturage) entre deux villes. Vivanoda est né d'un constat simple : quel voyageur arrive à s'y retrouver dans les différents moyens de transports qui s'offrent à lui pour rejoindre la destination de son choix ? La recherche sur Internet de ces informations se révèle en effet souvent très fastidieuse... Grâce à ce site, fini les nuits blanches et bonjour les voyages à moindre coût.

INTERVIEW

LE VOYAGE-SUR-MESURE

AVEC STEVEN LE CHEVALIER ET MATHIEU VALLY DE QUOTATRIP

Quel est le concept de l'agence QuotaTrip ?

Quotatrip est la première plateforme de mise en relation entre voyageurs et agences locales. Grâce à elle, les voyageurs peuvent enfin échanger en direct avec des agences qui sont sur place et concevoir un voyage unique, au meilleur prix et 100% personnalisé.

Pourquoi voyager avec des agences locales ?

À l'inverse des agences traditionnelles, les agences locales sont des expertes de la destination choisie. Ce sont aussi les mieux placées pour concevoir des séjours qui sortent des sentiers battus. Elles sont ainsi en mesure de répondre à l'ensemble des envies, le voyageur rentre dans l'univers de l'equi-tourisme = le tourisme sans intermédiaire.

Quels sont les autres avantages pour les voyageurs ?

Il y a une multitude d'avantages. Cela permet notamment de ne pas voyager comme tout le monde, d'organiser de manière simple et rapide un séjour sur mesure et au meilleur prix. Fini les mauvaises surprises, les voyageurs posent toutes les questions qu'ils souhaitent et bénéficient d'un accompagnement sur mesure, de la conception du projet jusqu'à sa réalisation en toute sécurité car les agences référencées sont sélectionnées et recommandées par les journalistes des guides du Petitfute en toute impartialité.

Les démarches sont-elle simples à effectuer ?

Les sites de voyage en ligne font perdre beaucoup de temps aux internautes sans pour autant répondre entièrement à leurs désirs. QuotaTrip propose un formulaire simple et rapide qui permet de décrire les souhaits, les envies et les besoins. L'internaute reçoit aussitôt gratuitement et sans engagement les offres de trois ou quatre agences locales avec qui il peut ensuite échanger afin de personnaliser son projet grâce à la messagerie mise en place.

Quelles sont les destinations proposées ?

Notre plateforme propose plus de 21 000 projets de voyage sur plus de 100 destinations à travers le monde. De l'Amérique latine en passant par l'Asie et l'Afrique, nos mille agences partenaires sont là pour répondre à vos projets de voyage.

Décrivez votre projet de voyage. Echangez en direct avec les agences locales et partez au meilleur prix.

***Plus d'informations** : quotatrip.com*

© D.R

© D.R

© D.R

SE LOGER

À part les campings, plutôt rares, vous trouverez à Chypre tous les types de logements possibles, de la pension à la villa, et à vraiment tous les prix. À défaut de partir en « all-inclusive » avec un tour-opérateur, vous trouverez assurément votre bonheur seul à condition de savoir où chercher. En dehors des établissements recommandés dans ce guide, vous irez peut-être voir sur des plateformes comme Booking.com ou le plus local Bookcyprus.com. Attention toutefois : en haute saison, l'offre peut être rare ! Comme ailleurs, la plateforme AirBnb.com sait aussi ici profiter de cette pénurie à Chypre. Cependant, vous serez peut-être plus comblé avec des solutions alternatives. Vous pouvez par exemple dormir de l'autre côté de la ligne verte, côté turc, où l'offre se développe à des prix plus abordables. À moins de tester d'autres offres encore plus alternatives, chez l'habitant contre un emploi ou des services…

COUCHSURFING €€

www.couchsurfing.com

Plateforme internet pour séjourner chez l'habitant. Tarif d'adhésion : 15€ environ.

Couchsurfing est le service d'hébergement gratuit en ligne regroupant le plus d'adhérents. Il suffit de s'inscrire pour accéder aux profils des locaux ou faire sa demande d'hébergement pour quelques jours, voire quelques semaines. En échange, vous pouvez par exemple inviter votre hôte à manger, lui offrir un cadeau ou bien l'accueillir chez vous. Le site Internet met en place des systèmes de contrôle : notation des membres, numéro de passeport exigé à l'inscription, etc. Les participants ont accès à des hébergements volontaires dans plus de 200 pays.

HOSTEL WORLD €

www.hostelbookers.com

Depuis 2005, cette centrale de réservation en ligne permet de planifier son séjour à prix corrects dans le monde entier. Afrique, Asie, Europe, Amérique… Hostel World est spécialisé dans les logements peu onéreux (auberges de jeunesse ou *hostels*…) mais proposant des services et un cadre plutôt soignés. Pour chaque grande ville, le site propose une sélection pointue d'enseignes partenaires et vous n'aurez plus qu'à choisir l'adresse la plus pratique, la mieux située, ou tout simplement la moins chère. Une plate-forme bien pratique pour les baroudeurs.

HELPX €€

www.helpx.net

Plateforme Internet pour séjourner chez l'habitant.

Des fermes biologiques, des B&B, des hôtels où l'étranger aide tout en bénéficiant, selon les hôtes, d'un hébergement, de repas ou de cours de langues selon le travail fourni. Un panel de lieux, partout dans le monde, où vivre durant une année ou moins, afin d'améliorer une langue ou vivre une expérience hors du commun pendant une année de césure. Lors de notre dernière visite sur le site, des propriétaires de *guesthouse* proposaient lit + déjeuner en échange de quelques heures de travail. Peut être une bonne affaire pour les plus jeunes.

WORKAWAY €€

www.workaway.info

Ici, le système est simple : être nourri et logé en échange d'un travail. Des fermes, des maisons à retaper, ou plus simplement des vendanges ou cueillettes… Une expérience unique en son genre où l'on ne paye pas son hébergement avec de l'argent mais en rendant des services. Ce mode de logement alternatif, s'il n'est pas de tout repos, est de plus en plus populaire. Lors de notre dernière visite, des hôtes proposaient le gîte et parfois le couvert, majoritairement en échange de la pratique de l'anglais avec eux… Un bon deal !

SE DÉPLACER

Il se dit qu'à Chypre, on compte une auto par habitant en âge de conduire. La voiture est reine, c'est vrai. Et le visiteur s'apercevra également vite de l'utilité de louer un véhicule pour profiter au mieux de l'île. À cause de la partition, la seule gageure sera, si l'on veut passer du côté Nord, de changer de loueur ou de bien prendre une assurance supplémentaire. Néanmoins, il est possible de faire sans. Au Sud comme au Nord, le réseau de bus est extrêmement bien conçu. La partie Sud du pays compte un très bon réseau de bus organisé en cinq grandes compagnies dans les districts de Nicosie, Limassol, Paphos, Larnaka et Agia Napa qui desservent aussi bien les centres-villes que les villages. Dans la partie Nord, une flotte de minibus privée (*dolmuş*) permet aussi de se rendre à peu près partout. Enfin, quand on est arrivé à destination, les taxis, les deux-roues et les vélos sur place assureront agréablement les derniers déplacements.

BSP AUTO

✆ 01 43 46 20 74
www.bsp-auto.com
Site comparatif accessible 24h/24.

Ce site français est dédié à la location de voitures avec une équipe basée à Paris et disponible 7 jours/7. Elle regroupe une plus importante sélection de grands loueurs présents dans les gares, aéroports et centres-villes. Les prix proposés sont les plus compétitifs du marché. Les tarifs comprennent toujours le kilométrage illimité et les assurances. Les bonus BSP : réservez dès maintenant et payez seulement 5 jours avant la prise de votre véhicule, pas de frais de dossier ni d'annulation, la moins chère des options zéro franchise.

SUN RENT A CAR

10, Abdi İpekçi Caddesi
NICOSIE
✆ + 90 39 22 27 23 03
www.sunrentacar.com
Tous les jours sauf dimanche 8h-18h (14h samedi) – à partir de 25 €/jour pour une citadine.

Cette entreprise de location de voitures créée en 1978 est l'une des plus réputées du nord de l'île. Sa flotte de 335 véhicules est composée de modèles Hyundai, Ford, Opel, Nissan, Fiat, Volkswagen, Mercedes et BMW, de la citadine jusqu'au 4x4 de luxe. Elle propose également ses services de transfert vers les aéroports de Larnaka et de Paphos au départ de Nicosie-Nord, de Girne/Kyrenia, de Gazimağusa/Famagouste et d'Alsancak/Karavas où elle dispose d'agences annexes. Service très pro, possibilité de payer en livre turque ou en euro.

ASTRA CAR RENTALS

1, Metochiou
NICOSIE
✆ +357 22 55 80 00
www.astracarrentals.com
Tous les jours sauf dimanche 8h-17h (13h samedi) – à partir de 15 €/jour pour une citadine.

Astra Car Rental a été créé en 1946 avec un emplacement dans le centre de Nicosie, A.S.T.R.A ; l'acronyme de « A Service To Remember Always », a réussi à construire une flotte de plus de 1 250 véhicules, ce qui en fait l'une des plus grandes compagnies de location de voiture de la petite île de Chypre. Ce loueur chypriote est réputé pour son professionnalisme et la bonne qualité d'entretien de ses véhicules. Il dispose d'une équipe en partie francophone. Agences à Nicosie (ville moderne et hôtel Hilton) et possibilité de récupérer sa voiture à l'aéroport.

CYCLE IN CYPRUS

Kalavasos
LARNAKA
✆ +357 99 82 27 18
www.cycle-in-cyprus.com
Location de 3 jours à partir de 17 €, guide à partir de 10 €.

Cette agence pas comme les autres, créée par un Suédois, propose aussi bien de la location de vélos (VTT de bonne qualité), des excursions en vélo que de l'hébergement dans les villages de montagne au-dessus de Limassol et Larnaka. Un vrai bon plan pour des vacances sportives et écotouristiques ! Ce passionné se targue de proposer des expériences et des parcours à vélo sur route (comprenez, de l'asphalte) ou, plus sportives, en montagne. Avec un bon guide, le vélo est en effet une merveilleuse façon de découvrir l'île, à condition d'être un peu sportif !

S'INFORMER

Idéal pour suivre l'actualité nationale sur place, le *Cyprus Mail* est le principal quotidien de langue anglaise publié à Chypre. Créé en 1945, il est publié tous les jours en kiosque (sauf le lundi), mais la plupart des articles locaux sont disponibles sur téléphone depuis son site Internet. Le quotidien comprend aussi des onglets intéressants dédiés à la culture ou au marché de l'immobilier. Pour le reste, nous ne saurions trop vous recommander un abonnement (6 € par mois) à l'excellent site français du Courrier des Balkans (www.courrierdesbalkans.fr). Celui-ci traite de toute la région avec un onglet dédié à Chypre qui comprend des traductions d'articles de la presse locale, des infos culturelles, des reportages, des analyses et des dossiers. Sinon, les grands médias français de service public, et notamment la chaîne France 24 souvent disponible dans les hôtels, proposent une couverture intéressante de l'actualité de la région.

LE COURRIER DES BALKANS

courrierdesbalkans.fr

Le Courrier des Balkans est un site web francophone d'information (d'accès libre) sur les Balkans, lancé en septembre 1998 par l'historien et journaliste français Jean-Arnault Dérens. Ce portail cherche à transmettre les informations et les analyses de la presse démocratique des pays de l'Europe du Sud-Est : Slovénie, Croatie, Bosnie-Herzégovine, Serbie, Monténégro, Macédoine, Kosovo, Albanie, Bulgarie, Roumanie, Moldavie, Grèce et Turquie. L'équipe du Courrier édite un bulletin d'information régionale bihebdomadaire disponible pour les abonnés.

CARNETS DE VOYAGE

36, Boulevard de la Bastille
PARIS (12e)
phoenix-publications.com

Trimestriel consacré à des destinations de voyage avec des focus dédiés à la découverte des régions.

Trimestriel consacré à des destinations de voyage avec des focus dédiés à la découverte des régions, *Carnets de Voyage*, le magazine des voyages réussis. Tous les 3 mois, la revue vous invite à découvrir à travers ses reportages le meilleur des destinations. Grande ou petite escapade à la découverte d'une ville, d'une région, en France, en Europe ou dans le monde à travers des reportages photo uniques complétés de conseils pratiques et de bonnes adresses pour nous faciliter le voyage avec enfin, un agenda des rendez-vous à ne pas manquer.

THE CYPRUS MAIL

https://cyprus-mail.com

Idéal pour suivre l'actualité nationale sur place, le *Cyprus Mail* est le principal quotidien de langue anglaise publié à Chypre. Créé en 1945, il est publié tous les jours en kiosque (sauf le lundi), mais la plupart des articles locaux sont disponibles sur téléphone depuis son site Internet. Le quotidien couvre bien sûr l'actualité internationale, mais comprend aussi des onglets intéressants dédiés à la culture ou encore au marché de l'immobilier. L'actualité turque et dans la partie Nord de l'île est naturellement suivie avec attention.

FRANCE 24

www.france24.com/

France 24, quatre chaînes internationales d'information en français, anglais, arabe et en espagnol. Émettant 24h/24 et 7j/7 sur les 5 continents. La rédaction de France 24 propose depuis Paris une approche française du monde et s'appuie sur un réseau de 160 bureaux de correspondants couvrant la quasi-totalité des pays du globe. Disponible en Italie sur la TNT : 241 (en français) - sur Tivu : 73 (en français), 69 (en anglais) - sur Sky : 541 (en français), 531 (en anglais). Également sur Internet (france24.com) et applications connectées.

RESTER

Chypre étant un Etat membre de l'Union européenne, tout ressortissant européen peut y rester durablement. En janvier 2022, Chypre a aussi lancé un visa « nomade digital » pour les ressortissants de pays tiers souhaitant travailler à distance pour des employeurs/clients basés en dehors de Chypre. Quoi qu'il en soit, le site Internet officiel de l'ambassade de France reste une ressource essentielle pour connaître les formalités d'entrée et de séjour dans le pays. Dans la rubrique « Services aux Français », vous trouverez un guide de l'expatriation, les modalités de demande de documents officiels. L'Agence pour le développement international des entreprises françaises travaille notamment en étroite collaboration avec les missions économiques et recense toutes les actions menées, notamment pour les candidats à un Volontariat International en Entreprise (VIE). Enfin, plusieurs organisations humanitaires sont également bien implantées.

ACTION CONTRE LA FAIM

14, boulevard de Douaumont
PARIS (17e)
✆ 01 70 84 70 70
www.actioncontrelafaim.org/
Par téléphone de 9h à 13h et de 14h à 18h.

ONG internationale spécialisée dans la lutte contre la faim dans le monde, active dans les domaines de la nutrition, santé, sécurité alimentaire, de l'eau, de l'assainissement. L'association intervient dans des situations de crise. Le but étant de rendre les populations autonomes d'un point de vue de la nutrition, en apportant une aide concrète et en formant les intervenants locaux qui prendront le relais. Ses missions de volontariat durent de trois mois à un an en Afrique, Asie, Amérique, Europe centrale, dans le Caucase, au Moyen-Orient et dans les Caraïbes.

AGENCE POUR L'ENSEIGNEMENT FRANÇAIS À L'ÉTRANGER

23, place de Catalogne
PARIS (14e)
✆ 01 53 69 30 90
www.aefe.fr

Cette agence, sous tutelle du ministère des Affaires étrangères, anime et gère un réseau de près de 500 établissements d'enseignement français à l'étranger, dans près de 140 pays. 370 000 élèves, dont 40 % de Français, fréquentent ces établissements. Offres d'emploi à l'international pour les titulaires de la fonction publique (Education nationale principalement) et informations sur la politique pédagogique, la scolarité et l'orientation émaillent le site Internet de cet organisme.

CIDJ

www.cidj.com

Le Centre d'Information et de Documentation Jeunesse a été créé en 1969, sous la tutelle du ministère de la Jeunesse et des Sports. Le site Internet est bien fait et très complet. La rubrique « Partir à l'étranger » fournit des informations pratiques aux jeunes qui ont pour projet d'aller vivre à l'étranger. Il y a une rubrique spécifique dédiée à chacun des thèmes suivants : travail, étude, stage, volontariat international et séjours linguistiques. Pour vous aider dans vos démarches, vous pouvez avoir un entretien gratuit avec un conseiller du CIDJ.

ÉDUCATION NATIONALE

www.education.gouv.fr
Modalités sur www.france.diplomatie.fr/mfi.

Vous êtes enseignant ou fonctionnaire d'État, vous souhaitez travailler à l'étranger ? Consultez le site du ministère de l'Éducation nationale, il informe sur les conditions de mobilité dans le monde. Cette initiative peut s'inscrire dans un parcours professionnel. Elle permet d'exercer son métier dans des conditions spécifiques, ou un autre métier et diversifier ainsi son expérience en enrichissant ses compétences. Les personnels d'encadrement peuvent aussi postuler dans des organismes internationaux ou de l'Union européenne.

MINISTÈRE DE L'EUROPE ET DES AFFAIRES ÉTRANGÈRES

www.diplomatie.gouv.fr

Site Internet officiel pour connaître les formalités d'entrée et séjour dans le pays. Dans la rubrique « Services aux Français », vous trouverez un guide de l'expatriation, les modalités de demandes de documents officiels. Sur la page d'accueil en sélectionnant le pays, vous obtenez les contacts des ambassades. Dans l'espace politique, économie et socio-culturel, quantité d'informations et de communications utiles pour qui s'intéresse aux réalités du pays.

CAPCAMPUS

www.capcampus.com

CapCampus fut l'un des premiers portails étudiants français en ligne. Dans la rubrique dédiée aux stages et aux premiers emplois, vous trouverez aussi des offres pour l'étranger, classées par pays. Celles pour les Etats-Unis ne sont pas très nombreuses, le mieux est de consulter le site régulièrement pour ne pas passer à côtés des offres intéressantes. Le site est également utile pour se familiariser avec la vie aux Etats-Unis, car il propose également toutes les informations pratiques pour bien préparer son départ et son séjour à l'étranger.

WEP FRANCE

95, avenue Ledru Rollin
PARIS (12e)
✆ 01 48 06 26 26
www.wep.fr

WEP propose plus de 50 projets éducatifs et séjours linguistiques dans une trentaine de pays pour une durée allant de une semaine à 18 mois. Quel que soit votre projet d'études ou de volontariat à l'étranger, vous trouverez sur le site de WEP une rubrique qui y sera consacrée : étudier au lycée, dans une université, partir en séjour linguistique, faire une expérience professionnelle dans le cadre d'un stage ou vivre en immersion dans une famille. Possibilité également de planifier des programmes combinés (études et projet humanitaire par exemple).

CLUB TELI

Les Clarets
SAINT-PIERRE-D'ENTREMONT
✆ 04 79 85 24 63
www.teli.asso.fr
L'adhésion est à 45 €.

Le Club Teli est une association d'aide à la mobilité internationale créée voici bientôt 30 ans, forte de 4 000 adhérents en France et dans 65 pays. Si vous souhaitez séjourner à l'étranger, quel que soit votre projet, vous trouverez par le biais de ce club des infos et des offres de stages, de jobs d'été et de travail pour francophones. Si vous avez besoin d'aide pour envoyer des candidatures, le Club peut vous aider à mettre votre CV aux normes du pays où vous souhaitez partir. Pour bénéficier de ces aides et informations, il faut adhérer.

BUSINESS FRANCE

77, Boulevard Saint-Jacques
PARIS (14e)
✆ 01 40 73 30 00
Ouvert en semaine de 8h30 à 18h30.

L'Agence pour le développement international des entreprises françaises travaille en étroite collaboration avec les missions économiques. Le site Internet recense toutes les actions menées, les ouvrages publiés, les événements programmés et renvoie sur la page du Volontariat International en Entreprise (VIE). Fondée en 2015, cette structure est née de la fusion entre Ubifrance et l'Agence française pour les investissements internationaux. Elle est affiliée au Ministère de l'Europe et des Affaires étrangères et au Ministère de l'Économie et des Finances.

VIE - VOLONTARIAT INTERNATIONAL EN ENTREPRISE

✆ 04 96 17 26 50
https://mon-vie-via.businessfrance.fr/

Le VIE est destiné aux jeunes de 18 à 28 ans. Il s'effectue en entreprise, dans une ONG, dans une collectivité locale ou dans un service de l'État – allant de l'ambassade à l'établissement culturel en passant par le consulat. Par ailleurs, il peut durer de 6 à 24 mois et être renouvelé une fois, de deux ans au plus. Enfin, sa rémunération mensuelle est constituée d'un salaire fixe de 723,99 € et d'une indemnité supplémentaire dont le montant varie selon la mission.

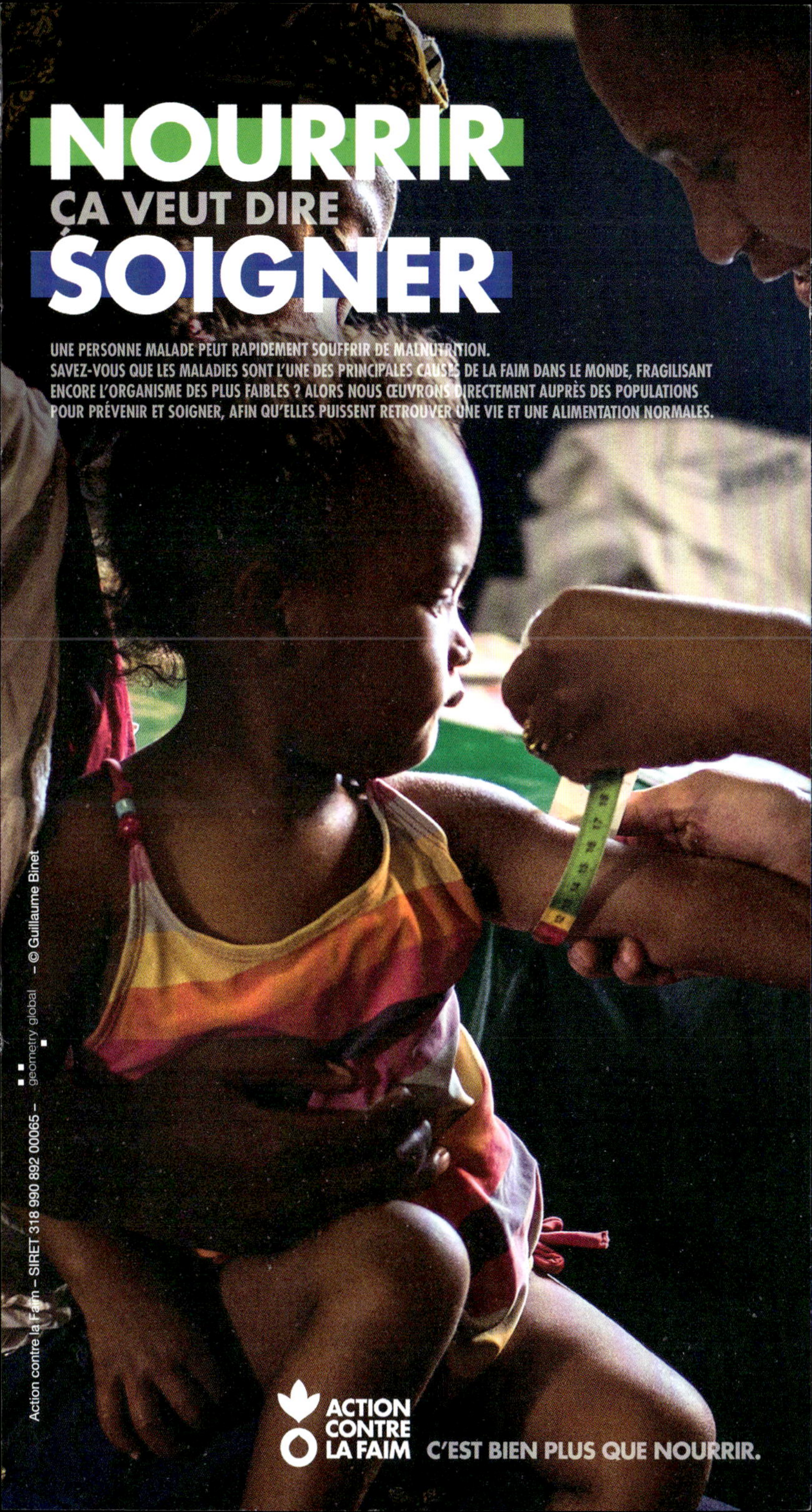
NOURRIR
ÇA VEUT DIRE
SOIGNER
UNE PERSONNE MALADE PEUT RAPIDEMENT SOUFFRIR DE MALNUTRITION.
SAVEZ-VOUS QUE LES MALADIES SONT L'UNE DES PRINCIPALES CAUSES DE LA FAIM DANS LE MONDE, FRAGILISANT ENCORE L'ORGANISME DES PLUS FAIBLES ? ALORS NOUS ŒUVRONS DIRECTEMENT AUPRÈS DES POPULATIONS POUR PRÉVENIR ET SOIGNER, AFIN QU'ELLES PUISSENT RETROUVER UNE VIE ET UNE ALIMENTATION NORMALES.
ACTION CONTRE LA FAIM
C'EST BIEN PLUS QUE NOURRIR.
Action contre la Faim – SIRET 318 990 892 00065 – geometry global – © Guillaume Binet

Abbaye de Bellapaïs.

INDEX

H

I

J

K

L

M

N

O

EDITION

Directeurs de collection et auteurs : Dominique AUZIAS et Jean-Paul LABOURDETTE
Auteurs : Nicolas JURY, Martin FOUQUET, Mathias DESHOURS, Baptiste THARREAU, Romain RISSO, Priscilla PARARD, Anne-Claire DUCHOSSOY, Tanguy REVAULT, Cléo VERSTREPEN, Benoît HOCQUET, Delphine MILLET-PRIFTI, François SICHET, Jean-Paul LABOURDETTE, Dominique AUZIAS et alter
Directeur Editorial : Stéphan SZEREMETA
Rédaction Monde : Laure CHATAIGNON, Morgane VESLIN, Pierre-Yves SOUCHET, Natalia COLLIER
Rédaction France : Briséis CREAC'H-MENUT, Mélanie COTTARD, Audrey VEDOVOTTO, Nicolas WODARCZAK

FABRICATION

Maquette et Montage : Romain AUDREN, Julie BORDES, Delphine PAGANO
Iconographie et Cartographie : Anne DIOT, Julien DOUCET

WEB ET NUMERIQUE

Directeur Web : Louis GENEAU de LAMARLIERE
Développeurs : Guillaume BARBET, Adeline CAUX et Roland SPOUTIL
Intégrateur Web : Mickael LATTES, Antoine DION
Webdesigner : Caroline LAFFAITEUR
Community Traffic Manager : Alice BARBIER, Mariana BURLAMAQUI et Noémie LE SAUX

DIRECTION COMMERCIALE

Directeur commercial : Guillaume VORBURGER
Coordinatrice des Régies commerciales : Manon GUERIN assistée de Jonas HESOL
Account Manager Marketplace : Leila ROUGEOT assistée de Lola FAVRE-MOT
Responsable Régies locales : Michel GRANSEIGNE
Responsables Développement régie inter : Jean-Marc FARAGUET, Guillaume LABOUREUR et Camille ESMIEU
Chefs de Publicité Régie nationale : Caroline AUBRY, François BRIANCON-MARJOLLET, Perrine DE CARNE MARCEIN, Jonathan TOUTOUX, Amélie NOEL,
Régie Chypre : Mathieu BARON

DIFFUSION ET PROMOTION

Directrice des Ventes : Bénédicte MOULET assistée d'Aissatou DIOP
Responsable des ventes : Jean-Pierre GHEZ assisté de Nelly BRION
Relations Presse-Partenariats : Jean-Mary MARCHAL

ADMINISTRATION

Président : Jean-Paul LABOURDETTE
Directrice des Ressources Humaines : Dina BOURDEAU assistée de Sandra DOS REIS et Eva BAELEN
Directrice Administrative et Financière : Valérie DECOTTIGNIES
Comptabilité : Guillaume PETIT, Aminata BAGAYOKO, Jeannine DEMIRDJIAN
Recouvrement : Fabien BONNAN assisté de Sandra BRIJLALL
Responsable informatique : Elie NZUZI-LEBA

PETIT FUTÉ CHYPRE

LES NOUVELLES EDITIONS DE L'UNIVERSITE
18, rue des Volontaires - 75015 Paris.
✆ 01 53 69 70 00 - Fax 01 42 73 15 24
Internet : www.petitfute.com
SAS au capital de 1 000 000 € - RC PARIS B 309 769 966
Couverture : Intérieur de l'église Archangelos Mihail © Heracles Kritikos Shutterstock.com
Impression : IMPRIMERIE CHIRAT - 42540 Saint-Just-la-Pendue
Achevé d'imprimer : juillet 2022
Dépôt légal : 29/08/2022
ISBN : 9782305078298

Pour nous contacter par email, indiquez le nom de famille en minuscule suivi de @petitfute.com
Pour le courrier des lecteurs : info@petitfute.com

IMPRIMÉ EN FRANCE

P

Q

R

S